Sou um menino que vê o amor pelo buraco da fechadura. Nunca fui outra coisa. Nasci menino, hei de morrer menino. E o buraco da fechadura é, realmente, a minha ótica de ficcionista. Sou (e sempre fui) um anjo pornográfico.

Nelson Rodrigues

Ruy Castro

O Anjo Pornográfico

A vida de
Nelson Rodrigues

COMPANHIA DAS LETRAS

Copyright © 1992 by Ruy Castro

Grafia atualizada segundo o Acordo
Ortográfico da Língua Portuguesa de 1990,
que entrou em vigor no Brasil em 2009.

Capa e projeto gráfico:
Hélio de Almeida

Foto de capa:
Estado de Minas/ Dedoc
Gabriel Zellmeister e Ricardo Blanco
(colaboração)

Índice remissivo:
Beatriz Calderari de Miranda

Revisão:
Eduardo Russo
Pedro Ribeiro
Andrea Souzedo

Dados de Catalogação na Publicação Internacional (CIP)
(Câmara Brasileira do Livro, SP, Brasil)

Castro, Ruy
  O anjo pornográfico : a vida de Nelson Rodrigues / Ruy
Castro. — 3ª ed. — São Paulo: Companhia das Letras, 2022.

  ISBN 978-65-5921-120-3

  1. Dramaturgos brasileiros — Biografia 2. Escritores brasileiros — Biografia 3. Rodrigues, Nelson, 1912-1980 I. Título.

22-118078   CDD-928.69

Índice para catálogo sistemático:
1. Escritores brasileiros : Biografia   928.69

Cibele Maria Dias — Bibliotecária — CRB-8/9427

3ª edição
1ª reimpressão

Todos os direitos desta edição reservados à
EDITORA SCHWARCZ S.A.
Rua Bandeira Paulista, 702, cj. 32
04532-002 — São Paulo — SP
Telefone: (11) 3707-3500
www.companhiadasletras.com.br
www.blogdacompanhia.com.br
facebook.com/companhiadasletras
instagram.com/companhiadasletras
twitter.com/cialetras

*Para Ana,
minha mãe,
que me apresentou a "A vida como ela é..."*

*E por muitos motivos, mais do
que eu poderia enumerar,
este livro pertence a Heloisa Seixas*

SUMÁRIO

	Introdução	7
1.	1912: Pitangas bravas	11
2.	1919: Rua Alegre	21
3.	1924: O viveiro de ódios	33
4.	1926: O látego de coriscos	45
5.	1928: Paixões voláteis	59
6.	1929: Roberto	73
7.	1929: O crime	89
8.	1930: O grande pastel	101
9.	1931: A fome às portas	111
10.	1934: A montanha trágica	123
11.	1937-1940: Beijos na alma	137
12.	1942: Sobe o pano	149
13.	1943: *Vestido de noiva*	163
14.	1944: Entra "Suzana Flag"	175
15.	1946: Incestos bíblicos	189
16.	1948: A guilhotina	201
17.	1950: *Doroteia*	215
18.	1951: "A vida como ela é..."	229
19.	1953: O tarado de suspensórios	243
20.	1955-1956: Morrer com o ser amado	257
21.	1957: A rajada de monstros	271
22.	1958: O sangue em flor	285
23.	1959: O remador de *Ben-Hur*	299
24.	1961: A voz solitária	313
25.	1963: Daniela	325
26.	1965: O desesperômetro	337
27.	1967: A cabra vadia	349
28.	1968: Flor de obsessão	363
29.	1970: "Prancha"	377
30.	1972: Ligações perigosas	391
31.	1972-1979: O agente duplo	405
32.	1980: O anjo sobe ao céu	419
	Agradecimentos	421
	A obra de Nelson Rodrigues	425
	Bibliografia	431
	Crédito das ilustrações	433
	Índice remissivo	435

INTRODUÇÃO

Esta é uma biografia de Nelson Rodrigues, não um estudo crítico nem um ensaio biográfico. Aqui se encontrará onde, quando, como e por que Nelson escreveu todas as suas peças, romances, contos e crônicas, mas não espere "análises" ou "interpretações". O que se conta em *O anjo pornográfico* é a espantosa vida de um homem — um escritor a quem uma espécie de ímã demoníaco (o acaso, o destino, o que for) estava sempre arrastando para uma realidade ainda mais dramática do que a que ele punha sobre o papel.

Se a narrativa de *O anjo pornográfico* lembra às vezes um romance é porque — sem abrir mão, nem por uma linha, do rigor da informação — não há outra maneira de contar a história de Nelson Rodrigues e de sua família. Ela é mais trágica e rocambolesca do que qualquer uma de suas histórias, e tão fascinante quanto. É quase inacreditável que o que se vai ler aconteceu de verdade no espaço de uma única vida. (Daí por que quando Nelson morreu em 1980, aos 68 anos, muitos achassem que ele era séculos mais velho.)

Esta não é também uma biografia crítica, no sentido de que, quando Nelson escrever, por exemplo, *Vestido de noiva*, irei interromper a história para teorizar sobre o significado profundo dessa peça ou qualquer outra. No caso de *Vestido de noiva* (e das outras peças), o que eu queria saber era o que aconteceu antes, durante e depois da montagem, na plateia, no palco, nos bastidores e como isso se refletiu na vida de Nelson.

Mesmo porque o teatro nem sempre foi o palco principal de Nelson Rodrigues. Talvez nunca o tenha sido. Esse, se houve um, foi o jornal. Pode ter sido também a rua (ou a própria cidade do Rio de Janeiro), embora poucos brasileiros, exceto datilógrafos profissionais, tenham passado tantas horas atrás de uma máquina de escrever. (Nelson "escreveu" até durante os delírios provocados por insuficiência respiratória.)

Durante muitos anos, Nelson Rodrigues carregou a fama de "tarado". Em seus anos finais, a de "reacionário". Ninguém foi mais perseguido: a direita, a esquerda, a censura, os críticos, os católicos (de todas as tinturas) e, muitas vezes, as plateias — todos, em alguma época, viram nele o anjo do mal, um câncer a ser extirpado da sociedade brasileira. E, olhe, quase conseguiram.

Mas, ao mesmo tempo em que queriam "caçá-lo a pauladas, como a uma ratazana prenhe", havia também muitos para quem parecia impossível admirar Nelson Rodrigues o suficiente. Mesmo os seus piores inimigos nunca lhe negaram o talento — e não foram poucos os que o chamaram de gênio. Há quem arrisque até explicações espíritas para certos lampejos de Nelson. Para alguns, era um santo; para outros, um canalha; para todos, sempre uma surpresa.

O ANJO
PORNOGRÁFICO

1

Firmeza, Maria Esther   *Valentia, Mario Rodrigues*

— 1912 —
PITANGAS BRAVAS

No Brasil de 1912, se havia uma cidade adormecida, ideal para se viver ou morrer de tédio ou velhice, esta *não era* o Recife em que nasceu Nelson Rodrigues. O cenário podia lembrar Veneza, mas a atmosfera estava mais para a Verona de *Romeu e Julieta*, com seus arranca-rabos entre Capuletos e Montéquios. No dia 23 de agosto daquele ano, por exemplo, enquanto Nelson abria os olhos para a realidade além-útero e se sentia expulso do paraíso materno, a política pernambucana ardia em labaredas e o sangue respingava sobre o rio Capibaribe.

Duas facções terçavam bigodes nas ruas: de um lado, a dos caciques políticos Rosa e Silva e Estácio Coimbra, recém-apeados do poder pelo marechal Hermes da Fonseca, presidente da República; de outro, a do novo governador, o general Emídio Dantas Barreto. E não se tratava de uma guerra entre blocos de sombrinhas e guarda-chuvas, embora o sucesso musical do ano fosse o frevo "Vassourinhas", uma homenagem a Dantas Barreto. Os partidários das duas facções, muito mais realistas que os reis, competiam em violência, intrigas e golpes baixos — uma maneira suave de dizer, em português claro, que queriam trucidar-se mutuamente.

Com o agravante de que, como em qualquer luta política de província, os inimigos se esbarravam a toda hora no botequim, na barbearia ou no bumba meu boi, e o ódio recíproco já chegara ao ponto de alimentar-se da própria bílis. Se se perguntasse a alguém por que a rixa começara, ninguém mais teria a mínima ideia.

Naquele momento eram os homens de Dantas que estavam no poder e detinham a chave do paiol. Mas o outro lado ainda conservava os seus ninhos de armas e, com isso, emboscadas e tiroteios estavam se tornando perigosamente corriqueiros no Recife. Mesmo que fosse apartidário (esqueça; isso era quase impossível), um inocente transeunte que cruzasse a praça da Independência podia ver-se, de repente, apanhado entre dois fogos. E o jornalista Mario Rodrigues, pai de Nelson, podia ser acusado de tudo, menos de apartidário. Ou de inocente.

Um ano antes, em 1911, quando Nelson ainda não tinha sido sequer concebido e Rosa e Silva dava as ordens no Palácio do Campo das Princesas, Mario Rodrigues atravessou a praça em missão política para Dantas Barreto. Na verdade, tal missão consistia prosaicamente em passar um telegrama ao marechal Hermes contra Estácio Coimbra — mas um telegrama de Mario Rodrigues podia fazer mais estragos do que os beijos de Mata Hari a serviço do Kaiser.

Seja como for, Mario Rodrigues estava sozinho e desarmado no meio da praça quase deserta. Ao ver o jornalista de bandeja para uma tocaia que lhes parecia cair do céu, quarenta ou cinquenta soldados da força estadual de Rosa e Silva, postados nos oitões do *Diário de Pernambuco*, cuspiram suas carabinas contra ele. Centenas de tiros foram disparados — e, incrivelmente, nenhum o atingiu. A pontaria dos cabras era tão horrenda que Mario Rodrigues teve tempo de jogar-se ao chão e esgueirar-se de gatinhas entre os coches e bondes estacionados em greve na praça. Quase levou a breca.

Outro mais sensato teria morrido de susto e se evaporado do Recife enquanto a situação continuasse quente — mas não Mario Rodrigues. Assim que se viu a salvo, deu "bananas" para seus agressores e apenas tomou mais cuidado nos meses seguintes. E, depois da intervenção federal, parte do risco acabou — porque, agora, as forças do Estado tinham de defender Dantas Barreto, novo ocupante do palácio.

Mas os adversários de Mario Rodrigues, na situação ou na oposição, tinham todos os motivos do mundo para querer silenciá-lo ou, no mínimo, quebrar-lhe a perna e alguns dentes. Panfletário impenitente, ele aliava a contundência quase suicida de seu ídolo Edmundo Bittencourt, diretor do novo jornal carioca *Correio da Manhã*, à exuberância condoreira do estilo de Euclydes da Cunha em *Os sertões*. Em 1911 Mario colocara toda a sua pesada munição verbal a favor de Dantas Barreto. Escrevia o diabo contra Estácio Coimbra, chamando-o de estafermo para baixo nas páginas do *Jornal da República*, fundado por ele, Mario, com o dinheiro de Dantas. Não satisfeito, candidatara-se a deputado estadual pelo dantismo e fora eleito — e o resultado era o de que, agora, dava duplos motivos para ser adorado pelos correligionários e detestado pelos demais: como jornalista e como político. Era uma lenda viva que muitos queriam ver morta. Sabendo disto, desfilava pela Assembleia Legislativa com um revólver no cinto. Só que, bem ao seu estilo, sem balas.

Quando Mario nasceu, em 1885, já havia outro Rodrigues legendário no Recife: seu próprio pai Francisco Rodrigues, um corretor de terrenos e imóveis, reconhecível à distância pela barba e pelos cabelos vermelhos que lhe valiam o apelido de "Barba de Fogo". Francisco "Barba de Fogo" era famoso pela audácia nos negócios e pela facilidade de multiplicar dinheiro, mas principalmente pela sua desvairada militância sexual — uma obsessão que seu casamento com dona Adelaide, fina dama da sociedade local, não perturbava nem um pouco. E nem podia perturbar porque, com pouco tempo de casados, Adelaide convencera-se de que, quando se tratava de atirar-se sobre qualquer mulher que lhe passasse à frente — solteira, casada ou viúva, linda, mais ou menos ou um bucho —, "Barba de Fogo" precisava de dez para segurar.

Sem opções outras, Adelaide pesou os prós (pai amantíssimo, marido generoso) e os contras do marido (fauno insaciável), concluiu que ele era exemplar nos aspectos mais importantes e, num gesto de enorme renúncia, liberou-o para ter as amantes que quisesse. Com o que, para inveja dos homens do Recife, "Barba de Fogo" tornou-se o único adúltero da cidade com habeas corpus fornecido pela própria esposa.

Ninguém consegue calcular o número de filhos que "Barba de Fogo" teve fora do casamento, mas os oficiais, com dona Adelaide, foram três: Augusto, Maria e o caçula Mario. Todos podiam ser considerados acima de inteligentes, mas Mario surpreendeu a família ao aprender a ler e a escrever quase na primeira chupeta. A partir daí, sentou-se, cruzou as pernas e tornou-se um leitor compulsivo de jornais. Aos cinco anos, quando criou manualmente um jornalzinho — em tudo parecido com um jornal de verdade —, os parentes não acrescentaram ao fato um mísero ponto de exclamação. Acharam normal. De onde surgiu em Mario a fascinação infantil pelo jornal, não se sabe, mas, de certa forma, esta fascinação (infantil, quero dizer) nunca o abandonou.

Foi então que, em 1891, quando Mario tinha seis anos, Adelaide e "Barba de Fogo" tomaram um navio vindo do Rio, que passara pelo Recife a caminho da Europa, e foram para Heidelberg, na Alemanha. Sem data para voltar. As crianças ficaram aos cuidados de um parente de sua mãe, um médico, doutor Coelho Leite. Ninguém sabia direito o que "Barba de Fogo" e sua mulher tinham ido fazer na Alemanha, embora sua condição financeira lhes permitisse ir até a China, se lhes desse na telha. Coelho Leite achava que sabia: "Barba de Fogo" teria câncer, provavelmente na laringe, e Recife não era a cidade ideal para tratá-lo. Heidelberg, com suas clínicas e hospitais de que falava o *Almanaque Capivarol*, talvez fosse.

"Barba de Fogo" nunca voltou ao Recife. Fosse qual fosse sua doença, morreu poucos meses depois, em 1892, e foi enterrado lá mesmo, em Heidelberg. Adelaide não pôde trazer para o Recife o corpo do marido. Em compensação, trouxe uma canastra com uma coleção de pinturas em porcelana, que aprendera a fazer enquanto ele agonizava — e, mais importante, trazia no ventre outro filho de "Barba de Fogo".

Mas este filho não chegaria a nascer. No dia do parto, que seria feito pelo doutor Coelho Leite, a criança se recusou a sair. Mãe e médico lutaram durante horas pela criança, com sofrimentos inenarráveis para Adelaide. Finalmente, quando os músculos de Adelaide desistiram e mãe e filho iam morrer, só havia uma solução: a cesariana, uma cirurgia de que se ouvia falar — algo que parecia do outro mundo — e que nunca fora praticada no Recife. Coelho Leite queria fazê-la, mas, diz a história, nenhum outro médico ou enfermeira da cidade atreveu-se a ajudá-lo.

A cirurgia não foi feita e Adelaide morreu entre gritos desesperados de "Me salvem!" e "Não quero morrer!".

Enterrados "Barba de Fogo" e Adelaide num espaço de meses, três crianças restaram órfãs ao céu do Recife. Coelho Leite ficou como tutor de Augusto, Maria, Mario e do dinheiro supostamente considerável que "Barba de Fogo" havia deixado. Mas esse dinheiro só era considerável nas mãos de "Barba de Fogo" — ou então, como acreditavam os Rodrigues, o gato comera. Mario era um que tinha certeza. Coelho Leite fornecia-lhes as mesadas aos tostões, alegando que o câncer devorara também o dinheiro de "Barba de Fogo" em Heidelberg. Alegou também que, pouco antes de morrer, Adelaide lhe passara uma caderneta que encontrara entre as coisas do marido. Ali estavam registradas todas as mulheres com quem ele tinha ido para a cama — centenas, quase mil, entre profissionais e amadoras. "Barba de Fogo" era minucioso: especificava nome, cor dos olhos, tipo de seios etc., e quanto gastara com cada uma delas. O total daria para comprar a Ponte Giratória do Recife. Agora não chegava para comprar um patinete.

Mario Rodrigues nunca ficou muito convencido disso. Quando fez quinze anos em 1900, e já com a barba cerrada demais para continuar esmolando ao tutor, abriu mão de ajuda. Largou os estudos no fim do ginásio e enfrentou o batente. Entre outros biscates, foi pastor de cabras, sendo premiado com uma febre palustre que lhe arruinou o fígado pelo resto dos 44 anos que iria viver.

Mas Mario Rodrigues não era homem para ficar pastoreando cabras, vadias ou não. Era poeta, com uma produção de trovas e sonetos que, se publicados, dariam para vergar prateleiras. A poesia nunca lhe dera um colarinho limpo, mas propiciou-lhe uma intimidade com as palavras que o despachou rapidamente para o endereço certo: o *Jornal de Recife*. Ao estilo da imprensa romântica da virada do século, começou como revisor, mas quem o conhecia sabia que em dois tempos Mario seria promovido à redação. Levou só um tempo: menos de um ano.

Ele era baixo, robusto, compacto e tinha uma invejável fartura de cabelos pretos — inclusive nas sobrancelhas, que podiam ser penteadas com um ancinho. Difícil que uma mulher o chamasse de bonito, mas sua personalidade forte transbordava dos ternos bem cortados e devia fazê-lo parecer um homem atraente. O temperamento era desigual, sujeito a fúrias demolidoras e surtos idem de ternura, ambos assustadores pelo exagero. Sua capacidade de fazer amigos era tão grande quanto a de atrair inimigos. Aos amigos, tudo: era capaz de fechar bares apinhados e pagar para uma multidão. Aos inimigos, justiça — e Mario Rodrigues em campanha não tinha limites para sua agressividade. O fígado em pandarecos não o impedia de tomar cerveja como se o planeta fosse interromper brevemente o plantio de cevada.

Era muito inteligente. Leitor voraz, capaz de memorizar parágrafos inteiros à primeira leitura. Poderia ter sido o mais brilhante debatedor político de seu tempo se não fosse por um incômodo detalhe: era gago. Nos acessos de ira, a capacidade de articulação não acompanhava a velocidade de seu raciocínio — a gagueira tomava as rédeas e isso o deixava ainda mais apoplético. Daí porque, escrevendo, fosse invencível. Não era um homem de ideologia. Como panfletário, a política seria para ele uma questão de fortes simpatias ou antipatias pessoais — algumas tão repentinas que seus adversários veriam nessas transições a cor do dinheiro. Em resposta Mario Rodrigues impunha códigos de honra tão rigorosos para os mortais comuns que devia ser impossível — até para ele — cumpri-los.

Em 1903 conheceu Maria Esther e sinos soaram em seus corações. Se não se casassem morriam. Mario Rodrigues tinha apenas dezoito anos e Maria Esther, quinze, mas casamentos tão precoces eram comuns na belle époque nordestina. (Sim, houve uma.) Os dois só não dispararam alegremente para a igreja porque a menina, filha da severa e bem-sucedida família Falcão, encontrou forte oposição doméstica. Seu pai, João Marinho Falcão, funcionário do Governo, não via em Mario Rodrigues o partido ideal para entregar-lhe a filha então única. E a mãe, dona Ana Esther (protestante em último grau), desconfiava de que ele não fosse um homem assim tão temente ao Senhor. (Lembrar que, como filho de Francisco "Barba de Fogo", Mario Rodrigues era suspeito em princípio. Não se sabia de que, mas era.) E havia ainda uma sinuosa campanha das primas de Maria Esther contra esse casamento — embora, como ela descobriria depois, apenas porque elas *também* haviam ficado de olho no jornalista.

Mas os Falcão não contavam com os recursos de Mario Rodrigues para vencer aquela resistência. Sua primeira providência foi ler toda a Bíblia, do Gênesis ao Apocalipse, e decorar versículos, páginas e livros quase inteiros dos dois Testamentos. E, se houvesse um terceiro, ele o leria também. Como se sua aparente conversão não fosse suficiente para converter a ele a família, Mario

Rodrigues passou a acompanhar Maria Esther e seus pais aos cultos da Igreja Batista e a cantar hinos. Em pouco tempo, ele próprio estava no púlpito, pregando com uma veemência de assustar os pecadores — e olhem que era gago. Não chegou a se tornar pastor, mas seus sermões transpiravam uma autoridade e convicção que surpreendiam até a ele.

Estava ganha a parada: um ano depois, em 1904, casou-se com Maria Esther — e, já na lua de mel, pareceu natural que as exigências de sustentar uma casa o fossem afastando aos poucos das atividades na igreja. Até que nunca mais apareceu por lá.

Perdeu-se uma vocação evangélica, certamente de ocasião, mas, contra todas as expectativas, Maria Esther ganhou um marido de sonho. Mario Rodrigues exercia suas funções conjugais com uma frequência de tirar o fôlego. E, em muitos sentidos, foi impecável: retomou os estudos, aprendeu francês, entrou para a Faculdade de Direito do Recife e, em meio a toda a barafunda política, formou-se em 1909 como primeiro da turma — uma turma que tinha, em sua lista de chamada, o futuro escritor e diplomata Gilberto Amado. (O qual já se julgava Gilberto Amado, com todas as pompas a que um Gilberto Amado tinha direito.) Pois Gilberto Amado teve de contentar-se em ser o segundo da turma. Ao primeiro, que foi Mario Rodrigues, coube um prêmio de viagem à Argentina e ao Chile. Viajou como advogado, mas, longe de procurar seus colegas de toga, preferiu a companhia dos jornalistas: visitou jornais e revistas de Buenos Aires e Santiago, muito mais avançados e agressivos que os nossos, aprendeu como funcionavam, trocou ideias e fez amizades. Na volta, iria aplicar tudo isto aqui. E começou logo, ao juntar-se a Dantas Barreto e fundar o *Jornal da República*.

Enquanto conciliava o jornal, a política e os estudos, fez também a sua parte para cumprir o projeto que Maria Esther se impusera como mãe: o de ter doze filhos!

Nesse aspecto, eles foram avassaladores. Uma a uma, as crianças não paravam de nascer: Milton, em 1905; Roberto, em 1906; Mario Filho, em 1908; Stella, em 1910; Nelson, em 1912; Joffre, em 1915. Roído de ciúmes, Mario Rodrigues não acreditava na objetividade profissional dos obstetras ou ginecologistas e só admitia que Maria Esther fizesse seus partos com a doutora Amélia, a única médica do Recife. Se dependesse da doutora, Maria Esther pararia nos seis. Segundo a médica (uma otimista nata), seis filhos eram o que o corpo de uma mulher podia suportar sem perder a graça e a firmeza das linhas. "A partir daí, lavo minhas mãos", dizia. Mas, nisto, quem não acreditava era Maria Esther — porque, nos anos seguintes, quando se mudassem para o Rio, ela teria outros oito, num deslumbrante total de quatorze filhos.

Maria Esther tinha seus motivos para não temer uma gravidez atrás da outra. Numa época em que a medicina ainda guardava estreitas relações com o ofício de barbeiro e muitos partos eram um risco para a mãe, os dela eram suaves como seda e seus seis primeiros filhos tinham saído perfeitos. Seguiam até uma espécie de padrão quanto à cor do cabelo. O primeiro, Milton, era ruivo como o avô "Barba de Fogo"; o segundo, Roberto, era moreno como o pai; o terceiro, Mario Filho, era de novo ruivo; pela ordem, Stella deveria ser morena, mas nasceu com cabelo vermelho; Nelson, a seguir, nasceu louríssimo e assim ficou até quase os dez anos, quando seu cabelo escureceu e ele se incorporou ao time dos morenos; o sexto, Joffre, restabeleceu a linha vermelha. E eram fortes como o diabo: Milton tivera tifo e Nelson, aos dois anos, coqueluche, mas o resto foram "galos" e lombrigas.

No Recife, exceto por ver o marido apostando diariamente a vida em seus editoriais no *Jornal da República*, tudo era ainda ouro sobre azul para Maria Esther. Moravam numa ampla casa alugada na rua Doutor João Ramos, na Capunga, perto do Derby. No verão de 1915, Mario arrendou uma mansão na rua do Sol, em Olinda, a um quarteirão da Praia do Farol, onde passaram a temporada. De dia, alugavam cavalos para cavalgar na areia, entre as pitangueiras anãs. À noite, contratavam orquestras para animar suas festas. Casais dançavam quadrilha e se excitavam nos breves instantes em que seus corpos se roçavam. Nelson tinha menos de três anos, mas não se iluda: nada lhe escapava.

Ele ganhara esse nome em homenagem ao almirante inglês Lord Nelson, vencedor da Batalha de Trafalgar, em 1805. Seu irmão seguinte, Joffre, também era uma homenagem militar de Mario Rodrigues: ao marechal francês Joseph Joffre, vencedor da Batalha do Marne, em 1915. Não se conclua por isso que Mario Rodrigues fosse um militarista, que não era — o que admirava nesses soldados era a audácia de arriscar estratégias suicidas e, afinal, vitoriosas. Na sucessão presidencial de 1910, marcada pela campanha civilista de Rui Barbosa contra o marechal Hermes, ele trabalhara por Rui. Mas agora estava ao lado de um soldado, o general Dantas Barreto, o qual, modestamente, também se considerava um herói militar: voluntário da Guerra do Paraguai, veterano da campanha de Canudos e ex-ministro da Guerra do marechal Hermes. Mario Rodrigues via em Dantas uma predestinação guerreira de macho pernambucano e estava disposto a segui-lo até o fim.

De repente, bomba no governo Dantas Barreto. Um dos favoritos do general, o chefe político Manuel Borba, dono dos votos do interior, rompeu espetacularmente com o líder em 1915 e lançou-se candidato à sua sucessão ao governo de Pernambuco. O dantismo, com Mario Rodrigues à frente, passou a considerá-lo um traidor, não só de Dantas, mas de Pernambuco inteiro — e, desfraldando esse exagero como uma bandeira, partiu para a guerra contra Manuel Borba. Até o ódio a Estácio Coimbra ficou em segundo plano. Mas Manuel Borba não era Estácio Coimbra. Conhecia o dantismo por dentro e concentrou seus ataques nas cabeças coroadas. Entre elas, a de Mario Rodrigues.

Os borbistas revelaram que ele tinha um cargo no governo — de curador de ausentes, responsável por intermediar contratos entre partes ausentes e o poder público — e insinuaram que, nessa função, ele devia receber muitos "presentes". Mario Rodrigues podia ter-se defendido alegando, por exemplo, que não recebera esse cargo de Dantas, mas de um governador anterior, Herculano Bandeira. O que era verdade. Em vez disso, prestou contas, pediu demissão e, como contaria depois um amigo seu, o escritor Humberto de Campos, "enojado, limpou as mãos no focinho dos inimigos e foi embora para o Rio de Janeiro".

O chão do Recife estava fugindo sob os pés de Mario Rodrigues. No último ano do governo Dantas, as coisas pareciam pretas para o dantismo e, em consequência, para Mario Rodrigues. O *Jornal da República* era o único jornal que ainda apoiava Dantas Barreto. Era natural que, para tirar-lhe o resto de chão, a imprensa inimiga fuzilasse diariamente o *Jornal da República* e seu diretor. Mario Rodrigues gostava de polêmicas, mas aquela era uma guerra de muitos contra um — e perdida, porque Dantas já não tinha com ele a opinião pública. Até a letra do frevo "Vassourinhas" fora mudada. Quando Dantas saísse do palácio, o *Jornal da República* ficaria de cuecas. Pois, desta vez, foi Maria Esther quem enxergou longe. Combinando sua intuição feminina com uma bela percepção do óbvio, começou a insistir com seu marido em que o futuro estava na Capital Federal — o Rio de Janeiro.

Mario Rodrigues tomou o vapor do Lloyd Brasileiro, deixou mulher, filhos e até o resto de seu mandato de deputado no Recife, e veio tentativamente para o Rio em fins de 1915. Seus únicos contatos na cidade eram os jovens Olegario e José Marianno Filho, filhos do herói abolicionista e republicano José Marianno, também de Pernambuco. Eles se davam com Edmundo Bittencourt, o proprietário do *Correio da Manhã*, e acolheram Mario Rodrigues enquanto tentavam que Edmundo o contratasse. Mas, nos primeiros meses, Edmundo não se interessou. Não que Mario Rodrigues parecesse muito preocupado. No Rio, uma cidade nova em folha depois da gigantesca reurbanização realizada pelo prefeito Pereira Passos, ele sentia no ar a rósea proximidade do verdadeiro poder e o perfume (nem tão próximo assim) das mulheres cariocas — as quais, como escreveu depois, andavam pelas ruas "esmagando almas".

Mas a situação que deixara para trás, no Recife, não era tão rósea ou perfumada. O inimigo Manuel Borba vencera as eleições, o dantismo estava miseravelmente por baixo e seu irmão Augusto escreveu-lhe uma carta furibunda. Que voltasse imediatamente para o Recife, reassumisse o mandato e combatesse

Manuel Borba com todos os dentes. Augusto tinha ascendência sobre Mario. Poucos anos mais velho, fora o seu apoio contra as sovinices do tutor Coelho Leite depois da morte de seus pais. O próprio Augusto, com grande tenacidade, formara-se em odontologia, mas torrava tudo o que ganhava em obras de arte cujo valor ninguém sabia ao certo.

Assim, Mario Rodrigues tomou o vapor de volta para o Recife e, em fevereiro de 1916, retomou o seu lugar na Assembleia pernambucana. Mas as coisas agora eram diferentes. Seu líder Dantas Barreto passara por cima de todos os cadáveres de 1911 e aliara-se ao ex-arqui-inimigo Estácio Coimbra. O *Jornal da República* tornara-se o arauto dessa aliança. Mario Rodrigues sentiu-se pessoalmente traído. Não tinha como combater Manuel Borba naquela situação. Além do mais, Maria Esther não se conformava com a sua volta ao Recife — para ela uma cidade sinônima de instabilidade e incerteza. Obrigou-o a voltar para o Rio. Quando estivesse instalado e com emprego, mandasse-a chamar que ela seguiria com as crianças. E, então, Mario Rodrigues tomou mais uma vez o vapor para a capital. Ainda não sabia, mas deixara Maria Esther grávida de novo.

No Rio, desta vez, as coisas prometiam dar certo. José Marianno Filho conseguiu-lhe o emprego com Edmundo Bittencourt e Mario Rodrigues tornou-se redator parlamentar do *Correio da Manhã*. Isto significava cobrir o Congresso e tornar-se íntimo das qualidades e defeitos dos políticos nacionais. Qualidades e defeitos que, aliás, se revelavam muito menos no Palácio Monroe, onde funcionava o Senado, do que no cabaré Assyrio, ali ao lado, onde os políticos, juntamente com diplomatas e banqueiros, jantavam lagostas com champanhe entre belas mulheres que dançavam o one-step.

Como se tivesse bicho-carpinteiro, Mario Rodrigues não se limitou ao trabalho no *Correio da Manhã*. Por fora, passou a mandar colaborações políticas para o *Jornal de Recife*. Um desses artigos foi que o salvou quando, poucos meses depois de contratado pelo *Correio da Manhã*, ele se desentendeu com o alagoano Costa Rego, poderoso secretário do jornal e braço direito de Edmundo Bittencourt. Costa Rego demitiu-o — e no pior momento possível: Mario acabara de receber um telegrama de Maria Esther informando-o de que vendera tudo no Recife e que estava embarcando com os filhos para o Rio.

Mario Rodrigues estava hospedado na casa de Olegario Marianno e de sua mulher Maria Clara em Botafogo. Sozinho no Rio, aquele era um arranjo conveniente para ele, sem ser um estorvo para Olegario e Maria Clara. Mas onde se instalar de repente com a mulher, seis filhos (um de colo, Joffre) e outro a caminho, como agora ele sabia? E, o que era pior, dramaticamente desempregado. Esta era a situação naquele julho de 1916 quando Mario Rodrigues foi com Olegario ao Cais Pharoux, na praça Quinze, esperar o vapor do Lloyd que trazia sua família.

Contra a vontade de seu cunhado Augusto, que a chamara de louca, Maria Esther vendera móveis e joias para comprar as passagens e sustentar a si e as crianças durante a viagem — seis ou sete dias no mar, costeando o litoral e parando para despejar e recolher gente em Maceió, Aracaju, Salvador, Ilhéus, Vitória e, finalmente, Rio. Entre refeições e gorjetas no navio, gastara o resto do dinheiro e chegara aqui sem um níquel. Mas Olegario Marianno foi magnífico. Acolheu todo mundo em sua casa, cama e mesa incluídas, desde que Mario Rodrigues não demorasse a tomar providências para empregar-se de novo e instalar-se em algum lugar. É bom notar que Olegario, com um ou dois livros publicados, ainda não era o "poeta das cigarras" — que só se tornaria em 1920 com o sucesso de seu poema "As últimas cigarras" — e muito menos fora eleito o "príncipe dos poetas brasileiros", o que só viria a acontecer em 1926. Tinha seus recursos, mas não o suficiente para incorporar, por muito tempo, oito bocas pernambucanas à sua mesa.

Foi quando o acaso interferiu para envernizar a imagem de Mario Rodrigues junto a Edmundo Bittencourt e fazer com que ele fosse readmitido no *Correio da Manhã*. Um desses acasos tão felizes que fazem suspeitar de caso pensado. Uma de suas colaborações para o *Jornal de Recife* intitulava-se "A rapsódia de um panfletário" e era uma ode a Edmundo. Num trecho da matéria, reportando-se a antigas campanhas jornalísticas do ex-patrão, Mario Rodrigues escrevia: "Os artigos desse bravo, loucamente bravo nos seus impulsos de repúblico e nas suas revoltas de homem de bem, logo ribombaram como trovões contra a pederneira, para acordar a sociedade pusilânime, suicida num atascal de vilipêndio". (Euclydes da Cunha faria melhor?) E mais adiante: "A homens desse quilate não farei nunca a injúria de um cumprimento banal".

José Marianno Filho fez com que o artigo de Mario Rodrigues chegasse ao conhecimento de Edmundo, e as portas do *Correio da Manhã* lhe foram abertas de novo. Reincorporado às suas funções de redator parlamentar, Mario Rodrigues finalmente pôs-se em campo em busca de uma casa para a família. Encontrou-a na Aldeia Campista, um simpático arrabalde residencial espremido entre o Andaraí, a Tijuca, o Maracanã e Vila Isabel, na Zona Norte. Não era chique como as Laranjeiras, mas era o que ele podia pagar. Alugou-a, a 120 mil réis por mês, com o aval dos Marianno. Com vales do *Correio* e empréstimos de Olegario, comprou os tarecos essenciais para mobiliá-la. Um mês depois que a mulher e os filhos haviam desembarcado no Cais Pharoux, Mario Rodrigues pôs todo mundo num carro de praça em Botafogo.

Ele foi na frente com o chofer. Nos dois bancos de trás do velho Hudson de sete lugares (um banco de frente para o outro), viajaram Joffre no colo de Maria Esther, Nelson no de Milton e mais Stella, Mario Filho e Roberto. Uma hora depois, o carro chegou à Aldeia Campista e estacionou na esquina da rua Alegre com a Santa Luísa, ao lado de uma farmácia. Da janela, os vizinhos repararam no casal e na escadinha de filhos desembarcando e desaparecendo pela porta do nº 135 da rua Alegre.

O gramofone da casa ao lado tocava um big sucesso da época: a valsa da opereta *O conde de Luxemburgo*, de Franz Lehar.

2

Diabolismo: Nelson aos oito anos

— 1919 —
RUA ALEGRE

As vizinhas eram mesmo gordas e patuscas. Tinham bustos opulentíssimos, braços espetaculares e colares de brotoejas. Passavam o dia nas janelas, fiscalizando os moradores da rua e suspirando exclamações como "Deus é grande!" e "Nada como um dia depois do outro!". Seus maridos eram magros, asmáticos, espectrais e, à noitinha, postavam-se nas soleiras com seus pijamas de alamares e chinelos, esperando o garoto cujo pregão já se ouvia desde a Maxwell: "Eu sou um pobre jornaleiro/ Que não tenho paradeiro/ Vivo sempre a sofrer". E puxava um fôlego extra para gritar: "Olha *A Noite*!". Era também uma vizinhança de solteironas ressentidas, de adúlteras voluptuosas e, não se sabe por quê, de muitas viúvas — machadianas, só que com gazes enroladas nas canelas, por causa das varizes.

Era também uma vizinhança que tossia em grupo. Não que fosse uma comunidade de tísicos. O brasileiro é que tossia muito naquele tempo. Qualquer agrupamento numa sala era um pânico. Começava por um solitário pigarro. Alguém aderia. Logo se juntavam as tosses secas, os chiados de asma, os assovios das bronquites e, num instante, a sala inteira era um festival de expectorações. Por isto, em todas as salas, em lugar de honra, entronizava-se a escarradeira. Uma escarradeira Hygéa, branca, de louça, com o caule que se abria em lírio ou copo-de-leite. No resto, a vida era simples. Os banhos eram de bacia, os partos eram feitos em casa e os velórios eram a grande atração da rua — ia-se à casa do defunto não para vê-lo pela última vez, mas para se assistir ao desespero da mãe ou checar a sinceridade da viúva. Como os velórios eram domésticos, e não nas capelinhas, não havia morte que passasse em branco. Daí a impressão de que as pessoas morriam mais, principalmente as crianças. Talvez morressem mesmo. Mas o mais provável é que essas mortes, assim como as solteironices e os adultérios, fossem tantas quanto hoje, só que menos banalizadas.

Onde você já viu esse cenário e esses personagens? Em Nelson Rodrigues, claro. Pois esse cenário e personagens eram reais e compunham a paisagem da rua Alegre na época em que a família Rodrigues se mudou para lá, em agosto de 1916. Na verdade, compunham a paisagem de toda a Aldeia Campista, onde ficava a rua Alegre, e da qual Nelson espremeria até a última gota de suco em peças, romances, contos e crônicas. Nas décadas seguintes, a Aldeia Campista seria absorvida pelos bairros adjacentes e, hoje, só os cariocas da velha guarda ainda a chamam pelo nome. A própria rua Alegre, nos anos 40, tornou-se a rua Almirante João Cândido Brasil, e um dos motivos para ter perdido o antigo nome só pode ter sido o de não fazer justiça a ele.

Quando os Rodrigues foram para a rua Alegre, não eram mais ricos ou mais pobres que o resto da vizinhança. Era uma rua de pequenos funcionários públicos, caixeiros de armarinhos na rua Larga e imigrantes judeus recém-chegados, sem nenhum esplendor visível no horizonte. Comparado com aqueles vizinhos, tão remediados quanto ele, Mario Rodrigues até que *podia* contemplar um horizonte: aos 31 anos, em 1916, estava longe de ser criança, mas não viera do Recife para perder. Trabalhava no *Correio da Manhã*, frequentava rega-bofes como jornalista, eventualmente jantava as lagostas com champanhe no Assyrio a convite de um político, conhecia os poderosos e influentes. Em último caso, mas último mesmo — se, por exemplo, Edmundo Bittencourt tivesse um dos seus recorrentes ataques de cólera e o despedisse —, sempre poderia afiar o latim e afixar em sua porta a placa de advogado.

Com ou sem a espada de Edmundo Bittencourt sobre sua cabeça, Mario Rodrigues tinha bons motivos para pensar em também advogar. Mais exatamente, um motivo a cada dois anos. Se o salário no *Correio da Manhã* mal dava para sustentar seis filhos, no fim de 1916 esses filhos já não eram seis, mas sete, porque Maria Clara (cabelo vermelho) nasceu em novembro — e ganhou esse nome em homenagem à mulher de Olegario Marianno. E, logo depois, seriam nove, com o nascimento de Augustinho, em 1918, e Irene, em 1920, ambos de cabelo preto. Todos com a santa parteira da rua Alegre. Antes e depois de cada parto, Maria Esther enfrentava o tanque, o fogão e a filharada — porque lavadeiras, empregadas e babás, nem em miragens.

Uma amiga dos bons tempos no Recife, de passagem pelo Rio, foi visitá-la na rua Alegre e ficou escandalizada com a penúria. Voltou para Pernambuco dizendo horrores de Mario Rodrigues. Entre outras coisas, que café com macaxeira (que os cariocas chamavam de aipim), sem leite, era o almoço e o jantar da família. E não estava mentindo. O próprio Nelson se queixaria no futuro de que todos os seus aniversários daquele tempo foram comemorados sem uma mísera cocada ou mãe-benta.

Nelson fez quatro anos dias depois da chegada da família à rua Alegre. Ainda usava camisinha de pagão acima do umbigo, sem calças e sem consciência da própria nudez, quando uma vizinha, dona Caridade, irrompeu pela porta e esbravejou para sua mãe:

"Todos os seus filhos podem frequentar a minha casa, dona Esther. Menos o Nelson!"

Diante da perplexidade geral, a acusação: vira Nelson aos beijos com sua filha Ofélia, de três anos, com ele sobre ela, numa atitude assim, assim. É claro que Nelson só havia *tentado*, esclareceu dona Caridade. Mas aquilo era suficiente para qualificá-lo, aos quatro anos completos, como um tarado de marca maior.

Nelson presenciou o alarido de dona Caridade com um pouco de medo, o nariz escorrendo e sem entender direito. Sua mãe não ralhou com ele e seu pai não o ameaçou com um único cascudo. Mas o episódio revelou-lhe que certas coisas eram proibidas e outras não. Ninguém o punha de castigo, por exemplo, quando ficava na janela cuspindo na cabeça dos que passavam. Pouco tempo depois, quando se habituou a empilhar um par de paralelepípedos para espiar sobre o muro da vizinha a filha da lavadeira tomando banho, já sabia muito bem o que estava fazendo. Viu uma vez e viu muitas mais.

O fato de ouvir dizer que a menininha negra nua no tanque era louca não fazia diferença. Era um corpo nu, diferente do seu — e *aquilo* fazia diferença. Tanta, aliás, que, nessa época, acendeu-lhe um súbito pudor do próprio corpo. Nelson foi um menino que não disputou com os outros moleques para ver quem fazia xixi mais longe ou quem gozava mais rápido nas masturbações coletivas — brincadeiras bobocas e comuns entre os meninos antigos. E, segundo todos os relatos, era também um garoto que não dizia palavrões.

Aos sete anos, em 1919, pediu a sua mãe para ir à escola. Ela o matriculou na escola pública Prudente de Morais, na esquina da própria rua Alegre com a Maxwell, a exatamente dois quarteirões de casa. Não foi uma experiência risonha e franca. Sua professora, dona Amália Cristófaro, gostava dele e o elogiava por ter aprendido a ler quase de estalo, mas vivia repreendendo-o por chegar todo dia com as orelhas sujas. Certa vez Nelson foi flagrado na escola com piolhos e lêndeas. Levado à diretora, dona Honorina, esta o mandou para casa dizendo que só voltasse com o cabelo cheirando a flite, para não empestear os outros oitenta fedelhos.

Os colegas implicavam com ele por suas pernas cabeludas e dona Honorina chegou a sugerir que passasse a usar calças compridas. Mas o que ninguém deixava de notar, na escola e fora dela, era a sua cabeça enorme, desproporcional ao tronco. No futuro, Nelson criaria uma imagem engraçada para descrever-se naquele tempo: "pequenino e cabeçudo como um anão de Velázquez". Mas basta examinar um dos anões do pintor espanhol para perceber que eles não tinham nada de engraçado: eram deformados e monstruosos. Que era como Nelson devia se sentir, ao receber festinhas dos amigos de seu pai e ouvir deles, pela undécima vez, o dúbio elogio: "Mas que cabeça, hein?". Na verdade, Nelson tinha vergonha de sua cabeça. Se pudesse a esconderia, como fazia com o resto do corpo.

Aos oito anos, no segundo ano primário, aconteceu a história que depois se tornaria uma de suas favoritas: a do concurso de redação na classe. Um dia, dona Amália anunciou que, em vez de escrever sobre imagens que ela lhes mostrava (geralmente gravuras de animais domésticos, como vacas ou pintos), cada aluno iria discorrer sobre o tema que quisesse. A melhor redação seria lida em voz alta na classe. As composições foram escritas e entregues no mesmo turno de aula.

Dona Amália passou os olhos sobre as folhas de caderno, quase caíram-lhe os óculos ao ler uma delas e, por via das dúvidas, selecionou duas vencedoras e não uma. A primeira, de um garoto chamado Frederico, cujo sobrenome não passou à História, contava o passeio de um rajá no seu elefante. A outra — a de Nelson — era uma história de adultério. Um marido chega de surpresa em casa, entra no quarto, vê a mulher nua na cama e o vulto de um homem pulando pela janela e sumindo na madrugada. O marido pega uma faca e liquida a mulher. Depois ajoelha-se e pede perdão.

Quando recebeu e leu para si a redação de Nelson, dona Amália tirou os óculos e olhou-o como se estivesse diante de um aluno que ela nunca tinha visto. Foi até dona Honorina e pediu que ela também lesse. Dona Honorina leu e chamou as outras professoras. Foram em comitiva à sala de dona Amália e ficaram todas olhando para Nelson. Ele confessaria depois que, ao sentir-se tão olhado, adorou pela primeira vez ser o centro das atenções. A redação de Nelson não tinha como não ser premiada, mas não poderia ser lida em classe. Então premiou-se também a do rajá no elefante e só esta foi lida. Mas, intimamente, Nelson sabia que havia sido o único vencedor.

Duplamente, aliás, porque começara a redação com uma frase — "A madrugada raiava sanguínea e fresca" — tirada quase ipsis litteris de um verso do batidíssimo soneto "As pombas", de Raimundo Correia. E dona Amália não percebera ou fingira que não.

O detalhe do plágio é importante porque, tanto quanto a opção pela adúltera, esconde — ou, por outra, não esconde — um diabolismo que, até então, só dona Caridade, a mãe da menina Ofélia, enxergara em Nelson, quatro anos antes. O adultério, em si, nem tanto: não há criança de subúrbio que não tenha sido contemporânea de um caso desses sem se impressionar. E histórias como aquela, talvez com desfechos menos trágicos, eram frequentes na rua Alegre e adjacências, onde florescia uma vizinhança particularmente abelhuda e fofoqueira. O excepcional era Nelson ter se atrevido a pô-la em palavras numa redação escolar.

Isto, claro, supondo-se que as coisas tenham corrido exatamente como o próprio Nelson contou ao chegar em casa. Porque, entre os muitos escritos produzidos por ele em sua infância e adolescência, este foi um que não chegou até nós. A famosa redação não existe mais. Quem pode garantir, por exemplo, que o detalhe do marido se ajoelhando para pedir perdão não tenha sido acrescentado "de memória" por Nelson anos depois? Não é impossível.

Mas improvável. Se Nelson precisava de um ingrediente em sua biografia para fixar a obsessão que sempre o acompanharia — o sexo e a morte de mãos dadas —, os acontecimentos do ano anterior, 1918, e o que se passou em seguida no Rio teriam sido mais que suficientes.

Em meados de outubro de 1918, as pessoas começaram a apresentar febre súbita e altíssima e a cair mortas, como moscas, aos magotes. Era a "Espanhola", a gripe que vinha da Europa pelos navios que atracavam nos portos brasileiros. Como não se conheciam os vírus, dizia-se que a causa eram os mortos insepultos da Europa na guerra mundial. Foi uma devastação. Num Rio de Janeiro de 1 109 000 habitantes e quebrados em 1918, morreram quinze mil pessoas nos quinze últimos dias de outubro — mil por dia, se a matemática não falha. (Em termos de 1992, para uma população de 5 300 000 apenas na cidade do Rio de Janeiro, excluído o Grande Rio, seria como se morressem setenta mil pessoas — perto de 4 700 por dia!) E o Rio de 1918 não tinha apenas menos gente. Era também muito menor, com a população se concentrando na Zona Norte, onde morava o pessoal de Nelson, e no Centro. Uma família com um doente podia infectar com um espirro toda a família ao lado.

O elenco inteiro de uma revista da praça Tiradentes foi dizimado em três dias. Repórteres que cobriam o cais do porto e tinham de entrar nos navios já voltavam para as redações com quarenta graus de febre. Os médicos não sabiam como tratar a "Espanhola" e receitavam comprimidos de quinino, chá de folhas de pitangueira e caldo de galinha sem sal. Os mais irresponsáveis sugeriam cachaça com limão. Não que o Brasil não estivesse avisado. Aquela mesma gripe estava matando três milhões de pessoas na Europa e iria matar quinze milhões na Índia até o fim do ano. O vírus chegara ao Rio e se sentira em casa.

As pessoas morriam na cama, na rua, em toda parte, e iam sendo recolhidas pelos funcionários da prefeitura. Estes as jogavam nos bondes bagageiros da Light ou nas caçambas dos caminhões e das carroças da limpeza pública. Jogavam é o termo. Os corpos eram empilhados como sardinhas ou atuns. Às vezes, numa curva do caminhão, um corpo caía da caçamba e era apanhado e atirado de volta, sem a menor consideração. Quando os carroceiros descobriam alguém dado como morto e ainda estrebuchando na pilha, acabavam de matá-lo com as costas das pás. Uma pessoa viva, nessas condições, era uma ameaça. Num morro dos fundos do Cemitério do Caju, voluntários e presidiários abriam valas comuns, onde eram despejados centenas de cadáveres de cada vez. Os próprios coveiros começaram a morrer e ninguém mais queria desempenhar esta função. E, quanto mais cadáveres acumulados, mais a situação piorava. Ninguém chorava ninguém — não havia tempo.

E, então, no fim de outubro, assim como surgira sem avisar, a "Espanhola" foi embora, quando ninguém mais esperava. Uma população inteira havia criado anticorpos. Cautelosas a princípio, as pessoas começaram a sair de casa, todas de preto. Oitenta por cento dos cariocas tinham sido atacados — a maioria pobres e indigentes, mas também muita gente da média e da alta. Raríssimas famílias da Aldeia Campista não tiveram um morto pelo qual vestir luto. Os Rodrigues foram uma delas, mas por muito pouco: Augustinho teve a gripe e só se salvou pela sua formidável resistência de bebê — tinha menos de seis meses.

A "Espanhola" atacara também Santos, Salvador e Recife, mas com muito mais condescendência. O Rio fora a sua maior vítima — e seria ele também a dar a maior resposta que uma epidemia já conhecera. E uma resposta bem carioca: o Carnaval de 1919, o primeiro depois da gripe e o maior carnaval do século, o Carnaval da ressurreição. Foi também o primeiro carnaval em que o samba superou em número os tangos, polcas, fados e até valsas dos outros carnavais. Era como se o carioca descobrisse finalmente a trilha sonora ideal para os corsos de carros abertos e para as batalhas de confete na praça Saenz Peña, na Tijuca, ou na rua Dona Zulmira, na Aldeia Campista.

Foi numa dessas que Nelson, aos sete anos, viu a odalisca loura do umbigo de fora.

Uma coisa era ver a filha louca da lavadeira tomando banho nua no tanque, trepado em paralelepípedos. Outra era ver um buquê de mulheres pintadas, perfumadas e seminuas dançando num carro aberto com a capota de lona arriada, abraçadas a homens, flertando com os espectadores nas calçadas e exibindo nacos de carne que, até a véspera, escondiam avaramente dos vizinhos. Quando o corso passava, muitas mães tapavam os olhos dos filhos e os levavam pela orelha para casa. Uma das folionas era uma loura da Aldeia Campista, que Nelson via agora na praça Saenz Peña com uma fantasia de odalisca que lhe cobria quase tudo, menos o umbigo e arredores. Aquele umbigo pareceu a Nelson, como ele contaria depois, a vingança de toda uma cidade contra o pesadelo da "Espanhola".

Não só o umbigo. "Em 1919, o Rio deixava de ser o de João do Rio e passava a ser o de Benjamim Costallat", ele escreveria várias vezes. Queria dizer que o alívio pelo fim da "Espanhola" ejaculara uma onda erótica e delirante na cidade como se as pessoas quisessem se atirar à vida antes que o mundo acabasse de novo. Num Rio muito mais literário que o de hoje, esse delírio era de fato representado, não mais pelo suave João do Rio, mas pelos contos e crônicas de Benjamim Costallat e, embora Nelson não a mencionasse, pelos poemas de Gilka Machado.

Costallat, hoje maciçamente esquecido, fizera furor aquele ano com os contos de seu livro *A luz vermelha*, em que, desde o título, fornecia descrições febris dos "vícios e loucuras" das madrugadas na Lapa e no Mangue, provocando frissons nas garotas e pânico nas famílias. Pela maneira com que escrevia, devia soar na época como um degenerado. Seu romance *Mlle. Cinema* seria lido com palpitações uterinas pelas moças. Mas, depois de um apogeu relâmpago como o máximo da lubricidade, Costallat foi desmoralizado por uma blague (nunca se soube se verdadeira) de José do Patrocínio Filho: a de que o pobre Benjamim era o último homem a conhecer os vícios e loucuras do bas-fond carioca, já que pagava para não sair de casa e dormia pontualmente às dez da noite — hora em que a Lapa e o Mangue estavam apenas dando início aos trabalhos. Vindo de quem vinha, a piada foi encarada com reservas, mas não muitas: Zeca Patrocínio podia ser o maior mentiroso do Rio, mas era também o seu boêmio oficial.

Gilka Machado era diferente. Aos 26 anos, em 1919, ela já fizera tremer as porcelanas da Colombo com os seus livros *Cristais partidos* e *Estados de alma*, cujos poemas eram de uma sensualidade capaz de ferver os sucos da mais recatada aluna do Sacré-Coeur. Não contente em pertencer à roda da bela Eugenia Moreyra (uma jornalista que fumava charuto, dizia palavrões e contava piadas escandalosas), Gilka era também amazona e nadava e remava pelo Flamengo. Como era inevitável, as pessoas acreditavam que Gilka Machado desempenhava na vida real todos aqueles pecados que lubrificavam os seus versos.

Não era o caso, mas, enquanto durou o equívoco, Gilka foi uma celebridade: seus poemas eram copiados nos diários das adolescentes cariocas e lidos com intensa salivação até pelos garotos. Um desses poemas era o "Noturno" nº 8 de *Cristais partidos*:

É noite.
Paira no ar uma etérea magia;
Nem uma asa transpõe o espaço ermo e calado;
E, o tear da amplidão, a Lua, do alto, fia
Véus luminosos para o universal noivado.

Suponho ser a treva uma alcova sombria,
Onde tudo repousa unido, acasalado.
A Lua tece, borda e para a Terra envia
Finos, fluidos filós, que a envolvem lado a lado.

Uma brisa sutil, úmida, fria, lassa,
Erra de quando em quando. Uma noite de bodas esta noite...
Há por tudo um sensual arrepio.
Sinto pelos no vento... É a Volúpia que passa,
Flexuosa, a se roçar por sobre as coisas todas,
Como uma gata errando em seu eterno cio.

Num clima denso de erotismo como este, a história do adultério contada por Nelson na redação para dona Amália, naquele mesmo ano, era até café pequeno.

Descontado o fato de que Benjamim Costallat, Gilka Machado e o Carnaval de 1919 existiram de verdade, muito dessa insurreição erótica de toda uma cidade se passou apenas aos olhos de Nelson. Era ele que, dos sete aos dez anos, estava identificando a sua descoberta do mundo à movimentação da vizinhança — o que não quer dizer que estivesse errado.

Aos seus olhos, uma única adúltera na rua Alegre tornava suspeitas todas as esposas do mundo. Uma viúva que saísse de batom à rua, menos de seis meses depois de enterrar o marido, era um aviso a todos os maridos que um dia viessem a morrer. Uma mulher que desfilasse com o umbigo de fora num carro aberto era uma prova de que, por mais que se cobrissem, as mulheres continuavam nuas sob os vestidos. E, se os homens vinham ao mundo para alguma coisa, era para sentir ciúmes. Seu pai, por exemplo. Era ciumento como um marido de ópera. Não deixava a mulher sair sozinha e muito menos de bonde: para ele, havia um gaiato em cada ponto, alerta para a menor centelha de um tornozelo exposto, mesmo que de meias, na hora de subir ao estribo. Se Maria Esther tinha de sair de casa, que fosse em carro fechado e com um dos filhos.

Nelson presenciou bate-bocas tremendos por causa dos ciúmes de Mario Rodrigues — cenas cuja apoteose mostrava seu pai agarrado às saias de Maria Esther, jurando que aquilo não se repetiria.

Na condição de quarto filho homem por ordem de entrada em cena, Nelson era também o precoce beneficiário das descobertas e experiências dos mais velhos. Em 1919, eles já tinham idade para espremer espinhas — Milton, quatorze anos; Roberto, treze; Mario Filho, onze — e Nelson, aos sete, era um interessado espectador e ouvinte dessas experiências. E, para completar essa apreensão a jato dos fatos da vida, começara a ler como um possesso.

Os Rodrigues e parte da escadinha:
(esq.) Paulinho, Joffre, Nelson e Stella

Como todo mundo então, ele começou com *Tico-Tico*, a primeira revista infantil brasileira, fundada em 1905. Se você considera isso irrelevante, saiba que, em 1919, Rui Barbosa, já com quase setenta anos e do alto de seu monóculo, guarda-chuva e polainas, também lia a revistinha. (E ainda a citava na tribuna do Senado. Quando lhe perguntavam onde havia lido sobre isto ou aquilo, Rui respondia com olhos de aço: "Li no *Tico-Tico*!".) Nelson superou rapidamente *Tico-Tico* e passou a ler tudo o que lhe caía à frente, em forma de livro barato, folhetim de jornal ou almanaque de xarope — da primeira à última linha, muitas vezes sentado no meio-fio da rua Alegre, debaixo de um lampião. Não que não pudesse ler em casa — sua família nunca lhe censurou qualquer leitura. É que tinha mais sossego na rua.

Você chamaria essas leituras de subliteratura, e das mais cabeludas: *Rocambole*, de Ponson du Terrail; *Epopeia de amor, Os amantes de Veneza* e *Os amores de Nanico*, de Michel Zevaco; *Os mistérios de Paris*, de Eugène Sue; *A esposa mártir*, de Enrique Pérez Escrich; *As mulheres de bronze*, de Xavier de Montepin; *O conde de Monte Cristo* e as infindáveis *Memórias de um médico*, de Alexandre Dumas pai; os fascículos de *Elzira, a morta-virgem*, de Pedro Ribeiro Vianna; e ponha subliteratura nisto.

Variavam os autores, mas no fundo era uma coisa só; a morte punindo o sexo ou o sexo punindo a morte — ou as duas coisas de uma vez, no caso de amantes que resolviam morrer juntos. A forma é que era sensacional: tramas intrincadas envolvendo amores impossíveis, pactos de sangue, pais sinistros, purezas inalcançáveis, vinganças tenebrosas e cadáveres a granel. Um ou outro autor dava uma pitada a mais de perversidade condenando a heroína à lepra ou à tuberculose, males tão vulgares nesses romances quanto corizas.

Não que Nelson escolhesse esse gênero de histórias. Elas é que lhe chegavam mais facilmente às mãos. Tanto que, quando leu Dostoiévski pela primeira vez aos treze anos — *Crime e castigo* —, foi também em folhetim, e ele o leu com a mesma sofreguidão diária com que devorara *Elzira, a morta-virgem*. Para quem não sabe, o folhetim era um romance, quase sempre francês ou espanhol, que se lia pelo jornal, a um capítulo por dia — uma espécie de avô da novela de TV. Quase todos os jornais tinham o seu. Eram tirados de romances clássicos ou marca barbante, de preferência estes — donde não era nobre lê-los e algumas pessoas olhavam para os lados, para se certificar de que não estavam sendo flagradas lendo um. Pois Nelson amamentou-se explicitamente com eles.

Por volta dos dez anos, essa confusa atração pelo sexo sempre às voltas com a morte encaminhou-o, para surpresa da família, a um lugar onde nenhum dos jovens Rodrigues jamais havia posto os pés: a uma igreja católica. Mais exatamente, à de Santo Afonso, na esquina de Major Ávila com Barão de Mesquita. A surpresa se explicava porque, afinal, dona Maria Esther continuava protestante, mesmo bissexta. Roberto e Mario Filho, este menos, iam de vez em quando aos cultos batistas — um pouco para acompanhar a mãe ou porque estavam interessados em alguma fiel mais jeitosa. Nelson, nem isto. E nem ele, nem seus irmãos, tinham sido batizados sob qualquer rito religioso.

A igreja de Santo Afonso, até hoje, é bonitona e imponente, com sua fachada cor de chumbo. É possível que Nelson tenha presenciado uma ou duas missas ali porque, como contaria anos depois, alimentou uma fugaz fantasia de tornar-se coroinha. Pensou também em ser seminarista. O certo, no entanto, é que a frequentava quando ela estava vazia, fora dos horários de serviços religiosos. A igreja enorme e silenciosa, com o sol varando de luz os santos dos vitrais, dava-lhe a sensação do mistério divino. Se o menino Nelson procurava a igreja como um refúgio onde se sentia purificado dos pecados alheios, só podemos conjeturar. Mas, pelo resto da vida, ele continuaria entrando esporadicamente em igrejas vazias e, aí, sim, por conta dos próprios pecados.

Pode ser também que, em criança, visitar uma igreja fosse uma mera curiosidade mórbida — a mesma que o levava a não perder os velórios da rua Alegre. E a rua Alegre era pródiga em velórios. Dona Laura, por exemplo, a vizinha defronte à sua casa, era recordista em patrociná-los: perdia filhos com a mesma velocidade com que os paria. Uma vez por ano lhe morria um e ela não parecia se acostumar: uivava de desespero e batia com a cabeça nas paredes. Nelson ficava impressionadíssimo. Uma das filhas de dona Laura, e a última a morrer enquanto ele morou na rua Alegre, chamava-se Alaíde.

Mas podia acontecer também que a solenidade dos velórios da rua fosse quebrada por uma reação inesperada, como no dia em que um bebum entrou por engano num velório de adulto. Como já estava lá, resolveu perscrutar o morto para ver se o conhecia. Nunca o tinha visto antes, nesta ou noutra encarnação. Mas, ao perceber que o defunto estava de gravatinha borboleta, desatou a rir. Apontava para a gravatinha às gargalhadas e foi enxotado do velório a pontapés, como nos botequins.

Os enterros da rua Alegre não eram luxuosos como os das ruas mais ricas da Tijuca ou de Vila Isabel. A diferença a favor destas estava nos adornos pretos e dourados dos cavalos e na quantidade de cavalos que puxavam o coche com o caixão. Eram sempre dois ou quatro, engalanados de alto a baixo, inclusive com penacho, e seguidos por uma fila de automóveis. Sabia-se que tinha havido um enterro naquela rua, de qual casa ele saíra e até o número de cavalos que o puxara, pelo volume de cocô acumulado perto da calçada. Os enterros da rua Alegre eram muito mais discretos, porque puxados por um único cavalo. E seguidos também por um único automóvel, sempre de praça, levando apenas a família.

Não se entenda por isso que Nelson teve uma infância lúgubre, de personagem de Charles Dickens. Em muitos aspectos, ela foi tão banal quanto a sua ou a minha. Aos sete anos, por exemplo, entrou pela primeira vez num cinema. Talvez até um pouco tarde, considerando-se que o cinema ainda era uma grande novidade em 1919. Foi com sua mãe e Mario Filho ao cine América, na praça Saenz Peña, um palácio em forma de pagode chinês. Onze chances em dez de que o filme fosse um daqueles de dois rolos, do caubói William S. Hart (o S. era de Shakespeare), da mocinha Mary Pickford ou de Carlitos (ou Carlito, como ainda era chamado no Brasil). Esses astros eram mais inevitáveis na tela do que pipoca na plateia. Mas o primeiro filme que impressionou Nelson, assim como a Mario Filho, foi o seriado *A moeda quebrada*, com Eddie Polo (Rolleaux), em que os garotos saíam do cine Maracanã imitando o muque do herói. Era um filme de 1915, mas atrasos de três ou quatro anos, até que os filmes chegassem por aqui, eram normais.

Foi também em 1919 que Nelson descobriu, não o futebol, mas o Fluminense. Foi o ano do primeiro tricampeonato do tricolor, cujo time vivia na ponta da língua de qualquer moleque: Marcos, Vidal e Chico Neto; Laís, Oswaldo e Fortes; Mano, Zezé, Welfare, Machado e Bacchi. Mais tarde, Mario Filho compararia a métrica dessa escalação a um soneto, tão perfeito e parnasiano quanto o "Ora, direis, ouvir estrelas" de Olavo Bilac.

Mas, aquele ano, nem Mario Filho e muito menos Nelson tinham dinheiro e idade para fazer com frequência a longa viagem da Aldeia Campista à rua Alvaro Chaves, nas Laranjeiras, para ver o Fluminense jogar. Quem fazia isto, todos os domingos, era Milton, o mais velho. Às vezes o jogo era um Fla-Flu, que ainda não se chamava Fla-Flu, e era no campo do Flamengo. Mas este ficava na rua Paissandu, juntinho do Fluminense. Nelson e Mario Filho tornaram-se tricolores quase de ouvido, pelos relatos de Milton sobre a campanha do tri de 1917/1918/1919.

Só que o futebol já existia para Nelson antes do Fluminense. Seu primeiro time, na verdade, foi o Andaraí, que disputava o campeonato carioca e era da vizinhança da Aldeia Campista. Pelo menos, era pelo Andaraí que Nelson torcia fervorosamente na companhia de um garoto que também morava por ali, o futuro médico e também teatrólogo Pedro Bloch. Os dois se empoleiravam no muro de um vizinho para ver os jogos do Andaraí, cujo campo ficava perto de suas casas. Para Nelson, foi uma conversão sem dor. O Andaraí era um bravo clubinho, mas sempre na disputa pelos últimos lugares. E o Fluminense tinha Marcos Carneiro de Mendonça, o goleiro que todas as mães sonhavam ter como genro e pelo qual as moças sentiam fricotes. Os outros clubes não tinham um Marcos Carneiro de Mendonça.

Mas o forte de Nelson em futebol nos idos de 1919 não era torcer, e sim jogar. Havia dois times de pelada nas proximidades da rua Alegre, ambos com seus campinhos: o Tiradentes e o Black and White. Quando os campinhos não estavam ocupados com as peladas, eram usados para se empinar pipa. Cada time tinha uma única bola de couro nº 4, com as costuras já se desfazendo e a câmara de ar querendo saltar entre os gomos, como um olho inchado. Nelson jogava no Tiradentes e sua posição era a meia-direita.

Aos que se habituaram a pensar em Nelson Rodrigues como um homem moroso e nada elástico, é difícil, de fato, imaginá-lo correndo atrás da bola como um coelhinho de desenho animado. Mas, segundo os relatos de seus irmãos, Nelson era valente, veloz e bom driblador. Melhor jogador do que Mario Filho, que fugia do pau, e muito melhor do que Milton, que começara a engordar demais.

Nelson, naturalmente, não faria carreira como jogador de futebol. E seu interesse pelo jogo iria diminuir à medida que ele começasse a descobrir que era capaz de apaixonar-se de quinze em quinze minutos por todas as garotas do Rio.

3

Cornucópia verbal: Mario Rodrigues

— 1924 —
O VIVEIRO DE ÓDIOS

Para Mario Rodrigues, em 1920, as coisas estavam ficando azuis como um domingo de regatas. Subira de posto, era agora editorialista no *Correio da Manhã* e seu salário de quatrocentos mil réis por mês ganhava reforços astronômicos quando Edmundo Bittencourt se entusiasmava por alguma coisa que ele tivesse escrito — quase sempre um ataque ao presidente Epitácio Pessoa, daqueles de fazer Epitácio descer do seu perfil de efígie. Nesse caso Edmundo, que, se pudesse, daria "bola" de cachorro a Epitácio, chamava Mario de batuta, enfiava a mão no bolso e soltava-lhe uma gorjeta de vários contos de réis, como se aquele dinheiro não lhe significasse nada. Como todos os donos de jornais, Edmundo era avaro nos salários, mas bastava gostar de um artigo, um tópico ou uma ilustração, e lá vinha um rolo de notas para o autor. Em outras ocasiões, artigos, tópicos ou ilustrações muito melhores passavam em branco pela sua admiração e pelo seu bolso. Dependia do seu humor, e este era instável como o de uma jaguatirica.

Mario Rodrigues não queria ficar na dependência dos humores de Edmundo Bittencourt. Por isso, tirou da parede o diploma de advogado, espanou seu latim de 1909 e prestou concurso para auditor de guerra, uma espécie de juiz civil-militar. Já havia até escrito uma monografia a respeito, "Direito militar comparado", que publicara em Buenos Aires. Longe do assunto desde que surrara Gilberto Amado na faculdade do Recife, Mario reviu a matéria de véspera, fez os exames — nos quais usou palavras tiradas da aljava — e foi aprovado, mas não obteve classificação para as vagas. Então, fez de conta que aquilo não tinha acontecido e atirou-se à sua banca de editorialista do *Correio da Manhã*.

Deu sorte porque, em 1922, o ódio de Edmundo Bittencourt por Epitácio Pessoa chegara a um ponto em que ele quase incluiu o nome do presidente na lista negra do jornal. (Quando o *Correio da Manhã* cismava com alguém, Edmundo o declarava "morto" e o nome do sujeito não saía nem a bacamarte.) Mas este era um ódio que Mario Rodrigues partilhava com o maior prazer, porque o paraibano Epitácio se metera com violência na política de Pernambuco aquele ano: promovera uma intervenção federal — não declarada, mas armada — para favorecer a oligarquia de seus sobrinhos, os Pessoa de Queiroz, nas eleições locais. Epitácio estacionara dois destróieres da Marinha de Guerra no Recife, o *Pará* e o *Sergipe*, com os canhões apontados para a cidade, cortara as suas comunicações telegráficas e a povoara de cangaceiros paraibanos a soldo de seus parentes, afinal vitoriosos. Por causa disso, Mario, que até então se referia a Epitácio com suavidades como "tirano de maus fígados e alma enoitecida", passou a chamá-lo de "o Nero de Umbuzeiro", numa referência à cidade natal do presidente.

Epitácio não engoliu o epíteto e rugiu de volta, classificando o *Correio da Manhã* como um bando de "salteadores da pena, flibusteiros da calúnia, de onde o ódio ou o dinheiro varreram todos os escrúpulos". Rugia no plural, mas sabia muito bem que podia limitar-se a Mario Rodrigues, o principal editorialista do jornal. O venerando Rui Barbosa assistia com enorme pesar a esta desmoralização da República e, certamente abanando-se com o *Tico-Tico*, soltou um de seus pedregulhos verbais: "No lugar de melhorar, retrogradamos". Mas Rui (que gostava de Mario e elogiou-o pela sua cornucópia verbal) também não poupava a imprensa, a qual chamou de "indústria prostibular". Ele devia saber — porque já fora dono de jornais.

Rui tinha razão para suspirar de decepção. Em outubro de 1921, a imprensa — aliás, Mario Rodrigues e o *Correio da Manhã* — fora o gatilho de um tiroteio político-militar que teria repercussões em toda a história futura do Brasil: o episódio das "cartas falsas" contra os militares, atribuídas ao então candidato à sucessão de Epitácio, o governador mineiro Arthur Bernardes. É verdade que nada teria acontecido se Epitácio, ao tomar posse em 1919, não tivesse cometido um gesto até então inédito: nomear paisanos para as pastas militares.

E que paisanos. Pandiá Calógeras, por exemplo, tornara-se ministro da Guerra sem nunca ter pisado num tiro ao alvo de mafuá; e Raul Soares tornara-se ministro da Marinha embora, sendo de Minas Gerais, não tivesse a mínima intimidade com o mar. Em meados de 1921, quando ficou clara a preferência de Epitácio por Bernardes para sucedê-lo (donde a inevitável vitória do mineiro naquelas eleições fraudadíssimas), o influente Clube Militar, presidido pelo marechal Hermes, começou a se mexer, promovendo banquetes para angariar adesões contra o candidato e a favor do próprio Hermes. Não contentes, os quartéis descobriram a semelhança de Bernardes com um cabrito e lhe puseram o apelido de "Seu Mé". Uma bela tarde de outubro, o telefone tocou na redação do *Correio da Manhã* e mandaram chamar Mario Rodrigues.

Era o senador da oposição Irineu Machado. O verdadeiro candidato de Irineu Machado era outro ex-presidente, Nilo Peçanha, mas seria capaz de fazer campanha até pelo fantasma da Ópera contra Arthur Bernardes. Irineu Machado falou a Mario Rodrigues sobre duas cartas que recebera de um intermediário e que comprometiam fundamente a candidatura oficial. Mario Rodrigues foi à casa do senador na rua Ipiranga, conheceu o intermediário (um indivíduo chamado Oldemar Lacerda) e leu as cartas. Seriam de Bernardes, endereçadas ao ministro da Marinha Raul Soares, e chamá-las de dinamite era pouco.

A primeira começava assim: "Estou informado do ridículo e acintoso banquete dado pelo Hermes, esse sargentão sem compostura, aos seus apaniguados, e de tudo que nessa orgia se passou. Espero que use de toda energia, de acordo com as minhas últimas instruções, pois essa canalha precisa de uma reprimenda para entrar na disciplina". E terminava: "A situação não admite contemporizações. Os que forem venais, o que é quase a totalidade, compre-os com todos os seus bordados e galões. Abraços do Arthur Bernardes".

Mario Rodrigues viu que tinha uma bomba nas mãos e resolveu fazer perguntas. De quem Oldemar Lacerda era intermediário? Este não quis dizer. E como podiam jurar que as cartas eram autênticas? Em resposta, Irineu Machado passou-lhe outra carta de Bernardes, inofensiva e aparentemente indiscutível, para que ele confrontasse as assinaturas. Pareciam iguais. Mario Rodrigues então levou as cartas para o *Correio da Manhã*. Edmundo Bittencourt estava fazendo estação de águas em Lindoia. Seu filho Paulo, em Paris. O diretor Leão Veloso, não se sabe. Na ausência deles, respondiam pelo jornal um outro diretor, Raimundo Silva, e o secretário Costa Rego. Todos achavam perigoso publicar as cartas sem um exame mais minucioso. Mas jornal é jornal e eles soltaram a primeira logo no dia seguinte — uma bofetada nos militares. E quase em seguida soltaram a segunda. Bem, se os inimigos de Bernardes queriam abrir um rombo em sua candidatura, pelo qual penetraria a do marechal Hermes, quase conseguiram.

O Exército, então um viveiro de jovens oficiais idealistas, ficou verde-oliva de ódio. Ou Bernardes prova a acusação de venalidade (e nesse caso o Exército teria de ser extinto) ou ele, Bernardes, não poderia ser presidente. Os bernardistas, assustados, juraram que as cartas eram falsas. Edmundo, de Lindoia, propôs que uma figura isenta, o general Cândido Rondon, avaliasse se eram ou não. Ninguém sabia que, entre os fabulosos méritos de Rondon, estava o de decifrar caligrafias — nem o próprio, que, sabiamente, escusou-se. Outros propuseram Rui Barbosa. Este deu uma vista d'olhos no clichê do *Correio da Manhã*, decretou que as cartas eram falsas e que, por já ter juízo formado, não poderia ser juiz da causa. Edmundo mandou então as cartas para Lyon, na França, onde funcionava o perito Locard, uma sumidade mundial. Locard examinou e garantiu que eram autênticas. Os bernardistas disseram que Locard estava no bolso de Edmundo e exigiram que outro perito europeu, o italiano Ottolenghi, as avaliasse. Deu empate, porque o italiano optou pela falsificação. O impasse durou meses, chegou a fevereiro de 1922 e as duas facções só faltaram aproveitar a Semana de Arte Moderna, em cartaz no Teatro Municipal de São Paulo, e pedir a opinião de um crítico futurista.

Enquanto a crise se prolongou, o *Correio da Manhã* vendeu mais jornais do que nunca, tratando Bernardes como se ele fosse a última palavra em satanismo. A campanha parecia mortal porque, ao vir ao Rio para expor sua plataforma de governo, "Seu Mé" foi vaiado da Central do Brasil à avenida Rio Branco. Mas a oposição vetou Hermes como seu candidato, por considerá-lo gagá. Preferiu Nilo Peçanha, o famoso "Moleque presepeiro" — e foi derrotada por Bernardes nas eleições de 1º de março de 1922. (Daquelas em que até os mortos se levantavam das tumbas para votar no candidato oficial.) Em junho, Oldemar Lacerda, o solerte intermediário (na verdade, intermediário de si mesmo), admitiu que falsificara as cartas para tentar favorecer Hermes. Nem isto sossegou os tenentes. E, no fim daquele mês, em termos nada protocolares, Hermes acusou Epitácio de usar o Exército como guarda pretoriana para interferir nas eleições de Pernambuco. Era o que faltava para tingir a alma epitaciana de vermelho.

Pela volta do correio, um furioso Epitácio Pessoa fechou o Clube Militar a 3 de julho e, suprema audácia para os tenentes, mandou prender Hermes. O marechal foi libertado horas depois de sua simbólica prisão, mas os tenentes acharam que era demais e, no dia 5 — incitados pelo *Correio da Manhã* —, rebelaram o Forte de Copacabana. Teriam chances se muitos outros quartéis lhes aderissem. Mas Epitácio não quis conversa: decretou estado de sítio, sufocou as tíbias adesões e atacou o forte por terra, mar e ar. No dia 7, sozinhos e derrotados, dezoito heroicos rebeldes desceram a calçada da avenida Atlântica para o combate final (contra mais de mil soldados) e tombaram, quase todos mortos, sobre as pedras portuguesas que estavam sendo assentadas em forma de ondas naquela época. Belo batismo para a que, um dia, seria a calçada mais famosa do mundo.

Chame a isso de coincidência, se quiser. Quanto mais o céu ficava cinza na política nacional, mais parecia de anil para Mario Rodrigues. Em 1922, com seu prestígio de editorialista consolidado junto a Edmundo no *Correio da Ma-*

nhã, Mario Rodrigues embarcou a família em dois táxis, contratou a andorinha e mudaram-se da rua Alegre para a Tijuca — uma nítida melhora de padrão. Na nova casa da rua Antônio dos Santos (atual Clóvis Beviláqua), Maria Esther teve mais dois filhos: Paulo, naquele mesmo ano de 1922, de cabelo preto, e Helena, em 1923, de cabelo vermelho. A prole agora chegava a onze, mas isto não parecia motivo de sobressalto. Afinal, as gorjetas de Edmundo Bittencourt a Mario Rodrigues ficavam cada vez mais frequentes e extravagantes. Uma dessas, no Natal de 1922, teria sido de sessenta contos de réis — quase um prêmio da Loteria. Bem ao seu estilo, Mario Rodrigues só levou metade desse dinheiro para casa. A outra metade ele deixou no Clube dos Democráticos, a sociedade carnavalesca da rua do Passeio, da qual se tornara um ardente torcedor e quase patrono. A contribuição de Mario Rodrigues fez com que os préstitos dos Democráticos pusessem no chinelo os dos Fenianos e dos Tenentes do Diabo no Carnaval de 1923.

Atendido o seu lado boêmio, os dias de Mario Rodrigues eram tão ocupados pela política que, naquele tempo, ele só via os filhos de raspão. O que o torturava porque, quando se tratava da família, era, como o descreveria Nelson, "trêmulo de amor". Mas aquele era o seu momento profissional, e ele não planejava eternizar-se na direção do jornal de Edmundo Bittencourt. Assim, todos os dias saía cedo de bonde para o largo da Carioca, onde ficava o *Correio da Manhã*. Ao pôr o chapéu, mal tinha tempo de gritar da porta para Maria Esther: "Dê duro nesses meninos!". E ia dar duro nos meninos dos outros, até alta madrugada.

Maria Esther era uma multimãe, mas não podia controlar tudo — ou teria notado que, aos onze anos, Nelson já se tornara um fumante profissional. Nada de mais nisto: Mario Rodrigues acendia cigarros e charutos uns nos outros e Roberto e Mario Filho também fumavam. (Milton seria o único que jamais fumaria.) No começo nenhum dos rapazes fumava diante da mãe. Ela sabia que eles traziam cigarros nos bolsos, mas fingia não ver. Não era algo que arranhasse a sua tremenda autoridade. E, quando descobriu que Nelson também fumava, ele já tinha dinheiro para comprar os seus maços de York, fabricados pela Companhia de Cigarros Veado.

Em garoto, Nelson nunca levou um cascudo de pai ou mãe, mas houve um momento em que esse cascudo passou por perto: ao ser expulso do Colégio Batista, na Tijuca, em 1926, na segunda série do ginásio. Depois de quatro anos na escola de dona Honorina, sem outros lances espetaculares que o da história do adultério, Nelson fizera o quinto ano primário no Colégio Joaquim Nabuco, na rua General Severiano, cujas grandes atrações eram as pernas de dona Noêmia, sua professora de Geografia, e os jogos de pelada na hora do recreio, no campo do Botafogo. E, justamente quando sua vida escolar não prometia nada de emocionante, os batistas o expulsaram na metade do curso ginasial.

O argumento para sua expulsão soa ridículo hoje: rebeldia. Nelson vivia contestando seus professores, principalmente os de História e Português, insistindo em que eles justificassem os seus pontos de vista sobre os assuntos de que falavam. E o pior era que ele, Nelson, queria dar os seus próprios palpites sobre esses assuntos — os quais iam das guerras púnicas aos pronomes oblíquos. Numa época em que quase não se permitia aos alunos piar em classe, sua "rebeldia" começara a lhe render zeros e notas baixas, contra o que Nelson reagia com sua já embrionária mordacidade. Quando o colégio não aguentou mais e comunicou a Maria Esther que Nelson estava expulso, ela ficou furiosa — com ele — e, num raro momento de descontrole, quis chegar-lhe a roupa à pele com uns tapas. Mas Mario Rodrigues, sabendo muito bem a quem o filho saíra, segurou a mão de sua mulher no ar. Maria Esther então matriculou Nelson no Curso Normal de Preparatórios, na rua do Ouvidor, esperando que ali ele completasse o ginásio e prestasse exames no Colégio Pedro II. Quer saber se um dia isso chegou a acontecer?

Mario Rodrigues compensava sua relativa ausência de casa deixando que os rapazes fossem visitá-lo no *Correio da Manhã*. Quanto a Nelson, levou-o à redação mais de uma vez. Adorava exibir os filhos para os colegas, mas só isto. Ao que se saiba, nunca lhe passou pela cabeça vê-los jornalistas. O que antevia para eles era que as meninas se tornassem médicas e os moços advogados ou, na pior das hipóteses, altos funcionários do Imposto de Consumo. Mas nem Mario Rodrigues, que toda a família via como uma potestade infalível e incontestável, podia impedir que o jornal entrasse na corrente sanguínea de seus filhos. Principalmente depois que, promovido a diretor do *Correio da Manhã*, meteu-se numa batalha contra Bernardes e Epitácio que lhe custou um ano de cadeia.

Não que ele não esperasse por isso. Ao contrário, só faltava pedir que o prendessem. Mas a pena não precisaria ter sido tão drástica. Mario Rodrigues foi processado e condenado em 1924 por um artigo publicado em 1923 sobre um episódio ocorrido em 1920. O episódio existiu: a doação de um colar no valor de 120 contos de réis à esposa do então presidente Epitácio Pessoa, dona Mary, pelos usineiros pernambucanos. O mimo destinava-se a realçar a elegância de dona Mary na recepção de gala aos reis da Bélgica, Elizabeth e Alberto, em visita ao Rio aquele ano. Ora, ninguém é proibido de dar presentes a primeiras-damas, ou isto não viveria acontecendo até hoje. Mas, segundo o *Correio da Manhã*, o colar pressupunha que Epitácio adocicasse certas restrições que ele mesmo impusera à exportação de açúcar e que estariam amargando os lucros daqueles usineiros.

O artigo era cheio de ironias e Mario Rodrigues foi processado por injúria. Só que não foi Mario Rodrigues que o escreveu. O autor do tópico era um editorialista do jornal, o escritor Humberto de Campos. Mas, como diretor, Mario Rodrigues era o responsável e deixou-se condenar sem que em momento algum o nome de Humberto de Campos aparecesse. Se fosse apenas por este processo, Mario Rodrigues pegaria dois meses e dez dias de prisão e uma multa insignificante. Mas a este juntou-se um artigo de fundo que Mario Rodrigues efetivamente escreveu, intitulado "Cinco de julho" e publicado pelo jornal a 5 de julho de 1924 — por coincidência, o dia em que estourou a revolução militar de São Paulo contra o governo Bernardes. O editorial de Mario era uma celebração aos "Dezoito do Forte" do já longínquo 5 de julho de 1922, sem qualquer referência, mesmo que com tinta invisível, ao que se ia passar em São Paulo naquelas horas.

Por este artigo, considerado de incitamento à revolta, o *Correio da Manhã* foi fechado e Mario Rodrigues condenado a um ano de prisão e multa de dez contos de réis — sem sursis, que ainda não existia no Código Penal brasileiro. Edmundo Bittencourt e seu filho Paulo também foram presos, mas a pena principal coube a Mario Rodrigues. Enquanto a sentença esperava pela confirmação do Supremo, Edmundo ofereceu a Mario sustentá-lo por um ano na Europa (ou em Buenos Aires, à sua escolha) se ele quisesse fugir. Mas Mario, numa atitude típica, preferiu ficar — e o Supremo confirmou a sentença. E assim, no mesmo mês de agosto de 1924 em que o *Correio da Manhã* era silenciado, Mario Rodrigues foi conduzido para sua cela no Quartel dos Barbonos, a cinco minutos a pé do jornal.

Pouco antes da prisão de Mario, os Rodrigues haviam se mudado de novo. Desta vez, a andorinha recolhera a mudança na Tijuca e a depositara num bangalô de dois andares na rua Inhangá, em Copacabana, tendo como vizinho o recém-inaugurado Copacabana Palace. Em 1924, o hotel dos Guinle parecia um navio solitário ancorado na avenida Atlântica, com poucas casas à direita e à esquerda. Mas a rua de trás, a avenida Nossa Senhora de Copacabana, já estava razoavelmente colonizada e algumas transversais se esticavam como dedos em direção à areia. Uma dessas transversais, a Inhangá, era então um dos melhores endereços do Rio, o que demonstra a lenta, mas constante afluência de Mario Rodrigues. O bangalô era alugado, embora Mario pudesse ter feito uma oferta ao proprietário para comprá-lo. Mas, num Rio de aluguéis ridículos e espaço de sobra para construir, ninguém perdia o sono por ser inquilino.

Eles não foram os primeiros moradores do bangalô. A família que vivera ali deixara alguns móveis para trás, entre os quais um baú no sótão — onde, entre espartilhos usados, agulhas de gramofone, bonecas de galalite, frisadores de cabelo e um catálogo da Sears-Roebuck, as irmãs de Nelson encontraram o diário de uma adolescente. O caderno rodou de mão em mão por alguns dias, mas era banal, como soem ser os diários de adolescentes, e foi logo abandonado e perdido. (Onde ressurgiria depois essa história de um diário encontrado num sótão? Ah, sim, na memória de Nelson: ele a incluiria em *Vestido de noiva*, no diário de madame Clessy descoberto no baú por Alaíde.)

A Copacabana de 1924 era "docemente residencial, como Botafogo de Machado de Assis", diria Nelson no futuro. O único lugar "suspeito" do bairro era o cabaré Casa de Mère Louise, na praia com a rua Francisco Otaviano. Foi em Copacabana que, aos doze anos, Nelson aprendeu a nadar. Em pouco tempo seria capaz de façanhas — não como as de Milton, que nadava do Posto Três ao Posto Seis, ida e volta, com um fôlego e resistência insuspeitos para sua gordura. (Ainda não se sabia direito, mas Milton, um palito na infância e o mais magro dos irmãos, começava a sofrer de um distúrbio hormonal que o faria passar rapidamente dos cem quilos.) Nelson talvez pudesse nadar distância parecida — se, em pouco tempo, uma espécie de indolência melancólica não começasse a invadi-lo. Primeiro, abandonou a praia. Em seguida, sua disposição para qualquer exercício, inclusive jogar peladas, foi se extinguindo como uma vela. Era fã dos escoteiros, mas não se animou a ser um. E os irmãos tinham quase de suborná-lo para que topasse participar das brincadeiras na garagem, de ataque contra defesa: Milton no gol e ele na linha, contra Roberto e Mario Filho.

Uma atmosfera de fog envolvia Nelson à medida que ele entrava na adolescência. Estava ficando depressivo, como costumam ficar os meninos nessa idade — só que, nele, essa depressão era dramática, de tango, porque ele só faltava subir num caixote para proclamá-la. Vivia suspirando pelos cantos e, às vezes, soltava uma exclamação que certamente lera nos livros, mas que ninguém sabia se era a sério ou não: "Eu sou um triste!" — uma frase que, aliás, continuaria repetindo pela vida afora.

Sua mãe atribuía isto aos fracassos amorosos que ele dizia sofrer: apaixonava-se por uma garota da vizinhança (sempre mais velha), armava-se de coragem para fazer-lhe uma declaração e não se conformava com os foras que levava. Certa vez uma dessas garotas passou por ele num Ford com chofer. Nelson correu, emparelhou com o carro e começou a recitar-lhe Augusto dos Anjos pela janela. Ela fingia não escutar. Não fechou a janela, mas também não mandou o chofer parar. Nelson apostou corrida com o carro por vários quarteirões e desistiu, mais pelo cansaço do que pelo ridículo da coisa. Mesmo assim, voltou para casa com o orgulho em pedaços.

Foi quando se apaixonou por uma prima, Maria Adelaide, que passava uns tempos em sua casa. Maria Adelaide, além de muito mais velha, estava grávida de seu namorado. E o pai da criança era um filho de Estácio Coimbra, o qual agora era vice-presidente de Arthur Bernardes e tinha mais um motivo para odiar os Rodrigues — porque não aprovaria de forma alguma aquele namoro. Nelson não se importava que Maria Adelaide estivesse grávida de outro, nem mesmo de um Coimbra. Se ela quisesse, ele se casaria com ela e lhe daria cama, comida, roupa lavada e uns trocados para o cinema. Mas aquela foi uma paixão que não redundou num único beijo — porque, embora não falasse de outro assunto com as irmãs, Nelson nunca teve coragem para declarar-se à interessada.

Para que não o amolassem em sua angústia, Nelson escondia-se nos quartos ou na Quinta da Boa Vista com os livros que subtraía às estantes de seu pai ou de Milton. Alguns desses livros eram *Os miseráveis* e *O homem que ri*, de Victor Hugo; *Naná* e *Germinal*, de Émile Zola; os *Contos* de Hoffmann; *Amor de perdição*, de Camilo Castelo Branco; e muito Machado de Assis e, principalmente, Eça de Queiroz. Tinha outro motivo para querer que o esquecessem: um impulso fanático para escrever. Enchia resmas de papel com o que, olhado de esguelha, pareciam ser crônicas. Não se sabe ao certo o que eram, porque Nelson não mostrava uma linha a ninguém. Nem a Roberto, seu primeiro irmão em admiração.

O Quartel dos Barbonos, na antiga rua dos Barbonos, hoje Evaristo da Veiga, no Centro da cidade, não era uma das instalações mais salubres que o governo da República tinha para oferecer. (República que, por sinal, nem desconfiava de que um dia seria chamada de Velha.) Recebia um sol tímido, sofria inundações ao menor chuvisco e a única obra de arte pendurada em suas paredes era o quadro com a foto oficial de Bernardes. Mario Rodrigues passou um ano ali. Os presos comuns ficavam num cubículo equipado com uma latrina, um cantil e uma cama. Mario Rodrigues, como advogado, teve direito a um cubículo duplo — dois cubículos conjugados —, no qual lhe permitiram usar um fogareiro para aquecer as marmitas que Maria Esther lhe levava. Mais importante: permitiram-lhe também receber as visitas de sua mulher, para passar a noite.

Maria Esther visitava-o três vezes por semana nos fins de tarde, levando três ou quatro filhos de cada vez. Terminada a visita, o filho mais velho escoltava os menores de volta para Copacabana e Maria Esther ficava. Era buscada no dia seguinte por esse filho. Nelson, aos doze anos, não tinha idade para fazer o serviço de escolta, mas era dos mais frequentes nas visitas: a imagem do pai, candidamente de pijama, atrás das grades por algo que escrevera, feria-o não apenas por ser seu pai, mas pelo que via de absurdo nisso. Ele não podia saber — e ninguém sabia — que, comparadas às prisões políticas brasileiras dos regimes seguintes, as da Primeira República podiam ser consideradas Cambuquira, Araxá, Poços de Caldas.

Com toda a atividade noturna entre Mario e Maria Esther na cela, não foi surpresa que, poucos meses depois, já em 1925, ela se descobrisse grávida. Com isso, suas visitas à prisão diminuíram de frequência. Mas Mario Rodrigues tinha o que fazer nas noites solitárias: além de escrever uma carta por dia para sua mulher, encheu o tinteiro e produziu uma série de estudos sobre a política e a economia brasileiras daqueles anos. Na própria prisão, juntou desordenadamente esses textos a artigos já publicados no *Jornal de Recife* e no *Correio da Manhã*, deu-lhes o título geral de *Meu libelo* e mandou-os para um

Mario Rodrigues em sua cela: pijama, charuto, visitas noturnas de Maria Esther e uma filha gerada atrás das grades. Entre eles, o jovem Mario Filho

editor. O livro saiu bem na época da sua libertação, em setembro de 1925, e não se entende como não o devolveu imediatamente aos Barbonos. Era uma complicada e candente defesa do liberalismo político e do nacionalismo econômico — nada de proibido nisso —, mas também uma fuzilaria em regra contra Bernardes e Epitácio, acusando-os de todas as possíveis ignomínias, como se eles não estivessem ainda no poder.

Meu libelo era também um madrigal em prol de seu patrão Edmundo Bittencourt, cujo jornal ficara fechado por Bernardes durante oito meses. O *Correio da Manhã* só voltara a circular em 20 de maio daquele ano, 1925 (e mesmo assim porque um juiz determinara), mas sob uma censura de ferro comandada por Jackson de Figueiredo, mentor do jovem Alceu Amoroso Lima. Em seu livro Mario Rodrigues não poupava adjetivos para Edmundo: "Panfletário incomparável, rapsodo fulgurante, cavalheiro *'sans peur et sans reproche'*". Mais adiante: "O criador da opinião pública no Brasil republicano". Ao fim do livro, a admiração por Edmundo cresce a ponto de Mario convocar as exclamações: "Que tesouros de carinho naquele peito de Apolo! Que fulgor de talento naquela cabeça de heleno! Que anacronismo espartano naquele paradoxo de homem de bem!".

É possível que Mario Rodrigues tivesse escrito isso a sério. Mas o provável é que, enquanto tecia os mais cínicos ditirambos a Edmundo Bittencourt, o que se passasse por sua cabeça fosse justamente o contrário. Porque, enquanto Mario Rodrigues estava preso nos Barbonos, aquele "paradoxo de homem de bem" mandara cortar o seu salário, reduzindo-o a apenas o suficiente para Maria Esther pagar o aluguel. O sustento de sua mulher e onze filhos não fazia parte dos "tesouros de carinho" de Edmundo Bittencourt.

Evidente que Edmundo tinha um argumento forte a seu favor: nos doze meses em que Mario Rodrigues estivera preso, o *Correio da Manhã* ficara oito sem circular e sem produzir receita. Ele, Edmundo, fora até generoso em pagar-lhe um salário que desse para o aluguel. E não se oferecera para sustentá-lo (a ele, apenas) fora do Brasil, se quisesse ter fugido? Isto podia justificar a catedral de hipérboles que Mario Rodrigues derramou sobre a cabeça de seu chefe em *Meu libelo*. Mas a verdade é que, se não fosse a ajuda de seu amigo (e concorrente de Edmundo) Geraldo Rocha, novo proprietário de *A Noite*, Maria Esther e os onze filhos teriam passado fome. O baiano Geraldo Rocha comparecera com um conto de réis por mês, todos os meses, sem pedir recibo.

Em outubro, Mario Rodrigues voltou à sua sala no *Correio da Manhã*. Mas duas coisas o incomodavam. Primeiro, Edmundo Bittencourt comunicou-lhe que não haveria mais um diretor permanente no jornal. Seria promovido um rodízio de diretores do qual Mario apenas faria parte. Segundo, para estupefação de Mario, Edmundo começara a dar sinais de que tentava uma aproximação com o mais odiado de seus desafetos: ninguém menos que Epitácio Pessoa.

Quando essa inacreditável aproximação se confirmou, Mario Rodrigues foi para o Nacional, na Galeria Cruzeiro, mandou descer o estoque de cerveja Fidalga e escreveu uma carta desaforada a Edmundo Bittencourt — pedindo demissão, dizendo-lhe as últimas e advertindo-o de que em breve voltaria para esmagá-lo. Só que através do seu próprio jornal: *A Manhã*.

Pelas páginas dos dois jornais ia começar uma guerra de egos capaz de reduzir os políticos nacionais a soldadinhos de cartas de baralho.

4

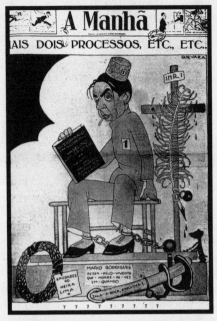

A Manhã: *o diretor na primeira página*

— 1926 —
O LÁTEGO DE CORISCOS

O jovem Nelson Rodrigues entrou pela primeira vez na redação do novo jornal de seu pai, *A Manhã*, na rua Treze de Maio, ao lado do Teatro Municipal. O dia era 29 de dezembro de 1925 e o nº 1 de *A Manhã* estava nas ruas, sendo gritado pelos pequenos jornaleiros, os quais eram uns azougues para subir nos bondes em movimento com os braços cheios de jornais. Nelson convencera seu pai a deixá-lo trabalhar como repórter de polícia, com o salário de trinta mil réis por mês. Tinha treze anos e meio, era alto para sua idade, magro e com cabelos indomáveis, que lhe caíam em cachos sobre a testa. Precisou comprar calças compridas para impor respeito aos colegas, embora fosse filho do patrão.

A redação de *A Manhã* era como outras do Rio naquele tempo. Uma sala comprida, com muitas escrivaninhas, cabides para os chapéus, a indispensável escarradeira Hygéa e um ou dois telefones de manivela. Poucas máquinas de escrever (daquelas Royal, pretas) e ainda menos gente que as soubesse usar. A maioria dos redatores escrevia a mão, com penas francesas da marca

Mallat e tinta Sardinha, em folhas de papel almaço. Alguns usavam viseira como nos filmes, enceravam os bigodes e estavam mais preocupados com as ênclises, próclises e mesóclises do que com as notícias. Os paginadores sofriam: tinham de contar letra por letra, para calcular o espaço da matéria na página. Os linotipistas não sofriam menos, porque os redatores, Mario Rodrigues inclusive, escreviam com garranchos quase impossíveis de decifrar. Mas, na condição de proprietário, Mario Rodrigues mantinha um linotipista só para ele, roubado ao *Correio da Manhã*. Seus furibundos artigos de fundo, na capa ou na página três, saíam impecáveis, sem um "gato".

Cada redação tinha um único fotógrafo, o qual ainda usava o flash de magnésio, que levava uma eternidade para preparar. Talvez por isto os jornais fotografassem tanto cadáver — porque o cadáver podia esperar, não se mexia e não piscava quando o magnésio explodia. O fotógrafo de *A Manhã* chamava-se Victor Teófilo e usava um revólver no cinto. Não era o único homem armado na redação — Mario Rodrigues, dependendo da manchete do dia, também andava prevenido. (Em termos, porque o revólver continuava sem balas.) Redações como a de *A Manhã* atraíam pessoas que não tinham nada com o ramo, mas que as frequentavam com uma assiduidade de quem fazia parte da folha de pagamento: choferes de táxi, punguistas, investigadores particulares, discretos traficantes de cocaína e, naturalmente, uma chusma de aspirantes a poeta.

Nos dias de sorte, o ambiente da redação era ensolarado pela presença de um ou outro colaborador ilustre, e *A Manhã* tinha uma penca deles: Monteiro Lobato, Antônio Torres, Agrippino Grieco, Medeiros e Albuquerque, Ronald de Carvalho, Maurício de Lacerda, Mario Pinto Serva e Zeca Patrocínio. Quando um desses monumentos assomava pela porta, os repórteres — quase todos esfaimados, malvestidos, com os dentes em cacos e, alguns deles, às vésperas da tuberculose — só faltavam lambê-lo com a vista e pedir-lhe dinheiro emprestado. *A Manhã* tinha também os seus figurões domésticos, como Danton Jobim, Orestes Barbosa e Renato Viana, diante dos quais os mais jovens, como Joracy Camargo, Odilon Azevedo e Henrique Pongetti, ficavam com as canelas trêmulas. E, naturalmente, todos eles tremiam diante de Mario Rodrigues — "doutor Mario" para a redação, menos para Danton e Orestes, os únicos com autorização para chamá-lo de "Mario".

A outra figura de *A Manhã* era o gaúcho Apparicio Torelly — "Apporelly" — com sua coluna diária "Amanhã tem mais", de enorme sucesso entre os leitores. Eles não perdiam aquela saraivada de frases, versinhos e trocadilhos com os nomes dos políticos. Algumas das melhores frases já tinham sido inventadas por Bernard Shaw, Mark Twain ou Oscar Wilde, a quem Apporelly esquecia-se de citar. Outras, às vezes muito engraçadas, eram dele mesmo. A qualidade de seu trabalho era irregular, o que levou Nelson, em 1926, a dedicar-lhe os versinhos "Apporelly está decadente/ Ficou isso de repente./ As nossas sentidas condolências/ A essa extinta inteligência". Poucos anos depois, Apporelly abriria o seu próprio jornal, *A Manha*, um trocadilho com *A Manhã*, e ficaria mais famoso ao se promover por conta própria ao baronato como o "Barão de Itararé".

Aos olhos de hoje parece esquisito que um jovem repórter, podendo escolher à vontade, como Nelson, pedisse para começar pela seção de polícia. Mas, em 1925, nada mais natural. Exceto pelos redatores políticos e pelo editor da página literária, os repórteres policiais, mesmo mal pagos, eram as estrelas da redação. Orestes Barbosa, que ainda não pisava nos astros distraído, era um. Nelson não estava exagerando ao dizer, muitos anos depois, que "com um ano de métier o repórter de polícia adquiria uma experiência de Balzac". Os jornais da época, principalmente os vespertinos, davam dezenas de ocorrências policiais por dia. E, numa cidade lindamente sem assaltos como o Rio, em que a captura de um ladrão de galinhas era uma sensação, quase todos os crimes envolviam paixão ou vingança. Maridos matavam mulheres por uma simples suspeita, sogras envenenavam genros porque estes não lhes tinham dado bom-dia aquela manhã e casais de namorados faziam pactos de morte como se estivessem marcando um encontro no Ponto Chic.

As matérias eram apuradas na delegacia ou por telefone, mas, nos casos escabrosos, a "caravana" do jornal (como então se chamava a dupla de repórter e fotógrafo) pegava o vale de vinte mil réis para o táxi e saía feito uma flecha. Era importante chegar antes da concorrência porque, com o rádio ainda de fraldas e a TV inexistente, os jornais trabalhavam com o "furo", ou seja, a notícia em primeira mão. *A Noite*, por exemplo, que tirava cinco edições por dia, chegava sempre à frente dos outros — era para lá que as pessoas ligavam quando acontecia alguma coisa. (Segundo o folclore corrente, um marido certa vez telefonou para *A Noite* avisando que ia matar a mulher. A reportagem chegou e ainda encontrou o revólver fumegando.)

A "caravana" era onipotente. Não se limitava a entrevistar os parentes da vítima ou do assassino. Quando chegavam antes da polícia, repórter e fotógrafo julgavam-se no direito de vasculhar as gavetas da família e surrupiar fotos, cartas íntimas e róis de roupa do falecido. Os vizinhos eram ouvidos. Fofocas abundavam no quarteirão, o que permitia ao repórter abanar-se com um vasto leque de suposições. Como se não bastasse, era estimulado, quase intimado pela chefia, a mentir descaradamente. (No futuro, Nelson lamentaria: "Hoje o repórter mente pouco, mente cada vez menos".) De volta à redação, o repórter despejava o material na mesa do redator e este esfregava as mãos antes de exercer sobre ele os seus pendores de ficcionista.

No começo, deram a Nelson o trabalho mais reles: fazer por telefone a ronda das delegacias. Mas ele não demorou a espantar os colegas, quase todos fatigados de berço, por sua facilidade para emprestar carga dramática aos toscos relatórios que os repórteres traziam da rua. Nas suas mãos, o atropelamento de uma velhinha na rua São Francisco Xavier, no bairro do Maracanã, tornava-se uma saga digna do melhor sub-Anatole France — outra de suas leituras no período. Nenhuma dessas matérias era assinada, mas a leitura da coleção de *A Manhã* entre 1925 e 1928 faz saltar aos olhos os mais inconfundíveis nelson-rodrigues, ainda que infantojuvenis. Um deles, um fait-divers de 1926 sobre o argentino sádico que furara com alfinete os olhos do canário (para que ele não soubesse quando estava escuro e cantasse dia e noite), ressuscitaria trinta anos depois num dos contos de "A vida como ela é...", vírgulas e tudo.

Mas a especialidade de Nelson, e aparentemente a única que o fazia sair à rua na "caravana", eram os pactos de morte entre jovens namorados. A clássica história do rapaz e da moça que se matam juntos soa hoje como coisa de folhetim, do qual, por sinal, ela era *de rigueur*. Provavelmente acontece até hoje, mas a imprensa não lhe dá mais a mínima importância. No Rio dos anos 20, no entanto, parecia uma epidemia, talvez estimulada pelo espaço que os jornais lhe reservavam. Os namorados se matavam tomando veneno com açúcar, sendo o veneno quase sempre formicida, permanganato de potássio ou um desinfetante chamado Lysol. O açúcar emprestava à beberagem um sabor terrivelmente simbólico, assim como os locais que eles escolhiam para morrer: a Cascatinha, o Silvestre ou Paquetá — todos cenários de cartão-postal.

Os colegas já sabiam da fixação de Nelson por esses casos. Quando ocorria um, o secretário do jornal, seu irmão Milton, gritava:

"Está pra ti, Nelson! Pacto de morte na rua Tal, número tal. Chispa!"

O motivo era invariável: casalzinho se matou porque família não aprovava o namoro. Mas, de posse dos dados essenciais (nomes, aparência física, endereços), aquilo era suficiente para Nelson velejar pelo tema da paixão impossível e eternizada pela morte, com requintes de descrição de pais tirânicos, tias insensíveis e padres intrometidos. Servia-lhe também para exercitar sua capacidade de imaginar diálogos, descrever cenários e sentir-se um Pérez Escrich em versão 3 × 4. Dependendo do que Nelson extraía do material, este podia render continuações com clímax sobre clímax e tornar-se uma série capaz de prender o leitor por vários dias. Um desses foi o caso do pacto de morte em Paquetá, em 1926. Muito depois que o casal já estava enterrado e quase esquecido, a imaginação delirante de Nelson continuava fabricando subtramas sobre o caso, com cenas de amor fremente, beijos arrebatados e de uma volúpia sexual que ele conhecia intimamente do cinema ou dos folhetins, mas nunca experimentara ao vivo.

Por enquanto.

A rua Pinto de Azevedo era considerada a "zona preta" do Mangue, por concentrar as prostitutas mais pobres, negras na maioria, a dois mil réis por alguns minutos. Os cronistas a chamavam preconceituosamente de "o Sena de piche". Apesar de suas profissionais tratarem os fregueses por *chéri* e *mon amour*, não era a *ambience* adequada à estreia de um garoto que se habituara a pensar no amor como algo que se fazia, segundo os folhetins, entre sedas e fru-frus. Nelson foi até lá, deu uma olhada e não gostou. Já na principal rua do Mangue, a Benedito Hipólito, o panorama era bem melhor. O Mangue podia não ser "feérico como a Broadway", como ele o descreveria depois, mas, em 1926, certamente estava longe de ser o esgoto que se tornaria no futuro. E suas alcovas não recendiam ao perfume setecentista dos romances, mas nem tudo podia ser perfeito.

As mulheres da Benedito Hipólito custavam cinco mil réis. Algumas eram francesas de verdade, embarcadas em Marselha, outras eram polacas que tentavam arrastar um parlevu e a maioria, evidente, era produto nacional. O São Jorge iluminado por uma lâmpada vermelha parecia onipresente nos quartos. Muitas mulheres nem exigiam que o freguês tirasse os sapatos — punham uma folha de *A Noite* em cima da cama, à guisa de lençol, e estavam conversados. Nelson tinha quatorze anos quando, depois de andar para lá e para cá por aquele corredor de decotes e bocas vermelhas, foi com uma mulher pela primeira vez para dentro de um quarto.

Ficou freguês. Evidente que, com seu salário no jornal, não poderia ser uma figurinha fácil no Mangue. Então passou a assaltar os bolsos de seu pai pela manhã, aproveitando que este dormia um sono de chumbo. Dez mil réis hoje, quinze amanhã não eram acusados pela relaxada contabilidade de Mario Rodrigues. Com isso Nelson sempre tinha dinheiro para as mulheres, e era somente nelas que o investia, já que não se interessava por bebida. Para quase todos os homens de sua geração, sexo com as profissionais era a única alternativa fora do casamento e Nelson, ainda um garoto, mas com dinheiro, tornou-se um assíduo praticante.

A partir dali, abandonou sem o menor pesar o seu até então esporte favorito: ao voltar do trabalho à noite, trepar numa árvore na entrada de casa na rua Inhangá para espiar o banho das criadas. O espantoso, a ser verdade o que dizia, é que, com toda aquela presença no Mangue, nunca tenha pegado uma doença venérea.

Embora mesmo o adulto Nelson tenha continuado usuário de prostitutas, sua relação com elas foi ambígua desde aquela época. "Eu me sentia o pastor de 'Chuva'", ele diria daí a anos, referindo-se ao conto de W. Somerset Maugham em que o missionário tenta converter a prostituta Sadie Thompson, por quem é apaixonado. Naquela idade, Nelson nunca tinha lido Maugham e nem consta que tenha se apaixonado por uma Sadie da Benedito Hipólito, mas suas românticas tentativas de converter a uma vida "normal" as primeiras profissionais que conheceu só as fizeram rir.

Foi o que o levou a convencer-se de que "toda prostituta é vocacional, assim como o pintor, o violinista ou o chofer de táxi". Queria dizer (nem sempre sendo entendido) que, mesmo no pior aperto financeiro, nenhuma mulher consegue tornar-se prostituta sem uma vocação nata. Então passou a servir-se delas como quem se serve do chofer de táxi — para conduzi-lo a algum lugar. No caso das prostitutas, para conduzi-lo ao que ele considerava o seu purgatório particular do sexo sem amor.

No expediente de *A Manhã*, Mario Rodrigues era apresentado como "único proprietário". Proprietário ele era, mas não o único. Para lançar seu jornal menos de dois meses depois de deixar o *Correio da Manhã*, precisara de um sócio, um homem chamado Antônio Faustino Porto. E, para ter maioria na sociedade, pegara dinheiro emprestado com João Pallut, uma improvável combinação de bicheiro e socialista, mais conhecido como "João Turco" e proprietário de dois jornais de nítida coloração: o matutino *A Batalha* e o vespertino *A Esquerda*. É possível que Geraldo Rocha, de *A Noite*, também tenha entrado com uma parte do capital de Mario. Boa parte desse dinheiro fora para a compra de uma enorme rotativa Marinoni. O jornal foi um sucesso e ele pagou rapidamente o que devia a João Turco e Geraldo Rocha. Daí em diante, só tinha Antônio Faustino Porto com quem dividir *A Manhã*.

Na condição de dono de jornal foi que o Rio passou a conhecer melhor Mario Rodrigues. Até então pensava-se que a coragem que apregoava fosse, no fundo, a que Edmundo Bittencourt lhe emprestava. Mas, depois da sua temporada de um ano no Quartel dos Barbonos, de sua saída do *Correio da Manhã* e, mais que tudo, das brigas que iria comprar na sua folha, é que se percebeu que havia uma espora de verdade na rinha. E o primeiro galo que ele chamou para a briga foi Edmundo Bittencourt.

Um mês depois de pôr *A Manhã* nas ruas, no finalzinho de 1925, Mario Rodrigues disparou uma série de artigos de primeira página, intitulados "O fígado podre", em que denunciava um estratagema que Edmundo Bittencourt teria usado nos primórdios do *Correio da Manhã* para fazer impor o seu jornal. Edmundo acusara o Matadouro Municipal de vender carne estragada aos cariocas e fizera dessa notícia um escândalo. A prova do crime estaria na foto de um fígado de boi em tétrica decomposição. A matéria era explosiva e o *Correio da Manhã* foi visto como um jornal que não temia ninguém. Mas, segundo Mario Rodrigues em seus artigos, tanto o fígado quanto o Matadouro eram inocentes. Edmundo teria comprado um reluzente fígado no açougue da esquina e o deixado apodrecer, para depois fotografá-lo e incriminar o Matadouro.

Como a verdade sobre o caso só lhe poderia ter sido contada pelo próprio Edmundo, Mario Rodrigues desta forma o alvejava com uma espingarda de dois canos: chamava o *Correio da Manhã* de mentiroso e carimbava Edmundo como um cínico. Ninguém se lembrou de perguntar a Mario Rodrigues por que guardara segredo até então e não se revoltara contra isto quando trabalhava com Edmundo.

Orgulho: Mario Rodrigues gostava de exibir sua equipe (esq.) nas edições de aniversário de seus jornais. Abaixo: quando A Manhã era apreendida pela censura, ele próprio afixava na fachada do prédio o artigo que provocara a apreensão, para que o povo o lesse

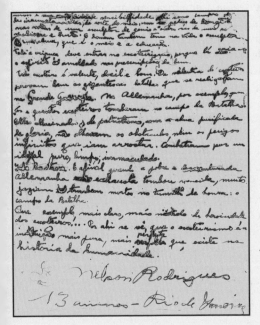

Treze anos: o jovem Nelson faz um ardente elogio do escotismo — embora ele próprio nunca tenha sido escoteiro

Dentro do *Correio da Manhã* havia gente disposta a fazer Mario Rodrigues comer o seu jornal, mas o principal atacado, Edmundo Bittencourt, a princípio ignorou principescamente a agressão. Mario não se abalou e continuou com a série. Dias depois, Edmundo não resistiu e desceu do pedestal: escreveu um violento editorial em que chamava *A Manhã* de *pot-de-chambre* — penico — e acusava Mario Rodrigues de viver "com o rabo preso nas casas de tavolagem". Para Mario Rodrigues, a batalha estava ganha. O adversário o reconhecera. Mas, por via das dúvidas, fez seu jornal iniciar também uma tremenda campanha contra os cassinos, principalmente o do Copacabana Palace, pedindo o seu fechamento e a prisão da família Guinle.

Edmundo Bittencourt tinha razão para se irritar. *A Manhã* já estava abrindo uma fenda no seu rico mercado matutino. Jornais de combate havia muitos, mas a virulência de *A Manhã* não tinha paralelo dentro das circunstâncias — em 1926 Bernardes ainda era presidente, com censura dentro das redações e as garantias constitucionais suspensas.

Um dia, naquele mesmo ano, Mario Rodrigues escreveu um editorial demolidor contra a censura e entregou-o pessoalmente ao censor. Este o leu duas ou três vezes, como se não acreditasse no tamanho da afronta, com Mario Rodrigues ao lado, esperando. O censor deu um murro na mesa:

"O senhor sabe que isto não pode sair, doutor Mario!"

"Não é para sair, sua besta", respondeu Mario Rodrigues. "É para você ler!"

Como não podia fuzilar Bernardes, Mario Rodrigues despejava fogo sobre os políticos menores. Sofreu doze processos apenas nos dois primeiros anos de *A Manhã*. Mas, como ia sendo absolvido em todos, isto lhe dava confiança para continuar atacando e, uma linha acima de sua assinatura, lançar o desafio: "Se não gostarem, processem-me". As cartas e os telefonemas anônimos ele ignorava. Parecia invencível. Dava voz ao adversário, transcrevendo os ataques que este lhe fazia. Então usava os insultos do outro como uma alavanca para os seus próprios insultos: vasculhava a vida particular do inimigo, descobria-lhe amantes, publicava as suas cartas de amor e expunha-lhe as tripas ao sol.

Com isso Mario Rodrigues tornou-se até personagem do teatro de revista. Nas comédias havia sempre um ator que descompunha outro, ornando-o com uma torrente de impropérios. Quando acabava, dizia, como se assinasse: "Mario Rodrigues!". A plateia delirava.

A Manhã ainda acreditava no velho expediente de disfarçar repórteres para fazê-los penetrar em certos bastidores. Fez isto para estourar os pontos do tráfico de cocaína no Rio. Um repórter, Fernando Costa, passando-se por consumidor, relatou em detalhes o que se passava na "pensão da Fanny", conhecida como a "bolsa do pó" na rua Joaquim Silva, na Lapa, e na casa da "Boca torta", na rua General Argolo, em São Cristóvão. Mas não precisava ter ido tão longe. A cocaína, chamada carinhosamente de "pó de arroz" e "fubá Mimoso", era a droga da moda entre políticos, intelectuais e boêmios, que a compravam em frasquinhos, a quinze mil réis cada. Manuel Bandeira era um dos que se dizia que praticavam o violento esporte nasal. E um dos próprios colaboradores de *A Manhã*, Zeca Patrocínio, era notório consumidor. Quando ele publicou "O pó (poema da cocaína)" na edição especial de primeiro aniversário do jornal, em 29 de dezembro de 1926, as pessoas riram: era uma hipócrita condenação da droga pelo seu mais estabanado useiro.

Houve também um lance de sorte, com o qual Mario Rodrigues não contava, para estabelecer a reputação de seu jornal. Apesar de já contar dez anos de Rio de Janeiro, ele continuava sintonizado com a política de Pernambuco e aplicava chibatadas diárias no então governador pernambucano Sérgio Loreto. Em abril de 1926, Loreto mandou oferecer-lhe trinta contos de réis em três parcelas, em troca de três meses de silêncio, para conseguir eleger seu sucessor. O intermediário teria sido o capitão do Exército Amaury de Medeiros, genro do governador. Mario Rodrigues fingiu aceitar o suborno e, como combinado, foi à Casa Bancária Boavista, na rua da Alfândega, e sacou a primeira parcela. Mas, em vez de ficar quieto, abriu manchetes no dia seguinte para a tentativa de suborno. E, num lance de folhetim, digno de *Rocambole*, anunciou que iria distribuir os dez contos de réis entre os pobres do Rio.

Disse e fez. Mil senhas de dez mil réis foram entregues aos pobres na portaria do jornal, com o pagamento prometido para daí a uma semana — durante a qual, obviamente, Mario Rodrigues não deu um centímetro de descanso a Sérgio Loreto em suas páginas. No dia 6 de maio, o dinheiro foi entregue a uma multidão ululante num palanque armado na calçada de *A Manhã*. Foi uma grande jogada de Mario Rodrigues para efeito de arquibancada. Os cínicos a viam de outro jeito: Loreto devia ser um idiota porque trinta contos não era suborno que se oferecesse. Para Loreto tanto fez, porque ele elegeu o seu sucessor do mesmo jeito. Mas o que Mario Rodrigues lucrou com aquela atitude reduziu os trinta contos a valor de confete.

A Manhã não se dedicava apenas à exposição de fígados e subornos. Também acenava com o chapéu a grupos específicos, para conquistar leitores e simpatias. Chegou a ser, por exemplo, quase um porta-voz do protofeminismo daquele tempo. Abriu suas páginas a colaboradores como a jovem Nise da Silveira e apoiou a causa do voto feminino, do direito da mulher ao trabalho, a andar na rua e a se vestir como quisesse. Enfim, a tudo que ele não concedia a Maria Esther. Para os que achavam essas posições inacreditáveis num jornal dirigido por Mario Rodrigues, ele ainda reservava outras surpresas. No começo de 1927, por exemplo, sob a influência de Pedro Mota Lima, então diretor-substituto, *A Manhã* ganhou uma inesperada plumagem comunista.

Começou por uma seção de página interna, "*A Manhã* proletária", destinada a cobrir as atividades sindicais. Mas rapidamente espalhou-se pela primeira página. Expressões como "sabujos do capitalismo" e "a águia do imperialismo ianque crava as suas garras aduncas" saltaram para as manchetes. A

Light não era referida como a Light, mas como "o polvo canadense". Qualquer piquenique de trabalhadores na Quinta da Boa Vista era descrito como um "encontro de proletários", mesmo que estes fossem pacatos barbeiros ou marmoristas. O crítico literário passou a ser Leôncio Basbaum. Nem os jornais do Partido Comunista Brasileiro, fundado cinco anos antes em Niterói, pareciam tão obedientes. Mas algo deve ter acontecido com a receita publicitária de *A Manhã* porque, alguns meses depois, Mario Rodrigues resolveu acabar com aquilo. Explicou-se num editorial e *A Manhã* voltou à sua linha, digamos, moderada.

Aquela súbita guinada à esquerda pode ter acontecido também porque, achando que era tempo de voltar à política de verdade, Mario Rodrigues lançara-se candidato a deputado pelas zonas suburbana e rural do Distrito Federal em fevereiro daquele ano. Concentrou sua campanha em tremendos ataques ao que imaginara ser o seu principal adversário, o popularíssimo Maurício de Lacerda, pai do jovem Carlos — e passou semanas acusando-o de cocainômano. (As caricaturas o mostravam sempre com um canudinho no nariz.) Mario Rodrigues devia conhecer bem Maurício de Lacerda. Afinal, Maurício fora até há pouco colaborador de *A Manhã* e uma de suas grandes admirações.

Abertas as urnas, Mario Rodrigues descobriu com surpresa que não havia sido eleito. Teve de contentar-se com um sétimo lugar, que de nada lhe servia, mas podia gabar-se, pelo menos, de ter chegado à frente de Maurício de Lacerda — e também de Luís Carlos Prestes, embora este, por causa da Coluna Prestes, fosse então mais conhecido que Tom Mix. (Para o registro: dois meses depois das eleições, Maurício de Lacerda e Mario Rodrigues voltaram a ser como unha e esmalte.)

Algumas ideias de Mario Rodrigues em *A Manhã* podiam não ser muito éticas, mas eram comercialmente infernais. Uma delas foi a de publicar anúncios gratuitos de empregos. (A alegação era a de que estava prestando serviço, mas seu óbvio alvo eram os classificados do *Correio da Manhã*.) Outra de suas ideias era inofensiva, mas uma mina de ouro. Na data nacional de países como a Inglaterra, França ou Alemanha, publicava cadernos especiais, recheados de publicidade, em homenagem a eles — só que na língua desses países! Era assim que, um belo dia, o leitor de *A Manhã* abria o jornal e via um caderno de oito páginas em inglês, francês ou alemão. (Ou em português de Portugal, quando era o caso.) Havia também cadernos especiais em homenagem a estados como São Paulo ou Minas Gerais, com fartas verbas dos governos desses estados e louvações incontidas aos respectivos governadores.

Um desses governadores, o mineiro Fernando Melo Viana, era o seu favorito. Em 1925, quando ainda estava no *Correio da Manhã*, mas já com *A Manhã* em mente, Mario Rodrigues fora a Belo Horizonte com um objetivo: picá-lo com a mosca azul. Melo Viana recebeu-o no Palácio da Liberdade e ouviu a sua argumentação: o Brasil precisava dele, Melo Viana, como seu presidente, e não do paulista Washington Luís, já ungido para suceder Bernardes.

Melo Viana achou absurda a ideia, o doutor Washington Luís era um homem probo e realizador, grande candidato. Mas Mario Rodrigues convenceu-o de que, se aceitasse ter a sua candidatura lançada no Rio, as chances seriam muitas. As despesas iniciais correriam por conta do candidato, é claro, mas as adesões dariam conta do resto. Melo Viana, alto e pernóstico, ponderou a sugestão e começou a achar que o outro podia ter razão. O Brasil ia mal e precisava dele, que estava disposto a sacrificar-se, quem sabe não fora para isso que viera enriquecer o planeta. E deu o sinal verde a Mario Rodrigues. Diz-se que deu também duzentos contos de réis em dinheiro vivo ao jornalista, tirado de suas economias pessoais — ou do salário das professoras mineiras, como sopraram os maldosos.

Virgílio A. de Melo Franco descreve em seu livro *Outubro, 1930* o susto que isto produziu no Catete. A sucessão ia realizar-se rotineiramente em 1926, com Washington Luís tornando-se presidente e o ministro da Agricultura Miguel Calmon o seu vice. Antônio Carlos, líder do governo na Câmara, foi a Belo Horizonte pedir o burocrático apoio de Melo Viana à candidatura oficial e ouviu do governador mineiro uma catilinária radical-democrata que não esperava. Seguindo as instruções de Mario Rodrigues, Melo Viana falou do "distanciamento entre o governo e o povo" e que a nação "reclamava um nome que realmente a representasse". Antônio Carlos ficou atônito. Afinal, Melo Viana era um zero à esquerda, se tornara governador porque Bernardes praticamente o nomeara. De onde vinha agora tanto assanhamento?

Sempre seguindo os planos de Mario Rodrigues, Melo Viana veio ao Rio e deitou falação, repetindo mais ou menos aquelas palavras. Só faltou perfilar-se num pedestal, à espera de que indicassem o seu nome. Pois Mario Rodrigues indicou-o, através do *Correio da Manhã*, referindo-se a ele como "o mosqueteiro de Minas". Os outros jornais deram suíte à história e os cariocas a compraram. Por onde passava no Centro do Rio, multidões aclamavam Melo Viana.

Preocupado com aqueles quinze minutos de glória que o seu novo adversário saboreava, Bernardes mandou a Belo Horizonte seu ministro da Justiça, o também mineiro Afonso Pena Jr., para neutralizá-lo com uma jogada simples: imolaram Miguel Calmon e, apostando na sua mediocridade, ofereceram a Melo Viana a decorativa vice-presidência. O qual, para surpresa de ninguém, a aceitou e foi previsivelmente eleito a 1º de março de 1926, tornando-se o vice de Washington Luís.

Mas, como a posse só seria em 15 de novembro, Melo Viana ainda gozou de quase um ano como governador de Minas, durante o qual Mario Rodrigues fundou *A Manhã* e teve a oportunidade de publicar a sua foto — sempre a mesma foto — centenas de vezes, com ou sem pretexto. Geralmente sem. Se Melo Viana desse um suspiro em Belo Horizonte, *A Manhã* logo lhe atribuía uma "voragem de realização". Um caderno inteiro lhe foi dedicado em setembro daquele ano. Quem não estava gostando daquilo era Edmundo Bittencourt, que se sentia, traído. Afinal, fora o *Correio da Manhã* que inventara Melo Viana. Portanto, julgava-se no direito de só o chamar agora de "o mulato de Minas". E Edmundo Bittencourt continuaria tendo motivos para resmungar porque, quando se tornou vice-presidente, Melo Viana não apenas continuou muito generoso com Mario Rodrigues, como o *convenceu* a defender a política de Washington Luís. E, rapaz, como Washington Luís iria precisar!

É hilariante imaginar como Mario Rodrigues teria feito gato e sapato de Washington Luís se não estivesse do seu lado. Isto porque Washington Luís se expunha muito. Era casado, mas "não fora feliz no matrimônio", o que, pela ótica da época, lhe dava carta branca para prevaricar. Charmosíssimo aos 57 anos, quando assumiu a presidência, dizia-se que mantinha um pavilhão nos fundos do Palácio Guanabara apenas para namorar. Não havia atriz francesa de passagem pelo Rio que não fosse visitar o pavilhão para conhecer as armas da República. Por sinal que um dos lemas de seu governo, além do "Governar é abrir estradas", era "Comigo é na madeira". Dizia-se também que, certa vez em que Washington Luís ficou de molho por uns tempos para se recuperar de uma cirurgia de apêndice, a verdadeira causa teria sido um tiro disparado por um marido. A cena, tanto do adultério como do atentado, era o Copacabana Palace.

Sabendo disso tudo, Mario Rodrigues ficava silente. Exceto quando, por qualquer motivo, alguém do governo o desgostava. Nesse caso, Mario Rodrigues sentia-se obrigado a mandar um aviso a Washington Luís e o chamava em editorial de "o presidente da fuzarca". No mesmo dia, Washington Luís se mexia, assinava uma "subvenção" e Mario Rodrigues ficava feliz outra vez.

Quando Mario tornou-se proprietário de um jornal, os Rodrigues passaram a viver em grande estilo. Ninguém mais andava de bonde. Quem tivesse de ir a qualquer lugar, mesmo à esquina, ia numa limusine Essex, permanentemente alugada. Mario Rodrigues passou a dar a Maria Esther trinta contos de réis por mês para administrar a casa. E ela acreditava em estocar: as despensas viviam abarrotadas de latarias e mantimentos comprados nas importadoras. Os dias de pindaíba na Aldeia Campista e de relativo miserê na Tijuca faziam parte agora do passado profundo.

A produção de filhos continuava: Dorinha (cabelo preto), gerada no Quartel dos Barbonos e nascida em janeiro de 1927, morrera em setembro daquele ano, aos nove meses, de gastroenterite — Maria Esther, sempre farta em leite, secara justamente nela. Quando resolveram contratar uma ama era tarde. Era a primeira morte da família. Para compensar, Elsinha (cabelo vermelho) nasceria em 1928, já na nova e luxuosa casa dos Rodrigues — aquela que, apesar de também alugada, tinha tudo para ser a definitiva: o palacete da rua Joaquim Nabuco, 62, esquina com Raul Pompeia, no quase deserto Posto Seis de Copacabana.

Era um palacete de astro do cinema mudo: tinha três andares, três salões, cinco quartos, um porão gigantesco, garagem para diversos carros e um mirante. A casa ficava numa elevação do terreno — donde, do mirante, os olhos podiam debruçar-se sobre toda a orla de Copacabana, à esquerda, e Ipanema e Leblon, à direita. Mario Rodrigues não queria saber de economias. Exigia que o mirante e os salões ficassem iluminados a noite inteira. Queria encontrar tudo aceso quando chegasse de madrugada. E de madrugada ele chegava — nunca antes de cinco da manhã, que chamava de "a hora azul", segundo seu principal companheiro noturno, Orestes Barbosa. E não vinha exatamente do jornal.

E nem era direto para o jornal que saía de casa no dia seguinte, logo depois do almoço. Antes de sair, dava um ou dois telefonemas para a redação, inteirava-se dos assuntos do dia, determinava quem seria o alvo — literalmente — da manchete e ia escrever seu artigo de fundo no Brahma, um bar na rua São José. Escrevia aos borbotões, sem parar e sem rever, cercado de cervejas Fidalga. Era brilhante no ataque. Segundo ele próprio, batia nos políticos de que não gostava com "látegos estrelados de coriscos". Epitácio Pessoa era o "Mussolini de fancaria". O mineiro Antônio Carlos, agora chefe da oposição, era o "cínico alvar" ou o "patife da montanha". O gaúcho Batista Luzardo era o "poldro relinchante". Para outros, que desprezava, não perdia tempo em esculpir metáforas: Lindolfo Collor era "um bestalhão" e João Neves da Fontoura, "que cafajeste!". Mario Rodrigues não podia prever (ou podia?), mas estava comprando brigas com todos os vitoriosos da próxima Revolução de 1930 — se tivesse vivido para vê-la.

Depois de escrever seu artigo cheio de coriscos, Mario Rodrigues ia para a redação, conferia o andamento dos trabalhos e desabava no sofá de sua sala, roncando trovejantemente. Acordava à noitinha, participava do fechamento da edição, assistia ao jornal ser rodado na Marinoni e saía pela madrugada com *A Manhã* ainda quente no bolso. Orestes Barbosa, que conhecia todos os cabarés da Lapa, o acompanhava. E, muitas vezes, era também quem o levava para casa e o depositava na porta do palacete, com mais Fidalgas do que seu fígado de maleita conseguira absorver. Não admira que Orestes não precisasse chamá-lo de "doutor Mario".

A única alteração nesta rotina diária de Mario Rodrigues era quando ele saía de manhã, direto para o jornal e já com o artigo pronto; deixava-o com o secretário e desaparecia da redação, sem dizer para onde ia. Às vezes isto não fazia diferença. Mas podia acontecer uma emergência e que precisassem dele para tomar uma atitude. Contínuos do jornal eram despachados para varejar a cidade à sua procura, nos endereços conhecidos. Em último caso, o "Gênio do telefone" (uma figura indispensável nas redações, o único que tinha os telefones secretos de todo mundo) era autorizado a ligar para os rendez-vous. Quase sempre, no entanto, Mario Rodrigues estava apenas trancado nos Democráticos, pagando bebida para metade do Rio de Janeiro.

Mario Rodrigues podia estar fazendo de *A Manhã* uma máquina de imprimir dinheiro, mas sua dissipação administrativa era do tamanho da sua capacidade de fabricar dívidas. Nem sempre ele podia honrá-las. Seu sócio Antônio Faustino Porto podia. Quando Mario Rodrigues abriu os olhos, já perdera o jornal para ele.

5

Paixão: no Recife com Netinha

— 1928 —
PAIXÕES VOLÁTEIS

Em 1928, Nelson e todos os jovens Rodrigues em idade para servir faziam uma coisa ou outra em *A Manhã*. Milton, aos 23 anos, era o secretário do jornal. Roberto, aos 21, ilustrava algumas reportagens policiais. (No ano anterior, editara com Milton uma revista semanal chamada *Jazz*.) Mario Filho começara aos dezoito anos na função de gerente do jornal, responsável pelos vales, mas, para desprazer de seu pai, que o queria como repórter na Câmara dos Deputados, preferiu dirigir a página literária; e agora, aos vinte, resolvera assumir a página de esportes, a menos importante do jornal. E Nelson, aos dezesseis anos incompletos, fora promovido da reportagem policial para a cobiçada página três: a dos editorialistas, de onde seu pai despejava as fagulhas e onde Monteiro Lobato, Agrippino Grieco e os outros assinavam artigos. Era o que ele ia fazer: escrever artigos assinados, uma vez por semana.

O Curso Normal de Preparatórios, Nelson já o abandonara desde o outro ano, 1927, na terceira série do ginásio. Aos seus olhos de quinze anos, rabiscos na lousa não podiam competir com manchetes. Depois de respirar o ambiente da redação e chamar os figurões pelo nome como se fosse um deles, já não via o menor "charme" em aprender a extrair uma raiz quadrada ou descobrir o valor de pi. Preferia matar aula na praça Quinze, mesmo que fosse apenas para chupar tangerinas no cais, cuspindo os caroços no mar e tentando decifrar o nome dos navios. Nunca mais voltou à escola, e seu pai tentou, mas desistiu de forçá-lo a continuar. Descobrira que, à sua maneira, Nelson se tornara incontrolável.

Mario Rodrigues tivera a primeira amostra disso em 1926, quando Nelson, a dias dos quatorze anos e íntimo das oficinas do jornal, criara o seu próprio jornalzinho — um tabloide de quatro páginas intitulado *Alma Infantil*. Nelson escrevia-o quase todo, paginava-o e o mandava compor e imprimir nas máquinas de *A Manhã*. Por algum motivo, dividia a "direção" do tabloide com seu primo Augusto Rodrigues Filho, um ano mais novo do que ele e que ainda morava no Recife. (E que, no futuro, se tornaria o cartunista Augusto Rodrigues, famoso residente do largo do Boticário.) O jornal nascera das cartas trocadas pelos dois. Nunca se tinham visto, mas pareciam ter uma afinidade de irmãos. Eram gêmeos, por exemplo, na completa falta de tolerância para com os rumos que o universo tinha tomado até a presente data.

Um jornal dirigido por um filho de Mario Rodrigues teria de se parecer com um jornal de Mario Rodrigues — e *Alma Infantil* era uma espécie de *A Manhã* de calças curtas, embora Nelson já tivesse deixado de usá-las. Ele queria ser como seu pai, um espadachim verbal. Mas, bem ou mal, o atrevimento de Mario Rodrigues em suas opiniões era baseado em informações. O de Nelson era apenas uma petulância adolescente. Logo no primeiro número do tabloide desencadeou um ataque sem tamanho contra o padre Félix Barreto, diretor do Ginásio do Recife, acusando-o de ter torturado seu primo Augusto, aluno do ginásio, a mando do governador Sérgio Loreto. "É inútil dizer que o padre Félix Barreto é um farrapo humano desprezível", bramava Nelson no artigo, "um reles bandido, um pobre louco cujo cérebro a sífilis comeu e cuja alma é lavada duzentas vezes por hora na latrina." Em outro trecho, tachava o pio padre Félix, futuro nome de colégio no Recife, de "célebre violador de pretas".

Dos quinhentos exemplares que Nelson mandara rodar de *Alma Infantil*, metade foi para o Recife junto com o reparte de *A Manhã* que circulava lá. É fácil imaginar o pânico do velho Augusto, irmão de Mario Rodrigues, ao ler *aquilo* no jornal e ver o nome de seu filho no expediente. E, mais ainda, ao constatar que, sendo aquele o número um, haveria outros, talvez piores.

Telegrafou no ato para seu irmão:

"PREZADO MARIO PT EVITE PUBLICACAO 'ALMA INFANTIL' PT ABRACOS AUGUSTO."

A resposta também foi na bucha:

"PREZADO AUGUSTO PT IMPOSSIVEL PT ABRACOS MARIO."

Augusto pai não estava exagerando em seu apelo. Afinal, era ele quem morava em território de Sérgio Loreto, o qual, se pudesse, faria Mario Rodrigues e todos os Rodrigues mastigar a língua, por causa do recente episódio do suborno. E a suposta tortura de Augusto filho pelo padre Félix não passara de um bolo dado com a palmatória — a punição corriqueira que se aplicava a um estudante arteiro e que, mais rebelde até do que o primo Nelson, orgulhava-se de ser expulso dos colégios por que passava.

No Rio, indiferente a isto, Nelson já estava rodando o número dois de *Alma Infantil*. Neste, deixava de lado as grandes questões pernambucanas, mas pedia o fechamento da Academia Brasileira de Letras pela polícia, classificava Epitácio Pessoa de "uma pústula social" e massacrava por atacado a Escola Nacional de Belas Artes, acusando-a de ser um antro de "marmanjos imbecis". Os "marmanjos" eram as *bêtes noires* de Nelson no jornal, para quem todo maior de quatorze anos era um bruto corrompido e insensível — ressalvados apenas os Rodrigues adultos e um jovem protegido da família: um amigo de seu irmão Roberto, chamado Cândido Portinari.

Mas Augusto Rodrigues pai estava se afligindo à toa. Depois de cinco números, Nelson cansou-se de *Alma Infantil*, largou mão do tabloide e preferiu concentrar-se nos pactos de morte que cobria no jornal dos marmanjos. Dois anos depois, em 1928, ao ser guindado à página dos editoriais de *A Manhã* — onde se supunha que os artigos eram sérios —, ele se sentiria um peixinho dourado no seu aquário natal. As primeiras crônicas deixaram a família orgulhosa. E, de repente, teve uma recaída iconoclasta ao estilo de *Alma Infantil*. Aproveitando-se de que Mario Rodrigues não estava olhando, Nelson assestou sua fenomenal petulância exatamente contra quem não devia: o ídolo de seu pai, Rui Barbosa.

Fora Roberto quem descobrira Portinari em 1923 na Escola Nacional de Belas Artes, onde ambos estudavam. Ali começou uma relação que pode ter sido decisiva para a pintura brasileira. Candinho, como o chamavam, tinha vinte anos, três a mais que Roberto. Mas nascido e criado na roça, em Brodósqui, interior de São Paulo, via em Roberto um herói. Candinho era coxo, rústico e quase analfabeto; Roberto era bonito, cosmopolita e lido. Candinho não sabia muito bem o que fazer de sua pintura; Roberto já queria ser "moderno". Portinari era "acadêmico" — tanto quanto outro contemporâneo da Belas Artes, Oswaldo Teixeira. Só que Oswaldo Teixeira achava ótimo ser "acadêmico" e, quem não gostasse, que fosse lamber sabão. Mas Roberto viu coisas em Portinari que não via nem em si mesmo e adotou-o. Ou, por outra, fez com que sua família o adotasse.

Pelos anos seguintes, Candinho seria quase um agregado dos Rodrigues — cama, mesa e cavalete. Quando eles moravam na rua Inhangá, Roberto mantinha no largo do Machado um ateliê que Candinho usou muitas vezes para dormir. Quando se mudaram para a rua Joaquim Nabuco e Roberto montou o ateliê no porão, Candinho também se mudou para o porão. Almoçava e jantava quase diariamente com a família, e Maria Esther dava-lhe dinheiro para as tintas e pincéis. (Como saber que, em 1962, aos 59 anos, Portinari morreria envenenado por suas tintas?) Os Rodrigues tomaram Candinho como filho porque Roberto o dissera seu irmão — e, entre os Rodrigues, a palavra de Roberto pesava como um jarro de pedra.

Portinari retribuía esse afeto pintando a família Rodrigues, embora ninguém suspeitasse que um dia aqueles retratos seriam tão valiosos. Roberto três vezes (inclusive um corpo inteiro), Milton, Mario Filho e dona Maria Esther foram os que ele pintou. (Não, Portinari nunca pintou Nelson.) O retrato que lhe tomou mais tempo foi o de Mario Rodrigues, porque o modelo não tinha tempo nem paciência para posar. E, francamente, não via muito sentido naquilo. Mas quando Mario passou um ano preso nos Barbonos, Candinho aproveitou a chance e completou o seu retrato na prisão.

Os Rodrigues fizeram mais por Portinari. Apresentaram-no a Olegario Marianno, cujos amigos ricos pediram-lhe retratos. Candinho pintou-os todos e pintou também Olegario Marianno. Depois de perder, ano após ano, o prêmio de viagem a Paris da Escola Nacional de Belas Artes, Candinho concorreu em 1929 com dois retratos: um de Roberto Rodrigues e outro de Olegario Marianno. Os Rodrigues jogaram o peso de seu jornal na premiação. Portinari ganhou com o de Olegario. Em agosto de 1929, fez as malas, despediu-se dos Rodrigues e partiu para Paris.

Quando voltou, em janeiro de 1931, apenas um ano e meio depois, já não existiam Roberto nem Mario, e nenhum dos Rodrigues restantes podia oferecer-lhe uma refeição. Nem ele precisaria.

Em fevereiro de 1928, os leitores de *A Manhã* já estavam se habituando ao novo colunista semanal da página três, Nelson Rodrigues. Ninguém o conhecia e, pelo que escrevia, era difícil dizer se tinha vinte, quarenta ou sessenta anos — porque, a cada parágrafo, aparentava uma dessas idades. Ou então, no meio de um artigo, mentia sobre sua idade, referindo-se no passado ao tempo em que tinha vinte anos. Fácil de perceber é que não se tratava de alguém inundado de joie de vivre. Ao contrário, parecia uma alma torturada, sabia-se lá por quais martírios. Mas não entrava nas cogitações de ninguém que se tratasse de uma alma torturada de quinze anos e meio.

O primeiro artigo, "A tragédia da pedra...", com as solenes reticências, saiu no dia 7 de fevereiro de 1928. Era muito bem escrito — para um jovem intoxicado de leituras românticas e parnasianas do século XIX. Meio confuso, mas, debulhada a confusão, via-se que tratava do dinheirismo a que se entregara o

alma infantil

DIRECTORES: Nelson Rodrigues, Augusto Rodrigues Filho

:: No. 1 :: Rio de Janeiro, 11 de Junho de 1926 Anno 1.º

O NOSSO PROGRAMMA

Nascemos numa epoca ANGUSTIOSA E INFELIZ, em que a mentalidade dos homens politicos brasileiros deita-se indecentemente na cama e nos braços da mediocridade. O nosso progresso ultimamente com a frialdade do enthusiasmo dos brasileiros, apanhou reumathismo, ficando absolutamente impossibilitado de andar. Todos esses marmanjões de barbas, bigodes, com um porte de rei em cima da pança estourando de "chopp" falam muito mais realmente que têm feito até agora, uma coisa notavel: roubar e descançar. O formidavel edificio do Senado está mettido o dia todo no bolso, dum silencio tristonho e lugubre de cimiterio ou dum castello abandonado em ruinas...

Uma vez na vida outra morte porém, apparece um dos opposicionistas a berrar furiosamente contra o governo, a criticar violentamente o estado deploravel das finanças em que o paiz se encontra, a querer em vão derramar um pouco de vibração naquellas silenciosas e monotonas sessões ;não encontra porem nenhuma solidariedade nem um eco de sua voz. E nem se lhe discute, nem se dão o trabalho de se mexerem. Dormem nas cadeiras o somno sereno das donzellas virgens.

Foi por isso, por ver essa desanimadora frialdade, esse desanimo sempre crescente que reina nos corações dos "barbados", que tres creanças, Nelson Rodrigues, Augusto Rodrigues Filho e N. Pallut, cada um com treze annos apenas, mas que têm no coração mais dignidade do que esses "pacas" de marmanjos, resolveram emprehender uma espinhosa e quasi louca missão, de acordar nos corações dos brasileiros, um enthusiasmo moço, sadio, um patriotismo fanatico...

Fazemos isso quasi sem esperança, num esforço louco desesperado, mas queremos mostrar ao mundo, que no Brasil ao menos tres creanças tem no coração esse sentimento tão raro, tão escasso nesse podre humanidade: dignidade.

ALMA INFANTIL não encontrará, talvez nos corações dos barbados apoio; porque creados em meio frio e molle e seguindo o exemplo deploravel dos mais velho não poderão jamais se regenerar; mas esperamos encontrar um seguro agasalho nos corações da garotada brasileira, ainda insenta de todos os vicios possiveis e immaginaveis dos referidos "pacas" ALMA INFANTIL é um grito da revolta intima tempo arguida, armazenada nos corações dos seus directores, que soffrem dolorosamente ao verem a falta de pudor do progresso de seu paiz que acha muito divertido passar as noites e os dias, nos braços da mediocridade.

Oh! Creanças brasileira —vêde estes "barbados" indecentes sem cerebro, sem dignidade, sem enthusiasmo, cuja vida está contida nessa palavra nojenta: "baile", cujo ardor patriotico está mergulhado num lethargo desanimador; —levantae! Uni-vos numa só alma para fazer uma das mais bellas, e mais vibrantes campanha, para sacudir esse torpor que adormece o enthusiasmo e o patriotismo dos brasileiros. ALMA INFANTIL, será uma casa que acolherá sempre de braços abertos ás ideas partidas duma alma infantil!... Vibre nessa folha um enthusiasmo moço, sadio, que caminhará sempre numa estrada recta e unica!...

Faremos uma guerra louca, sem treguas, a todos aquelles que julgarmos nocivos á sociedade e ao progresso do Brasil!

ALMA INFANTIL nasce como o sol, cheia de luz, forte, derramando, em torno de si alegrias e soffrimentos! ESTAMOS SERENOS PARA ESSA DISPUTA TITANICA QUE ESPERAMOS VENCER SOMENTE COM UMA ARMA:

Uma pena moça, sadia, sincera, molhada pela tinta da dignidade.

NELSON RODRIGUES.

O processo que "Alma Infantil" moveu contra o Sr. padre Felix

Uma tentativa contra a vida do nosso director Augusto Rodrigues Filho

E' inacreditavel que num paiz civilizado, saiba-se que se espanque com um grande homem barbaramente todos os dias, sem se enforcar o monstro que o aggride.

Um tal GYMNASIO DO RECIFE que funcciona em PERNAMBUCO tem como professores immundos farrapos da natureza humana, que acham um prazer estonteante em espancar barbaramente os alumnos.

Era a carta do nosso director banhada daquelle seu estilo guerreiro, violento e tumultuoso de revolta incontida, que elle tinha sido barbaramente espancado a ponto de ficar com a cabeça partida em tres partes, pelo director do tal gymnasio do Recife — padre FELIX BARRETO. Informava ainda que esse tal padre com uma chibata de cavallo em punho obrigara-o a escrever uma carta ao Nelson Rodrigues, acclamando-o, elle padre Felix, como um santo, "expoente maximo da bondade humana". Ao recebermos essa carta de Augusto Rodrigues Filho "fomos completamente dominados pelo estupor, e estonteados com uma noticia tão fantastica, cheirando a contos de fada, Pequeno Pollegar, etc., Nelson Rodrigues suspeitando que algo importante estava succedendo com seu companheiro de combate, escreveu a este uma carta, pedindo noticias suas. Foi ahi que chegou ao nosso conhecimento, pela outra carta de Augusto Rodrigues Filho, que elle era barbaramente espancado, e soffria martyrios horriveis que o sr. padre Felix Barreto lhe dava.

Houve um principio de congestão em todos empregados da ALMA INFANTIL — o que não continuou, porque se achava presente o dr. Sabino Pinho Filho, que deu promptamente uma sangria em todos nós — tal o furor que nos assaltou ao vermos que um reles bandido martyrizava sem piedade o nosso director.

Agora o caso esta bem esclarecido, é que sabemos que o sr. padre Felix foi pago por Sergio Loreto que tinha ficado por

(Continua na 2ª pagina)

Recife em polvorosa:
o primeiro número do jornalzinho de Nelson

Faunos e ninfas: capas de Roberto para Jazz e Para todos...

Pintado atrás das grades: Mario Rodrigues por Portinari

"homem moderno", com o seu frio oportunismo e insensibilidade aos valores da natureza. (Nada ecológico, veja lá, apenas psicológico.) Nelson identificava nos "sulcos profundos da pedra, nos talhos, nas rugas que lhe conturbam a eurritmia dos traços", os "sofrimentos cruciantes" de algo que seria a própria pedra ou que talvez fosse Deus, desapontadíssimo com as asneiras que o homem cometia neste mundo.

Profundo, não? Não, pueril — mas revelador do precário equilíbrio nervoso que o jovem Nelson estava vivendo, principalmente no trecho em que ele se revolta contra o fato de a sociedade chamar de "loucos, malandros e idiotas" os sensíveis a uma "vida contemplativa". Na verdade Nelson estava falando em causa própria. Como todo garoto, seu desempenho na vida era cobrado talvez além da conta pelos mais velhos. E o que não lhe faltava era uma tribo de mais velhos na família, sem falar em pai e mãe, para dizer-lhe o que fazer. Vá lá que não quisesse estudar — diziam-lhe —, mas não podia passar a vida a ver navios e a chupar tangerinas na praça Quinze. Não iriam admitir que ele tivesse vindo ao mundo apenas para ocupar espaço. Içá-lo para a página três do jornal e dar-lhe uma coluna semanal tinha sido uma ideia de seu pai para sacudi-lo — o que ele estava agora aproveitando para se explicar, a si próprio e aos outros.

Cada artigo na página três confirmava essa impressão. O da semana seguinte, 14 de fevereiro, "Gritos bárbaros", era uma evocação de um poeta já obscuro na época e hoje ignorado, Moacir de Almeida, morto de tuberculose em 1925 aos 23 anos. Moacir de Almeida (na descrição de Agrippino Grieco, que o conheceu e o descreveu a Nelson) era um jovem apagado, feio e doente que, quando escrevia, sentia-se Castro Alves. Seu livro *Gritos bárbaros* encantara Nelson, mas o que mais o intrigara fora a figura trágica do rapaz, pouco mais velho do que ele, que se transfigurava ao escrever poesia. Era como ter dupla identidade — e, no caso de Moacir de Almeida, era como se um homem poderoso e sensível tivesse morrido sufocado na pele de um pobre coitado. Mais um pouco e Nelson, com sua vocação trágica pipocando em cada acne, diria que aquela era a história de sua vida.

Em três outros artigos nas semanas seguintes, seus apelos à sensibilidade ficaram tão agudos que ele começou a enxergar miragens. Em "O elogio do silêncio", de 23 de fevereiro, Nelson viu "flores que se transformam em lindos seios de mulher, seios que acabam em dois botões de rosa". Em "A felicidade", de 8 de março, comparou a Lua a uma "prostituta velha que ainda se julga apetecível para rapazes que zombam dela". E em "Palavras ao mar", de 22 de março, descreveu ondas que, "depois de altanarem num arremesso formidável, caem ruidosamente no torvelinho branco das espumas, parecendo um bando de mulheres se contorcendo em convulsões de amor". Onde é que esse menino andava com a cabeça?

Se continuasse limitado a esses temas, Nelson acabaria asfixiado pelos seus próprios gases poéticos. Mas o seu lado monstro se revelou na crônica de 16 de março, "O rato..." (de novo as reticências), em que ele conta como viu um rato morto, achatado por um carro, defronte à Biblioteca Nacional. Chegou perto do rato para espiá-lo e compadeceu-se até as lágrimas. Só isto já seria esquisito, mas — continua Nelson —, quando observou suas tripas, teve a impressão de que elas estavam sorrindo e que o ventre do bicho estava cantando o "Trovatore". Depois desse delírio surrealista, a crônica segue e Nelson aproveita o rato para atacar, sem maiores explicações, dois encouraçados literários da época, o poeta parnasiano Alberto de Oliveira e o contista regional Viriato Correia. "Com tanta gente boa para ficar debaixo de um caminhão da City" — e cita os dois como exemplos —, lamenta que tenha sido o bicho o achatado. Não se sabe como Alberto de Oliveira e Viriato Correia reagiram à agressão. Mas, como ex--contemporâneos de Mario Rodrigues no *Correio da Manhã* (e provavelmente seus desafetos), devem ter achado melhor se fingir de mortos.

Até aí tudo bem, e as crônicas de Nelson não ficavam mal naquela literatice empavonada que gostava (e ainda gosta) de se exibir nas páginas nobres dos jornais. Até que, num artigo em duas partes intitulado "Rui Barbosa..." (mais reticências), Nelson propôs-se a provar que "o maior dos brasileiros" *não era* um gênio. No primeiro artigo, de 12 de abril, ele conta que, desde os cinco anos de idade, de tanto ouvir dizer que Rui Barbosa era um gênio, crescera acreditando nisto. Aos quinze anos, mais observador, estranhou que, embora todo mundo achasse Rui um gênio, não conseguia encontrar uma pessoa que o tivesse lido ou estudado. Donde, conclui Nelson, toda uma cidade estava na mesma situação que ele aos cinco anos.

No segundo artigo, no dia 19, depois de citar Dante, Homero e Byron como gênios de verdade (porque deixaram uma "obra"), Nelson decreta que Rui não era um gênio porque não deixara a tal obra. "Deixou volumes", diz ele, o que é bem diferente. Volumes cheios de discursos ocos e quinquilharias verbais, sem uma ideia nova, sem nada que iluminasse o universo. E arremata que gênio brasileiro, se houve um, foi Euclydes da Cunha em *Os sertões*. Este sim, diz Nelson: "O seu livro contém mundos". Segue-se uma descrição em pílulas dos mundos de Euclydes e, ao final do artigo, pode-se quase ver Nelson esfregando as mãos, triunfante no seu objetivo de despachar o pobre Rui, falecido cinco anos antes, para a segunda divisão.

Bem, vejamos. Mario Rodrigues não andava muito atento à condução do jornal naquela época. O primeiro artigo certamente lhe escapara — porque, se o tivesse lido, não teria deixado sair o segundo. Não que censurasse opiniões em *A Manhã*, desde que elas viessem, por exemplo, de um Agrippino Grieco. E ele próprio, Mario Rodrigues, fizera restrições políticas a Rui. Mas Nelson, que disputava figurinhas no bafo-bafo com os moleques do Posto Seis, ainda não era um Agrippino Grieco. E muito menos um Mario Rodrigues. Ele ia ver uma coisa.

De sua parte, Nelson sabia muito bem os vulcões que o segundo artigo despertaria em seu pai. Por isso, aquela manhã, saiu de casa antes que Mario

Rodrigues acordasse e lesse o jornal. Passou o dia na rua, julgando-se a salvo. Mas houve um momento, muitas horas depois, em que precisou voltar para casa — onde Mario Rodrigues o esperava, com o jornal debaixo do braço. O castigo foi mais duro do que Nelson imaginava. Ele, sim, é que foi despachado para a segunda divisão, porque seu pai tirou-o da página três e devolveu-o à seção de polícia pelos cinco meses seguintes.

Uma sentença que Nelson cumpriu, silente e de orelhas murchas. Nelson acabaria recuperando seu espaço nobre em meados de setembro, mas só teria tempo para soltar duas crônicas — a última delas, "Zola", era uma bem fundamentada argumentação de que a sociedade melhora quando você lhe expõe os podres. Mas de nada adiantaria aquele brilhareco porque, poucos dias depois, já não haveria espaço para ele (ou para qualquer Rodrigues) em *A Manhã*.

A Terra se mexera sob a redação da rua Treze de Maio, mas não se poderia dizer que fora um movimento súbito. Na verdade, Mario Rodrigues começara a perder *A Manhã* no dia em que a fundara. Com seu jeito estouvado para negócios, foi deixando que seu sócio Antônio Faustino Porto participasse cada vez mais dos investimentos para expandir o jornal. E, sempre que se via em apertos com os fornecedores, era a ele que Mario recorria para liquidar os compromissos. O resultado é que se endividou com Antônio Faustino Porto e este saltou sobre aquela chance de assumir o controle acionário da empresa. No dia 3 de outubro de 1928, Porto assimilou as dívidas de Mario Rodrigues em troca de suas ações e ficou majoritário. Tornou-se o patrão. E, num rasgo magnânimo, ofereceu-lhe continuar dirigindo o jornal, ao salário de quinze contos de réis por mês.

A proposta era imoral, mas Mario Rodrigues aceitou-a — e permaneceu só um dia no emprego. Ao primeiro editorial cravejado de centelhas, foi posto em seu lugar pelo ex-sócio. Não podia atacar o Fulano, um político menor. Mario Rodrigues reagiu a isto à sua temperatura habitual — ou seja, ficou tiririca — e, como já estava se tornando costume, despediu-se de Antônio Faustino Porto por escrito:

"Estava louco V. S. se pensou que, com as ações, eu lhe transferia a minha pena, a minha inteligência, o meu nome, o meu pundonor de homem. Tem esse troco a injúria de haver querido transformar um amigo em escravo. Ninguém me vence, saiba disto; ninguém me vence, senão pelo afeto, pelo carinho, pela cordura. Vingo-me deixando-lhe *A Manhã* nas mãos e obrigando-o a sondar a consciência. Adeus — Mario Rodrigues."

E não estava blefando. Perdera seu jornal, mas de modo algum tinha ido à lona. Para Mario Rodrigues, tornara-se muito fácil abrir outro à hora que quisesse. Afinal, era ou não era amigo do vice-presidente Melo Viana? E assim, no dia de seus 43 anos, 21 de novembro de 1928 — apenas 49 dias depois de perder *A Manhã* —, Mario Rodrigues lançou seu novo jornal e o de mais escandaloso sucesso: *Crítica*.

"Olhe aquela janela, Mario", disse Orestes Barbosa. "Fica bem defronte à sua. Se alguém quiser matá-lo com um tiro, você será um alvo fácil."

"Se-seria uma mo-morte linda", gaguejou Mario Rodrigues — não por nervosismo, mas por ser gago mesmo.

A redação de *Crítica* ficava em dois prédios da rua do Carmo, n°s 29 e 35, quase esquina com rua da Assembleia, ao lado de uma serraria. A sala de Mario Rodrigues, no primeiro andar, tinha uma janela quase grudada à janela correspondente de outro prédio vizinho. Nenhum atirador, por mais míope, deixaria de acertá-lo. E talvez fosse a única maneira de alguém se livrar de Mario Rodrigues: à traição. Poucos dias antes, quem quisesse tentar tivera a prova disto. Um homem enorme e mal-encarado entrara na redação de *Crítica* à sua procura. Disse-lhe que recebera uma oferta de cinco contos de réis para matá-lo. Mario Rodrigues ouviu aquilo. O sujeito continuou:

"Mas, o doutor sabe, não tenho nada contra o doutor. Quem sabe podíamos entrar num acordo e..."

Mario não o esperou acabar. Avançou para o sujeito, cobriu-o de socos e bofetões e atirou-o porta afora, fazendo-o rolar pelas escadas debaixo de pontapés. Venceu-o pela surpresa e pela valentia. Mas não o entregou à polícia. Foi à máquina e escreveu um editorial desafiando seus inimigos a virem em pessoa, no lugar dos sicários.

Se Nelson apenas fazia ideia do peso e da influência de seu pai durante os quase três anos de *A Manhã*, em *Crítica* ele conheceria melhor os sentimentos que Mario Rodrigues despertava: de um lado, admiração; de outro, ódio; em ambos os casos, respeito e medo. Por que a diferença? *A Manhã* era um jornal agressivo. Mas, comparado com *Crítica*, parecia agora ter sido tão inofensivo quanto o *Almanaque da "Saúde da Mulher"*.

Chamava-se *Crítica*, não *A Crítica*. Seu lema, bem debaixo do frontispício, dizia: "Declaramos guerra de morte aos ladrões do povo". Era matutino e seu formato, invariável, de oito páginas, sendo a primeira quase sempre política e a última sempre policial. Visualmente era sensacional: projeto gráfico do paraguaio, radicado no Rio, Andrés Guevara. O forte eram as fotos dos políticos com as cabeças distorcidas e as caricaturas feitas pelo próprio Guevara e por outro ilustrador, o mexicano Enrique Figueroa. Sozinhos, os dois revolucionaram em *Crítica* a caricatura brasileira, desafiando as boquitas pintadas de J. Carlos. A exuberância visual de *Crítica* acompanhava o estardalhaço dos textos. Cada manchete, como diria Nelson, era "um berro gráfico, um uivo impresso". Às vezes limitava-se a uma única palavra: CANALHAS! OU ASSASSINOS!

Nem todos aprovavam o jeito malcriado do jornal. O conde Francisco Matarazzo, por exemplo, não gostou de ver a sua foto ocupando quatro colunas de alto a baixo da primeira página do dia 17 de março de 1929, com uma palavra em letras tumulares — LADRÃO! — impressa em sua testa. A matéria o acusava de irregularidades nos seus negócios de café. Matarazzo entrou com uma queixa-crime e Mario Rodrigues vibrou: iniciou a publicação de um folhetim intitulado *O abutre*, em que biografava dantescamente o conde desde as suas origens na Itália. Uma semana depois, Matarazzo retirou a queixa-crime, mas Mario Rodrigues prosseguiu com o folhetim, até que ele e os leitores se cansaram.

Naquela edição do ataque a Matarazzo, *Crítica* se gabava de ser "o matutino de maior circulação do Brasil": 130 mil exemplares — o que, a ser verdade, era espantoso. Reduza esse número à metade e, mesmo assim, era muita coisa para um Rio de um milhão e meio de habitantes e que já tinha outros vinte jornais diários. Mas, desde o primeiro número, Mario Rodrigues provara que não estava para brincadeiras: na véspera do lançamento do jornal, convocara os pequenos jornaleiros e anunciara que as vendas daquela edição seriam deles. Inundou a cidade de jornais e ganhou a torcida dos garotos.

Se houve jornal mais exibicionista, ainda não foi descoberto. O nome *Crítica* aparecia em uma de cada três manchetes: "CRÍTICA revela isto!", "CRÍTICA denuncia aquilo!" ou "'Caravana' de CRÍTICA penetra não sei onde!". Hoje se diria que era um jornal "autocentrado", como se o principal assunto de cada dia fosse o fato de o jornal ter saído. Na época, apenas fazia parte da estratégia de Mario Rodrigues para mostrar a que vinha. Mas havia dúvida? Qualquer um que o conhecesse sabia o que esperar. Num típico editorial de *Crítica* — o de 28 de dezembro de 1928, por exemplo —, Mario Rodrigues açoitava o agora senador Arthur Bernardes chamando-o de "réprobo", "sacripanta", "Caim", "excelso canibal", "hiena insaciável", "urubu sanguinolento" e "carcaça nojenta". Esse tipo de tratamento a ex-presidentes não era incomum na imprensa da época. Incomum era o estoque de metáforas de Mario Rodrigues.

Crítica era forte em todos os setores, principalmente na política, dirigida por Bezerra de Freitas, Danton Jobim e Rafael de Holanda — e no esporte, chefiado por Mario Filho, onde agora trabalhavam Nelson e seu irmão mais novo, Joffre, com treze anos. Mas a grande sensação do jornal era a última página, a oitava, dedicada aos crimes. Era dirigida por Carlos Leite, também secretário do jornal, e tinha como repórteres Orestes Barbosa, Fernando Costa e Eratóstenes Frazão. Ninguém vira nada igual. Diariamente a "caravana" de *Crítica* descobria um caso aterrador do submundo carioca e o explorava até o último pingo de sangue ou esperma: casais que se esquartejavam por ciúme, filhos que torturavam pais entrevados, mães que seduziam filhos, irmãs que se matavam pelo mesmo homem, padres estupradores e toda sorte de adultérios.

Não era exatamente uma imprensa marrom, porque não consta que o jornal extorquisse as vítimas dos escândalos, quase todas miseráveis. (E *Crítica* queria atingir todos os públicos. Suas colunas assinadas, a cargo de Henrique Pongetti, Gondin da Fonseca e outros jovens intelectuais, discutiam balé, poesia e artes plásticas.) Mas, pela violência com que a "caravana" da oitava página invadia as casas dos subúrbios em busca de informações e pelo requinte macabro com que as apresentava, a seção policial de *Crítica* tornou-se leitura até para os consumidores mais sofisticados do jornal. Todos queriam saber até que ponto a oitava página chegaria.

Esse requinte se manifestava sobretudo na ilustração que acompanhava cada matéria. Ela reconstituía a cena do crime com um toque tão dramático, erótico e sensacionalista quanto o texto. Era de um mau gosto violento e propositado, tanto quanto se poderia dizer que Goya ou Hyeronimus Bosch eram de mau gosto. Apesar de executado na redação, baseado no relato dos repórteres que tinham ido ao local, o desenho era de um acabamento e qualidade de primeira.

Essas ilustrações, no começo, eram assinadas pelo "desenhista de *Crítica*". A partir de 1929, ganharam o nome de seu autor: Roberto Rodrigues.

Os jornalistas das outras redações viviam comentando:
"Um dia alguém em *Crítica* ainda vai levar um tiro!"
O candidato natural a esse tiro era Mario Rodrigues e poderia partir tanto de um político quanto de um adúltero que *Crítica* tivesse exposto com aquela fortuna de detalhes e adjetivos. Mas, se muitos juravam que Mario Rodrigues ainda levaria um tiro — e até torciam entre dentes para que isso acontecesse —, ninguém acreditava que Mario Rodrigues fosse capaz de disparar esse tiro. Não era o seu estilo.

No entanto, em maio de 1929, Mario Rodrigues foi preso sob a acusação de ter sido mandante de um atentado cometido por seu amigo, o ex-investigador Carlos José de Carvalho, "Carlinhos", contra o argentino Carlos Pinto, repórter de *A Democracia*, depois de uma discussão na rua Sete de Setembro. Pinto teria chamado Mario de "filho da puta". Carlinhos teria ido à redação, conversado com Mario Rodrigues e voltado à rua armado. Pinto viu Carlinhos com o revólver e correu. Este o acertou a três metros com um tiro, ora vejam, na bunda.

Carlinhos foi preso e torturado na 4ª Delegacia Auxiliar, na rua da Relação, para confessar que Mario Rodrigues o mandara matar o argentino. O titular da 4ª Delegacia, o tenente-coronel Carlos Reis, não era um dos dez maiores admiradores de Mario Rodrigues. Quando fora nomeado para a poderosa 4ª Auxiliar em 1926, Mario Rodrigues, em *A Manhã*, esbravejara contra a sua escolha, acusando-o de "torturador", "contrabandista de pólvora" e "baiano dos mais pacholas". Assim, como Carlinhos não confessasse, Reis mandou prender Mario e todos os Rodrigues do sexo masculino que estivessem à vista. Um deles teria de ser o mandante.

Mario Rodrigues foi preso em sua casa, na rua Joaquim Nabuco, juntamente com Milton, Roberto e Mario Filho. Nelson escapou por estar fora do Rio. Mario, que estava doente aquele dia, foi deixado por algumas horas numa saleta da rua da Relação, na companhia de duas prostitutas, antes de ser encarcerado por uma semana. Milton foi atirado de cuecas na "geladeira", onde ficou quatro dias. Roberto e Mario Filho foram libertados em 48 horas. Apesar de preso, Mario Rodrigues não deixou de escrever seu editorial nem um dia. Através do advogado, despachava flamejantes artigos para *Crítica*, nos quais responsabilizava o presidente Washington Luís pela "arbitrariedade".

Uma semana depois foi solto por ordem deste, que já tinha mais com o que se aborrecer — e, ora bolas, Mario Rodrigues era seu aliado. Do que Mario se aproveitou e, na manchete de *Crítica* no dia seguinte à sua libertação, sapecou Carlos Reis com mais uma provocação: "A POLÍCIA DO RIO É UMA POLÍCIA DE LADRÕES!". Quem conseguia segurar aquele homem?

Mario Rodrigues foi processado pelo tiro na bunda — e depois absolvido, o que não o impediu de dizer-se "campeão carioca de xadrez", referindo-se às suas prisões e aos processos que pretendiam pô-lo nas grades. O argentino Carlos Pinto recuperou-se do tiro e foi expulso do país por outras falcatruas. Carlinhos, que atirara por conta própria e lealdade cega a Mario Rodrigues, acabou morrendo tempos depois, cuspindo sangue, como lembrança dos espancamentos na delegacia. Quanto ao delegado Carlos Reis, ainda não se considerava terminado com Mario Rodrigues. Brevemente teria outra oportunidade de vingar-se — e a aproveitaria.

Naqueles dias em que seu pai e seus irmãos gramavam os rigores da (desde sempre) sinistra rua da Relação, Nelson estava a bordo de um vapor em direção ao Recife. Fora a solução que Mario e Maria Esther pensaram encontrar para aliviá-lo das depressões profundas que vinha sofrendo. Ninguém conseguia explicar aqueles surtos de melancolia num rapaz de quase dezessete anos. No fundo achavam que havia algo de teatral nesses surtos, principalmente quando o viam sentado no meio-fio e dando suspiros em longa-metragem. Mas ele continuava a sangrar por paixonetas não correspondidas. Agora era a que sentia por Lília, irmã de Célia, noiva de seu irmão Mario Filho. Lília tinha treze anos, aparentava dezoito e era de parar o trânsito. Nunca deu a menor esperança a Nelson, mas ele só se convenceu disso daí a alguns anos, quando ela se casou com José Bastos Padilha, presidente do Flamengo e décadas mais velho do que ela.

Outra paixão da época foi por Carolina, colega de sua irmã Maria Clara no Colégio Bennett, em Botafogo. Nelson tinha dezesseis anos, Carolina quatorze.

Ele a cumulou de poemas e bilhetes e até publicou uma crônica a seu respeito em *Para todos...*, com ilustração de Roberto. Mas Carolina tinha um impedimento: era noiva de Arilno, dezoito anos. Arilno cercou Nelson na porta do Bennett e ameaçou fazê-lo comer seus poemas e bilhetes se não se afastasse de sua garota. Nelson achou mais sensato seguir o conselho e ficar de longe; Carolina casou-se com Arilno e Nelson só foi reencontrá-la cinquenta anos depois.

Mas nenhuma dessas paixões voláteis envolveu Nelson numa cena tão burlesca quanto a provocada por Marisa Torá. Marisa Torá era uma estrelete da companhia teatral de Alda Garrido. Nelson via suas fotos no jornal e gongos soavam em sua cabeça. Numa das milhares de apresentações de *Cala a boca, Etelvina*, de Armando Gonzaga e Freire Jr., estrelada por Alda Garrido, Nelson invadiu o palco do Teatro Rialto para presentear Marisa com um buquê de flores em cena aberta. A mãe da garota, que estava na plateia, achou aquilo um abuso à arte de sua filha e correu com Nelson do palco, brandindo o guarda-chuva em sua cabeça. Foi o maior momento da carreira de Marisa Torá — maior do que o papel que ela faria, em 1930, no filme *Lábios sem beijos*, de Humberto Mauro, antes de despontar para o anonimato.

Para curá-lo daquelas crises que o faziam chorar lágrimas de esguicho, Mario e Maria Esther acharam que a solução era mandar Nelson para uma temporada no Recife, com seu tio Augusto e com os primos Augusto e Netinha, ambos quase da sua idade. Até então Nelson nunca voltara à sua cidade e, aliás, nunca saíra do Rio. Além disso, há anos Nelson mantinha um namoro epistolar com Netinha, que só conhecia de fotografia e a quem dedicara poemas em *Alma Infantil*.

No futuro se diria que, desde que saíra do Recife aos três anos e meio, Nelson Rodrigues nunca mais voltara lá, o que sempre magoou os pernambucanos. Pois saiba-se agora que não apenas voltou como passou no Recife todo o mês de maio de 1929, numa idade que lhe permitiu redescobrir Olinda, conhecer a Praia de Boa Viagem e mergulhar fundo na boêmia local — pois não saía da zona de mulheres do Cais do Porto, considerada proporcionalmente a maior da América do Sul. E seria a atmosfera da zona boêmia do Recife de 1929 que ressurgiria muito depois em sua peça *Senhora dos afogados*.

O companheiro de Nelson nas expedições noturnas era o primo Augusto, mas, de dia, Nelson passava o tempo todo com Netinha. Não pergunte como, mas ela conseguiu arrancar Nelson da depressão e deixá-lo quase eufórico naquelas semanas. Uma euforia mórbida, porque uma das brincadeiras de Nelson no Recife — além de jogar bolinhas de pão em seus tios e acusar a prima — era deitar-se no meio da rua e fingir-se de atropelado.

Em junho, quando voltou ao Rio e reassumiu todo animado sua função de repórter esportivo em *Crítica*, Nelson deveria ter pela frente muitos atos daquele teatro adolescente que vivia encenando em sua cabeça. Não podia saber que, de repente — com a rapidez de uma bala —, os Rodrigues veriam o pano se fechar e eles seriam tragicamente atirados à vida real.

6

A obsessão pela morte

— 1929 —
ROBERTO

A primeira coisa que se via em Roberto Rodrigues eram os olhos. Escuros, enormes, circulados por olheiras profundas e sobrancelhas espessas e pretas. Eram olhos de "sampaku" — aqueles em que a íris é cercada de três lados pelo branco do olho e que, segundo os japoneses, trazem a morte violenta para quem os possui. Por proximidade, o que se via depois em Roberto Rodrigues eram os cabelos, também pretos e fartos, fixados com gomalina, e que desciam pela face em costeletas. Seu rosto era de um moreno de cinema e lembrava o falecido Rodolfo Valentino, ainda o modelo vigente de beleza masculina.

Um dia seu pai presenteou Nelson com uma câmera Pathé-Baby, de oito milímetros — um brinquedo de trezentos mil réis e que apenas as crianças mais abonadas podiam ter. Nelson só queria saber de filmar Roberto, em quem via algo de hollywoodiano. Filmou também Joffre no papel de "Manequinho", a estátua do garoto urinando no Mourisco, mas quase todo o rolo de filme foi gasto com Roberto. Este filme está perdido há décadas, mas os que o viram se lembram de que Roberto não fazia cerimônia em posar de galã para a câmera.

Sabia que era bonito — e, mesmo que não soubesse, não faltavam garotas para informá-lo disso. Curioso é que, com menos de 1,70m, por nenhum padrão Roberto poderia ser considerado alto. Mas era esguio, bem proporcionado e dava a impressão de ser maior. Era também vaidoso, atento a roupas, parecia estar sempre fumando de perfil. Quando saía à rua com Milton, gordo e desajeitado, eram chamados de "o belo e a fera".

Seu amigo, o jornalista Gondin da Fonseca, classificou-o de "um sensual". Uma admiradora trouxe-lhe do Japão um quimono de seda, feito à mão, bordado com fios de ouro e prata. Roberto deixou-se fotografar com o quimono para pintar um de seus vários autorretratos. (Em outro autorretrato, pintou-se como louco.) A moça do Japão era uma de muitas admiradoras. Mulheres de todas as idades e belezas encantavam-se pelo seu ar triste e taciturno, que ele explorava com consciente delicadeza. Dito assim, pode-se pensar que Roberto era frágil, capaz de ser derrubado com um sopro. Nada mais falso: em nenhum momento aparentava fragilidade. À sua maneira, passava uma profunda sensação de segurança e determinação. Falava pouco, mas dizia o essencial e de forma definitiva. Uma de suas namoradas perguntou-lhe: "Como se sente comigo?". Ele respondeu escandindo as sílabas, como era seu hábito: "In-tei-ro". Ela se desmanchou como uma mousse ao sol.

Depois de Mario Rodrigues e Maria Esther, Roberto era o líder, a patente máxima da família. Milton podia ser o filho mais velho, mas era Roberto quem detinha a autoridade sobre os irmãos. Talvez nunca chegasse a ser o herdeiro de Mario Rodrigues, o qual viria a ser Mario Filho — mas só porque, diferente dos outros, a especialidade de Roberto não eram as palavras, mas o desenho. Começara a desenhar aos cinco anos, em 1911, ainda no Recife. Aos treze, em 1919, no Rio, tivera os primeiros desenhos publicados numa revista infantil. E, aos dezessete, em 1923, entrara para a Escola de Belas Artes, na avenida Rio Branco, onde estatelara os colegas com seu traço moderno e descobrira uma pungente vocação carbonária — contra os passadistas que dominavam a escola. Descobrira também Aubrey Beardsley, o ilustrador da peça *Salomé*, de Oscar Wilde.

Beardsley, morto pela tuberculose em 1898 aos 25 anos, teve um enxame de imitadores no mundo inteiro, mas Roberto, apesar das semelhanças, não foi um deles. De Beardsley ele herdou os céus pretos, que gastavam tinteiros de nanquim, e o gosto pela minúcia ultrarrebuscada, decididamente art nouveau. Mas a morbidez, o grotesco e o franco erotismo de suas figuras, também típicos de Beardsley, já pertenciam a Roberto. Gondin da Fonseca, que, além da família, foi quem melhor o conheceu, definiu-o como "marcado pelo sexo".

Num dos poucos escritos que deixou, o próprio Roberto sugere isto. Tinha um time de pelada no Recife, o Quebra-Canela Futebol Clube. Como dono da bola, expulsava os meninos que dissessem nomes feios. "No entanto, eu, somente eu, entendia a significação dos nomes feios", escreveu. Se isto aconteceu no Recife, Roberto tinha menos de dez anos, porque foi com esta idade que veio para o Rio em 1916.

O sexo era uma obsessão de seus personagens: faunos com pés de cabra perseguindo ninfas de maiô, cangaceiros brutalizando prisioneiras, grupos dançando hipnoticamente nos bordéis, prostitutas solitárias ou em grupos. Mas a morte estava sempre em cena, representada pelos olhos vazados de seus homens e mulheres, os corpos com músculos transparentes, os namorados de luto fechado, os esqueletos em combate, as orgias entre cruzes. Henrique Pongetti disse que ele pintava "o inferno dos homens vivos". Gondin sugere vagamente que Roberto teria experimentado ópio, outra droga em voga no Rio na segunda metade dos anos 20. (Beardsley usava ópio.) Mas Roberto sabia ser um profissional: quando lhe encomendavam telões para cenários de teatro de revista, ele trabalhava segundo as instruções. Os delírios, deixava para quando pintava por conta própria.

Roberto não se limitava a desenhar. Em agosto de 1927 criou uma revista semanal chamada *Jazz*, uma palavra então muito mais perto do seu sentido original — "zorra" — do que hoje, quando só serve para designar a música. A *Jazz* de Roberto, dirigida por Milton, tratava de tudo em suas 32 páginas, menos de música: propunha-se a "focalizar a vida moderna alucinante". Um típico número da revista podia ter um conto de Renato Viana; uma crônica de Orestes Barbosa; textículos de Mario Filho no estilo-pílula inventado por Orestes; um poema de Danton Jobim; uma página dupla sobre artes, com fotos de quadros contendo nu frontal; e reportagens sobre decoração ou moda, apenas para exibir a casa ou o vestido de alguma beldade, quando não a própria beldade.

Jazz era um luxo visual, principalmente as capas de Roberto ou Guevara, e sua única diferença de outras revistas "modernistas" da época era a de não se levar a sério. Poderia ter sido tão rica quanto a *Para todos...* dirigida por Alvaro Moreyra, mas Milton e Roberto não tinham nenhum talento comercial. Durou menos de dez números, e só serviu para que Roberto circulasse com desenvoltura nos círculos elegantes — nos quais já era admirado e amado do mesmo jeito.

Na Escola de Belas Artes, no entanto, o nome de Roberto Rodrigues injetava fel no coração dos professores. Numa época em que os artistas faziam qualquer negócio para participar do Salão Oficial da escola, Roberto era considerado louco pela ira panfletária com que atacava os jurados do Salão — ao vivo ou por escrito, acusando-os de toda espécie de golpes baixos para conservar a pintura brasileira à altura de suas mediocridades. Num artigo de 1929 em *Crítica*, chamou o Salão de "arapuca" e lamentou a falta de opções do artista brasileiro: "Ou expõe na Belas Artes ou expõe em casa, para tia Mariquinhas ver". E continuava: "Ser membro do júri da exposição oficial é uma profissão leve, como a do gigolô. O sujeito pede dinheiro emprestado e não paga. Fuma charutos e janta na casa dos artistas. Tem até o direito de falar sobre arte e fazer declarações de amor às expositoras".

Segundo ele, os jurados eram mestres em trocar favores, aceitar suborno das lojas de material de pintura e exercer uma política mesquinha para conceder o cobiçado prêmio de viagem. Em outro artigo, "A Escola de Belas Artes nas mãos de cretinos", Roberto chamou-os de "agiotas da arte nacional" e deu nomes: Eliseu Visconti, Edgar Parreiras, Helios Seelinger e outros, responsabilizando-os pelo boicote do Salão a "homens que orgulhariam qualquer país", como Victor Brecheret, Cornélio Pena e Ismael Nery.

Com toda essa energia juvenil para a agitação, Roberto não foi expulso da Belas Artes. Ao contrário, chegou a ser até premiado com menções honrosas em dois salões. A escola o temia — ou talvez temesse ainda mais o seu pai, que revidaria em manchete de oito colunas se o tocassem.

Claro que, sendo odiado pelos diretores, Roberto era um herói entre os colegas — principalmente as moças, para as quais tinha sempre uma tarde livre no ateliê do largo do Machado. Era um entra e sai de melindrosas apaixonadas. E, neste departamento, não duvide, Roberto era um matador. Daí o espanto e os faniquitos que provocou na praça quando anunciou que ia se casar.

A escolhida era Elsa — El-ssa, como Roberto pronunciava —, um ano mais velha do que ele e neta de Fernando Mendes de Almeida, o homem que modernizara o *Jornal do Brasil* e construíra a sua nova sede na avenida Rio Branco, então o edifício mais alto da América Latina. Foi uma paixão de fita em série, que culminou com a ousadia de se amarem antes do casamento, o qual aconteceu em maio de 1927. Seu primeiro filho, Sérgio (o futuro arquiteto Sérgio Rodrigues, inventor da "cadeira mole"), nasceria em outubro. Roberto tinha 21 anos.

Os Mendes de Almeida eram ricos e esnobes e não gostavam dos Rodrigues, no que eram correspondidos. Mesmo assim, Elsa foi morar com Roberto no palacete da rua Joaquim Nabuco. Os dois construíram o seu ninho no porão, mas — ponha nisso uma característica de temperamento ou apenas uma circunstância — o ateliê de Roberto no largo do Machado continuou a todo pano. Sua nova condição de casado parecia torná-lo ainda mais magnético e nem as amigas mais sirigaitas de Elsa se continham. Uma delas suspirou: "Os olhos de Roberto me fazem cócegas". O casamento não o tornara impermeável às paixões fora de casa, e pelo menos uma dessas foi febril: a que teve com Anita, irmã do poeta Augusto Frederico Schmidt.

Anita viu Roberto pela primeira vez aos dezessete anos, em fins de 1927, no Teatro Beira-Mar, no Passeio Público. Estava no foyer com sua irmã Magdalena quando, segundo conta, sentiu um frio na espinha. Virou-se e viu o homem mais bonito que poderia existir — Roberto Rodrigues —, conversando a alguns metros com o jovem ator Paschoal Carlos Magno. Ele também a viu e perguntou qualquer coisa a Paschoal. Anita tomou-o por um artista francês ou italiano e pensou em aproximar-se. Mas recuou. Quem era ela para interessar a semelhante deus? Os homens diziam que ela tinha it e Anita orgulhava-se de suas pernas e da franjinha à Eugenia Moreyra, mas odiava seu nariz — um nariz que

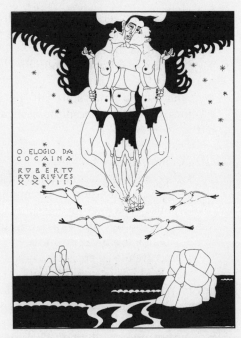

Mórbido, sensual: Roberto unia sexo e culpa em seus desenhos

inspirava seu perverso irmão Schmidt a recitar-lhe *Cyrano de Bergerac* todos os dias. (Se pelo menos fosse linda como Magdalena.) E então Paschoal e Roberto caminharam na sua direção.

"Anita, este é Roberto Rodrigues", disse Paschoal. "Ele gostaria de conhecê-la."

Anita sentiu uma súbita falta de ar. Roberto ignorou Magdalena como se esta fosse de vidro e concentrou-se nela. Estendeu-lhe a mão longa, fina e muito forte.

Disse baixinho:

"Como vai, A-ni-ta?"

Observando-o a um palmo de distância, ela achou que ele tinha "mel nos olhos". Conversaram por alguns minutos: ela falou de teatro, ele de pintura e cousa e lousa, e ela teve um delicado ímpeto de miar. Ficaram de se ver. Quando Roberto afastou-se com Paschoal, Anita reparou em seu passo quase marcial, como se planasse em vez de andar.

Começaram a se encontrar, embora ele fosse casado e tivesse acabado de ser pai. Os idílios eram na Quinta da Boa Vista ou no ateliê de Roberto. Ela insistia para que Roberto a pintasse nua, mas ele sempre se recusou. Para sua surpresa, viu nele um puritanismo que nunca esperara encontrar num homem — e muito menos num homem pelo qual (ela já percebera) todas as mulheres ficavam rolando os olhinhos. Durante um ano, Anita nunca lhe pediu que se separasse de Elsa, e Roberto nunca lhe disse que faria isto. Até que um dia, em 1928, ele lhe comunicou que Elsa esperava outro filho. Anita não suportou o golpe. Fez uma cena e terminaram.

Para se vingar, ficou logo noiva de um homem que sempre a quisera: o jornalista e compositor popular Ary Kerner, em breve famoso como autor da embolada "Trepa no coqueiro (gip-gip, nheco-nheco)". Anita não era louca por Ary Kerner, mas, diante de Roberto, nunca seria louca por ninguém. Resolveu apostar. Marcou o casamento com Ary Kerner para dali a quatro meses e ficou esperando que Roberto viesse salvá-la daquele ato insensato. Mas ele guardou um frio silêncio. Na véspera do casamento, o próprio Ary Kerner forçou-a a telefonar para Roberto. Queria ter certeza, não se sabe do quê. Anita ligou. Foi uma cartada arriscada de seu noivo. Se Roberto dissesse qualquer coisa — qualquer coisa — que ela pudesse interpretar como um sinal de que iria separar-se de Elsa para ficar com ela, acabaria com aquele casamento ali mesmo e mandaria o outro passear. Não gostava mesmo de Ary Kerner. E, além disto, ele não sabia uma nota de música.

Mas Roberto não deu esse sinal. Ao contrário, descontrolou-se e disse:

"Nin-guém pode tocar um dedo em você! Nin-guém tem esse direito! Você é mi-nha!"

Foi esta frase que o perdeu. Anita sentiu que ele a via apenas como uma coisa, uma propriedade. Desligou e casou-se no dia seguinte.

Ficaram um ano sem se ver ou se falar. À distância, Anita soube que Elsa tivera uma filha de Roberto, Maria Teresa. Mas ela, Anita, não estava sendo feliz para sempre em seu casamento. Na noite de Natal de 1929, resolveu ligar para *Crítica* e chamar Roberto. Ele veio ao telefone. Anita disse que não conseguia esquecê-lo e que ia separar-se de Ary Kerner. Os ciúmes do marido tornavam sua vida um suplício. Roberto apenas ouviu. Combinaram encontrar-se no ano-bom. Ele agora tinha de desligar. Segundo disse a Anita, uma pessoa o estava chamando na redação — uma mulher.

Anita está convencida de que, pelo dia e hora do telefonema, essa mulher era a assassina de Roberto.

Pelas contas de Mario Rodrigues, *Crítica* era um sucesso ainda maior que *A Manhã*. Como seu ex-ídolo Edmundo Bittencourt, ele também se habituara a catar dinheiro nos bolsos das calças para gratificar um repórter ou ilustrador que o tivesse feito sorrir. Fez isto certa vez com o jovem Antônio Nássara, auxiliar de Guevara na complicada diagramação do jornal. Guevara pedira a Nássara uma caricatura de Epitácio Pessoa e ele produzira um Epitácio todo enfeitado de colares. Mario Rodrigues viu o desenho, achou graça e mandou chamar o autor. Arrancou do bolso um rolo de notas e deu a maior para Nássara, sem olhar. Era uma nota de duzentos mil réis, quase do tamanho de um lençol — três vezes o seu salário.

Mario, que nunca temeu o talento alheio, tinha um especial xodó pelos ilustradores e caricaturistas que contratava. Em *A Manhã*, contara com Fritz (futuro autor da estátua do pequeno jornaleiro, na esquina de rua Miguel Couto com avenida Rio Branco), Max Yantok, Alvarus e, uma ou duas vezes, Di Cavalcanti. Nos últimos meses de *A Manhã*, passara a ter também Roberto, desde que este desistira de *Jazz*. Mas suas aquisições mais importantes tinham sido Guevara e Figueroa. Os dois foram com ele para *Crítica* e, além de revolucionar o conceito de caricatura, transformaram a própria feição dos jornais brasileiros.

Guevara, nascido no Paraguai em 1904, viera para o Rio em 1923 via Buenos Aires. Ao chegar fizera biscates como ilustrador em diversos jornais, mas só poderia aplicar suas ideias se o patrão fosse corajoso — ou louco — o suficiente para dar-lhe carta branca. Encontrou esse patrão em Mario Rodrigues. Não que suas ideias tornassem o jornal incompreensível. Ao contrário. O problema é que elas custavam tempo e dinheiro. Guevara gostava, por exemplo, de entrelaçar a principal ilustração da primeira página com o logotipo do jornal. Para isso provas e mais provas tinham de ser tiradas na prensa manual e montadas artesanalmente. Não satisfeito, mandava compor a matéria de modo a que ela recorresse em volta da ilustração, penetrando nas mínimas reentrâncias. Isto depois seria lugar-comum, mas, então, era novidade. Não admira que a primeira página de *Crítica* levasse horas para ficar pronta.

Acontece que Guevara queria fazer essa mesma ourivesaria no resto do jornal. A página de esportes de *Crítica*, dirigida por Mario Filho, era um espetáculo. Numa época em que os jornais dedicavam uma ou duas míseras colunas ao futebol e em que tinham o maior dengo pelas regatas, Mario Filho resolveu investir nele. Guevara deu-lhe a infraestrutura gráfica. Acabou com as fotos dos jogadores de terno e gravata, como se estivessem posando para o lambe-lambe. Passou a mostrá-los em ação, numa cena da partida, com as camisas e casquetes de seus clubes. Os closes eram ampliados até o tamanho natural — podia-se contar cada gota do suor que haviam derramado pelo time. E tudo isto com os textos recorridos, as manchetes explosivas e os pontos de exclamação. O futebol, que ainda era amador, passou a vender jornais e transformou os atletas dos outros esportes em potências de segunda classe.

A única outra definição para Guevara, além de gênio gráfico, era a de dândi. Gastava o seu salário em gomalina e ternos e levava para todo lado, na coleira, um cachorro estilo lulu. Bem o oposto do esmolambado Figueroa, mexicano de Guadalajara, nascido em 1900 e que jurava ter sido tenente de Pancho Villa aos quinze anos. Figueroa chegara ao Rio em 1922 sem conhecer ninguém e, para ganhar a vida, fora tocar violino nos cabarés do Mangue. Alguém o descobriu como ilustrador e Mario Rodrigues adotou-o em seguida.

Grande desenhista, mas também um gênio trágico. Alcoólatra terminal, Figueroa ia para a redação descalço e bêbado. Saía à rua, brigava com uma multidão, sobrevivia à surra e, espontaneamente, internava-se no Hospital Psiquiátrico da Cruz Vermelha a fim de ser enxugado. Mario Rodrigues ouvia suas desculpas, punha uma rolha no assunto e o recebia de volta. *Crítica* não podia passar sem ele. Mas numa dessas brigas, em 1930, Figueroa enfrentou a polícia na Galeria Cruzeiro, foi muito machucado e levado preso assim mesmo. O ferimento infeccionou na cadeia e, poucos dias depois, eles o soltaram para morrer. Quando isto aconteceu, Roberto e Mario Rodrigues, seus amigos, não puderam acompanhá-lo ao Cemitério do Caju. Já estavam no São João Batista.

Poucos meses antes, a tragédia que arrebataria os Rodrigues galopara rumo à redação de *Crítica*.

Duas editorias brigavam pelo poder em *Crítica* no final de 1929: a de política e a de polícia. Um confronto desses seria impensável em qualquer grande jornal moderno — embora, no Brasil de sempre, os dois assuntos quase se confundam. A luta em *Crítica* era pela primeira página, um tradicional reduto da política, mas que a seção de polícia tentava agora ocupar. Carlos Leite era o responsável pela polícia e, se fosse só isto, teria tanta força quanto o responsável pelo turfe ou pelos obituários. Mas era também o secretário do jornal, um cargo então equivalente ao de chefe da redação. Acima dele estava Bezerra de Freitas, que, além de editor de política, era diretor do jornal inteiro, respondendo diretamente a Mario Rodrigues.

Leite tinha um argumento forte para tentar impor suas matérias de crimes na primeira página. A política nacional estava irremediavelmente rachada. De um lado, o governo do presidente Washington Luís, cada vez mais impopular. De outro, os homens da Aliança Liberal, recém-formada pelos governadores de Minas Gerais, Rio Grande do Sul e Paraíba para se opor à candidatura oficial do paulista Júlio Prestes. E *Crítica* estava apostando no cavalo errado, ao apoiar de forma tão canina Washington Luís e atacar esses governadores — Antônio Carlos, Getulio Vargas e João Pessoa, homens de prestígio em alta. O gaúcho Getulio, por exemplo, era popular até em Minas, onde o chamavam de "o mineiro com botas".

Leite podia não saber, mas *Crítica* não estava fazendo aquilo pelos olhos claros e pelo cavanhaque em ponta de Washington Luís. Na verdade, Mario Rodrigues vinha recebendo uma farta verba do governo (através, naturalmente, do vice-presidente Melo Viana) para apoiar Júlio Prestes e fazer diariamente a caveira do seu adversário Getulio Vargas. O curioso é que, apenas um ano antes, ainda em *A Manhã*, Mario Rodrigues lançara a candidatura de Getulio à presidência — isto quando Vargas, ex-ministro da Fazenda de Washington Luís e já governador do Rio Grande, ainda parecia fiel ao presidente. (Era o único político com permissão para fumar — e, o que é pior, charuto — na presença de Washington Luís.) Mas Getulio se deixara convencer pelo mineiro Antônio Carlos a ir com ele para a oposição e, desde então, morrera para Mario Rodrigues — porque, para Mario, os amigos de Antônio Carlos eram inimigos de Melo Viana. E tudo porque, com eles no poder, Melo Viana voltaria a valer zero, mesmo em Minas.

Mas Carlos Leite não desistia: quem estava vendendo *Crítica* era a oitava página, não a primeira. Todo mundo se interessava pelos crimes e escândalos. Era como ler um folhetim. E havia ainda as histórias que *Crítica*, não que inventasse, mas exagerava e tornava o assunto da cidade. Uma delas tinha sido a do "profeta da Gávea", um louco que se julgava Jesus Cristo e que arrastara multidões pela Zona Sul fazendo "curas". Durante vários dias o "profeta" fora quase exclusivo de *Crítica*, porque só os seus repórteres sabiam onde ele se escondia. Quando a polícia o prendeu e raspou-lhe a cabeça e a barba, a história morreu. Mas, imediatamente, apareceu a "bruxa de Itinga", outro sucesso que durou semanas. Nada se comparou, é claro, ao caso de Febrônio Índio do Brasil, o tarado que matara dois meninos em 1927. Febrônio foi preso e trancafiado no Manicômio Judiciário. Poucos meses depois, conseguiu fugir e assombrou a cidade durante dois dias. As mães trancaram os filhos em casa. Acabou sendo recapturado na Floresta da Tijuca, mas, desde então, a ameaça materna para os garotos que vivessem na rua passara a ser: "Olha que o Febrônio te pega!".

O caso Febrônio fora um sucesso de *A Manhã* em 1927. Poderiam ter outro igual em *Crítica*. Nem que Carlos Leite, especialista em jornalismo de escândalos, tivesse que fabricar um.

Leite tinha um aliado na sua luta pela primeira página: Roberto Rodrigues. Roberto não apenas ilustrava a reportagem sobre o principal crime do dia, mas também ajudava a pautá-la, apurá-la e, em alguns casos, a redigi-la. Seu gosto pelo assunto era sincero: "Tanto é belo um idílio romanesco como um crime bárbaro", escreveu certa vez. Em outubro de 1929, um crime mais do que bárbaro chegara em grande estilo à primeira página do jornal: o degolamento da menina Florinda, de quatorze anos, pelo empresário espanhol radicado no Rio Antonio Martinez. A ilustração de Roberto mostrava o assassino segurando a cabeça da vítima, separada do corpo, com o sangue escorrendo em catadupas. Não era uma delícia de se ver para quem estivesse lendo o jornal entre as torradas e geleias do café da manhã. Mas esse tipo de contundência não era muito diferente da que a primeira página de *Crítica* exibia quando tratava de política.

Mario Rodrigues não pensava exatamente assim. Era contra a orientação da oitava página. Achava que ela estava indo longe demais na exploração do horror — e, dali para que alguns redatores partissem para a chantagem, era um passo. Isso permite deduzir que não aprovaria o uso frequente da primeira página para aquele tipo de material. *Crítica* era um jornal político. Júlio Prestes, governador de São Paulo e futuro sucessor de Washington Luís, fizera-lhe uma oferta para comprá-lo. Mario não quis vender porque, quando Júlio Prestes fosse presidente a partir de 1930 (e Melo Viana voltasse a ser governador de Minas), seu jornal continuaria ligado à situação. Para cobrir os crimes, Mario Rodrigues tinha outros planos: o lançamento em janeiro de um novo jornal — um vespertino que se chamaria *Última Hora*. E, neste, sim, poderiam pintar o diabo.

No dia 25 de dezembro de 1929, uma segunda-feira, Mario Rodrigues não foi trabalhar. Passou o dia dormindo, lendo e jogando damas com sua filha Irene, de nove anos. A vida lhe sorria. Algumas semanas antes, no dia 4 de outubro, dera uma festa de comemoração de suas bodas de prata com Maria Esther e conseguira juntar toda a família no palacete para uma foto. Apenas dois de seus filhos já não moravam com eles: Roberto, que se mudara para uma casa no Leme com Elsa e os dois filhos; e Mario Filho, que se casara com Célia e fora com ela para a rua Barata Ribeiro, onde nascera seu filho Mario Júlio. Mas todos estavam ali naquela foto: sua mulher, filhos, noras, netos e alguns amigos. Mario Rodrigues tinha agora 44 anos, mas ainda não encerrara sua própria prole: Maria Esther, aos 41, estava no oitavo mês de gravidez daquele que seria o seu 14º e último filho: Dulcinha, de cabelo preto. Ela nasceria no dia 15 de novembro e, de todos os filhos de Mario Rodrigues, seria a única que nunca conheceria o apogeu do pai.

Mario Rodrigues não se dera ao trabalho de ir ao jornal naquele 25 de dezembro de 1929. *Crítica* sairia fraca no dia seguinte porque, por ser Natal, nada

1. Milton; 2. Nelson; 3. Joffre;
4. Maria Esther; 5. Mario Rodrigues;
6. Mario Filho; 7. Célia; 8. Stella;
9. Roberto; 10. Augustinho;
11. Elsa; 12. Maria Clara;
13. Irene; 14. Helena; 15. Paulinho;
16. Sérgio; 17. Elsinha; 18. Mario Júlio

estaria acontecendo no Catete ou na oposição. A primeira página teria de ser ocupada com algum fato da área da polícia.

E a polícia tinha uma matéria.

Naquela noite, por volta das sete, um repórter de *Crítica* ligou para a casa do conhecido casal Thibau na rua Eduardo Ramos, na Tijuca, e falou com dona Sylvia, mulher do doutor João Thibau Jr. O repórter disse que tinham uma matéria sobre o seu desquite e que queriam detalhes sobre o caso. Sylvia respondeu que não era nada, o desquite era amigável, não havia nada para contar. O repórter insistiu, acrescentando que havia graves acusações contra ela. Sylvia então dispôs-se a ir à redação de *Crítica*, na rua do Carmo, e pediu que a esperassem. O repórter desligou.

Sylvia saiu de casa, mas não foi diretamente para *Crítica*. Passou primeiro pela redação de *O Jornal*, na rua Rodrigo Silva, de que era colaboradora, e contou a história a seu amigo Figueiredo Pimentel II, secretário do jornal. Os dois desceram um andar do mesmo prédio e foram à redação do *Diário da Noite*, onde conferenciaram com o secretário do vespertino, Rubem Gill. Ambos os jornais pertenciam à cadeia dos Diários Associados, de Assis Chateaubriand, com quem Sylvia também se dava. Rubem Gill foi destacado para ir à redação de *Crítica* (a duzentos metros dos Associados) e bloquear a matéria. Voltou frustrado. Então Sylvia e Pimentel foram pessoalmente até lá. Falaram com Bezerra de Freitas, Carlos Leite, Rafael de Holanda e com o repórter sobre a inconveniência da matéria. Como se tentou sustentar depois, estes responderam que, àquela hora, pouco antes das nove, o jornal já estava "fechado" (ou seja, pronto para a oficina) e que não havia mais nada a fazer.

Foi provado posteriormente que Sylvia teria falado ainda com outra pessoa — a princípio não identificada —, a quem repetiu seus argumentos e pediu que não publicassem a matéria. A pessoa com quem Sylvia falou na redação (quase deserta àquela hora) não podia prometer-lhe nada, exceto que ela seria tratada com toda consideração. Teria dito também:

"Va-mos ver o que se pode fazer."

Esta pessoa era o desenhista de *Crítica*, Roberto Rodrigues.

Irene foi levar o jornal para seu pai, como fazia todas as manhãs. Mario Rodrigues acordava tarde e lia *Crítica* na cama antes de descer para o café. De pijama, Mario Rodrigues abriu o jornal naquela manhã de 26 de dezembro de 1929 e leu a matéria da primeira página.

A manchete dizia: "ENTRA HOJE EM JUÍZO NESTA CAPITAL UM RUMOROSO CASO DE DESQUITE".

A submanchete: "HÁ UMA GRANDE CURIOSIDADE PÚBLICA EM CONHECER OS MOTIVOS DA SEPARAÇÃO DO CASAL THIBAU JR."

E o subtítulo: *Seria o conhecido radiologista doutor João* [sic] *de Abreu o causador direto da dissolução do lar daquele seu ilustre colega?*

Seguia-se a matéria:

Madame Sylvia Thibau é uma escritora moderna. Reivindicadora dos direitos da mulher no século presente. Ela colabora com brilho nas colunas de O Jornal, *de* Fon--Fon, Seleta *e* A Gazeta *de S. Paulo.*

O casal Thibau Jr. acaba de impetrar uma ação de desquite amigável.

Esposa de um médico conhecido, o doutor João Thibau Jr., desfruta certo conceito na sociedade carioca.

Esta a pessoa em torno de quem, como consequência de um pedido de divórcio, surgiram, nos últimos dias, os mais desencontrados comentários.

CRÍTICA, *na ânsia de desvendar os mistérios de nossa sociedade, interessou-se pelo caso em que se achavam envolvidos, além de madame Thibau, seu marido e o doutor Manoel Abreu, clínico de nomeada em nossa capital.*

E todos os depoimentos que nos foram prestados são comprometedores da honra da escritora, além de balançarem os méritos do grande radiologista doutor Manoel Abreu.

O casal Thibau que ora se desquita tem dois filhinhos e, até há pouco, residia à rua Eduardo Ramos, 18, na Tijuca.

O médico acusado de sedução e má aplicação do raio X tem consultório na avenida Rio Branco, 257, 3º.

Abaixo encontrarão os leitores os mais interessantes detalhes do caso, colhidos pela "caravana" de CRÍTICA.

UM DIVÓRCIO AMIGÁVEL

O doutor Thibau Jr. pediu o desquite a sua esposa. O motivo expresso no requerimento é o de incompatibilidade de gênios.

O processo de desquite será acompanhado pelos advogados doutor Mario de Sá Freire, da parte do marido, e doutor Saty Nogueira, da parte da esposa.

Segundo os termos do desquite, cada um dos cônjuges fica com um dos filhos, enquanto o esposo fornecerá uma mesada a dona Sylvia, que passará a residir em casa já alugada pelo doutor Thibau Jr. na rua Afonso Pena.

UMA CONSOADA DE DESPEDIDA

A casa da rua Eduardo Ramos, 18, era ocupada pelo casal Thibau Jr. até que houve a ruptura que fez o marido abandoná-la. Anteontem, porém, houve um acordo. Os dois esposos reunir-se-iam para festejar o Natal com as crianças.

Foi o que se fez. O doutor Thibau Jr. e dona Sylvia promoveram uma consoada de despedida, enquanto na alma de ambos a nostalgia e o abstrato imperaram.

NÃO OBSTANTE...

Ao mesmo tempo em que se divulgou a notícia do desquite do casal, uma curiosidade intensa dominou o espírito de todos sobre as verdadeiras razões da separação.

Pessoas que conhecem a família teciam os mais variados comentários sobre o fato.

E foi nesse ambiente de curiosidade que a "caravana" de CRÍTICA *penetrou, recebendo de fontes várias informações em torno de um escândalo que teria forçado a separação do casal.*

O mais interessante é que tais informes convergem para um só ponto e todos se combinam numa coordenação expressiva.

Segundo pudemos apurar, madame Thibau teria sido seduzida pelo médico Manoel Abreu.

Depois de seduzida, maltratada e, o que é pior, em consequência de capricho ao esculápio, exigentíssimo em matéria de plástica e clareza de epidermes.

O doutor Manoel Abreu, apaixonado pelos imprevistos da ciência que professa, teria sido atraído indisfarçadamente por aquela criatura loura e cheia de encantos que, não obstante ser médico o seu esposo, era, circunstancialmente, sua cliente.

Algum tempo se teria passado sem que o idílio fosse além, mas, como nada há que se eternize e a fraqueza da matéria é fato comprovado pelos conselheiros Acácios de todas as épocas, teriam ambos sucumbido.

E assim se passariam os dias ou meses de uma ventura intérmina, se um simples capricho do doutor Manoel Abreu não houvesse provocado a dissolução daquela felicidade.

Não há bem que sempre dure...

ESTÉTICA FISIOPLÁSTICA

A "caravana" de CRÍTICA *não pode resistir à curiosidade em meio aos casos misteriosos.*

Foi além nas diligências sobre o caso Thibau. Auscultou testemunhas. Ouviu o rumorejar dos linguarudos.

Pessoas que vêm acompanhando a vida de madame Thibau há algum tempo relataram-nos algumas particularidades. Particularidades quase que insondáveis, mas que, sem deixarem de ser pitorescas, corroboram coerentemente com os detalhes que conseguimos apurar.

Eis como historiaram essas pessoas o epílogo das relações de madame Thibau com o médico:

Depois de certo tempo em que o esculápio gozara de maior intimidade da esposa do colega, notou que aquela criatura tão deliciosa e sem o menor defeito a princípio tinha nas pernas expressões capilares pronunciadamente espessas.

E tentou induzi-la a despojar-se daqueles característicos que tisnavam, embora ao de leve, a sua pele marmórea e sensual. Madame a princípio não concordara.

O amante, porém, astucioso e inteligente, voltara à carga. Bastaria, para o caso, uma leve aplicação de raio X.

DEPILATÓRIO CAUTERIZANTE

Foi das mais desastrosas a aplicação do raio X nas pernas de madame. A paciente caiu de cama, gravemente enferma. Tão furiosa ficou que pensou até em processar o amante.

Depois, surgiu o desquite. O marido teria descoberto a infidelidade.

MADAME SYLIA THIBAU NA REDAÇÃO DE CRÍTICA

— Quem fala? É Vila 0198?
— Exatamente.
— Madame Sylvia Thibau?
— Sim, senhor.
— Quem fala aqui é a "caravana" de CRÍTICA. Madame poderia ter a gentileza de receber-nos para esclarecer os motivos determinantes de seu desquite?
— Como?... Desquite?... Ah! Mas quem lhe informou?
— Soubemos por várias fontes, madame.
— Mas...
— Seria melhor que nos recebesse, madame. Como sabe, é um caso muito melindroso, e sobre o qual nada podemos publicar sem ouvir V. Exa.
— Mas não posso recebê-los agora. Eu irei à redação.
— Tanto melhor, se V. Exa. quiser dar-se a esse trabalho.

Mais tarde recebemos a visita não de madame, mas de um portador seu, um moço que nos disse:
— Madame é inocente. Tudo isso é mentira.
— Mas mentira o quê?
— O que foram informados.
— Não há então uma ação de desquite?
— Há, sim.
— E então?
— São as outras infâmias que estão assacando contra ela. Coitada!...
— Está bem, diga-lhe que estamos à sua espera.
— Está bem.

Algum tempo depois, subia as nossas escadarias, acompanhada de um nosso colega de imprensa, madame Sylvia Thibau.

Sem poder ocultar a sua tensão nervosa, a encantadora senhora, sem nos estender a mão, foi-nos dizendo:
— Um jornal não pode absolutamente publicar as particularidades de um casal.
— Mas, exma., a ação de desquite é uma coisa pública...
— Não me refiro a isso.
— Então, a quê?
— Às outras coisas.
— Há, então, alguma coisa mais?
— Não, não há. Tudo são calúnias.
— Muito bem. Queremos saber apenas o que há de verdade.
— Deus me livre! Tinha graça que eu viesse à redação de CRÍTICA prestar declarações. O meu desquite é o que há de mais amigável. Eu e o meu marido, por incompatibilidade de gênios, resolvemos separar-nos. Eu ficarei com uma das crianças e ele com a outra. Receberei uma mesada e ele até me alugou a casa da rua Afonso Pena onde vou morar.

— Mas V. Exa. ainda se acha na rua Eduardo Ramos...
— Sim, enquanto não sai a sentença. Ontem meu marido esteve em minha casa participando do Natal das crianças.
— Então V. Exa. desmente que tenha havido qualquer relação entre V. Exa. e o doutor Abreu?
— Categoricamente.
— Entretanto... se nos permite a inconveniência, V. Exa. acha-se ainda com ataduras nas pernas...
— Não contesto. Houve realmente um curativo malfeito pelo doutor Abreu. Eu até pensei em responsabilizá-lo pelo mal que me fez guardar o leito. Mas isto não tem nada a ver com o seu jornal...
— É que pretendemos publicar uma coisa certa...
— Por mim os senhores nada publicarão. Eu nada direi. E os senhores serão responsáveis se alguma desgraça acontecer.
— Mas, se V. Exa. tem a consciência tranquila...
Madame estava nervosa. Assediada pela "caravana", ela mui depressa compreendeu que finalmente teria que quebrar a sua obstinação em calar.
Por isso tratou de se retirar apelando para a nossa discrição.
O jornalista, porém, não pode ser discreto em todos os casos.
Principalmente um jornalista da "caravana" de CRÍTICA.

Ilustrando a matéria, um desenho de Roberto — uma mulher sentada numa maca e um médico examinando suas pernas.
"Eles enlouqueceram", disse Mario Rodrigues, mais para si mesmo do que para Irene, que brincava por ali e ouviu sem entender. Mario Rodrigues dobrou o jornal. Achou a matéria infeliz, mas ainda não fazia a mínima ideia do que o esperava.
Seu mundo acabara exatamente ali.

7

*Roberto, com Maria Teresa;
Elsa, com Sérgio*

— 1929 —

O CRIME

Sylvia Seraphim, ex-Thibau, acabara de ler a mesma matéria em *Crítica*. Foi dito depois que chorou de revolta, falou em se matar e que seus pais a acudiram. O certo é que, por volta de duas da tarde, vestiu-se, deixou os filhos com eles e saiu sozinha de táxi para o Centro. Entrou na loja de armas A Espingarda Mineira e comprou um minúsculo revólver Gallant, niquelado, com balas calibre .22. O revólver cabia na palma de sua mão. Enfiou-o na bolsa preta. Um pouco depois das três, subiu à redação de *Crítica*, no 1º andar, como havia feito na véspera. Estava com um vestido escuro, estampado de ramagens amarelas, e chapéu também escuro. Foi atendida na recepção pelo motorista de Mario Rodrigues, Sebastião Gomes. Perguntou:

"Doutor Mario Rodrigues está?"

Não, ainda não tinha chegado, disse Sebastião.

"E Mario Rodrigues Filho?"

Também não.

Sylvia preferiu conferir.

Entrou na redação quase vazia. Um pequeno grupo conversava ao redor de uma mesa: Roberto, Nelson, o redator Carlos Cavalcanti, a auxiliar de redação Juracy Drummond e o investigador Garcia de Almeida. Também circulavam por ali os contínuos Quintino e Severiano. Roberto tinha ido ao jornal apenas de passagem — sua filha Maria Teresa fazia um ano aquele dia e iriam comemorar em casa.

Sylvia espiou em volta e viu no fundo da redação uma porta que só poderia ser a do diretor. Caminhou entre as mesas, sendo devorada com os olhos pelo grupo. Natural: era uma mulher excepcionalmente atraente, elegante e de 27 anos. Além disso era loura, cheia de corpo, cabelo cortado como o de Louise Brooks no filme *A caixa de Pandora*. Nelson sentiu o seu perfume quando ela passou por eles. Sylvia foi até o fundo, olhou sobre a porta de vaivém e certificou-se de que a sala do diretor estava vazia. Voltou para o centro da redação e dirigiu-se a Roberto. Falou com voz suave:

"Pode me dar dois minutos?"

Roberto, sentado sobre a mesa, fez sinal a Nelson para desocupar a cadeira. Sylvia disse:

"Em particular, por favor."

Roberto levantou-se, fez a volta na mesa e acompanhou Sylvia, que caminhou em direção à porta de vaivém. Os dois entraram. A partir do momento em que Sylvia e Roberto desapareceram pela porta, foi como se tivessem deixado de existir. Nelson, por exemplo, tomou o rumo das escadas. Ia ao café na esquina de rua do Carmo com Sete de Setembro. Os outros voltaram a atenção para os seus próprios umbigos. Apenas um dos presentes, a auxiliar Juracy, disse ter ouvido a voz da mulher:

"Eu não lhe disse que não publicasse?"

Em seguida, todos ouviram: sons ininteligíveis, um tiro e um grito.

Tudo acontecera em menos de um minuto. Sylvia e Roberto haviam entrado na sala. Ele lhe ofereceu uma cadeira (diante da mesa de Mario Rodrigues) e ficou de pé à sua frente, com as duas mãos na cintura, como costumava fazer. Trocaram umas poucas palavras. Ela abriu a bolsa. Talvez fosse tirar um lenço. Tirou o revólver. À altura de seus olhos, a menos de meio metro, o abdômen de Roberto era um alvo fácil, ideal. Só disparou um tiro. Roberto gritou. Já atingido, estendeu as duas mãos em direção ao revólver. Crispou a mão de Sylvia e caiu de joelhos, agarrado a ela.

Nelson ouviu o tiro e o grito quando estava no fim da escada. Voltou correndo, de quatro em quatro degraus. Viu o investigador Garcia sacar a própria arma do bolso interno do paletó e atravessar a porta de vaivém, seguido pelos outros. Chegaram juntos à sala no momento em que Roberto largava a mão de Sylvia e acabava de tombar no assoalho ensanguentado. Com um jeito ameaçador, Garcia desarmou Sylvia. Ela não reagiu. Disse apenas:

"Podem me largar. Eu não faço mais nada. Queria matar o doutor Mario Rodrigues ou o seu filho. Estou satisfeita."

1929: O CRIME

Nelson viu e ouviu aquilo tudo. Em seus dezessete anos e quatro meses, era a primeira cena de violência brutal que presenciava. Mais tarde ele diria que não teve, naquele momento, nenhum ódio pela assassina. Só queria ajudar Roberto, que gemia alto, fundo e grosso, a intervalos curtos. Mas Roberto não queria ajuda, não queria que o movessem. Os médicos diriam depois que a bala perfurara o seu estômago, varando a espinha e encravando-se na medula. Qualquer movimento provocava dor desesperadora.

A Assistência chegou em instantes. Roberto foi colocado na maca com a ajuda do contínuo Quintino e levado para o Hospital do Pronto Socorro (futuro Sousa Aguiar), na praça da República. Gritava muito. Quase ao mesmo tempo, dois soldados também atenderam ao chamado. Anotaram nomes e endereços das testemunhas, e conduziram Sylvia para a delegacia do 1º Distrito, na praça Mauá. Pouco depois os homens de Chateaubriand estavam no distrito para socorrê-la. No fim da tarde, transferiram-na para a Casa de Detenção, na rua Frei Caneca, já aos cuidados do advogado Clóvis Dunshee de Abranches.

O atentado contra Roberto não foi a principal manchete dos vespertinos cariocas aquele dia — e nem mesmo de *Crítica* no dia seguinte. Cinco minutos antes de Roberto ser baleado, outro crime acontecera no Rio e com consequências mais imediatas: a morte a tiros e em plena Câmara do deputado pernambucano Sousa Filho, governista. O assassino fora o seu já idoso colega, o gaúcho Simões Lopes, da oposição. A discussão começara às bengaladas. Sousa Filho puxou um punhal, Simões Lopes um revólver. Foram dois tiros fatais. Sousa Filho morreu no ato, sentado na primeira fila das poltronas. Era o resultado do clima espantosamente belicoso da política daquela época, com Washington Luís tentando reprimir os parlamentares da Aliança Liberal e estes aumentando o volume de seus ataques — um clima que teria de resultar na revolução de outubro do ano seguinte.

A morte de Sousa Filho é que foi a manchete de todos os jornais. O tiro em Roberto mereceu registros, sem comentários. A própria *Crítica* seguiu essa linha e tanto a sua manchete — "ASSASSINOS!" — quanto o editorial de Mario Rodrigues, não se sabe como, tratavam apenas do deputado.

Era o correto a fazer: Sousa Filho tinha morrido, Roberto não. E nem se sabia se ia morrer. Quando *Crítica* acabasse de ser rodada aquela noite, Roberto já teria sido operado e tudo estaria bem. O único concorrente que tratou do assunto à sua maneira, na tarde do próprio tiro, foi o *Diário da Noite*. Os jornais daquele tempo mantinham placares na porta de seus prédios, nos quais afixavam manchetes de última hora. A manchete referente a Roberto, que o vespertino de Chateaubriand exibiu em seu placar, já era um sinal do que estava para vir: "JUSTO ATENTADO!". E seguia-se um relato que já dava Roberto como morto.

Mario Rodrigues ficou sabendo do tiro em Roberto por acaso, e quase na mesma hora. Estava almoçando no Leblon com seu gerente financeiro Faria Neves Sobrinho e este ligou para o jornal por qualquer motivo. Foi quando lhe contaram. Mesmo sem os túneis que depois cortariam a cidade, e por uma avenida Atlântica de mão dupla e pista única, Mario Rodrigues e Faria Neves chegaram logo à redação, no Centro. Roberto já estava no Pronto Socorro, onde seria operado pelo doutor Adail Figueiredo. Mas, pelas condições da medicina no Rio de 1929, suas chances eram mínimas.

Não se tratava apenas de extrair a bala, mas de impedir que, nas 48 horas seguintes, os germes, rompido o peritônio, penetrassem na sua corrente sanguínea e se espalhassem por todo o organismo. Não impediram. Roberto teve momentos de lucidez entre os delírios de febre e sabia que ia morrer. Disse isto para sua mãe. Foram sessenta horas de vigília. Os Rodrigues alugaram um quarto contíguo ao de Roberto no hospital para fazer-lhe companhia. A segunda operação, pelo doutor Castro Araújo na noite do dia 28, apenas confirmou as piores suspeitas. Os abscessos já tinham se alastrado.

Às duas da manhã do dia 29, Roberto morreu da falência múltipla provocada pela peritonite. Poucos minutos antes fora batizado in extremis por sua mulher Elsa, segundo o rito católico. A última pessoa que pedira para ver fora sua irmã Dulcinha, de um mês e meio.

O velório foi no saguão de *Crítica*. Centenas de pessoas deixaram seus nomes no livro de assinaturas, entre as quais Aracy Cortes, a estrela máxima do teatro de revista, e o ator Raul Roulien, amigo de noitadas de Mario Rodrigues. O vice-presidente Melo Viana, lealíssimo, iria segurar uma das alças do caixão. O jornal teve de ser rodado nas oficinas de *A Noite* porque era impossível trabalhar com aquela multidão. A Escola de Belas Artes compareceu em peso, assim como outros artistas, escritores e muitas mulheres. Uma dessas mulheres tinha sido a primeira a chegar, antes mesmo da família. Nelson a descreveria depois como alguém de luto fechado e de quem mal podia ver-se o rosto. Trouxera uma braçada de dálias que depositara junto ao caixão. Beijara Roberto chorando e se afastara para um canto, onde se deixara ficar, digna e silenciosa. Ninguém a conhecia — até que um repórter a identificou: era uma poderosa cafetina da Lapa.

Talvez por imaginar que passaria por tais constrangimentos, Elsa, a viúva de Roberto, não foi ao velório, nem ao enterro. Temia encontrar outras "viúvas". (Anita também não foi, e pelo mesmo motivo.) Mas, se fossem, ninguém as notaria, porque todos ali só tinham olhos para Mario Rodrigues. Atropelava conhecidos e desconhecidos como se estivesse bêbado. Agarrava-os pelas lapelas e dizia chorando: "Esta bala era para mim!". Faria Neves quis desarmá-lo, para tentar prevenir uma besteira. Mario Rodrigues reagiu agressivamente. Todos ali tinham motivos para temer a sua fúria impotente.

De cinco em cinco minutos ia ao caixão de Roberto e gritava para este, como se Roberto, de algodão nas narinas, pudesse ouvi-lo:

"Eu te vingo! Eu te vingo!"

1929: O CRIME

* * *

O repórter de *Crítica* Eratóstenes Frazão seria no futuro um dos nomes mais populares do Carnaval carioca. Entre dezenas de sucessos, teria a seu crédito duas deliciosas marchinhas, "Cordão dos puxa-sacos" (em parceria com Roberto Martins, em 1937) e "Florisbela" (com Nássara, em 1939), e um grande samba, "Fica doido varrido" (com Benedito Lacerda, em 1945), cujo refrão dizia: "Fica doido varrido quem quer/ Se meter a entender a mulher".

Em 1929, no entanto, ele fora o autor (sem crédito) da matéria sobre Sylvia Seraphim que dera origem à tragédia.

Não era sua culpa, claro. Mesmo que tivesse sido Frazão a levantar o assunto, outros teriam de ser responsabilizados na sua frente: Carlos Leite, editor de polícia e secretário; Bezerra de Freitas, diretor-substituto; Mario Rodrigues, claro, que permitira que *Crítica* se tornasse, como a chamava Gilberto Amado, "um foliculário de escândalos"; e, ironicamente, o próprio Roberto Rodrigues, que influía na editoria, embora não tenha tido nada com aquela reportagem exceto ilustrá-la. Roberto nem ao menos conhecia Sylvia. Sua mulher Elsa, sim, é que fora sua contemporânea no colégio Sacré-Coeur de Marie, na Tijuca, embora de turmas diferentes — Sylvia era três anos mais velha. O único Rodrigues que se lembrava de tê-la visto antes da tragédia era Milton, em alguma roda literária.

Para *Crítica*, essa roda literária era outra. O jornal usaria o fato de Sylvia frequentar políticos, jornalistas, escritores e de colaborar em diversas publicações (com os pseudônimos de "Cendrillon" e "Petite source") para tentar caracterizá-la como prostituta. Um dos melhores amigos de Sylvia, por exemplo, era o jornalista Figueiredo Pimentel II, secretário de *O Jornal* e filho do famoso Figueiredo Pimentel que lançara a frase "O Rio civiliza-se", em sua coluna "Binóculo" da *Gazeta de Notícias*, no começo do século. O novo Pimentel era reconhecidamente um dos conquistadores mais vorazes do Rio de Janeiro, incapaz de deixar uma presa impune e um dos últimos homens a quem um marido deveria apresentar a esposa. E fora este Pimentel que escoltara Sylvia na ida à redação de *Crítica*, na véspera do crime.

A partir daí, iniciou-se em *Crítica* uma das campanhas mais duras que um jornal já desencadeou contra uma pessoa isolada, em toda a história da imprensa brasileira. Durante 267 dias o jornal de Mario Rodrigues publicou um quadrado onde se via a foto de Sylvia — proibitivamente linda e sorridente, com pérolas lhe escorrendo pelo colo —, o título "JUSTIÇA! JUSTIÇA! MERETRIZ ASSASSINA!" e, dia após dia, sempre o mesmo texto:

"Faz hoje [*tantos*] dias que Sylvia Seraphim, ex-Thibau, esposa adúltera, mãe infame, cujos vícios inspiraram uma escandalosa ação de divórcio, para maior liberdade da cadela de rua, feriu de morte Roberto Rodrigues, artista de 23 anos de idade, chefe de família, profundamente honesto, com o fulgor de um grande talento e de virtudes inexcedíveis. A meretriz assassina será castigada."

A campanha pela condenação de Sylvia começou no exato momento em que Roberto foi sepultado e — até o dia em que *Crítica* deixou subitamente de existir, dez meses depois — não se passou um dia sem que o jornal publicasse uma notícia a seu respeito, tratando-a pelos mais ricos sinônimos de prostituta: fuá, gandaia, paneleira, hetaira, galdéria, croia, barregã, rulara, sentina, ribombeira, pederasta, ribalda, pataqueira, sifilítica, loureira, marafona, cachorra, porca, biraia, Frineia de sarjeta, comborça dos lupanares, esgoto da "ala fresca", literata do Mangue e cadela das pernas felpudas. (Isto numa época em que os jornais só se referiam a uma mulher, desde que casada, como "senhora de pulcras virtudes".) Descobriram que não era loura, mas oxigenada, e por pouco não a compararam a Febrônio Índio do Brasil.

Por influência ou não de Pimentel II, os jornais de Chateaubriand tomaram a defesa de Sylvia. Ela continuou a escrever suas colunas da própria Casa de Detenção e uma delas, "O direito de matar", publicada na *Gazeta* de São Paulo, causou sensação. Outra crônica, certamente escrita antes do crime, saiu numa revista e explodiu na redação de *Crítica*, onde foi tomada como escárnio. Seu título era "O papel da mulher na economia do lar". O próprio Chateaubriand levou as sobras da campanha contra Sylvia, passando a ser tratado em *Crítica* como "pirata libidinoso".

Poucas semanas depois, Sylvia alegou uma crise de apendicite e conseguiu uma autorização do juiz Magarinos Torres, presidente do Tribunal do Júri, para ser removida para a Casa de Saúde Santo Antônio, na rua do Riachuelo, a fim de ser operada. Como a cirurgia não se produzisse, um repórter de *Crítica* — Fernando Costa, especialista em disfarces — inventou uma doença inescrutável e se internou também, para espioná-la. Segundo seus relatórios, que *Crítica* publicou com o maior alarde, Sylvia alimentava-se muito bem, passava o dia cantando e tinha permissão para sair da casa de saúde à noite. Podia ser vista flanando pela madrugada na companhia de homens, entre os quais os jornalistas de Assis Chateaubriand. Infelizmente faltaram fotos que enriquecessem as reportagens.

Na verdade, a cirurgia (e não de apendicite, mas, pelo visto, de varizes) só se realizou a poucos dias do julgamento, em agosto de 1930, com *Crítica* trombeteando há meses que era tudo falso e não passava de um teatro para comover o júri. Mas, já então, depois da tremenda campanha contra ela, quase todos os jornais e a maior parte da opinião pública tinham ficado a favor de Sylvia Seraphim.

Ninguém conseguirá penetrar no teatro de Nelson Rodrigues sem entender a tragédia provocada pela morte de Roberto. No mesmo dia do enterro, toda a família pôs luto. Os homens ainda podiam sair à rua de terno escuro ou com o fumo na lapela, mas suas irmãs se cobriram de preto da cabeça aos pés. Milton, o irmão mais velho, ia para o porão do palacete, antigo território de Roberto, apagava as luzes e ficava horas no escuro — à espera de um mila-

Beleza e tragédia: o tiro único de Sylvia Seraphim matou Roberto e desencadeou um dominó de desgraças que arrastaria os Rodrigues e ela própria para o martírio

Páginas fatais: as capas de Crítica com a reportagem que deu origem ao crime (no alto) e com as mortes de Roberto e Mario Rodrigues (acima)

gre que o fizesse vê-lo ou ouvi-lo. Nelson apenas chorava. Joffre, de quatorze anos, apanhou um revólver de Mario Rodrigues e passou a andar armado pela cidade à noite. Sabia que Sylvia tivera sua prisão relaxada. Se a encontrasse, a mataria.

A mulher de Roberto, Elsa, que ficara grávida uma semana antes do crime, pegara seus dois filhos e voltara a morar com os pais em sua chácara no Flamengo. Verinha, a filha póstuma, nasceria em agosto seguinte. Surpreendentemente, Elsa abrira mão da única coisa que ela e Roberto tinham de seu, além dos filhos: a obra de Roberto. Não queria saber daqueles quadros e desenhos em que todos os devassos, loucos e assassinados pareciam ter — premonição? — o rosto dele. (Nada de anormal nisto: quase todos os desenhistas desenham a si mesmos.) Os originais de Roberto foram reunidos pelos Rodrigues, inclusive os dispersos entre os amigos, e apresentados numa exposição no Liceu de Artes e Ofícios, em fevereiro. Quatro mil pessoas a visitaram durante duas semanas. Na confusão, nem todos esses originais foram devolvidos a seus donos e o resultado é que, nos anos seguintes, as paredes das diversas casas dos Rodrigues tornaram-se santuários de Roberto.

Para desgosto dos Rodrigues, Elsa guardou luto por poucos meses — ou seja, menos do que para sempre. Iria desgostá-los de novo quando, três anos depois de enviuvar, foi passar um ano na Europa e, na volta, casou-se com um namorado de infância, o engenheiro gaúcho Zeferino d'Ávila Silveira. O ressentimento seria ainda maior se soubessem que, por mais duro que parecesse, a viuvez fora para Elsa uma espécie de libertação: Roberto não a deixava sair sozinha nem para ir à costureira. E, quando ele saía à rua com ela, tirava-lhe os óculos de míope e os guardava no bolso de seu paletó, para que ela não visse outros homens.

Os Rodrigues não aceitavam que a imensa ausência de Roberto — e a ferocidade de Sylvia Seraphim — não fosse uma unanimidade. Orestes Barbosa, por exemplo, teria ficado em apuros se algum deles descobrisse que, na própria redação, ele falava do caso com piadas. Era cruel ao imitar a pose de Roberto com as mãos nas cadeiras. "Parecia uma asa de xícara. Ofereceu um alvo tão perfeito que nem Sylvia conseguiria errar", dizia rindo. E, quando lhe perguntavam como Roberto poderia adivinhar que levaria um tiro, Orestes Barbosa completava: "Só um avoado receberia aquela mulher depois do que o jornal tinha publicado".

Mas em nenhum deles a morte de Roberto golpeou tão fundo quanto em Mario Rodrigues. A tremenda campanha de seu jornal contra a assassina, a publicação diária de fotos de Roberto, a exposição póstuma no Liceu de Artes e Ofícios, até mesmo a condenação de Sylvia Seraphim, que ele dava como certa, nada traria de volta o seu filho favorito. No meio de uma refeição que parecia correr normalmente, Mario Rodrigues ficava de repente com o garfo suspenso entre o prato e a boca; então largava-o e estourava em soluços.

Chegou a dizer certa vez:

"Os assassinos de Roberto estão dentro da redação de *Crítica*" — referindo-se ao pessoal da oitava página. Esquecia-se de que aquela era a linha que impusera a *Crítica*. Ao ver como o jornal tratava a política, por que a editoria de polícia faria diferente? E não fora por falta de aviso. Os outros jornalistas não diziam que alguém em *Crítica* ainda iria levar um tiro?

O tiro fora para ele, Mario Rodrigues, mas quem o recebera fora Roberto. Maria Esther não o poupava enquanto espremia o lencinho: "Eu te perdoo tudo, menos isto". Por "tudo" queria dizer os velhos sumiços de Mario, as carraspanas, os ataques de ciúmes, as brigas entre os dois e as cartas e telefonemas anônimos de mulheres contra ela. Mas Mario não queria perdão, queria Roberto.

Sua angústia não se manifestava só em casa. Parecia ser até maior na rua, nos almoços de negócios e nas reuniões políticas que ele ainda tentava cumprir. Por onde Mario Rodrigues passou naqueles tempos, a cidade acompanhou o seu inferno. No jornal era pior, porque a presença de Roberto — nos móveis, na antiga prancheta, nos frascos cheios de penas e pincéis — mal lhe permitia escrever o seu artigo de fundo. (O qual ele tinha de continuar escrevendo, fingindo se interessar por aquelas manobras sujas da política.) Seu cabelo embranquecera em semanas, emagrecera violentamente e se tornara um velho. Com sua capacidade ciclópica para beber, passara a beber mais. E, mais do que no passado, era trazido carregado para casa.

Impossível dizer se fez de propósito (para morrer junto com Roberto), mas, hipertenso como era, vivendo um drama horroroso e aos 44 anos, tudo naquele quadro indicava um só desfecho: trombose cerebral.

E esta aconteceu no dia 5 de março de 1930, uma Quarta-Feira de Cinzas — apenas 67 dias depois da morte de Roberto. *Crítica* vinha sendo tocada por Milton e Mario Filho, mas, num esforço para superar-se, Mario Rodrigues resolvera supervisionar a cobertura do Carnaval. Na época, isto significava cobrir as ocorrências policiais durante os corsos e os desfiles das grandes sociedades. Era trabalho duro, porque o Carnaval mobilizava a cidade inteira. Durante dois dos três dias, quase nenhum dos repórteres ou redatores fora dormir em casa. Mario fizera todo mundo comer na redação, encomendando ele próprio os salgadinhos e cervejas. Na manhã da Quarta-Feira de Cinzas, finalmente liberou a equipe e foi almoçar com a família. Fazia muito calor. Almoçou, deitou-se para um cochilo, acordou algumas horas depois e, quando tentou levantar-se, teve o insulto cerebral hemorrágico.

Seu médico, o doutor Sílvio Moniz, foi chamado. Mario Rodrigues não foi removido pela Assistência. Continuou em casa, numa sucessão de febres e delírios. Com os recursos do futuro, os médicos teriam trazido sua pressão aos números que quisessem. O que provavelmente aconteceu foi que Mario Rodrigues teve seguidos pequenos derrames nos dias seguintes. Num dos poucos intervalos de lucidez, chamou Maria Esther e, na presença de alguns filhos, ainda conseguiu dizer:

*O Rio enterra Mario Rodrigues.
Ao centro, Mario Filho e o caixão com a
bandeira de* Crítica: *letras de luto*

*Glória póstuma:
a capa do catálogo
da exposição de
Roberto, dois meses
depois de sua morte*

"A situação vai ficar muito difícil. Quando eu não estiver mais aqui, venda o jornal para o Júlio Prestes. Ele já quis comprá-lo no ano passado."

No dia 13, o estado de Mario Rodrigues parecia terminal. Outros médicos foram chamados, entre os quais o doutor Pedro Ernesto. Este deu-lhe as pancadinhas no joelho com o martelinho. Todos concordaram que era irreversível. Mario Rodrigues entrou numa agonia de quase 48 horas. A agonia era coletiva porque os ruídos que fazia tentando respirar podiam ser ouvidos do corredor. Seu coração estava quase imperceptível. Morreu ao amanhecer do dia 15, de "encefalite aguda e hemorragia".

O corpo de Mario Rodrigues fez uma escala na Casa de Saúde Pedro Ernesto, onde o próprio aplicou-lhe injeções de formol para tentar preservá-lo. Disse que queria preservar principalmente o cérebro de Mario Rodrigues. (E Pedro Ernesto, que conspirava pela Aliança Liberal, estava do lado político oposto.) Em seguida foi levado para o saguão da redação de *Crítica*, onde ficou em câmara-ardente. Mesas e máquinas foram afastadas para os cantos, para que coubesse a multidão. Naquela noite, assim como acontecera na morte de Roberto, 77 dias antes, o jornal foi composto e impresso nas oficinas de *A Noite*. Milhares de pessoas — entre as quais, fiel até o fim, o vice-presidente Melo Viana — foram vê-lo durante o resto do dia e a madrugada.

No dia seguinte, às dez da manhã, o caixão com Mario Rodrigues desceu as escadas do jornal e foi colocado num coche. Sobre o caixão, um lençol branco com a palavra *Crítica* em preto, em letras de luto. Uma multidão nas ruas do Carmo e a Sete de Setembro tirou o chapéu. Todos sabiam de quem se tratava. Atrás do coche, quatro caminhões cedidos pela Polícia Militar transportavam as centenas de coroas. O cortejo, formado por uma fila de quase trezentos carros, finalmente saiu. Tomou Sete de Setembro, avenida Rio Branco, avenida Beira-Mar, Praia do Flamengo, Praia de Botafogo, rua da Passagem e rua General Polidoro, até chegar ao Cemitério São João Batista. Ali, depois de muitos discursos, o caixão foi baixado e um advogado, doutor Gama Cerqueira, aproximou-se e atirou sobre ele a edição de *Crítica* daquele dia, em que Mario Rodrigues era a foto e a manchete da primeira página.

"Leva-o com você, querido Mario", disse. "É a tua obra."

8

Pena imatura: Mario Filho dirige Crítica

— 1930 —
O GRANDE PASTEL

Os Rodrigues olharam para o palacete da rua Joaquim Nabuco e começaram a ver quartos vazios e sombrios onde até há pouco só viam salões iluminados. Em dois anos, três de seus moradores haviam partido: primeiro, Dorinha; depois, Roberto; e, agora, Mario. Era intolerável continuar vivendo ali. Sorte que Mario Rodrigues não tivesse comprado o palacete quando o proprietário lhe ofereceu — preferindo aplicar o dinheiro nas novas máquinas de *Crítica*. Podiam agora deixá-lo sem remorso. E foram embora para outra casa ali perto: na rua Sousa Lima, quase esquina com Bulhões de Carvalho, também em Copacabana. Era uma casa menor, sem dúvida. Mas eles já não eram tantos.

Sem Mario Rodrigues, o destino de *Crítica* estava agora nas mãos dos mais jovens diretores-proprietários que a imprensa brasileira já tivera até então: Milton Rodrigues, 24 anos, e Mario Filho, 21. O desfalque de seu pai era imenso, mas o destino rolara os dados a favor deles porque, a 1º de março de 1930, quinze dias antes da morte de Mario Rodrigues, Júlio Prestes elegera-se presidente da República derrotando Getulio Vargas.

Milton e Mario Filho não queriam saber como se dera essa vitória. A Aliança Liberal falava em esbulho e votos falsos, mas isso podia ser conversa de perdedor. O importante era que Júlio Prestes tivera em Mario Rodrigues um aliado e devia a *Crítica* uma importante parcela de sua vitória no Rio. Era dos poucos jornais que o haviam apoiado, juntamente com *A Noite*, o *Jornal do Brasil*, *A Notícia* e *O País*. Enquanto *Crítica* cobria-o de louros e desmoralizava seus adversários, Júlio Prestes sofria uma campanha brutal de quase toda a imprensa carioca: o *Correio da Manhã*, *O Jornal*, o *Diário da Noite*, o *Jornal do Comércio*, o *Diário Carioca*, o *Diário de Notícias*, *A Manhã* de Antônio Faustino Porto e uma corja de jornais menores — todos haviam trabalhado por Getulio. Seria absurdo que, na hora de fornecer os subsídios oficiais, Júlio Prestes fosse favorecer esses jornais inimigos, e não *Crítica*.

Se as futuras preocupações de Milton e Mario Filho fossem só estas, eles poderiam dormir descansados. Júlio Prestes teria sido mais que generoso com *Crítica* — se tivesse chegado a tomar posse. Mas, enquanto não chegava 15 de novembro, dia de passar o Catete ao seu sucessor, Washington Luís continuaria suprindo o jornal com os subsídios de praxe — com dinheiro público, é lógico.

A morte de Mario Rodrigues dera a seus filhos uma nova dimensão do humano: os colossos também morriam. Era preciso destruir quem o matara.

O julgamento de Sylvia Seraphim começou às 11h15 da manhã de 22 de agosto e prometia estender-se pela madrugada seguinte. Era o único assunto da cidade. Nenhum outro incendiara tanto o Rio desde o julgamento de Manço de Paiva, assassino do senador Pinheiro Machado em 1915. Normalmente, quando se tratava de um processo ilustre, o Tribunal do Júri, na rua Dom Manuel, expedia convites às chamadas personalidades gradas — as quais, se se davam ao trabalho de comparecer, garantiam uma parte da lotação da sala. O resto dos assentos era completado pelas famílias das partes e pelos desocupados de plantão. Desta vez, no entanto, diante da histérica curiosidade popular — não apenas *Crítica*, mas toda a imprensa só falava no julgamento —, o presidente do Tribunal, Magarinos Torres, decidira não mandar convites. Entraria quem quisesse, até a lotação do recinto.

Parecia democrático, mas *Crítica* viu nisso uma manobra de Magarinos para se vingar de Mario Rodrigues, por agravos que ele lhe fizera no passado. O jornal esbravejou que a 4ª Delegacia Auxiliar, comandada pelo tenente Carlos Reis — aquele que Mario Rodrigues um dia chamara de "torturador", "contrabandista de pólvora" e "baiano dos mais pacholas" —, lotara o tribunal com uma claque pró-Sylvia para pressionar o júri. E que, completada a lotação, Magarinos mandara fechar a porta, o que era ilegal. O jornal denunciou também que, quando se soube que o julgamento poderia ser transmitido pelo rádio, a rádio Clube do Brasil inscrevera-se para a transmissão e até instalara suas linhas — mas que Magarinos a vetara, alegando que já dera exclusividade à rádio Educadora.

O rádio começara no Brasil em 1923 e o alcance de suas antenas só agora começava a ir além da esquina, mas o alto-falante instalado na rua Dom Manuel, transmitindo de dentro do tribunal, estava sendo ouvido por milhares. O locutor da rádio Educadora torcia apopleticamente por Sylvia Seraphim. Com ou sem a claque e a torcida do locutor, no entanto, a cidade estava maciçamente a favor dela. As sufragistas (nome que se dava então às feministas), comandadas pela bióloga e advogada Berta Lutz, estenderam uma faixa na entrada do tribunal com os dizeres "MORTE AO TARADO!" — como se Roberto Rodrigues devesse ressuscitar para ser morto de novo. Nenhuma das sufragistas se lembrava de que Mario Rodrigues um dia as abrigara em seus jornais.

A Cavalaria estava lá para garantir a ordem, permitindo que a multidão transformasse os arredores do tribunal em acampamento. As pessoas levaram café em garrafas térmicas e sanduíches para não ter de arredar pé do alto-falante. Os vespertinos começaram a soltar edições de hora em hora. O forte da cobertura eram as transcrições dos debates entre os advogados: pela acusação, o promotor Max Gomes de Paiva, tendo como auxiliar o muito jovem João Romeiro Neto; e, pela defesa, Clóvis Dunshee de Abranches.

Alguns dos principais interessados no resultado do julgamento não estavam presentes na sala do tribunal: várias irmãs de Roberto (porque não conseguiram entrar) e Nelson — que preferira ficar em casa, ouvindo pelo rádio.

Sylvia Seraphim provocou arrepios na plateia quando chegou para depor. Usava um tailleur de seda azul-marinho, chapéu de feltro preto tipo cloche, luvas de pelica e meias cor de carne. Entrou amparada pelo advogado e pelo pai porque, como *Crítica* denunciara, só fizera a operação poucos dias antes. Convidaram-na a sentar-se e estenderam-lhe uma banqueta turca com almofada para que esticasse as pernas, numa das quais havia um curativo. Instruída pelo advogado a tentar transformar a vítima em réu, ela disse em seu depoimento que conhecia Roberto Rodrigues. Fora com ele que falara na véspera e ouvira a promessa de que o artigo não sairia. No dia do crime, ao procurá-lo na redação, ele a chamara de "rameira".

Uma testemunha, o investigador Garcia, confirmou que a vira na redação falando com Roberto na noite de véspera. Mas outras duas, Rafael de Holanda e Orestes Barbosa, garantiram que, àquela hora, Roberto não poderia ter-lhe prometido nada e muito menos que o artigo não sairia. Além disso, disseram, a palavra "rameira" não parecia coisa de Roberto.

Max Gomes de Paiva e Romeiro Neto conduziram a acusação na linha "Trocou sua condição de anjo do lar pela profissão de jornalista, para satisfação de sua vaidade". Não era convincente. Na mesma época, outra jornalista e também casada, Eugenia Moreyra, pintava os canecos e o povo a admirava. Romeiro

Neto, que chamou atenção pela juventude e por parecer nervoso e gaguejante, explorou o principal pseudônimo de Sylvia — "Petite source", pequena fonte — comparando-a a uma "fonte de desgraças". Muito sofisticado para um júri cujo domínio do francês não passava da recém-inaugurada praça Paris.

O ex-marido de Sylvia, o médico Thibau Jr., derrubou a acusação negando o motivo de honra (adultério) no desquite e dizendo que Sylvia queria apenas "fazer vida literária". A linha da defesa, por Dunshee de Abranches, era a da "perturbação momentânea dos sentidos e da inteligência, provocada por trauma emocional violento".

Max e Romeiro insistiram em que a vingança teria sido o móvel do crime e que a inteligência da acusada só lhe aumentava a responsabilidade. Lembraram que ela tivera tranquilidade para vestir-se, perfumar-se, ir à loja e comprar a arma. Só faltaram dizer que, antes de matar, Sylvia fora fazer um lanche na Colombo. Mas estavam derrotados de saída: por todos os padrões da época, uma reportagem como a de *Crítica* era considerada desmoralizante para uma mulher que, segundo o seu próprio ex-marido, era honesta.

Quinze horas depois de começado o julgamento, perto já de duas da manhã, os sete jurados — todos homens — deram o seu veredicto: 5 a 2 pela absolvição de Sylvia Seraphim.

Em casa, ao pé do rádio, Nelson ouviu aquilo sem acreditar. Como podia ser inocente alguém que matara sem ódio? Alguém que procurara uma pessoa, não a encontrara e, para não perder a viagem, resolvera matar outra. Àquela hora da madrugada, o dia já era 23 de agosto, exatamente o dia dos seus anos. Os dezoito anos de Nelson Rodrigues.

Ao fim do julgamento uma minoria protestou na rua contra a absolvição de Sylvia Seraphim. Os homens da 4ª Delegacia Auxiliar usaram os cassetetes e soltaram os cavalos contra esses manifestantes. Dentro do tribunal, a promotoria ouviu a informação de praxe de que teria 48 horas para fazer a apelação — esgotado esse prazo, a ré seria posta em liberdade. O normal é que a apelação fosse feita ali mesmo, no ato. Só aconteceu no dia 2 de setembro, mais de uma semana depois do julgamento. E, quando foi feita, Sylvia Seraphim já havia sido liberada e recebida com fogos pela imprensa inimiga de *Crítica*.

Numa coisa os Rodrigues estavam certos: Sylvia não tinha a menor vocação para a literatura. Poucos meses antes do julgamento, ela publicara o seu primeiro livro: *Fios de prata (Sinfonia da dor)*, uma coletânea de crônicas ginasianas de amor, entre as quais a que começava com a frase "Malditos sejam todos aqueles que me desejam". Era dedicado aos que "me fizeram sofrer". No ano seguinte lançaria *Ramos de coral (Poemas de um coração de mãe)*, ilustrado com fotos de seus filhos e incluindo textos em estilo tatibitate com evocações à "alma de seu nenê", a fadas e ao Papai do Céu. Mas seu livro mais surpreendente seria o *Manual de civilidade*, publicado em 1935: um rigoroso manual de etiqueta, afinal bem escrito, mas de um cruel deboche tratando-se de uma autora que respeitara bem pouco a etiqueta ao visitar aquela redação em 1929.

Em agosto de 1930, no entanto, bastara a absolvição da mulher que matara Roberto (e, por tabela, Mario Rodrigues) para desmoronar a confiança dos Rodrigues. Eles davam a condenação como favas contadas. Mesmo assim recolheram os seus cacos e continuaram lutando. O editorial de primeira página logo em seguida ao julgamento, "Pai, em teu nome eu acuso!", assinado por Mario Filho, mostrou que agora eles iriam se vingar em Clóvis Dunshee de Abranches. *Crítica* levantou a vida do advogado, chamou-o de "charlatão cínico e ladravaz, que transforma o seu canudo de bacharel numa gazua para espoliar os incautos", e iniciou a campanha.

Mas era inútil. Os Rodrigues haviam perdido a causa e o momento. Até mesmo continuar publicando o quadrado com a foto de Sylvia soava falso, porque ela fora absolvida — e seria de novo se houvesse outro julgamento. Na verdade, a única chance de condená-la teria sido depois de 1940, quando cairia do Código Penal a figura jurídica que a absolvera: "privação momentânea dos sentidos". Mas em 1940 tudo aquilo já faria parte do passado.

Além disso, em 1930, as pessoas tinham outras preocupações e perderam o interesse pelo que parecia agora apenas uma cruzada familiar. O país estava incandescente, às vésperas de um movimento político que remeteria grande parte das figuras daquele tempo para a pré-história. Em poucos meses Washington Luís ficaria tão antigo quanto um relógio de cuco, e seu lema, "Comigo é na madeira!", passaria a ser aplicado somente na acepção menos nobre. Mas os jornais que continuavam a sustentá-lo não acreditavam no poder de fogo da oposição — ou acreditavam demais nas versões oficiais que divulgavam em troca dos subsídios.

A revolução saiu às ruas no dia 3 de outubro e Rio Grande do Sul, Minas e quase todo o Nordeste caíram logo em poder dos rebeldes. Mas *Crítica* continuava a atacá-los com cega coragem, como se aquilo se estivesse passando na Bósnia, no Congo ou em outro país distante. Certamente contava com os focos de resistência em São Paulo e no Rio, principalmente em Itararé, SP, onde as forças fiéis a Washington Luís estavam entrincheiradas para barrar o avanço da revolução. Mas *Crítica* calculou mal, porque Rio e São Paulo também caíram e, afinal, nem houve a Batalha de Itararé. Na madrugada de 24 de outubro, o renitente presidente Washington Luís teve de aceitar sua demissão do cargo. Estava deposto. Poucas horas depois, a turba saiu cedinho às ruas para acertar contas com os jornais do velho regime.

Redações e oficinas foram invadidas e empasteladas. Máquinas de escrever eram atiradas na rua, prensas eram destruídas a golpes de cano de ferro, gavetas inteiras de tipos eram jogadas para o alto como peneiras de café. Bobinas de papel atapetavam as ruas do Carmo, Ouvidor, Sete de Setembro e Assembleia. Tudo ia sendo chutado, rasgado, demolido e, em alguns casos, incendiado. Trazidos não se sabe de onde, galões de gasolina apareceram magicamente e edições inteiras viraram fogueira. Foram invadidos *Crítica*, *A Noite*, o *Jornal do Brasil*, *O País*, *A Notícia*, *Vanguarda* e a *Gazeta de Notícias*.

Os estragos foram incalculáveis, mas, a duras penas, todos esses jornais estariam de novo nas ruas, semanas ou meses depois. Apenas um jamais voltaria a circular: *Crítica*.

Naquela madrugada e manhã, enquanto a revolução tomava as ruas, Nelson dormia. Ao acordar ouviu o barulho e viu, pela janela de sua casa na rua Sousa Lima, cidadãos que enfiavam malas às pressas em automóveis, como se estivessem fugindo. Ouviu também os fogos e as buzinas e viu cenas de euforia e desespero. "É a revolução!", disseram-lhe. Milton já havia saído e Mario Filho devia ter deixado a Barata Ribeiro e estar a caminho do jornal para comandar a cobertura. Em nenhum momento ocorreu ao ingênuo Nelson que, com todo o currículo de *Crítica* e de Mario Rodrigues, a revolução fosse atingir sua família. Chamou Joffre e tomaram um táxi para o jornal — pois foi uma revolução a que ainda se podia ir de táxi.

Na ida para o Centro, não perceberam os acessos de prepotência e revanchismo que as revoluções provocam nos que apenas torcem por ela sem dar um tiro. O táxi chegou à praça Quinze e entrou na rua Sete de Setembro para deixá-los na esquina de rua do Carmo. Mas, a poucos metros da esquina, já era possível perceber o que estava acontecendo. Pessoas insultavam Mario Rodrigues, pertences do jornal eram espatifados na calçada e pedras eram atiradas contra as vidraças. Felizmente nunca havia ninguém na redação àquela hora. Joffre, com a bravura insana de seus quinze anos, quis descer do carro e enfrentá-los. Nelson o segurou e gritou para o chofer seguir. Como contou depois, chegaram a ser reconhecidos: "Olha os filhos de Mario Rodrigues!". Se parassem, seriam arrancados do táxi e linchados.

Voltaram assustados para Copacabana, onde já encontraram Milton e Mario Filho, tão assustados quanto. Não havia nada a fazer naquele momento — ninguém a quem apelar, para que o vandalismo cessasse antes da destruição total de *Crítica*. Nas poucas horas entre a saída de Washington Luís do Catete e a instalação da Junta Militar Provisória (com a nomeação do coronel Bertoldo Klinger como chefe de polícia do Distrito Federal), houvera um vácuo de autoridade — exatamente quando o assalto aos jornais acontecera. Por volta de meio-dia, com os novos governantes já empossados, os quebra-quebras pararam — quebrar mais o quê? A polícia finalmente lacrou o prédio de *Crítica* e os Rodrigues respiraram. Agora era esperar que, com a volta da situação à normalidade, as chaves lhes fossem devolvidas.

Elas nunca seriam. E eles deviam ter suspeitado disto no dia seguinte, quando Milton e Mario Filho foram presos na rua Sousa Lima e levados para a rua da Relação. Com a prisão dos mais velhos, uma assustadora sensação de de-

Manchetes finais: no alto, a primeira página de Crítica *com a absolvição de Sylvia Seraphim; acima, a edição do jornal no dia do empastelamento — fiel até o fim a Washington Luís. À dir., Mario Filho conduz sua família subitamente arruinada para a tentativa de recuperação*

samparo caiu sobre a família. Um desamparo que poderia ter-se transformado em pânico se uma pessoa — a mãe, Maria Esther — não se tivesse mostrado fria e expedita, como já fora no passado.

Ela telefonou para um velho amigo de Mario Rodrigues: o paraibano Cândido Pessoa, irmão de João Pessoa — o qual, como ex-companheiro de chapa de Getulio na eleição perdida, tornara-se adversário político dos Rodrigues. Mas João Pessoa fora assassinado no Recife cinco meses antes da revolução (por causa de uma mulher), e *Crítica*, sensível a esses temas, tinha sido extremamente humana no seu obituário. O jornal se indignara com o assassinato do seu adversário. Cândido Pessoa, grato por isso, usou sua influência junto ao novo poder para libertar Milton e Mario Filho no fim daquele mesmo dia.

Mas, a partir daí, os Rodrigues apenas sentaram-se para esperar. Uma semana depois, com as coisas já em seus lugares — Getulio no poder, seu ministério entronizado e uma brisa de "pacificação" no país —, poderiam ter se sentado do mesmo jeito, mas para negociar. O novo ministro da Justiça, Oswaldo Aranha, era um homem sensato. O chefe de polícia, Bertoldo Klinger, ainda não se tornara o folclórico autor de um projeto de reforma ortográfica que tentaria (sem muito sucesso) obrigar o Brasil a escrever "ezérssito", "jenerau" e "kanhão". Os outros jornais atingidos tinham negociado e já começavam a roçar cotovelos com a revolução.

Por que os Rodrigues não fizeram o mesmo? Porque estavam no chão, caídos de muito alto.

Apenas onze meses antes — a 4 de outubro de 1929 —, Mario Rodrigues e Maria Esther tinham comemorado suas bodas de prata no palacete da Joaquim Nabuco e posado para aquela foto com seus filhos, noras e netos. O futuro seria brilhante. *Crítica* era uma potência, seus amigos estavam no poder e 1930 seria o ano da consolidação de seu pequeno império, com a criação da *Última Hora*. De repente, já não existiam nem Mario Rodrigues, nem Roberto, nem palacete, nem *Crítica*, nem amigos no poder, nem consolidação e muito menos futuro. Nem mesmo esperança e ânimo. Por quais desígnios fosse, eles tinham sido feridos, mortos, humilhados, destroçados e finalmente destituídos.

À frente, um abismo.

Quando as máquinas de *Crítica* foram destruídas, era como se os vândalos estivessem demolindo, tijolo por azulejo, o palacete da rua Joaquim Nabuco que Mario Rodrigues deixara de comprar por causa delas. De tudo que havia no prédio restara com eles apenas a coleção de *Crítica* — quatro volumes encadernados com os jornais de novembro de 1928 a setembro de 1930, que Milton levara para casa uma semana antes, sem dar explicações. Estaria pressentindo a catástrofe? Pouco provável porque, se estivesse, não tiraria da redação uma coleção de jornais velhos, mas a féria daquele dia, que era guardada num cofre na antiga sala de Mario — e onde ficava todo o dinheiro de *Crítica*.

Por incrível que pareça, o jornal não tinha uma conta bancária. Todo o faturamento diário (os contos e contos de réis da venda avulsa e dos anúncios) era administrado em notas e moedas e trancado no cofre. E eles nunca souberam o destino daquele cofre no empastelamento.

O que sabiam é que tinham oitocentos mil réis em caixa — dinheiro de uma última cobrança e que, por acaso, estava no bolso de Mario Filho quando ele voltara para casa na véspera. Não era uma fortuna com a qual Maria Esther pudesse recomeçar a vida — principalmente porque, apesar de seus filhos serem doze, apenas quatro ou cinco estavam em idade de produzir. Eles eram agora Milton, de 25 anos; Mario Filho, 22; Stella, vinte; Nelson, dezoito; Joffre, quinze; Maria Clara, quatorze; Augustinho, doze; Irene, dez; Paulinho, oito; Helena, sete; Elsinha, três; e Dulcinha, onze meses.

Uma semana depois, Milton, Mario Filho e Nelson saíram para procurar emprego. Velhos amigos, como Geraldo Rocha, de *A Noite*, os receberam de cara amarrada. Em *O Globo*, então dirigido por Euricles de Matos, não havia vagas. Em outros jornais não passaram nem pelo porteiro. Ninguém daria emprego aos filhos de Mario Rodrigues — não por qualquer determinação oficial, mas por medo de desagradar os novos donos do poder. Milton era o nome mais temido. Por ser o primogênito, achavam que devia transportar a flama de Mario Rodrigues em alguma parte de seus 140 quilos. Não imaginavam que Milton se abatera e se apagara e que, agora, o chefe da família era Mario Filho.

Foram meses batendo em portas fechadas. Ao fim daqueles oitocentos mil réis, tinham passado a viver dos estoques de conservas acumulados nos bons tempos. Até que os estoques também começaram a acabar. Pão com manteiga tornou-se a refeição principal e eles tinham latões de manteiga. Esgotado o último latão, apelaram para os de azeite espanhol, para passar no pão. E, esgotado o azeite, barraram o pão com banha de porco, até que esta também acabou. Estabeleceram um rodízio: dia sim, dia não, todos tomavam uma xícara de café com leite, que era a única refeição; nos dias alternados, apenas as duas menores, Elsinha e Dulcinha, tomavam o café com leite — as irmãs maiores passavam o dia deitadas, para a fome não aumentar.

Em nenhum momento ocorreu aos rapazes procurar outro tipo de emprego que não fosse num jornal. "Por que raios não vão trabalhar no armazém?", perguntava uma vizinha portuguesa. A solução era vender o que tinham. O primeiro móvel a ir embora foi uma piramidal vitrola, que lhes rendeu outros oitocentos mil réis. Depois venderam o piano. Talvez apurassem mais dinheiro se leiloassem os objetos. Começaram pelos quadros (menos, claro, os de Roberto e Portinari); depois os aparelhos domésticos; e terminaram por leiloar as medalhas e os troféus baratos que Augustinho, escoteiro e esportista, ganhara em competições de natação, atletismo e pingue-pongue entre os lobinhos. As crianças da rua perguntavam a Helena: "Por que todo dia sai alguma coisa da sua casa?".

A casa da rua Sousa Lima se tornara um luxo. Quando o aluguel ficou três meses atrasado, tiveram de deixá-la. A partir de 1931, os Rodrigues começariam a pular de casa em casa — cada qual menor, mais pobre e com mais percevejos. Nos nove anos seguintes, eles iriam ter sucessivamente sete endereços: em 1932, na rua Pompeu Loureiro; em 1933, na rua Visconde de Pirajá com rua Montenegro; em 1934, ainda na Visconde de Pirajá, mas agora numa casa de vila; em 1935, na rua Prudente de Morais; em 1936 e 1937, na avenida Nossa Senhora de Copacabana; em 1938, na rua Garcia d'Ávila; e, em 1939 e 1940, na travessa Angrense, entre as ruas Santa Clara e Raimundo Correia. Sempre na Zona Sul, sempre em Ipanema ou Copacabana. Não lhes ocorria também sair dali e voltar para a Zona Norte, onde os aluguéis eram mais em conta.

Pensando bem, para quê? À medida que iam sendo despejados por atraso no aluguel, o proprietário que os despejava (mas gostava deles) dava-lhes uma carta de recomendação que logo lhes permitia alugar outra nas proximidades.

O menino Sérgio, filho de Roberto Rodrigues, não entendia como, ao visitar sua avó paterna no Natal, era levado todo ano a uma casa diferente — mais velha e mais sombria que a anterior, em vilas sem calçamento ou em cima de armazéns ou botequins. A casa de sua outra avó, na Praia do Flamengo, era grande, bonita e sempre a mesma. Mas não tinha aqueles quadros cheios de pessoas nuas, parecendo mortas ou torturadas, e que diziam que eram os desenhos de seu pai.

E, então, quando o desespero ia tomar conta, uma porta se abriu para um Rodrigues — Mario Filho — e os outros penetraram por ela.

9

Drama real: Nelson, dezenove anos

— 1931 —
A FOME ÀS PORTAS

Mario Filho tinha cabelos e sobrancelhas vermelhos. Não um vermelho qualquer, cor de ferrugem, mas um desses vermelhos vivos e sangrentos, que às vezes se pensa que só existem em almofadas. As sobrancelhas apontavam para cima, como as de vilão de filme de Carlitos, e desciam de repente, em ângulo reto, emoldurando os olhos cor de açafrão, arregalados como dois banjos. Não admira que seu apelido em moleque fosse "Lula". Parecia-se mesmo com uma lula e não brigava com quem o chamava assim. Tanto o cabelo quanto as sobrancelhas eram bastos, de fios grossos e lisos, impossíveis de pentear. Os lábios eram finos, os dentes pequenos e, mesmo que não fossem, viviam escondidos atrás dos nove charutos que fumava por dia. E havia também a sua gesticulação: as mãos e o charuto estavam sempre desenhando figuras no ar, sublinhando palavras e frases — como se sua especialidade, falando ou escrevendo, não fosse a palavra exata, a frase que ninguém conseguia retocar.

Esta descrição corresponde ao Mario Filho de que muitos se lembram ainda hoje. Mas é igual também ao Mario Filho de 1925 que, aos dezessete anos, foi trabalhar no jornal de seu pai, *A Manhã*, na insossa função de gerente — que depois passariam a chamar de diretor-tesoureiro. Insossa para ele, que tinha outros planos, mas invejada e disputada por muitos. Numa época em que a imprensa era de um comovente amadorismo e o seu caixa funcionava com menos rigor que o da quitanda, o gerente era a principal figura do jornal. Tão importante que nem ficava na redação, mas no andar de baixo, para não açular o despeito e o rancor dos funcionários. Era o gerente que assinava ou negava os vales para aqueles jornalistas plebeus, que quebrava os galhos para o leite das crianças, que sabia quanto dinheiro estava sobrevoando o cofre. Era bom que o tratassem na palma da mão. E, além disso, Mario Filho podia ser menor de idade, mas chamava-se Mario Rodrigues Filho.

Por sua mesa passavam os grandes nomes do jornal, pedindo-lhe adiantamentos com um ar de contínuos. Colegas faziam-lhe rapapés enquanto, pelas costas, chamavam-no de uma besta para baixo, e ele desconfiava disto. Seu contato com o mundo tinha aquele vil e triste intermediário, o dinheiro — quando, na verdade, Mario Filho só queria saber de outras coisas: literatura, garotas e futebol, mais ou menos nesta ordem — e jogar sinuca no Liceu de Artes e Ofícios. Levou quase um ano na função de gerente em *A Manhã*, mas, assim que pôde, começou a conciliá-la com o que realmente queria fazer: dirigir a página literária do jornal. E, entre uma e outra bola na caçapa, em 1926 livrou-se da gerência.

A página literária se chamava "Espírito moderno", era semanal e publicava contos, trechos de romances e poemas. Nada de críticas ou artigos, que, para isto, já existia a página três, onde Nelson iria escrever em 1928. Nada a ver também com o folhetim, que tinha o seu espaço diário no jornal — e *A Manhã* passara 1926 inteiro publicando *Crime e castigo*, de Dostoiévski, que foi onde Nelson o leu. "Espírito moderno" eventualmente abria espaço para gente de fama, como Ronald de Carvalho, Agrippino Grieco e Orestes Barbosa. Mas o nome que mais aparecia, com uma frequência tocante pela imodéstia, era justamente o de Mario Rodrigues Filho. Era como se seu pai lhe tivesse dado uma página inteira do jornal para que ele brincasse de lançar-se como escritor.

Em 1926 os vapores da Semana de 1922 tinham finalmente se espalhado pelo Brasil e os truques mais modernosos do Modernismo — as frases curtas, os flashes visuais, um certo jeitinho malcriado de escrever — eram uma doença entre os jovens escritores. Os modernistas eram fáceis de imitar, tanto que se imitavam uns aos outros, e Mario Filho, por sua vez, os imitava. A diferença era que Mario Filho pensava muito em sexo, talvez até demais. Durante aquele ano, em sua página em *A Manhã*, Mario Filho descreveu em capítulos o que parecia um abrasador romance entre ele e uma garota "moderna" de Copacabana, chamada Clarinha. Eram contos curtos e fragmentários, com toques eróticos às vezes ousados, às vezes ingênuos. As amigas de Clarinha também apareciam como coadjuvantes, e Mario Filho escrevia do ponto de vista de quem estava dentro da cabecinha delas.

Em novembro, com grande foguetório publicitário do seu próprio jornal, ele reuniu aqueles contos num livro chamado *Bonecas*, anunciado como "uma novela de amor e loucura". Os reclames (desenhados por Guevara) prometiam "Um espelho que deixa ver toda a alma de uma mulher... toda nua..." ou "O que as mulheres pensam... o que as mulheres sentem... o que as mulheres não dizem...".

Formidável, mas como é que Mario Filho sabia tudo isso? Tinha então dezoito anos e, apesar de frequentar bons clubes e desfilar de chapéu e bengala como um dândi pela avenida Atlântica, sua vida amorosa ainda estava aos cinco minutos do primeiro tempo.

E, pelo visto, iria parar por aí porque, no fim daquele mesmo ano, casou-se com Célia, filha dos Faria Neves e dos Barros de Melo — duas influentes famílias do Rio e, tal como os Rodrigues, com origens em Pernambuco. Conhecera Célia na praia, voltara para casa e dissera para sua mãe: "Mamãe, conheci hoje na praia a mulher com quem vou me casar". E se casou mesmo, menos de um ano depois. Talvez Célia fosse Clarinha. Talvez fosse sua informante sobre "o que as mulheres não dizem..." — quem sabe? Podia ser. O problema é que Célia também era um pouco nova para saber tanto. Tinha quinze anos quando se casaram em fins de 1926.

Mas os minicontos de Mario Filho titilavam a lubricidade do público e *Bonecas*, impresso nas próprias oficinas de *A Manhã*, vendeu — disse o jornal — mais de mil exemplares só no primeiro dia. Até "Espírito moderno", a página que ele dirigia, abriu uma exceção em suas normas para publicar resenhas sobre o livro. Ele foi devidamente louvado por Ronald, Agrippino e Orestes, todos tomando o maior cuidado para não denunciar a extrema juvenilidade do autor... O qual se entusiasmou, publicou mais um monte de contos no jornal e, em junho de 1927, reuniu-os em outro livro, *Senhorita 1950* — o título já sendo uma sugestão de ultramodernidade. (Nada devia parecer mais futuro em 1927 do que o ano de 1950.) Mais uma vez o jornal fez uma campanha tonitruante, agora com desenhos de Roberto, e o novo livro também foi um sucesso. E, então, quando tudo indicava que iria especializar-se como um narrador da futilidade pubescente, Mario Filho abandonou a página literária, desistiu das noveletas e jogou-se por inteiro na direção da página de esportes de *A Manhã*.

O que dera nele? Talvez uma súbita consciência de que ter um jornal e uma gráfica onde publicar suas coisinhas literárias não fosse suficiente para torná-las muito boas. E que os elogios daqueles nomes também não representavam grande coisa, sabendo-se que eles eram assalariados de seu pai — e, de certa forma, dele próprio. Pode ser também que, ao casar-se com Célia, Mario Filho tenha sossegado o periquito. (Os dois viveriam quarenta anos juntos, chamando-se um ao outro de "Mazum" e "Cezum" e indo de mãos dadas ao cinema até o fim.) O fato é que, no futuro, Mario Filho renegaria *Bonecas* e *Senhorita 1950* de tal forma que se "esqueceria" de citá-los entre as "obras do autor" nos — aí, sim — grandes livros que viria a escrever.

Nelson iria dizer um dia que, antes de Mario Filho, a crônica esportiva vivia na pré-história, "roía pedra nas cavernas". Não estava exagerando. É verdade que, desde 1910, o *Jornal do Brasil* já dava eventualmente uma página para um grande jogo de futebol. Mas só depois do jogo realizado, em que toda a cidade já sabia o resultado e comentara como fora, como não fora. Em 1927, os repórteres de futebol ainda eram tão pobres-diabos quanto os da Assistência, encarregados de cobrir os atropelamentos. Não fosse pelo lanche que os clubes ofereciam nos dias de treino, alguns desses repórteres morreriam de fome. Pena que os jogadores não treinassem todo dia. E havia os escritores profissionais, que gostavam deste ou daquele clube e escreviam de graça sobre ele, para ser recebidos com fanfarras em suas sedes sociais. Como Coelho Neto, que era Fluminense roxo e ia às Laranjeiras conferir se o Fluminense tinha lido o que ele escrevera aquele dia.

Mario Filho revolucionou esse estado de coisas. Primeiro em *A Manhã* e, de 1928 a 1930, em *Crítica*, sempre em parceria com Guevara. Transformou o futebol em algo para vender jornal. Começou com uma matéria sobre a botinada que Itália, beque do Vasco, aplicou em Alfredinho, atacante do Fluminense, num treino da seleção carioca. O Vasco ia enfrentar o Fluminense aquele domingo e Itália tirou Alfredinho do jogo. Mario Filho foi com o fotógrafo à casa de Alfredinho e fotografou o seu joelho em frangalhos. No dia seguinte, *A Manhã* publicou aquele dramático joelho em tamanho natural, dava para ver o crime provocado pela chuteira de Itália. Podia não ser agradável de imprimir, mas era notícia.

Mario Filho aproximou o jornal e os torcedores, simplificando o nome dos clubes. Até então os jornais calçavam polainas quando se referiam, à inglesa, ao Club de Regatas do Flamengo, ao Fluminense Football Club. O Bangu, que era um time de fábrica, era The Bangu Athletic Club. Mario Filho começou a chamá-los de Flamengo, Fluminense, Bangu, sem nove-horas, como os torcedores faziam na rua. (Não, não seria ainda desta vez que ele criaria o Fla-Flu — e nem seria ele o criador da sigla, como se acredita.) Simplificou tudo: o "aprazível *field* da rua Alvaro Chaves" tornou-se "o campo do Fluminense" e pronto. Mais: humanizou os jogadores, perfilando-os, biografando-os na semana de uma partida importante. Perguntava pelas suas vidas particulares, fazia-os dizer coisas interessantes nas entrevistas. E, se não dissessem, Mario Filho inventava essas coisas e as atribuía a eles.

O futebol parecia ser o seu destino e ele não tinha o menor motivo de queixa. Mas o assassinato de Roberto e a morte de Mario Rodrigues obrigaram-no a tornar-se, de repente, o homem da casa e do jornal. E quando *Crítica* foi empastelada, em 24 de outubro de 1930, foi para ele que todos os irmãos, inclusive Milton, olharam em busca de socorro.

Irineu Marinho havia fundado *A Noite* em 1911 e feito dele o vespertino mais querido da cidade. Em 1924, assumindo as dívidas de Marinho e cobrando o dinheiro que lhe emprestara, seu sócio, Geraldo Rocha, encampou o jornal. Irineu Marinho então fundou *O Globo* em 1925, mas, apenas 21 dias depois de pôr o jornal na rua, morreu de enfarte na banheira. Seu filho Roberto arrombou a porta do banheiro, mas não a tempo de salvá-lo. Roberto era o sucessor natural de Irineu Marinho, mas, aos 21 anos, achava-se muito verde para comandar um jornal. Suas grandes preocupações eram dirigir carros esporte, lutar boxe e remar pelo Clube de Regatas Boqueirão do Passeio — e jogar sinuca no salão do Liceu de Artes e Ofícios, na rua Bethancourt da Silva, no mesmo andar em que ficava *O Globo*. (Não, você não leu errado. *O Globo* já dividiu um andar com um salão de bilhares.) Com a morte de Irineu, o próprio Roberto sugeriu que Euricles de Matos, velho companheiro de seu pai em *A Noite* e secretário de *O Globo*, assumisse a direção. Iria aprender com Euricles e um dia o renderia.

O baiano Euricles, hoje nome de rua nas Laranjeiras, era pequenino, elétrico e de uma franqueza rude. Dava pegas tremendos em quem fizesse uma asneira na redação. Descompunha o infeliz e chamava-o de "cavalo" e de "sua grandessíssima besta". Às vezes atirava um mata-borrão na testa de um redator. Curiosamente todos o respeitavam e recebiam seus minguados elogios como um feriado. Foi ele que recusou emprego aos Rodrigues em *O Globo*, alegando falta de vagas. Mas, em maio de 1931, Euricles também morreu e Roberto Marinho achou que era hora de tomar conta do jornal. Não se importava com que o governo estivesse de olho ou não nos filhos de Mario Rodrigues. Por isto, uma de suas primeiras contratações foi seu colega de sinuca, Mario Filho.

Roberto Marinho convidou-o a assumir a página de esportes em *O Globo*. Mario Filho topou, desde que pudesse levar seus irmãos Nelson e Joffre. Roberto Marinho ofereceu 550 mil réis por mês a Mario Filho, mas disse que, no começo, não podia pagar nada aos outros dois. Nelson e Joffre foram assim mesmo e tentaram conseguir algum dinheiro em outra parte.

Nelson foi trabalhar por alguns meses em *O Tempo*, de um jornalista chamado José Maria, que ele definiria depois como "um escroque perfumadíssimo, mais cheiroso do que uma cocote". José Maria era alérgico a pagar em dia e só de três em três meses lembrava-se de que seus funcionários também comiam. Mas distribuía sorrisos pela redação e cumprimentava repórteres, gráficos e faxineiros com tão escandalosa cordialidade que todo mundo se sentia pago.

Joffre fora trabalhar em outro jornal de Geraldo Rocha, *A Nota*, do qual Milton, finalmente considerado inofensivo, tornara-se secretário. Foi quando as pessoas começaram a prestar atenção em Joffre. Aos dezesseis anos, ele era o mais ágil e despachado dos Rodrigues. Seus tempos de repórter esportivo em *Crítica* fizeram-no uma figura querida no Fluminense e no Flamengo, até mesmo entre os atletas e dirigentes de outros esportes que não o futebol. Isso lhe facilitava a vida, como no dia em que *quase* não foi a um baile a fantasia no Cassino Atlântico por falta de traje a rigor ou fantasia. Não se apertou. Foi a Manuel Vilar, nadador do Fluminense e também marinheiro, e pediu emprestada a sua farda azul, com as golas debruadas e as bocas de sino. Entrou fantasiado de grumete.

A outra especialidade de Joffre era a música popular, então um sinônimo de samba. Joffre crescera cercado de sambistas. Um dos vizinhos de sua família na rua Alegre, por volta de 1920, tinha sido Donga, que havia composto (ou, pelo menos, assinado) o primeiro samba a fazer sucesso com nome de samba, "Pelo telefone", em 1917. O parceiro de Donga, Mauro de Almeida, um jornalista cujo apelido era "Peru dos pés frios" e que inventara a história do mineiro que comprara um bonde, era amigo de seu pai. Havia rodas de samba quase diárias na casa de Donga, ao alcance dos ouvidos dos Rodrigues. No Carnaval, Mario Rodrigues alugava carros abertos com chofer e saía com a família no corso dos Democráticos. E, tanto em *A Manhã* quanto em *Crítica*, Mario Rodrigues dera emprego a vários jornalistas que um dia se tornariam cartazes da música popular: Nássara, Frazão, Orestes Barbosa, Cristóvão de Alencar. Joffre herdou esse gosto e, por sua causa, samba e futebol sempre andaram juntos nos jornais em que ele trabalhou. Mas seu melhor amigo nas rodas de compositores era Lamartine Babo, que o tratava carinhosamente como mascote.

O salário de Mario Filho em *O Globo* fora rapidamente aumentado para um conto e quinhentos mil réis por mês — o que não queria dizer muito porque, separado o necessário para as despesas com sua mulher e seu filho, entregava o resto a Maria Esther. Milton, Nelson e Joffre faziam o mesmo com o pouco que ganhavam, e o total era o suficiente apenas para que sua mãe e seis irmãs não morressem de inanição. Stella cursava o terceiro ano da Faculdade Nacional de Medicina e os colegas zombavam dela porque ia todos os dias com o mesmo vestido — por falta de outro. Seu único par de sapatos tinha remendos de couro de todas as cores e procedências. Descontado o que a família precisava para continuar viva, o que restava para cada um era exatamente zero.

Nelson herdara os ternos, gravatas e chapéus de Roberto. Serviram-lhe direitinho porque, embora um dia chegasse a ser o mais alto da família (1,73m, sem meias), era mais novo que o irmão e ainda do seu tamanho. Usou todos os ternos de Roberto até que eles se reduziram a um, com o qual ia trabalhar todos os dias — porque não podia tirá-lo para lavar. Nelson andava de sapatos sem meias, porque não tinha meias, e usava a mesma camisa três ou quatro dias. Certa noite Roberto Marinho chamou Mario Filho à varanda de *O Globo* e disse-lhe, meio sem jeito:

"Seu irmão trabalha com a barba por fazer. E ontem estava cheirando mal."

Mario Filho contou a Nelson, que não se sentiu humilhado. Pelo menos, não naquele momento. Sabia que era o terno que cheirava mal, não ele. E também não se importava (ou fingia não se importar) quando os colegas de *O Globo* o chamavam de "Filósofo", pelo seu aspecto desleixado. Ou quando o gozavam pelo cabelo mal cortado, cheio de caminhos de ratos — porque era Stella que o cortava.

Em meados de 1931, eles conheceram um jovem chamado Mario Martins. No futuro, Mario Martins seria jornalista, político e chegaria a senador. Mas, aquele ano, era apenas filho do proprietário de uma farmácia no Estácio, a Santa Olga, onde ajudava aplicando injeções. Tinha dezessete anos e um guarda-roupa digno do príncipe de Gales. Nelson pediu-lhe um terno emprestado para ir fazer a corte a uma garota da rua Dias da Rocha. O que ele usava já estava impraticável, com furos feito buracos de balas. Mario Martins cedeu-lhe um belo terno de linho azul-claro. O empréstimo seria por dois dias. Mas Nelson nunca o devolveu e o outro nunca o cobrou. Seis meses depois, a custa de só ser tirado do corpo para dormir (às vezes nem isto), o terno novo já estava como o velho, puído nas mangas e com a morrinha entranhada nas fibras. Só o vinco das calças era impecável, porque Nelson pedia a sua irmã Irene que o passasse todo dia.

Mario Martins tinha algo a emprestar além de ternos: dinheiro. Mario Filho falou-lhe de seus planos de criar um jornal esportivo. Era a única maneira de salvar sua família — voltar a ser proprietário de um jornal, nem que fosse como sócio. Mario Martins não conversou. Foi a uma viúva a quem estava consolando e levantou um cheque de 26 contos de réis, que passou a Mario Filho. E então, com a bênção de Roberto Marinho, que não se opôs a esta dupla militância do seu editor de esportes e até lhe alugou a gráfica de *O Globo*, nasceu o *Mundo Esportivo*.

O jornal durou apenas oito meses e não deixou o menor vestígio de sua passagem por aquele mundo. Mas deixou em outro, por sinal paralelo: o do samba.

Foi o *Mundo Esportivo* de Mario Filho que inventou o concurso das escolas de samba.

A redação de *Mundo Esportivo* ficava numa única sala da rua Miguel Couto e todos os funcionários cabiam nela. Mario Filho levara com ele Milton, Nelson e Joffre. Teria também levado Guevara, se este não tivesse voltado para Buenos Aires depois do empastelamento de *Crítica*. Então Mario Filho contratou o melhor discípulo de Guevara, Antônio Nássara, para paginar o jornal. Tudo teria dado certo exceto por um minúsculo detalhe de planejamento: o primeiro número do *Mundo Esportivo* saiu justamente no fim do campeonato carioca de 1931, vencido pelo América. Os meses seguintes seriam um deserto de futebol, e os outros esportes não despertavam taquicardias suficientes para sustentar um jornal diário. Mas um repórter de Mario Filho, Carlos Pimentel — malandro de carteirinha, rei do Mangue e sem um dente na boca —, teve a ideia salvadora.

E, pensando bem, óbvia: falar sobre as escolas de samba que, desde 1930, estavam se aventurando pela praça Onze no domingo de Carnaval. Essas escolas, que começavam a ameaçar a supremacia dos ranchos, seriam as futuras Mangueira, Estácio, Portela. Os desfiles eram espontâneos e já se faziam "votações" populares, muito concorridas, mas sem nenhum critério. Votava-se pela simpatia por esta ou aquela escola. Carlos Pimentel sugeriu a Mario Filho instituir um júri oficial do *Mundo Esportivo*, que avaliaria quesitos específicos como bateria, harmonia, a ala das baianas, a comissão de frente, os carros alegóricos etc. — praticamente os mesmos de hoje. Nas semanas anteriores ao desfile, o jornal fermentaria a expectativa fazendo uma campanha de esclarecimento sobre esses itens. Mario Filho comprou a ideia. Formou-se o primeiro júri com Orestes Barbosa, Eugenia e Alvaro Moreyra, R. Magalhães Júnior, Herbert Moses, o repórter Fernando Costa (o homem dos mil disfarces de *Crítica*) e outros jornalistas.

Durante duas semanas, o *Mundo Esportivo* cumpriu o seu papel de escolar os brancos cariocas sobre o fascínio daqueles negros que se fantasiavam e evoluíam pela rua ao som de instrumentos ainda considerados meio bárbaros, como surdos, cuícas e tamborins. Para a manchete de primeira página no dia do desfile, Nássara pediu a Nelson:

"Nelson, preciso de uma frase bonita, de duas linhas, com o máximo de 24 letras em cada linha. Escreve aí."

Nelson não escreveu. Apagou lentamente o cigarro no cinzeiro e ditou a Nássara:

"A ALMA SONORA DOS MORROS
DESCERÁ PARA A CIDADE!"

A alma sonora de dezenove escolas desceu para a cidade, mas a campeã foi a Mangueira, com um samba de Cartola. O concurso foi um sucesso e, anos depois, seria oficializado pela prefeitura. O desfile das escolas parece hoje impensável sem ele. No Carnaval seguinte, o *Mundo Esportivo* já deixara o mundo dos vivos — perdera a parada para o *Jornal dos Sports*, fundado na mesma época por Argemiro Bulcão — e o patrocínio do concurso das escolas de samba passou com naturalidade para *O Globo*, onde Mario Filho e seus irmãos continuavam trabalhando.

Enquanto coexistiram, *O Globo* e o *Mundo Esportivo* foram aliados numa série de promoções — uma aliança reforçada diariamente nas partidas de sinuca

Suéter furado no ombro: Nelson (esq.) no escritório de Ponce & Irmão, escrevendo anúncios de filmes e entregando todos os tostões para sua família

entre Roberto Marinho e Mario Filho. E por um triz essa aliança não acabara quase ao começar. Não porque Mario Filho o vivesse vencendo na sinuca, com o seu taco de ponta chata, mas porque, numa daquelas promoções, em fins de 1931, Roberto Marinho (e seu repórter Nelson Rodrigues) viram-se numa sinuca de verdade perto da Ilha Grande: a bordo de uma lancha em chamas.

"Engole-Garfo", "Boca Larga" e "Angelu", remadores do Flamengo, queriam fazer um raide Rio-Santos e pediram apoio a Mario Filho. O *Mundo Esportivo* e *O Globo* garantiram a cobertura e abriram manchetes, mas a Capitania dos Portos do Rio negou a permissão para o que achavam uma loucura: remar 207 milhas de uma cidade a outra. Imperturbáveis, Mario Filho, Roberto Marinho e o Flamengo tapearam a Capitania: marcaram uma falsa largada na rampa da Praia do Flamengo, para atrair a polícia marítima, e despacharam uma carreta com as ioles para o Leblon, de onde elas saíram de verdade, rumo a Santos.

Dois dias depois, sem notícias das ioles, temeram que tivesse havido um acidente e que Engole-Garfo, Boca Larga e Angelu já estivessem no papo dos tubarões. Mario Filho propôs que alugassem um avião para ir procurar os remadores, mas Roberto Marinho preferiu mandar sua lancha-motor. E ele próprio foi junto, com Nelson e o fotógrafo Santana. Navegaram horas e nada dos rapazes. Perto da Ilha Grande, o motor da lancha começou a fazer ruídos estranhos, como se gargarejasse, e Roberto Marinho achou melhor voltar. Então a lancha enguiçou. Enquanto o barqueiro a consertava, Roberto Marinho pegou sua carabina e distraiu-se atirando numas gaivotas que voavam por ali.

O motor ficou pronto. O barqueiro deu a partida e houve um curto-circuito. A lancha começou a incendiar-se. Em poucos segundos o fogo foi lambendo tudo, e eles não tinham levado extintor. Correram para o único lugar ainda a salvo, que era a proa, mas, quando as chamas chegassem à gasolina e às munições, haveria uma inapelável explosão. E pular era impossível, porque o mar ali era infestado de tubarões. Roberto Marinho, Nelson e os outros sentiram o hálito do inferno.

Mas um grupo de pescadores portugueses, cujo barco estava nas proximidades, ouvira os tiros nas gaivotas e remara na direção do barulho. Os portugueses pensaram que fosse um pedido de socorro. Os quatro saltaram para o barco dos pescadores e este se afastou rapidamente, como no último rolo do seriado. A uma distância segura, eles viram quando a lancha explodiu, produzindo uma coluna de fumaça e fogo.

Ah, sim, os remadores do Flamengo. Nunca estiveram perdidos. Completaram o raide mansamente, voltaram para o Rio a bordo do cruzador *Baía* e desfilaram pela cidade exibindo os remos. Quanto a Roberto Marinho, perdeu uma lancha no valor de 65 contos. Ela não estava no seguro.

***

Em 1932, um ano depois de começar a trabalhar em *O Globo*, Nelson teve sua carteira assinada — quinhentos mil réis por mês. Não era mau para um rapaz solteiro, desde que este não tivesse de entregar todo o dinheiro à mãe, recebendo de volta uns níqueis para o cigarro. (Nesse tempo, Yolanda.) Em compensação, Nelson tinha o privilégio de voltar para Copacabana na carona do patrão e de ser um dos poucos na redação a chamá-lo de "Roberto", não "doutor Roberto". Nelson confessaria depois que, apesar de tratado tão cordialmente pelo chefe, estava entre os nostálgicos do falecido Euricles de Matos — que se reuniam no arquivo de *O Globo* para conspirar contra Roberto Marinho, chamando-o de "analfabeto". E logo Nelson, que havia sido recusado em *O Globo* por Euricles de Matos.

Para que lhe sobrasse algum dinheiro, arranjou um segundo emprego como redator da firma Ponce & Irmão, dois empresários de espetáculos que distribuíam no Rio os filmes da RKO Radio Pictures. A função de Nelson era criar os textos para os anúncios dos filmes nos jornais. Mas sua visão de marketing não parecia muito experta: para *Dr. Topaze*, um drama com John Barrymore e Myrna Loy, ele criou o slogan "Um filme só para os inteligentes!". Com o que afastou da bilheteria os burros, que temeram que o filme fosse complicado. Na verdade, o que Nelson queria dizer era que só os inteligentes não se chocariam com a história de *Dr. Topaze*: a de um adultério em que a adúltera não era punida no fim. (Em 1933 enredos como este ainda eram possíveis no cinema americano. No ano seguinte Hollywood começaria a impedir que os filmes passassem "maus exemplos", e *Dr. Topaze* seria uma das primeiras vítimas. Sua reprise nos EUA foi proibida em 1936. Donde a frase de Nelson estava certa.)

Nos três anos da grande fome entre os Rodrigues, de 1931 a 1934, eles fizeram várias tentativas para se aprumar financeiramente. Todas complicadas demais para dar certo. Uma delas foi a de aproveitar o desagrado do povo com a revolução de 1930 e lançar em livros a obra completa de Mario Rodrigues, principalmente seus artigos de jornal. A ideia se inspirou no fato de que, enquanto ele estava vivo, seus livros se vendiam aos milhares.

Planejou-se uma coleção de 35 volumes, a ser rodados pela Imprensa Industrial de Pernambuco, reunindo tudo que ele escrevera. Verdade que Mario Rodrigues produzira homericamente, mas, se todos aqueles 35 livros saíssem, os últimos teriam de incluir até seus exercícios de caligrafia.

Apenas dois vieram à luz, *A cegueira dos deuses* e *Meu Pernambuco*, ambos em 1931. Foram uma decepção de vendas. Se já não havia nada contra Mario Rodrigues, descobriu-se que também já não havia muito a favor. O país mudara e ele fora soterrado no passado. De sua obra os Rodrigues não tiraram dinheiro que chegasse para uma lata de biscoitos Aymoré.

Os despejos de *Crítica* foram a leilão e os Rodrigues também não viram um centavo. Seu advogado, Prado Kelly, teria saído para tomar um cafezinho no momento em que o leiloeiro do Estado fazia a chamada; a família foi dada como ausente e, com isso, tudo que havia lá dentro passou a ser propriedade do Estado. Foi como se eles estivessem perdendo *Crítica* mais uma vez.

O jeito era processar a União, requerendo uma indenização pelo empastelamento. Por falta de dinheiro, a ação só foi iniciada em 1934. Herbert Moses, diretor-tesoureiro de *O Globo*, presidente da ABI (Associação Brasileira de Imprensa) e mais conhecido como "Mosquito elétrico", ofereceu-se para ajudar:

"Deixem comigo!"

Meses depois, sem novidades de Herbert Moses, Maria Clara começou a atazaná-lo. Moses perdeu a paciência e queixou-se a Mario Filho:

"Mario Filho, você precisa dar um jeito na sua irmã. Ela não me dá sossego, querendo saber como anda o processo."

"Vou falar com ela, Moses", disse Mario Filho. "Por falar nisso, como anda o processo?"

"Sei lá!", disse Moses. "Ainda nem abri!"

O processo foi retirado do "Mosquito elétrico" e entregue a um advogado, o doutor Cândido de Oliveira Neto. Ele deu entrada nos papéis, mas foi logo avisando: essas coisas levam tempo, vão cuidar da vida, não contem com o dinheiro para tão cedo.

Os Rodrigues souberam esperar: 22 anos.

A partir de 1931, Nelson conheceu muitas fomes, inclusive a de amor. Esta última lhe provocou rombos na alma, tantas foram as paixões vãs que ele alimentou. Mas eram curáveis. A fome propriamente dita — que o obrigava a ir a pé de Ipanema ao Centro para economizar tostões — fez-lhe buracos no pulmão. Em 1934 estava tuberculoso.

10

Nelson em Campos do Jordão

— 1934 —
A MONTANHA TRÁGICA

A fome lhe roía as entranhas, mas não o tornara insensível a outros apelos. Numa roda de amigos na avenida Atlântica, Nelson conheceu a mulher mais deslumbrante que já vira em dias de sua vida: a argentina Loreto Carbonell. Era loura, de olhos azuis e tinha a pele dourada, cor de gema. Sua voz e seu riso também eram argentinos, de timbres de prata. Quando ela lhe contou que era bailarina e que, cinco anos antes, em 1927, dançara no Municipal com os *Bailados russos* de Maria Olenewa, Nelson acabou de apaixonar-se. Toda essa epopeia que transformara seu coração numa tenra posta de alcatra não levara mais que cinco minutos. Nelson voltou para casa e todas as noites, nos momentos em que seu estômago rugia mais baixo e deixava-o dormir, Loreto Carbonell dançava gavotas e minuetos em seus sonhos.

Começou a cercá-la na porta do Teatro Municipal, onde ela ainda estudava, na praia e na saída do cinema. Mas havia uma muralha intransponível: Luísa, irmã de Loreto, que percebeu a intensa salivação de Nelson e cuidava de bloquear suas aproximações. Aos vinte anos, quase maltrapilho e sem tostão, ele estava longe de ser o homem para a linda Loreto, cujas sapatilhas eram destinadas aos grandes palcos do mundo ou à nave de uma igreja — o que viesse primeiro, desde que de braço com um parceiro rico. Luísa venceu.

Nelson nunca pôde declarar-se à Carbonell. Sua frustração gotejou por alguns meses, mas, inevitavelmente, cicatrizou. Daí a tempos viu Loreto sozinha num bonde, rumo ao largo da Carioca, lendo o *Jornal de Modinhas*. Dois ou três bancos à sua frente, ela não o percebeu. Nelson reparou que nenhum dos homens no bonde dava a menor confiança à sua Pavlova. Era apenas uma passageira lendo o *Jornal de Modinhas*. Ele próprio se perguntou por que investira nela tantos suspiros. Saltou no ponto seguinte e, anos depois, soube que ela se casara com um membro da família Lage, dona de metade do Jardim Botânico.

Mas o mundo da dança o fascinara e ele estava agora palpitando por outra bailarina: a muito jovem Eros Volúsia. Seu irmão Milton era amigo da mãe de Eros — a poetisa Gilka Machado, cujo verso "Sinto pelos no vento" incendiara fantasias naquele defunto 1919. Gilka já não era um escândalo. Fora eleita "a poetisa do Brasil" pela revista *Fon-Fon* e, agora, em 1932, tornara-se a admiração das celebridades. Sua filha Eros, de quinze anos, era uma revelação da dança. Gilka montara-lhe um estúdio na rua São José onde, aos sábados, Eros e seu grupinho amador davam récitas para convidados. Uma das habituées era dona Darcy Vargas, mulher de Getulio e primeira-dama em pessoa. Outro que não faltava aos sábados — e, depois de algum tempo, em dia nenhum — era Nelson. E, a reboque, seu irmão Joffre.

Os dois se apaixonaram por Eros Volúsia. Mas, pensando bem, quem não? Era um pedaço de morena, com as pernas torneadas por uma vida inteira de saltitos na ponta dos pés. Além disso, tinha ideias próprias, queria inventar uma dança "brasileira", baseada em motivos do folclore. (Dali a dez anos, seria capa da revista *Life* nos Estados Unidos.) Nelson podia não acreditar, mas Eros Volúsia era o seu nome verdadeiro, coisas da imaginação poética de dona Gilka. E, por incrível que lhe parecesse, tinha certeza de que ela lhe dava bola. Não pensou mais: foi a dona Gilka e pediu a mão de Eros em casamento.

Gilka Machado gostava de Nelson e admirava-o por sua inteligência. Mas, ao contrário de outras mães, não estava com a menor pressa para ver-se livre da filha. Achava que ela ainda tinha muito a estudar antes de ver-se às voltas com trouxas de fraldas e criancinhas de peito. Foi delicada ao usar esse argumento para descartar Nelson. Além disso, aos vinte anos, não é que ele não fosse um homem feito, mas, no futuro, quem sabe etc.

Gilka não o deixou perceber que, naquele momento, não via esse futuro em Nelson. Com um furo no ombro do suéter, as fraldas da camisa para fora, barba de vários dias e coçando-se entre duas costelas, ele não impressionava muito. Nelson conformou-se. Continuou frequentando o estúdio de Eros e ficaram, como se dizia, bons amigos. E, pelo que percebeu, Eros não cogitou entrar para um convento por causa disso. Quem não se conformou foi Joffre, que podia ser tão pobre quanto Nelson e três anos mais novo, mas era de arder. Ele também foi correndo pedir a mão de Eros a dona Gilka e também voltou de mãos abanando — em quinze segundos cravados.

Recusado por duas bailarinas de verdade, Nelson poderia ter se dedicado à alternativa mais próxima: as garotas do teatro de revista, como faziam os seus amigos. Não tinha dinheiro para os ingressos, mas, como jornalista, podia entrar e sair até dos camarins. No palco, sob luzes coloridas, ao som da orquestra e com alguns palmos de pele estrategicamente à mostra, elas eram uma tentação. Mas, vistas de perto, eram um festival de varizes, estrias, celulites, cicatrizes, marcas de vacina e roxos de pancadas. Algumas eram subnutridas a olho nu. Outras tinham pneus, culotes e banha à vontade. E por que não seriam assim? Quase todas eram do Norte, algumas muito pobres; outras tinham sido comidas e abandonadas pelo namorado e, por isto, enxotadas de casa pelo pai. Sobravam para Nelson as grandes estrelas, mas estas já tinham seus coronéis, os homens que lhes davam palacetes no Flamengo e estação de águas em Caxambu.

Duas garotas gostaram de Nelson nos anos da fome: Clélia, uma estudante de Copacabana, e Alice, uma professorinha de Ipanema. Ele também gostava delas, mas nunca em igual medida. As duas se casariam com Nelson no minuto em que ele estalasse o dedo, o que ele tomava cuidado para não fazer. A mãe de Clélia não sabia disso e, como as outras, não queria ver a filha atrelada a um coitado. Pegou a menina, mudou-se de Copacabana e embrenhou-se na Zona Norte, para que ela esquecesse Nelson. Ele nunca mais a viu. Mas continuou vendo Alice, mesmo sem lhe dar qualquer esperança. Nos anos seguintes, nas idas e vindas de Nelson dos sanatórios para tuberculosos, ela estaria sempre à sua espera.

Começou com uma tosse seca e uma febre, baixa mas persistente, todas as tardinhas. Nelson estava muito magro. Sua irmã Stella já era médica e trabalhava como voluntária na Policlínica de Copacabana, onde era paga em fósforos e álcool. Pediu a seu colega de Policlínica, doutor Isaac Brown, que examinasse Nelson. Este o escutou, mandou-o dizer "33" e viu aquilo que, em 1934, era um fantasma: os primeiros sinais da tuberculose pulmonar.

Os jornais a chamavam de "a morte branca", um nome que Nelson acharia "nupcial, voluptuoso e apavorante". Não existia ainda a estreptomicina. Era uma doença tão fatal que, ao saber que estavam tuberculosos, muitos já se matavam de uma vez com formicida. Os três anos de pobreza e má alimentação, que haviam tornado Nelson vulnerável ao bacilo, finalmente vinham cobrar-lhe a conta. Não tinha dinheiro para as radiografias. Doutor Brown conseguiu-lhe radiografias gratuitas e estas deram positivo: tubérculos no pulmão direito, ainda em estágio inicial. Pena que não tivessem descoberto isso de saída.

Porque, quando finalmente tiveram certeza, outros já haviam imposto a Nelson a solução tenebrosa e costumeira para qualquer febre persistente e não identificada: extrair os dentes. Nelson teve de arrancá-los todos, quase perfeitos, e pôr dentaduras — e a febre continuou. Tinha 21 anos.

Confirmada a tuberculose, a solução estava também na popular paródia de um anúncio de xarope: "Tosse, bronquite, rouquidão?". Quando se pensava que vinha o nome do Bromil, o outro fulminava: "Campos do Jordão!". Um colega de Brown, doutor Aloísio de Paula, ele próprio ex-tuberculoso, conseguiu para Nelson uma vaga gratuita num sanatório. E então, em abril de 1934, Nelson tomou o trem para Pindamonhangaba, no interior de São Paulo. Lá, fez baldeação no bondinho e foi para onde iam as pessoas no seu estado: Campos do Jordão, a 360 quilômetros de sua casa na rua Visconde de Pirajá e a 1 628 metros acima do oceano Atlântico. Sem saber se voltaria.

Tivera de pedir licença em *O Globo*, mas sua família não poderia abrir mão de seu salário integral. Mario Filho falara com Roberto Marinho e este abrira os braços:

"Mas, claro, Nelson continua recebendo do mesmo jeito!"

No paternalismo vigente nos jornais de então, tal atitude, apesar de magnânima, não era surpreendente. Esperava-se que o patrão fizesse isto. Nem todos faziam. Nelson, secretamente, esperara isso de Roberto Marinho e este não o desapontara. Mas ele confessaria depois que, nos seus pesadelos de febre em Campos do Jordão, imaginava Roberto Marinho suspendendo o seu salário e acordava banhado em suor. Se aquilo acontecesse de verdade — se tirassem dois mil réis de seu salário —, ele se via invadindo a redação de *O Globo* e matando Roberto Marinho. E, se Roberto não estivesse, mataria Herbert Moses, como Sylvia Seraphim fizera com seu irmão. Sem saber que era um vilão de pesadelo, Roberto Marinho nunca deixou de entregar os quinhentos mil réis de Nelson a Mario Filho.

O destino de Nelson em Campos do Jordão chamava-se Sanatorinho Popular. Era uma casa grande de madeira, no alto de uma colina, cercada de neblina, eucaliptos e borboletas. Uma espécie de *A montanha mágica*, de Thomas Mann, só que com Vicente Celestino pelo rádio no lugar de Wagner. Nelson foi recebido pelo doutor Hermínio Araújo, um homem de menos de trinta anos. A vaga gratuita que lhe haviam conseguido era de indigente. Para pagar sua estadia, teria de varrer o chão, trocar lençóis, servir a mesa. Nelson nunca fizera isto na vida. Nas poucas vezes em que pegara numa vassoura fora para cavalgá-la, imitando Tom Mix em seu cavalo Tony. Seu orgulho não permitiria fazer esses serviços. A alternativa era pagar 150 mil réis por mês. Naquele momento, Nelson não pensou em sua família. Preferiu pagar para não servir a mesa — ainda que isso levasse boa parte de seu salário e o troco tivesse de ser gasto nos exames de escarro.

Mesmo para os pagantes, o Sanatorinho não era o Toriba, o hotel chique de Campos do Jordão. A cama de Nelson ficava debaixo de uma janela, que dormia

Tuberculoso: Nelson (segundo à esq., agachado) com os internos no Sanatorinho

Amoroso: paixão pela linda Eros Volúsia

Mãos firmes: Mario Filho sacode o jornalismo esportivo em O Globo (no alto) e promove até o jiu-jítsu na areia de Copacabana (acima)

aberta, sob um luar que ele nem sabia que existia. Mas ficava numa enfermaria, ao lado de outras camas com outros homens prostrados. A rotina diária era café da manhã de sete às nove horas, almoço às 11h30, repouso de uma às três, jantar às seis, silêncio às nove. Tudo era respeitado, menos o silêncio. Depois da febre coletiva (que atacava à tarde, com uma pontualidade e persistência irritantes), havia a cacofonia de tosses. Elas começavam com o cair da noite e atingiam seu apogeu de madrugada, junto com o canto dos galos. Às vezes alguém tossia demais, era levado a exame e não reaparecia pela manhã. Acontecia também de Nelson conversar com alguém de manhã, o sujeito sumir durante o dia e já não aparecer no dia seguinte.

Os caixões saíam sempre à noite, não importava a hora que se tivesse morrido. Não porque o Sanatorinho ficasse esperando que os parentes viessem se despedir do morto, mas para não deprimir ainda mais os outros doentes. Visitas eram artigo de luxo e o normal era que as pessoas fossem internadas ali e esquecidas pelas famílias. (Ao sair, as raras visitas passavam álcool no corpo.) O próprio Nelson, nos pelo menos quatorze meses que passou daquela vez no Sanatorinho, de abril de 1934 a junho de 1935, só teve duas visitas, e ambas ao mesmo tempo: Milton e Augustinho. Suas irmãs nunca puderam ir — não havia dinheiro. Compensavam a ausência escrevendo-lhe cartas. Nesse ponto Nelson era um privilegiado: raro o dia em que não tinha uma carta. Muitas delas eram de Alice, a professorinha.

Seus colegas nem isso. Todos os homens ali se sentiam traídos pelas mulheres que haviam deixado para trás e passavam o dia alimentando desejos de vingança por essas traições imaginárias, talvez reais. Sexo era o pensamento constante da maioria. De repente podia-se ver três ou quatro ereções sob aquelas calças de pijama, sem cuecas. Um dos motivos para essas ereções inúteis talvez fosse a febre moderada. Mas o principal era a abstinência forçada, de meses e até de anos, a que eles estavam sujeitos. Donde qualquer movimentação feminina que se percebesse da janela, mesmo ao longe, inspirava uma maratona de masturbações.

As irmãs de Nelson não podiam mandar-lhe livros, revistas ou jornais, tanto quanto gostariam. Às vezes mandavam-lhe suéteres, tricotados por Helena. Cada suéter continha lã de diversas cores, mas não era de propósito. Helena começava com uma cor; a lã acabava e não havia dinheiro para comprar mais; quando o dinheiro aparecia, ela já não encontrava uma lã igual; então comprava de outra e continuava tricotando assim mesmo. O resultado final não fazia sentido, o suéter parecia pintura moderna. Mas Nelson tinha de usá-lo porque, nos piores meses do inverno, a temperatura caía a cinco abaixo de zero. Luvas, toucas, gorros, cachecóis, nada parecia deter o gelo. Suas orelhas, nariz e bochechas doíam. Nelson resolveu deixar crescer a barba e o bigode para esquentar o rosto. Em pouco tempo desistiu: a barba era cerrada e preta, como seu cabelo. Mas o bigode não combinava — era vermelho.

Dormia-se de janelas abertas para ventilar os pulmões. Os banhos também eram frios — na verdade gelados, por causa da temperatura. Curiosamente, ninguém era proibido de fumar. Como não havia nada melhor a fazer, fumavam como loucos. Grande parte do tratamento consistia em repouso, alimentação e ar puro. Muita alimentação, e quase toda à base de feijão: sopa de feijão, caldo de feijão, feijão com ovo cru. Os doentes em pior estado submetiam-se a medidas mais drásticas: o pneumotórax, que consistia em injetar ar entre o pulmão e a pleura, e a temida toracoplastia, que significava o afastamento ou a extração de uma ou mais costelas.

Nelson nunca teve de submeter-se à toracoplastia, mas, pelos anos seguintes, seria recordista de pneumotórax. O grande terror de todos era a hemoptise — os escarros com sangue, um indício de que grande parte do pulmão estava comprometida. Nelson viu vários de seus colegas levarem o lenço à boca numa crise de tosse e o trazerem tinto de sangue. Nunca imaginou que o sangue pudesse ser tão vermelho. Ele próprio, sempre que tossia, levava a mão fechada à boca e a examinava neuroticamente, procurando respingos suspeitos.

Um dia, já em 1935, um doente teve a ideia de encenarem um teatrinho, uma comédia. Por que não? Tinham o elenco (um ou outro homem se vestiria de mulher), a plateia (os enfermeiros e os doentes em pior estado) e até mesmo o autor: Nelson. Afinal, ele não era jornalista e, ainda mais, de *O Globo*? Nelson gostou da ideia. Escreveu um sketch cômico sobre eles mesmos, criou situações em que todos poderiam se reconhecer. A plateia, logo às primeiras cenas, começou a gargalhar e foi uma patuscada geral. Alguns, de tanto rir, tiveram acessos de tosse, e só por isso a brincadeira não se repetiu. Texto e título desse sketch se perderam, mas foi ele, e não *A mulher sem pecado*, cinco anos depois, a primeira experiência, digamos, dramática de Nelson Rodrigues.

Em meados de 1935, com os pulmões cicatrizados, Nelson foi mandado para casa. Despediu-se dos colegas sabendo que nunca mais os veria — ou porque nunca mais voltaria ali ou porque, se voltasse, eles já teriam ido embora ou morrido. Os enfermeiros incendiaram seu colchão, como era o costume com os que saíam.

Duzentas vezes mais gordo e saudável do que na ida, ele fez de volta o trajeto Campos do Jordão-Pindamonhangaba pelo bondinho e Pinda-Rio, de trem. Ao chegar, encontrou sua família em situação relativamente melhor, embora numa casa diferente da mesma rua Visconde de Pirajá. Durante meses, divertiu-os contando histórias do Sanatorinho com uma graça fúnebre.

Muitos anos depois, sempre que tocasse nesse assunto, Nelson diria que passara aquela temporada em Campos do Jordão e voltara bom. Dava a entender que sua tuberculose acabara ali. Talvez não quisesse estender-se no assunto, para não reviver o sofrimento. O que aconteceu na realidade foi que ele teria pelo menos cinco recaídas graves nos anos seguintes, voltaria para o Sanatorinho outras três vezes e se submeteria a pneumotórax e, finalmente, a tratamentos com estreptomicina até 1949.

Ou seja, teria a tuberculose como companheira durante quinze anos.

* * *

Enquanto Nelson lutava por seus pulmões em Campos do Jordão, Mario Filho sustentava a retaguarda familiar e tentava a tacada mais importante de sua vida profissional.

Em 1933, o futebol brasileiro se dividira entre os que defendiam a sua conversão ao profissionalismo e os que insistiam em que ele se conservasse singelamente amador — o que ele já não era, porque os clubes viviam dando gorjetas aos jogadores. (Era o "amadorismo marrom", numa referência à imprensa idem.) Uma das clavas que provocaram esse racha fora uma entrevista de Mario Filho em *O Globo* com o craque Russinho, aquele a quem o Vasco da Gama dera a barata de que fala o samba "Quem dá mais?", de Noel Rosa. A barata Chrysler fora um presente de pai para filho caçula. Normalmente o Vasco dava a Russinho (e a todos os seus jogadores) cem ou duzentos mil réis depois de cada jogo, "para condução e jantar".

"Se é para condução, é muito", disse Russinho a Mario Filho. "Se é para gratificação ou salário, é pouco. Afinal, somos profissionais ou amadores?"

A entrevista repercutiu como uma bomba. Fora certamente autorizada pelo presidente do Vasco, Ciro Aranha, irmão de Oswaldo Aranha. Ciro batia-se pelo profissionalismo e conseguiu cooptar Arnaldo Guinle, presidente do Fluminense, e José Bastos Padilha, do Flamengo, para a sua luta. O Botafogo e alguns clubes pequenos ficaram contra. Em São Paulo a mesma coisa: uns de um lado, outros de outro. Houve a grande cisão, formaram-se ligas diferentes e cada estado passou a ter dois campeonatos paralelos: o dos "amadores" e o dos profissionais.

Mario Filho empenhou-se na campanha do profissionalismo. Não achou difícil optar. Primeiro, porque sabia que o certo era que os jogadores fossem pagos para jogar. Segundo, porque Arnaldo Guinle era um velho amigo do Fluminense — e porque Bastos Padilha era seu cunhado (casara-se com Lília, irmã de sua mulher Célia) e, agora, os quatro moravam juntos na casa dos pais delas, na Estrada da Gávea.

Mario Filho tornara-se uma celebridade nos meios esportivos. Era tão famoso quanto os atletas. Podia ser visto à beira dos gramados, das quadras, dos ringues, das pistas e das piscinas, perguntando e anotando tudo. Frequentava também os bares e cafés favoritos de cada time: o Rio Branco (pelo Flamengo), o Capela (pelo Vasco), o Mourisco (pelo América). Até que começou a marcar suas entrevistas no Nice, na Galeria Cruzeiro, apenas porque ficava ao lado de *O Globo*. O jornal deu-lhe uma verba para o cafezinho. O Nice até então era um café como os outros, simpático, sem muito de especial. Mas, a partir de 1932, depois de Mario Filho, o pessoal do futebol e do boxe passou a frequentá-lo e, como sempre, a turma do samba o seguiu — entre os quais Noel Rosa, com quem Mario Filho sentou-se várias vezes. Muitos jogadores e sambistas eram tesos. Havia quem levasse o próprio limão e uma colher, pedisse água e açúcar e ficasse horas tomando a sua limonada de graça. Mario Filho pagava-lhes um cafezinho e arrancava boas entrevistas.

Foi no Nice que Mario Filho cozinhou com os dirigentes dos clubes a cobertura do novo campeonato entre os profissionais. Os clubes eram poucos, teriam de jogar várias vezes entre si no mesmo turno e returno — quem teria motivação para ver o Flamengo pegar o Fluminense cinco ou seis vezes por ano? Mario Filho lembrou-se de que, em 1925, um cartola chamado Joaquim Guimarães formara uma seleção carioca apenas com os jogadores dos dois times e lhe dera o nome de "seleção Fla-Flu". E que, no fim daquele mesmo 1925, a companhia Tro-lo-ló, de Jardel Jércolis, encenara uma revista musical de Zeca Patrocínio no Teatro Glória chamada *Fla-Flu*. Por que não relançar — ou reinventar — aquela sigla?

Através de *O Globo*, Mario Filho passou a promover o Fla-Flu. Inventou o campeonato de torcidas. Na semana de cada jogo estimulava os torcedores a se superarem. Os grupos mais criativos, mais festivos e mais organizados ganhariam taças e medalhas. Premiava o primeiro torcedor a chegar ao estádio. Sorteava uma geladeira entre a torcida. Rubro-negros e tricolores despertaram e começaram a aparecer o mar de bandeiras, os torcedores uniformizados, as charangas e, nos jogos noturnos, as lanternas, os fogos e os balões, tudo com as cores de Flamengo e Fluminense. Os torcedores levavam tambores de escola de samba, pratos de banda militar, clarins e até sinos. Mario Filho transformou o domingo de Fla-Flu num domingo de Carnaval. E ele que não economizasse ideias para sustentar o interesse das torcidas porque, em vez dos habituais dois ou três Fla-Flus por ano, houve seis no campeonato carioca de 1934; no de 1935, mais seis; e, no de 1936, nada menos de dez! Desses 22 Fla-Flus em três anos, o Fluminense ganhou sete, o Flamengo seis e houve nove empates.

Mario Filho apenas não inventou a sigla. Tudo o mais no Fla-Flu moderno foi inventado por ele. Folclorizou torcedores ilustres de cada time e transformou o passado do jogo Flamengo e Fluminense numa saga. Quando escrevia sobre "o Fla-Flu de 1919", era como se estivesse contando um capítulo da história mundial. E, quando parecia que o interesse pelo jogo começava a decair, algo acontecia que reativava o seu mistério.

Como o Fla-Flu da decisão de 1941, disputado no campo do Flamengo, já na Gávea — em que o Fluminense, para segurar o empate que lhe daria o campeonato, faltando seis minutos de jogo, começou a chutar a bola para a Lagoa Rodrigo de Freitas, torcendo para que ela não voltasse e o jogo acabasse. Os remadores do Flamengo caíam n'água, pescavam a bola e a devolviam ao campo, mas o Fluminense a chutava de novo na Lagoa. O cronometrista (que o futebol ainda usava) parava o relógio, mas, depois de algum tempo, ninguém mais sabia quando os benditos seis minutos deviam acabar. Mario Filho transformou aquilo no "Fla-Flu da Lagoa" e escreveu páginas a respeito — que até o torcedor do Flamengo adorava ler, embora o Fluminense tivesse acabado campeão.

Quando o futebol estava meio morno, Mario Filho passava a promover o jiu-jítsu, o remo, a natação, o boxe ou o Circuito da Gávea, que era a Fórmula 1 da época. Não era, mas ficou sendo. O primeiro Circuito da Gávea, em 1933, fora um fiasco. Mario Filho analisou a coisa e viu que, apesar de ser o circuito mais bonito do mundo, precisava de promoção. Para o de 1934, começou a falar dele em *O Globo* com meses de antecedência. Dava entrevistas com os possíveis corredores, registrava as inscrições dos volantes estrangeiros, explicava as características dos carros. Ninguém entendia por que *O Globo* estava gastando espaço de primeira página com aquele assunto. Mas a expectativa fora criada. No dia do circuito, os outros jornais viram-se obrigados a cobri-lo. Se bobeasse, todos iam dar a sua matéria.

Mas Mario Filho tinha seus ases na manga: escalou repórteres amadores nas curvas principais do circuito e monopolizou o telefone de um ponto de táxis em frente ao Hotel Leblon — de onde passava para a redação os detalhes de cada volta, descrevia os acidentes e entrevistava os volantes que paravam para abastecer. *O Globo* tirou sete edições naquele dia, engoliu a concorrência e, a partir de 1935, o Circuito da Gávea entrou para valer no calendário esportivo brasileiro. No ano seguinte, o duelo Von Stuck × Pintacuda levaria mais de duzentas mil pessoas à Gávea.

Em 1936, Mario Filho já era uma potência jornalística em todo o Rio, e continuava sem poder pagar do seu bolso um cafezinho a um aspirante do São Cristóvão. Foi quando Arnaldo Guinle e José Bastos Padilha lhe propuseram comprar o *Jornal dos Sports*, que Argemiro Bulcão estava querendo vender. Comprar como, sem dinheiro? Guinle e Padilha comprariam pequenas partes cada um, emprestariam-lhe o dinheiro para ele comprar o grosso e Roberto Marinho compraria o resto. O jornal seria rodado em *O Globo*, ali mesmo, na rua Bethancourt da Silva. Parecia muito fácil. E era mesmo — mas o jornal só era viável porque Mario Filho iria dirigi-lo.

O negócio foi feito e, em agosto de 1936, um Rodrigues tornara-se de novo proprietário de jornal. A vida voltava a parecer-lhes cor-de-rosa — a cor do papel em que se imprimia o *Jornal dos Sports*.

Se não fosse, é claro, pela tuberculose de Joffre.

Naquele domingo de abril de 1936, Joffre passara o dia na praia com Augustinho. Joffre era um personagem do Arpoador — atlético, falante, namorador. A gana profissional que o levara rapidamente a ser editor da seção de esportes de *A Nota* e do *Diário Carioca*, conciliando tudo isto com o seu emprego de repórter em *O Globo*, fazia dele, agora, aos 21 anos, o mais promissor dos jovens Rodrigues — mais do que Nelson, cuja saúde, mesmo depois da temporada no Sanatorinho, ainda não fazia dele um rapaz minimamente saudável. Tanto quanto os outros, Joffre sofrera os rigores da fome de sua família. Mas seu jeito exuberante fizera com que desse a impressão de ter sido o menos atingido.

Adorado no meio do futebol e do samba, a vida lhe parecia um permanente carnaval — e não faltavam companheiros de noitadas para ver com ele o nascer do sol. Além disso, havia as propriedades nutritivas da cerveja, da qual Joffre, como seu pai, era um decidido adepto. Boêmio, se esta era a palavra que você estava procurando.

Não foi culpa da praia, evidentemente, apesar do sol de quarenta graus que fizera aquele dia. Mas Joffre voltou para casa à noitinha com quase tantos graus de febre. Foi o que os alertou. Nas semanas anteriores, vinha emagrecendo e perdendo cabelo. E só então repararam em sua tosse seca. Doutor Sílvio Moniz, o mesmo médico que cuidara de Mario Rodrigues, foi chamado. Otimista como sempre, Sílvio Moniz receitou gemadas e fortificantes. Joffre não melhorava. Outro médico, o doutor Ari Miranda, mandou-o tirar radiografias, examinou-as e disse em voz baixa:

"É gravíssimo."

As irmãs pensaram logo em Lamartine Babo. O autor de "O teu cabelo não nega" era amigo íntimo de Joffre e fora também tuberculoso. Quando Lamartine falava, cada palavra correspondia a um perdigoto. E se estes ficassem flutuando no espaço, contendo milhares de prováveis bacilos de Koch prontos para atacar?

A suspeita de que tivesse sido Lamartine o transmissor da doença de Joffre não tinha fundamento, considerando-se que o seu irmão mais íntimo — Nelson — acabara de passar por uma doença igual. O próprio Nelson sabia disto e não se conformava. Tanto que, quando se decidiu que Joffre iria para um sanatório em Correias, distrito de Petrópolis — e Joffre disse que não queria ir sozinho —, Nelson insistiu em ir junto.

Por que Correias, e não Campos do Jordão? Porque era mais perto, a menos de uma hora do Rio. Joffre não ficaria tão só, como Nelson tinha ficado. Os irmãos poderiam visitá-lo. Mario Filho conseguira que um benemérito do Fluminense, doutor Sotto Mayor, se responsabilizasse pelas despesas da internação. Geraldo Rocha, patrão de Joffre em *A Nota*, não teve grandeza: cortou-lhe o salário. Roberto Marinho teve outra atitude: continuaria pagando o seu salário integral e, mais uma vez, o de Nelson, enquanto eles estivessem fora.

Mas novos exames confirmaram que Joffre não voltaria de Correias. Tinha tuberculose miliar, que o vulgo chamava de galopante — uma tuberculose que atingia todo o pulmão e podia se espalhar também pelos rins, intestinos e outros órgãos. Só Joffre nunca soube que não voltaria. Nelson, à sua cabeceira durante quase sete meses, cuidou para que ele nem desconfiasse.

Enquanto acompanhou o calvário do irmão no balão de oxigênio, Nelson reviveu todas as madrugadas tenebrosas no Sanatorinho, como se tudo aquilo fosse de novo com ele. E de certa forma era mesmo, porque Joffre era o seu irmão mais próximo, o de ligação mais forte entre os seus irmãos mais novos. Quando Joffre piorou para morrer, Nelson mandou chamar os outros.

Joffre: o irmão mais querido de Nelson perde a luta contra a tuberculose e morre no sanatório em Correias aos 21 anos

Subiram Milton e as irmãs. Joffre morreu no dia 16 de dezembro daquele ano de 1936. Augustinho e Mario Filho foram buscá-los — e buscar Joffre, que seria enterrado no Rio, com o túmulo dado pelo Flamengo. Seus amigos resolveram ir também e, com isso, um cortejo de carros desceu pela Rio-Petrópolis trazendo-o.

A miséria, a doença e a morte, para os Rodrigues, tinham sido consequência de um único tiro de Sylvia Seraphim em 1929. Aquele tiro acabara de fazer mais uma vítima entre eles. Quem seria o próximo?

Era o que todos se perguntavam. E não servia de consolo saber que, quando Joffre morreu, Sylvia Seraphim já havia também encontrado o seu fim.

11

No dia do casamento com Elza

— 1937-1940 —
BEIJOS NA ALMA

Depois de absolvida em agosto de 1930 pela morte de Roberto, Sylvia não voltou ao local do crime. Mas voltou, muitas vezes, ao do julgamento. Ficara tão encantada com os torneios verbais entre os advogados durante o seu caso — comparou-os a um duelo de floretes — que passou a frequentar o Tribunal do Júri para assistir ao julgamento dos outros. Decidiu que um dia se tornaria advogada, sem prejuízo de sua carreira literária. Seus dois filhos com o médico moravam agora com os avós. Em 1936, finalmente reuniu os documentos escolares e matriculou-se na Faculdade de Direito de Niterói. Não existia o exame vestibular e as faculdades contentavam-se com os certificados de conclusão do segundo grau.

Mas, antes disso, em 1932, durante a Revolução Constitucionalista, Sylvia conhecera o tenente-aviador do Exército Armando Serra Menezes. Apaixonou-se, tiveram um caso e um filho, Ronald. Ela e o garoto foram morar com o oficial na Academia Militar das Agulhas Negras, em Resende, RJ. Mas Sylvia queria casar, de papel passado. O que era impossível no Brasil por ela ser desquitada.

Mas seria possível no Uruguai, se Sylvia cumprisse um "estágio" de residência naquele país. Quando o presidente Vargas foi ao Prata em visita oficial, o tenente fez parte da comitiva e Sylvia foi junto como sua mulher. Como já estava por lá, resolveu que cumpriria esse "estágio" em Montevidéu. Menezes voltaria para Resende e, ao fim do tempo necessário, iria ao seu encontro para se casarem.

Sylvia já estava há sete meses no Uruguai quando ouviu a espantosa notícia de que Menezes ficara noivo de outra mulher no Brasil — uma jovem grã-fina carioca. Pegou seu filho, de menos de quatro anos, tomou o primeiro navio e veio ao Rio averiguar. Menezes levantou as mãos ao céu e negou. De qualquer maneira, não podiam casar-se tão cedo — explicou —, porque acabara de ser transferido para Curitiba e queria primeiro adaptar-se. Sylvia então ficou no Rio e se matriculou na Faculdade de Direito de Niterói. Poucos dias depois, pipocou a bomba: a faculdade a acusava, a ela e a outros, de ter falsificado os documentos para matricular-se. Um juiz fluminense pediu a sua prisão, incorrendo-a no artigo 338 da Consolidação das Leis Penais — "falsidade ideológica", sem direito a fiança. Mês e ano eram abril de 1936.

Enquanto pensava na melhor maneira de defender-se, Sylvia achou melhor esconder-se com o menino em Curitiba. Viajou para lá. Mas Menezes ouviu o seu problema e não a acolheu. Não queria saber de encrencas para o seu lado. E, para consumar o fora que lhe estava dando, admitiu que era verdade a história do noivado com a grã-fina. Sylvia ficou com o ego em tiras. Voltou arrasada para o Hotel Metropol, onde estava hospedada em Curitiba, e, naquela madrugada do dia 21 de abril, cortou os pulsos com gilete.

Não morreu, porque os empregados do hotel ouviram os seus gritos e os do garoto e a socorreram. Menezes convenceu-se de que ela poderia atrapalhar sua carreira no Exército e denunciou-a à polícia de Curitiba. Esta se comunicou com Niterói e Sylvia foi presa no próprio hotel, com os pulsos enfaixados.

A pedido da polícia de Niterói, Sylvia e seu filho foram embarcados para o Rio no vapor *Comandante Alcídio*, acompanhados de um investigador. Sylvia chegou no dia 23, sob enorme cobertura da imprensa, e foi levada direto para a Casa de Detenção de Niterói. Os repórteres, que há tempos não a viam, relataram que ela parecia fraca e nervosa, mas não deixaram de elogiar sua beleza. Por algumas horas, voltou a ser "Cendrillon" ou "Petite source": os jornais reconstituíram o caso Roberto Rodrigues, a campanha de *Crítica* contra ela e a sua absolvição. Todos ainda lhe eram simpáticos. Sylvia alegou inocência no caso das falsificações, dizendo que fora enganada por um despachante.

Devido à recente tentativa de suicídio, foi colocada na enfermaria da Casa de Detenção — como sempre, com regalias especiais. A porta de sua cela ficava aberta e o filho brincava pelos corredores da prisão. Seu vizinho de cela, Agapito Moacir, era um homem educado e atencioso. Ninguém acreditava que tivesse assassinado barbaramente a própria mulher. Sylvia não andava se sentindo bem. O médico a examinou, ela se queixou de insônia e ele lhe receitou um sonífero, Veronal. Às três da manhã do dia 27, Sylvia tomou o vidro inteiro de Veronal.

Enquanto agonizava, arrancou as ataduras e cravou as unhas nos pulsos, reabrindo os cortes. O filho dormia ao seu lado e, desta vez, não acordou com os fracos gemidos. Foi encontrada morta na manhã seguinte por Agapito. Sylvia estava mergulhada numa poça de sangue, mas, segundo o médico, o que a matara tinham sido as cinco gramas de Veronal. Ao lado de sua cama, na cela, um romance: *A mulher de trinta anos*, de Balzac. Sylvia tinha 33 anos.

A família Rodrigues reagiu friamente à morte de Sylvia Seraphim. Estavam mais preocupados com Joffre, que acabara de ser internado em Correias. Nos primeiros dias, foi como se tivessem feito um pacto de silêncio sobre o assunto. Ninguém disse bem feito e muito menos coitada. E, desde então, nunca mais escreveram ou pronunciaram o seu nome. Quando tinham de referir-se a ela, tratavam-na apenas de "a assassina".

Um único Rodrigues saiu de seus cuidados por causa da morte de Sylvia Seraphim: Nelson. Assim que soube da notícia, deixou Joffre em Correias, tomou um trem para o Rio e correu para a redação de *O Globo*. Queria acompanhar de perto aquele desfecho que ninguém esperava. No passado, Sylvia lhe parecera tão poderosa, tão invencível, que ele chegara a considerá-la imortal. E, agora, ali estava ela naquela foto, tão morta quanto seu irmão e seu pai, e pelas mesmas mãos — as dela própria.

Sem pena e sem júbilo, Nelson apenas tomou o trem de volta para Correias, onde sabia qual seria o desfecho para Joffre. Era como se, mesmo morta, Sylvia ainda tivesse em suas mãos o destino de Joffre e não quisesse poupá-lo.

E não apenas o destino de Joffre. Quando ele morreu e todos voltaram para o Rio, Nelson não levou mais de um mês para reconhecer em si mesmo os velhos sintomas. Já sabia o que significavam — aprendera a identificar sua tuberculose. Ficara quase quinze dias sem comer, deprimido pela morte de Joffre. Seu sentimento de culpa o torturava e ninguém lhe tirava da cabeça a certeza de que fora o transmissor. A doença encontrou ali o nicho perfeito para instalar--se de novo. E, assim, em fevereiro de 1937, Nelson voltou para o Sanatorinho. Não quis Correias. Quis Campos do Jordão, por mais isolado que fosse ficar. E, achassem ou não aquilo macabro, já se sentia em casa no Sanatorinho. Os poucos sobreviventes que reencontrou eram como sua segunda família.

Desta vez foi uma temporada mais curta. Em meados do segundo semestre de 1937 estava de volta, grotescamente gordo — uma gordura que não lhe assentava, como se estivesse usando algodão nas bochechas e barriga de travesseiro. Sua mãe e irmãos tinham se mudado de novo, moravam agora em Copacabana, mas todos pareciam estar dando um jeito na vida. Mario Filho conseguira levantar o *Jornal dos Sports* e continuava em *O Globo*. Milton escrevia sob pseudônimo para o teatro de revista e começava a se meter em cinema: ia escrever e dirigir para o produtor Ademar Gonzaga um filme sobre o Flamengo, *Alma e corpo de uma raça*. Os outros também estavam encaminhados. Augustinho, aos dezenove anos, herdara o posto de Joffre na seção de esportes de *A Nota* e do *Diário Carioca*. Stella fora promovida a diretora da cardiologia da Policlínica de Copacabana. E Maria Clara tornara-se estenógrafa. O espectro da fome já não rondava aquela casa.

Quem morrera, e nas circunstâncias mais tristes, fora seu tio Augusto, irmão de Mario Rodrigues. Mudara-se para o Rio há alguns anos, abrira seu consultório dentário e estava negociando com artes. Mas trouxera de Pernambuco o seu insaciável espírito boêmio, que o fazia passar um ou dois dias sumido de casa. Sua mulher e seus filhos Augusto e Netinha já nem se preocupavam com isso. Mas, daquela vez, o velho Augusto estava demorando um pouco a voltar. E com razão: três dias antes, despedira-se de uma senhorita com quem tinha passado algumas horas, preparava-se para atravessar a rua e fora atropelado por um carro, bem defronte ao relógio da Glória. Morte instantânea. Não tinha um tostão ou um documento no bolso. Recolheram-no e o enfiaram, nu, numa gaveta gelada do Instituto Médico Legal, na Lapa. Foi onde a família o encontrou, tantos dias depois.

A vida retomaria o seu curso e Nelson tinha planos para si próprio em *O Globo*. Não aguentava mais escrever sobre esporte. Os jornais tinham a mania de publicar a foto do repórter com o entrevistado. Nelson morrera de vergonha ao se ver no clichê ao lado do "Homem-peixe", um sujeito que nadara do Rio a Paquetá. Não era uma situação primorosa para alguém que, como ele, era um leitor de Dostoiévski — embora pronunciasse Dostoiêvski.

A custo conseguiu que o tirassem do esporte e o transferissem como redator para *O Globo Juvenil*, o tabloide de histórias em quadrinhos que *O Globo* acabara de lançar. Mas havia um assunto de que se julgava especialista e sobre o qual queria escrever de qualquer jeito: ópera.

Quando Nelson falara disso, quase dois anos antes, com o secretário do jornal, Alves Pinheiro, este quase caíra da cadeira. Nunca julgara Nelson capaz de saber que Rossini era mais que um filé. De onde ele tirara a ideia de que poderia escrever sobre ópera? Das centenas de óperas que ouvira pelo rádio, disse Nelson, já que há anos sua família não tinha discos nem vitrola. E, quando essa vitrola existia, dos carusos e galli-curcis que seu irmão Milton tocava o dia todo. Quanto a Rossini, sabia que era o autor de *O barbeiro de Sevilha* — mas não sabia que era também um filé.

Com o apoio de Roberto Marinho, Nelson convenceu Alves Pinheiro a aceitá-lo e sua primeira crítica saiu a 30 de março de 1936: um ataque arrasador a *Esmeralda*, uma ópera brasileira do veterano compositor Carlos de Mesquita. Nelson chamava Mesquita de "romântico retardado" e recriminava-o por ter ido buscar inspiração na velha "Notre-Dame de Paris", de Victor Hugo, quando poderia ter incorporado à sua ópera "a impaciência nevrótica dos barulhos que nos cercam: o estardalhaço dos bondes, das carroças, dos vagões, a sirene das fábricas, a velocidade das rotativas, os pregões, as campainhas, as brocas de asfalto, o uivo nostálgico das locomotivas, o apito do vapor". Depois deste apelo modernista, Nelson se queixava de que, na visão de Mesquita, a heroína Esmeralda era "um ser sem complexos, sem recalques e cujas excitações são maravilhosamente controladas e atenuadas". Como se já não bastasse à pobre Esmeralda ser a namorada do corcunda.

"Eu me pergunto", continuava Nelson no artigo, "o que pode representar esta senhorita como documento de dor, de alegria e, por último, como documento humano?" Em seguida, sugeria ao compositor que saísse do passado e desse um pulo à janela: "Se o maestro se dispusesse a investigar bem, concluiria surpreso que, na sua própria rua, existem personagens à altura de uma ópera, e personagens já urbanizados, humanizados, dramatizados pela vida mesma. Em suma: gente que vai sofrendo, sonhando, amando e sorrindo, não com poses convencionais, e sim histérica e grotescamente, com esgares, caras feias, rictos tremendos, babas de ódio, medo e lascívia. O maestro precisa conhecer melhor os seus semelhantes. Lembro ainda que procure adquirir uma certa cultura freudiana".

É fácil imaginar o susto que Carlos de Mesquita, já velhinho e coberto de ouropéis, deve ter levado. Estava quieto no seu canto, dedicando suas fusas e colcheias a um mundo morto, e vinha este moleque exigir que ele compusesse para buzinas, falasse de tarados e ainda lesse Freud! (Não que o próprio Nelson tivesse lido Freud em 1936, mas as ideias do pai da psicanálise já eram conhecidas em alguns círculos do Rio e eram vulgarizadas pelos jornais, geralmente para ser atacadas. Freud era então o tarado oficial.)

A carreira de Nelson como crítico de ópera foi interrompida naquele primeiro artigo porque, em seguida, Joffre caiu doente e Nelson subiu com ele para Correias. E, logo depois, fora Nelson que tivera a sua recaída da tuberculose e voltara para Campos do Jordão. Um ano e meio se passou e, assim que se viu de novo no Rio, em fins de 1937, reassumiu a sua vaga em *O Globo Juvenil* — e passou a revezar com o crítico Oscar d'Alva a coluna "*O Globo* na arte lírica". E, até 1943, escreveu (assinando-se N. R.) sobre as temporadas do Municipal com uma autoridade de que ninguém poderia suspeitar. Alguns dos espetáculos que cobriu foram *Madame Butterfly*, com Violeta Coelho Neto; *Traviata*, com Alsy de Ériane; *O barbeiro de Sevilha*, com Alma Cunha Miranda; e *La bohème*, com Maria de Nazareth Leal.

O Teatro Municipal ainda não estava sob controle oficial. O Estado entregava sua programação a valentes empresários particulares, que bancavam a vinda dos cartazes italianos e irlandeses, como Giaccommo Lauro-Volpi e Lawrence Tibbett, e tornavam o Rio uma das capitais internacionais da ópera. Um desses empresários, o também maestro Sílvio Piergilli, tornou-se amigo de

Nelson e deu-lhe trânsito livre no Municipal, tanto nos concertos quanto nos ensaios.

Ora, a ópera não é mais do que o teatro cantado, com o mesmo entra e sai de gente em cena, telões que sobem e descem, luzes que se apagam aqui e acendem ali — donde a experiência de Nelson, de ver peças inteiras sendo ensaiadas e a carpintaria teatral materializando-se diante de seus olhos, foi fundamental para que ele em breve se tornasse o autor de *A mulher sem pecado* e *Vestido de noiva*.

E daí? — perguntará você. Todo dramaturgo tem de aprender em algum lugar. Sim, mas acontece que, no futuro, Nelson diria em inúmeras entrevistas que, antes de começar a escrever teatro, sua única experiência com o assunto fora assistir a "burletas de Freire Jr." e ter lido *Maria Cachucha*, de Joracy Camargo. Durante anos dedicou-se com meticulosa insistência a passar por primitivo. Por que isso?

Por ter visto frustrada a tremenda ambição intelectual que alimentara desde jovem. Omitir sua intimidade com a ópera ao vivo e fingir que, em teatro, não sabia a diferença entre o "ponto" e o "vaga-lume" faziam *Vestido de noiva* parecer ainda mais impressionante.

Mas Violeta Coelho Neto, um dos grandes sopranos líricos de seu tempo, recorda como Nelson discutia sobre as propriedades vocais e dramáticas dos cantores. Falava em "firmeza e limpidez dos agudos", "volume nos médios" e "sustentação dos pianíssimos" com uma propriedade impressionante para quem, como ela sabia, "não era um musicista". E seu conhecimento não se limitava ao rádio e aos discos. Ele simplesmente vivia no teatro. Ou então na casa de Gabriela Besanzoni Lage, a soprano ligeiro que partia cristais com a voz até quando dizia coisas corriqueiras como "Passe-me o açúcar". Besanzoni era a festejada diretora da Companhia Lírica Brasileira e sua casa, para quem não sabe, era o que depois conhecemos como o Parque Lage.

Havia outro motivo para que Nelson escrevesse sobre ópera e, nas raras vezes em que o deixavam, também resenhasse livros: como era redator de *O Globo Juvenil*, cada artigo em *O Globo* era pago por fora, como se fosse um pró-labore. E, nem que fosse um tico-tico, ele precisava do dinheiro.

Não porque sua família ainda estivesse com a fome às portas, que já não estava. É que, de repente, dera-lhe uma vontade incontrolável de casar.

A redação de *O Globo* em 1937 era uma chusma de varões. Uma única mulher iluminava o ambiente: a telefonista dona Maria, e mesmo assim entrada em anos. E, de repente, o contingente feminino dobrara. Mario Mello, diretor administrativo do jornal, convencera Roberto Marinho a contratar Elza, irmã de um amigo seu, como secretária de Henrique Tavares, gerente de *O Globo Juvenil*. Não se tratava de filantropia. *O Globo Juvenil* comprava muito material americano, os contratos tinham de ser bem datilografados, Elza era diplomada pela Remington. Roberto Marinho não queria, mas cedeu. Poucas semanas depois, Nelson voltou de sua segunda temporada no Sanatorinho e anunciou que iria retornar ao trabalho. Dona Maria fez um ar conspiratório e foi logo lhe contar:

"Tem mulher na redação!" — como se ela não fosse uma.

Nelson quis saber quem era, como era, de onde era. De posse das informações — Elza Bretanha, dezenove anos, moradora do Estácio e dura na queda —, sentenciou:

"Está no papo."

Não estava. Assim que farejou as intenções de Nelson, Elza foi logo avisando:

"Comigo, só casando!"

Aos 25 anos completos, esta não era uma ideia que o sofrido e carente Nelson contemplasse com horror. Muito ao contrário. Desde os dezessete — desde a morte de Roberto —, não tivera um dia sem aquela sensação de maldição pendente sobre sua cabeça. Oito anos durante os quais, dia após dia, o destino lhe roubara alguém ou alguma coisa. Mas, agora, os ventos pareciam estar soprando a maldição na direção do mar. Elza era uma boa moça. Aproximou-se dela e não lhe escondeu sua situação precária, de dinheiro e de saúde — é verdade que caramelando-a com juras dignas de um libreto de opereta. Ao ver que estava sendo bem recebido por ela, seu rosto floriu. Antes mesmo do primeiro beijo, já falaram em casamento.

Nelson consultou sua família e não encontrou objeção. Sua mãe e irmãs se arranjariam sem ele, que já tinha feito muito, merecia ser feliz. Mas a siciliana mãe de Elza, dona Concetta, enxergava Nelson com os olhos do óbvio: onde já se vira Elza querer casar com esse rapaz pobre, que não tinha onde cair morto e, ainda por cima, tuberculoso? Não ia consentir de jeito maneira. Nem que tivesse de apelar para Roberto Marinho.

Roberto Marinho também achou uma loucura. Ficou brabo. Era por isto que ele sempre fora contra essa história de mulher na redação. Só admitira Elza por insistência de Mario Mello. Sabia que ia dar nisso.

"Escute aqui", disse Roberto Marinho para Elza, "você, por acaso, fez curso de Ana Néri? Está sabendo que vai se casar com um rapaz muito inteligente e de grande talento, mas pobre, absolutamente preguiçoso e doente? Sua mãe está coberta de razão!"

Nelson, preguiçoso? Devia ser. Roberto Marinho o queria de nove da manhã às cinco da tarde na redação, mas Nelson parecia incapaz de cumprir horários. Chegava depois das onze e pendurava o paletó. Roberto Marinho — que já estava lá desde as cinco da madrugada — ouvia-o chegar e lhe dava corridas pela sala, apontando o relógio:

"Eu não admito! Isto aqui tem horário!"

Nelson se indignava, pegava de novo o paletó, pedia demissão e caminhava em direção à porta. Roberto Marinho saía atrás dele. Numa dessas, alcançou-o já no elevador e trouxe-o de volta pelo braço:

"Deixa disso, Nelson. Vamos trabalhar."

Em outras, Nelson apenas saía pisando firme, Roberto Marinho não o seguia e Nelson reaparecia dois dias depois, como se nada tivesse acontecido. Tinha um bom pretexto para não gostar de chegar cedo: era o redator mais rápido que já passara por aquela redação. Além disso, continuava um assíduo usuário do Mangue, onde ficava até muito tarde da noite.

O Globo Juvenil era um tabloide colorido de dezesseis páginas e saía às terças, quintas e sábados. Seu forte eram os fantásticos quadrinhos americanos que estavam sendo lançados no Brasil: *Fantasma, Mandrake, Brucutu, Jim Gordon, Zé Mulambo, Príncipe Valente, Jack do Espaço*, o cavalo *Mossoró, Juca Repórter, Ferdinando Buscapé*. O intermediário nas transações com as agências americanas era Alfredo Machado. Djalma Sampaio era o secretário e Nelson, um dos redatores. Antonio Callado era outro.

O trabalho consistia em traduzir os balões em inglês e produzir uma série de seções fixas e insossas até para os guris da época: exaltações a efemérides patrióticas, miniperfis de escritores portugueses ou curiosidades do tipo "Você sabia que...?". Mas havia também o obrigatório folhetim, e um desses foi *A tempestade*, de Shakespeare. Inexistentes os gibis, a criança que não lesse *O Globo Juvenil* tinha motivos justos para cogitar do suicídio. Nelson, como monoglota, cuidava das seções nacionais. Callado, cujo inglês já rivalizava com o de P. G. Wodehouse, traduzia os balões e os folhetins. (Quando Callado fosse embora para Londres, em 1941, Nelson passaria a cuidar de alguns quadrinhos, escrevendo os balões por conta própria — inventando histórias pelo que os desenhos lhe sugeriam.)

Durante todo o ano de 1938, Nelson enfrentou a ojeriza da mãe de Elza, o que o fazia sentir-se como o lado B de um disco. Ela tinha as piores ideias a seu respeito, sem saber que o homem que queria casar-se com sua filha era um franco partidário do "amor eterno" e da mulher "honesta a qualquer preço" — como dizia para Callado, que o ouvia com divertido espanto.

Mas a situação financeira de Nelson, mesmo com as críticas de ópera e outros bicos, não era para otimismos casadoiros. Daí porque ele tivesse mais um motivo, além do profissional, para ir tanto à ópera: era um programa que podia fazer de graça com sua noiva. O máximo que Nelson podia permitir-se pagar a Elza era uma coalhada na leiteria Palmira, no largo da Carioca, ou levá-la para ver os filmes de Jeanette MacDonald e Nelson Eddy — usando, naturalmente, o escurinho do cinema para se beijarem ao som dos sucessos canoros da dupla, como "Ah! Sweet mystery of life".

Com ou sem o consentimento de dona Concetta, marcaram a data do casamento: 8 de maio de 1939, dia do aniversário de Elza. Se fosse preciso, fugiriam para casar. Mas a sorte preparava uma falseta contra Nelson. No dia 13 de março ele passou a Elza, via contínuo, um bilhete na redação de *O Globo Juvenil*: "Amor, estou com a alma cheia de pressentimentos tristes".

Era a tuberculose que o rondava mais uma vez — ela, que o deixara quieto durante todo o ano anterior, a ponto de Nelson se achar curado. E, assim, em abril, lá se foi de novo para Campos do Jordão. Não era assim que o filme deveria terminar.

Desta vez levou com ele para o Sanatorinho sua máquina de escrever, uma Remington portátil preta, modelo 5T. Era nela que escrevia cartas quase diárias a Elza, todas terminando com frases como "Beijo-a nos olhos, beijo-a na alma, beijo-a na carne"; "Te amo hoje e até o fim do mundo"; ou — não perca esta — "Que o chão se abra em rosas à tua passagem".

Mas, depois de alguns dias, Nelson já não conseguia datilografar. Tinha de ficar deitado, imóvel. Para qualquer lado que se mexesse os dois pulmões doíam, e não apenas o pulmão direito. Escrever a mão também era um esforço. Mas, mesmo assim, Nelson se superava. Numa das cartas, perguntava: "Responda-me por metáforas: ainda vibras com o que te fiz no cinema na última vez?". No dia do aniversário de Elza, mandou-lhe um telegrama de setenta palavras, culminando com o voto: "Que o teu destino tenha a doçura de um sonho".

O telegrama era só para anunciar a chegada de uma carta de três páginas, em que Nelson se flagelava por não estar ao seu lado no dia do aniversário. Um dos trechos da carta dizia:

Se eu pudesse — se os Deuses permitissem — teria assistido hoje ao teu despertar. E, então, teria feito uma festa de luz, de cor, de aroma. Eu transportaria para tua alcova toda a vibração musical da aurora, todo o estremecimento solar. E teria enfeitado os teus cabelos com o mais lúcido e macio dos raios de luz; e teria espargido sobre os teus ombros o perfume mais suave da manhã; e teria prendido no teu riso a pétala mais diáfana. E, quando te levantasses, eu faria com que pisasses rosas frescas e voluptuosas; e assim teus pés teriam como que sandálias de perfume.

Álvares de Azevedo, Casimiro de Abreu e os outros românticos tuberculosos assinariam embaixo — mas este seria o homem que o Brasil um dia iria ver como o grande tarado.

Durante aquela internação, Nelson preocupou-se com a saúde de Elza. Insistiu para que ela procurasse o seu médico no Rio, o doutor Genésio Pitanga, e tirasse chapas. Estas nada acusaram. Elza escreveu-lhe dizendo isso e recomendando que ele fizesse uma promessa a santo Antônio. Nelson respondeu que não, porque a promessa ao santo exigia "fé íntima e profunda, que não conseguiria simular". Preferia "acreditar nas preces dela".

Mas nem tudo eram pétalas se abrindo à passagem de Elza. Numa das cartas Nelson se queixa de que ela não lhe escrevia com a frequência que ele

O repórter maltrapilho: com a soprano Besanzoni Lage (dir.) e com o velho amigo Portinari (acima)

Núpcias de fogo: casamento civil com Elza na presença dos irmãos, mas às escondidas da mãe da noiva

gostaria. Em outra, pede que Elza lhe faça dedicatórias de saudade e carinho nas fotos que lhe manda. E, ainda em outra, sugere que estava pensando em acabar com o namoro, porque não seria justo para ela atrelar-se a um homem que poderia passar-lhe a sua doença. Mas, rapidamente, na mesma carta, ele se tortura por haver duvidado da sua dedicação.

Os quatro meses que Nelson passou daquela vez no Sanatorinho foram, como sempre, bancados por Roberto Marinho — e havia sempre a esperança de que fosse a última. Mesmo porque, além da tuberculose, havia outro fantasma para Nelson em Campos do Jordão: o ciúme.

Elza conheceu cedo esse lado de Nelson. No fim do outro ano, 1938, ela fora, como sempre, ao baile do Liceu de Artes e Ofícios e, também como sempre, dançara a valsa com um velho e inocente amigo, Amauri. Nelson a fizera prometer que não falaria mais com Amauri. Mas, para todo lado que se virasse, via candidatos à mão de Elza ou imaginava que era ela a interessada neste ou naquele. Um dos que insistiam em protagonizar os pesadelos de Nelson era um tal "Alemão". Amauri e Alemão foram o pretexto para um duro bilhete seu a Elza, mais uma vez passado pelo contínuo de *O Globo Juvenil*:

"Elza. Ontem eu vi você com o Amauri. E quero perguntar a você uma coisa: você compreende agora por que o Alemão não quis nada com você? E por que nenhum homem que se preze quererá nada com você? E por que eu vou chamá-la, com pura e seca justiça, de menina sem dignidade, sem pudor, sem nada que justifique um simples e banal cumprimento meu? Você compreende isso? Se compreende, meus parabéns. Agora um apelo: afaste-se do meu caminho e chore por sua lamentável alma. Nelson."

Na primeira vez que se cruzaram sozinhos no elevador de *O Globo* depois desse bilhete, Nelson agarrou Elza e beijou-a com violência. Violência desnecessária, porque ela se deixaria beijar por ele com muito prazer. Mas era um beijo para humilhá-la — porque, em seguida, Nelson desprendeu-se e virou-lhe as costas. Uma situação da futura "A vida como ela é...". Mas nem a raiva de Nelson nem aquele beijo roubado eram para valer, porque os dois fizeram as pazes em pouco tempo e, contrariando mãe e patrão, toda uma operação de guerra foi combinada para a nova data do casamento.

Ou, naquele caso, dos casamentos.

No dia 29 de abril de 1940, Elza saiu de sua casa na rua Miguel de Frias, no Estácio, vestida normalmente para o trabalho. Trocou de roupa na casa de uma amiga. Nelson vestiu um terno de Mario Filho, que seria seu padrinho, e apanhou Elza. Foram ao juiz, casaram-se tendo os Rodrigues como testemunhas e saíram para comemorar, tomando uma média com torrada Petrópolis na leiteria Palmira. E então — você adivinhou — voltaram para *O Globo Juvenil*. Cada qual sentou-se à sua máquina e trabalhou normalmente. Ou anormalmente: eram marido e mulher, por todas as leis do país, e (por vontade de ambos) só teriam sua noite de núpcias depois do casamento religioso.

O qual só aconteceria quando dona Concetta, diante do fato consumado, permitisse. Mas, para isso, era preciso primeiro que dona Concetta ficasse sabendo. E ainda não haviam reunido coragem para lhe contar que tinham se casado às escondidas.

As amigas de Elza falaram demais e seus dois irmãos descobriram sobre o casamento. Não contaram para a mãe, mas um deles falou em matar aquele biltre. Nelson, com o coração leve como uma folha e sem imaginar que estava inflamando iras, aproveitou o interregno para alugar uma casinha para ele e Elza: na rua Eduardo Raboeira, uma travessa da rua Barão de Bom Retiro, no Engenho Novo.

Pela primeira vez desde 1924, voltaria a viver na Zona Norte — de onde começava a achar que nunca deveria ter saído. Seria uma vida modesta, porém decente. Compraram móveis de segunda mão e Mario Filho deu-lhes os de primeira necessidade: a cama de casal e a penteadeira.

Uma tia de Elza também descobriu o que se estava passando — era como se o Rio de Janeiro inteiro soubesse. Mas não falou em dar tiros. Ao contrário, foi ela que venceu a resistência da mãe de Elza com um argumento que, em 1940, ainda parecia decisivo:

"Esse homem é digno, Concetta. Eles já estão casados há mais de uma semana e Elza continua virgem."

Concetta finalmente deu o sim e foram tomadas as providências para o religioso. Aos quase 28 anos, Nelson teve de se batizar, fazer a primeira comunhão e estudar o catecismo — tradicionais exigências católicas. Dias antes do casamento, Elza lhe pediu:

"Meu filho, me faz um favor?"

"Dois, meu doce de coco", disse Nelson para seu doce de coco.

"Raspe essas costeletas."

Nelson usava costeletas de cantor de tango, que pareciam excessivas ao lado do cabelo em permanente desalinho, o qual ele tentava manter penteado enfiando a cabeça debaixo da torneira. A partir dali, passou a usar Gumex. E, sem as costeletas, ficou outro.

Casaram-se no dia 17 de maio, na Igreja do Sagrado Coração, na rua Benjamin Constant, na Glória. Violeta Coelho Neto cantou a "Ave Maria" de Schubert. A madrinha de Nelson foi sua irmã Irene e a recepção foi na casa de dona Concetta. De terno alugado na Casa Rollas, ele apenas levou simbolicamente a taça de champanhe aos lábios na hora do brinde. Estava louco para sair dali com Elza.

Sob o alarido dos convidados, tomaram um táxi para o Engenho Novo. O táxi parou num sinal no Ponto de Cem Réis, em Vila Isabel, e Elza, em seu vestido de noiva, foi vaiada pela turma de um bonde que descia o Boulevard. Na Eduardo Raboeira, Nelson pagou o táxi, enfiou a chave na porta e, contrariando as ordens do médico, que o proibira de carregar peso, pegou Elza como uma noiva de comédia americana e adentrou a casa com ela no colo.

12

O autor de A mulher sem pecado

— 1942 —
SOBE O PANO

Nelson acordou, abriu os olhos e viu tudo preto à sua volta. Sacudiu sua mulher, que dormia:
"Elza, estou cego!"
Tinham seis meses de casamento. Nos últimos dias Nelson sentira dores de cabeça e nos olhos, mas aquilo não o preocupara nem a ponto de pingar um colírio. Mandou-a acender a luz, abrir a janela. Ao descobrir que não via nada, fechou de novo os olhos e tapou-os com as mãos, esperando que fosse um pesadelo. Quando os abrisse, enxergaria de novo. Mas nada. Nelson não chorou, não se desesperou. Apenas suspirou. Elza o acudiu, mas não sabia o que fazer. Durante uma hora Nelson ficou de olhos fechados, com medo de abri-los. Finalmente mandou-a ligar para o doutor Paulo Filho, oftalmologista e jornalista, antigo companheiro de seu pai no *Correio da Manhã*. Paulo Filho disse que fossem logo ao seu consultório, no Centro. Aos poucos, o breu parecia dissipar-se. Quando saíram de casa, Nelson já conseguia distinguir algumas luzes.

Nelson foi guiado por Elza pelas ruas, a caminho do médico, entre sombras fora de foco. A vida era cruel e injusta. Descera aos infernos com a tuberculose e, justamente quando esta parecia tê-lo deixado em paz, de repente, sem explicação, a cegueira. Mas havia uma explicação. Nelson tivera uma coriorretinite ou uma uveíte aguda, como sequela da tuberculose. O resultado podia ser a formação de um granuloma atrás do olho, mas, como os dois olhos tinham sido afetados, o mais provável é que tivesse havido uma hemorragia intraocular. De qualquer modo, era uma infecção. Isto num planeta que, em 1940, ainda não ouvira falar em antibióticos.

O doutor Paulo Filho deu-lhe esperança, receitou-lhe anti-inflamatórios e passou-lhe uma dieta estrita: não podia comer camarão, frutos do mar e carne de porco, nem tomar uma gota de álcool. Não beber era fácil — Nelson tinha horror a bebida. Mas gostava de camarão e de tudo que viesse do mar. Seguiu a dieta à risca, embora ela tivesse tanta influência na sua melhora quanto se o médico o obrigasse a tomar o sal de frutas Picot ou frequentar os Barbadinhos. Os anti-inflamatórios cumpriram seu papel: fizeram a infecção regredir e a visão foi-lhe voltando aos poucos. Mas trinta por cento dela estava perdida para sempre, e nos dois olhos.

Nos primeiros tempos Elza tinha de ajudar Nelson a fazer a barba, amarrar os cadarços e dar sinal para o bonde — qualquer coisa que exigisse enxergar a mais de um palmo de distância. Aos poucos, essa deficiência visual se estabilizou e Nelson habituou-se a conviver com ela, a fazer as coisas sozinho. Óculos, nem pensar. Não queria ser chamado de "caixa d'óculos" pelos moleques. Voltou a trabalhar e, com a visão que lhe restava, acreditou que nada iria se alterar. Enganou-se e teve a prova disto no primeiro jogo de futebol a que foi com Elza: um Fluminense × Bangu, em Alvaro Chaves.

Aos quinze minutos do primeiro tempo, vendo Nelson torcer por uma arrancada do Bangu na direção do arco tricolor, Elza perguntou:

"Bebeu, Nelson? Torcendo contra o Fluminense?"

O Fluminense estava de branco e o Bangu com o seu uniforme listrado de vermelho e branco, dos "Mulatinhos rosados". Nelson confundiu-o com a camisa de listras tricolores e, sem saber, estava torcendo pelo inimigo. Nunca mais iria assistir a uma partida direito. Via vultos correndo pelo campo e só fazia uma ideia do que estava acontecendo porque as torcidas têm um código coletivo, de uhs e ohs, além dos gritos de gol. Impressionante é que isso nunca o tenha impedido de ir ao futebol e, durante muitos anos, escrever e falar sobre ele. (Mas sempre tomando a precaução de ter alguém ao seu lado para "irradiar-lhe" o jogo.)

Quando se casaram, Nelson pedira a Elza para deixar o emprego em *O Globo Juvenil*, o que ela fez. E, assim que pôde, pôs telefone em casa, para ligar-lhe quase que de hora em hora. Saudades ou ciúmes? Talvez ambos. Disse-lhe também:

"Meu anjo, esteja sempre de banho tomado, vestida e cheirosa, à minha espera."

As mulheres do futuro achariam aquilo um acinte, mas Elza achou lindo e, pelo menos nos primeiros anos, fez-lhe prazerosamente a vontade. Nelson, por sua vez, era incapaz de voltar para casa sem bombons ou um prato de doces para ela. (Na menos romântica das hipóteses, um sanduíche de pernil.) E, a exemplo de muitos maridos da Zona Norte nos anos 40, entregava-lhe todo o seu salário no fim do mês, descontado o que sempre dava para a mãe. Elza lhe passava um troco para o bonde, o cafezinho e os cigarros. Os quais, por mais baratos, eram agora Liberty ovais, pronunciado "libérti". Quatro maços por dia.

Reduzidos desnecessariamente a um salário, por insistência dele, Nelson e Elza não levaram boa vida nos primeiros tempos. Tinham se mudado do Engenho Novo para uma casa na rua Joaquim Palhares, na praça da Bandeira. Ficava nos fundos de uma garagem. Sala e quarto tornavam-se *Vinte mil léguas submarinas* quando chovia. Seus quinhentos mil réis mensais em *O Globo Juvenil* estavam estagnados. E ele também. Conformara-se em produzir aquelas seções sem sal do tabloide. Os bicos sobre ópera e literatura em *O Globo* não lhe rendiam grande coisa. Pensara em escrever um romance para adolescentes, mas desistira pouco depois de começar. Elza estava grávida e Nelson queria ter um filho, que se chamaria Joffre; não abria mão. Mas, se sua situação financeira já era apertada, tendia a ficar espeto se ele não se mexesse para ganhar mais.

O acaso o fez mexer-se. Estava passando pela porta do Teatro Rival, na Cinelândia, onde uma fila se atropelava para ver Jaime Costa em *A família Lero-lero*, de R. Magalhães Jr. Nelson ouviu alguém comentar:

"Essa chanchada está rendendo os tubos!"

Por que não escrever teatro? Não lhe parecia mais difícil do que escrever um romance. Pelo menos, era mais rápido. Com os dedos salivando, Nelson resolveu tentar.

Em meados de 1941, quando Nelson escreveu sua primeira peça, *A mulher sem pecado*, dizia-se que o teatro brasileiro ia do Rocio à Cinelândia — ou seja, de mal a pior. O Rocio era o antigo nome da praça Tiradentes, reduto do teatro de revista desde tempos pré-diluvianos. E a Cinelândia, que supostamente devia abrigar o teatro "sério", era o território de Procópio Ferreira, Jaime Costa e Dulcina de Morais. O eixo Procópio-Jaime-Dulcina dominava o palco e a gerência. Na qualidade de astros que arrastavam as plateias, era para eles que todos os autores queriam escrever. Como empresários e donos de seus narizes, era natural que só escolhessem as peças de acordo com o seu estilo. E, como eram todos comediantes, só queriam saber de comédias. A exceção, mas nem sempre, era Procópio, que se julgava um intelectual e descobrira um filão com "dramas" ambiciosos como *Deus lhe pague*, de Joracy Camargo.

Cada peça ficava em cartaz uma ou duas semanas e raras eram as que chegavam a três. (*Deus lhe pague*, com quase três mil representações desde 1932, era um fenômeno.) A maioria das companhias trocava de peça toda semana. Essa variedade de repertório era possível porque o cenário ia da sala de estar à sala de jantar e vice-versa. A mesma sala reaparecia em trinta peças por ano. E os atores principais não precisavam decorar o texto. Os grandes astros, então, nem ensaiavam. Para que, se seus papéis eram eles mesmos? No máximo, variavam o robe de chambre que indefectivelmente usavam em cena. O diretor, ironicamente chamado de "ensaiador", limitava-se a arrumar os móveis no palco para que os atores não tropeçassem neles.

A figura-chave da equipe era o "ponto", o sujeito que ficava lendo a peça baixinho num buraco do proscênio, sem o qual nenhum ator daria um pio. Exceto os grandes, como Procópio, Jaime ou Dulcina, que passavam a peça intercalando "cacos" (ditos por conta própria) entre as falas do ponto. A plateia adorava, porque não raro os cacos dos astros eram melhores que os diálogos originais. Muitos atores arriscavam um sotaque português, como o de Leopoldo Fróes, falecido em 1932. Não porque quisessem parecer portugueses. Mas para que se pensasse que haviam estudado em Coimbra, o que significava que tinham curso superior. As atrizes, mesmo as mais velhas, tinham de fazer exames ginecológicos periódicos, com médicos do Estado, como se fossem profissionais do Mangue ou da Lapa. (Essa lei odiosa só cairia no fim do governo Dutra, em 1950.)

Os autores das peças nem sempre recebiam dez por cento da bilheteria, mas o equivalente em dinheiro a dezoito poltronas por récita, com a casa cheia ou vazia. Era bom negócio porque cada peça oferecia duas récitas por noite, inclusive às segundas-feiras. Algumas davam três récitas às quintas, sábados e domingos. Mas que o autor não se metesse a sério, porque o público ia ao teatro para rir — ou do que a peça tivesse de engraçado, ou dos erros involuntários do espetáculo. Todo mundo sabia disso, mas os grandes nomes não admitiam ser criticados. Se um crítico dissesse a verdade, era advertido de que poderia ter o nariz achatado. Para que ninguém se machucasse, os astros prodigalizavam os críticos com ceias ou coquetéis. Como quase todos escreviam de graça, poucos viam aquilo como um suborno. Era uma grande pobreza.

Não para os astros-empresários, que eram muito ricos e, quanto mais ricos, menos se admiravam. Procópio achava Jaime Costa uma anta; os dois desprezavam Dulcina; Dulcina respondia com sua cobertura em Copacabana e seus três carros com chofer. Jaime Costa e Dulcina foram dois que recusaram *A mulher sem pecado*. E Nelson nem chegou a tentar Procópio.

Por que ele resolveu escrever teatro? Pelo dinheiro — mas, se fosse só por isso, teria escrito uma comédia. Nelson gostava de contar que começara *A mulher sem pecado* como uma chanchada, mas que, em poucas páginas, a história daquele marido paralítico e ciumento adquirira uma tintura dramática que ele não previra. Não há por que contestar. A própria leitura do texto demonstra isso — embora, depois, *A mulher sem pecado* pudesse ser encenada como chanchada, sem nenhum prejuízo. Seja como for, era um tenebroso drama para seu tempo, e Nelson achou melhor cercar-se de opiniões "respeitáveis" antes de sair oferecendo o texto à praça. O primeiro que procurou foi Henrique Pongetti.

Pongetti fora protegido de seu pai em *A Manhã* e *Crítica*, antes de se tornar um autor de sucesso. Era requisitado por todo autor estreante em busca de apadrinhamento. Com sorridente generosidade distribuía cartas de recomendação capazes de abrir portas e, às vezes, até lia os originais que recomendava. Nelson achou-o na Câmara dos Deputados, no Palácio Tiradentes, onde ele batia ponto como redator. Pongetti foi receptivíssimo. Leu por alto *A mulher sem pecado* e rabiscou ali mesmo um bilhete aprovativo, a quem interessar pudesse.

Outro a quem Nelson pediu audiência foi Carlos Drummond de Andrade, chefe de gabinete do ministro da Educação Gustavo Capanema. Drummond foi pouco mais que cauteloso sobre a peça: "Interessante. Muito interessante". Sóbrio como minério de ferro, sorriu de uma frase: "A fidelidade devia ser uma virtude facultativa". Nelson mandou também uma cópia da peça para Alvaro Lins, o crítico do *Correio da Manhã*, que não se pronunciou. Mas nenhum desses pesos pesados conseguiria convencer Jaime Costa ou Dulcina a encenar *A mulher sem pecado*. Nas peças de adultério que eles levavam, o corno era sempre feliz. Na de Nelson, o marido ciumento torturava de tal forma sua mulher que ela acabava fugindo com o motorista.

Com a peça na gaveta, em 1941, Nelson foi com Elza, às vésperas do parto, a um cinema na praça da Bandeira, numa tarde de agosto. Clark Gable e Vivien Leigh se beijavam na tela prateada quando a bolsa de líquido amniótico de Elza estourou. Foi o tempo de correr para casa, pegar a mala e voar para a Pró-Matre, onde Joffre nasceu — aos cuidados da parteira Leonor, porque Nelson, como seu pai, não admitia ginecologistas. O médico recomendou a Nelson ficar longe de seu filho e não pegá-lo no colo, para evitar o risco de contágio da tuberculose e para não levantar peso. Com isso, Nelson teve de resignar-se a ser coruja à distância: nunca deu uma mamadeira ou trocou uma fralda. Aproveitando o conselho médico, também nunca esvaziou um cinzeiro e nunca passou o dedo num móvel. E, agora, como se não bastasse, descobrira que tinha sido premiado com uma úlcera do duodeno.

A úlcera não tinha hora para atacar. Nelson podia estar muito bem num dado momento, ouvindo discos de Vicente Celestino e sentindo o que ele chamava de "uma leve embriaguez auditiva". De repente, era como se alguém lhe acendesse um isqueiro nas entranhas e o fogo se irradiasse até as suas costas, queimando-lhe todo o estômago. Tensão emocional e desnutrição são fatores causadores de úlceras gástricas, e Nelson gozava de íntima convivência com as duas. Teve de reduzir mais ainda sua alimentação. Ela se limitaria agora às papinhas que Elza lhe preparava: purê de batata com carne moída e, de sobremesa, gelatina Royal, de framboesa ou morango. O médico o mandou cortar também café e cigarros. Foram as duas únicas proibições que Nelson sempre transgrediu, e com um fervor religioso — sem nenhum sentimento de culpa.

A úlcera deu-lhe duas outras coisas com as quais ele iria conviver: os analgésicos, que passou a tomar em quantidades industriais (quatro ou cinco comprimidos de Melhoral por dia) — sem saber que eles lhe irritavam ainda mais a úlcera — e os suspensórios. No começo, tinha pudor deles, tanto que os escondia sob suéteres, fizesse frio ou calor. Depois conformou-se. Segurar as calças com o cinto provocava-lhe dor quase intolerável na região da úlcera. (Anos depois, Nelson se vingaria da úlcera, transformando-a em sua personagem.)

A mulher sem pecado continuava na gaveta e ninguém queria encená-la. Para faturar uns cobres extras, Nelson convenceu Djalma Sampaio a deixá-lo adaptar em quadrinhos, só que ao seu jeito, uma história americana para *O Globo Juvenil*, recebendo por fora. Alceu Penna (o futuro criador das "Garotas do Alceu" em *O Cruzeiro*) faria os desenhos. A história era *O mágico de Oz*, de L. Frank Baum, em grande voga pelo filme com Judy Garland. *O mágico de Oz* de Nelson e Alceu começou a sair em outubro de 1941, sempre às terças-feiras, e os leitores não queriam que ela acabasse. Tiveram de esticá-la até o segundo semestre de 1942.

Era uma adaptação ainda mais louca do que o original, com sardinhas falando a gíria dos anos 40, citações futebolísticas em penca, o Leão Covarde explicitamente homo e o Mágico de Oz transformado no autor, o qual se referia a si próprio como um "gênio de porta de livraria" — uma referência aos inéditos e ociosos que faziam ponto na livraria José Olympio, na rua do Ouvidor, para bajular os escritores e ser cumprimentados por estes.

Nelson estava falando de cadeira, porque, às vezes, ele também ia à José Olympio, sob o pretexto de procurar Gilberto Freyre e José Lins do Rego, habitués da livraria e amigos de Mario Filho. Mas, ao atacar aqueles inéditos e ociosos, era como se estivesse autoflagelando-se com um chicote de veludo — porque continuava tão inédito quanto eles e havia quem o chamasse também de ocioso.

Cansado de lutar por sua peça, Nelson apelou para Mario Filho. Este era amigo do gaúcho Manoel Vargas Neto, bom sujeito, mau poeta e, principalmente, sobrinho de Getulio. Fora Vargas Neto quem escalara o também gaúcho Abadie Faria Rosa para a presidência do Serviço Nacional de Teatro. O SNT era do Ministério da Educação, e estava ali para aquilo mesmo: encenar peças que ninguém queria montar. Mario Filho soprou para Vargas Neto que recomendasse a peça de Nelson a Abadie. Vargas Neto olhou para o original, não leu uma linha, nem mesmo o abriu. Escreveu um bilhete a Abadie e entregou-o a Nelson para que ele próprio o levasse. Abadie leu o bilhete e foi amplo:

"Mas sem dúvida! O que o Vargas mandar, Nelson!"

E despachou *A mulher sem pecado* para a Comédia Brasileira, uma companhia subsidiada pelo SNT.

Durante as duas semanas em que a peça foi ensaiada, Nelson correu redações pedindo aos amigos que escrevessem sobre ela, dessem uma notinha, qualquer coisa. Fez isso tantas vezes que começou a ficar inconveniente. Em algumas redações, podiam-se ouvir os resmungos assim que ele punha a cabeça na porta: "Ih, lá vem o chato do Nelson Rodrigues!". Chegou a levar passa-moleques dos mais velhos:

"Cai fora, Nelson! Não vê que estou fechando?"

Finalmente, a 9 de dezembro de 1942 — um ano e quatro meses depois de escrita —, *A mulher sem pecado* foi levada à cena pela Comédia Brasileira, com direção de Rodolfo Mayer, no Teatro Carlos Gomes. E sabe o que aconteceu?

Nada.

A mulher sem pecado ficou duas burocráticas semanas em cartaz no Carlos Gomes. Na estreia, o pano subiu e desceu uma vez, ouviram-se alguns aplausos e ninguém saiu tonto do teatro. Ninguém vaiou, ninguém gritou "O autor! O autor!". Nelson odiou aquela indiferença, mais do que se o tivessem vaiado. Para que não se diga que a plateia passou em branco por *A mulher sem pecado* naquela temporada, conta-se que, numa das récitas, na cena final em que Olegario levanta-se da cadeira de rodas e se descobre que ele não era paralítico, uma senhora da nossa melhor sociedade, sentada na primeira fila, não se conteve e exclamou: "Puta que o pariu!". Mas isso pode ter sido produto da imaginação delirante de Nelson.

O veterano crítico Mario Nunes, do *Jornal do Brasil*, odiou a peça. Classificou-a de uma "pura e simples coleção de horrores". Não foi surpresa para Nelson. Surpresa foi que Bandeira Duarte, crítico de *O Globo* e seu colega de redação, também a demolisse. Roberto Marinho, que tinha visto e adorado a peça, não gostou de saber que seu crítico pensava diferente dele. Mas ficou quieto. Quem sabe o outro tinha razão? Afinal, era um crítico. Mas Bandeira Duarte não deu sorte. Dias depois, seu quase xará, o poeta Manuel Bandeira, foi ao jornal. Roberto Marinho sabia que ele vira a peça e perguntou-lhe o que tinha achado.

Manuel Bandeira não poupou elogios:

"Esse rapaz, o Nelson, tem um grande talento. A peça é formidável!"

Ao ouvir uma opinião tão autorizada, Roberto Marinho soube que estava certo e mandou Bandeira Duarte passar no caixa. Demitiu-o.

Mas o melhor ainda estava por vir. Nelson mandara uma cópia da peça para Alvaro Lins e este não lhe dera resposta. Alvaro Lins já era o crítico literário mais importante do país. Seu rodapé no *Correio da Manhã* consagrava autores ou espetava-lhes uma cruz no peito. Dois anos antes, ele publicara a sua ambiciosa *História literária de Eça de Queiroz* e lera uma crônica gaiatíssima, não assinada, absolutamente contra o seu livro, em *O Globo*. Não lhe fora difícil descobrir o autor do ataque: Nelson Rodrigues. E, então, recebera o original de uma peça de Nelson Rodrigues, chamada *A mulher sem pecado*.

Um crítico menor teria se aproveitado para ir à forra. Mas Alvaro Lins achara a crônica tão "leviana e espirituosa" que se deu ao luxo de ser superior: leu a peça, gostou e, quando ela estreou, foi vê-la numa noite de plateia quase zero. E escreveu: "Este é um autor que conhece as condições do gênero teatral". Achou a peça um exemplo de teatro que continha "arte literária, imaginação, visão poética dos acontecimentos; técnica de construção; que não era uma cópia servil de cenas burguesas de sala de jantar; e, sim, a interpretação de sentimentos dramáticos ou essenciais da vida humana". Era a glória.

Se Alvaro Lins, que era Alvaro Lins, achava isso, que importava para Nelson que aquela plateia de lorpas e pascácios não lhe tivesse dado bola? Mas, na verdade, Nelson já nem precisava desse estímulo. Na noite de estreia de *A mulher sem pecado*, ele saíra do teatro com Elza e tinham ido comemorar sozinhos — embora não houvesse muito o que comemorar —, tomando coalhada na leiteria Palmira. Estava muito silencioso. Ao tomar o bonde Lapa-Praça da Bandeira, de volta para casa, já tinha outra peça em mente. O título seria *Véu de noiva*.

Ali mesmo, no bonde, achou outro melhor: *Vestido de noiva*.

Nelson começara a escrever *Vestido de noiva* na redação de *O Globo Juvenil* quando sentiu dois pares de olhos dardejando faquinhas em sua nuca. Virou-se e ouviu:

"Escrevendo teatro aqui?"

Era o secretário Djalma Sampaio, vigilante quanto à produção de seus funcionários. Nelson tirou o papel da máquina, enfiou-o numa pasta e voltou a cuidar de *Mandrake* e *Zé Mulambo*. Passou a escrever em casa, de madrugada. Chegava às dez da noite, jantava e escrevia. As cenas, os diálogos, brotavam-lhe às golfadas: um ato a cada dois dias. Parecia simples datilografia, sem que precisasse pensar. Alaíde, Lúcia, Pedro e madame Clessy, os personagens, iam saindo da Remington como se estivessem vivos. Em seis dias escreveu os três atos; no sétimo, um domingo, revisou. A época era janeiro de 1943.

Quando terminou, entregou a peça a Elza para que ela a batesse a limpo, tirando cópias a carbono. Não havia carbono que chegasse. Naquela primeira fornada foram pelo menos vinte cópias, a ser distribuídas a críticos, jornalistas, diretores, empresários, atores e amigos. Elza às vezes telefonava para *O Globo Juvenil*:

Carnaval de 1940: Nelson e Elza (esq.) partem para a batalha de confete

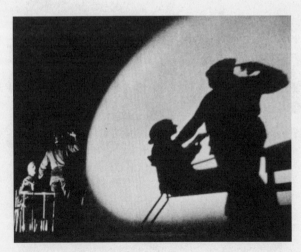

A mulher sem pecado: as suspeitas doentias do marido tornam-se realidade

Salto mortal: Nelson escreve a audaciosa
Vestido de noiva

"Nelson, você deve ter errado. A peça não faz sentido. Não estou entendendo nada."

"Vai batendo, meu coração", respondia Nelson. "Depois eu explico."

A primeira cópia de *Vestido de noiva* foi para Manuel Bandeira em fins de janeiro. Nelson conhecera Bandeira menos de dois meses antes, quando o poeta tinha ido à redação de *O Globo* e alguém os apresentara. *A mulher sem pecado* ainda estava em cartaz e Nelson dera-lhe ingressos para que ele fosse vê-la. Bandeira acabara indo, sem qualquer entusiasmo porque, como dizia, não tinha paciência com teatro nacional. Achava uma tristeza aquelas peças "para rir", cheias de piadas óbvias, e se irritava com o tom de orador de turma dos atores brasileiros. Mas o que vira em *A mulher sem pecado* o surpreendera: "O diálogo era de classe — rápido, direto e, por ser assim, facilitava aos atores a dicção natural". Bandeira gostara particularmente do contraste entre o falso paralítico, que falava sem parar, e os dois personagens mudos, a velha e a menina, "figuras quase que exclusivamente plásticas, sugestionadoras de mistérios inquietantes".

Já não gostara tanto do desfecho da peça: o falso paralítico se levantava da cadeira de rodas e saía lampeiro pelo palco. "Pode-se fingir uma loucura, como o *Henrique IV* de Pirandello, mas uma paralisia!", escreveu. Bandeira preferia que o paralítico fosse mesmo paralítico. Mas isso não diminuíra a sua admiração por *A mulher sem pecado* porque, na saída do teatro, percebera (pelo menos na noite em que ele fora) a plateia discutindo e discordando. "Bom teatro é o que sacode o público", achava ele. "Nelson Rodrigues sacode-o e tem força nos pulsos." Dias depois voltara à redação de *O Globo* e Roberto Marinho lhe perguntara o que havia achado. Não sabia que sua resposta iria provocar a demissão do crítico do jornal.

Agora, Nelson Rodrigues ia à casa do poeta na Lapa e deixava com ele o manuscrito de *Vestido de noiva*.

"Leia com a maior atenção — religiosamente", disse Nelson.

Bandeira ouviu aquilo e torceu o nariz. Uma peça que precisasse ser lida com tanta atenção, que diacho seria no palco? Obrigaria a plateia a se comportar como se estivesse numa igreja? O poeta mandou que Nelson telefonasse daí a dois dias. Nelson quase não dormiu, com palpitações. No dia marcado, ligou. Bandeira foi perfeito:

"Li duas vezes. Achei mais interessante do que *A mulher sem pecado*. O que me agrada na peça é que não tem literatice."

Ao ouvir isso Nelson ficou, como ele disse, "ébrio de si mesmo" — embora, no fundo, não esperasse por outra coisa. E, com sublime descaro, perguntou:

"Você escreve? Escreve?"

Bandeira escreveu — em *A Manhã*, de 6 de fevereiro. (Por coincidência, o jornal fundado por seu pai dezoito anos antes.) Foi nesse artigo que Bandeira arriscou aquele palpite que depois se provaria profético:

"Nelson Rodrigues é poeta. Talvez não faça nem possa fazer versos. Eu sei fazê-los. O que me dana é não ter como ele esse dom divino de dar vida às criaturas da minha imaginação. *Vestido de noiva*, em outro meio, consagraria um autor. Que será aqui? Se for bem aceita, consagrará... o público."

Afinal, o que havia de tão assombroso em *Vestido de noiva* para obrigar o público a superar-se? A simultaneidade dos planos. A ação se passa na realidade, na memória e na alucinação da heroína, uma mulher chamada Alaíde. Quando a peça começa, Alaíde já foi atropelada no largo da Glória e está sendo operada. Em seu delírio surgem os outros personagens: sua irmã Lúcia, cujo namorado Alaíde "roubou" e com quem se casou; Pedro, que é esse homem e que continuou mantendo um caso com Lúcia; madame Clessy, uma cafetina morta pelo namorado em 1905 e cujo diário Alaíde encontrou no baú deixado no sótão de sua casa. A mulher morta no passado revive e conversa com os personagens da ação real, que se passa em 1943.

Só isso já seria bombástico para a época, mas há momentos em que o marido de Alaíde se transforma no rapaz que matou Clessy; Alaíde conversa com Clessy na presença do seu próprio cadáver; e o espectador perde a noção de quando é realidade, memória ou alucinação.

"Você não vê que isso não pode ser feito no palco?", disse a Nelson mais de um profissional de teatro.

Referiam-se ao fato de que, em determinadas cenas, Alaíde e Lúcia, por exemplo, estavam vestidas de noiva num plano e, na cena seguinte, segundos depois, apareciam com roupas normais em outro. Ou que a passagem de um plano para outro teria de ser controlada por um jogo de iluminação de que não havia o mais remoto antecedente num palco brasileiro.

Tudo isso era possível no cinema, principalmente depois que Orson Welles fizera *Cidadão Kane* — mas, no teatro? *Cidadão Kane* estreara no Rio no próprio ano de sua realização, 1941, e provocara o mesmo rebuliço que em toda parte, com os seus vaivéns no tempo e no espaço. Mas, mesmo naquela época inocente, a plateia de *Cidadão Kane* sempre podia saber *quando* a ação estava se passando. Em *Vestido de noiva*, ela não saberia.

Isto, claro, se a peça viesse um dia a ser montada.

Nelson saiu distribuindo cópias pelo Rio e pedindo aprovações por escrito, para tentar convencer alguém a encená-la. Mas os elogios desses intelectuais assustavam mais do que estimulavam seus possíveis produtores — entre os quais *não estavam* Procópio, Jaime Costa ou Dulcina.

Nelson foi a Augusto Frederico Schmidt e arrancou dele um bilhete que dizia, entre outras coisas: "É mais que uma peça. É um processo e uma revolução". Procurou Astrojildo Pereira, fundador do Partido Comunista e uma pessoa unanimemente gostada e respeitada, exceto pela polícia. Astrojildo também se impressionou e escreveu: "É uma peça que poderá marcar novos rumos no teatro brasileiro". Do vienense Otto Maria Carpeaux, recém-chegado ao Brasil, Nelson só conseguiu uma palavra, mas que era mais do que suficiente: "Magistral!". Helio de Almeida, presidente da UNE, mostrara uma cópia a Drummond no MEC e ele também gostara.

Nelson saía pelas ruas brandindo esses bilhetes, mas a opinião geral era a mesma de Alvaro Lins, a quem ele também mandara uma cópia: a peça era excepcional, mas era para ser vista, não lida. Podia ser uma revolução — ou uma catástrofe. Tudo iria depender da montagem, advertiu Alvaro. E Henrique Pongetti, a quem Nelson procurara de novo, desta vez resolveu ser sério:

"A peça é um caos. Ninguém vai saber quem é quem. Nem os intérpretes vão se identificar com os personagens."

Nelson começou a sofrer.

Pelo menos uma cópia da peça circulou por São Paulo naqueles primeiros meses de 1943. Mas podem ter sido duas. Foram levadas pelo pintor Clóvis Graciano, com quem Nelson se dava e que lhe disse que ia procurar dois jovens paulistanos empenhados em teatro amador: Décio de Almeida Prado, do Grupo Universitário de Teatro, e Alfredo Mesquita, do Grupo de Teatro Experimental. Uma cópia foi efetivamente parar nas mãos de Décio. Bastou lê-la uma vez para se convencer de que a empreitada não estava ao alcance de seu grupo. *Vestido de noiva* exigia um diretor profissional, equipado com dinheiro, recursos técnicos e mão de obra experiente. Não se sabe se Alfredo Mesquita chegou a receber a sua cópia — embora isso fosse bem provável, porque Clóvis Graciano era ainda mais ligado a ele do que a Almeida Prado. Mas, se isso aconteceu, Mesquita deve ter achado a mesma coisa porque nada se materializou em São Paulo e nenhum dos dois chegou a falar com Nelson.

No Rio, Nelson já dava sinais de desespero. Tinha uma possível obra-prima nas mãos e ninguém para encená-la. Só em último caso entregaria *Vestido de noiva* a Abadie Faria Rosa, como fizera com *A mulher sem pecado*. Não gostara daquela encenação pífia, bem-comportada, de sua primeira peça. E, agora, via-se novamente obrigado a depender dele. A peça chegou a Abadie, que a recebeu rotineiramente. Garantiu que ela seria montada e passou as semanas seguintes sem tocar no assunto. Enquanto isso, notícias sobre aquela misteriosa peça que ninguém nunca vira saíam até nos suplementos femininos dos jornais. Edmundo Lys, em *O Globo Feminino*, escreveu que ela lhe lembrava os desenhos do falecido Roberto Rodrigues, irmão do autor: "As mesmas mulheres que morrem lindas e jovens, os mesmos mortos que voltam". Mas nem isso tirava Abadie de sua apatia.

Apatia, vírgula. Abadie lera *Vestido de noiva* e vira que se metera numa encrenca: a peça era impossível de encenar. Mas, se dissesse isto a Nelson, ele iria correndo contar a Vargas Neto — e este, embora fosse apenas Vargas Neto, podia dar-lhe um peteleco do SNT com a mesma facilidade com que o pusera lá.

Mas havia alguém no Rio que não achava *Vestido de noiva* impossível de encenar: um paraibano de 34 anos chamado Thomaz Santa Rosa. Mais pernambucano que paraibano, porque fora no Recife que Santa Rosa, funcionário concursado do Banco do Brasil, começara sua múltipla carreira: desenhista, músico, cantor lírico (barítono) e poeta. Em 1932, ele deixara tudo para trás, inclusive o banco, e viera para o Rio. Aqui, cavou um emprego de funcionário público (do qual foi logo demitido porque não comparecia nem para assinar o ponto) e concentrou-se no que realmente gostava de fazer. Começou nos jornais como ilustrador e criou o projeto gráfico dos novos suplementos literários de *O Jornal* e do *Diário de Notícias*. As editoras o descobriram e ele se tornou o capista favorito de Jorge Amado, José Lins do Rego e Graciliano Ramos. Invadiu as artes plásticas como pintor e crítico e, finalmente, tornou-se cenógrafo de teatro, descoberto por Louis Jouvet, o diretor francês que passara uma temporada no Rio. Tudo isso em onze anos.

Santa Rosa estava na plateia de *A mulher sem pecado* e, sem conhecer o original, achara aquela montagem, esta sim, um pecado. Poderia ter sido muito melhor. Até escrevera isso no *Diário Carioca*. Santa Rosa sabia o que estava dizendo porque, desde 1938, envolvera-se com um grupo de jovens amadores de teatro a que dera o nome de "Os Comediantes". Do núcleo inicial faziam parte Celso Kelly, Sadi Cabral, Mafra Filho, Margarida Bandeira Duarte, Ângelo Labanca, Luiza Barreto Leite, Agostinho Olavo, Gustavo Dória, Jorge de Castro, Brutus Pedreira e ele. Agora só restavam os cinco ou seis últimos, aos quais se juntara um punhado de jovens alucinados por teatro. Mas Santa Rosa acabara de fazer uma importante aquisição ao grupo: um polonês maluco, recém-chegado ao Rio.

Zbigniew (que ninguém sabia pronunciar: Ijbí-guiniévi) Ziembinski.

13

Santa Rosa, Ziembinski e Nelson na grande noite da estreia

— 1943 —
VESTIDO DE NOIVA

Fugindo da guerra, o polonês Ziembinski chegou ao Brasil. Levara dois anos numa complicada travessia Varsóvia-Rio via Bucareste, Milão, Paris, Marselha, Casablanca, Dacar e Cádiz, com os nazistas, os comunistas, a Cruz Vermelha e até a Legião Estrangeira nos seus calcanhares. Nos dele e nos de milhares de judeus como ele. Em todo lugar que parasse para respirar era considerado "indesejável". Finalmente desembarcou no Rio. Desceu do navio na praça Mauá e foi dar uma volta pela cidade. Seu instinto levou-o à Cinelândia, onde se viu cercado de cinemas e teatros. Sem saber tostão de português, concluiu que todos os espetáculos em cartaz se intitulavam *Hoje*. Era julho de 1941. Dois anos e meio depois, Ziembinski corrigiria o equívoco, fazendo com que se anunciasse na porta do Teatro Municipal um espetáculo dirigido por ele, chamado *Vestido de noiva*.

O Brasil deveria ter sido uma escala para Ziembinski, porque seu destino era Nova York. Mas ele nunca foi para Nova York, nem para outro lugar. Assim que chegou aqui, conheceu Agostinho Olavo, Santa Rosa e Brutus Pedreira. Eram Os Comediantes, já batizados, embora em embrião. Ziembinski sabia como eram esses grupos amadores: rapazes e moças ambiciosos e cheios de ideias. Alguns ricos, outros com talento. Queriam virar o teatro de pernas para o ar, inclusive porque não precisavam dele para viver. Mas perderiam anos em emocionantes reuniões e nunca veriam a luz de um palco sem a ajuda de um profissional. Os Comediantes contavam com Adacto Filho, um simpático professor de português e de dicção, mas sem talento como diretor. Não se comparava a ele, que aos 23 anos fora diretor do Teatro Nacional de Varsóvia, dirigira de gregos a Bernard Shaw e que, agora, aos 33, sentia-se capaz de encenar em três atos até o catálogo telefônico. Por algum motivo, Ziembinski acreditou nos Comediantes — e ficou no Brasil.

Era como ele dizia. Os Comediantes sonhavam acordados com os clássicos que iriam montar: *Escola de maridos* (1661), de Molière; *O leque* (1753), de Carlo Goldoni; *Capricho* (1847), de Alfred de Musset; *Péleas e Melisanda* (1892), de Maurice Maeterlinck; e com uma peça que estava na moda, *Fim de jornada* (1928), de R. C. Sherriff. Em 1940, por artes de Carlos Drummond de Andrade, tinham arrancado do Ministério da Educação uma verba de duzentos contos de réis e só faltavam carregar no colo o ministro Capanema. Mas parte do dinheiro já se fora numa montagem apenas boazinha de *A verdade de cada um*, de Pirandello, dirigida por Adacto. O resto estava se dissipando nas discussões sobre como montar as outras peças. O que eles precisavam, dizia Ziembinski, era de um bom original de autor brasileiro para incorporar àquele repertório. Não sabia ainda que transformar Alda Garrido em Katharine Cornell talvez fosse mais fácil.

Enquanto os outros discutiam, Ziembinski empenhou-se em aprender português e assistir ao maior número de peças nacionais. A língua, ele aprendeu na rua e com os próprios Comediantes, nas reuniões em casa de Stella e Carlos Perry, um casal fino de Copacabana. Falaria um português com sotaque da Transilvânia, mas que até lhe caía bem, principalmente quando ficava furioso. Quanto às peças, depois de assistir e sobreviver a dezenas delas, todas horrendas, foi ver *A mulher sem pecado*. Gostou, mas, como Santa Rosa, também achou que havia sido assassinada pela montagem. Os Comediantes já tinham um original brasileiro: *O escravo*, de um amigo deles, Lúcio Cardoso. Nada de especial, mas era alguma coisa para começar. *Quando* começassem.

Os meses de discussões sem resultados concretos já estavam deixando Ziembinski nervoso. Os Comediantes temeram que um empresário argentino passasse por aqui, descobrisse o polonês e o carregasse. Então outro amigo, o jovem Paulinho Soledade, "contratou-o" para dirigir o seu próprio grupo, o "Teatro dos Novos" — na verdade uma extensão dos Comediantes. Fariam um espetáculo com duas peças de um ato: *Orfeu*, de Jean Cocteau, e *As preciosas ridículas*, de Molière. Levaram mais da metade de 1942 ensaiando e finalmente foram à cena no Teatro João Caetano — por uma única noite. E, mesmo assim, para convidados. Ninguém lhes implorou que continuassem. Ziembinski agradeceu os aplausos e, quando já estava se convencendo de que o teatro no Brasil era um mar morto, Brutus Pedreira deu-lhe para ler o original de *Vestido de noiva*.

Uma cópia da peça caíra nas mãos de Santa Rosa em março de 1943. Santa Rosa leu e não quis acreditar. Passou-a a Brutus, que também leu e também não acreditou. Brutus passou-a a Ziembinski e o comentário de Ziembinski confirmou o que eles suspeitavam:

"Não conheço nada no teatro mundial que se pareça com isto."

Dias depois, Santa Rosa apresentou Nelson a Brutus Pedreira, que lhe ofereceu dois contos de réis para poder montá-la. Aquilo soou tão lindo a Nelson quanto uma passagem do *Cântico dos cânticos*. Mas então lembrou-se de que já estava comprometido com Abadie Faria Rosa — no auge do desânimo dera-lhe a peça. Era como se aquele dinheiro — quase quatro vezes o seu salário em *O Globo Juvenil* — batesse asas do seu bolso antes mesmo de ter entrado. Brutus acalmou-o e foram conversar com Abadie. Nelson foi humilde, explicou a Abadie que o dinheiro seria útil à sua família e ficou surpreso quando Abadie quebrou todos os recordes de devolução de peças:

"Não tem que explicar, Nelson! O que for melhor para você!"

Só depois Nelson ficou sabendo que Abadie já comentara com Brutus e Santa Rosa: "Não sei se quero montar essa peça. Se quiserem, podem ficar com ela e é um favor que me fazem".

No dia seguinte, Nelson foi apresentado a Ziembinski e se assombrou com a desenvoltura com que ele punha abaixo dos cachorros o teatro brasileiro e mundial. "Derrubava tudo e sapateava por cima dos cacos", Nelson contaria depois. Brutus fez a sua parte: desfraldou pela cidade o argumento de que não apenas era chique fazer teatro amador, como mais ainda financiá-lo, e levantou dinheiro extra com algumas famílias do Rio: os Guinle, os Rocha Miranda, os Saavedra. E, finalmente, Os Comediantes conseguiram datas no Teatro Municipal — para dezembro, dali a oito meses, o que lhes daria tempo para preparar todo o seu repertório. Adacto dirigiria *Capricho* e *O escravo*; Ziembinski ficaria com *Fim de jornada*, *Péleas e Melisanda* — e, lógico, com *Vestido de noiva*, o bilhete premiado, a peça em que investiriam a maior parte do tempo e dos recursos.

Ia começar a aventura de *Vestido de noiva*: oito meses de ensaios, oito horas por dia — para um resultado que poderia significar a glória ou o fim dos Comediantes.

Os Comediantes ensaiavam onde lhes deixassem. No Municipal era impossível, porque o teatro passava o ano inteiro ocupado e eles só o teriam às vésperas da estreia. Então ensaiavam nas suas próprias casas, no auditório do Botafogo ou no Instituto Italiano, na avenida Presidente Antônio Carlos. Ziembinski começou pela leitura em voz alta com o grupo. Ficava horas debruçado sobre uma fala, até certificar-se do que poderia extrair dela em termos cênicos, plásticos, psicológicos. Cada linha era repassada centenas de vezes. Nunca se vira isso no teatro brasileiro — um teatro em que, não raro, os atores só eram apresentados aos personagens na hora de entrar em cena. Sua primeira exigência parecia um sacrilégio: a abolição do ponto. Quem não soubesse o papel na ponta da língua, que ficasse em casa.

Ziembinski tornou sagrada a instituição do ensaio: cobrava frequência com um rigor de bedel. Quem chegasse atrasado levava broncas de vulcão cracoviano. Mas quem queria se atrasar? Eram aulas práticas de representação e direção, que caíam como pepitas douradas nos ouvidos daqueles meninos completamente crus. E fora preciso haver uma guerra mundial para desembarcar aquele gênio no Brasil.

Todos tinham empregos e ocupações, que relaxaram, deixaram de lado ou dos quais foram despedidos. Brutus Pedreira, Agostinho Olavo, Maria Barreto Leite e Alvaro Alberto eram funcionários públicos; Carlos Perry, Virgínia de Souza Neto, Nelson Vaz e Maria de Lourdes Watson, advogados; Luiza Barreto Leite e Gustavo Dória, jornalistas; Nadir Braga e Magalhães Graça, estudantes de Direito; Alvaro Catanheda, estudante de Engenharia; Aristides Araújo, bancário; Expedito Porto, contador; os irmãos Darcy e Jaime dos Reis, comerciários; Sílvia de Freitas e Mary Cardoso, funcionárias do Ministério do Trabalho; Nélio Braga, Armando Couto e as irmãs Naná e Auristela Araújo, secundaristas; Otávio Graça Mello, tenente da Aeronáutica; Stella Graça Mello, sua mulher.

As duas principais figuras do elenco foram as últimas a ser escolhidas e nunca tinham trabalhado, no que quer que fosse, nem por um minuto em suas vidas: Stella Perry e Evangelina Guinle da Rocha Miranda.

Até então Stella era apenas amiga e anfitriã dos Comediantes. Seu interesse por teatro resumia-se na escolha do vestido que usava nas estreias. O mais perto que chegara de um palco fora nas festas de formatura do Instituto Lafayette, na Tijuca, onde estudara. E nem sua família (a família Rudge, cheia de ramos nobres no Rio, em São Paulo e na Inglaterra) gostaria de vê-la misturada com gente de teatro. Mas o marido de Stella, Carlos Perry (ele próprio filho, sobrinho e neto de oficiais da Marinha), *queria* misturar-se com aquela gente, tornar-se ator. Os invejosos sussurravam que seu maior talento era ser casado com Stella, uma das mulheres mais desejadas do Rio. Carlos Perry já fora selecionado para o elenco de *Vestido de noiva*. Foi quando Adacto Filho imaginou que Stella ficaria bem no papel principal de *Capricho*. Custou a convencê-la. Stella aceitou na condição de que os primeiros ensaios fossem em segredo — se achasse que não dava para a coisa, desistiria e ninguém ficaria sabendo.

Mas o segredo era impossível. Um dos ensaios de *Capricho* foi presenciado por Ziembinski. Ele viu Stella e apenas comunicou-lhe:

"Você vai ser Lúcia em *Vestido de noiva*."

Evangelina Guinle, por sua vez, era milionária há várias gerações. Nascera e morava no Palácio Laranjeiras, que seu pai, Eduardo Guinle, brevemente venderia ao governo para servir como residência oficial do presidente da República. Apesar de íntima do poder, Evangelina era timidíssima. Seu marido, Edgar da Rocha Miranda, é que sonhava ser um dramaturgo. Escrevera uma peça em inglês e a oferecera aos Comediantes. Brutus Pedreira alegou que já estavam com o repertório completo, mas achou que Evangelina seria perfeita como Alaíde. Mas não a convidou diretamente. Maquiavel reencarnado, pediu a Stella Perry que fizesse isso. Stella achou ótimo porque teria uma cúmplice no elenco. E Evangelina só aceitou porque a deixaram usar um pseudônimo que não fizesse sua família envergonhar-se — donde a primeira Alaíde foi interpretada por uma atriz chamada Lina Gray, de quem nunca mais se ouviu falar.

Foi dessa turma de inexperientes que Ziembinski começou a exigir tudo, com uma severidade sádica e a resistência física de um boi — resistência que esperava também dos outros. Parecia um domador de circo, equipado com chicote, cadeira e bombacha imaginários. Sabia a peça de cor, cada vírgula, cada inflexão. Apontava os erros sem abrir o original, gritando: "Veja a página tal!". Mandava voltar e fazer tudo de novo, quantas vezes achasse necessário, e não admitia muxoxos. Era como se quisesse levar o elenco à beira da exasperação.

Nelson ia a todos os ensaios e ficava abestalhado com a energia e o rigor de Ziembinski — tão diferente do terno e quase doce Rodolfo Mayer que dirigira *A mulher sem pecado*. E, para sua surpresa, Ziembinski era homossexual. Brutus e Adacto também, mas, em Ziembinski, isso parecia transfigurar-se no que Nelson chamava de uma "ferocidade de javali". Não se sabe como, diante dos maus-tratos, um daqueles rapazes não se virou para Ziembinski e lhe plantou uns tabefes.

Nos últimos trinta dias antes da data da estreia — 28 de dezembro —, Os Comediantes finalmente tiveram o Municipal para ensaiar. Mas só de meia-noite às oito da manhã, quando o palco estivesse desocupado. Ziembinski não saía do teatro nem para comer e não deixava ninguém sair. Mandava vir ovos quentes e dava ordens aos berros com a boca cheia, cuspindo perdigotos de gema amarela. Alguns atores e quase todos os técnicos já o detestavam. Nunca estava contente com nada. Para a complicada iluminação que pretendia fazer, por exemplo, achava insuficiente a luz do Municipal. "A luz do Municipal!", exclamavam os técnicos, indignados.

Ziembinski mandou alugar equipamento extra em outros teatros e, às vésperas da estreia, obrigou Brutus Pedreira a conseguir que o Palácio Guanabara emprestasse os enormes refletores dos seus jardins. É cômica a ideia de a então residência oficial da presidência ficar às escuras, enquanto Ziembinski fazia o diabo com a luz no Municipal, mas foi o que aconteceu.

Realizou nada menos que seis ensaios gerais, envolvendo o Municipal inteiro: maquinistas, eletricistas, contrarregras, faxineiros. Somente para os efeitos de luz foram três ensaios. O cenário de Santa Rosa era montado e desmontado todas as madrugadas. Inga Vargas, mulher de Lutero Vargas, filho de Getulio, desenhara o vestido de noiva que Stella Perry e Evangelina Guinle usariam em cena. No último ensaio geral (o da véspera), a tensão chegara ao máximo. Os atores estavam com olheiras, Evangelina Guinle tinha bolhas nos pés e a equipe técnica se sentia surrada a martelo. Mas quem se rebelou foi Stella Perry.

O ensaio terminara às oito da manhã do próprio dia da estreia e todos estavam insones. Ziembinski bateu palmas e disse que queria todo mundo de novo no teatro às duas da tarde, para uma repassada final. Stella, à beira do desmaio, saiu de sua habitual compostura e gritou aos prantos:

"Não volto mais! Não aguento mais esta merda!"

E saiu correndo do teatro. Ziembinski se assustou. Não podia perder sua estrela a doze horas de subir o pano. Acuou Carlos Perry num canto e ordenou-lhe que convencesse sua mulher a voltar. Carlos Perry foi atrás de Stella para pôr panos mornos, mas só lhe arrancou a promessa de que ela voltaria à noite para a peça — não para o ensaio. E não houve o ensaio final.

O impressionante em Ziembinski é que, enquanto ensaiava *Vestido de noiva*, ele cuidara também de *Fim de jornada*, o primeiro espetáculo oficial dos Comediantes e que fora levado no Teatro Ginástico no dia 4 de dezembro. Já dera ali uma demonstração do que era capaz com seus efeitos de luz, mas ninguém gostara da peça: um drama sobre a Primeira Guerra, longo e chato o suficiente nas suas duas horas normais, e que Ziembinski esticara para quatro horas e meia — mais que *E o vento levou*! Cada ator parecia meditar profundamente antes de dizer a sua fala e, quando falava, era uma banalidade. Os críticos chamaram a peça de *Jornada sem fim*.

Pelo menos, os críticos tinham ido vê-la e até escrito sobre ela — porque, normalmente, não perdiam tempo com espetáculos de amadores. Mas Os Comediantes eram diferentes. Eram bonitos, bem-nascidos e inteligentes e, no caso de *Vestido de noiva*, tinham a seu favor o insaciável apetite promocional de Nelson. Ele contava com *O Globo* para apoiá-lo e ainda conseguia plantar matérias em outros veículos.

Na semana da estreia, por exemplo, um ansioso Pedro Bloch já dizia maravilhas sobre a peça em sua coluna na revista *Fon-Fon*. (Nelson ia todo dia ao seu consultório médico na rua São José, para contar-lhe como seria.) E havia os artigos que Manuel Bandeira e Alvaro Lins tinham escrito sobre o texto, e as opiniões de Augusto Frederico Schmidt, Astrojildo Pereira e Otto Maria Carpeaux, que Nelson não se cansava de citar. Criara-se um clima de expectativa — que alguns queriam ver vitorioso e outros torciam para que fracassasse.

Os profissionais, por exemplo, explodiam de ciúmes. Nunca as celebridades literárias tinham dado tanta confiança ao teatro. Todo dia os jornais publicavam declarações de escritores louvando Os Comediantes e, principalmente, *Vestido de noiva*, que ainda nem havia estreado. (Os mesmos escritores que, no passado, só se referiam ao teatro brasileiro para dizer que ele era uma porcaria). Os mais velhos viram nisso uma ameaça: um bando de novatos, amadores e estrangeiros tentando destruir o "teatro nacional". Fingiam esquecer que o único estrangeiro ali era Ziembinski, embora, de fato, Ziembinski valesse por uma trupe.

O barulho em torno de Os Comediantes acordou pelo menos alguns profissionais. Procópio Ferreira, por exemplo, chamou a imprensa e anunciou (a sério) que ia montar Molière e Shakespeare. Dulcina de Morais e seu marido Odilon Azevedo encomendaram a Cecília Meireles a tradução de *Bodas de sangue*, de Federico García Lorca, e a levaram no ano seguinte. Foi o começo de uma nova carreira para Dulcina. Mas outro veterano, Jaime Costa, preferiu o sarcasmo: mandou afixar na porta de seu teatro um cartaz dizendo: "Uma peça sem ziembinskices".

O que doía nos profissionais, como contaria depois Gustavo Dória, eram as subvenções oficiais que os amadores recebiam. Naquele dezembro de 1943, a dias da estreia de *Vestido de noiva*, o pessoal do teatrão convocou uma assembleia para solicitar esse mesmo apoio. E, não contente, exigiu também que o governo parasse de dar dinheiro aos amadores. Não conseguiu nem uma coisa, nem outra.

Enquanto isso, *Vestido de noiva* via aproximar-se a hora fatal, do pano subir. Nelson temia que o público, não entendendo nada, detestasse a peça, atirasse ovos e hortaliças. O título era uma coisa lírica, recendendo a água de flor de laranjeira. Mas só os extremamente incautos iriam ao Municipal aquela noite à espera de lirismos — todos já sabiam que se tratava de algo "revolucionário".

Roberto Marinho pedira a Nelson para ler a peça e lhe dissera: "Você precisa parar com essa mania de ser um gênio incompreendido". Queria dizer que *Vestido de noiva* iria atrair todos os ricos que nunca iam a teatro no Brasil — diplomatas, banqueiros, industriais, gente que só saía de casa para ver companhias estrangeiras, isso quando não as assistia em Paris. E, ao contrário dos outros espetáculos dos Comediantes, *Vestido de noiva* seria visto com ingressos pagos.

Às 20h30 do dia 28 de dezembro de 1943, os porteiros, nos seus uniformes de lã azul e botões dourados, abriram os portões do Municipal para os 2 205 espectadores — todos sentindo-se em casa entre aquelas ferragens e louças inglesas do século xix ou sob os lustres que, como diria Nelson, "pingavam diamantes". O proletariado, por falta de roupa, não compareceu.

O próprio Nelson foi o primeiro a entrar. Manuel Bandeira, por acaso, o segundo. Nelson zanzou pelo saguão, comovedoramente perdido, e depois sumiu. Escondeu-se no fundo de seu camarote. A úlcera, em fogo, subia-lhe pelas paredes do duodeno como uma lagartixa profissional.

O pano subiu às 21h30 com o palco às escuras. Nelson Vaz, um dos Comediantes, apareceu em cena e leu uma breve explicação de Nelson Rodrigues

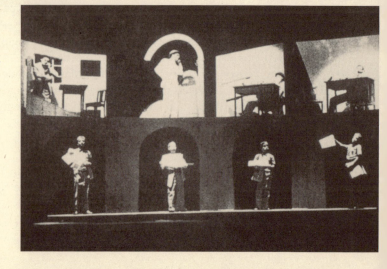

Teatro Municipal, 28 de dezembro de 1943: nunca se vira nada como os cenários de Santa Rosa e a iluminação delirante de Ziembinski

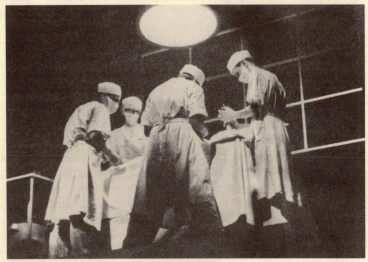

Para muitos, a peça de Nelson era impossível de encenar. Atores e cenários mudavam bruscamente, como no cinema. Temia-se que ninguém entendesse nada

sobre o que iria acontecer na peça. A história se passava em três planos: o da realidade, o da memória e o da alucinação. Etc. etc. Nelson Vaz retirou-se sem aplausos. O palco continuou às escuras por alguns momentos, sob um silêncio em que se podiam ouvir os pernilongos. Então os refletores colocados na sala jorraram luz sobre o cenário de Santa Rosa e ouviram-se as buzinas, pneus cantando na derrapagem e sons de vidros partidos. Era Alaíde sendo atropelada em frente ao relógio da Glória. *Vestido de noiva* começava.

A plateia podia esperar por muita coisa, mas não pelo que transcorria diante dos seus olhos: 140 mudanças de cena, 132 efeitos de luz, 20 refletores, 25 pessoas no palco e 32 personagens, contando os quatro pequenos jornaleiros de verdade que gritavam as manchetes de *A Noite*. Mesas e cadeiras subiam e desciam no palco, manobradas por cordões invisíveis. Um personagem se transformava em outro, e depois em outro, vivido pelo mesmo ator. Os planos se cruzavam, se sobrepunham, se confundiam. Apesar da explicação lida por Nelson Vaz, grande parte da plateia sentia-se ofendida por não estar entendendo. E a outra parte sentia-se ofendida pelos temas do adultério e da prostituição ou por frases como "É tão fácil matar um marido".

Ao fim do primeiro ato, poucos aplausos — partidos do camarote onde estavam Nelson, sua mulher, sua mãe e suas irmãs. Meia dúzia de gatos pingados fizeram coro na orquestra. (Talvez fossem Manuel Bandeira e seus amigos.) Nelson ficara de costas para o palco durante todo o primeiro ato, sem coragem para assistir à peça. Os minguados aplausos o tinham feito virar-se, com um medo agora real.

No intervalo, o clima era de conflagração. Espectadores reclamavam da "pobreza" dos diálogos. (Não faziam ideia de como Nelson lutara para livrar-se de seu ranço parnasiano e escrever simples.) Outros argumentavam que a linguagem "chula" era para destacar a "vulgaridade" dos personagens, que só falavam em sexo. Mais de um arriscou que se tratava de uma peça "espírita". (Quando, mais tarde, perguntaram-lhe sobre isso, Nelson sentenciou: "Palpite não se discute".)

Nos bastidores, Ziembinski tinha seus próprios problemas. Um pé de vento ou coisa parecida espalhara as folhas com as marcações da luz. Um dos eletricistas, o senhor Rodrigues (sem parentesco com Nelson), juntou as folhas de qualquer maneira e a luz começou errada no segundo ato. Ziembinski queria estrangulá-lo — ou estrangular-se. Correu lá para cima e dirigiu pessoalmente a luz, de memória. A situação só se normalizou no terceiro ato. Mas também no segundo intervalo houve problemas: a enorme cruz do velório de madame Clessy desabou com estrondo no meio do palco. Por sorte a cortina estava abaixada e a plateia tinha saído para fumar. Nelson contabilizara os aplausos ao fim do segundo ato: um ou dois. Desta vez seu camarote ficara mudo — nem sua mãe aplaudira.

Quilômetros de fiação atrás do palco dificultavam a movimentação e as rápidas trocas de roupas dos atores. No texto, Alaíde saía do plano da realidade onde estava de preto (luto) e, em menos de dez segundos, tinha de aparecer vestida de noiva no plano da alucinação. Na prática, trevas caíam sobre Evangelina Guinle, ela passava por uma porta e, atrás do cenário, era despida e vestida a jato por duas costureiras. Enquanto uma lhe aplicava o véu, outra grampeava a cauda do vestido. Carlos Perry tinha também de mudar o fraque de noivo para o uniforme de colegial, e de novo para o fraque, em menos de trinta segundos. Era ajudado por Graça Mello, que fazia o pai de Alaíde. Milagrosamente, tudo corria à perfeição. No camarote, Nelson pusera-se de frente para o palco, mas, como não enxergava nada, isso já não o fazia sofrer. Só uma coisa agora lhe dava vontade de morrer: a possibilidade da vaia. Não suportaria ser vaiado na presença de sua mãe.

Duas horas depois, a peça chegou ao fim. Na fala final, Lúcia pediu: "O buquê". Caiu o pano. Silêncio total na plateia — e pânico em surdina nos bastidores durante uma aparente eternidade. Era para subir o pano? Ninguém sabia. Ziembinski esperava, respirando grosso. "Eles não gostaram!", sussurrou Stella para Evangelina. Mal acabou de dizer isso, ouviram palmas esparsas. Outras palmas se juntaram e, de repente, num crescendo, transformaram-se numa ovação, como se só então a plateia tivesse sido sacudida de um torpor. Era assustador. Ziembinski mandou subir o pano enquanto gritava palavrões em polonês. Os atores surgiram e o aplauso foi ensurdecedor. O elenco ia e vinha, e as palmas não paravam. Ziembinski também apareceu e o teatro delirou.

Alguém gritou da plateia: "O autor! O autor!". O grito fora de José César Borba, jornalista do *Correio da Manhã* e fã de *Vestido de noiva* desde que lera o texto. Nelson ouviu que o chamavam e foi à varanda do camarote, para acenar aos aplausos. Mas ninguém olhava para ele, só para o palco, onde todos choravam e se abraçavam. Ninguém do elenco, nem Ziembinski, nem Brutus, o apontou no camarote. Outros também gritavam "O autor! O autor!", mas, como não o conheciam, era como se ele fosse invisível. (Nelson diria depois que sofreu naquele momento, sentindo-se "um marginal da própria glória".) Voltou para o seu lugar e recebeu o abraço de Roberto Marinho, que estava no camarote ao lado. Na primeira crítica sobre a peça, a de Mario Hora em *O Globo*, logo no dia seguinte, Nelson iria ler que não aparecera para os aplausos por "timidez". Mario Hora não imaginava que Nelson nunca superaria o trauma de ter sido involuntariamente ignorado na sua hora máxima.

Desceu às cegas a escadaria, rumo aos camarins, ouvindo exclamações de entusiasmo de quem não sabia que ele era o autor. Alvaro Lins, que já o conhecia de vista, puxou-o pela manga e o apresentou a Paulo Bittencourt, proprietário do *Correio da Manhã*. O filho de Edmundo Bittencourt, ex-patrão e maior inimigo de seu pai, estava entusiasmado: "Sua peça é extremamente interessante!". E Paulo Bittencourt tinha sido educado em Oxford, era homem habituado a ver teatro na Europa, nos Estados Unidos e no diabo. Disse mais: "O Alvaro vai escrever e eu também. Faço questão!". (Cumpriu a promessa.)

Quando finalmente chegou aos camarins, Nelson recebeu a ovação que esperava. Ao vê-lo, Ziembinski gritou: "O autor!", e uma multidão — atores e penetras — arremessou-se para abraçá-lo, em meio a montanhas de flores. Todos choravam: Nelson, Ziembinski, Brutus, Santa Rosa. Nelson sentiu as pernas bambas, a vista turva e teve uma impressão de irrealidade. Era como se aquilo estivesse acontecendo a outro, que era ele, mas que ele podia observar de fora.

Daí a uma hora, quando as últimas pessoas se retiraram, Ziembinski reuniu o elenco, ainda com as roupas de palco, para ser fotografado por Carlos — no cenário, nas principais situações da peça. Era uma noite a ser imortalizada e Carlos era a estrela dos fotógrafos de teatro. Foi quando se fizeram as únicas fotos do *Vestido de noiva* original.

Com uma diferença em relação ao elenco daquela noite: Evangelina Guinle sumira sem avisar. Procuraram-na por todo o teatro, em vão. Só Stella Perry sabia por que ela fora embora. Num excesso de autocrítica em meio às comemorações, Evangelina dissera para Stella: "Esta peça é sua. Estou aqui de coadjuvante. Quando a temporada acabar, nunca mais pisarei num palco". Ziembinski resmungou qualquer coisa em polonês e mandou que Virgínia Souza Neto pusesse o vestido de noiva de Alaíde e posasse escondendo o rosto. Foi sua homenagem a Evangelina.

Ao contrário do que acontece na noite de uma grande estreia da Broadway, Nelson não teve uma festa com champanhe numa suíte de hotel, à espera dos matutinos com as primeiras críticas.

Depois de praticamente inventar o teatro brasileiro, o autor de *Vestido de noiva* viu-se na avenida Rio Branco, escura e deserta, caminhando feito um zumbi em direção à leiteria Palmira, no largo da Carioca. Ele, sua mulher, sua cunhada Julieta e sua sogra foram comer o "jantar Avenida" da leiteria: bife, batata frita e dois ovos. (Pediu pão por fora.) O resto do elenco fora comemorar na chique sorveteria A Brasileira, na Cinelândia.

E sabe por que Nelson não foi com os outros para A Brasileira? Porque não tinha dinheiro.

Não lhe faltaria, evidentemente, quem disputasse a primazia de pagar por ele. Mas, naquele momento, ainda não se dera conta de que, fechado o pano de *Vestido de noiva*, ele deixara de ser o miserável que se tornara desde a morte de Roberto.

A morte de Roberto. Quando Nelson pegou o bonde de volta para a praça da Bandeira, já eram quase duas da manhã de 29 de dezembro de 1943. Sem tirar nem pôr — nem um dia, nem uma hora, talvez nem um minuto —, completavam-se quatorze anos que seu irmão morrera.

Como um eterno retorno, uma nova vida começava naquele exato momento.

14

A polonesa Stipinska, Ziembinski e Nelson no Teatro Phoenix

— 1944 —
ENTRA "SUZANA FLAG"

"O que está havendo com o teatro, que só se fala nisso?", perguntou Getulio Vargas a seu ministro Capanema em janeiro de 1944.

"São Os Comediantes e é *Vestido de noiva*, presidente!", respondeu o ministro, enchendo a boca.

Capanema sentia-se quase coautor daquele sucesso. Afinal, fora ele que, três anos antes, liberara a verba para Os Comediantes. Sem o dinheiro, como eles teriam encenado aquela maravilha? Nem assim Getulio foi ver *Vestido de noiva* — teatro, para ele, só de revista, e assim mesmo quando ele era imitado pelo Pedro Dias. Mas Getulio sabia quem era Nelson Rodrigues. Sabia que era filho de Mario Rodrigues, o proprietário de *Crítica*, o único jornal irremediavelmente destruído na revolução de 1930. Havia um processo de indenização ou coisa parecida se arrastando e de que, de vez em quando, seu sobrinho Vargas Neto vinha lhe falar. Não se sabe se Getulio sentia-se em dívida para com os Rodrigues. O fato é que, em todos os anos em que Getulio foi ditador ou presidente constitucional, Nelson nunca foi aborrecido pela censura. E sempre teve o Teatro Municipal à sua disposição.

O Municipal viu *Vestido de noiva* cinco vezes naquela temporada: dias 28 e 29 de dezembro de 1943 e, como já estava previsto, 28, 29 e 30 de janeiro de 1944. Só que, na volta do espetáculo, em janeiro, autor, diretor e elenco já podiam espanar os confetes que lhes caíam sobre os ombros e lapelas. A imprensa estava aos seus pés. "É de uma riqueza sonora, uma riqueza plástica, uma profusão de talento criador que só conhecíamos quando acontecia no Municipal a caridade de algum teatro francês, inglês ou italiano", escreveu Guilherme Figueiredo em *O Jornal* (31 dez. 1943). No *Diário de Notícias* do mesmo dia, R. Magalhães Jr. subiu no banquinho para decretar: "Nelson Rodrigues é um dramaturgo de descomunal talento".

Ainda zonzo com o que vira, Manuel Bandeira voltou a escrever sobre *Vestido de noiva*, agora em *O Cruzeiro*: "Nelson Rodrigues está de parabéns: é um autêntico homem de teatro, e mais — um grande poeta. Na segunda tentativa, atingiu a altura da obra-prima". Carlos Lacerda deu uma conferência no Teatro Phoenix, dizendo que Nelson Rodrigues estava revolucionando a linguagem do teatro mundial. No *Correio da Manhã*, José César Borba escreveu que Nelson Rodrigues atingia "quase as raias da genialidade". E Alvaro Lins, num rodapé grave como o mogno, reafirmou sua admiração. Foi dito que a Semana de Arte Moderna de 1922 chegara enfim ao palco e que Nelson estava para o teatro como Carlos Drummond para a poesia, Villa-Lobos para a música, Portinari para a pintura e Oscar Niemeyer para a arquitetura.

Mesmo coberto de ouro, incenso e mirra, Nelson ainda não parecia satisfeito: um artigo assinado por "Maria Lúcia" em *O Globo Feminino*, logo depois da estreia, punha *Vestido de noiva* nas nuvens — o que, aliás, era o seu lugar. Só que o artigo parecia escrito por Nelson. Reportagens laudatórias assinadas por outros, mas com o indiscutível estilo nelsonrodrigues, continuariam saindo em *O Globo* durante janeiro de 1944. E, assim que ele se mudasse para os Diários Associados, em fevereiro, passariam a sair nos jornais e revistas de Chateaubriand. Não era uma coincidência?

A primeira crítica sobre *Vestido de noiva*, a de Mario Hora em *O Globo* de 29 dez. 1943, apressava-se a defender Nelson de uma acusação que então já lhe faziam e que, no futuro, seria muito repetida: a de que o gênio de *Vestido de noiva* era Ziembinski e não Nelson. "De todos os espetáculos dos 'Comediantes', este foi o que menos sofreu a influência de Ziembinski", escreveu Mario Hora. Podia garantir isso por que Nelson lhe dera a peça para ler antes da encenação e já estava praticamente tudo lá: o enredo que ia para a frente e para trás, as rubricas, as marcações. Décio de Almeida Prado, que veria a peça em São Paulo meses depois e também já a tinha lido mais de um ano antes, era da mesma opinião. Apesar disso, houve quem insinuasse que Ziembinski não apenas "consertara" o suposto caos do original, como até reescrevera o texto — como se quase todo o Rio de Janeiro não o tivesse lido antes que ele caísse nas mãos dos Comediantes.

Essa foi uma insinuação que Ziembinski, marotamente, nunca se esforçou para desmentir. Ao contrário, atribuiu-se inclusive a autoria dos flashbacks e flashforwards usados continuamente na peça, esquecendo-se de explicar como Nelson poderia ter concebido a peça sem eles. Mas Ziembinski só daria corda a essas interpretações muitos anos depois, quando ninguém mais se lembrava do relativo fiasco que haviam sido as suas duas outras encenações na época de *Vestido de noiva*: a de *Fim de jornada*, em 4 de dezembro de 1943, e a de *Péleas e Melisanda*, em 18 de janeiro de 1944. *Fim de jornada* era mesmo o fim e *Péleas e Melisanda* foi elogiada, mas apenas por sua beleza plástica — onde nem tudo era obra de Ziembinski. Os deslumbrantes cenários de Santa Rosa, por exemplo, roubaram a noite. (E havia a tradução de Cecília Meireles, que alguns achavam melhor que o texto original.) Com tudo isso a seu favor, Ziembinski não conseguira fazer dessas peças um outro *Vestido de noiva*. Por que seria?

Muitos anos depois, a discussão sobre Nelson se voltaria para as influências que ele teria sofrido ao escrever a peça. Os críticos e ensaístas do futuro, excessivamente aparelhados, veriam semelhanças temáticas e estilísticas entre *Vestido de noiva* e dois grandes autores do período: Luigi Pirandello, por causa de *Seis personagens em busca de um autor*, e Henri-René Lenormand, cuja peça de 1918, *O tempo é sonho*, já fazia uma espécie de psicanálise de boudoir. A pergunta era: Nelson teria lido alguma dessas peças antes de escrever a sua?

Mais uma vez voltamos àquela sua irônica afirmação de que, antes de escrever teatro, ele só vira burletas de Freire Jr. e lera a recente (1939) *Maria Cachucha*, de Joracy Camargo — uma afirmação cuja ironia ninguém parecia perceber. O toque infalivelmente perverso de Nelson se revelava até na escolha da peça de Joracy. Poderia ter citado a mais famosa, *Deus lhe pague*. Mas não: preferiu *Maria Cachucha* — como se alguém pudesse escrever *Vestido de noiva* tendo lido apenas qualquer das duas.

A postura anti-intelectual que Nelson assumiria a partir dos anos 50 faria com que a sua "ignorância" fosse vastamente alardeada — o que lhe convinha, porque valorizava mais ainda o lado revolucionário de *Vestido de noiva*. (Além de comercialmente rentável. Quem não fica fascinado por um primitivo genial?)

Mas não era essa a sua atitude quando a peça estreou. Ao contrário. Em 1944, Nelson *queria* ser reconhecido como um intelectual sério. Quando lhe perguntavam o que tinha lido de teatro, citava Shakespeare, Ibsen e Pirandello com a casualidade de quem se referia ao Gato Félix ou ao marinheiro Popeye.

Se quisessem saber quanto tempo levara para escrever *Vestido de noiva*, fazia um ar vago e lançava uma insinuação de que teriam sido uns seis meses — e não os seis dias que efetivamente passara em cima da Remington. Tinha pudor da própria velocidade. Chegou até a pedir a Elza, sua mulher, que não contasse a ninguém que a escrevera tão rápido. Tinha medo de que não entendessem que *Vestido de noiva* podia ter sido escrito em seis dias, mas tinha levado anos maturando em sua cabeça. Além disso, ouvira dizer que seu ídolo Eugene O'Neill escrevia devagar e reescrevia mais devagar ainda. E ele, que nem reescrevia? Não tinha culpa se, quando se sentava para trabalhar, já sabia o que iria fazer.

A prova de que Nelson não era um intuitivo, e muito menos um primitivo, está no seu artigo em *O Cruzeiro* de 25 mar. 1944 — três meses depois da estreia —, intitulado "Como fiz *Vestido de noiva*" e curiosamente assinado por Márcio Cunha. Entre outras coisas, Nelson descreve o que se passa em cena quando Alaíde está perto de morrer:

Sua memória entra em franca dissolução, perde qualquer harmonia, digo mais, qualquer ordem cronológica. Tudo se superpõe monstruosamente: fatos, imagens e sonhos. Não há mais noção de tempo: Vestido de noiva está, então, fora do tempo. Incidentes de 25 anos atrás adquirem uma atualidade tremenda: nada aconteceu, tudo acontece, tudo está acontecendo. Foi banido, portanto, o tempo do relógio e das folhinhas. Creio que o processo de ações simultâneas em tempos diferentes é tipicamente poético: um processo, sobretudo, de uma riqueza plástica e de uma sugestão dramática que me parecem extraordinárias.

Quem escreveu isso em 1944 poderia ser um "intuitivo", um "primitivo"? E quem garante que Nelson não sabia quem era Henri Bergson, o filósofo francês que falava de "duração real", de "fluxo da consciência" e outros bichos? Bergson estava longe de ser um desconhecido: recebera o prêmio Nobel em 1927, morrera em 1941 e até os jornais brasileiros o discutiam. Da mesma forma, não haveria nada de mais em Nelson saber quem era Lenormand. Todo mundo sabia, assim como todo mundo sabia de Proust — outro que, de uma madeleine, um simples biscoitinho, puxara o fio inteiro de *A la recherche du temps perdu*. E Freud, que era meio responsável por tudo isso, já estava chegando até aos musicais da Broadway. Essas coisas estavam no ar, e não era preciso ser um intelectual para conhecê-las.

De concreto mesmo, sabe-se que, entre *A mulher sem pecado* e *Vestido de noiva*, Nelson leu peças como *Ricardo III* (1592), de Shakespeare; *O inimigo do povo* (1882), de Ibsen; e *O luto assenta a Electra*, de O'Neill — as duas últimas em espanhol, a única língua, além da sua, com a qual ele ia para a cama. (Ainda não havia O'Neill em português. O que ele leu foi a edição argentina de 1940, *Nueve dramas*, da Editorial Sudamerica, de Buenos Aires.)

E como se sabe disso? Porque Nelson, certamente cansado de brincar de *Maria Cachucha* e de passar por inculto, deixou escapar essa revelação numa entrevista. E é claro que leu Pirandello: seu irmão Milton, que em certa época exerceu influência em suas leituras, era perito no dramaturgo italiano desde 1926, quando publicou um enorme artigo sobre ele em *A Manhã*.

Embora tudo isso deva ser levado em conta, as principais influências sobre Nelson em *Vestido de noiva* deveriam ser procuradas em outra parte: nas

1944: ENTRA "SUZANA FLAG"

óperas a que ele assistiu pelo *O Globo* entre 1937 e 1943 — e no cinema. E não apenas em *Cidadão Kane*, mas também no clássico alemão *Varieté*, que E. A. Dupont rodou em 1925 e que foi exibido no Rio em 1926 — não como o filme "de arte" que ele depois se tornaria, mas como um filme comercial, comum, que atraiu multidões aos cinemas do Centro e da Tijuca. *Varieté* foi um dos últimos filmes do Expressionismo alemão e tinha todos os truques do gênero: o claro-escuro, a câmera-olho, a cenografia quase abstrata, a atmosfera de alucinação, a coisa mórbida. (Não por coincidência, a ópera e o Expressionismo seriam também duas matrizes de *Cidadão Kane*.) Em 1973, numa entrevista a José Lino Grünewald, Nelson citaria *Varieté* como um de seus filmes favoritos. O que era notável, porque estava se lembrando de um filme que vira aos quatorze anos, 48 anos antes!

Com o inaudito fuzuê que envolveu *Vestido de noiva*, não foi apenas Nelson que se consagrou em janeiro de 1944. Da noite para o dia, todos os Comediantes ficaram em demanda no mercado. Em vez de emboscá-los um a um, com tiros entre os olhos, como tinha pensado em fazer, o teatro profissional convenceu-se de que podia usar os seus serviços. Até Joracy Camargo escreveu um "compreensivo" artigo a favor deles em *A Manhã* de Apporelly. (Nem assim eles se interessavam em levar uma peça sua.) Mas não fazia parte dos planos dos Comediantes tornarem-se profissionais. Todos tinham outras carreiras — e, para as moças sobretudo, o teatro "de verdade" não era exatamente o caminho da virtude.

Stella Perry, por exemplo, foi uma admiração unânime em *Vestido de noiva*. Além de despertar paixões à primeira vista por sua beleza física, houve quem a classificasse de "a maior conquista do teatro brasileiro nos últimos dez anos". Além disso, tinha vontade própria. Numa cena da estreia, ela puxava ostensivamente a cinta sob o vestido de noiva. Puxar a cinta não era algo que uma senhora fizesse em público naquele tempo. Ziembinski sentiu a desaprovação da plateia e advertiu-a para que não repetisse o gesto nas récitas seguintes. Stella achava que puxar a cinta fazia parte do personagem e disse que ia continuar fazendo. E fez. Seu marido Carlos Perry também se consagrou. Já tinha uma plateia feminina cativa nos clubes elegantes que frequentava, mas, ao interpretar o primeiro papel masculino da peça mais discutida do mundo, sua cotação multiplicou-se. Stella e Carlos passaram a ser assediados para profissionalizar-se, mas mantiveram-se amadores até se mudarem do Brasil em 1946.

Outro eterno amador seria Brutus Pedreira. Tinha 39 anos durante a produção de *Vestido de noiva* e toda uma vida em teatro sem nunca ter chegado perto de uma bilheteria. Em 1929, trabalhara como ator em *Limite*, o filme de Mario Peixoto que passara à lenda (principalmente entre os que nunca o tinham visto) como o *Encouraçado Potemkin* brasileiro. Brutus gostava de representar, mas sua melhor qualidade era a de organizador. Para os grupos amadores, então, era um achado: íntimo das grã-finas cariocas, muitas decidiram fazer teatro por sua causa. E só ele conseguia convencê-las a não faltar a um ensaio por causa de um coquetel. Com suas relações, teria sido inestimável para qualquer companhia. Mas preferiu continuar funcionário público e a fazer teatro por amor, até morrer em 1964.

Santa Rosa e Ziembinski também começaram a ser solicitados a torto e a direito. Santa Rosa ainda levou alguns anos antes de passar-se para o teatro profissional, mas com Ziembinski era diferente: afinal, ele era um profissional, não sabia fazer outra coisa a não ser dirigir e representar. Mas não queria desligar-se dos Comediantes. E, como estes só voltariam aos palcos no fim de 1944, passou a maior parte do ano dirigindo os shows do Cassino Atlântico — num dos quais descobriu um conjunto vocal de adolescentes, Os Namorados da Lua, cujo crooner era um garoto mineiro chamado Lúcio Alves.

E Nelson? Tornara-se de repente o autor de teatro mais discutido do Brasil — e continuava com os bolsos mais leves do que sua consciência. O estrondo de *Vestido de noiva* chegara até a Londres, de onde seu amigo Antonio Callado, agora trabalhando na BBC, lhe escrevera relatando os ecos. Três anos antes, em 1941, quando Callado se despedira de *O Globo Juvenil* para ir embora, Nelson fora o seu único amigo a acompanhá-lo até a porta do avião. Mas de que lhe adiantava ser comentado em Londres ou Istambul? — pensava Nelson. Continuava ganhando mal no tabloide. Para comprar a manteiga com a qual barrar o pão, tinha de fazer um bico como redator de boletins da UNE, embora sua grande característica como estudante tivesse sido a de fazer gazeta.

Pois restava-lhe agora voltar a *O Globo Juvenil* — de onde, aliás, não saíra — e à rotina de escrever balões para os quadrinhos de "Ferdinando Buscapé", sem ter a menor ideia do que diziam as legendas originais de Al Capp.

Mas, no começo de fevereiro, ele foi chamado ao telefone na redação. Era o repórter David Nasser, de *O Cruzeiro*:

"Nelson, o Freddy Chateaubriand está querendo falar com você."

Ainda era cedo para saber, mas a folhetinista Suzana Flag, que iria nascer do ventre de Nelson Rodrigues, estava sendo gerada naquele telefonema.

Os quatro almoçaram com Nelson num restaurante árabe na rua da Alfândega: Freddy Chateaubriand, David Nasser, Millôr Fernandes e Geraldo de Freitas. Estavam convidando-o a trocar *O Globo Juvenil* pelos Diários Associados, como diretor de duas revistas: *O Guri* e *Detetive*. Muito trabalho, pelo visto, mas o dinheiro era inacreditável: cinco contos de réis — mais de sete vezes os setecentos mil réis que Roberto Marinho agora lhe pagava! Ou, desde que Getulio mudara a moeda em 1942, cinco mil cruzeiros. Topa ou não topa? Por ele estava

O Cruzeiro: *Millôr é o terceiro à esq., Nelson o quarto; na cabeceira, David Nasser; Freddy Chateaubriand é o terceiro à dir., Accioly Neto o primeiro*

Brutus Pedreira e Stipinska

topado, mas, sabem como é, devia favores a Roberto Marinho. No mínimo, uma satisfação. E se Roberto Marinho não se conformasse, insistisse em segurá-lo e o aumentasse para dois contos e quinhentos? Ia perder dinheiro. Mas tinha de falar com ele assim mesmo. Nelson foi, levando o coração nas mãos. Só que Roberto Marinho não o proibiu de ir embora. Desejou-lhe boa sorte e ainda lhe deu dez mil cruzeiros.

E, assim, Nelson esvaziou suas gavetas na velha redação da rua Bethancourt da Silva — seu segundo lar durante treze anos — e, sob um sol de derreter catedrais, mudou-se para a da rua do Livramento, onde ficavam *O Guri*, *Detetive*, *A Cigarra* e a principal revista do Brasil: *O Cruzeiro*. Essas revistas, juntamente com os jornais e as rádios, formavam o já enorme império dos Diários Associados de Assis Chateaubriand.

Nelson ainda se lembrava bem de como os Associados tinham tratado sua família no episódio de Roberto. E era para esse homem — Assis Chateaubriand — que estava indo trabalhar. Uma coisa o consolava: ele não era o único a não gostar de Chateaubriand. O próprio sobrinho deste, Freddy, também tinha ódio ao velho. Mas Freddy garantira-lhe que o "doutor Assis" ficava no seu canto, lá em São Paulo, e não se metia com *O Guri* e *Detetive*.

"Do Oiapoque ao Chuí, todos leem *O Guri*", dizia a própria revistinha. *O Guri* era que nem *O Globo Juvenil*: quadrinhos americanos e variedades patrióticas, só que em forma de revista, não tabloide. Uma precursora dos futuros gibis. Saía a cada quinze dias e seus heróis mais constantes eram "Mary Marvel", "Capitão América", "Don Winslow, herói da Marinha", "O Homem-morcego" (como então se chamava o "Batman"), "Capitão Meia-noite", "Perigos de Nyoka", "Joca Marvel, o supercoelho" e "Raffles".

Detetive era uma revista mensal de contos de mistério. Tinha cem páginas, as capas eram de um lindo mau gosto e saiba de quem eram os contos: Agatha Christie, Dashiell Hammett, Georges Simenon, Somerset Maugham, Conan Doyle, Maurice Leblanc ("Arsène Lupin"), H. G. Wells, G. K. Chesterton, Ambrose Bierce, Robert Louis Stevenson. A estrela da revista era "O Santo", de Leslie Charteris, e havia sempre uma história em série, como *O fantasma da Ópera*, de Gaston Léroux. Ficção do barulho, misturada com muito lixo. Nelson seria o diretor de redação, tanto de *Detetive* como de *O Guri*.

Na prática, ele nunca foi nada disso em nenhuma das revistas. O diretor de verdade era Freddy Chateaubriand, que selecionava, comprava e mandava traduzir tanto os quadrinhos de *O Guri* quanto os contos de *Detetive*. (Nem todos os contos eram comprados. Muitos eram tranquilamente surrupiados de revistas americanas, com ilustrações e tudo.) A função de Nelson era titular as histórias, resumi-las no sumário e criar as chamadas de capa, usando expressões como "terrível!", "horripilante!" e "repugnante!" para atrair os leitores. Nada que lhe tomasse mais que algumas horas por mês — e, mesmo assim, ao fim de dois anos Freddy Chateaubriand aliviou Nelson de suas obrigações em *Detetive*, passando o cargo a Lúcio Cardoso.

1944: ENTRA "SUZANA FLAG"

Com tanto tempo livre, Nelson ocupava-o nas salas de *O Cruzeiro*, no mesmo andar, onde parecia haver uma lâmpada de cem volts dentro da cabeça de cada redator. Tornou-se parte de *O Cruzeiro*, escrevendo artigos sobre si próprio, na terceira pessoa, que saíam assinados por Accioly Neto (responsável pela seção de teatro), Alceu Pereira, Flávio Marques e até Freddy Chateaubriand.

Por que os outros se sujeitavam a assinar por ele? Porque *Vestido de noiva* ainda era o grande assunto e os artigos eram muito bem escritos. Além disso, gostavam de Nelson e queriam ajudá-lo. E por que Nelson insistia em escrever sobre si mesmo? Porque ninguém entendia *Vestido de noiva* melhor do que ele. Além disso, cada uma dessas matérias lhe era paga por fora.

Em 1944, *O Cruzeiro* estava vivendo dias dourados. Apenas três anos antes, era uma revista mixa, com cheiro de remédio de barata e que vendia onze mil exemplares por semana. Quando vendiam 11 500, faziam festa. Mas, então, Freddy Chateaubriand e Accioly Neto assumiram a redação e mudaram tudo. Promoveram uma reforma gráfica, modernizaram a paginação, investiram na reportagem, criaram novas seções e a circulação saltou para 150 mil exemplares — e continuava crescendo. As estrelas da revista eram a dupla de reportagem David Nasser-Jean Manzon e as seções "Sete dias", de Franklin de Oliveira; "O Pif-Paf", de Vão Gôgo, aliás Millôr Fernandes; a crônica de Rachel de Queiroz; e "O Amigo da Onça" — que, por sinal, *não foi* uma "criação imortal de Péricles".

Imortal, sem dúvida, mas não exatamente do pernambucano Péricles Albuquerque Maranhão. Na verdade, era um personagem da revista argentina *Patoruzzu*, chamado "El inimigo del hombre". Com adaptações e palpites de todo mundo na redação, nasceu "O Amigo da Onça". Mas quem iria desenhá-lo? O primeiro de quem cogitaram foi Augusto Rodrigues, primo de Nelson. Mas Augusto não se interessou — não queria ficar preso a um personagem ou a uma seção. Então o personagem foi para Péricles, que, depois de várias tentativas, deu-lhe a forma definitiva: a cara de ovo de Páscoa e o bigodinho engomado, parecidos com ele próprio. Mas Péricles era como o mexicano Figueroa, alcoólatra e trágico. Depois de alguns anos passou a odiar o personagem. Mesmo assim desenhou-o todas as semanas, durante dezessete anos — até a noite de 31 de dezembro de 1961, quando fechou as janelas, abriu o gás e deixou um cartaz dizendo "Não risquem fósforos".

Quando Nelson foi para lá, *O Cruzeiro* era uma redação de nababos. Seus paginadores não usavam aquele papel quadriculado vulgar, normal em redações, mas um couché alemão Schoeler, próprio para arte-final, em folhas de um metro. Os contínuos inutilizavam centenas delas, rabiscando bobagens com tira-linhas Kern ou Richter. Era um desperdício das "Mil e uma noites", mas ninguém parecia notar, porque *O Cruzeiro* era um sucesso que cobria o país inteiro. Os exemplares iam de avião até onde houvesse avião; e dali passavam para caminhões que, na volta, traziam mercadoria, o que zerava o custo do frete.

O Cruzeiro era lido nas menores grotas, numa época em que os distribuidores do interior deixavam acumular seis ou sete dias de jornal para entregá-los de uma vez só. Saindo em *O Cruzeiro*, o nome da pessoa tornava-se nacional. Nelson vivia saindo — nem que tivesse de escrevê-lo.

No tempo em que *O Cruzeiro* era pobre, só Freddy Chateaubriand tinha carro. Quando a revista prosperou, todos os redatores compraram o seu e, naquele momento, só dois ainda andavam de bonde: David Nasser, por um defeito na mão, que o impedia de trocar marchas, e Nelson — pela fama de sovina que rapidamente adquirira. Promoveu-se um bolo para apostar qual dos dois seria o último a ter carro. Ganhou quem apostou em Nelson, porque David Nasser comprou um hidramático.

A reputação de sovinice de Nelson se espalhava. Ele usava sapatos de sola grossa de borracha, que demoravam mais a gastar. Raramente trocava de terno. Pedia emprestado quantias insignificantes, como um ou dois cruzeiros, que fazia questão de devolver. Quando almoçava com os outros no "Pode-se" (como chamavam o restaurante português perto da rua do Livramento, a que iam quase todo dia), Nelson contava a sua despesa e deixava o dinheiro, sem um centavo a mais. E não pagava cafezinho. Ao contrário, dizia:

"Accioly, vamos lá embaixo, para você me pagar um café."

E nunca foi visto tomando álcool, refrigerante ou mesmo mineral com gás. Chegava ao balcão e dizia para o português:

"Me vê uma água. Olha: da bica — porque eu sou de família."

Como são Francisco de Assis, chamava a água de "nossa irmã, a água". A exemplo do santo, só faltava usar as "sandálias da humildade", de que vivia falando.

Poucos ali sabiam a sua história. Os anos da fome ainda estavam muito próximos para que ele tocasse no assunto. Ninguém sabia que Nelson continuava a ajudar sua mãe no sustento de um batalhão de irmãs. Ou que o seu próprio dinheiro era administrado pela mulher. Os Associados pagavam à americana, isto é, semanalmente, às sextas-feiras e em dinheiro. No sábado Nelson dava uma parte da bolada à mãe, outra à mulher e, já no domingo, só tinha umas moedas suficientes para o futebol. Não admira que vivesse cavando bicos.

Um deles foi na rádio Tupi, escrevendo em dupla com Guilherme Figueiredo os *Instantâneos sinfônicos Schenly*. Entre um e outro Mozart, os programas tratavam da liberdade de expressão nos EUA e alfinetavam indiretamente a agonizante ditadura brasileira. Mas Nelson não dominava a linguagem do rádio e Guilherme tinha de reescrevê-los. Nelson desistiu e foi procurar outra coisa.

Não precisou procurar muito. Poucos dias depois de pendurar seu paletó nos cabides de *O Guri* e *Detetive*, Nelson ouviu quando Freddy Chateaubriand falou a respeito de comprar um folhetim francês ou americano para *O Jornal*, o diário de estimação de Assis Chateaubriand. *O Jornal* trazia no frontispício a portentosa classificação de "órgão líder dos Diários Associados". Bem, isso ele fora no passado, quando Chateaubriand o comprara. Agora era um jornal em risco de extinção, segurando-se em três mil exemplares por dia e incapaz de vender espaço até para os anúncios funerários. Quando os jornais se viam em tal situação, a solução era infalível: soltar um folhetim, daqueles bem escalafobéticos.

Num arroubo de ousadia, Nelson ofereceu-se a Freddy para escrevê-lo. Freddy Chateaubriand olhou para ele:

"Quem lhe disse que você sabe escrever folhetim? Teatro é uma coisa, folhetim outra."

"Posso tentar", disse Nelson. "Além disso, seria uma boa experiência."

"Você quer fazer experiência às minhas custas?", disse Freddy.

Nelson se deu conta da gafe:

"Eu estava brincando, Freddy. Pode confiar. Eu dou conta."

Freddy Chateaubriand confiou, com uma condição: Nelson escreveria os seis primeiros capítulos de uma vez. Leão Gondim de Oliveira, diretor de *O Jornal*, teria de aprová-los. Nelson disse é pra já. Sentou-se à máquina na própria redação e, dois dias depois, desovou os seis capítulos.

A história começava com um casamento entre uma jovem feia e ingênua e um viúvo dominador que não conseguia esquecer a primeira mulher — linda, inteligente, fabulosa —, todos morando numa fazenda isolada. Até aí era um plágio de *Rebecca, a mulher inesquecível*, de Daphne de Maurier, que Nelson vira no filme de Hitchcock com Joan Fontaine e Laurence Olivier. (Os moleques chamavam o filme de "Recível, a mulher inesquebeca".) Mas, dali para a frente, sentia-se o dedo rodrigueano: a primeira mulher morrera estraçalhada por cachorros em situação misteriosa. O viúvo, aleijado de uma perna, tinha um irmão irresistível que passara a dar em cima da nova cunhada. Esse irmão tinha uma amante escondida na floresta e, dentro da casa da fazenda, havia uma prima a fim do viúvo. Os dois irmãos tinham uma mãe dominadora e as subtramas ficavam por conta de um pelotão de irmãs solteironas e virgens.

Leão Gondim, entusiasmado, rugiu OK. Os seis capítulos começariam a sair enquanto Nelson seguiria fazendo outros, para ter sempre alguns à frente. Precisavam de um título — e de um pseudônimo, porque Nelson, o autor "sério", não queria assinar o folhetim. Para que não houvesse dúvida, deveria ser um pseudônimo feminino. Freddy concordou, mas achava que deveria ser um nome inglês — se fosse brasileiro, ninguém leria. Nelson insistia num nacional, algo assim como Suzana, nome da mulher de seu primo Augusto. Freddy cedeu e forneceu o sobrenome.

Daí nasceu Suzana Flag. Com essa assinatura, o título do folhetim só podia ser aquele: *Meu destino é pecar*.

***

Meu destino é pecar engolia nada menos que quatorze laudas datilografadas *por dia*, cerca de 420 linhas. Talvez mais, porque Nelson escrevia em espaço um, de ponta a ponta da folha de papel: do canto extremo superior esquerdo ao canto idem inferior direito, sem deixar margens e sem respeitar as sílabas. Quando o papel acabava, a palavra também acabava. Usava a folha inteira, como se tivesse sido comprada com o seu dinheiro — como se os subalternos da redação não fossem pródigos com o papel de luxo que Chateaubriand importava para seus paginadores. Cada episódio diário ocupava uma página inteira de *O Jornal*, com uma ilustração de Enrico Bianco. A produção de Nelson era um fenômeno: chegava, sentava-se (não numa cadeira, mas num balde de lixo, que virava de boca para baixo) e metralhava com os dois dedos indicadores.

Só se levantava da máquina para ir ao café. Quando Nelson saía, Millôr Fernandes e seu irmão Helio, também de *O Cruzeiro*, iam ler o que ele estava escrevendo. Aproveitavam sua ausência, escreviam três ou quatro linhas da história e fingiam-se de inocentes para observar a reação de Nelson. Nelson voltava do café, lia aquilo, ria baixinho e continuava a escrever do ponto em que eles haviam deixado, fazendo de conta que não tinha percebido. Essa história seria contada depois como tendo acontecido também na redação da *Última Hora*, onde ele trabalharia nos anos 50 — sempre com um colega diferente escrevendo pelas suas costas e sempre dando a entender que Nelson não notava que fizessem isso.

Nelson era desligado, mas não a esse ponto. E, se não se importava que se intrometessem no seu texto, era porque, no fundo, não dava importância a Suzana Flag. Exceto, é claro, importância financeira — porque, além de seu salário em *O Gibi* e *Detetive*, ganhava por capítulo de *Meu destino é pecar*. Se outros quisessem escrever por ele, tanto melhor.

Foram 38 capítulos, mas poderiam ter sido trezentos se ele quisesse, e Freddy acharia ótimo. *Meu destino é pecar* levantou a circulação de *O Jornal*, a ponto de Assis Chateaubriand abalar-se de São Paulo e vir ao Rio conferir os números com o distribuidor. *O Jornal* estava dobrando sucessivamente, de três para seis mil, daí para doze mil e, no apogeu de *Meu destino é pecar*, menos de quatro meses depois, chegara a quase trinta mil exemplares.

Seu público parecia ser de senhoras contemporâneas da proclamação da República. Pelo menos, foram dezenas de velhinhas como elas que invadiram a redação de *O Jornal*, na avenida Venezuela, num dia em que a gráfica saltou um episódio por engano e publicou o do dia seguinte. Elas não se conformavam: queriam saber como a história da véspera tinha continuado.

O impressionante sucesso de *Meu destino é pecar* podia ser doce como balas de alcaçuz, mas Nelson não gostava que soubessem que ele, o autor de *Vestido de noiva*, era também Suzana Flag. Quase todo o meio jornalístico sabia, mas não era uma coisa que achassem urgente divulgar. A massa dos leitores acreditava que Suzana Flag existia e que devia ser algo entre Marlene Dietrich e Ingrid Bergman.

Muitos lhe escreviam cartas. Entre essas, havia as de um presidiário que se apaixonara por ela. Nelson respondeu-lhe com cautela, insinuando que Suzana Flag era casada ou estava por casar. O presidiário conformou-se e, tempos depois, voltou a escrever, comunicando o seu próprio casamento na prisão e convidando-a para madrinha. Como se sentiria o noivo se soubesse que Suzana Flag usava suspensórios?

Em junho de 1944, quando Nelson resolveu terminar a história de *Meu destino é pecar*, era inevitável que ela saísse em livro. As novas rotativas de *O Cruzeiro* tinham deixado ociosas as velhas máquinas planas, e estas seriam postas para rodar livros de Suzana Flag e dos outros escritores da casa. As Edições O Cruzeiro iriam ter à sua disposição toda a potência publicitária da empresa — com anúncios e chamadas nos quase trinta jornais e revistas de Chateaubriand e nas sabe-se lá quantas rádios. E, evidentemente, se beneficiariam do infernal sistema de distribuição de *O Cruzeiro*. Com isso, as tiragens dos livros poderiam ser enormes e estes sairiam baratinhos.

A primeira edição de *Meu destino é pecar* — oito mil exemplares — foi até modesta. Ao fim daquele mesmo mês de junho, já havia vendido doze mil exemplares; em outubro, passou de cinquenta mil. Freddy Chateaubriand calcula que as Edições O Cruzeiro venderam mais de trezentos mil livros de *Meu destino é pecar* antes de cedê-lo em 1946 à editora Martins, de São Paulo, a qual tirou pelo menos doze edições. Antes disso, *Meu destino é pecar* já se tornara novela de rádio nas emissoras Associadas — só que numa adaptação que a tornava digna da Coleção das Senhorinhas ou do Clube das Vitórias-Régias.

De fato, devia ser difícil contar no rádio uma história em que todos os personagens eram adúlteros, numa época em que se evitava pôr no ar a expressão "amante da música", por causa da palavra "amante".

Suzana Flag ameaçava tragar Nelson. Em setembro de 1944, três meses depois de batucar o ponto final em *Meu destino é pecar*, teve de começar outro folhetim: *Escravas do amor*. Não que não quisesse. Mas, mesmo que fizesse beicinho, Nelson não teria escolha: Suzana Flag era o maior sucesso de *O Jornal* e os dois Chateaux, Assis e Freddy, não a deixariam descansar.

O sucesso de *Escravas do amor* também foi arrasador. Com a diferença de que, agora, todos os jornais de Chateaubriand republicavam a história e Suzana Flag tornava-se um nome nacional. E, como da outra vez, o folhetim terminava no jornal e lá vinha a sua edição em livro. Os intelectuais já começavam a protestar. Nelson Rodrigues estaria dissipando seu talento em "tarefas inferiores, como os folhetins rocambolescos", esbravejou R. Magalhães Jr.

E o pior de tudo era que Nelson, mesmo recebendo dez por cento do preço de capa sobre cada exemplar vendido, nem por isso estava ficando rico. Trabalhava como um barqueiro do Volga e continuava sendo alguém para quem sempre "faltavam novecentos réis para dez tostões", como dizia Freddy Chateaubriand. É tão fácil roubar um escritor — e Nelson era o mais facilmente roubável de todos.

15

Em Copacabana: com Elza (grávida de Nelsinho) e o filho Joffre

— 1946 —
INCESTOS BÍBLICOS

Em março de 1945, como um monstro que Nelson julgasse morto, mas que apenas se escondera atrás da árvore para pegá-lo de surpresa, a tuberculose atacou-o novamente. Ele derramou uma furtiva lágrima e, mais uma vez, sentiu que aquilo era cruel e injusto. Justamente quando o sucesso vinha redimi-lo de todas as tragédias e privações, a doença parecia insistir em puni-lo por pecados ancestrais.

Para Nelson, o ano anterior, 1944, fora um ano inteiro de domingos. Em janeiro, *Vestido de noiva* consagrara-o no Rio. Em junho, a peça fora para o Teatro Municipal de São Paulo, com o mesmo elenco do Rio e a mesma consagração. Nelson fora junto. Era a sua primeira visita à capital paulista. Ficou hospedado no Palace Hotel, na rua Florêncio de Abreu, no Centro. Depois do espetáculo, os jovens amadores paulistanos levaram-no a jantar no Carlino, então ainda na avenida São João, perto do largo do Paissandu. Um deles, Décio de Almeida Prado, disse-lhe que achava suas peças "mórbidas". Nelson fingiu ficar chocado. Outro lhe perguntou o que estava achando de São

Paulo. Nelson contemplou a garoa e a neblina que se viam da janela, riu e comentou:

"Me faz sentir um personagem de Jack London."

Em julho, as Edições O Cruzeiro lançaram *Vestido de noiva* em livro, com distribuição nacional. Todo mundo poderia agora conhecer a sua obra-prima, cuja carreira estava longe de encerrada. Enquanto isso, escondido sob o rímel e os cílios postiços de Suzana Flag, Nelson saboreava o triunfo de *Meu destino é pecar* e *Escravas do amor*. E, como era de se esperar, uma nova peça se desenhava em sua cabeça. Para completar, seu filho Joffre crescia forte e sadio, apesar da mania de brincar com cocô, e Elza estava à espera de outro. O que mais ele podia querer? Tudo, menos a recaída da tuberculose.

É certo que Nelson não se tinha curado de todo. Durante os primeiros anos de casamento, apenas aprendera a conviver com a doença. Seus talheres e toalhas eram separados, marcados com um "X". O médico, doutor Genésio Pitanga, não proibira Nelson e Elza de se beijarem na boca, mas obrigara-os a fazer chapas de pulmão regularmente. Nelson ainda tinha de submeter-se de vez em quando à tortura do pneumotórax e sofria com as agulhas, do tamanho de agulhas de tricô, penetrando em seu pulmão. No começo de 1945, no entanto, o pneumotórax não resolveu. "A solução é Campos do Jordão ou esperar", disse o doutor Pitanga. Eles não quiseram correr riscos. Em março foram todos para lá: Nelson, Elza (grávida de seis meses), sua sogra dona Concetta e o garoto Joffre.

Em Campos do Jordão, Nelson marchou sozinho para o Sanatorinho, e a mulher, a sogra e o filho instalaram-se numa pensão em Abernéssia, na entrada da cidade. Só podiam visitá-lo duas vezes por semana. Nelson e Elza escreviam-se diariamente. Algumas semanas depois concluíram que aquilo não fazia sentido e a família voltou para o Rio, deixando Nelson na internação. Com mais algumas semanas, ele próprio, já melhor, saiu do Sanatorinho e foi para a pensão em Abernéssia. O simples ar puro da cidade completaria o tratamento. Nelson não podia deixar de notar uma característica de Campos do Jordão: a quantidade de casais de meia-idade que viviam lá em estado marital — algo inusitado para o Brasil da época. Mas a explicação estava à vista: tratava-se de pessoas que tinham sido internadas nos sanatórios e "esquecidas" por seus maridos ou mulheres. Ao descobrir que haviam sobrevivido, juntavam-se para constituir novas famílias e nunca mais voltavam para suas cidades.

Nelson sabia que não teria esse destino, porque sua troca de cartas com Elza obrigava os carteiros a dar horas extras. Numa das cartas, a 8 de maio (mais um aniversário de Elza que passavam separados), ele escreveu com tinta azul-turquesa:

"Eu te amarei sempre, sempre, até o meu último instante de vida. Não importam esses dias de separação. Ainda seremos felizes, para sempre felizes, nós e os nossos filhos."

1946: INCESTOS BÍBLICOS

Com a proximidade do parto de Elza, que deveria acontecer no começo de junho, Nelson foi dado como bom e autorizado a voltar. A 1º daquele mês, regressou ao Rio. Mas os dias se passavam e a criança não vinha. Foram três semanas de sustos, alarmes falsos e apreensões. Finalmente, no dia 23 de junho, depois de quase dez meses de gravidez, Nelsinho nasceu e Nelson sentiu-se apto a retomar o trabalho.

Tinha agora, para com Freddy Chateaubriand, uma gratidão parecida com a que dispensava a Roberto Marinho: fora Freddy, através dos Associados, que pagara esta internação no Sanatorinho e na pensão. Quer dizer então que, com todo o sucesso, Nelson ainda precisava da caridade do patrão? Sim — e também que os exames de escarro em Campos do Jordão lhe tivessem saído de graça, cortesia do doutor Hermínio Araújo, seu novo fã e amigo.

Os colegas de Nelson nos Associados não eram obrigados a conhecer detalhes, mas, se soubessem de alguns, talvez atenuassem a pão-durice que lhe atribuíam. Era só verificar as contas bancadas por Suzana Flag. Em 1945, sua mãe e suas irmãs já tinham encerrado aquele périplo de morar a cada ano numa casa diferente e se fixado num apartamento na rua General Glicério, nas Laranjeiras. Mas continuavam sendo mantidas por Nelson e Mario Filho. Os outros irmãos não podiam contribuir com muito: Milton, quarenta anos, investia todo o seu dinheiro produzindo filmes, enquanto Augustinho, 27, e Paulinho, 23, já casados, mal ganhavam para eles próprios. Das irmãs, só duas trabalhavam: Stella, 35, como médica do Estado, e Maria Clara, 29, como estenógrafa. Irene, 25, tornara-se uma revelação de caricaturista e, às vezes, vendia alguns desenhos, mas não se empenhava à altura de seu talento. Helena, 22, ajudava a mãe a gerir a casa; Elsinha, dezoito, e Dulcinha, dezesseis, ainda eram estudantes. Nenhuma delas se casara ou tinha namorado.

Não que não quisessem, e até muito. Mas a barreira humana ao seu redor, formada pela mãe e os irmãos, era tão implacável que a simples presença de um homem naquela casa já fazia piscar um sinal vermelho. E sempre fora assim. Certa vez, nos anos da fome, haviam conseguido separar um dinheirinho para que Maria Clara tivesse aulas particulares de inglês. O professor entrava, ensinava "This is a table", serviam-lhe água do filtro, a aula terminava e passar bem. Um dia, em que o Rio sufocava de calor, o professor pedira permissão para tirar o paletó. Milton chegou da rua, viu o jovem conjugando o verbo "to be" em mangas de camisa e achou aquilo um acinte. Que se compusesse imediatamente ou então rua! — disse ao outro. E quem lhe dera aquela liberdade, de ensinar quase despido?

As meninas ficaram moças. Nesse período aconteceram Hiroshima, Rita Hayworth e a penicilina — mas, na casa dos Rodrigues, os ventos comparativamente liberais do pós-guerra ficaram sem soprar. Dona Maria Esther e os filhos não gostavam que as moças fossem à praia, e o duas-peças era proibido. Mesmo em casa preferiam vê-las sobriamente envelopadas em mangas compridas e com vestidos até a canela. (Meias e combinação eram indispensáveis.) Sair à noite, só na companhia de um dos irmãos — donde Stella não podia clinicar depois das seis da tarde. Nas festinhas domésticas, quase sempre apenas em família, se um dos irmãos quisesse tirar uma irmã para dançar, tinha de pedir permissão a dona Maria Esther. Os Rodrigues não se beijavam uns aos outros e nem se faziam afagos físicos, mesmo um inocente cafuné.

Um dos pouquíssimos rapazes de fora a quem era permitida a presença no apartamento da General Glicério era o brilhante colega de Nelson em *O Cruzeiro*, Millôr Fernandes. Aos 23 anos em 1946, Millôr era uma espécie de coringa na revista. Produzia semanalmente uma página dupla de humor, "O Pif-Paf", sob o pseudônimo de Vão Gôgo, e era também o responsável por uma infinidade de seções fixas sob pseudônimos. Fazia ainda reportagens especiais, como uma sobre pesca a que dera o título de "Meu destino é pescar" — e que assinara como "Suzana Bandeira". Nelson tinha-lhe admiração e afeto. Tanto, aliás, que sempre o convidava a participar dos almoços de sábado em General Glicério, quando se reuniam todos os irmãos, inclusive os casados, com suas mulheres e filhos.

Sendo um dos raros homens não Rodrigues a circular entre as irmãs de Nelson (e já dotado de grande charme, só que com mais cabelo), era inevitável que Millôr incendiasse corações por atacado naquela casa. Certa tarde, dona Maria Esther chamou-o em particular:

"Millôr, há uma coisa que você precisa saber. Três de minhas filhas estão apaixonadas por você: Fulana, Beltrana e Sicrana. Escolha uma e eu lhe garanto que as outras duas se afastam sem ressentimentos."

Millôr fez gulp. Sua surpresa foi de tal ordem que a resposta saiu-lhe sincera e imediata:

"Puxa, dona Esther! É uma honra, mas... A senhora sabe, sou muito moço, tenho só 23 anos e não estou pensando em assumir nenhum compromisso sério no futuro próximo."

"Está bem, Millôr. Lamento", disse dona Maria Esther, encerrando o assunto. E encerrado estava, para tripla decepção das Rodrigues. Talvez tenha sido por um motivo ou outro, mas os convites para que Millôr participasse dos almoços em General Glicério foram escasseando nos sábados seguintes, até que cessaram de vez. Os próprios irmãos passaram a falar menos com ele ou — exceto Nelson — a não falar mais.

O que, naturalmente, não impediu que, fora dali, nas raras escapadas da garota, Millôr se encontrasse com Dulcinha, a mais jovem e mais bonita das Rodrigues.

Os dois últimos meses de 1945 e os dois primeiros de 1946 iriam consolidar a reputação de Nelson como a maior coisa do teatro brasileiro desde a adoção da luz elétrica nos palcos nacionais. Suas duas peças ocuparam o Teatro Phoenix, na esquina das avenidas Almirante Barroso e Rio Branco, com Os Comediantes no auge das suas potencialidades. O resultado foi uma apoteose. A 23 de novembro, eles reestrearam *Vestido de noiva* e tiveram quase dois meses de lotação esgotada. A 18 de janeiro de 1946, sob enorme expectativa, substituíram-na pela nova montagem de *A mulher sem pecado* — que era como se estivesse sendo levada pela primeira vez, porque a montagem original da Comédia Brasileira, em 1942, não tinha valido. E foram outros quase dois meses de casa cheia.

O novo *Vestido de noiva* repetia a direção de Ziembinski, os cenários de Santa Rosa e Stella Perry no papel de Lúcia. As mudanças estavam na atriz portuguesa Maria Sampaio, no papel de Alaíde, e na polonesa Irena Stipinska como madame Clessy. As duas substituições foram problemáticas. Maria Sampaio, famosa por sua atuação no filme português *A severa*, conseguiu eliminar seu lindo sotaque alfacinha. Em compensação, não decorava as falas, dizia coisas por conta própria e enlouquecia o resto do elenco, que se perdia sem as deixas. E fazia também Nelson fumegar, porque já então ele não admitia cacos em seus textos. Além disso, Maria Sampaio tinha cabelinho nas ventas. Certa noite brigou com o elenco inteiro no camarim, ameaçou voltar para a Alfama e nunca mais pôr os pés no Phoenix. No dia seguinte inundou o dito elenco com doze dúzias de rosas, para fazer as pazes. Anos depois ela confessaria:

"Fui um sucesso bestial em *Vestido de noiva* e nunca percebi patavina do meu papel!"

Diferente do que aconteceu com Irena Stipinska, cujo sotaque cheio de "cz" e "zb" até que ficava bem em madame Clessy. A presença cênica de Stipinska era tão arrebatadora que ela parecia transformar o palco numa casinha de bonecas. Anunciada como "a grande trágica polonesa", Stipinska fora a primeira atriz do Teatro Nacional de Varsóvia e fugira da Polônia na mesma época que Ziembinski, com apenas um navio de atraso. Ninguém podia dizer que ela não estudara em profundidade o papel de Clessy. O problema é que gostou tanto de suas falas que levava três vezes o tempo normal para dizê-las. Era como se mastigasse persistentemente cada sílaba, antes de soltar a palavra completa. Ziembinski queria esganá-la nos intervalos e os dois tinham espetaculares bate-bocas em polonês. Mas a plateia não parecia perceber esses detalhes de Maria Sampaio ou Irena Stipinska porque, récita após récita, os aplausos eram de tremer os lustres do teatro.

Claro que, àquela altura, ninguém mais tinha dúvida de que, quando se ia assistir a *Vestido de noiva*, era obrigatório aplaudir. Só Nelson, expectante como um estreante e perdendo um quilo por minuto, não tinha certeza disso. Assim, nas semanas anteriores à estreia, ele tentou garantir-se usando a coluna de teatro ("Spot-light") de *O Cruzeiro* para explicar de novo a peça. Escrevendo na terceira pessoa e sob o pseudônimo de "Grock", Nelson dizia no dia 20 de outubro: "Os personagens, movendo-se na sombra e na luz, parecem possessos. E não sabemos se possuídos de Deus ou do demônio. Nelson Rodrigues faz psicologia em profundidade, faz o que poderíamos chamar de psicologia abissal". A expressão "psicologia abissal" pegou bem e seria depois usada por mais de um crítico a respeito de *Vestido de noiva*.

Mas Nelson podia ter-se dispensado dessa pedagogia porque, muito por sua causa, a plateia carioca subitamente iluminara-se. Quase todo mundo já parecia dominar a linguagem da peça e o que restava acrescentar eram ornamentos a esse entendimento. José César Borba, no *Correio da Manhã* de 27 de novembro, notou a similaridade entre o diário encontrado no sótão por Alaíde e a "viagem" da heroína pelo sótão da sua própria mente, o subconsciente. E Nelson, vitorioso, dava entrevistas pontificando:

"Precisamos acabar com esse preconceito de que o público brasileiro é alvar, só sabe rir."

Estava aplicando na prática a sua futura convicção, de que o teatro para rir, "com essa destinação específica", era tão obsceno e idiota quanto uma missa cômica, em que "os padres começassem a engolir espadas, os coroinhas a plantar bananeiras e os santos a equilibrar laranjas no nariz como focas amestradas".

Numa das récitas de *Vestido de noiva* no Phoenix, encerrado o espetáculo e com o palco já vazio, Nelson deixou-se ficar no cenário, contemplando o que ele chamaria de "o mistério profundíssimo do teatro". Distraiu-se, deu um passo para trás e caiu no buraco do ponto. Os contrarregras e alguns atores correram para ele e içaram-no com dificuldade. Nada grave, mas ele poderia ter quebrado uma ou duas pernas naquela queda de quase dois metros.

Um dos que o acudiram foi Stella Perry. Enquanto o apalpava para ver se não fraturara uma tíbia ou um perônio, ela notou nele um olhar que era cinquenta por cento gratidão e outros tantos desejo. O diferente não era o olhar de desejo (que era como todos os homens a olhavam), mas o de gratidão. Não que Nelson não a desejasse. É que o fazia à sua maneira: ia toda noite ao seu camarim, dizia-lhe: "Como vai, impressionante figura?" — e sentava-se ao seu lado em silêncio enquanto ela, trocando os potes de nervosa, tentava se maquiar.

Stella Perry era de novo a atração em *Vestido de noiva*. Desta vez a plateia reparou menos em suas curvas e mais em sua voz, de "timbre vigoroso e dicção de cristal", como dissera um crítico, "que faziam com que ela fosse ouvida e entendida em qualquer ponto do teatro sem aparentar o menor esforço". Estava se realizando como atriz. Quem continuava a não entendê-la era sua família. Poucos meses antes, na apresentação de *Vestido de noiva* em São Paulo, ela pagara do próprio bolso a sua passagem de trem, como o resto do elenco. Mas seus tios aristocratas paulistas deram-lhe bem a entender o que achavam de sua vocação: emprestaram-lhe a casa no Pacaembu para que ela se hospedasse, mas fugiram em peso para Santos. Não queriam estar em São Paulo quando a peça estivesse sendo apresentada.

Ela fizera bem em não se abater porque, se pensara que nada poderia superar o seu sucesso no *Vestido de noiva* do Phoenix, era por não saber o que a esperava no papel da inocente e voluptuosa Lídia em *A mulher sem pecado*, cujo marido, Olegario, preso a uma cadeira de rodas, a inferniza com seu ciúme doentio. Entre as diversas alterações feitas por Nelson em relação à primeira encenação, acrescentou-se um monólogo para Lídia no terceiro ato, que fez com que Stella Perry fosse aplaudida em cena aberta todas as noites. Não era um papel comum de mulher bonita, mas o de uma mulher que não tinha culpa de ser bonita, honestíssima — e casada com um demente.

A outra revelação de *A mulher sem pecado* no Phoenix foi Otávio Graça Mello na pele de Olegario. Na versão original, o paralítico colérico era um dono de jornal, com todos os traços de Mario Rodrigues. Para a nova encenação, Nelson transformou-o num industrial e foi assim que ele ficou, porque aquela se tornou a versão definitiva da peça. Rodando de um extremo a outro do palco na cadeira de rodas, Graça Mello transmitia dor, raiva, desespero, abatimento e suspeita. Às vezes soltava uma gargalhada de louco. Assustava, comovia, inspirava medo e todos o consideraram uma grande revelação.

O sucesso de *A mulher sem pecado* quase foi comprometido por uma falsa boa ideia de Nelson e do diretor, o também refugiado polonês Ziygmunt Turkow. Os dois cismaram de inserir na peça um filme que mostrava as visões da imaginação delirante de Olegario. Uma ideia obviamente tirada de *Quando fala o coração* [*Spellbound*], o filme de Hitchcock daquele ano, no qual Salvador Dalí criara um sonho "surrealista" para Gregory Peck. A parte filmada de *A mulher sem pecado* foi dirigida por George Dusek, tcheco radicado no Rio e futuro fotógrafo de chanchadas da Atlântida. Naturalmente, Turkow não sendo Hitchcock e Dusek não sendo Dalí, o resultado não saiu digno do Oscar. Mas o pior é que a intromissão do filme escangalhava o faz de conta: a campainha tocava na cabine para avisar o encarregado da projeção, as luzes se apagavam e, enquanto rolava o filme, o projetor ronronava como uma gata satisfeita. Até os críticos ouviram.

A temporada do Phoenix rendeu dinheiro na bilheteria e nem assim Os Comediantes conseguiam se manter. Os custos das produções eram muito altos e os subsídios oficiais e particulares estavam minguando. Eles se profissionalizariam dali a poucos meses, depois se tornariam uma cooperativa e finalmente desapareceriam como grupo. Quase todos os seus integrantes seguiriam carreiras individuais, exceto os amadores de verdade — como Stella e Carlos Perry. Logo depois do Phoenix, os Perry embarcaram no navio *Potaro* e foram morar em Londres. (De onde voltariam separados para o Brasil e nunca mais fariam teatro.)

O próprio Phoenix, um dos teatros mais bonitos e suntuosos do Rio, também iria abaixo anos depois para se construir no seu lugar o edifício Marquês de Herval. Mas, para Nelson, aqueles tinham sido quatro meses de embriaguez a seco. Viera para ficar e nada agora poderia abalar a sua reputação de autor dramático.

De fato, nada ou ninguém poderia abalá-lo — a não ser ele próprio. O que Nelson conseguiu, no começo de 1946, com sua terceira peça: *Álbum de família*.

O texto de *Álbum de família* foi submetido à Censura Federal em fevereiro de 1946. Bastou uma leitura em diagonal para que os censores ficassem de cabelo em pé. Eles nunca tinham visto nada tão "indecente" ou "doentio" — e olhe que alguns desses censores, já macróbios, tinham décadas de convívio diário com toda espécie de perversão ou atrocidade. A representação da peça foi proibida em todo o país no dia 17, sob a alegação de que "preconizava o incesto" e "incitava ao crime". Nenhuma referência ao lesbianismo — o que a peça também tinha.

Foi um dos primeiros atos do governo do general Eurico Gaspar Dutra, eleito em dezembro do ano anterior logo após a queda de Getulio e empossado a 31 de janeiro. Considerando-se que o governo Dutra vinha para arejar a nação depois de quinze anos de getulismo — embora a censura à imprensa já tivesse sido extinta, na prática, desde fevereiro do ano anterior —, a proibição de *Álbum de família* foi uma surpresa. Naturalmente não seria a única. Em abril, Dutra fecharia os cassinos; em 1947, o Partido Comunista; e, pelos cinco anos seguintes, faria um governo de torcedor do Bonsucesso.

"Há uma diferença entre o Napoleão e o Dutra", diria, no futuro, um compreensivo Nelson.

Mas ninguém podia ser compreensivo quando a coisa aconteceu — nem os que combateram a interdição de *Álbum de família*, nem os que a defenderam. A proibição da peça acendeu os intelectuais, que viram naquilo um perigoso precedente. Afinal, fora para isso que eles tinham corrido com Getulio, juntamente com Lourival Fontes, o DIP (Departamento de Imprensa e Propaganda) e outras antiqualhas do fascismo brasileiro? E, como se não bastasse, *Álbum de família* era a maior peça já escrita neste país, diziam.

Mas outros intelectuais, alguns sem compromisso com o regime deposto, acharam que *Álbum de família* realmente passava dos limites — que sua liberação seria um escracho contra a família brasileira. Se fosse liberada, pais e filhos seguiriam o exemplo daqueles personagens alucinados e sairiam copulando alegremente pelos lares. E houve ainda outros, como o episcopal Alvaro Lins, que, mantendo a postura superior de condenar a interdição da peça, arrasou-a como teatro.

Foi justamente o ataque de Alvaro Lins que desencadeou a polêmica. Até então Nelson estava lutando pela liberação de *Álbum de família* com os meios ao seu alcance: distribuindo o maior número possível de cópias a amigos e recolhendo depoimentos para tentar convencer o chefe de polícia do Distrito Federal, o advogado Pereira Lyra, a contestar a ordem da Censura.

O intermediário das negociações com Pereira Lyra foi o jornalista Prudente de Morais Neto, diretor de redação do *Diário Carioca*. Com sua autoridade de neto de ex-presidente da República, quase se podia garantir que a peça seria liberada. Mas o chefe de polícia não ficou muito impressionado com as glórias avoengas de Prudente. Se fosse para disputar campeonato de avô, ele também poderia tirar alguns esqueletos ilustres da prateleira.

A causa parecia perdida. Foram quatro meses de campanha, em que o principal mote de Nelson era o que ele repetia pelos cafés e redações:

"Mas como podem censurar? *Álbum de família* é uma peça bíblica. Então teriam que censurar também a Bíblia, que está varada de incestos!"

Em julho, quando viu que o veto seria mantido, Nelson publicou a peça em livro, pelas Edições do Povo, editora de seu amigo J. (José) Ozon. Donde *Álbum de família*, que não podia ser vista por plateias adultas pagando ingressos, estava agora ao alcance de qualquer pessoa que soubesse ler.

E então Alvaro Lins escreveu seu rodapé no *Correio da Manhã*, intitulado "Tragédia ou farsa?". Começava dizendo-se amigo do autor e oferecendo-lhe a sua solidariedade, "como o faria em relação a qualquer outro autor, amigo ou inimigo, cuja obra fosse atingida pelo veto de um poder incompetente e ilegítimo". Infelizmente, não podia oferecer-lhe "solidariedade literária". A peça era "vulgar na forma, banal na concepção". "Chula", "primária", "grosseira". "De desoladora miséria vocabular." "Um mar de enganos, erros, atrapalhações e insuficiências." "Um equívoco como tragédia."

O que mais irritava Alvaro Lins era a inflação de incestos: Jonas ama a filha Glória; Glória ama o pai Jonas; dona Senhorinha ama os filhos Guilherme, Edmundo e Nonô; Edmundo e Nonô amam a mãe, dona Senhorinha; Guilherme ama a irmã Glória. Que família! "Se todos são incestuosos, onde está a tragédia?", perguntava. Alvaro Lins preferia que houvesse em cena um único incesto, como em *Édipo rei*, de Sófocles, para que ele parecesse "singular, anormal e extraordinário".

No dia seguinte à publicação da crítica, Alvaro Lins e Nelson tomaram por acaso o mesmo bonde na praça da Bandeira, o "33", em direção à Lapa. Alvaro Lins ia para o *Correio da Manhã*, já agora na avenida Gomes Freire; Nelson ia para os Associados, na rua do Livramento. Durante o trajeto, fingiram não se ver. No ponto final, Alvaro Lins cumprimentou-o e disse:

"Espero que o rodapé não modifique as nossas relações. Continuamos amigos?"

E Nelson:

"Claro, claro."

Mas, ao descer do estribo, já tinha orquestrado sua vingança. Nelson simplesmente envolveu todos os Associados na guerra contra Alvaro Lins. E os Associados acharam ótimo, porque Alvaro Lins era do *Correio da Manhã*. Um artigo assinado por Monte Brito em *O Jornal* classificava de "enciclopédica e delirante a sua ignorância [de Alvaro Lins] sobre o teatro". Na mesma linha, Freddy Chateaubriand, em *O Cruzeiro*, notou que Alvaro Lins citara dramaturgos gregos, franceses e americanos em seu rodapé e estranhou "a súbita cultura teatral que adquiriu — do dia para a noite, consultando dicionários, incomodando amigos pelo telefone". E acrescentou, com um delicioso toque de perfídia: "E dizer-se que, ao ser nomeado crítico teatral do *Correio da Manhã*, [Alvaro Lins] vivia fazendo apelos patéticos: 'Vocês me ajudem! Eu não entendo nada disso!'".

Nada de grave nesses ataques, exceto por um detalhe: apesar de assinados por pessoas conhecidas, com quem vivia-se cruzando no Vermelhinho ou em outros cafés da cidade, ambos os artigos eram da mesma e ostensiva autoria: Nelson Rodrigues.

José César Borba, até então ardente aliado de Nelson, tomou o partido de Alvaro Lins e treplicou no *Correio da Manhã*. Confessou-se decepcionado com "seu amigo" Nelson Rodrigues. Acusou-o de não saber aceitar as regras do jogo, de não conseguir absorver uma crítica. Chamou-o de inculto, verberou o seu "ímpeto frenético para o escândalo" e o reprovou (com razão) por escrever por interpostas pessoas, as quais classificou de "os boys de Suzana Flag". Monte Brito, por exemplo, não passava de "um louco da Paraíba". Quanto a Freddy Chateaubriand, era apenas "o rapaz elegante de uma revista elegante".

A resposta, não a José César Borba, mas endereçada ao próprio Alvaro Lins, veio de onde eles não esperavam: do *Diário Carioca*, onde Nelson construíra o seu mais fiel e expressivo ninho de admiradores — Pompeu de Souza, Prudente de Morais Neto e Paulo Mendes Campos. O troco foi dado por Roberto Brandão, que todos sabiam ser Pompeu de Souza, insinuando que Alvaro Lins estaria se escondendo por trás da assinatura de José César Borba: "Não nos faça rir, amigo. Então o nosso César Borba, o doce, o suave Borba, aquela flor de menino, que cora a uma palavra mais máscula, transformado em ferrabrás!". E fulminou a erudição de Alvaro Lins, dizendo que ele "não entenderia *Édipo rei* nem numa condensação do *Reader's Digest*". Para Pompeu, todos os incestos de *Álbum de família* não se passavam numa família A ou B, mas "na própria família humana, a família geral, a espécie" — e, entendido isso, tudo estaria entendido.

Mas houve quem preferisse não entender. R. Magalhães Jr., no *Diário de Notícias*, acusou Nelson de ter "violado Aristóteles" e alinhou seus personagens como "brutos eróticos, anormais, tarados, digamos mesmo monstruosos, chafurdando na degradação e todos eles dominados por um pensamento único: o de continuarem se degradando. Uma família como aquela provavelmente nunca terá existido".

A polêmica se instalava agora dentro de cada jornal. No mesmo *Diário de Notícias*, Sérgio Milliet defendeu a peça dizendo que, ao atrever-se a transformar o incesto "numa lei, quase numa generalidade", Nelson Rodrigues "enfiava um ferro em brasa numa ferida comum a todos, localizada lá no fundo do inconsciente, e que todos desejam ignorar". E Waldemar Cavalcanti, em *O Jornal*, fingia espanto: "Mas que fez o senhor Nelson Rodrigues para merecer a excomunhão dos zelosos pastores da rua da Relação? Escreveu palavras pornográficas, frases atentatórias à moral, coisas picantes, cenas indecentes? Nada disso. Apenas tomou em suas mãos um velho tema clássico, o do incesto". Como se, em 1946, tal tema fosse corriqueiro até nas novelas da rádio Nacional patrocinadas pelo sabonete Lifebuoy.

O Globo pegou a bola e promoveu durante dias uma enquete com a pergunta: "Deve ou não ser representada *Álbum de família*?". Pompeu de Souza, agora com seu nome, voltou a defendê-la. Alvaro Lins reafirmou sua posição: defendia o direito de a peça ser representada e o seu próprio direito de dizer que ela era "mal planejada e pior ainda executada". Austregésilo de Athayde achava que "só o público e a crítica poderiam julgá-la". Lúcia Miguel Pereira, biógrafa de Machado de Assis, achava que deveria ser representada, mas "para um público escolhido". Seu marido, o historiador Otávio Tarquínio de Souza, repetiu-a. Dinah Silveira de Queiroz, idem, ressalvando que mesmo a censura até dezoito anos era pouco, porque raramente respeitada. Acrescentou que *Álbum de família* só deveria ser levada "em círculos privados, para um público à altura de compreendê-la". Ninguém explicou como esse público seria escolhido.

Accioly Neto, em *O Cruzeiro*, estranhou que se interditasse a peça, não o livro: "O espectador pode ser selecionado, o leitor nunca". O poeta Lêdo Ivo bateu duro: "Imoral não é a peça, mas a sua proibição". Agrippino Grieco, Rachel de Queiroz, Emil Farhat, Nelson Werneck Sodré, todos opinaram pela liberação. E Manuel Bandeira, mais uma vez, não faltou com seu apoio. Viu em *Álbum de família* a confirmação do juízo que fizera de Nelson Rodrigues em *Vestido de noiva* e sentenciou: "É, de longe, o maior poeta dramático que já apareceu em nossa literatura".

Só dois inquiridos defenderam a interdição de *Álbum de família*: Jaime Costa e Tristão de Athayde, aliás Alceu Amoroso Lima. O veterano Jaime Costa, que se dava bem com a censura, quis ser profético: "Se algum dia uma companhia representar essa peça, veremos pela primeira vez no Brasil o público impedir o final de um espetáculo".

E Alceu convocou quatro advérbios de modo para ficar ao lado da censura: "A peça é literariamente nula. Não passa da mais vulgar subliteratura. A interdição me parece perfeitamente legítima. O guarda-civil tem não só o direito, mas o dever de impedir que um louco se dispa em plena avenida. Os loucos de *Álbum de família*, que se despem moralmente no palco, também podem legitimamente ser convidados a fazê-lo de modo mais discreto. A exibição de uma patacoada obscena não é menos nociva ao grande público do que o funcionamento de uma roleta".

Os moralistas venceram. *Álbum de família*, escrita no final de 1945 e interditada em fevereiro de 1946, só seria liberada em dezembro de 1965 e levada pela primeira vez em julho de 1967 — e, ao contrário do que previra Jaime Costa, o público não impediria o final do espetáculo.

E Nelson, a partir daquela interdição, começaria a escrever para si mesmo o papel que não escolhera, mas que tão bem lhe assentava: o de maldito.

16

*Apetite promocional:
página inteira no* Diário da Noite

— 1948 —
A GUILHOTINA

Poucos dias depois da estreia da nova peça de Nelson, *Anjo negro*, em abril de 1948, o *Diário da Noite* publicou um anúncio de página inteira, no qual propunha em manchete: "ANJO NEGRO: IMORAL OU OBRA DE ARTE".

O próprio anúncio oferecia frases que defendiam as duas posições, dando a entender que a alternativa certa era a segunda — mas deixando uma suspeita de que a primeira não estaria muito errada. Era o apetite promocional de Nelson, capitalizando o labéu de "imoral" que lhe haviam pespegado desde a interdição de *Álbum de família*. Mas, se *Álbum de família* fora condenada ao inferno por mostrar uma meia dúzia de incestos, o que dizer de *Anjo negro*, que continha essas e outras abominações e em que o principal personagem era um homem negro?

Nenhuma dúvida: três meses antes, em janeiro, já em ensaios pela companhia de Maria Della Costa e Sandro Polloni, *Anjo negro* também fora interditada pela Censura Federal.

E não seria liberada nem a muque se, desta vez, Nelson não tivesse apelado para canais mais competentes: o Ministério da Justiça e a Igreja Católica. Começou com uma caçada ao ministro Adroaldo Mesquita da Costa pelos gabinetes do poder. O homem não parava em lugar nenhum. A última informação era de que estava tomando um avião naquele momento para o Nordeste. Nelson e Sandro voaram para o aeroporto. Com sua carteira de jornalista, Nelson pôde entrar na pista e, já na escadinha, entregou o manuscrito da peça ao ministro, que prometeu lê-la no avião.

Em seguida, Nelson conseguiu o apoio do padre Leonel Franca, teólogo jesuíta, consultor dos bispos brasileiros e fundador da PUC, que lhe redigiu um parecer favorável sobre *Anjo negro*. Daí a dias, com o envelope do padre em mãos, Nelson convidou o ministro, já de volta ao Rio, a jantar em sua casa. Queria explicar-lhe a peça e entregar-lhe formalmente o parecer. Adroaldo, que achara a peça um escândalo, aceitou o convite, mais por curiosidade, e compareceu à casinha de vila na rua Joaquim Palhares, no Estácio.

Elza serviu-lhe macarronada e ofereceu-lhe Malzbier. Adroaldo observou a sala acanhada, a geladeira encimada pelo pinguim de louça, os filhos brincando debaixo da mesa, Elza ralhando com eles — e se enterneceu pela simplicidade daquele homem de suspensórios e de calças quase sob as axilas, de quem os censores queriam beber o sangue como se fosse groselha. Duas horas depois, Adroaldo aceitou mais um cafezinho, embolsou o parecer do padre Franca e Nelson foi levá-lo até a porta, com *Anjo negro* liberado.

Não se sabe como Adroaldo não mudou de ideia. Quando a peça estreou, um crítico, o futuro ator Ruy Affonso Machado, deliciou-se em listar os crimes cometidos pelos personagens de *Anjo negro*, cada qual mais tenebroso: "homicídios com agravantes, indução à lascívia, três infanticídios, adultério, corrupção de menor, lesões corporais graves, estupro e cárcere privado" — mas só para especular se Nelson Rodrigues queria concentrar em três atos "todos os delitos previstos no Código Penal". Outros críticos condenaram os "incestos, suicídios, violações de virgens", falaram em "último degrau dos instintos" e se indignaram: "Sexo, sexo, sexo, é só nisso que ele pensa?". *Anjo negro* dividiu a cultura brasileira.

Paschoal Carlos Magno, no *Correio da Manhã*, escreveu que, ao liberar a peça, o ministro da Justiça "prejudicara o senhor Nelson Rodrigues". O fiel Accioly Neto, incontinenti, passou telegrama a Paschoal xingando-o de censor. Paschoal, com as orelhas em chamas, correu a explicar-se pelo jornal: proibida, a peça poderia ser a obra-prima que os amigos de Nelson diziam que era. Vista, ele a achara "decepcionante", só isso. Menotti del Picchia pensava diferente: "Nunca o teatro da América subiu a tão altos coturnos". Gustavo Dória, em *O Globo*, falou em "poesia selvagem". E Ruy Affonso, que viu uma ligação direta entre *Anjo negro* e *O imperador Jones*, de O'Neill, chamou-a de "obra-prima do estilo barroco".

Nem todos os amigos de Nelson lutaram por *Anjo negro*. Ele a escrevera em meados de 1946, depois de perdida a batalha de *Álbum de família*, e a dera imediatamente aos Comediantes, que iriam levá-la no Municipal. Mal desconfiava de que só a veria no palco dali a um ano e meio e, mesmo assim, porque a defendera como uma aranha defende o seu filhote. Escrever uma peça sobre negros era uma antiga ideia sua, diria Nelson depois, mas apelos mais urgentes o tinham feito adiá-la. O que finalmente o motivara a sentar-se e escrever fora o seu convívio com Abdias do Nascimento, o jovem ator negro com quem ele se encontrava diariamente no Vermelhinho, o café dos escritores e jornalistas na Cinelândia, em frente à ABI.

Mexendo o cafezinho para que ele esfriasse, Nelson dizia a Abdias:

"Nos Estados Unidos, o negro é caçado a pauladas e incendiado com gasolina. Mas no Brasil é pior: ele é humilhado até as últimas consequências."

Abdias achava surpreendente ouvir aquilo de um branco. E mais ainda de um branco como Nelson: cor de gesso, quase transparente, sem um pingo de sangue negro nos diversos glóbulos. A ideia corrente, muito mais naquela época, era a de que no Brasil não havia preconceito racial. Nelson contou a Abdias que sua atenção para o problema do negro fora despertada na viagem que fizera ao Recife, aos dezessete anos, em 1929, mas não explicou por quê. Fora lá que chegara à conclusão de que "no Brasil, o branco não gosta do preto e o preto também não gosta do preto". O que impressionava Abdias era que Nelson não falava do negro com paternalismo. O próprio Abdias, se pudesse, daria uns cachações nos outros negros que, como dizia Nelson, queriam ser "brancos de arminho".

Ismael, o personagem central de *Anjo negro*, era um preto como Abdias, para quem foi escrita a peça: doutor de anel no dedo e orgulhoso de sua raça, mas com todos os defeitos do ser humano, branco, amarelo ou furta-cor. Nelson tinha uma birra particular contra a mania do teatro brasileiro de apresentar o negro como um "moleque gaiato". Em abril de 1947, quando ainda se pensava que *Anjo negro* seria levada no Municipal, Nelson escrevia em *O Cruzeiro*:

O negro Ismael — o herói — é belo, forte, sensível e inteligente. Esse desfile de qualidades não é tudo, porém. Se ele fosse perfeito, cairíamos no exagero inverso e faríamos um negro tão falso quanto o outro. Ismael é capaz também de maldades, de sombrias paixões, de violências, de ódios. Mas, no ato de amor ou de crueldade, ele é, será sempre um homem, com dignidade dramática, não um moleque gaiato.

Antes de passar o texto de *Anjo negro* pela censura, Nelson teve de submetê-lo a uma "comissão cultural" que selecionava o repertório do Teatro Municipal. A comissão, inacreditavelmente, não viu nenhum inconveniente na peça ou no personagem — desde que Ismael, com esse nome bíblico, fosse interpretado por um branco.

Nelson ouviu um ruído. Era sua cara caindo no chão.

"Mas o personagem é negro!"

Um dos membros da comissão tamborilou com dez dedos em cada mão:

"Pois é, mas o Municipal... Se fosse um espetáculo folclórico... E há cenas entre o crioulo e a loura. Olhe — que tal um negro pintado?"

Negros interpretados por brancos com o rosto pintado não eram apenas coisa de americano, de Al Jolson. Eram a regra no teatro "sério" brasileiro. O próprio Ziembinski, que iria dirigir *Anjo negro*, votou, segundo Nelson, pelo branco de cara pintada. Mas, naquela peça em particular, Nelson fazia questão de um preto autêntico, e não só: queria Abdias do Nascimento no papel.

Anjo negro acabou não sendo feita pelos Comediantes, mas por Maria Della Costa e seu marido Sandro; nem foi levada aquele ano no Municipal, mas só no ano seguinte, e no Phoenix; e Ismael não foi interpretado por Abdias (e nem por outro negro, Edison Lopes, que chegou a ensaiar), mas pelo branco Orlando Guy, com graxa no rosto. A prova de que Nelson era o único incomodado com isso é que nenhum crítico da época estranhou a ausência de um negro no papel do negro.

O próprio Abdias aconselhou Nelson a passar por cima desse detalhe.

"Mas você acha mesmo, Abdias?", Nelson perguntou.

"Acho. O importante é que a peça seja levada", disse o outro.

Os Comediantes estavam se desfazendo e se fundindo com a companhia Teatro Popular de Arte, de Della Costa e Sandro. Quando Nelson soube que os dois haviam arrendado o Teatro Phoenix por um ano, nunca mais deu-lhes sossego. Telefonava-lhes dia e noite, tentando convencê-los a ficar com a peça. Apelou até para o jornalista Fernando de Barros, que descobrira Maria Della Costa numa capa de revista em Porto Alegre e fora seu primeiro marido. Maria gostava da peça, mas não se achava adequada ao papel da mãe assassina. Era justo: afinal, tinha apenas 21 anos. Mas Nelson sabia que, loura de verdade e fenomenalmente linda, ela seria a Virgínia perfeita para o torturado Ismael. Além disso, não era virgem de seu teatro: em abril do ano anterior, 1947, já fizera Alaíde numa montagem de *Vestido de noiva* produzida por Miroel Silveira no Municipal de São Paulo, com Cacilda Becker como Lúcia e Olga Navarro como madame Clessy. Quem enfrentasse aquelas duas no palco podia fazer qualquer papel. Maria Della Costa aceitou — e não se arrependeu.

Anjo negro foi um sucesso em seu tempo (dois meses em cartaz), embora, para Nelson, os deslumbrantes efeitos plásticos da produção tivessem anestesiado a plateia para a contundência social e dramática do espetáculo. Não estava fazendo teatro de "tese" — só a palavra já lhe provocava urticárias. Mas a história, que teria muito mais impacto em, digamos, preto e branco, ficou na sombra diante do glorioso "tecnicolor" dos cenários de Sandro e da direção de Ziembinski.

Nelson se queixou também de que o ator pintado, por melhor que fosse, não tinha a "autenticidade racial e cênica" de um negro de verdade. Para ele, era o único ponto fraco, mas nevrálgico, de um elenco perfeito: Maria Della Costa como Virgínia, a mulher que mata os seus próprios filhos negros com Ismael; Itália Fausta, como a tia vingativa; e a estreante Nicete Bruno ainda adolescente, como Ana Maria, a filha de Virgínia com o irmão branco e cego de Ismael.

Anjo negro: Maria Della Costa (de pé) e Nicete Bruno

À esq., Orlando Guy pintado de negro, contra
a vontade de Nelson; à dir., o coro das primas

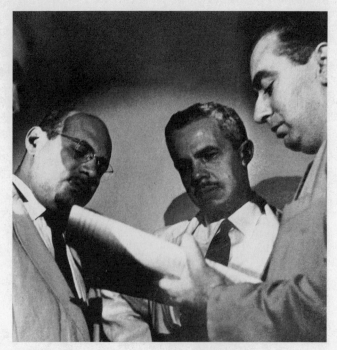

Parceiros na criação e na crítica: com Nelson, o cenógrafo Santa Rosa e o crítico Accioly Neto

Amigos para além da vida e da morte: os jornalistas Otto Lara Resende e Pompeu de Souza

Mas ele seria um ingrato se se queixasse de *Anjo negro*. A peça permitiu-lhe comprar sua casa — um sobrado de dois andares, com varanda e escada de mármore — na rua Agostinho Menezes, no Andaraí. (E a cinco quarteirões da rua Alegre.) Para fechar o negócio, Nelson e Elza juntaram cada tostão de suas economias, conseguiram um financiamento no IAPC (Instituto de Aposentadoria e Pensões dos Comerciários) e completaram o bolo com a bilheteria de *Anjo negro*.

Ficou endividado, mas, aos 36 anos, Nelson se livrara do fantasma do aluguel. Podia concentrar-se agora nos seus próprios fantasmas. Os quais, de repente, pareciam ter a forma de mulheres lindas, voluptuosas e de chassis reforçados.

Nelson teve uma queda por Maria Della Costa durante *Anjo negro*. Inundava diariamente o seu camarim com flores e bilhetes, como se Sandro, marido da estrela, não fosse também o produtor do espetáculo e não estivesse o dia todo por ali. Della Costa achava Nelson "majestoso" e o estimava tanto quanto o admirava, mas não estava nos seus planos apaixonar-se por ele. Contornou o dilema de forma tão elegante que ninguém se ofendeu — nem Nelson, nem Sandro. Maria apenas ria e fingia não levar a sério as declarações de Nelson.

As quais talvez não fossem mesmo para outra coisa porque, ao mesmo tempo que cortejava sua heroína em *Anjo negro*, Nelson fazia expedições vespertinas com Abdias aos fundos do Teatro Carlos Gomes, na rua Dom Pedro I, atraído por uma corista negra chamada Tânia. O namorico com Tânia teve a duração de uma cortina — ou menos do que durou *Anjo negro*.

Mas foi ainda durante *Anjo negro* que Nelson conheceu a também atriz Eleonor Bruno, mãe da menina Nicete. E, aí, foi diferente. Depois de anos de vida doméstica, o perpétuo apaixonado estava de volta.

Eu posso começar esta história dizendo que me chamo Suzana Flag. E acrescentando: sou filha de canadense e francesa; os homens me acham bonita e se viram, na rua, fatalmente, quando passo. Uns olham, apenas; outros me sopram galanteios horríveis, mas já estou acostumada, graças a Deus; há os que me seguem; e um espanhol, uma vez, de boina, disse, num gesto amplo de toureiro: "Bendita sea tu madre!". Lembrei-me de minha mãe que morreu me amaldiçoando e senti um arrepio, como se recebesse, nas faces, o hálito da morte. Bem: acho que o meu tipo é miúdo; não demais, porém. E foi isso talvez que levou certo rapaz a me dizer, pensativo: "Se você cantasse, daria uma boa madame Butterfly". Há mulheres decerto menores do que eu. Mas gosto de ser pequena, de dar aos homens uma impressão de extrema fragilidade e de me achar, eu mesma, eternamente mulher, eternamente menina.

Às vezes, nem sempre, tenho uma raiva de umas tantas coisas que existem em mim e que atraem os homens. E, nessas ocasiões, desejaria ser feia ou, pelo menos, desinteressante, como certas pequenas que impressionam um homem ou dois, e não todos. O que acontece comigo é justamente o seguinte: eu acho que impressiono, senão todos, pelo menos a maioria absoluta dos homens. Mesmo homens de outras regiões, quase de outro mundo, se agradam de mim. Inclusive aquele marinheiro norueguês, alvo e louro, que me olhou de uma maneira intensa, de uma maneira que me tocou tanto quanto uma carícia material. Tenho vinte e poucos anos e devo dizer, não sem uma certa ingenuidade, que vivi muito mais, que tive experiências, aventuras, que mulheres feitas não têm.

Para vocês compreenderem isso, precisavam me conhecer como eu sou fisicamente, isto é, ver os meus olhos, a minha boca, o modo de sorrir, as minhas mãos, todo o meu tipo de mulher. Se vocês me conhecessem assim — eu poderia dizer: "Esta é a história de minha vida, esta é a história de Suzana Flag"... Mas é preciso advertir: vou contar tudo, vou apresentar os fatos tais como aconteceram, sem uma fantasia que os atenue. Isso quer dizer que o meu romance será pobre de alegria; poderia se chamar sumariamente: "Romance triste de Suzana Flag".

Assim Nelson começou, em 1946, *Minha vida* — nada menos que a "autobiografia" de seu pseudônimo Suzana Flag. As leitoras de *O Jornal*, mesmo sem saber que a fascinante autora do seu folhetim barbeava-se com Gillette e usava o emplastro Sabiá, não podiam tomar aquilo como verdade. Não era possível que tomassem.

A vida de Suzana Flag, desde as primeiras páginas, era igualzinha à de suas heroínas: a mãe se matara na sua frente, tomando veneno; antes de exalar o último suspiro, rogara-lhe a praga de que, um dia, Suzana também encontraria um homem proibido; o pai metera uma bala na cabeça depois de gritar para a mulher no caixão: "Cínica! Cínica!"; e, súbita e duplamente órfã, Suzana se veria condenada a se casar com Jorge, o amante de sua mãe. E o primeiro capítulo ainda nem terminara! Com uma história de vida como essa, desde quando uma escritora precisa de imaginação?

Mas, mesmo que as leitoras não acreditassem que Suzana Flag tivesse vivido aquilo tudo, os quiproquós da garota eram perturbadores o suficiente para mantê-las narcotizadas durante os três meses de duração de *Minha vida*. O segredo de Suzana Flag era essa estranha química, de suas histórias serem escritas por um homem, mas com uma cabeça tão "sensível" e "feminina". A outra chave para o sucesso de Suzana Flag era que, nos folhetins, Nelson podia escrever de forma relaxada, sem o menor capricho verbal, mas escrevia exatamente o que pensava. Sua famosa frase, "Todo amor é eterno. Se não é eterno, não era amor", por exemplo, foi dita pela primeira vez em *Meu destino é pecar*.

Como os folhetins anteriores, *Minha vida* saiu em livro no mesmo ano de sua publicação em *O Jornal*, 1946, e vendeu os horrores de praxe. Não tanto quanto *Meu destino é pecar*, mas o suficiente para que, somado aos rendimentos dos outros folhetins, livros, peças e o seu salário em *O Guri* (sim, ele ainda trabalhava lá), Nelson deixasse de ser Raskolnikov, o pobre-diabo de Dostoiévski em *Crime e castigo*. E apenas isso. Porque de modo algum era suficiente para que ele deixasse de preocupar-se com dinheiro.

Uma carta daquele ano a seu velho amigo, o caricaturista Andrès Guevara, agora influente artista gráfico em Buenos Aires, mostra como Nelson parecia contar pateticamente com o dinheiro que *Vestido de noiva* e *Meu destino é pecar* poderia render no teatro e cinema argentinos. Dizia Nelson na carta:

Guevara ilustre, você é uma desilusão. Escrevi-lhe uma porção de cartas, pedindo notícias de Meu destino é pecar *e de* Vestido de noiva, *e você não me respondeu absolutamente nada. Em primeiro lugar: não há nenhum sujeito com representação minha em Buenos Aires, a não ser você. Houve, de fato, um camarada que me pediu autorização para sondar o cinema argentino acerca de* Meu destino é pecar. *Mas não lhe dei autorização nenhuma. Você é meu representante único em Buenos Aires, tanto para* Meu destino é pecar *como para* Vestido de noiva. *Amanhã enviarei a você um documento definitivo, transmitindo a você todos os poderes; a questão ficará assim liquidada. Só espero de você, o mais depressa possível, uma informação sobre os resultados econômicos que terei no caso.*

Caiu por terra o preconceito de que Vestido de noiva *não era para o grande público. É, sim. E é isso que você precisa dizer aí em Buenos Aires: que* Vestido de noiva *é, acima de tudo, um negócio comercial. Não deixe que companhias de amadores a representem; só companhias de profissionais. Insista com* Vestido de noiva *na certeza de que o êxito daqui se reproduzirá, com mais violência, em Buenos Aires, com gordas vantagens para nós dois, que estaremos associados. Faça força, trabalhe, que diabo! Não banque o displicente! Aproveite, tanto mais que, acabada a guerra,* Vestido de noiva *vai correr mundo. Acaba de ser traduzido para o tcheco, para o francês, para o inglês. Diga isso também ao pessoal aí.*

Quanto a Meu destino é pecar, *não durma. Apele para o jornal, para o rádio, para o livro, procurando fazer o melhor negócio possível, para nós dois. Eu quero que você ganhe, para se indenizar do trabalho que tiver. Mas não se esqueça das condições que nos serão fixadas. Aguardando breves notícias, o meu abraço e recomendações à senhora. Etc. etc., Nelson.*

Nelson estava sendo muito otimista. As traduções de *Vestido de noiva* para o tcheco, inglês e francês não aconteceram na época e nem tão cedo — para mágoa de Nelson, que, muitos anos depois, passaria a dizer que não lhe interessava ser conhecido em outras línguas. Mesmo em Buenos Aires, Guevara não foi eficiente em vender seu material. E *Meu destino é pecar* seria efetivamente filmada por um argentino chamado Manuel Pelufo, mas só em 1952 e numa produção brasileira.

Se a glória — ou a danação — de Nelson *tinha* de acontecer em seu próprio país, era bom que ele começasse a se acostumar.

***

Todos os jornais cariocas ficavam no Centro da cidade e pertinho um do outro; os jornalistas batiam perna o dia todo de lá para cá, com intervalos para o café nos botequins. Embora continuasse funcionário de Chateaubriand, a turma de Nelson era agora a do *Diário Carioca*, o jornal do "Senador", como todos chamavam o seu proprietário, José Eduardo Macedo Soares. Nelson ia todo dia à redação, na praça Tiradentes. Nela, pelo menos, era recebido com palmas. Prudente de Morais Neto, um dos cardeais, até então só não escrevera sobre ele em bulas de remédio. Era de Prudente (sob seu pseudônimo Pedro Dantas) o fabuloso posfácio da edição em livro de *Álbum de família*.

E Pompeu de Souza, redator-chefe, achava graça em tudo que Nelson dizia. Por qualquer motivo explodia em gargalhadas, às quais seguiam-se tremendos ataques de tosse.

"Ah, se eu pudesse tossir com essa sinceridade!", dizia Nelson.

Paulo Mendes Campos, recém-chegado de Belo Horizonte, era o crítico de teatro do jornal. Mas, quando se tratava das peças de Nelson, dizia que deixava de ser crítico:

"Caio de quatro e pasto."

Do *Diário Carioca*, Prudente, Pompeu, Paulo e Nelson iam diariamente almoçar na Colombo, na rua Gonçalves Dias, afinados como um quarteto de cordas. A mesa era completada com frequência por Augusto Frederico Schmidt, San Thiago Dantas e nada menos que Manço de Paiva, o pedreiro que matara Pinheiro Machado em 1915. Manço adorava contar como comprara a faca e fora ao Hotel dos Estrangeiros, na praça José de Alencar, para esperar a chegada de Pinheiro Machado. E como lhe cravara a faca nas costas. O deleite quase estético do assassino ao recordar sua triste façanha aturdia Nelson. Essas coisas existiam na vida real — e ainda havia quem o chamasse de "tarado" quando ele enxertava algo parecido em suas peças.

À turma do *Diário Carioca* juntavam-se ainda dois outros rapazes de Belo Horizonte, também recém-chegados ao Rio: Otto Lara Resende, que dirigia o suplemento dominical do *Diário de Notícias*, e o mais mineiro que piauiense Carlos Castello Branco, subsecretário de *O Jornal*. Ali, naquela mesa de jovens jornalistas talentosos — talvez a geração mais brilhante da imprensa brasileira em qualquer época —, um outro traço de Nelson começava a revelar-se para eles: o cabotinismo. Depois de *Vestido de noiva*, que o purgara das humilhações passadas, e de *Álbum de família*, que o alertara para humilhações futuras, não havia mais quem o segurasse.

Todos aqueles amigos estavam convencidos da genialidade de Nelson e jogavam seus jornais com uma convicção cangaceira na campanha para liberar qualquer peça sua que fosse ou viesse a ser interditada — e a maneira de fazer isso era proclamar que Nelson era um gênio incompreendido. Todos, menos

Otto Lara Resende. Ele também achava Nelson um gênio, mas resistia aos seus apelos para escrever isso todo dia no *Diário de Notícias*. Deve ter sido o único caso de um amigo de Nelson que nunca o defendeu por escrito, nem a pedidos, e de quem Nelson continuou amigo.

O talento de Nelson para reproduzir, repetir e disseminar qualquer elogio que lhe fizessem era do tamanho do seu gênio dramático. Mesmo que esse elogio tivesse de ser escrito por ele próprio. Uma de suas províncias era a influente coluna "Spot-light" de *O Cruzeiro*, assinada por Grock ou por Accioly Neto, mas cujo responsável sempre fora Accioly.

Durante mais de dez anos, a partir de 1944, todas as resenhas de peças de Nelson publicadas em "Spot-light", assinadas por Accioly, foram escritas por Nelson. Com o maravilhoso detalhe de que, entre observações agudas e pertinentes sobre as intenções do autor (e quem estaria mais abalizado para isso?) e hinos à eternidade das peças, Nelson fazia leves restrições ao cenário ou à iluminação para parecer "imparcial". Várias observações de "Accioly" (na vida real, boa--praça, grande gozador, fã de Nelson e das moças que saíam na capa de *O Cruzeiro*) foram incorporadas aos estudos críticos sobre ele.

Inversamente, qualquer ataque ou restrição que lhe fizessem era respondido por Nelson com a negação completa e instantânea de todas as qualidades do outro. Mesmo que em desacordo com o que o próprio Nelson pudesse ter dito na véspera. Isso aconteceu com Otto Maria Carpeaux, que qualificara *Vestido de noiva* de "magistral" e mandara a Nelson um bilhete elogioso ao ler o texto de *Anjo negro*. Na porta da ABI, Nelson não poupava elogios a Carpeaux:

"É um crânio! Tem várias bibliotecas na cabeça! Sabe o Goethe de cor e salteado!"

Mas Carpeaux não gostou de *Anjo negro* ao vê-la encenada e Nelson ficou sabendo. No dia seguinte, no mesmo lugar, resumiu Carpeaux para Otto Lara Resende:

"Uma besta."

"Mas, Nelson, ontem mesmo você dizia que ele era um crânio!", argumentou Otto.

"Ô, Otto, você quer que eu julgue o Carpeaux pelo que ele acha do Goethe?"

Nelson tinha bons motivos para contar os canhões entre seus amigos e inimigos. Depois da unanimidade nacional a que fora promovido com *Vestido de noiva*, ele próprio se dizia cheio de "ex-amigos" por causa de *Álbum de família* — juntando nesse balaio tanto os que haviam atacado a peça como os que não lutaram como deviam pela sua liberação. A peça seguinte, *Anjo negro*, passara 1947 inteiro sem saber qual seria o seu destino. E, agora, ele se preparava para o pior com outra peça que escrevera aquele ano: *Senhora dos afogados*.

Pois *Senhora dos afogados* seria também interditada em janeiro de 1948, na mesma época que *Anjo negro*.

* * *

Com duas proibições simultâneas, Nelson tentou salvar *Anjo negro*, que já estava em produção, e conseguiu. *Senhora dos afogados* não teve a mesma sorte. Assim que a peça recebeu o carimbo da interdição, Nelson propôs ao ministro da Justiça que, sem atropelar a censura, uma "comissão de intelectuais" opinasse se ela deveria ser ou não encenada. Ambos acatariam o resultado. Que tal? O ministro Adroaldo Mesquita da Costa achou razoável. Afinal, os intelectuais não viviam reclamando que a censura era incompetente para censurar? Pois então que, naquele caso, os intelectuais censurassem a si próprios. Adroaldo aceitou e até concedeu a Nelson que sugerisse três nomes para formar a "comissão" que iria julgar *Senhora dos afogados*.

Nelson podia ter escolhido Manuel Bandeira, Prudente de Morais Neto, Pompeu de Souza. Seria uma goleada. Mas preferiu ser honesto e político: escalou Gilberto Freyre, Olegario Marianno e Alceu Amoroso Lima.

Os três eram respeitáveis da cabeça aos sapatos; os três eram moralmente insuspeitíssimos; e, dos três, Nelson sabia que dois votariam a seu favor. Por acaso, os dois pernambucanos: Gilberto Freyre, porque já lhe dera provas de que o admirava e era grande fã de Mario Filho; e Olegario, porque era velho amigo e protetor de sua família desde a chegada de Mario Rodrigues ao Rio em 1915. Além disso, Olegario, em jovem, escrevera poemas de bela sensualidade e até simpáticos à cocaína, então uma droga "elegante". O voto contra viria, naturalmente, de Alceu, que há pouco dissera que o guarda-civil tinha o direito de censurar seu teatro. Mas, com isso, ele teria 2 × 1 a seu favor e *Senhora dos afogados* iria à cena assim que *Anjo negro* encerrasse a carreira. Os três aceitaram ser juízes e Nelson distribuiu as cópias. Dias depois, Adroaldo comunicou-lhe o resultado: 2 × 1 pela manutenção da interdição!

O voto a favor de Nelson fora de Gilberto Freyre. E Alceu fora coerente: votara a favor da censura. Então o traidor só podia ter sido Olegario Marianno.

O voto de Olegario acertou-o bem no tórax. Como Nelson contaria depois, passou a mão num telefone, ligou para Olegario e o chamou inclusive de cachorro. Olegario, do outro lado, respondeu aos insultos no mesmo volume e atirou-lhe aos tímpanos aquela lembrança terrível:

"Eu te matei a fome!" — referindo-se ao tempo em que o acolhera, a ele, sua mãe e uma multidão de irmãos, em 1916, quando chegaram a zero de Pernambuco.

No futuro, Nelson se penitenciaria muitas vezes pela agressão a Olegario. Reconheceu que, aos 59 anos em 1948, o espantoso seria se o "poeta das cigarras" tivesse se deliciado com *Senhora dos afogados*. Nunca que Olegario poderia aceitar uma história como aquela. (Na peça, o assassinato de uma prostituta se reflete, dezenove anos depois, numa tragédia que envolve a mulher e a filha do assassino — quando o filho que ele tivera sem saber com a prostituta retorna para seduzi-las e castigá-lo. Nas cenas finais, depois de uma saraivada de mortes, o marido, instigado pela filha, decepa por vingança as mãos da própria mulher com um machado.)

"As mãos são as mais culpadas no amor...", diz a filha. "Pecam mais... Acariciam... O seio é passivo; a boca apenas se deixa beijar... O ventre apenas se abandona... Mas as mãos, não!... São quentes e macias... E rápidas... E sensíveis... Correm no corpo..."

Como Olegario, com seus colarinhos de 1918, poderia admitir que, em qualquer fala de *Senhora dos afogados*, havia mais "poesia" do que em toda a sua obra? (Isso não impediu que, ao ouvir a notícia da morte de Olegario, dez anos depois, em 1958, Nelson lamentasse que nunca se tivessem reconciliado.) Mas, em 1948, o velho poeta já não era o único a olhar para Nelson com um sentimento de cinzas geladas.

Nelson farejava isso. Em apenas dois anos tivera duas peças interditadas (*Álbum de família* e *Senhora dos afogados*) e uma que escapara por pouco da guilhotina (*Anjo negro*). O estigma da maldição iria refletir-se no famoso depoimento que ele daria à revista *Dionysos*, em 1949, intitulado "Teatro desagradável".

Com Vestido de noiva, *conheci o sucesso; com as peças seguintes, perdi-o e para sempre. Não há nessa observação nenhum amargor, nenhuma dramaticidade. Há simplesmente o reconhecimento de um fato e sua aceitação. Pois, a partir de* Álbum de família — *drama que se seguiu a* Vestido de noiva —, *enveredei por um caminho que pode me levar a qualquer destino, menos ao êxito. Que caminho será esse? Respondo: de um teatro que se poderia chamar assim — "desagradável". Numa palavra, estou fazendo um "teatro desagradável", "peças desagradáveis". No gênero destas, incluo desde logo* Álbum de família, Anjo negro *e a recente* Senhora dos afogados. *E por que "desagradáveis"? Segundo já disse, porque são obras pestilentas, fétidas, capazes, por si sós, de produzir o tifo e a malária na plateia.*

Até que ponto Nelson estava sendo sincero nesse depoimento? Não quando afirmava que perdera o sucesso "para sempre" — porque, afinal, *Anjo negro* fora um sucesso de público. (Na última noite, encerrado o espetáculo, Nelson, Ziembinski, Santa Rosa e Pompeu de Souza debateram com a plateia lotada, a qual se recusava a deixar o teatro.) Talvez estivesse se referindo ao fato de que alguns de seus velhos admiradores começavam a abandoná-lo. Augusto Frederico Schmidt, por exemplo, lhe perguntara: "Por que você insiste na torpeza?". E Manuel Bandeira, que nunca lhe faltara, reagira à leitura de *Senhora dos afogados* com um chocho comentário:

"Interessante..."

Essa palavrinha, que, em outras épocas, seria tão doce para Nelson quanto um pirulito, agora lhe doera fisicamente como uma canivetada. Mais uma vez, no futuro, Nelson justificaria o cansaço de Bandeira em apoiá-lo e diria que "o admirador também precisa de feriado, de domingos, de dias santos" — em que não precise ficar de plantão, admirando. Mas o pior é que Manuel Bandeira também lhe perguntara:

"Por que você não escreve sobre pessoas normais?"

Nelson não teve coragem de dizer-lhe que suas peças tratavam de pessoas como ele, Bandeira, e como ele, Nelson, e como todo mundo. Bandeira poderia ofender-se e considerar-se chamado de "anormal".

O que incomodava Nelson era que, se Manuel Bandeira — o rutilante poeta, o estudioso dos gregos, dos franceses, dos espanhóis — interpretava-o tão mal, o grosso da população tinha todo o direito de achar que Nelson Rodrigues, de fato, não era portador de uma alma imortal e que suas peças eram mesmo fétidas e pestilentas. Mas o próprio Nelson contribuía para isso, criando ele mesmo o anúncio de *Anjo negro* no *Diário da Noite*, e deixando no ar a dúvida — "imoral ou obra de arte?" — a respeito de sua peça.

Pipocas, ninguém enxergava que a força que o movia era uma profunda "nostalgia da pureza" — pureza que só seria atingida depois que o homem chapinhasse descalço sobre as mais hediondas impurezas?

Não. Ele teria de explicar-lhes. E então escreveu o que outros consideram a sua peça máxima: *Doroteia*.

17

Com Nonoca Bruno: caso complicado

— 1950 —
DOROTEIA

Eleonor Bruno era, como o próprio Nelson a classificava, um "bijou", um "biscuit": pequenina, cabelos castanho-claros, cheinha de corpo, tímida, recatada e — o que deve ter tocado uma nota plangente nos músculos cardíacos de Nelson — soprano lírico. Toda a sua família, desde o avô, era de músicos, cantores e bailarinos. Eleonor (Nonoca, para os amigos) começara em espetáculos amadores beneficentes e chegara a cantar árias de *La bohème* no cassino do Copacabana Palace. Mas, em abril de 1948, nas coxias do Teatro Phoenix, estava representando apenas o papel de mãe: sua filha de treze anos, Nicete, estreava como atriz em *Anjo negro*. Nonoca ia levá-la, trazê-la e ficar de olho para que nenhum daqueles rapazes a olhasse de maneira inconveniente. Não podia prever que ela é que seria o alvo dos olhos de alguém: Nelson.

Dito assim, pode-se pensar que Nelson enfrentava problemas em casa ou que seu casamento com Elza, tendo sobrevivido à acídia dos sete anos, estivesse começando a deslizar pela ribanceira. Os homens não gostam muito de falar desses assuntos e Nelson talvez gostasse menos que os outros. Nenhum dos amigos com quem ele convivia na época se lembra de tê-lo ouvido queixar-se do casamento. Sua paixão súbita por Nonoca não precisava de explicações, nem ninguém lhe pedia. Era como se Nelson achasse possível conciliar as duas coisas e, de certa forma, ele tornou isso possível — porque, tendo sustentado por mais de dois anos um caso paralelo, *full-time*, com Nonoca Bruno, Nelson nunca dormiu fora de casa, nem por uma noite.

Não foi uma conquista fácil. Em meados de 1948, seu amigo Carlos Castello Branco, o "Castelinho", perguntou-lhe:

"Como vai aquele caso, Nelson?"

"Está dureza. O negócio é mandar flores de manhã, de tarde e de noite. Não há mulher, por mais insensível, que resista a tantas flores."

Nelson não chegou a mandar caminhões, nem tinha dinheiro para isso, mas Nonoca estava longe de ser insensível e não resistiu. Em pouco tempo, Nelson foi assimilado não apenas por Nonoca, como por toda a família Bruno, apadrinhando os casamentos de suas irmãs Lígia e Flordéa, os negócios do irmão Paschoal e conseguindo empregos para seus parentes. No casamento de Flordéa com Walter, os noivos fizeram a recepção na Colombo e Nelson presidiu a grande mesa como se fosse o *méneur du jeu*. Até convidou seu amigo Sábato Magaldi a ser padrinho.

Nelson havia alugado com Pompeu de Souza um apartamento no edifício Pitaguary, na praça Serzedelo Correia, em Copacabana, para servir-lhes de garçonnière. Até então, ambos usavam pouco o apartamento — tanto que o emprestavam em caráter permanente a seu colega Helio Fernandes (irmão de Millôr, campeão de sinuca e futuro diretor da *Tribuna da Imprensa*), para que morasse nele. Quando um dos dois ia comparecer à garçonnière, Helio era avisado e ia jogar sinuca por algumas horas. Durante o namoro de Nelson com Nonoca, Helio observava que, todas as vezes que voltava para casa, encontrava o espelho do banheiro retirado do prego e depositado de pé sobre a pia. Não entendia aquilo. Quando conheceu Nonoca, compreendeu: com sua alturinha, ela não o alcançava para pentear-se.

A garçonnière do edifício Pitaguary (onde mais tarde se instalaria uma agência do correio) não era, de forma alguma, um pequeno covil de iniquidades. Nem isso era do estilo de seus titulares. Pompeu, quando se separou de sua mulher (também chamada Elza), morou ali por uns tempos, mas não rompeu completamente os laços com o antigo lar. Nelson comentava:

"O Pompeu se separou da mulher, mas manda as cuecas para lavar em casa."

E o próprio Nelson contava que um dos momentos mais fascinantes de suas tardes com Nonoca na garçonnière, e que o faziam sentir-se no Valhala, era quando ela lhe servia a papinha para a úlcera cantando uma ária da *Traviata*.

Foi para Nonoca Bruno que Nelson escreveu *Doroteia* em 1949 — a peça em que ela trocaria sua incipiente carreira lírica pela comédia. Nelson convenceu-a de que sabia representar e escreveu-lhe sob medida o papel-título, o da mulher linda, airosa e dissoluta que volta arrependida para a casa de suas primas velhas, feias, sem ancas e que "não dormem para não sonhar". Doroteia quer ficar como elas, feiíssima, para apagar da memória o tempo em que desejava e era desejada por todos os homens. Mas, para isso, seu rosto terá de ser destruído pelas chagas. No decorrer da peça, as primas se traem e revelam que, sob suas pesadas vestes pretas, também alimentam um desejo em brasa — e, por isso, têm de morrer. No final, purificadas e reduzidas a duas, Doroteia e dona Flávia, a prima "mais velha e mais feia", decidem: "Vamos apodrecer juntas".

Grande papel, o de Doroteia, mas não o principal, nem o com mais falas. Este era o de dona Flávia, a cargo da experiente Luiza Barreto Leite, egressa dos Comediantes.

Doroteia foi uma empreitada quase familiar — ou não se explicaria que, sendo uma peça profissional, fosse estrelada por uma quase desconhecida como Nonoca. Seria também a estreia, aos 21 anos, de Dulcinha, irmã de Nelson, no papel de Das Dores, a menina que nascera morta e que continuava viva apenas porque ninguém a informara de que morrera. O produtor nominal era Paschoal Bruno, irmão de Nonoca, mas o grosso do dinheiro da produção veio de Nelson e ele só faltou arrombar cofres-porquinhos para levantá-lo. O Teatro Phoenix foi arrendado para a temporada, que se esperava de pelo menos um mês.

Desta vez Nelson não quis jogar com a sorte: depois de três interdições seguidas (duas definitivas), calculou que era a ele que os censores queriam matar a pauladas, como a uma ratazana prenhe — não às peças. Então mandou *Doroteia* para a censura como "um original de Walter Paíno" — cunhado de Nonoca — e a peça passou sem um arranhão. Os censores devem ter ficado para morrer ao vê-la anunciada, tempos depois, como mais uma do abjeto e excomungado Nelson Rodrigues. Mas tiveram de morder a bala porque, se a proibissem, ficaria caracterizada a perseguição.

E, assim, *Doroteia* ("a peça que sonhamos juntos", como Nelson a dedicara secretamente a Nonoca Bruno) subiu ao palco do Phoenix no dia 7 de março de 1950.

O cenário de Santa Rosa era um enorme tablado em forma de ringue, tendo ao fundo um ciclorama azul. Sua simplicidade não diminuía o impressionante efeito visual. Mas o que deixava a plateia sem fôlego era a iluminação de Ziembinski: seis refletores coloridos que seguiam a movimentação das seis mulheres em cena, com uma cor para cada uma. À medida que elas evoluíam pelo palco, as cores se cruzavam, se confundiam, se separavam. Era infernalmente lindo. O jogo de cores continuava nos figurinos, com as primas de preto, sinistras como papa-defuntos, e Doroteia de vermelho, como uma cortesã antiga. Além disso, Nonoca pintara de fogo o cabelo e, no palco, parecia crescer vários centímetros acima do nível do mar.

Ao fim do primeiro ato, a cortina não desceu de imediato. O encarregado de puxar a corda quis esperar pelos aplausos — que não vieram. Elenco e plateia ficaram olhando um para o outro: o elenco, pasmo; a plateia, atônita. Finalmente, baixou-se o pano em silêncio e os atores tiveram uma pálida ideia do que os esperava pelo resto da peça.

O cruel era que, naquela noite de estreia, metade do público era de convidados: jornalistas, amigos do elenco e da produção, parentes e agregados — pessoas a quem o universo de Nelson não devia ser estranho. Quando o pano se fechou de vez, ao fim da peça, apenas essa metade da plateia aplaudiu e, mesmo assim, por honra da firma. A outra metade retirou-se muda.

Quase ninguém parecia ter entendido direito o que vira. O cartaz dizia: "DOROTEIA. *Farsa irresponsável em três atos*". Se era uma farsa, era para rir, ou não? Mas rir *daquilo*? Mais parecia uma tragédia — que, no entanto, tinha umas coisas bem engraçadas. E por que "irresponsável"? Ah, como os antigos precisavam de rótulos para se guiar.

Mas, de fato, *Doroteia* continha audácias de Nelson que só ficariam claras para a plateia depois que Beckett e Ionesco inventassem o "teatro do absurdo" séculos mais tarde. O "noivo" de Das Dores, a garota interpretada por Dulce Rodrigues, era um par de botinas. Os homens que viviam ameaçando voltar para Doroteia eram um jarro que se iluminava ou se apagava, conforme a intensidade do seu desejo. Das Dores, ao ser afinal informada de que era uma morta, recusava-se a ir para o Céu e, simplesmente, penetrava de volta no útero da mãe. Como se esperava que 1950 entendesse isso?

Ao fim do espetáculo, Ziembinski chegou esbaforido para Nelson:

"Nelson, estão me perguntando o que significa o jarro, o que significam as botinas. O que eu digo?"

"Não diga nada", respondeu Nelson, amargurado. "Diga que não significam nada."

Quem entendeu, entendesse. Quem não entendesse, azeite.

Mas o próprio Ziembinski, segundo Nelson, não entendera a peça: em suas mãos, *Doroteia* deixara de ser uma "farsa irresponsável" e se tornara uma tragédia explícita, que faria Aristóteles feliz, mas traía a peça e atrapalhava o seu entendimento. Na concepção de Nelson, jarro e botinas não eram metáforas de nada, eram a própria realidade e, por isso, aquela era uma "farsa irresponsável". Sem essa escandalosa "irresponsabilidade", o absurdo da história não se sustentaria e a exuberância poética dos diálogos perderia a força. Mas já não podia fazer nada por *Doroteia*. Os críticos, entre os quais Paschoal Carlos Magno, a arrasaram. Apenas o querido Accioly Neto defendeu-a... Um jovem na plateia iria vê-la, deslumbrado, cinco vezes: o futuro crítico Paulo Francis, aos dezenove anos — mas quando pôde exaltá-la por escrito, como um dos maiores espetáculos já produzidos no Brasil, anos tinham se passado e até Nelson já dava *Doroteia* como morta.

A maravilhosa *Doroteia* aguentou apenas treze dias em cartaz. Menos que qualquer comediota do Teatro Recreio. Nelson fechou a peça, pagou todo mundo, voltou de bonde para casa e começou a pensar seriamente na vida. Costumava dizer na época: "O autor de teatro devia ser um bárbaro, nu e só".

Depois queixou-se para Antonio Callado:

"*Doroteia* é o maior fracasso do Ocidente. Nem minha mãe gostou."

Um ano e meio antes, em julho de 1948, Nelson tinha disparado mais uma Suzana Flag: *Núpcias de fogo*. O primeiro capítulo saíra simultaneamente em *O Cruzeiro*, com ribombar de canhões, e em *O Jornal*, e seguira depois no matutino. Os leitores pareciam não se cansar de Suzana Flag — Nelson é que já não a tolerava mais. Estava com a cabeça definitivamente no teatro, mas precisava continuar escrevendo folhetins para sustentar-se. Em 1949, Freddy Chateaubriand trocou sua função de diretor em *O Jornal* pelo comando do *Diário da Noite* e levou Nelson com ele. A pedido de Nelson, deixaram Suzana Flag para trás, congelada e morta.

Mas, em seu lugar, Freddy inventou "Myrna", a nova máscara feminina de Nelson Rodrigues.

Dava na mesma, exceto que Myrna teria um concorrente à altura no *Diário da Noite*: o folhetim *Giselle, a espiã nua que abalou Paris*, assinado por "Giselle de Monfort" — na verdade, David Nasser — e ilustrado com fotos moderadamente eróticas de Jean Manzon, com modelos locais. Myrna não conheceu a glória longeva de Suzana Flag. Viveu apenas um ano, durante o qual produziu *A mulher que amou demais* — e propiciou a Freddy Chateaubriand uma ideia que ele não tivera em *O Jornal*.

A correspondência de Myrna era tão descomunal que era uma pena não transformá-la num "correio sentimental". Ei, por que não? As leitoras acreditavam em Myrna e escreviam contando suas brigas com a mãe ou com o namorado, pedindo conselhos. Nelson poderia respondê-las, com a solidariedade que sempre dispensara às mulheres — e faturando mais alguns caraminguás. A seção se chamaria "Myrna escreve". A ilustração seria o 3 × 4 de uma mulher com os olhos tarjados e Nelson escreveria na primeira pessoa do feminino.

Uma amostra dessas cartas era a da leitora que, mal conhecera um rapaz, apaixonou-se por ele e lhe emprestou um valioso anel; o namorado pôs o anel no prego, jogou nos cavalos e ficou sem dinheiro para resgatar a cautela; a mãe da moça obrigou-a a largar o rapaz e lhe raspou a cabeça, para que tão cedo ela não saísse de casa. A moça perguntava a Myrna: "Pode-se amar um ladrão?". Nelson, lixando unhas invisíveis, respondeu:

Ai de nós, Fulana! Uma mulher pode, perfeitamente, gostar de um ladrão. Por um motivo: porque o coração não enxerga um palmo adiante do nariz. Se ele só se inclinasse por rapazes direitos, estaria tudo salvo. De onde resultam as tragédias amorosas? Resultam, precisamente, do fato de que ninguém escolhe certo, mas escolhe, quase sempre, errado. Vou mais longe: a gente não escolhe nem certo, nem errado. A gente não escolhe. Gostamos e deixamos de gostar, por uma série de fatores estranhos à nossa vontade. De forma que, em realidade, tudo é uma pura e simples questão de sorte. Às vezes, coincide que o nosso amor seja um cidadão seríssimo, respeitador, cumpridor dos deveres. Foi o quê? Uma escolha consciente? Uma seleção hábil? Não, em absoluto. Seleção nenhuma. Escolha nenhuma. Sorte, nada mais que sorte. A mulher pode amar, segundo sua estrela, um escafandrista, um domador, um trocador de ônibus ou um príncipe. A você, Fulana, coube a seguinte sorte: amar um ladrão.

Você não teve culpa de coisa alguma. Em amor, só fazendo muita força a gente consegue ser culpada de alguma coisa. Os amorosos não têm a menor responsabilidade dos atos que praticam durante a crise sentimental. Encurtando: você deixou o Arsène Lupin. E o que fez a sua mãe? Consolou-a? Afagou-a? Deu-lhe solidariedade? Nada disso: raspou-lhe a cabeça. Nada mais, nada menos: raspou-lhe a cabeça! Ora, eu sou franca, minha cara Fulana. Ninguém tem o direito de raspar a cabeça de ninguém. E muito menos quando se trata de uma filha. Que o seu vizinho fizesse isso, seria uma violência passível de intervenção policial. E, se foi sua mãe, muito pior. Se eu fosse mãe, faria o seguinte: jamais julgaria ou condenaria minha filha. Ela só mereceria, de mim, carinho e proteção. Os outros que a julgassem e condenassem. Eu, nunca.

Nelson sempre vira os folhetins de Suzana Flag ou Myrna como um exercício estilístico que, se não fosse pelo dinheiro, ele podia agora dispensar. Em compensação, comovia-se sinceramente com as cartas do "correio sentimental", que, por mais suburbanas, pareciam-lhe parte do grande teatro humano. (Quanto mais suburbanas, mais teatro e mais humano.) Elas lhe davam subsídios para seus personagens femininos. Assim como Shakespeare fora um grande criador de tipos masculinos (Hamlet, Otelo, Ricardo III, Macbeth e muitos mais, com uma vaga concessão a Lady Macbeth), Nelson sentia-se um criador de mulheres: Lídia, em *A mulher sem pecado*; Alaíde, Lúcia e madame Clessy, em *Vestido de noiva*; dona Senhorinha, em *Álbum de família*; Virgínia, em *Anjo negro*; dona Eduarda e Moema, em *Senhora dos afogados*; e Doroteia e dona Flávia, em *Doroteia*.

Mas, depois de escrever quatorze laudas por dia na redação, era doloroso que só lhe restasse a madrugada para escrever teatro. Nelson cogitou fazer o mesmo que faziam quase todos os jornalistas e escritores para engordar seus rendimentos: arranjar um emprego público.

O IPASE (Instituto de Previdência e Assistência aos Servidores do Estado), sob a direção do romancista mineiro Cyro dos Anjos, autor de *O amanuense Belmiro*, era um ninho de literatos. Alguns deles até trabalhavam de verdade, como o também mineiro Sábato Magaldi, que em 1950 iria substituir Paulo Mendes Campos como crítico de teatro do *Diário Carioca*. Nelson conheceu Sábato e encantou-se à vista pelo seu jeito doce e seu interesse em teatro. Toda tarde ia buscá-lo para um café no Vermelhinho e trocar figurinhas sobre a maior admiração de ambos — Nelson Rodrigues.

Nelson anteviu uma mesa, um paletó na cadeira e um salário no IPASE e pediu emprego a Cyro dos Anjos. Este mandou-o tratar dos papéis. Não seria uma nomeação, mas simples admissão, desde que cumprido o singelo requisito de um exame médico. Nelson, então, recuou. Sabia que iria ao pau no exame. Poderia esconder a úlcera, mas não a tuberculose.

Desde sua última internação, em 1945, a tuberculose vinha sendo piedosa. O pior pelo que passara tinham sido alguns pneumotórax com o doutor Pitanga. Seus pulmões não se comparavam aos foles do vascaíno Ademar Ferreira da Silva, futuro recordista mundial do salto tríplice, mas as chapas que fazia de seis em seis meses eram satisfatórias. Infelizmente, não para que ele fosse admitido no serviço público, mesmo numa função fantasma. Nelson inventou um pretexto e desculpou-se com Cyro dos Anjos. E, para fazer um agrado a Nonoca, sugeriu a Cyro contratar Walter Paíno. Tempos depois, Paíno retribuiu-lhe o favor, assinando a cópia de *Doroteia* que foi para a censura.

A vida profissional de Nelson parecia a de um personagem de Alfred Jarry, o criador do "Ubu Rei". Sua relação com qualquer espécie de documentos era patafísica. Nelson perdia sua carteira profissional; a custo tirava outra no Ministério do Trabalho; tempos depois achava a carteira original e ficava com duas; em seguida, perdia ambas; depois de tirar uma terceira via, achava as duas primeiras. E todas iam sendo carimbadas e anotadas por funcionários tão patafísicos quanto ele. Seu registro como jornalista profissional só aconteceu em 1950 — 24 anos depois que começara a trabalhar. E, quando se tratava de férias, Nelson enlouquecia os departamentos de pessoal: deixava acumular três ou quatro períodos; de repente, decidia tirar férias; acertava com o chefe da redação e ficava trinta dias em casa. Mas esquecia-se de comunicar ao departamento de pessoal. Este então o descontava.

Só uma pessoa salvava Nelson da bancarrota iminente: Elza. Seu salário, que ele lhe entregava quase na íntegra, ia para as despesas da família, mas o que sobrava ela depositava, inclusive os "getulinhos" — moedas de dez centavos —, na Caixa Econômica ou na Prolar.

Foi o que os salvou quando Nelson, em abril de 1950, deu adeus a Freddy Chateaubriand e aos Diários Associados, e se soltou na praça, à espera de que jornais e revistas quebrassem lanças para contratá-lo.

Ficou um ano desempregado.

Com todo o rebuliço provocado por seu teatro, Nelson olhava para seu irmão Mario Filho como Alexandre Dumas, filho, olhava para Alexandre Dumas, pai. A imagem era de um colega de ambos, David Nasser. E com razão: Mario Filho tornara-se muito mais que o maior cronista esportivo do Brasil. Era agora o seu historiador, sociólogo, inventor de eventos, aglutinador de multidões. Quando se tratava de futebol, ele só não fazia chover sobre os gramados. Ao contrário, fazia raiar um sol que iluminava tanto os clássicos quanto as peladas — as quais transformava em clássicos, com a sua forma inimitável de escrever.

Sua presença já não cabia nos estádios, nas redações, às vezes nem nas ruas. Tornara-se o ministro sem pasta do futebol brasileiro, a quem os jogadores, os clubes e a CBD (Confederação Brasileira de Desportos) iam pedir conselhos quando tinham de decidir alguma coisa. E, como nunca ia pedir nada, entrava e saía de gabinetes de presidentes da República como se fossem a casa da mãe Joana.

Gregório Fortunato, o "anjo negro" de Getulio, era um que, ao vê-lo entrar no Catete, dizia:

"Ainda bem que o senhor veio, doutor Mario. O homem hoje está num mau humor de amargar."

A arma de Mario Filho era um lápis. Era com um Johann Faber nº 2 que ele dirigia o *Jornal dos Sports*, comprado em 1936 com Roberto Marinho, e a seção esportiva de *O Globo*, que transformara na melhor do Rio. Durante a Copa do Mundo de 1938, na França, fez *O Globo* gastar quarenta contos de réis de telefone. Na véspera de jogo do Brasil, Mario Filho ia para o escritório da Radiobrás, na avenida Rio Branco, e falava pelo telefone internacional com o treinador Ademar Pimenta e com todos os jogadores. Voltava para a redação e escrevia sessenta laudas a lápis. Com isso, *O Globo* tinha material diferente para sete edições no dia da partida. Naquele ano, Mario Filho e Roberto Marinho soltaram *O Globo Sportivo*, um tabloide semanal com capa em quatro cores. De passagem, Mario Filho trouxe da Argentina o caricaturista Lorenzo Molas para criar os símbolos dos clubes cariocas. Foi quando o Flamengo ficou sendo o "Popeye"; o Fluminense, o "Pó de arroz"; o Vasco, o "Almirante"; o Botafogo, o "Pato Donald"; e o América, o "Diabo".

Com o lápis amarrado à mesa por um barbante, Mario Filho inaugurou em 1942 a coluna "Da primeira fila" na seção esportiva de *O Globo*, agora dirigida por seu irmão Augustinho. Ali, durante sete anos, Mario Filho escreveu a história do futebol brasileiro, a partir do álbum de recortes do ex-goleiro Marcos Carneiro de Mendonça, de entrevistas com velhos jogadores e do que ele próprio assistira desde os seus tempos de *A Manhã* e *Crítica*. De sua coluna saíram os livros *Copa Rio Branco, 32* (1943), o fabuloso *Histórias do Flamengo* (1946), *O romance do futebol* (1949) e, antes deste, a sua obra máxima: *O negro no futebol brasileiro* (1947) — uma espécie de *Casa-grande & senzala* urbana, um livro equivalente na historiografia racial ao de Gilberto Freyre.

Em *O negro no futebol brasileiro*, jogadores como Fausto, Jaguaré, Domingos da Guia, Leônidas da Silva e Zizinho, todos negros, ficavam maiores que a vida. A prosa de Mario Filho os fazia desfilar a sua glória e amargura pelos estádios, cafés e ruas do Rio, tendo como pano de fundo um Brasil menos branco do que pensava ser e que talvez por isso odiasse mais os brasileiros de pele cinza ou tisnada. Segundo Mario Filho, foi o futebol que aproximou o Brasil dos seus negros e mulatos, tornou-os brasileiros como os brancos e liberou-os do estigma de moleques de recados. E logo o futebol, que começou não apenas branco no Brasil, mas louro e de olhos azuis, desde o inglês que trouxe a primeira bola.

Íntimo do poder, mas incapaz de pedir ou aceitar favores: Mario Filho (ao centro) com Getulio

"O namorado do Maracanã": Mario Filho vê o estádio sendo levantado. À esq., de cachimbo, com Molas, o caricaturista que criou os símbolos dos clubes cariocas

Mas não foi uma assimilação suave, conta Mario Filho. Quando os negros se impunham, os brancos se vingavam culpando-os por derrotas cruciais — como a da Copa do Mundo de 1950, em que os responsabilizados foram dois negros de carapinha, Barbosa e Bigode, e um mulato de cabelos ondeados, Juvenal. Em edições posteriores, Mario Filho teve tempo para atualizar a história, incluindo a aparição do negro e do mulato que iriam redimir toda a nação, inclusive os sofridos brancos brasileiros: Pelé e Garrincha.

Em 1949, Mario Filho aumentou o capital do *Jornal dos Sports* e Roberto Marinho não subscreveu. Mario Filho abocanhou uma quantidade de ações e ficou majoritário no jornal. Roberto Marinho não gostou daquilo. Naquele mesmo ano, Mario Filho teve um atrito com Ricardo Serran, a nova estrela do futebol de *O Globo*, e afastou-se do jornal de seu amigo. Foi cuidar exclusivamente do *Jornal dos Sports*. Teve então a ideia que iria separá-los definitivamente: a criação dos "Jogos da Primavera" — uma olimpíada carioca reunindo atletas dos clubes e colégios, algo que mobilizasse a juventude e a atraísse para o esporte. Durante duas semanas de setembro, todo ano, ele transformaria o Rio numa Grécia. Roberto Marinho percebeu a grandeza do evento e propôs-lhe que os dois jornais o promovessem juntos. Mario Filho achava que podia fazê-lo sozinho — e tanto podia que fez. Mas ali terminaria a amizade entre os dois, porque Roberto Marinho cortou relações.

De 1949 até 1972, os Jogos da Primavera atraíram uma média de vinte mil jovens por ano. A abertura, com a presença do presidente da República, era no estádio do Vasco, em São Januário. As competições (de todos os esportes, menos os profissionais) se realizavam nas quadras, pistas e piscinas das agremiações. Embora isso hoje pareça impensável, Mario Filho bancava tudo sozinho, sem patrocínios, "apoios" ou subvenções. Dutra, presidente em 1949, ofereceu-lhe ajuda em dinheiro, através do Ministério da Educação, para fazer os primeiros Jogos. Mario Filho, delicadamente, recusou. Achava que, se dependesse de um presidente, iria depender de todos. (E se um deles resolvesse não se interessar?) Com isso teve ao seu lado, na tribuna de honra, ano após ano, todos os presidentes: Dutra, Getulio, Café Filho, Juscelino, João Goulart e Castello Branco. E só não teve Jânio Quadros porque Jânio, empossado em janeiro de 1961, não sobreviveu para a primavera — renunciou no inverno, em agosto.

O *Jornal dos Sports* pagava tudo nos Jogos da Primavera: o balizamento, a segurança, a iluminação e a faxina dos estádios e colégios. No máximo permitia que a Superball, a loja de material esportivo de seu amigo rubro-negro Antônio Moreira Leite, fornecesse as bolas e medalhas — desde que não se promovesse com isso. Num dos Jogos, a Superball imprimiu um livrinho de regras de vários esportes e distribuiu-o entre a plateia. Mas cometeu o equívoco de estampar bem grande, na capa, o nome Superball. Mario Filho ficou furioso, mandou recolher os livros e saiu ele próprio capturando exemplares pelas arquibancadas de São Januário, pedindo desculpas, a um por um, pelo "abuso" do amigo.

Mario Filho evitava falar de seu pai, mas seu comportamento à frente do *Jornal dos Sports* dava a entender que, podendo escolher, não adotaria certas práticas que haviam tornado Mario Rodrigues famoso. Certa vez, o jogador de um grande clube meteu-se num escândalo amoroso às vésperas de uma final de campeonato. O marido da moça ficou uma onça, falou em dar tiros e em matar o jogador; este azulou da concentração para se esconder e não jogou a decisão. Prato cheio para um jornal de escândalos. Mas Mario Filho achou que não era assunto para o *Jornal dos Sports* — assim como não gostava de histórias de suborno de jogadores ou juízes.

"Essas coisas existem, mas são difíceis de provar", dizia. "Além disso, para que sujar a fantasia do torcedor?"

Romântico? Sem dúvida. E de um carinho quase paternal para com os torcedores de qualquer clube. Se o Olaria derrotava o Fluminense, não fora o Fluminense que perdera, mas o Olaria que ganhara. Mandou destruir milhares de exemplares e rodar de novo uma primeira página do *Jornal dos Sports* porque alguém abrira em manchete, "VASCO DESTROÇADO!", depois de uma goleada para o Botafogo. "Nenhuma derrota, nem por goleada, destroça um clube como o Vasco", disse.

Numa coisa, no entanto, Mario Filho era Mario Rodrigues da cabeça aos pés: "Papai me dizia que o jornal não deve limitar-se a dar a notícia. Deve também produzir a notícia e, se preciso, ser a notícia."

Só que Mario Rodrigues levara isso às últimas consequências — últimas mesmo. Mario Filho preferiu ser mais construtivo: inventou competições que preenchessem o calendário nos meses em que não havia campeonato. Começou em 1950 criando o Torneio Rio-São Paulo, que reunia os clubes grandes das duas cidades. Para que os paulistas se empolgassem com o torneio, batizou-o com o nome do recém-falecido Roberto Gomes Pedrosa, ex-presidente do São Paulo e da Federação Paulista. Os paulistas se empolgaram — tanto que, desde a vitória do Corinthians no primeiro Rio-São Paulo, eles o ganharam um a um até 1957, quando o Fluminense finalmente quebrou a hegemonia. O Torneio Rio-São Paulo conservou por muitos anos o seu formato original, até crescer — crescer até demais — e transformar-se no campeonato brasileiro.

Outra grande ideia de Mario Filho foi a criação em 1951 da Copa Rio, pondo frente a frente os campeões carioca e paulista do ano anterior contra campeões estrangeiros, com jogos no Maracanã e no Pacaembu. Na primeira Copa Rio, jogaram Vasco da Gama, Palmeiras, o Áustria de Viena, a Juventus de Turim, o Olympique de Marselha, o Sporting de Lisboa, o Estrela Vermelha de Belgrado e o Nacional de Montevidéu. O campeão foi o Palmeiras. Na de 1952, os times eram o Fluminense, o Corinthians, o Peñarol de Montevidéu, o Grass-hopper de Berna, o Sarrebruck de Bonn, o Libertad de Assunção e novamente o Estrela Vermelha e o Sporting. Campeão, o Fluminense.

O Torneio Rio-São Paulo era em fevereiro, a Copa Rio em julho e, no segundo semestre, os campeonatos regionais davam conta do calendário. E havia os

Jogos da Primavera em setembro. Criar competições era uma forma de Mario Filho vender jornais o ano inteiro, mas e daí? Seu jornal vivia do esporte e suas ideias ajudavam também a concorrência, que não era proibida de cobrir os jogos.

Além disso, o Brasil tinha a aprender com os times estrangeiros que vinham jogar aqui — porque o brasileiro, embora já se julgasse o melhor do mundo, estava no AEIOU quanto a certas regras e macetes do jogo. Até 1938, por exemplo, ainda se achava no Brasil que o tiro de meta era batido com o goleiro rolando a bola para o beque dar um chutão. E foi só em 1949, na partida em que o Fluminense perdeu de 5×1 para o Arsenal de Londres, que um time brasileiro usou camisas numeradas. E os números não eram sequer costurados às camisas, mas presos com alfinetes de fralda.

Pena que só tenha havido duas Copas Rio. O custo para se trazer aqueles times da Europa era uma fábula — e Mario Filho, como sempre, dispensava o dinheiro alheio.

Mas não dispensava adesões a uma campanha justa, como a que resultou na construção do Maracanã. A prefeitura do Distrito Federal precisava construir um big estádio para a Copa do Mundo de 1950, que o Brasil iria sediar. Abriu-se um mapa, aplicou-se régua e compasso e decidiu-se: o verdadeiro centro do Rio ficava no abandonado Derby Club, onde nos anos 20 se disputavam as corridas de cavalos, no bairro do Maracanã. Seria ali o estádio, o maior do mundo, com capacidade para 170 mil pessoas. O ano, 1947. De repente alguém foi contra: o vereador da UDN Carlos Lacerda. Segundo ele, o estádio deveria ser em Jacarepaguá, para onde o Rio marcharia no futuro. E, no máximo, para oitenta mil pessoas, que já estava bom demais. Mais que isso era um insulto aos dinheiros públicos.

O que dera em Carlos Lacerda? Jacarepaguá, então um bucólico recanto agrário, campestre e pastoril, ficava mais distante da praça Mauá do que Adis-Abeba. Os torcedores precisariam de passaporte para ir até lá. E Mario Filho não recuava da sua obsessão em ver "uma revoada de lenços brancos no estádio, como se fossem 170 mil pombos batendo asas". Mas Lacerda era um adversário duro de roer e a campanha pró-Jacarepaguá começou a ganhar adeptos. Um de seus argumentos era que defronte ao Derby havia o esqueleto de um hospital.

Do alto da tribuna na "Gaiola de Ouro" (a Câmara dos Vereadores cariocas), Lacerda alçou a sua bela voz de barítono e decretou:

"É uma vergonha querer construir um estádio de futebol defronte a um hospital nunca terminado!"

Era um argumento e tanto. Mas Mario Filho respondeu pelo jornal:

"Exatamente por isso. Quanto mais estádios de futebol, menos precisaremos de hospitais."

Mario Filho cooptou para a sua causa o rubro-negro Ary Barroso, também vereador e também da UDN. Com seu prestígio e seu mandato, o autor de "Aquarela do Brasil" rachou a bancada de Lacerda. E Mario Filho ainda trouxe para

1950: DOROTEIA

o seu lado o ministro do Supremo Tribunal Federal Luiz Galloti. Com essa brigada a favor, ganhou a tese do estádio no Maracanã. O prefeito Ângelo Mendes de Moraes arregaçou as mangas e, em vinte meses, concluiu a obra, a poucos minutos do Brasil entrar em campo para a sua estreia na Copa — 4 × 0 no México, a 24 de junho de 1950.

Nas semanas anteriores, Mario Filho obrigara seus amigos a comprar cadeiras perpétuas do estádio. Eram quase de graça e ninguém as queria. Por amizade a ele, Marcos Carneiro de Mendonça comprou doze — que depois valeriam milhares de dólares. Mario Filho não aceitou as cadeiras, de números um a cinco, que a prefeitura fazia questão de presentear-lhe. Insistiu em comprá-las e, traindo uma compreensível vaidade, mandou pintar de rosa a sua cadeira: a número um.

O Estádio Municipal, como o chamavam no começo (só mais tarde o seu nome se confundiria com o do bairro do Maracanã), não veria o Brasil ser campeão do mundo aquele ano. Mas as várias gerações de craques a que ele serviria de berçário iriam tirar, com sobras, essa diferença.

Era compreensível que Nelson olhasse para Mario Filho com a reverência que, no passado, se devia aos maiores e melhores. Tudo que Mario Filho fazia se traduzia em gigantismo: eram as grandes promoções de seu jornal, os livros que todo mundo admirava, as multidões de jovens nos Jogos da Primavera e, agora, a pirâmide de concreto no Maracanã.

Mario Filho era o grande homem que Nelson queria ser. Nelson nunca sentiu maior o contraste entre ele e seu irmão — nem sua autoestima parecia tão próxima do Narciso às avessas, aquele que cospe na própria imagem. Quando visto pela última vez, ele era o gênio de *Vestido de noiva*, a peça que iria correr mundo. De repente, era o autor interditado e, se levado à cena, desgostado e desprezado até pelos amigos. Muitos gostariam de se ver livres de Nelson — se soubessem o que fazer com o cadáver.

E agora havia outro autor teatral em moda na praça: Silveira Sampaio, cujas comédias, *A inconveniência de ser esposa* (1948), *Da necessidade de ser polígamo* e *A garçonnière de meu marido* (ambas de 1949), arrebatavam plateias. O simpático Silveira, médico na vida real, era autor, diretor e protagonista de suas peças, todas com um sabor sofisticadamente sacana. Os críticos não demoraram a louvá-lo como uma alternativa "sadia" a Nelson Rodrigues. E, para eles, Silveira era muito mais completo, porque "fazia de tudo no espetáculo". Poucos se davam conta de que a melhor coisa nas comédias de Silveira Sampaio era ele próprio, divertido e inimitável — a tal ponto que, com qualquer outro no seu papel, elas seriam um pastel de vento. O futuro se encarregaria de provar que a "Trilogia do herói grotesco" (como S. S. chamava as três peças) *não* viera para ficar. Mas, enquanto durou a moda de Silveira Sampaio, Nelson sentiu-se como se tivesse engolido uma salamandra.

227

Tudo seria tolerável se, para completar o agravo, ele não estivesse profissionalmente no desvio. Quem queria saber de Nelson Rodrigues em 1950?

Nessas ocasiões, como de praxe em sua família, era a hora de virar-se para Mario Filho. Desde que seu irmão comprara o *Jornal dos Sports*, Nelson fora apenas um colaborador intermitente. Agora, no desemprego, o que sempre tinha sido uma complementação de salário — sua coluna "Bom dia" — seria a sua fonte de renda enquanto não aparecesse coisa melhor. Em fins de 1950, ensaiou uma volta a *O Globo*, onde não se reencontrou.

Três meses depois, já em 1951, Nelson decolou do fundo do poço para o que seria um salto mortal em sua vida: *Última Hora* — e "A vida como ela é...".

18

Três marcas: o cigarro, os suspensórios, a gravata frouxa

— 1951 —
"A VIDA COMO ELA É..."

"Você vai sair daí, já, já, e voltar para casa! Senão eu atiro os nossos filhos pela janela!"

Era Elza, dentro da garçonnière de Nelson e Pompeu de Souza no edifício Pitaguary, num belo dia de 1950. Tocara a campainha e, quando Nelson abrira sem perguntar quem era, ela entrara pela porta como um tufão, com os atarantados Joffre, oito anos, e Nelsinho, quatro, pela mão. Era uma cena da futura "A vida como ela é...", só que para valer, e tendo o próprio autor como protagonista. Nonoca trancou-se lá dentro, assustada, e não apareceu, enquanto Elza dizia para Nelson todas as verdades que se dizem nessas memoráveis ocasiões. Ele ouviu em silêncio tudo o que tinha de ouvir e deixou-se conduzir de volta para casa, quase pela orelha. Seu romance com Nonoca terminara.

Nelson sempre fora da opinião de que "não se abandona nem uma namorada". Quanto mais a própria mulher — e, neste caso (mas só neste caso), justificava-se abandonar a namorada. Mas, quarenta mil anos antes do Paraíso, estava escrito que aquele romance não tinha futuro. Nelson era dos que se casavam para sempre e Nonoca não se conformava em ser a "outra". Sem chances de tê-lo pelas 24 horas do dia — para servir-lhe gelatina, cortar-lhe as unhas dos pés e usar uma aliança no dedo —, um dia ela acabaria tomando a iniciativa de romper, nem que isso levasse outros quarenta mil anos. Mas Nelson nunca iria separar-se de Elza, principalmente depois do que acontecera a Joffre no ano anterior. Seu filho pegara sua tuberculose.

Por mais que tivessem tudo de Nelson separado, por mais visível que fosse o "X" em cada um de seus talheres e toalhas — Joffre fora contaminado.

No começo, não quiseram acreditar, podia ser outra coisa. As vertigens, a febre e o emagrecimento de Joffre eram parecidos, mas as chapas do doutor Pitanga não confirmavam. E, assim como tinham feito com Nelson quando jovem, Joffre também foi submetido ao cruel tratamento de tentativa e erro para ver se o curavam. Primeiro, extraíram-lhe alguns dentes — os molares definitivos. Depois, extirparam-lhe o apêndice. E só então levaram-no a novos exames. A chapa revelou a mancha no pulmão. Mas o ano era 1949 e já havia a estreptomicina. Joffre tomou milhões de unidades do medicamento. As agulhas lembravam aquelas para cavalos e as injeções nos braços, pernas e nádegas eram lentas e quase insuportáveis. O garoto se recuperou, mas quem garantia que não recaísse? E se acontecesse também com Nelsinho? E se ele, Nelson, não estivesse em casa?

Ainda sustentou por um ano seu romance com Nonoca, mas, depois da cena com Elza, Nonoca é que não iria querê-lo. Nelson desfez a sociedade com Pompeu na garçonnière e, com a moral coberta de sargaços, reassumiu a rotina de voltar cedo para casa, com 250 gramas de manteiga numa das mãos e *O Globo* na outra. E, durante os muitos meses de desemprego, em que saía pouco de casa, temperou sua depressão com uma adesão convicta às pequenas delícias do lar.

Até que Samuel Wainer convidou-o para um jornal que iria lançar dentro de algumas semanas e que se chamaria *Última Hora* — um título que um dia havia pertencido a seu pai. O jornal já tinha data marcada para sair: 12 de junho de 1951.

As pessoas repararam em Nelson quando ele entrou pela primeira vez na redação da *Última Hora*: terno de linho azul-pérola amarrotado, gravata frouxa, camiseta regata por baixo da camisa social de manga curta. Tinha um jeito engraçado de andar, como se gingasse. Parado, lembrava um joão-teimoso. Quando tirou o paletó, revelaram-se os suspensórios, fininhos, de plástico. Daquela e de outras vezes, chegou de guarda-chuva. Conversava pendurado na pessoa, rodando o chaveiro. Quando se juntava uma rodinha de estranhos na redação, puxava um colega pela manga e sussurrava:

"Diz que eu sou o Nelson Rodrigues!"

Sua figura fazia um pitoresco contraste com aquela redação moderna, de estúdio de cinema, com móveis de alumínio, jardim de inverno e dois murais de Di Cavalcanti. No futuro, a sala de Samuel Wainer seria um caixote de vidro — o primeiro "aquário" de um jornalista brasileiro, de onde ele poderia ver e ser visto. E havia gente que ia à *Última Hora* só para ficar admirando, de longe, Samuel Wainer, como se ele fosse a rainha de Sabá. Era em tudo diferente das redações antigas, quase seculares, a que Nelson estava habituado. O próprio prédio, apesar de ter apenas quatro andares, destacava-se entre as cabeças de porco da avenida Presidente Vargas, em frente ao edifício "Balança, mas não cai".

Mas só o jornal era obra de Samuel Wainer. Tudo o mais no prédio fora um sonho de José Eduardo Macedo Soares, o proprietário do *Diário Carioca*. Dois anos antes, o *Diário Carioca* mudara-se da praça Tiradentes e construíra ali, na Presidente Vargas, a sua sede própria. Em sua casa nova, iria promover uma revolução na imprensa brasileira, adotando a técnica americana de uniformizar os textos e implantando a novidade do copy desk — o redator encarregado de escoimar as matérias de verbos como, por exemplo, escoimar. Ninguém mais podia ser literato na redação, a não ser em textos assinados, e olhe lá. As reportagens do *Diário Carioca* tinham de ser objetivas e, logo nas primeiras linhas, dizer quem, quando, onde, por que e como o homem mordera o cachorro. Se fosse o contrário (mesmo que atendidas as exigências do o que, quem, quando, onde, por que e como), não interessava. Isso chamava-se "lead" — no fundo, um simples qui, quae, quod com Ph.D. em Chicago.

A revolução do lead e do copy desk fora implantada no *Diário Carioca* por Danton Jobim, diretor do jornal, e Pompeu de Souza, redator-chefe, e ameaçava espalhar-se pelos outros jornais. Danton era um velho amigo de Nelson desde *A Manhã* e *Crítica*; e Pompeu, ainda seu comparsa de garçonnière. Isso não impediu Nelson de reagir contra a instituição do copy desk. A busca da "objetividade" significava a eliminação de qualquer bijuteria verbal, de qualquer supérfluo, entre os quais os pontos de exclamação das manchetes — como se o jornal não tivesse nada a ver com a notícia. Suponha que o mundo acabasse. O *Diário Carioca* teria de dar essa manchete sem um mínimo de paixão. Nelson, passional como uma viúva italiana, achava aquilo um empobrecimento da notícia e passou a considerar os copy desks os "idiotas da objetividade".

"Se o copy desk já existisse naquele tempo", dizia, "os Dez Mandamentos teriam sido reduzidos a cinco."

Nelson admitia que a imprensa do passado — a imprensa de seu pai — cometia excessos. (Certas manchetes antigas tinham três pontos de exclamação!) Mas esfriar a notícia daquele jeito, como queriam os copy desks, pressupunha que os leitores tivessem uma alma de mármore, o que não era verdade. Além disso, Nelson sabia muito bem que os jornais e os jornalistas só eram "objetivos" e "imparciais" de araque.

O único jornalista objetivo e imparcial que conhecia era Otto Lara Resende, que, numa disputa recente entre *O Globo* e o *Diário de Notícias* por causa de umas histórias em quadrinhos, conseguira ver os dois lados da coisa. E só porque trabalhava nos dois jornais. Chegava de manhã a *O Globo* e escrevia um editorial desancando o *Diário de Notícias*. Saía dali, almoçava tranquilamente no Reis, na avenida Almirante Barroso, ia para o *Diário de Notícias* e respondia ao seu próprio editorial, desancando *O Globo*. Otto jurava que não fazia isso, mas os amigos, entre os quais Nelson, atribuíam a negação à sua modéstia mineira.

Quase todos os primeiros copy desks eram amigos de Nelson, o que tornava suas provocações ainda mais saborosas. Um deles, Moacyr Werneck de Castro, fingiu suspirar fundo e admitiu para Nelson:

"Eu sou um 'idiota da objetividade'."

Mas o *Diário Carioca* estava mal das pernas. Não por culpa dos copy desks, mas por erros de planejamento e pelo custo daquela sede digna do rei Farouk na Presidente Vargas. A empresa devia as calças ao Banco do Brasil e as máquinas estavam penduradas na Caixa Econômica. Horácio de Carvalho era agora o mandachuva do jornal. Quando Samuel Wainer resolveu fazer a *Última Hora* em março de 1951, a penúria do *Diário Carioca* foi para ele uma mão na luva. Entendeu-se com Horácio de Carvalho, assumiu suas dívidas, deu-lhe mais algum dinheiro e ficou com o prédio e as máquinas do *Diário Carioca* para a *Última Hora*.

De onde o teso Samuel tirou dinheiro para isso? Criando uma empresa, a Érica, e vendendo cotas ao empresário paulista Euvaldo Lodi e aos banqueiros Walther Moreira Salles e Ricardo Jafet. Como o mundo era muito pequeno, Jafet era também presidente do Banco do Brasil, donde as dívidas do *Diário Carioca* para com o banco (e que agora eram de Samuel) foram amortizadas sem dor, na forma de incontáveis anúncios no jornal. Ou seja, era dinheiro público. E, como Samuel confessaria em sua autobiografia, até Juscelino Kubitschek, governador de Minas, arranjou-lhe dinheiro para começar o jornal.

E por que não? Afinal, Samuel tinha o melhor avalista possível na ocasião: Getulio Vargas, de volta ao Catete e precisando de um jornal que gostasse dele. Todos os outros já tinham prometido que iriam mostrar-lhe a língua.

Rasgando dinheiro, Samuel Wainer armou sua equipe na *Última Hora* pagando o triplo dos salários praticados pelos outros jornais — os quais eram tão vis que obrigavam os jornalistas a ter dois ou três empregos. Com aqueles salários, os jornalistas de Samuel poderiam dedicar-se exclusivamente à *Última Hora* — e, claro, a um emprego público. João Etcheverry era o superintendente, Otávio Malta o editor-chefe. Entre repórteres e redatores, a redação era um pomar de talentos: Francisco de Assis Barbosa, Moacyr Werneck, Otto Lara, Edmar Morel, Maneco Müller (Jacinto de Thormes). Para criar o projeto gráfico, Samuel foi a Buenos Aires buscar Guevara, que ressuscitou na *Última Hora* algumas das ideias que aplicara em *Crítica*: a foto grande, estourada, na primeira página, e as ilustrações recortadas com os textos recorridos. E Guevara foi a Vila Isabel buscar Nássara, agora mais famoso como o autor das marchinhas "Formosa" (com J. Rui), "Alá-la-ô" (com Haroldo Lobo) e "Rei Zulu" (com Antônio Almeida). Outros dois grandes chargistas contratados eram Augusto Rodrigues, primo de Nelson, e o ítalo-argentino Lan, recém-chegado ao Brasil.

O esporte, Samuel Wainer também entregou a um Rodrigues: Augustinho, que ele tirou de *O Globo* oferecendo-lhe quatro vezes mais. E, como o mundo era mesmo muito pequeno, Augustinho, com aprovação de Samuel, levou seus irmãos: Paulinho, como repórter — e Nelson, como redator. E, menos de um ano depois, as seis irmãs Rodrigues já estariam ocupando o suplemento feminino: Helena, entrevistando os elegantes e as elegantes em voga; Elsinha, fazendo reportagens sobre orfanatos ou pré-nupcial; Dulcinha, recolhendo o que os políticos achavam das mulheres; Irene, tratando de torneios de tênis; Maria Clara, acompanhando o basquete brasileiro feminino ao Peru; e Stella, escrevendo um folhetim, *Três homens no meu destino*. Havia dias na redação em que só dona Maria Esther não estava sentada a uma máquina.

O último salário de Nelson em carteira (o de sua passagem quase em branco pelo *O Globo*, em 1950) fora de três mil cruzeiros. Entrou na *Última Hora* ganhando dez mil — metade do que ganhava Augustinho, mas que, em relação ao seu baixíssimo prestígio na época, podia ser considerado um salário de príncipe herdeiro.

A 6 de junho, uma semana antes da *Última Hora* ir barulhentamente para as bancas, Nelson estreara uma nova peça, quase em silêncio: *Valsa nº 6*, um monólogo estrelado por sua irmã Dulcinha. E bem de acordo com as condições que agora tinha de enfrentar: um único ator em cena e, não por acaso, sua irmã; cenário quase nu (apenas uma cortina vermelha e um piano branco); e que só era levada uma vez por semana, às segundas-feiras, no Teatro Serrador. Desta vez não teve problemas com a censura. Nem esta lhe dava mais confiança. (E, se tivesse — com Getulio novamente no Catete —, Vargas Neto voltara a ser influente.)

É certo que Nelson não estava em condições de montar nada maior que um monólogo, mas havia outra razão para ele acreditar em *Valsa nº 6*: o espantoso sucesso, em junho do ano anterior, de outro monólogo, *As mãos de Eurídice*, de seu amigo Pedro Bloch.

Nelson ia todas as noites para a porta do Teatro Dulcina, na rua Alcindo Guanabara, estarrecer-se com as filas que *As mãos de Eurídice* devorava, récita após récita. Esperava o espetáculo acabar para se encontrar com Pedro Bloch e com o astro único da peça, Rodolfo Mayer, na pastelaria defronte ao teatro.

"Quanto deu? Quanto deu?", perguntava, deslumbrado.

A ideia de uma peça tão barata e tão bem-sucedida era irresistível demais para que ele não tentasse. Um só ator vivendo um elenco inteiro de personagens imaginários! E Nelson queria dar uma peça a sua irmã, que vivia lhe pedindo. Foi isso que o motivou. Mas o que o levou à *Valsa nº 6* propriamente dita, segundo contou a Sábato Magaldi, foi muito mais tocante. Diariamente Nelson lanchava sozinho na Alvadia, uma leiteria na Cinelândia. Dos fundos do cinema Império, ao lado, vinham os sons do filme *À noite sonhamos*, em que Cornel Wilde, no papel do tuberculoso Chopin, tocava a dita valsa para uma suspirante George Sand interpretada por Merle Oberon. Enquanto Merle Oberon arfava na tela, Nelson, tomando um milk-shake, era inundado por uma sensação de paz e bem-estar inexplicáveis para a cava depressão que o envolvia. Dias depois, deu-se conta de que a causa do enleio era a "Valsa nº 6" que vazava do cinema. E só por isso decidiu transpô-la para o palco.

O monólogo de Nelson nunca poderia ter feito a carreira de *As mãos de Eurídice*, que seria representada até em turco. E por um motivo simples: Nelson não era exatamente Pedro Bloch. Enquanto *As mãos de Eurídice* contava a história de um homem que voltava arrependido para sua mulher, *Valsa nº 6* era a narrativa de uma menina de quinze anos, seduzida e esfaqueada pelo homem que ela amava, aliás casado. Sônia, a menina, já estava morta quando surgia em cena, tocando a valsa ao piano. Suas falas vinham supostamente do túmulo, enquanto ela tentava "lembrar-se do que acontecera". Com um tema "desagradável" como esse, como Nelson poderia ter o seu monólogo representado em turco?

Teve sorte de ouvi-lo em português. Mesmo reduzindo ao máximo as especificações de cena, nem assim Nelson foi atendido pela produção. Sua cortina vermelha acabou sendo a cortina preta do Teatro Serrador; seu piano branco contentou-se em ser o piano marrom que arranjaram. Fazia uma grande diferença numa peça com tão poucos elementos. O cenário involuntariamente fúnebre tornou ainda mais pesado o solilóquio da menina morta e impediu que a plateia atentasse para a intensidade poética das falas — e *Valsa nº 6* era, na essência, um poema dramático. A direção de madame Henriette Morineau não foi também das mais elogiadas. Miroel Silveira, na *Folha da Noite*, protestou contra a iluminação abundante e se perguntou o que seria a peça nas mãos de Ziembinski, com aqueles efeitos de luz que só o gênio polonês conseguia inventar.

Dulce Rodrigues tinha 21 anos quando fez *Valsa nº 6*. Sua interpretação foi elogiada por Sábato, Miroel, Paschoal Carlos Magno, Dinah Silveira de Queiroz e outros que escreveram sobre a peça. Sabiam que era um papel difícil: Dulce tinha de representar, além do seu personagem, o pai, a mãe, o médico da família, a mulher vulgar, o bêbado e o noivo. E nem o mercado carioca pululava de atrizes com as suas qualificações: jovem, bonita e com lições de balé e piano em sua biografia.

Revelação: Dulce Rodrigues em Valsa nº 6

Mas, na opinião dos críticos, o fato de a própria Dulce sentar-se e tocar a valsa, todas as vezes que o texto o solicitava, acabou trabalhando contra a peça: a ação parava quando ela saía de um extremo do palco e caminhava ou dava uma corridinha para o piano. *Valsa nº 6* não chegou para que Dulce deslanchasse sua carreira de atriz. O espetáculo ficou quatro meses em cartaz, mas ia à cena uma única vez por semana e logo às segundas-feiras — dia ingrato, em que nem os atores vão ao teatro.

Nelson dividiu com ela a pequena bilheteria e sentiu-se mais uma vez desiludido. Dinah Silveira de Queiroz achara quase inacreditável que aquela peça "não tivesse sido escrita por uma mulher". Os críticos haviam "gostado". Mas ainda não fora desta vez que ele voltara a ser o festejado autor. E, pelos sinais que o mundo lhe mandava, talvez nunca voltasse a ser.

Mas a *Última Hora* salvou Nelson Rodrigues — como se, ao se afogar, alguém lhe tivesse atirado uma boia de cavalinho. Uma boia azul — a cor do seu logotipo. Dois dias depois de burocraticamente instalado na seção de esportes, Nelson foi chamado à sala de Samuel Wainer. Os dois tinham uma coisa em comum: a tuberculose. Poucos anos antes da *Última Hora*, Samuel também caíra doente. Mas, para sua sorte, numa época em que a estreptomicina, recém-descoberta, não deixava um bacilo vivo no quarteirão. E, como Nelson, Samuel tivera seu tratamento pago pelo patrão: Assis Chateaubriand. A diferença era que, como Samuel vivia dizendo, Chateaubriand não fizera mais do que sua obrigação salvando-lhe a vida.

Samuel Wainer propôs a Nelson escrever uma coluna diária baseada num fato real da atualidade, da área da polícia ou do comportamento. Pagaria por fora. A coluna poderia se chamar "Atire a primeira pedra". Nelson aceitou mais que depressa, mas sugeriu outro título, "A vida como ela é..." — com as reticências. Muito mais sugestivo, ele achava, e dava um toque de fatalidade, de ninguém-foge-ao-seu-destino. Samuel concordou e Nelson foi escrever a primeira coluna.

O jornal dera na véspera a história do casalzinho que acabara de se casar no Rio e, ainda sujo de arroz, tomara um avião para São Paulo; o teco-teco batera numa casa ao aterrissar e explodira. Na imaginação de Nelson, o casal morrera "antes da primeira noite e antes do primeiro beijo". Foi mostrar a Samuel. Samuel gostou, mas disse que a história era velha, que Nelson ficasse em cima dos assuntos do dia; Paulo Silveira, o chefe de reportagem, passaria-lhe as pautas. Nelson obedeceu à orientação nos primeiros dois dias. No terceiro, começou a inventar ele próprio as histórias. Samuel Wainer levou uma semana para descobrir e, quando descobriu, era tarde: "A vida como ela é..." já incendiara a cidade.

Era sempre a história de uma adúltera, como o próprio Nelson confessava. Ou quase sempre — porque Nelson não descobriu o veio de saída. As primeiras histórias passavam-se em lugares ermos, fora do Rio, e com personagens sem o menor appeal. Como a que tratava de um acampamento de seringueiros no Acre — 150 homens rudes que há anos não viam uma mulher. As seis únicas mulheres do lugar eram casadas e trancadas a ferrolho por seus maridos, que ameaçavam passar fogo em quem se atrevesse ao menos a olhá-las. E, para cúmulo, uma delas morre. Os homens vão em romaria à casa do viúvo, para "ver" a mulher, mesmo defunta. Quando eles se afastam, o viúvo incendeia o corpo, para que eles não o arrancassem do túmulo. Puxa!

Ninguém, nem Nelson, conseguiria sustentar por muito tempo o interesse por essa morbidez sem paisagem e sem verba numa coluna diária. Os jornais precisam ter o sotaque de suas cidades e Nelson não demoraria a abrir os olhos para o filão da ambiência carioca. No que teve o estalo, povoou as 130 linhas diárias de "A vida como ela é..." com um fascinante elenco de jovens desempregados, comerciários e "barnabés", tendo como cenários a Zona Norte, onde eles viviam; o Centro, onde trabalhavam; e, esporadicamente, a Zona Sul, aonde só iam para prevaricar.

Na cabeça desses personagens — garantida a virgindade e a fidelidade de suas mulheres ou namoradas —, as mulheres ou namoradas dos outros eram para ser desejadas sem contemplação. O conflito se dava porque, debaixo de toda a culpa e repressão, as moças tinham vontade própria e também desejavam os homens que não deviam desejar. E, com isso, todos eles, homens e mulheres, viviam num estado de permanente excitação erótica. As pessoas não gostavam de admitir e preferiam chamá-lo de "tarado", mas Nelson estava sendo estritamente realista em seu tempo.

No Rio em que se passam as histórias de "A vida como ela é..." — o dos anos 50, quando elas foram escritas —, não havia motéis, nem a pílula e nem a liberdade absoluta entre os jovens. A Zona Norte, quase sem comunicações com a paradisíaca e permissiva Zona Sul, ainda preservava valores contemporâneos da "Espanhola". As famílias eram rigorosas e, o que é pior, muito mais famílias moravam juntas do que hoje. Maridos, cunhadas, sogras, tias e primas cruzavam-se dia e noite nos corredores dos casarões, sob uma capa de máximo respeito. Nessa convivência compulsória e sufocante, o desejo era uma faísca inevitável. (Palhares, o canalha que, ao passar pela cunhada no corredor, deu-lhe um beijo no pescoço, e que se tornaria personagem das futuras "Confissões" de Nelson, nasceu numa das primeiras "A vida como ela é...". Só que com o nome de Bezerra, e um detalhe: era induzido ao beijo pela garota.)

A *Última Hora*, em seus primórdios, não era um jornal tão voltado para a Zona Norte como depois se tornaria. Crimes e futebol ocupavam um espaço que Samuel Wainer, se pudesse, dedicaria apenas a Getulio. Mas o perfil do vespertino definiu-se por si próprio, sem dúvida empurrado pelo sucesso popular de

"A vida como ela é...". Desde o começo, a coluna de Nelson passou a ser a leitura obrigatória nos bondes e lotações.

Uma cena comum nos ônibus apinhados era a fila de homens em pé no corredor, pendurados nas argolas e empunhando uma *Última Hora* dobrada na página de "A vida como ela é...". E, ao contrário dos folhetins de Suzana Flag, a nova coluna de Nelson tinha uma sólida plateia masculina.

Talvez até demais. Um leitor encontrou Nelson na rua, reconheceu-o pelo seu retratinho no jornal e foi sincero:

"'Seu' Nelson, não deixo minha noiva ler sua seção!"

Nelson caiu das nuvens:

"Mas por que, e que piada é essa?"

"Porque as suas heroínas dão mau exemplo."

Nelson respondeu por escrito, na mesma época, em outra parte do jornal:

"Discordo desse ideal de noiva cega, surda e muda diante da vida. Acho que uma moça só deve ser esposa quando está em condições de resistir aos maus exemplos. Considero monstruosa, ou inexistente, a virtude que se baseia pura e simplesmente na ignorância do mal. Cada mulher devia ter um minucioso conhecimento teórico do bem e do mal. Afinal de contas, a virtude é, acima de tudo, opção."

Os primeiros meses de "A vida como ela é..." tinham outra diferença em relação ao que a coluna seria no futuro: as histórias eram tristíssimas. Quase todos os adultérios terminavam em morte. Nelson explicou-se longamente na ocasião:

Desde o primeiro momento, "A vida como ela é..." apresentou uma característica quase invariável: é uma coluna triste. Impossível qualquer disfarce, qualquer sofisma. Por uma destinação irresistível, só trata de paixões, crimes, velórios e adultérios. Impôs-se uma dupla condição: sofriam os personagens e os leitores. A princípio, ninguém disse nada. Um mês depois, porém, surgiram as primeiras reclamações. Os próprios companheiros ponderavam:

— Que diabo! Vê se dá um final menos trágico a teu negócio! Todo dia você mata um! Eu procurava ser jocoso: — *"Vou tratar disso!"* — *Era o primeiro a achar graça quando me perguntavam:*

— Muita morte, hoje?

Ria:

— Mais ou menos.

Todos acham "A vida como ela é..." de uma imensa tristeza. Torno a esclarecer que essa coluna é assim mesmo, por natureza, por destino e, em última análise, por necessidade.

Senão vejamos: "A vida como ela é..." enterra suas raízes onde? Nos fatos policiais. Muito bem. A matéria-prima, que necessariamente uso, é, e aqui faço dois pontos: punhalada, tiro, atropelamento, adultério. Pergunto: posso fazer, de uma punhalada, de um tiro, de uma morte enfim, um episódio de alta comicidade? Devo fazer rir com o enterro das vítimas? Posso transformar em chanchadas as tragédias daqui ou alhures?

Na minha opinião, "A vida como ela é..." se tornou justamente útil pela sua tristeza ininterrupta e vital. Uma pessoa que só tenha do mundo uma visão unilateral e rósea, e que ignore a face negra da vida, é uma pessoa mutilada. Por outro lado, nego a qualquer um o direito de virar as costas à dor alheia. Precisamos ter continuamente a consciência, o sentimento, a constatação dessa dor. Sei que nenhum de nós gosta de se aborrecer. Mais importante, porém, que o nosso frívolo conforto, que o nosso alvar egoísmo — é o dever de participar do sofrimento dos outros. Há uma leviandade atroz na alegria!

Resta mencionar um episódio que marcou decisivamente essa seção. Dias antes de começar "A vida como ela é..." estive, acidentalmente, numa policlínica. Lá, numa sala apinhada, estava um menino de três ou quatro anos, no colo materno. Súbito, a criança começa a chorar. Mas seu pranto era diferente: ele chorava pus. Desejo ser sóbrio, mas permitam-me dizê-lo: viva eu cem, duzentos, trezentos anos e terei comigo, cravada em mim, essa lágrima espantosa. Durante meses, tive vergonha de minha alegria, remorso do meu riso, horror de minhas lágrimas normais e apresentáveis. Por vezes penso: rir num mundo tristíssimo é o mesmo que, num velório, acender o cigarro na chama de um círio.

Os companheiros de Nelson na *Última Hora* liam isso e não acreditavam. O homem que escrevia essas coisas não se parecia com elas no dia a dia da redação.

Nelson era um dos primeiros a chegar, antes de sete da manhã. (A primeira edição rodava às onze e circulava ao meio-dia.) Tirava de sua gaveta um copinho de café, do permanente estoque de copinhos que conservava trancado, e ia até uma das garrafas. Servia-se, esperava o café esfriar e só então o tomava. Voltava para sua máquina no canto da redação, acendia um cigarro e começava a metralhar. Catava milho, mas com uma velocidade de herói de gibi. Representava enquanto escrevia: se o personagem se irritava, ria ou chorava, Nelson fazia os seus gestos e expressões. (Quem não o conhecesse, pensaria que ele estava tendo um treco.) A cinza do cigarro caía-lhe sobre o peito do suéter sem mangas, sobre a máquina, sobre o papel. Visto de longe, quando fazia uma pausa, parecia de olhos fechados, cochilando ou em transe religioso.

De repente, como se acordasse do transe, virava-se para quem estivesse mais perto e pedia:

"Fulano, me dá um nome pra corno!"

Alguém lhe soprava: "Gusmão".

Nelson achava graça e aceitava:

"Você tem razão. Gusmão é batata!"

Sua capacidade para concentrar-se parecia sem paralelo. Durante as duas horas que levava para escrever uma "A vida como ela é...", levantava-se pelo menos dez vezes para ir tomar café. No caminho, fazia uma piada sobre política ou futebol com um colega. Voltava, sentava-se e continuava a batucar, como se não tivesse tirado os olhos da máquina. Dez ou doze cigarros depois, a coluna estava pronta.

A popularidade de "A vida como ela é..." começou a mudar a vida de Nelson. As nuvens rolaram para longe e, com o que Samuel Wainer lhe pagava pela coluna, não precisaria ter aceito a sua oferta para ressuscitar Suzana Flag e fazer um folhetim para a *Última Hora*. Mas aceitou e Suzana Flag fez *O homem proibido*, no próprio ano de 1951.

Ninguém reparou que a história de *O homem proibido* começava igualzinha à de *Minha vida*: a mãe que se mata, o pai que desaparece, a menina que é deixada aos cuidados de alguém — com a diferença de que, em *O homem proibido*, esse alguém não era um noivo, mas uma prima sete anos mais velha. A partir daí a trama seguia rumo próprio, com as duas mulheres interessadas em dois homens, só que cada uma interessada no homem da outra. No meio do caminho, a heroína ficava temporariamente cega, como o próprio Nelson. *O homem proibido* tinha uma vantagem sobre as histórias anteriores de Suzana Flag: era escrito com muito mais carinho, como se cada palavra tivesse sido escolhida com pinça.

Como se Nelson, de pazes feitas com o sucesso, só tivesse agora de reconciliar-se com seu teatro.

Os colegas cercavam Sábato Magaldi no IPASE:
"Escuta esta, Sábato!", dizia um deles. "Fiquei sabendo de uma história que é um tiro para o teu amigo Nelson Rodrigues! Para aquela coisa que ele escreve no jornal. A história é assim, assim e assado!"

Sábato contava a Nelson essas histórias que ouvia na repartição e, muito depois, reconhecia-as — com um toque de ironia e humor que não constavam do original — nas colunas de "A vida como ela é...". Mas não era a única fonte de Nelson para aquele tipo de histórias. Ele era um entre centenas — na verdade, as fontes eram todos com quem Nelson conversava. Seus colegas na *Última Hora* já tinham percebido o truque de Nelson: ouvir muito — ouvir o que qualquer pessoa tivesse a dizer — e falar pouco, exceto para dizer:
"Detalhes! Quero detalhes!"

A grande fonte de Nelson era a realidade e, por isso, o título de sua coluna só poderia ser aquele. Sua própria rua no Andaraí era uma jazida de "A vida como ela é...". Quando Nelson mudou-se para a Agostinho Menezes, esta era ainda uma espécie de prolongamento da rua Goiânia e tinha no máximo dez casas, contando com a dele — um cadinho de gente vigilante e fofoqueira, com todos os defeitos e virtudes de uma grande comunidade, só que concentrados naquelas poucas famílias. A estrela da vizinhança ainda não era Nelson, mas Rodolfo Mayer, famoso e querido mesmo antes de *As mãos de Eurídice*. Houve um dia, no entanto, em que um episódio doméstico na rua Agostinho Menezes concentrou as atenções e deixou até a existência de Rodolfo Mayer em segundo plano.

1951: "A VIDA COMO ELA É..."

Um marido notoriamente banana, que era tratado como um cão pela mulher e ainda lhe fazia festas, cansou-se de ser humilhado e, no meio da rua, deu uma sova de cinto na cara-metade. Toda a vizinhança chegou à janela para admirar o espetáculo. As próprias mulheres da rua torciam pelo marido agressor:
"Bate mais! Bate mais!"
O marido cansou-se de bater e parou. O que houve em seguida foi espantoso: a mulher atirou-se sobre ele, aos beijos. E, desde então, passou a desfilar de nariz empinado e braço dado com o ex-banana, como se só estivesse precisando daquela sua demonstração de hombridade para admirá-lo. Ao ouvir os comentários das vizinhas, que tinham apoiado maciçamente a surra, Nelson concluiu:
"Toda mulher gosta de apanhar."
Não era bem isso o que ele queria dizer, claro — e nem se referia a nenhum problema dele, pessoalmente incapaz de fazer mal a uma mosca do sexo feminino. Era apenas uma imagem, que talvez se traduzisse melhor na pergunta: "Que mulher pode gostar de um banana?". Mas a frase saiu em "A vida como ela é..." e Nelson a repetiria depois em entrevistas. A repercussão entre muitas mulheres foi a pior possível.
Joffre e Nelsinho tiveram de ouvir inúmeras vezes na escola:
"Como é, tua mãe já apanhou hoje?"
A própria Elza foi abordada com essa pergunta por pessoas que não conheciam Nelson. Queixou-se a ele:
"Nelson, ou você explica a tal frase ou diz que mudou de ideia. Faça qualquer coisa, mas isso tem de parar."
Nelson calcou a brasa do cigarro no cinzeiro:
"Meu anjo, eu não tenho de explicar nada. Se a pessoa é burra e não entende, o problema é dela. Burro nasce que nem capim."
"A vida como ela é..." não estava transformando Nelson apenas no jornalista mais popular do Rio. Começava a torná-lo também um personagem — que os leitores identificavam com os da coluna. A ciranda de mortes em suas histórias fazia com que se dissesse, por exemplo, que ele dormia num caixão de defunto, que tirava sonecas entre quatro círios.
Essas pessoas ficariam desapontadas se o vissem na intimidade: em casa, de pijama, às nove da noite, ouvindo discos de frevos pela Banda do Corpo de Bombeiros e indo dormir numa vulgar cama Drago com colchão de molas. Da qual só se levantava, no meio da madrugada, para aplacar os pinotes da úlcera com a papa de purê de batata e carne moída.
O permanente furor sexual de seus personagens levava a que outros o vissem como um sátiro, alguém a não ser convidado para festas de formatura ou bailes de debutantes. O que é um sátiro? Segundo o Aurélio, um sujeito devasso, luxurioso, libidinoso. Os antigos o mostravam com chifres anelados e pernas curtas, de bode. Nelson não era, definitivamente, um devasso.
"O sexo é a satisfação impossível. O amor é que justifica o fato de o homem ter nascido", dizia.

Mas, contra as suas próprias convicções, ele era um supersensual, com o radar permanentemente ligado.

Se o telefone tocava na redação da *Última Hora* e gritavam: "Nelson! Pra você!", sua primeira pergunta era:

"É mulher?"

Quando era, Nelson, na sua própria descrição, saía "atropelando mesas e cadeiras, como um centauro". Emborcava o balde de lixo, sentava-se nele, cruzava as pernas e monopolizava o telefone da redação pelos quarenta minutos seguintes. Falava pouco e baixinho, como se estivesse trocando as confidências mais delirantes. Não se sabe o resultado desses telefonemas. No mínimo, forneciam-lhe abundante material para "A vida como ela é...".

Nelson percebeu que passara a ser enxergado. Assim, antes que os outros o moldassem segundo suas fantasias, ele resolveu esculpir o personagem de si próprio.

19

Sob o fogo cerrado da UDN e dos virtuosos

— 1953 —
O TARADO DE SUSPENSÓRIOS

"O tarado Nelson Rodrigues!", gritava Carlos Lacerda pela rádio Globo em 1953. "Um dos instrumentos do plano comunista da *Última Hora* para destruir a família brasileira!"

Carlos Lacerda citava Marx e Engels, para mostrar o péssimo conceito em que os dois filósofos alemães tinham a família, e lia trechos de "A vida como ela é...", para provar que Nelson Rodrigues fazia parte do insidioso movimento comunista internacional. Quem ouvisse Carlos Lacerda falando aquilo pelo rádio, e não conhecesse Nelson, era bem capaz de acreditar. Mas qualquer um que já tivesse trocado duas palavras com ele só podia rir.

Na sua campanha para arrasar Getulio, Carlos Lacerda tinha primeiro de destruir Samuel Wainer e a *Última Hora* — e, para isso, valia tudo, até insinuar que Nelson, além das papinhas para a úlcera, também comia criancinhas no café da manhã. Carlos Lacerda estava cansado de saber que Nelson era quase tão anticomunista quanto o folclórico almirante Pena Boto, e que sua presença na *Última Hora*, entre todos aqueles esquerdistas, era até uma excrescência. Mas a imagem "antifamília" de Nelson era valiosa para sua argumentação. Afinal, os comunistas não queriam acabar com a família?

Nelson ouvia aquilo não sem certa mágoa. Gostava de Carlos Lacerda e já votara nele para vereador. Sua família passara fome e quase morrera por causa de Getulio. Mas a censura de Getulio, que perseguia todo mundo, nunca se metera com seu teatro. E Getulio depois tornara-se amigo dos Rodrigues. Mesmo assim, Nelson votara no brigadeiro Eduardo Gomes contra Dutra em 1945, e de novo no brigadeiro contra Getulio em 1950. O slogan do brigadeiro, "É bonito e é solteiro", era formidável, mas o homem era ruim de voto. O partido pelo qual Nelson tinha uma certa simpatia era a UDN, o mesmo de Carlos Lacerda. O pai de Carlos, Maurício de Lacerda, amigo de seu pai, é que fora comunista — tanto que chamara o filho de Carlos Frederico, em homenagem a Marx e Engels. E o próprio Carlos Lacerda também tinha sido comunista, que diabo. Por que vinha agora misturá-lo com alhos e bugalhos?

Era por declarações como essa que ninguém na *Última Hora* levava Carlos Lacerda a sério. Seu jornal, *Tribuna da Imprensa*, tinha uma tiragem ridícula. A *Última Hora*, em compensação, era o de maior circulação da cidade. Havia agora também a *Última Hora* de São Paulo e Samuel acabara de lançar um sensacional semanário chamado *Flan*. Se Carlos Lacerda continuasse falando sozinho, nada iria acontecer. Mas ele ganhara um temível aliado: Assis Chateaubriand. Com a TV Tupi à sua disposição é que sua campanha contra Samuel Wainer começaria de verdade. E aí tiveram de levá-lo a sério.

Já não bastava a Carlos Lacerda acusar Samuel Wainer de ter se beneficiado de empréstimos no Banco do Brasil — porque todos os jornais faziam isso. Então denunciou-se que Samuel Wainer não nascera no bairro do Bom Retiro, em São Paulo, como dizia, mas numa aldeia da Bessarábia, na Transilvânia, a terra do conde Drácula. E que, por ser estrangeiro, não podia ser dono de jornais no Brasil. Talvez pela imagem do vampiro, havia gente na *Última Hora* que queria ir ao pescoço de Carlos Lacerda. Puseram-lhe o apelido de "Corvo" — Lan desenhou um corvo de óculos e o apelido pegou. Nessa época, Samuel Wainer não descansava. Varava 48 horas seguidas na redação, sem passar em casa nem para trocar de roupa. Às vezes cochilava num sofá, com uma pilha de jornais da véspera como travesseiro. Do outro lado, Carlos Lacerda devia fazer o mesmo. Nenhum dos dois deixava o ódio descansar.

Nelson observava com espanto essa confusão. Dois de seus maiores amigos estavam em frentes opostas: Otto Lara Resende, na *Última Hora*; Carlos Castello Branco, na *Tribuna da Imprensa*. Os dois escreviam artigos violentíssimos um contra o jornal do outro, como se quisessem fechá-lo, impedi-lo de circular. Nelson lia um e outro editorial e não sabia o que pensar — ambos eram perfeitos na argumentação e na forma. Dizia isso a Otto e Castello quando os três se encontravam na Colombo, o que acontecia quase todo dia. Otto e Castello eram a prova de que a política não interferia na amizade. Escreviam aqueles editoriais mutuamente insultuosos, mas a briga era entre Samuel Wainer e Carlos Lacerda, eles não tinham nada com isso.

Nelson exercitava essa mesma bonomia dentro da própria *Última Hora*:

"Otávio Malta, se o comunismo vencer amanhã no Brasil, você vai mandar me fuzilar?"

Ou como no dia em que o repórter Ib Teixeira chegou tarde ao jornal e justificou-se:

"Fui levar meu pai ao hospital."

Nelson levantou os olhos da máquina. Fingiu ignorar que seu amigo Ib saíra publicamente do Partido Comunista e disparou, entre risos da redação:

"Rá-rá-rá! E desde quando comunista leva o pai ao hospital? Comunista corta a carótida do pai com um caco de garrafa de Brahma Chopp!"

Ninguém se irritava com Nelson por essas brincadeiras. A revolução era mais risonha e franca então — e, concordando com Lacerda por uma vez na vida, as esquerdas viam no seu teatro algo a ser considerado. À sua maneira individualista, neurótica, meio doentia talvez, Nelson realmente ajudava a desmontar o "mundo burguês, da família, da tradição, da religião". Não esquecer que, em 1953, metade do planeta vivia sob a égide do "realismo socialista" criado pelo teórico stalinista Jdanov, segundo o qual todas as histórias deveriam ter um final "positivo", que ressaltasse as conquistas do proletariado.

O problema de Nelson era só esse: ele ficava no meio do caminho, diziam as esquerdas. Depois de receber o buquê das mãos de Alaíde, Lúcia deveria tirar o vestido de noiva, enfiar-se no macacão e ir para a reunião do sindicato.

"Me interessa a pessoa em particular", sempre disse Nelson. "A História que vá para o diabo que a carregue, e Marx, que vá tomar banho."

Mas houve um momento, naquele mesmo ano de 1953, em que os ataques de Lacerda contagiaram o resto da imprensa e Samuel Wainer começou a levar bala de todos os lados. Lacerda convenceu os outros proprietários de jornais de que Wainer praticava dumping, vendendo um jornal com o dobro de cadernos (e com capas em cores) pelo mesmo preço dos outros. (Um desses cadernos era o de esportes, dirigido por Augustinho. Nele, as camisas do Flamengo ou do Fluminense saíam ainda mais rubro-negras e tricolores do que na vida real.) As agências de publicidade deixaram de programar a *Última Hora* para seus anúncios e a situação ficou difícil para Samuel Wainer.

E, para seus jornalistas, nem se fala. No fim daquele ano de 1953, Samuel não teve dinheiro para pagar os salários. O jeito foi vender espaço para as lojas do varejo em troca de produtos e pagar seus funcionários com esses produtos. Durante alguns meses, Nelson levou seu salário para casa em espécie: liquidificadores, batedeiras de bolo, uma bateria de cozinha. Nos melhores meses, levava-o em dinheiro miúdo, centenas de notas amassadas e até moedas.

A situação piorou ainda mais quando Samuel Wainer, confiando na maioria getulista no Congresso, propôs a criação de uma CPI (Comissão Parlamentar de Inquérito) para investigar a origem das acusações à *Última Hora*.

Era o que Carlos Lacerda precisava para ter um palco nacional. Ainda não era deputado, mas tinha tanta intimidade com o microfone da Câmara como se fosse através dele que tivesse falado o seu primeiro gugu-dadá. Sempre que Carlos Lacerda era convocado a depor, Samuel Wainer tremia.

E Nelson também porque, agora, os ataques de Carlos Lacerda a "A vida como ela é..." tinham caráter oficial, iam para as atas. Lacerda já não se limitava a citar Marx e Engels para provar que Nelson queria solapar a família. Passara a invocar dom Jaime de Barros Câmara, cardeal do Rio de Janeiro, para quem Nelson queria varrer a religião dos lares brasileiros.

Nelson era atacado também pelo católico Gustavo Corção, colaborador da *Tribuna da Imprensa*. Corção desfraldava a própria virtude como um estandarte e, em nome de Nossa Senhora, acusava Nelson de disseminar a devassidão. O curioso era que, em 1953, a conversão de Gustavo Corção ao catolicismo ainda podia ser considerada recente. Até os 43 anos, em 1939, ele era hidrofobamente ateu e de extrema esquerda. Foi quando teve uma crise de consciência, daquelas de prostrar o cidadão. Deixou-se converter por Alceu Amoroso Lima e tornou-se ainda mais católico e moralista do que Alceu, se é que isso era possível. Chegava a sofrer pessoalmente com os recorrentes acessos de soluços do papa Pio XII, que duravam dias, como se os espasmos papais se produzissem na sua própria glote. Até então Nelson admirava Corção por duas coisas: por escrever bem e por ser capaz de montar suas próprias vitrolas. Neste segundo caso, Corção não fazia vantagem — porque, como engenheiro eletrônico, era capaz de montar até siderúrgicas.

Mas seus ataques a Nelson fizeram com que este cancelasse a admiração. Nelson passou a responder a Corção através de "A vida como ela é...", pondo frases contra ele na boca dos personagens. Algumas delas estão no conto intitulado "Sórdido", em que Nelson faz um sujeito dizer: "Eu, quando leio o Corção, tenho vontade de fazer bacanais horrendas, bacanais de Cecil B. DeMille!"; "Corção compromete os valores que defende"; "Depois de ler o Corção, eu tenho vontade de roubar galinhas! De agarrar mulher no peito, à galega! A minha sordidez fede menos do que a virtude do Corção. Por causa do Corção, já desisti da vida eterna. Já não quero mais ser eterno, percebeste? Prefiro apodrecer dignamente!"; "Quando penso na virtude do Corção, eu prefiro — sob a minha palavra de honra — ser um canalha abjeto".

Mesmo que não lhe tivessem pedido, a solidariedade de Nelson para com Samuel Wainer foi integral. Quanto mais Samuel Wainer ficava isolado, mais Nelson sentia-se do seu lado. Enfrentou sozinho os ataques de Carlos Lacerda, de dom Jaime e de Gustavo Corção. Não reclamou quando teve de levar liquidificadores para casa. Resistiu às propostas de Chateaubriand, que queria "A vida como ela é..." nos seus jornais para golpear *Última Hora*. E, finalmente, compareceu à Câmara para depor em defesa de Samuel Wainer e só faltou dizer que assistira à sua circuncisão no Bom Retiro.

Quatro anos depois, em fins de 1957, Nelson teve um sério problema de vesícula. Foi operado, quase morreu e passou quase três meses sem poder escrever "A vida como ela é...".

E Samuel Wainer foi estritamente profissional: publicou colunas velhas, para que a seção não deixasse de sair nem um dia — e descontou-o no salário.

Quando os personagens de *A falecida* disseram suas primeiras falas no palco do Teatro Municipal, no dia 8 de junho de 1953, a plateia levou um susto. Jogando uma sinuca invisível (a cada tacada imaginária eles exclamavam "Pimba!"), os personagens se referiam a Carlyle, atacante do Fluminense, Pavão, beque do Flamengo, e Ademir, craque do Vasco, jogadores então no apogeu. A peça tratava de uma sofrida mulher do subúrbio carioca, a tuberculosa Zulmira, cuja única ambição na vida era um enterro de luxo. Seu marido Tuninho, tricolor fanático, só pensava em futebol. Se pudesse, apostaria no Fluminense contra duzentas mil pessoas no Maracanã, dando dois gols de vantagem. Zulmira, pouco antes de morrer, mandou Tuninho procurar o milionário Pimentel. Ele pagaria o enterro de luxo. Zulmira morreu, Tuninho foi ao milionário e descobriu que ele era amante de Zulmira. Tomou-lhe o dinheiro, deu a Zulmira um enterro de cachorro e partiu eufórico para apostar contra o Maracanã lotado.

Na plateia, o escândalo se resumia numa frase:

"Mas como??? Futebol no Municipal! Onde é que nós estamos?"

De fato, a aura que cercava o Teatro Municipal não autorizava certas liberdades. As pessoas mandavam fazer roupa para frequentá-lo, como se o Rio fosse Paris ou Milão. Era um palco reservado a óperas, concertos, oratórios sacros e peças "sérias". E as peças anteriores de Nelson, por mais chocantes, eram sérias. Mas *A falecida* estava cheia de gaiatices. Em certo momento, um personagem diz:

"A solução do Brasil é o jogo do bicho! Eu, se fosse presidente da República, punha o Anacleto como ministro da Fazenda!"

Sem falar nas referências geográficas, que tornavam *A falecida* tão carioca quanto uma chanchada da Atlântida. Ou — embora muitos ainda não se dessem conta — quanto uma coluna de "A vida como ela é...".

Depois isso ficou claro. Nelson deixou que a cor local de "A vida como ela é..." contaminasse *A falecida*. A história podia ser dramática, mas alguns personagens eram mesmo gaiatos, falavam a gíria corrente, estavam vivos. Cenário e tempo não eram "qualquer lugar ou qualquer época", como nas outras peças, mas a Zona Norte do Rio (nominalmente, a Aldeia Campista), com uma rápida passagem pela Cinelândia. O tempo era hoje, 1953. E a peça era engraçada, não havia como não rir — embora Nelson advertisse no programa que, se alguém risse, seria por conta própria. Pois sim.

Ele classificara *A falecida* como uma "tragédia carioca" — mas, virada pelo avesso, era uma comédia e, a partir de agora, suas peças iam ser assim. Seria o reencontro de seu teatro com o sucesso comercial. E, pelo que já passara, não era sem tempo. Cansado de desagradar a plateia, os críticos e a censura, Nelson iria agora pelo menos agradar a si mesmo. E quanto às referências ao futebol, ele achava que já estava na hora de os personagens da literatura brasileira aprenderem, pelo menos, a "bater um escanteio".

Com Getulio presidente, as perspectivas para o teatro de Nelson eram azuis com bolinhas cor-de-rosa. *A falecida*, escrita em 26 dias, fora levada pela Companhia Dramática Nacional, do SNT — ou seja, do Ministério da Educação. Mesmo assim, ele preferira não abusar. Especificou um cenário vazio, com "fundo de cortinas". Os personagens simulariam os diversos ambientes, movendo cadeiras, mesinhas e almofadas. A direção era de um quase estreante, José Maria Monteiro, que os amigos chamavam de "Mulher-barbada". E o papel de Zulmira fora entregue a uma atriz tarimbada, mas pouco conhecida, e por quem Nelson se apaixonou no primeiro ato: Sônia Oiticica.

Na verdade, até antes do primeiro ato. José Maria Monteiro estava fazendo a leitura da peça com o elenco. Nelson esperou um intervalo e aproximou-se de Sônia:

"Você também deve me achar um tarado, não?"

Ela, trêmula, quis desconversar:

"Mas, absolutamente, e, ora, por quê?"

"Todo mundo acha", suspirou Nelson.

Era o auge da campanha de Carlos Lacerda, quando Nelson às vezes temia até que lhe cuspissem na rua. Mas não seria por isso que Sônia, 33 anos e filha do linguista e trotskista José Oiticica, iria se impressionar. Se ficara vermelha ao falar com ele era porque já o achava um mito. A campanha de Nelson para conquistar Sônia foi pesada: flores, bilhetes, pequenos carinhos e gentilezas. Entrava no seu camarim e perguntava, cheio de intenções outras:

"Como está passando, minha Duse? Ainda à espera do seu D'Annunzio?"

Nelson aproximou-se do ator Paulo Porto, que fora namorado de Sônia, como se quisesse sondá-lo sobre o de que ela gostava. Engraçado que, em 1940, Sônia trabalhara num filme de seu irmão Milton, *Pureza*, e Nelson nem reparara. E agora não adiantava reparar. Ela era casada com um comerciante que não lhe cobrava horários, não lhe perguntava com quem tinha saído do teatro, e nem precisava. Sônia desenganou Nelson com o máximo de tato e propôs que fossem apenas amigos.

O que conseguiu, porque, nos vinte anos seguintes, faria três outras peças dele. Mas, durante muito tempo, Nelson ainda se referiu a ela como o seu "amor puro e poético".

Nada poético era o romance que ele vinha mantendo desde o ano anterior, 1952, com Yolanda, secretária de um radialista da rádio Mayrink Veiga. Quando a conheceu, Nelson tinha quarenta anos, Yolanda vinte. Ela morava no Irajá com sua mãe e com uma penca de tios espanhóis, das ilhas Canárias, os quais não aprovavam de jeito nenhum o seu romance com um homem casado e tão mais velho. Mas Yolanda os enganava e ia encontrar-se com Nelson num apartamento na praça São Salvador, nas Laranjeiras.

Por algum motivo — bem ao contrário de paixões anteriores —, esse foi um caso que, enquanto durou, Nelson manteve cuidadosamente escondido de seus amigos e irmãos.

E durou pelo menos cinco anos, até 1957. Em 1953, Yolanda teve uma filha, Maria Lúcia; em 1955, outra filha, Sônia; e, em 1957, um terceiro, Paulo César. Os três, segundo Yolanda, eram dele. No futuro, quando as três crianças se apresentassem a Nelson para pedir-lhe uma pensão, ele falaria do assunto com Joffre e diria que só tinha certeza do garoto. Paulo César era seu filho, ele sabia. Quanto às duas meninas, "fizera as contas e achava que não eram".

Pode-se perguntar o que levaria um homem a sustentar um caso tão longo com uma mulher que, de dois em dois anos, produzia filhos que afirmava serem dele e dos quais ele não tinha "certeza". Quanto mais um caso tão atribulado, que lhe criava problemas, que ele queria conservar clandestino e que, com o temperamento de Yolanda, podia transformar seu casamento numa tourada. Quando for feita, essa será uma boa pergunta. Mas cuja única resposta, sujeita a erro, talvez esteja na complicada personalidade de Nelson. Pretextos é que não faltaram para ele encerrar o romance.

Um dia, por exemplo, Yolanda viu-o caminhando ao lado de uma amiga numa rua do Centro. Armada de fúria espanhola, avançou contra a mulher, deixou-a toda despenteada e só faltou dançar um pasodoble sobre ela no meio da rua. (Nelson passou sebo nas canelas e fugiu correndo.) Em outro ataque de ciúmes, Yolanda teria quebrado a louça do apartamento onde se encontravam. Pelo visto, quebrar coisas era uma espécie de esporte na família: a mãe de Yolanda, dona Carmen, quebrara uma garrafa de leite na cabeça da filha quando soube que ela estava grávida pela terceira vez. Os sobressaltos não paravam. Cansada de esperar que Nelson se separasse de Elza, Yolanda mais de uma vez telefonou para a casa dele e descompôs sua mulher — o que, naturalmente, só azedou a vida do casal. E telefonou também para Nelson na casa de dona Maria Esther, num daqueles sábados em que os Rodrigues se reuniam.

Dessa vez Nelson perdeu as estribeiras na frente de todos. Seus dentes chocalhavam como castanholas:

"Você nunca mais se atreva a telefonar para a casa de minha mãe!", gritou para Yolanda antes de bater o telefone.

E completou a frase com um palavrão, o único que suas irmãs o ouviram pronunciar a vida inteira.

Yolanda não se encaixava nem um pouco no perfil das mulheres doces, recatadas e maternais que Nelson valorizava. Então, o que o atraía nela, exceto uma possível "ardência canarina" que, supostamente, ele lhe atribuía?

Quando eles romperam — ou quando, segundo consta, Yolanda rompeu com ele —, em 1957, ela o teria ameaçado:

"Eu vou levar meus filhos e eles nunca vão te chamar de pai!"

Dez anos depois, seria exatamente disso que eles o chamariam.

Enquanto as prateleiras ameaçavam despencar sobre sua cabeça, com Carlos Lacerda, Yolanda e *A falecida* simultaneamente em cartaz, Nelson conseguiu produzir mais um — e último — folhetim de Suzana Flag. Dessa vez em *Flan*, o semanário em cores que Samuel Wainer lançou em abril de 1953. Chamou-se *A mentira*. Mas talvez *Flan* fosse sofisticado demais para Suzana Flag. Entre seus colunistas e redatores, estavam Otto Lara, Francisco de Assis Barbosa, Joel Silveira, Justino Martins, Vinicius de Moraes, João Cabral de Melo Neto, Helio Pellegrino (outro jovem vindo de Belo Horizonte — eles não paravam de chegar de lá) e até Dorival Caymmi. *Flan* durou apenas 36 semanas — nove meses —, ao fim dos quais abortou na praia, sufocado pela campanha contra Samuel Wainer.

Nesse momento Nelson tinha mais com que se preocupar. Com suas boas relações no governo, ele conseguira um milagre que, durante anos, achara impossível: a liberação de *Senhora dos afogados*, proibida desde 1948. Não era uma sorte que, em 1953, Getulio tivesse nomeado Tancredo Neves ministro da Justiça, e que Tancredo fosse cidadão de São João del Rey, a terra de Otto Lara?

Tratava-se agora de achar quem a encenasse à altura. Ziembinski, um dos que nunca tinham se conformado com a proibição da peça, estava agora em São Paulo trabalhando com o Teatro Brasileiro de Comédia — o TBC, a companhia de Franco Zampari que vinha fazendo, em termos profissionais, o que Os Comediantes haviam feito dez anos antes no Rio como amadores. E ponha profissionais nisso: o TBC, fundado em 1948, provara que o teatro era possível como empresa no Brasil.

Sua fórmula, como a resumira Décio de Almeida Prado, era simples: "textos consagrados e encenadores estrangeiros". Todo mundo ali era contratado: diretores, atores, cenógrafos, maquinistas, contrarregras, eletricistas e quem mais tivesse alguma função num espetáculo. Assim dava gosto fazer teatro. O cérebro empresarial por trás disso era o do italiano, criado no Brasil, Franco Zampari. O qual admitia tudo, menos erros de cálculo.

Uma das características do TBC era o "bom gosto", um artigo de que o teatro brasileiro realmente não era nada pródigo. A outra característica era o sotaque italiano, talvez porque os principais diretores da companhia se chamassem Adolfo Celi, Ruggero Jacobbi, Luciano Salce, Flaminio Bollini, e tivessem acabado de chegar de Roma. O único "brasileiro" entre eles era Ziembinski — exceto, claro, os aprendizes como Antunes Filho ou Flávio Rangel.

Se era para tornar a empresa viável, os homens do TBC não poderiam ter veleidades nacionalistas ou experimentais. O objetivo era fazer um teatro de Primeiro Mundo, limpo, adulto, consciente, de fórmulas já testadas. Donde os autores brasileiros teriam sua chance, desde que fossem Sófocles, Jean-Paul Sartre ou Noël Coward.

Em meados de 1953, Ziembinski propôs *Senhora dos afogados* para o TBC. A peça foi aceita e eles começaram os trabalhos. Ninguém mais parece saber exatamente quem formaria o elenco, exceto que Cacilda Becker, a maior estrela da companhia, estaria nele. Mas há vagas recordações de que Maurício Barroso, Cleyde Yáconis e Célia Biar também estariam. O texto foi lido por Ziembinski com os atores durante duas semanas, não mais que isso — e, em seguida, Ziembinski teria sido obrigado a abandoná-lo. Nunca chegou à fase dos ensaios. Cancelado, como se assopra uma vela.

Quase quarenta anos depois, os veteranos do TBC têm várias explicações para o fato de *Senhora dos afogados* ter sido rejeitada. Nenhuma delas pode ser aceita ou contestada de olhos fechados, mas todas juntas talvez formem um quadro que explique por que a maior companhia do teatro brasileiro nunca encenou o maior dramaturgo brasileiro — e deixou de encenar talvez a sua maior peça. As explicações são as seguintes, com comentários deste autor:

"*Era assim mesmo. Várias peças que o TBC se preparou para montar foram abandonadas de repente, com metade do cenário pronto e o elenco já tendo decorado o texto.*" Será? Não parece típico da mentalidade empresarial de Zampari. E nem o TBC era essa bagunça.

"*Não havia clima para Nelson Rodrigues em São Paulo no começo dos anos 50. Era muito 'forte' para a mentalidade paulistana.*" Faz sentido. Nelson também não era um picolé de Chicabon para a mentalidade carioca da mesma época. Mas supunha-se que o TBC quisesse fazer um teatro para adultos que tivessem superado o mito da cegonha.

"*Nelson era excessivamente carioca.*" Conversa fiada. A fase "carioca" de Nelson só começaria em junho daquele ano com a estreia de *A falecida* no Rio e, até então, seu teatro não tinha qualquer cor local — carioca, búlgara ou esquimó. Como, aliás, os espetáculos do TBC.

"*O TBC detestava autores brasileiros.*" Sem dúvida. Mas isso não o impediu de, já naquela época, ter levado peças de Abílio Pereira de Almeida e Edgard da Rocha Miranda.

"*O TBC era o xodó da alta classe média de São Paulo. Era esnobíssimo, o governador do Estado ia às estreias. Se pudesse, o TBC encenaria tudo em francês. Nelson, definitivamente, não era 'bem'. Eles o achavam 'marrom', ligado a jornais de escândalos. Digamos, grosso.*" Podia ser, mas o que tinha ver a poesia de *Senhora dos afogados* com a *Última Hora*, se era a esta que estavam se referindo?

"*A peça era fúnebre.*" Ou "fúnebre", como se dizia, às vezes a sério, no TBC. Mas o TBC também levava tremendos dramalhões ingleses, tão fúnebres quanto.

E *Senhora dos afogados* era inspirada em *O luto assenta a Electra*, de O'Neill — a qual, por sua vez, era inspirada em *Oréstia*, de Ésquilo. Se fosse de O'Neill ou Ésquilo, podia?

"*Cacilda Becker recusou-se. Teria dito: 'Eu não faço esta peça'.*" Pouco provável. Por mais estrela que fosse, Cacilda não teria força para derrubar um espetáculo se Zampari, Celi ou Jacobbi quisessem mesmo levá-lo. Além disso, era inteligente o bastante para saber que seria sensacional tanto no papel de dona Eduarda como no de Moema.

A decepção de Nelson com a rejeição de *Senhora dos afogados* pelo TBC foi enorme. Agarrou-se a esta última explicação, que culpava Cacilda, e que circulou na época. Declarou guerra à atriz, que admirava, e a Zampari, que todo mundo bajulava. Passou a chamar Cacilda de "Olívia Palito", referindo-se aos 42 quilos que ela pesava. Só mencionava o seu nome para exclamar:

"A Cacilda não quis levar a minha peça! A Cacilda!"

Muitos anos depois de o TBC já estar morto e enterrado, a ira de Nelson contra Zampari ainda se refletiria numa entrevista a *Veja*, em 13 mar. 1974:

"Foi o maior mistificador do teatro brasileiro. Tinha horror de nossos autores, não fez nada por nossa dramaturgia. O problema do TBC era um só: bilheteria."

A posteriori, parece mesmo difícil imaginar como seria *Senhora dos afogados* dentro da estética clean do TBC. Não pela cena em que dona Eduarda diz à sua filha Moema: "Desce e vem chamar tua mãe de prostituta". (E Moema, obedientemente, desce, alça a fronte e diz: "Prostituta!".) Mas pelas referências aos eczemas da cafetina, aos peixes que comem apenas um dos lados do rosto dos afogados, às mãos decepadas e sangrentas da protagonista. A plateia do teatro da rua Major Diogo não se sentiria bem nas suas casacas de quatrocentos anos.

Senhora dos afogados terminaria sendo levada no ano seguinte, em 1954, no Rio, e pela mesma Companhia Dramática Nacional do SNT. A direção era de Bibi Ferreira (depois de recusada por madame Morineau); os cenários, de Santa Rosa; as estrelas, Nathalia Timberg e Sônia Oiticica; e o palco, o do Municipal. Antes de o pano subir, um político foi cumprimentar Nelson e Santa Rosa no camarote: o ministro da Justiça de Getulio, Tancredo Neves. Ironicamente, os poderes oficiais estavam emprestando suas pompas a uma peça polêmica, que passara anos interditada e que acabara de ser enxotada por uma companhia séria como se fosse um texto de Walter Pinto.

Pois nem as pompas impediram que, na frente de Tancredo, a plateia do Municipal vaiasse *Senhora dos afogados*.

Não foi apenas uma vaia, foi uma batalha. Assim que a peça terminou, a plateia dividiu-se em dois gomos, ambos disputando para decidir quem gritava mais alto: os que aplaudiam e os que insultavam. Coros de "GÊNIO!" e "TARADO!" sacudiram o reboco do teto. Não se sabe como uma metade não saiu aos tapas com a outra. A jovem Nathalia Timberg, que fazia aquela noite a sua estreia

Futebol no Municipal: lendo A falecida *com José Maria Monteiro (de barba) e Sônia Oiticica*

Senhora dos afogados: o coro dos vizinhos (acima). À dir., Tancredo Neves fala com Santa Rosa e Nelson antes das vaias

como profissional, estava atordoada. E mais atordoada ficou quando Nelson, reagindo aos gritos pró e contra da plateia, surgiu no palco e desafiou os que o vaiavam:

"Burros! Burros!"

Alguns ameaçaram subir para agredi-lo. Dois ou três do elenco o pegaram pelo braço e o levaram para a coxia, afogueado e respirando com dificuldade. Até então, para Nathalia, a imagem de Nelson era a de uma enorme fragilidade — talvez porque, sempre que o via pelos corredores do teatro, ele estivesse despachando longos olhares tristes para Sônia Oiticica. E ali, no palco, defendendo a sua peça, era como se Nelson tivesse tirado, de dentro daquele terno da Ducal, um leão de que ela nunca suspeitara.

As vaias, na verdade, seriam só na noite de estreia. Pelas outras semanas da temporada, ninguém se ofenderia e a companhia iria até Recife e Salvador. E Jean-Louis Barrault, de passagem pelo Rio com um *Hamlet* em francês, viu o espetáculo e ficou tão assombrado que comentou com amigos sua vontade de levá-lo para Paris.

Mas a primeira noite de *Senhora dos afogados* marcaria Nelson. Parecera-lhe um sabá de bruxas. Já mais calmo, nos camarins, ele disse a Nathalia que não entendia como seu teatro podia ser vítima desse tipo de incompreensão. E acrescentou:

"A estrela está no céu. Quem não vê, não vê. Mas ela brilha do mesmo jeito."

"O TBC acha suicídio montar autores brasileiros", disse Nelson em fins de 1954, na mesa do Vermelhinho, para uma atenta rodinha de aspirantes a autores e diretores. "Pois vamos provar que esse suicídio é viável. Vamos nos suicidar juntos!"

Os ouvintes eram os jovens Léo Júsi, Gláucio Gill, Abdias do Nascimento e Augusto Boal. Todos já tinham escrito ou encenado alguma coisa e todos sofriam da má vontade das grandes companhias contra o produto nacional. Nelson propôs formarem uma trupe de combatentes, que se chamaria "Companhia Suicida do Teatro Brasileiro", e convidou-os a ir à sua casa, no Andaraí, para escrever o manifesto.

O objetivo dos "Suicidas" era encontrar uma forma de desovar sua produção. Mas, além de uma montagem de *Vestido de noiva*, dirigida por Léo Júsi no Teatro Dulcina em abril de 1955, e de uma nova peça de Nelson, *Perdoa-me por me traíres*, que só seria levada em 1957, a única coisa que eles geraram foi o manifesto — escrito por Nelson. O qual começava por atacar tudo que já fora encenado no Brasil a partir da Primeira Missa, para desaguar na condenação ao teatro "prudente, sensato e penteado demais" do TBC.

"É preciso eliminar o espectador puramente digestivo, que vale tanto ou menos que a cadeira vazia. Eliminar esse tipo de espectador ou, então, exasperá-lo como a um touro maciço e soturno", bramia o manifesto.

Na verdade, Nelson queria apenas sacudir o público para a possibilidade de um teatro como o seu — mas, à falta de alternativa, não se incomodaria com que todas as cadeiras do teatro fossem ocupadas por manequins de vitrine. Desde que pagassem ingresso.

O manifesto dos "Suicidas" foi distribuído à imprensa em fins de 1954. Provocou ligeiros comentários (exceto para o TBC, que, ocupado com polir suas próprias pratas, ignorou-o) e, como nada acontecesse, o grupo se desfez e cada qual continuou suicidando-se sozinho.

Mas foi naquela época que Nelson revelou a sua inesperada face guerreira. Talvez por já ter passado dos quarenta, idade em que o que podia assustá-lo já o assustara. Ou pela constatação de que não lhe vinha adiantando passar-se por bonzinho. O fato é que tornou-se mais agressivo, capaz de, por exemplo, subir ao palco e enfrentar a ira da plateia. A partir dali, e até o fim da vida, ele não deixaria passar um ataque sem revide — isso quando ele próprio não começava a provocação.

Uma das primeiras contas que ajustou foi com Carlos Drummond de Andrade. Nelson nunca o perdoara por ter sido solidário com Alvaro Lins durante a polêmica sobre *Álbum de família* em 1946. Seis anos depois, em 1952, quando Jorge de Lima publicou o seu monumental poema "Invenção de Orfeu", Nelson aproveitou-o para dar uma cotovelada em Drummond na recém-lançada revista *Manchete*:

"Como é pequenino o Carlos Drummond de Andrade depois de 'Invenção de Orfeu'. Jorge de Lima encheu o Brasil de ex-grandes poetas."

No ano seguinte, conheceu João Cabral de Melo Neto na redação de *Flan*. João Cabral era um dos diplomatas que o Itamaraty acabara de colocar na geladeira. O casal de cisnes não gostava de suas posições políticas. Sabendo que ele estava sem salário e sem posto no exterior, Samuel Wainer deu-lhe um emprego no semanário como redator. Nelson gostou de João Cabral, leu alguns de seus poemas e ficou impressionado. A partir daí, quando referia-se a Drummond, dizia sempre, fingindo casualidade: "O Drummond, que é o segundo poeta da língua — o primeiro é João Cabral de Melo Neto — etc. etc.". Drummond nunca lhe respondeu por escrito, mas Nelson sabia que o atingia na sua falsa modéstia — porque Drummond reclamava por terceiros.

A briga com Oswald de Andrade, também em 1952, só teve importância para o ex-antropófago, então lamentavelmente por baixo e elogiando antigos desafetos para tomar-lhes dinheiro emprestado. Oswald, em sua coluna "Telefonema", no *Correio da Manhã*, investiu contra Nelson num violento artigo intitulado "O analfabeto coroado de louros", acusando-o de usar "ferraduras mentais", "zurrar insânias" e de ser um "taradão ilustre, mas de poucas letras". E, numa frase que traía uma nostalgia pelo "realismo socialista", Oswald clamava por uma "polícia literária" que impedisse a obra de Nelson de passar de um "folhetim de jornalão de quinta classe".

Nelson, que sempre achara Oswald divertido como piadista, riu da agressão e, pela *Última Hora*, classificou-o como uma "vaca premiada, de argola no focinho". Otto Lara Resende, que se dava com um e com outro, cruzou com Oswald em São Paulo, e o ex-antropófago "só faltou implorar-lhe para não deixar Nelson silenciar". Mas Nelson tinha mais o que fazer para polemizar com um homem desdentado, falido e doente. Parou de responder-lhe. Oswald não se conformou. Numa *Manchete* de 1954, voltou a citar Nelson e, agora, também Cecília Meireles, como "autores de livros analfabetos, que nunca deveriam ter sido escritos". Dessa vez Nelson ameaçou — mas só ameaçou:

"Eu vou a São Paulo dar um tapa nas ancas do Oswald de Andrade."

20

Com Elza: absolvido em casa

— 1955-1956 —
MORRER COM O SER AMADO

Em março de 1955, os Rodrigues ganharam o processo contra a União pela destruição de *Crítica*. Alguns meses antes de se matar, Getúlio dera instruções para que se resolvesse logo o caso. A solução saíra agora, já com Café Filho presidente — 24 anos e meio depois do empastelamento do jornal, em 24 de outubro de 1930.

Mas não foi esse o tempo que contou para a Justiça quando se tratou de saber quanto caberia aos Rodrigues na indenização. Ela levou em consideração que o processo só foi iniciado em 1935 e que, depois disso, chegou a ficar paralisado por longos períodos — num total de nove anos em que, na prática, não houve processo. Quando o subprocurador-geral Alceu Barbedo deu ganho de causa à família e determinou a indenização, esses nove anos foram abatidos no cálculo do dinheiro. Não se cogitou de que, se o processo demorara para começar ou ficara parado, era porque a família não tinha dinheiro para tocá-lo — por seu patrimônio ter sido destruído.

Os advogados dos Rodrigues lutaram para que a indenização correspondesse ao valor do capital do jornal em outubro de 1930 — cerca de dois milhões e oitocentos mil cruzeiros em dinheiro da época —, multiplicado pelo número de anos que se seguiram ao empastelamento, mais os juros e outras compensações decorrentes. Se esse raciocínio saísse vitorioso, a União teria de pagar à viúva e aos filhos de Mario Rodrigues a fábula de oitocentos milhões de cruzeiros — quase onze milhões de dólares! E dólares de 1955, dez vezes (mil por cento) mais verdes que os de hoje. Era quase a quinquagésima parte do orçamento da República aquele ano!

Os advogados da União consideraram esse valor um disparate porque o cálculo se baseava na hipótese de o capital de *Crítica* ter sido aplicado regular e comercialmente durante os quase 25 anos, e esquecia os nove anos em que o processo não existira por culpa dos herdeiros. E, mesmo assim, entenderam eles, aquele capital de 1930 não era de todo verdadeiro porque se compunha, entre outras coisas, de gordos subsídios dados ao jornal pelo governo. (E só então ficou público que *Crítica*, apesar de ser um estrondo de vendas, fora financiada o tempo todo por Washington Luís e Melo Viana. Ou seja, a pena brilhante e flamejante de Mario Rodrigues podia cobrar caro, mas, como a de todos os proprietários de jornal em sua época, tinha preço.)

Com isso, a subprocuradoria arbitrou o valor da indenização em 136 milhões e setecentos mil cruzeiros, menos uns quebrados, calculando o valor da publicidade paga em *Crítica* durante o ano de 1930 e multiplicando-o por quatorze anos — sem correção monetária, algo de que ainda não se falava. Mesmo assim, era muito dinheiro em 1955: um milhão e oitocentos mil dólares — numa época em que bastava um milhão de dólares para tornar um americano milionário. Muito dinheiro, mas não o suficiente para trazer de volta a vida de Mario Rodrigues, de Roberto e de Joffre, nem a saúde de Nelson, nem o futuro que os esperava se não tivesse acontecido aquele rosário de tragédias.

Quando o dinheiro chegou-lhes às mãos, quase um ano depois, em 1956, os Rodrigues compraram para dona Maria Esther um apartamento no aristocrático Parque Guinle, nas Laranjeiras, e dividiram o resto entre eles. O apartamento, que servira até há pouco à embaixada da Austrália, podia ser percorrido por cangurus: tinha 430m², quatro quartos, um salão, uma sala de jantar e uma "sala íntima". O arquiteto Sérgio Rodrigues, filho de Roberto, decorou-o ao estilo ultramoderno do estúdio que acabara de inaugurar, a Oca. A decoração incluía uma mesa de jantar com quatro metros de comprimento por 1,70m de largura, em jacarandá maciço, que teve de construir na própria sala. Era uma mesa formidanda até para um apartamento como aquele, mas, contando apenas os Rodrigues residentes, havia quórum para enchê-la a cada almoço. Porque, exceto Mario Filho, Nelson, Augustinho e Paulo, todos os outros filhos — Milton e as seis moças — continuavam solteiros e morando com a mãe.

Mesmo antes de sair a indenização, os Rodrigues já tinham se posto de pé sobre os escombros de *Crítica*, ido à luta e vencido. Mario Filho os conduzira na longa caminhada e, no processo, apurara-se para a vida e para o sucesso. Era um cavalheiro, incapaz de uma grosseria. Sempre de terno, gravata e charuto — fumava uma caixa de Ouro de Cuba a cada dois dias, menos dois charutos que lhe eram confiscados diariamente por seu ajudante de ordens, Floriano, que ele chamava de "Marechal". (Fingia não perceber que Marechal fumava a mesma marca que ele.) Mario Filho acendia o charuto com fósforo e guardava o palito dentro da caixa.

Outro toque que o definia era o *Jornal dos Sports* enrolado no bolso do paletó, onde quer que estivesse. Tinha ciúme de seu exemplar, não gostava que o filassem. Pois se ele, que era dono do jornal e podia tê-lo entregue em casa, comprava o seu exemplar na banca! Dois exemplares, aliás.

Mario Filho estava casado há quase trinta anos com Célia e ainda lhe deixava, diariamente, bilhetinhos amorosos pela casa, para que ela os encontrasse de surpresa: debaixo do travesseiro, dentro do açucareiro, nas dobras do guardanapo. Moravam num apartamento na avenida Princesa Isabel, em Copacabana, com paredes forradas de Portinaris e Di Cavalcantis. Portinari continuava a ser sua grande admiração. Desde 1945 vinha escrevendo, a lápis e com aquela letra desenhada, a biografia do amigo. Mas não era uma biografia comum. Tratava só da infância de Candinho em Brodósqui. O livro terminaria com Candinho no trem, a caminho do Rio — antes de chegar à Escola de Belas Artes, antes de se defrontar com Roberto. Outros que contassem a vida de Portinari dali para a frente, com uma isenção que ele não teria.

Em todo aquele tempo não se conhecia um único romance de Mario Filho fora do casamento, nem mesmo um flerte. Se não tivesse um encontro de negócios, almoçava em casa todo dia. (Três vezes por semana, comia uma feijoada com direito a orelha, pé, focinho, paio, linguiça. Inverno ou verão, tanto fazia.) Tinha uma minissinuca no apartamento, que jogava com seu neto, Mario Neto, filho de Mario Júlio. E era com Mario Neto que gostava de ir ao Maracanã, mais do que com o presidente da República, com o prefeito ou com qualquer um. Não se limitava aos clássicos de gala. Se houvesse um clube grande em campo, ele queria ver.

O Fluminense não se conformava por Mario Filho nunca declarar-se tricolor. Todos os Rodrigues eram Fluminense e ele, que era o mais importante, não podia ser outra coisa. Então, por que não confessava? Já fora Fluminense, mas só até 1928, dizia Mario Filho. Desde então torcia apenas pelas "seleções brasileira e carioca". O Fluminense se conformaria com isso, se não suspeitasse de que Mario Filho fosse, secretamente, Flamengo. Mario Filho negava que fosse Flamengo e o Fluminense acreditava. Mas, quando o Fluminense ia ver, lá estava Mario Filho cercado de seus amigos flamengos: Bastos Padilha, José Lins do Rego, Ary Barroso, Moreira Leite e, agora, Gilberto Cardoso, Dario de Melo Pinto e Fadel Fadel. Tinha amizades também nos outros clubes, mas com os rubro-negros era diferente — parecia falar em código com eles. O Fluminense não achava isso certo.

E havia umas coisas realmente difíceis de entender. A história de Dóri Kruschner em 1938, por exemplo. O grande treinador húngaro estava sendo importado por Arnaldo Guinle, presidente do Fluminense. E aí Mario Filho intrometeu-se e convenceu Bastos Padilha a desviá-lo para o Flamengo. Dóri Kruschner fez uma revolução tática no futebol brasileiro e foi o Flamengo que levou a fama. Depois, Mario Filho escreveu aquele livro maravilhoso, *Histórias do Flamengo*. Por que não um *Histórias do Fluminense*? E ele vivia publicando coisas suspeitas sobre o Flamengo. Por exemplo:

"Por que o Flamengo se tornou o clube mais amado do Brasil? Porque o Flamengo se deixa amar à vontade. Não impõe restrições a quem o ama. Aceita o amor do príncipe e do mendigo e se orgulha de um e de outro. Se um flamengo matasse pelo Flamengo, seria um herói; se morresse por ele, um mártir ou um santo. O Flamengo nunca se envergonhou de nenhum jogador que lhe vestisse a camisa."

E por aí afora. Só de coração alguém escreveria uma coisa dessas, pensava o Fluminense.

Mario Neto, que nasceu tricolor e viveu com Mario Filho a vida toda, sempre achou que seu avô era Flamengo, embora nunca admitisse. Uma das primeiras recordações de Mario Neto era a de um Flamengo × Botafogo em 1955, quando ele tinha oito anos. Jogo duro. Quando Dequinha fez o gol que seria o da vitória, Flamengo 1 × 0, Mario Filho pulou da cadeira. Em pleno ar, sentiu que não devia fazer aquilo e passou o resto do jogo quieto, mas feliz.

Mas, para Mario Neto, a prova definitiva foi um Fla-Flu de 1959. Mario Neto queria uma bandeira do Fluminense. Mario Filho deixou-o comprar, mas obrigou-o a comprar também uma do Flamengo. "Fica melhor assim", disse. Só que a do Flamengo, escolhida por Mario Filho, era o dobro da bandeira do Fluminense. O tricolor ganhou por 2 × 0, gols de Valdo e Telê. Mario Filho voltou amuado para casa e não deixou o neto abanar sua bandeira pela janela do Buick preto. O motorista de Mario Filho, o Chaves, sempre de farda, quepe e luvas, achava graça. Sabia a diferença que uma vitória ou derrota do Flamengo provocava no humor do patrão.

Em 1956, Mario Filho iria realizar uma de suas mais felizes promoções: trazer a guarnição de remo da Universidade de Cambridge para enfrentar remadores brasileiros na inauguração do Estádio de Remo da Lagoa. O Rio viveu um "domingo de regatas", como poucos desde 1900. Sob um céu azul de folhinha, centenas de milhares de cariocas fecharam o anel da Lagoa — então muito maior que o de hoje, porque antes dos aterros criminosos. Falou-se em um milhão de pessoas, mas talvez fosse exagero, o Rio tinha menos de três milhões. Mas era gente que não acabava mais. Os ingleses do Cambridge chegaram em primeiro, o Flamengo em segundo e, na rabeira, as outras guarnições. Aquele dia ficaria na lembrança dos cariocas durante anos — e esse era mais um motivo para que os outros irmãos olhassem para Mario Filho como se, mesmo que quisesse, ele não conseguisse errar.

Milton mais do que todos porque, aos cinquenta anos em 1955, ele vira a maioria de seus sonhos virar fumaça. Fora o primeiro a querer fazer teatro, mas só conseguira escrever algumas revistas, e sob pseudônimo. Dera-se melhor no cinema, escrevendo e dirigindo filmes que, para quem os viu, estavam acima da média do que se fazia no Brasil: *Alma e corpo de uma raça* (que inaugurou em 1938 o cine São Luiz, no largo do Machado, com a presença de Getulio), *Pureza* (1940), *O dia é nosso* (1941), *Caminho do céu* (1942), *Cem garotas e um capote* (1945) e *Somos dois* (1950). Mas o cinema era um negócio ingrato: Miltón tinha de pôr dinheiro de seu bolso nas produções e raramente o via de volta. E, em 1947, metera-se numa empreitada que, de tão generosa, quase o levaria à lona: o "Balé da Juventude".

Era uma companhia profissional dedicada ao repertório clássico, com um elenco de dezenas e uma folha de pagamento que assustaria Florenz Ziegfeld — porque Milton pagava o dobro que o corpo de baile do Municipal. O Balé estreou bem no Phoenix e saiu em turnê nacional, mas não passou de Belo Horizonte. Os financiamentos que haviam prometido a Milton não apareceram. Conseguira apenas o apoio da UNE, o que não queria dizer muito, e agora dependia da bilheteria. Esta fracassou, o dinheiro acabou e eles não podiam nem fechar a conta do hotel em Belo Horizonte. O gerente do hotel quis prendê-los, mas Milton ofereceu-se para ficar como refém se os outros fossem liberados. O gerente aceitou, a turma voltou para o Rio e Milton, a custo, levantou dinheiro por telefone para liquidar a dívida. Mas o Balé o quebrara.

Só foi recuperar-se em 1950 quando ganhou a concorrência internacional para filmar a Copa do Mundo que se realizaria no Brasil. É verdade que, para isso, Mario Filho palpitou junto à CBD, cujo presidente era Rivadávia Correia Meyer, e este palpitou junto à FIFA, cujo presidente era Jules Rimet. Mas isso não desmerecia a sua escolha porque Milton era um craque para filmar futebol, como se lembram os fãs de seu cinejornal *Esporte em Marcha*. Os filmes da Copa de 1950 circularam à larga pelo Rio naquela década, mas desapareceram misteriosamente por volta de 1963 — cópias, negativos, tudo. Podem ter queimado num incêndio no prédio do Cineac-Trianon, onde estavam guardados. Mas os Rodrigues garantem que foram roubados, nunca se soube por quem.

Augustinho tinha uma carreira muito mais regular que a de Milton. Em 1936, herdara os empregos de seu irmão Joffre em *A Nota* e no *Diário Carioca*, em 1937 fora para *O Globo* e em 1940 substituíra Mario Filho à altura como editor de esportes. Ficara lá até 1951, com uma rápida passagem nos anos 40 por *Diretrizes*, o primeiro semanário de Samuel Wainer. Quando Samuel o chamara para a *Última Hora* em 1951, já o conhecia bem. Mas Augustinho o surpreendera: transformara o futebol numa grande atração do jornal. Em dia de clássico, por exemplo, despachava dez fotógrafos para o Maracanã.

Um dos fotógrafos ia para a marquise do estádio com uma teleobjetiva, para fotografar as reações da torcida. Em campo ficavam dois atrás de cada gol; dois nas laterais; um na boca de cada túnel; e Jáder Neves com a máquina de sequência, uma câmera equipada com um disparador que funcionava como uma metralhadora — pegando cada movimento dos jogadores em determinados lances. Augustinho dava uma página inteira com a sequência, como fez na primeira partida da decisão de 1951 entre Fluminense e Bangu. Quadro a quadro, podia-se ver Orlando "Pingo de Ouro" correndo, preparando o chute, chutando, Oswaldo "Topete" se atirando, quase pegando, a bola entrando em câmera lenta, e, na sequência, Carlyle passando pelo goleiro, desmanchando o seu topete, Oswaldo reagindo, Carlyle brigando e sendo expulso. Se você olhasse depressa, parecia um cineminha. Os cadernos de esporte da *Última Hora* eram para se ler e guardar.

Em 1951, o Fluminense fora campeão carioca e esse campeonato iria ficar memorável para os tricolores, graças às cores da *Última Hora* e à mística do "timinho" criada por um repórter de Augustinho: seu irmão Paulo Rodrigues, o caçula da família. O treinador do Fluminense era Zezé Moreira, famoso por armar seus times na defesa. Com Zezé, o Fluminense ganhava por 1×0 ou empatava em 0×0. A imprensa e os adversários o ridicularizavam, chamando-o de "timinho", mas, de zero em zero, o Fluminense ia subindo na tabela. Paulinho assumiu a pecha do "timinho" e foi assim que a *Última Hora* passou a tratar o Fluminense. Ao fim do campeonato, sentiu-se duplamente vitorioso: como jornalista e como tricolor.

Paulinho escrevia quase tão bem quanto os irmãos e começava a construir sua reputação. O que o atrapalhava era sua assombrosa timidez. Parecia tão frágil que se tornava quase incorpóreo. Quando se via diante de seus ídolos no Fluminense — Castilho, Didi, Pinheiro, Telê —, deixava de ser o jornalista e, apesar de já ter passado dos trinta, corava como um torcedor adolescente. Mal conseguia articular uma pergunta. De volta à redação, inventava as entrevistas. Os jogadores liam e gostavam, porque Paulinho fazia-os "dizer" coisas que escapavam ao seu ramerrão.

Na semana da decisão do campeonato de 1951, ele se defrontara com algo muito mais terrível — a morte — e soubera ser bravo. O Fluminense se escondera para o jogo final com o Bangu, concentrando-se num lugar secreto, fora do Rio. Paulinho descobriu que esse lugar era um sítio em Miguel Pereira e rumou para lá com o fotógrafo Ângelo Gomes. Chovia horrores e, perto de Miguel Pereira, uma ponte desabou sob o jipe da reportagem. O jipe mergulhou no rio. O motorista e o fotógrafo, sentados na frente, safaram-se logo, mas Paulinho continuou preso no banco de trás. Engolindo muita água, conseguiu libertar-se e sair do jipe. Grogue como estava, nadou contra a correnteza e foi salvo por Ângelo, que o puxou para a margem.

Escapara das águas — mas, se já era um prodígio de inibição, depois desse trauma Paulinho tornou-se quase oculto por elipse.

Não havia domingo à noite em que as mulheres de Nelson, Augustinho e Paulinho não ligassem para a redação da *Manchete Esportiva*, na rua Frei Caneca, em 1955. Queriam saber se seus maridos estavam mesmo trabalhando.

Boa parte da revista era feita durante a semana, mas as páginas quentes, as que todo mundo queria ler, eram produzidas no domingo à noite, logo depois do jogo no Maracanã. Assim que Sua Senhoria trilava o apito final, seus repórteres e fotógrafos corriam para a redação. Trabalhavam feito doidos e, no dia seguinte, cedinho, a *Manchete Esportiva* estava nas bancas, com o herói da partida na capa, num vistoso "ektachrome". Era uma façanha notável para uma revista naquele tempo — e ainda é.

A *Manchete Esportiva* foi uma ideia de Mario Filho para Adolpho Bloch. Juscelino acabara de ser eleito em outubro daquele ano. Carlos Lacerda ameaçara "impedir sua posse a tapa", não conseguira, e Adolpho Bloch apostava na mensagem "otimista" de JK para o Brasil. Quando Mario Filho propôs-lhe criar uma revista como a *Manchete*, só que de futebol, Adolpho perguntou: "Mas isso vende?". Mario Filho garantiu que sim, principalmente quando o Flamengo ou o Vasco venciam. Adolpho Bloch achou esquisito publicar uma revista que dependia da vitória de um time para vender. Mas, se JK estava otimista, ele também tinha de estar. Comprou a ideia:

"Está bem. Quando é que você começa?"

"Eu não começo", respondeu Mario Filho. "Posso fazer uma coluna semanal. Tire Augustinho, Nelson e Paulinho da *Última Hora* e você terá um time — uma seleção."

Foi como nasceu a *Manchete Esportiva* em 1955. Augustinho despediu-se de Samuel Wainer e saiu para dirigir a revista; Paulinho idem, para ser chefe de reportagem. Nelson não saiu da *Última Hora*, mas praticamente mudou-se para a redação da Frei Caneca. Tornou-se redator principal da *Manchete Esportiva* e, de lá, escrevia "A vida como ela é...", que Samuel Wainer mandava buscar. Mario Filho fazia uma coluna, como prometera. Augustinho tirou Ney Bianchi do *Jornal dos Sports*; Ronaldo Bôscoli, da *Última Hora*; e Arnaldo Niskier, da própria revisão da *Manchete*. Os fotógrafos eram Jáder Neves, Ângelo Gomes, Jankiel Gonczarowska, Helio Santos e Juvenil de Souza. Com esse time para fazer a revista — de fato, uma seleção —, só faltava o Flamengo perder o campeonato carioca de 1955 para o América e transformar a revista num ovo gorado.

Mas o Flamengo não perdeu. Na verdade foi tricampeão, porque já tinha sido campeão em 1953 e 1954. E, em 1956, o campeão foi o Vasco. Ou seja, tudo como Mario Filho dizia que deveria ser. Menos numa coisa: mesmo com o Flamengo ou o Vasco por cima, a *Manchete Esportiva* não conseguia interessar os anunciantes. Uma vez na vida, outra na morte, aparecia um anúncio de cerveja, brilhantina ou lâmina de barbear. O texto da revista era moderno, as fotos espetaculares e o que Nelson e Mario Filho escreviam deveria constar de antologias — e, com tudo isso, a *Manchete Esportiva* era um fracasso comercial. Adolpho Bloch olhava para ela como se fosse algo que o gato tivesse trazido da rua. Só pensava em enterrá-la.

O torcedor Nelson com os filhos: o rubro-negro Joffre (centro) e o tricolor Nelsinho

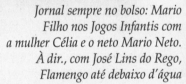

Jornal sempre no bolso: Mario Filho nos Jogos Infantis com a mulher Célia e o neto Mario Neto. À dir., com José Lins do Rego, Flamengo até debaixo d'água

Inventor do "timinho",
Paulo Rodrigues, irmão de
Nelson e Fluminense roxo

Talvez fosse uma revista inteligente demais para o torcedor comum de futebol, cujo QI não era muito mais cintilante do que o de Tuninho, o anti-herói de *A falecida*. A capa do número um mostrava Rubens, um ídolo que a torcida do Flamengo chamava de "doutor Rúbis", fantasiado de "doutor" — de toga e capelo, equilibrando uma bola na cabeça. Outras edições tinham o tricolor Didi vestido de "Rigoletto", fotografado no Teatro Municipal, e o vascaíno Bellini como o Radamés de "Aída", ao lado de Adalgisa Colombo como a própria. Chique demais, não? A cobertura de Flamengo e América, na decisão de 1955, foi apresentada como um solilóquio de Dida, o artilheiro do jogo, autor dos quatro gols do Flamengo. E o que Dida ia contando era ilustrado pelas fotomontagens, pelas sequências quadro a quadro e outros efeitos criados por Augustinho e executados por seu diretor de arte Ricardo Parpagnoli. Talvez a *Manchete Esportiva* fosse muito acima dos padrões para uma revista de futebol — mas eles não saberiam fazer diferente.

Nelson podia ser o "redator principal". Mas sua principal atividade era passar boa parte do dia ao telefone falando com mulheres — ao único telefone, como era comum nas redações. Adolpho Bloch fingia que não via. Mas, quando passava pela porta da redação e via o repórter Ney Bianchi ao telefone, falando a serviço, dizia com a sua voz de baixo profundo:

"Sai desse telefone, Ney Bianchi! Já me basta o Nelson Rodrigues!"

Os colegas passavam trotes maldosos em Nelson. Ronaldo Bôscoli, que ele chamava de "a última 'vamp' do Brasil", convencia alguma estagiária da *Manchete* a ligar para Nelson, dizendo-se apaixonada. A redação da *Manchete* ficava ao lado, separada por um vidro. Nelson ia atender e, pelos quarenta minutos seguintes, os colegas podiam vê-lo e ouvi-lo sendo tapeado. Mas alguns suspeitavam de que ele sabia que era trote — e se submetia assim mesmo, para rir por último.

E, além disso, quem sabe a moça podia apaixonar-se?

Descontado o dinheiro do apartamento no Parque Guinle, o que sobrou da indenização de *Crítica* foi pulverizado entre os irmãos. Pulverizado é modo de dizer. A parte de Mario Filho, ele aplicou em novas máquinas para o *Jornal dos Sports*. Dulcinha montou uma companhia de teatro. Outros compraram a casa própria. Stella recuperou um romance que publicara em 1945, *Tire a máscara, doutor!* (um libelo contra os médicos irresponsáveis que, segundo ela, infestavam a profissão) — e transformou-o numa peça que montou no Teatro São Jorge em 1958 com sua parte do dinheiro. O espetáculo foi elogiado, mas a denúncia se dissolveria sem escândalo se três sociedades de medicina não tivessem se ofendido. Bernard Shaw podia denunciá-los à vontade, como fizera em *O dilema do médico*, mas Stella não, porque era médica. O *esprit de corps* empunhou o bisturi e as sociedades de medicina chegaram a reunir-se para tentar cassar-lhe o diploma. Em meio a todas aquelas gazes e iodos, a peça tornou-se notícia e ficou oito meses em cartaz. E, como sói, nada aconteceu com ninguém.

Nelson deu um fim mais prático ao seu dinheiro: comprou um apartamento em Teresópolis, em nome de Joffre e Nelsinho, para passar feriados longos como Carnavais ou Páscoas. Ele próprio raramente ia. Comprou também um carro — um De Soto 1952, verde, de quatro portas. Não para ele, que não sabia a diferença entre o freio e o espelho retrovisor, mas para Elza. Ela foi a titular do De Soto, que vivia enguiçando, enquanto Joffre acumulava idade para tirar carteira. Quando isso aconteceu, em 1959, o motorista da família passou a ser ele. Outra parte do dinheiro Nelson emprestou a "Tuninho", irmão de Elza, para que ele quitasse uma casa que comprara na ilha do Governador.

Mas a aquisição mais emocionante para Nelson foi uma eletrola hi-fi, pé de palito, na qual ele agora podia pôr os discos para cair no automático. Tornou-se uma rotina: chegar em casa à noite, empilhar dez ou doze discos, fechar os olhos, juntar as pontas dos dedos e ficar ouvindo em contrição. Seu gosto musical podia ser considerado amplo, desde que os cantores não poupassem o gogó: Beniamino Gigli ou Tito Schipa cantando árias de ópera italiana, Vicente Celestino em "O ébrio" e "Ontem eu rasguei o teu retrato", Cauby Peixoto em "Conceição" e daí para baixo, até cantores francamente de churrascaria. Gostava de operetas, canções napolitanas, boleros, tangos, fados — enfim, o que você entenda por ritmos e melodias dramáticos e exagerados.

Por mais que sua vida fora de casa fosse uma girândola de amores, Nelson mantinha uma compostura doméstica que os protegia, a ele e Elza, de maiores atritos. Ela sabia que Nelson tinha seus casos, mas não seria capaz de deixá-la. Pois ele não dizia que o casamento já era "indissolúvel na véspera"? E Nelson, por sua vez, continuava a ser o mesmo marido que lhe levava bombons ou sanduíches e deixava-lhe bilhetes com juras de amor eterno no dia de seu aniversário. Talvez Elza tivesse intuído que os amores extraconjugais de Nelson não interferiam no seu casamento. Talvez Nelson precisasse viver num permanente estado de paixão, real ou imaginária, que não a diminuía como sua mulher, nem impedia que o casamento fosse navegando.

Mas nem sempre foi assim. Em 1953, por exemplo, quando a história de Nelson com Yolanda já começara e ele estava no auge de sua paixão não correspondida por Sônia Oiticica, os bate-bocas com Elza ficaram tão frequentes que, certa noite, no apogeu de uma briga, Nelson anunciou que ia embora de casa. Joffre, que dormia no andar de cima, acordou, sentou-se na escada e ficou ouvindo. Ao sentir que seu pai ameaçava subir para fazer as malas, entrou em cena com surpreendente autoridade para seus doze anos:

"Não vai embora, não! Que história é essa de separar? Vocês são pai e mãe, têm dois filhos. Podem brigar à vontade, mas têm de ficar juntos!"

Nelson, que avançara dois passos em direção à escada, recuou outros tantos, tirou de novo o paletó e não foi embora. Mas ele se queixaria depois:

"Num casal, os bate-bocas ficam enterrados, na carne e na alma, como sapos de macumba."

Um dos grandes problemas era a vizinhança da rua Agostinho Menezes. Eles liam Nelson diariamente em "A vida como ela é..." e decoravam suas frases: "Num casal há sempre um infiel. É preciso trair para não ser traído"; ou "Só o cinismo redime um casamento. É preciso muito cinismo para que um casal chegue às bodas de prata"; ou ainda, "O amor entre marido e mulher é uma grossa bandalheira. É abjeto que um homem deseje a mãe de seus próprios filhos". E ficavam se perguntando até que ponto isso tinha a ver com o próprio casamento de Nelson.

E não era segredo para ninguém ali que Nelson era também Suzana Flag — agora assinando um "correio sentimental" na *Última Hora*, sob o título de "Sua lágrima de amor". A ilustração da coluna era um coração flechado, e uma resposta típica de Suzana Flag a uma carta de leitora podia ser: "Escute, minha amiga: — se você ainda o ama, não precisa perguntar nada a ninguém. Quer melhor resposta do que a do seu próprio coração? O amor significa que você julgou o seu marido e o absolveu. Tenha coragem, minha amiga, coragem de perdoar. E refaça o seu lar".

Algumas vizinhas achavam que Elza era uma felizarda, por ter se casado com um homem que distribuía conselhos para toda a população feminina do Rio. E tiveram a confirmação disso durante um episódio ocorrido nas suas redondezas e que agitou toda a cidade em 1957: o pacto de morte entre uma jovem da Tijuca e seu professor de violino, com lances do mais fremente folhetim.

A moça se chamava Diva Maria Simões Fróes, era bonita e tinha dezenove anos. O professor, Weniamin Ferberow, era russo, careca, de óculos, 49 anos, casado e com dois filhos. Diva era sua aluna desde os onze anos e o romance vinha desde os dezesseis. Durante muito tempo ela conseguira manter o affaire escondido da família. Até que sua mãe descobriu. Diva foi levada à força para a casa dos avós na Bahia, a fim de esquecer o professor. Este foi de avião a Salvador e resgatou-a, mas não a devolveu à mãe: esconderam-se primeiro em Copacabana e, com os investigadores na sua pista, refugiaram-se na casa de uma família finlandesa em Itatiaia.

Os investigadores os encontraram em Itatiaia e os arrastaram para a Polícia Central no Rio. A moça foi internada no Sanatório Nossa Senhora Aparecida, onde teria sido submetida a sedativos e eletrochoques. O professor foi acusado de sequestro. A história vazou para os jornais, que ficaram contra a mãe e a favor do casal; e a família de Diva saiu pela vizinhança, fazendo correr abaixo-assinados de "desagravo à mãe". Um desses abaixo-assinados, levado por uma vizinha gorda e patusca, chegou às mãos de Nelson. Ele foi inflexível:

"Não assino nada! Vocês vão acabar matando essa menina!"

Nelson foi tragicamente profético. Dias depois, Diva foi removida para a casa de saúde Santa Lúcia, onde teve permissão para ver o professor e falar com a imprensa. Os dois exibiam olheiras profundas e não se viam há semanas, mas já tinham tudo planejado. Deixaram-se fotografar apaixonados. E então, quase nas barbas dos fotógrafos, retiraram-se rapidamente para um quartinho, tomaram formicida com guaraná e, em um minuto, foram encontrados mortos, um ao lado do outro.

A vizinhança, que torcera histericamente contra o romance, lembrou-se da profecia de Nelson. Alguns citaram uma frase sua que haviam lido, não sabiam onde, e que nunca tinham imaginado que acontecesse de verdade:

"Quem nunca desejou morrer com o ser amado, não amou, nem sabe o que é amar."

Nelsinho ficou particularmente emocionado com a atitude de seu pai. Diva era sua professora de violino.

"Oh, não! Outra peça do Nelson Rodrigues!"

Esse era o comentário no antigo Necrotério Municipal na praça Quinze, onde funcionava agora o Departamento de Censura Federal. Quando os jornais anunciavam que uma nova peça do "tarado" despontava no horizonte, alguns censores sentiam inveja dos cadáveres que haviam habitado aquelas salas. Sabiam que tinham encrenca pela frente.

Cada peça de Nelson Rodrigues era um impasse para eles. A censura *tinha* de ser rigorosa, porque ele escrevia coisas que "a sociedade não aceitava", como diziam. E isso significava cortes de cenas ou palavrões — os censores acreditavam piamente que o texto estava infestado deles. Ao mesmo tempo, achavam que a proibição sumária da peça ou simples cortes eram o que a fome publicitária de Nelson mais queria.

"Esse cachorro dá tudo por uma promoção", rosnava um dos censores.

E era batata: mal o texto era submetido e a censura anunciava os cortes ou a interdição, Nelson mobilizava os amigos e desencadeava uma campanha pelos jornais que deixava todo mundo mal. Principalmente porque Nelson responsabilizava e chamava de "analfabeto" não o funcionário que se encarregara dos cortes, mas alguém dos altos escalões. O ministro da Justiça, incomodado com a campanha, convocava o chefe do departamento e lhe passava um carão; este, por sua vez, transferia a responsabilidade para o funcionário menor. A peça acabava sendo liberada e o funcionário ficava com cara de ovo perante os seus pares. Por isso nenhum censor, nos anos 50, queria assumir sozinho a responsabilidade de examinar uma peça de Nelson Rodrigues.

Para os censores de 1957, *Perdoa-me por me traíres* tinha as mesmas perversões e depravações de tudo que Nelson escrevia, mas eles resolveram deixá-la passar, exceto por uma cena: a de um aborto. Hildon Rocha, chefe da censura, não queria nem imaginar o que a Igreja Católica faria se aquilo fosse ao palco. Mas Léo Júsi, o diretor, impediu que fosse cortada explicando a Hildon Rocha que o efeito não seria tão chocante, porque ele a encenaria em duas mesas ginecológicas. Numa, ficaria a garota, contorcendo-se; em outra, o médico, realizando uma operação imaginária. O médico, segundo Nelson, seria "um gângster da profissão", que chuparia tangerinas e cuspiria os caroços pela sala — a qual, por sinal, lembraria um salão de barbeiro. A intenção de Nelson era justamente a de condenar aquela prática:

"Fazer um aborto não é chupar pirulito na Quinta da Boa Vista", disse.

Hildon Rocha concordou. Mas queria ver a coisa no palco. Qualquer deslize, já sabe.

A "Companhia Suicida do Teatro Brasileiro" era coisa do passado, mas Nelson, Gláucio Gill, Léo Júsi e Abdias do Nascimento continuavam se encontrando no Vermelhinho. Encenar *Perdoa-me por me traíres* tornara-se uma obsessão pessoal para Gláucio Gill. Conseguira dez dias no Municipal e iria levar a peça, nem que tivesse de vender seu carro para levantar dinheiro. Vendeu. Nelson entrou com outra parte, do que sobrara da indenização de *Crítica*.

Nelson contaria depois que tirou o tema de *Perdoa-me por me traíres* de um episódio que presenciara em sua infância na rua Alegre: o de um marido traído, ourives de profissão, que, quanto mais traído, mais amava a infiel. Um dia, a adúltera se matou — segundo as vizinhas, induzida pelo próprio marido a beber veneno. No velório, o marido atirava rútilas patadas e gritava para o caixão: "Canalha! Canalha!". No começo, pensou-se que estaria ofendendo a falecida. Só depois se descobriu que o canalha era ele mesmo, autoflagelando-se por ter chamado a adúltera de adúltera e a levado à morte.

Em *Perdoa-me por me traíres*, o assassino ciumento não era o marido, mas o cunhado; na sequência da história, daí a vinte anos, ele repetiria a triste façanha com a sobrinha — a filha da adúltera —, que pegara para criar. Esse personagem, o de tio Raul, era a figura crucial da peça.

Léo Júsi, o diretor, distribuiu o elenco: Sônia Oiticica seria Judite, a infiel; Gláucio Gill seria Gilberto, o marido; Dália Palma seria Glorinha, a sobrinha. Quem seria Raul?

Ninguém acreditou quando Gláucio Gill propôs que Raul fosse interpretado por Nelson Rodrigues.

E menos ainda quando Nelson aceitou.

21

Um Olivier canastrão: o autor em cena

— 1957 —
A RAJADA DE MONSTROS

Na cena final de *Perdoa-me por me traíres*, tio Raul bebe o copo de veneno, estrebucha, rola três ou quatro degraus de escada e morre espetacularmente. Os amigos de Nelson não conseguiam imaginá-lo fazendo isso no palco. E, muito menos, do Municipal!

"Você não é ator, nunca foi ator! É um canastrão! Como vai saber morrer em cena?", perguntou um deles.

A lógica de Nelson era irrebatível:

"Um Laurence Olivier, quando morre no palco, morre como Laurence Olivier. Mas, na vida real, ninguém morre como Laurence Olivier. Morre como um canastrão. Portanto, só o canastrão é capaz de estrebuchar no palco com o máximo realismo."

A ideia de usar Nelson como ator pode ter sido de Gláucio Gill. Mas não seria surpreendente se tivesse partido do próprio Nelson, numa conversa reservada com Gláucio Gill — e depois transformada num convite que, primeiro, ele recusaria, e depois, docemente constrangido, se veria obrigado a aceitar.

Quanto mais eles pensavam no assunto, melhor a ideia lhes soava. Seria a perfeita isca publicitária com que *Perdoa-me por me traíres* poderia sonhar. Além disso, seria apenas por dez dias, o tempo em que a peça ficaria no Municipal. Se o problema fosse Nelson dar conta do papel, eles teriam seis semanas de ensaios. Quanto a outro possível obstáculo — Nelson ter medo do palco —, esse nunca existiu.

Durante aquelas seis semanas, ele foi sempre o primeiro a chegar para os ensaios. Léo Júsi ensinou-o a cair em cena. Fez com ele os exercícios de se deixar jogar em câmera lenta, ensinando-lhe sobre qual parte do corpo concentrar o seu peso. Todo o elenco o ajudava e se esforçava para deixá-lo à vontade. No fundo, os outros atores estavam se divertindo. Mas sem faltar-lhe ao respeito — continham as risotas quando achavam que ele poderia perceber. Sua docilidade como ator espantava Léo Júsi:

"Está bom assim, Léo? No duro? Essa inflexão que estou dando é a que você ouviu nas profundezas dos seus enleios?", ele perguntava.

Nelson tinha problemas de articulação, como qualquer pessoa que o tenha ouvido falar sabia bem. Falava arrastado, com uma "lentidão bovina", como ele mesmo dizia. Léo Júsi não poderia transformá-lo num Luís Jatobá até abrir a cortina, mas orientou-o para tentar falar um pouco mais depressa. A vantagem era a de que Nelson sabia a peça da primeira à última vírgula e corrigia o elenco quando alguém, mesmo sem querer, se desviava das falas. Cacos, nem pensar — pois se nem ele, o autor, admitia dizê-los.

Léo Júsi só fracassou num detalhe técnico: levar Nelson a um alfaiate para fazer o terno com que ele apareceria na peça. Não precisaria ser uma fatiota como as do duque de Windsor, mas deveria ser um terno discreto e bem cortado, porque o personagem não era um pé-rapado. Nelson driblou-o e não foi tirar as medidas. A roupa com que apareceu em cena, durante as dez noites, era a que usava durante o dia no Vermelhinho ou nas redações da *Última Hora* e da *Manchete Esportiva*.

A dias da estreia, Nelson anunciou-se através da *Manchete* (15 jun. 1957):

Vou estrear como ator. Por dez dias, e nunca mais, representarei no Municipal a minha tragédia de costumes, Perdoa-me por me traíres. *Há quem me pergunte se não tenho medo do ridículo. Absolutamente. E digo mais: só os imbecis têm medo do ridículo. Considero um soturno pobre-diabo o sujeito que não consegue ser ridículo de vez em quando.*

Mais adiante, Nelson dizia:

Além disso, quero ser um exemplo. O engano milenar do teatro é que fez do palco um espaço exclusivo de atores e de atrizes. Por que nós, os não atores, as não atrizes, não teremos também o direito de representar? Objetará alguém que não dominamos o meio de expressão teatral. Protesto: dominamos, sim. Que fazemos nós, desde que nascemos, senão teatro, autêntico, válido, incoercível teatro? Inclusive na morte, como é lindo o ríctus hediondo da nossa agonia! Para mim, o teatro é uma arte não criada ainda, porque não se escancarou para todos. Dia virá, porém, em que cada um de nós poderá fazer o seu Rei Lear *de vez em quando. Ninguém nos exigirá nada, senão tarimba vital.*

Nelson não podia adivinhar que, a partir dos anos 70, os palcos se encheriam de não atores e não atrizes, como ele propunha. E não se pode dizer que o teatro tenha ganho muito com isso. Mas seu depoimento à *Manchete* continha ainda outro trecho que, escrito para apresentar *Perdoa-me por me traíres*, é provavelmente a melhor explicação que alguém já escreveu sobre todo o seu teatro. É um trecho que merece leitura e meditação à luz de archotes:

Morbidez? Sensacionalismo? Não. E explico: a ficção, para ser purificadora, precisa ser atroz. O personagem é vil, para que não o sejamos. Ele realiza a miséria inconfessa de cada um de nós. A partir do momento em que Ana Karenina, ou Bovary, trai, muitas senhoras da vida real deixarão de fazê-lo. No Crime e castigo, *Raskolnikov mata uma velha e, no mesmo instante, o ódio social que fermenta em nós estará diminuído, aplacado. Ele matou por todos. E, no teatro, que é mais plástico, direto, e de um impacto tão mais puro, esse fenômeno de transferência torna-se mais válido. Para salvar a plateia, é preciso encher o palco de assassinos, de adúlteros, de insanos e, em suma, de uma rajada de monstros. São os nossos monstros, dos quais eventualmente nos libertamos, para depois recriá-los.*

Se tomaram conhecimento dessas observações de Nelson, os puristas não ficaram muito convencidos. Alceu Amoroso Lima foi um. Sua opinião sobre *Perdoa-me por me traíres* estava longe de ser positiva: "Uma peça cuja abjeção começa pelo título".

Pelos aplausos discretos ao fim dos primeiros dois atos, naquela noite de 19 de junho, a estreia de *Perdoa-me por me traíres* parecia caminhar para uma carreira tranquila — nada de estremecer os túmulos de Martins Pena ou Gonçalves Dias. Ninguém podia antecipar que uma parte da plateia provocaria um distúrbio ao fim do espetáculo, nem a conflagração que se seguiria — dez vezes pior do que a da estreia de *Senhora dos afogados*, três anos antes.

Nelson, como ator, era de uma sinceridade comovente. Atirou-se de corpo, alma e ectoplasma ao personagem de tio Raul. Até as bofetadas que dava em Dália Palma eram de verdade, ao contrário do que aprendera nos ensaios. A cada tapa que estalava e ardia em seu rosto, Dália Palma torcia para que o veneno no copo de Nelson fosse de verdade. Com tudo isso, a sinceridade de Nelson estacionava no proscênio, não passava para a plateia, segundo uma colega de elenco. Nelson tinha razão ao dizer que a nenhum ator profissional ocorreria que todo personagem "morria mal, morria pessimamente". Ele morreu pessimamente e, segundo os críticos, foi o pior canastrão que já passou pelo Municipal. Mas nada disso teria importância, ninguém esperava que ele fosse um Alec Guiness.

A peça terminou e, atrás do pano, elenco e diretor ouviram os aplausos e, para sua surpresa, vaias. (Depois eles saberiam que, naquele momento, tinham quarenta por cento da plateia a seu favor e sessenta por cento contra.) No decorrer do espetáculo, nada indicava que haveria vaias. A plateia parecera sob controle e rira inclusive do que não era para rir, como na fala em que a adúltera confessa para o marido: "— Até me entreguei por um bom-dia". Léo Júsi planejara fazer a entrada isolada ou em grupo dos atores para os aplausos. Mas, ao ouvir os apupos, decidiu:

"Vamos entrar todos juntos, de uma vez, de mãos dadas. Vamos agradecer os aplausos e as vaias. Abram o pano."

O pano abriu e isso foi uma espoleta para amplificar as vaias e os insultos. A plateia parecia possessa. Os palavrões que a peça não tinha estavam sendo berrados pelas pessoas mais insuspeitas. Como Nelson contaria depois, "santas senhoras cavalgavam cadeiras e ululavam como apaches", xingando-o de imoral, indecente e de coisas impublicáveis. Os que aplaudiam o incitavam:

"Fala, Nelson! Fala!"

Mas não havia como falar. Ninguém parecia querer ouvir. Os balcões do Municipal urravam como as arquibancadas do Olaria na rua Bariri. Nelson não se conteve. Deu um passo na direção do proscênio e começou a gritar para as cadeiras e camarotes:

"Burros! Zebus!"

Os burros e os zebus o ofenderam de volta. Pela expressão transtornada de seu rosto, Nelson estava a ponto de descer para enfrentar fisicamente a multidão, para dar e levar pescoções. Seria uma chacina. Gláucio Gill e Abdias do Nascimento o agarraram pelo pescoço, Sônia Oiticica chorava. E, de repente, ouviu-se um tiro. Ou o que se pensou que fosse um tiro.

Meia hora antes, o vereador pela UDN Wilson Leite Passos, 26 anos, passava distraído pela porta do teatro. Viu amigos saindo e esbravejando contra a peça — sabia que era uma peça do abominável Nelson Rodrigues — e resolveu dar uma espiada. Sua carteirinha de operoso edil permitia-lhe entrar no Municipal à hora que quisesse e, com isso, não perdia um espetáculo. Para ele, o Municipal deveria ser uma catedral, um templo, reservado exclusivamente a representações edificantes. Wilson Leite Passos era correligionário de Carlos Lacerda, membro do "Clube da Lanterna" e estava convicto de que Nelson Rodrigues era tarado.

Quando chegou ao balcão, a peça estava no começo do terceiro ato. Já não gostou do que viu, mas resolveu esperar pelo pano. Achou um absurdo aquele desfile de taras entre tio e sobrinha num teatro da Prefeitura, mantido com o dinheiro do contribuinte, mesmo que o prefeito fosse Negrão de Lima com seu ridículo chapéu "gelot". Resolveu que, amanhã mesmo, ia falar com Negrão. O pano caiu, parte da plateia começou a aplaudir, a maior parte a vaiar. Nelson Rodrigues veio à boca de cena e se pôs a chamar a plateia de "Zebus!". Wilson Leite Passos sentiu-se na obrigação de lavrar um protesto contra aquela cena desprimorosa num próprio da municipalidade. Afinal, era um vereador.

Valendo-se de sua voz de tribuno, conseguiu fazer-se ouvir sobre a balbúrdia e declarou:

"É um deplorável atentado à moral e aos bons costumes, incompatível com um teatro destinado a óperas, balés e clássicos sinfônicos!"

Um cidadão, dos que aplaudiam, afrontou-o no próprio balcão: "Palhaço!"

Wilson Leite Passos, desabituado a esse tratamento, reagiu: "Palhaço é você!"

O homem partiu para cima dele. Wilson Leite Passos empurrou-o e o homem caiu sobre as cadeiras do balcão. O homem se levantou, voltou à carga e foi então que Wilson Leite Passos sacou sua arma — uma pistola Walther, favorita entre os vereadores.

Uma arma na multidão é sempre qualquer coisa de assustador. Nem precisa disparar. O que era um bafafá transformou-se num tumulto, com espectadores dando shows de saltos ornamentais e corrida de obstáculos, pulando do balcão para a orquestra e galopando por cima de poltronas para salvar a vida. Ninguém sabe se houve um tiro — Wilson Leite Passos iria no dia seguinte ao programa de Gilson Amado na TV Tupi para garantir que não houve —, e certamente não houve. Mas a versão de Nelson sobre o episódio podia dar a entender qualquer coisa. Ele escreveria muitas vezes que o vereador "puxara o revólver e, como um Tom Mix, queria fuzilar o texto". Wilson Leite Passos, depois daquilo, andaria sendo chamado de "trêfego vereador da UDN".

E foi uma sorte que Wilson Leite Passos não tivesse assistido ao primeiro ato. Nele, Abdias do Nascimento interpretava o personagem, este, sim, tarado, do deputado Jubileu de Almeida. O deputado era mostrado num bordel de normalistas, tendo um orgasmo ao ouvir a garota recitar-lhe um ponto de Física, enquanto suplicava para ela:

"Diz que eu sou reserva moral da nação!"

O escracho era absoluto porque a expressão "reserva moral" era algo que se aplicava apenas a certas figuras eminentes da República — pessoas sobre as quais não restava a menor dúvida, como o senador Milton Campos, o deputado Otávio Mangabeira e o brigadeiro ("É bonito e é solteiro") Eduardo Gomes, todos da UDN. Otávio Mangabeira orgulhava-se de dizer que só lia a Bíblia e *Seleções*. O "bordel de normalistas", naturalmente, era uma fantasia carioca, mas a ideia de flagrar nele um deputado (numa época em que ainda se levava em alta conta o decoro parlamentar) era um acinte. E, para piorar, o deputado Jubileu de Almeida era negro, porque interpretado por Abdias do Nascimento.

Ao contrário do que se possa pensar, não havia nenhuma intenção de Nelson em fazer com que o deputado fosse negro. Nem o texto da peça especificava isso. Abdias é que adorara o papel e se apoderara dele. (E, como a vida imita a arte, no futuro o próprio Abdias se tornaria deputado e senador pelo PDT.) O nome "Jubileu de Almeida" também não era uma criação de Nelson, mas de

Helio Pellegrino, e fora popularizado por Otto Lara Resende no *Diário Carioca* como um candidato fictício ao governo do Maranhão.

O elenco saiu humilhado do palco e, por falta de gente a quem ofender, a plateia também foi embora, fazendo gestos na direção das cortinas. No camarim, Nelson não se conformava:

"Eles não enxergam, Léo", dizia para Léo Júsi.

Júsi não o deixou abater-se. Convenceu-o a ir com os outros para o Vermelhinho. Iriam comemorar as vaias, os aplausos, o sururu, o fato de a peça ter mexido com a plateia e até o de terem sobrevivido. Poucas horas depois, tomando uma média com pão canoa, Nelson já estava reconciliado com as vaias — e até exultando com elas. No futuro, ele escreveria:

Quem não gosta, simplesmente não gosta, vai para casa mais cedo, sai no primeiro intervalo. Perdoa-me por me traíres forçara na plateia um pavoroso fluxo de consciência. E eu posso dizer, sem nenhuma pose, que, para a minha sensibilidade autoral, a verdadeira apoteose é a vaia.

A apoteose teria ainda um último ato. No dia seguinte, a censura proibiu *Perdoa-me por me traíres*.

Mas, como? Já não tinha sido liberada? Três censores haviam assistido aos ensaios e dado o OK. E a estreia não se afastara um milímetro do que havia sido combinado.

Foi um corre-corre. Nelson, Léo Júsi e Gláucio Gill compareceram naquela mesma manhã ao gabinete de Hildon Rocha. E Hildon Rocha, mais uma vez, foi compreensivo. Não era com ele, a censura estava satisfeita. Era o vereador Wilson Leite Passos, fazendo uma campanha junto a Negrão de Lima, dizendo que o Municipal estava sendo avacalhado pelo espetáculo. E eram setores da Igreja, que não se conformavam com a cena do aborto. Sugeriu-lhes que pedissem apoio a dom Helder Câmara.

O bispo auxiliar do Rio de Janeiro era uma das figuras mais populares e acatadas da cidade. Sua principal promoção, a Feira da Providência, no Iate Clube, era um sucesso anual, embora chovesse infalivelmente durante a sua realização. E dom Helder era um padre moderno. Fazia um programa diário na rádio Globo, uma preleção de quinze minutos, e depois ia tomar cafezinho com os jornalistas no botequim da rua Irineu Marinho, onde agora ficava *O Globo*. Léo Júsi procurou-o em sua casa, no Palácio São Joaquim, defronte ao relógio da Glória. Dom Helder foi muito receptivo. Entendeu que a peça não confrontava a posição da Igreja e que a tal cena era uma franca condenação do aborto. Prometeu e falou no mesmo dia com dom Jaime de Barros Câmara, e convenceu-o. Nelson e Gláucio Gill, por seu lado, falaram com Negrão.

Com esses avales, *Perdoa-me por me traíres* foi liberada e, a partir daquela mesma noite, seguiu uma carreira de casa lotada no Municipal, sem qualquer incidente. Por isso, o espetáculo que havia sido anunciado como uma temporada de dez dias, "para nunca mais", teve de estender-se por mais dois meses no Teatro Carlos Gomes — só que, agora, com um substituto no papel de Raul. Nelson encerrara sua carreira de ator.

Mas não a de autor "maldito". Poucas de suas peças terão sido tão enxovalhadas pela crítica. Paulo Francis, que gostava de Nelson e achava *Doroteia* um dos maiores espetáculos que já vira, atacou *Perdoa-me por me traíres* na própria *Última Hora*. E Henrique Oscar, do *Diário de Notícias*, insinuou que Nelson contratava claques ao contrário — ou seja, gente para vaiá-lo e chamá-lo de tarado e obsceno. (Não explicou se Nelson contratara Wilson Leite Passos para sacar a pistola.) Nelson rompeu com os dois. Ao saber que Francis o chamara de ignorante, apenas riu:

"Eu li muito mais do que o Paulo Francis! Ele pula de um livro para o outro como uma gazela!" (O que era verdade, mas como Nelson podia saber?)

Quanto a Henrique Oscar, foi duro. Disse a um amigo:

"Leonardo da Vinci está morto, mas Henrique Oscar viverá para sempre, porque a burrice é eterna."

Certas críticas negativas atingiam Nelson como se fossem uma desfeita pessoal. Que os outros jornais tentassem demoli-lo, ele entendia — afinal, pelo fato de ser da *Última Hora*, jamais seria elogiado pela *Tribuna da Imprensa* ou pelo *Correio da Manhã*. Mas ser criticado no seu próprio jornal fizera a úlcera soltar fogos de artifício em seu duodeno. Chegou arrasado à redação da *Última Hora*. Seu colega Francisco de Assis Barbosa, jornalista e biógrafo de Lima Barreto, tentou animá-lo:

"Não ligue para isso, Nelson. A peça é genial, digna do melhor Shakespeare! Você foi profundo!"

"Você acha mesmo, Chico?"

"Acho, perfeitamente!"

Nelson foi rápido no gatilho:

"Você escreve isso?"

"Sem dúvida. Me dê um papel", disse Francisco de Assis Barbosa.

Francisco de Assis Barbosa datilografou algumas linhas e passou o papel a Nelson. Este leu e disse:

"Você esqueceu o negócio do Shakespeare."

Francisco de Assis Barbosa pôs de novo o papel na máquina e fez a emenda: "Digno do melhor Shakespeare!". Devolveu-o a Nelson. E Nelson:

"Você não vai assinar?"

"Claro. Quer também que eu reconheça a firma?"

E Nelson, sério:

"Qual é o cartório?"

Dulce Rodrigues antipatizou com Jece Valadão no minuto em que ele lhe foi apresentado em 1957. Se Rodolfo Mayer não insistisse tanto, ela nunca o

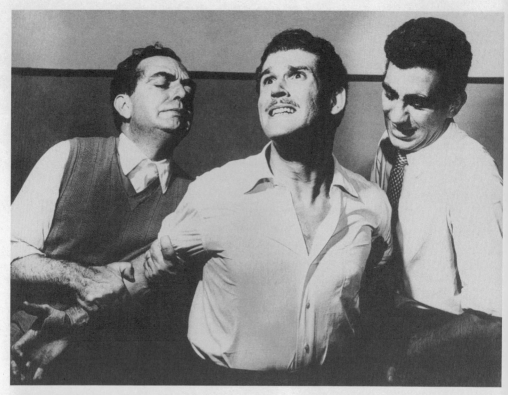

Nelson como ator: com Gláucio Gill (de bigode) no alto e acima; à esq., com Sônia Oiticica e (recebendo um dedo em riste) Dália Palma

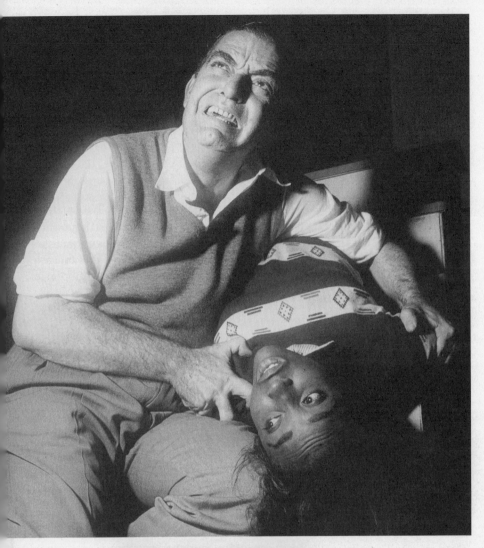

Esgares e arrancos triunfais: com Lea Garcia (acima) e morrendo espetacularmente depois de tomar o veneno recusado por Dália Palma

teria aceito para o papel do chofer sedutor, na remontagem de *A mulher sem pecado* que iria produzir. Achou Valadão inadequado para o personagem, que exigia um ator mais fino, menos cafajeste. Enfim, agora que o contratara, ia ver o que se podia fazer. E viu mesmo. Quatro meses depois, estava casada com ele.

Jece Valadão, ao contrário, teve a melhor impressão de Dulce naquele primeiro momento. Achou-a bonita, inteligente e sensível. E era uma empresária, aquela companhia era dela — "Companhia Dulce Rodrigues" —, devia estar bem de vida. Melhor do que ele, que viera do Espírito Santo, fizera umas pontas em filmes como *Carnaval no fogo* (1950) e *Amei um bicheiro* (1953), e só recentemente, em 1955, conseguira um bom papel, em *Rio quarenta graus*, de Nelson Pereira dos Santos. A censura tentara proibir esse filme, acusando-o de ser propaganda comunista, porque no Rio nunca fazia quarenta graus. Mas agora estávamos em 1957 e, aos 27 anos, Jece Valadão ainda não podia escrever para casa dizendo que era um astro do cinema nacional. Então resolvera fazer um pouco de teatro para ganhar experiência.

Acabou ganhando até a patroa, mas, para isso, teve de casar-se com ela. O impressionante era como tudo tinha sido tão rápido. Nem se lembrava de quando Dulce começara a vê-lo com outros olhos e a gostar dele. Quando se deu conta, estavam assinando os papéis diante do juiz, em meio ao luxo oriental daquele apartamento no Parque Guinle. E mal haviam trocado uns beijos — nada mais do que isso — durante aqueles quatro meses. Dulce fora inflexível: primeira noite, só depois do casamento religioso. Quando os últimos convidados saíram, ela o chamou a um canto e disse:

"Jece, há uma coisa que você precisa saber. Não sou virgem. Foi só uma vez, mas aconteceu. Você tem o direito de tomar a atitude que quiser."

Jece ficou sem saber o que dizer. Para ele, a virgindade era um detalhe, uma coisa de 1913, por que fazer tal carnaval com uma reles película? O que o encantava era a sinceridade de Dulce, de sentir-se obrigada a contar-lhe aquilo, embora com ligeiro atraso. Talvez não tivesse tido coragem de contar antes. E se ele fosse como os outros, ficasse indignado e quisesse desmanchar tudo? Mas Jece a tranquilizou: não tinha nenhuma atitude a tomar, não queria saber com quem tinha sido ou quando (só mais tarde soube que fora há dez anos e com um famoso humorista — Millôr Fernandes), daí a vinte dias se casariam na igreja do Outeiro da Glória e só então consumariam o casamento. O que aconteceu.

Os irmãos e irmãs de Dulce olharam de saída para Jece Valadão como se ele fosse um caça-dotes. E com razão: ele também se achava um caça-dotes. Nem era para menos. Bastava observar os nomes que frequentavam as festas estilo Cecil B. DeMille que a família Rodrigues dava no Parque Guinle — o ministro Luiz Galloti, Armando Klabin, Ary Barroso, "Baby" Bocayuva, Samuel Wainer e Danuza Leão, um ou outro Vargas. E os artistas que iam animá-las de graça? Ataulfo Alves e suas pastoras, Sílvio Caldas, Heitor dos Prazeres, José Vasconcellos. E os quadros nas paredes? Jece era incapaz de criticar uma aquarela, mas, pela assinatura — Portinari —, sabia que eram bons. Contou pelo menos cinco. Os Rodrigues haviam recebido uma espécie de herança e estavam torrando dinheiro. Dulce era uma empresária teatral bem-sucedida, arrendara o Serrador, sua companhia levava o fino do teatro. E ele era um duro — além de um ano mais novo do que ela. Logo, era ou não era um caça-dotes?

Os Rodrigues começavam a preocupar-se com essa história de suas irmãs se casarem com atores. Um ano antes, em 1956, Maria Clara se casara com Weber de Moraes, que fizera um pequeno papel em *Perdoa-me por me traíres*. Maria Clara era secretária do presidente da Standard Oil, vivia cercada de bons partidos. E, quando resolveu casar, foi escolher Weber — bom rapaz, talentoso, mas "excêntrico". Quando se aprontava para sair, exagerava no pó de arroz, nas plumas do chapéu e parecia uma árvore de Natal das Lojas Americanas. Maria Clara largara o emprego por sua causa, jogara fora mais de dez anos na Standard Oil. E agora Dulce também se casava com um ator.

Valadão não demoraria a descobrir que os Rodrigues tanto sabiam produzir dinheiro como evaporá-lo. Dulce lhe contara que, na mudança da rua General Glicério para o Parque Guinle, tinham perdido um Portinari. Como se consegue perder um Portinari numa mudança? Nelson era outro exemplo. Era famoso até dizer chega, devia ganhar um dinheirão, mas vivia quebrado. Fumava Caporal Amarelinho, um mata-rato. (Não sabia ainda que Nelson preferia os mata-ratos.) A aparente opulência da família era ilusória. Valadão percebeu que, na verdade, dera um golpe do baú pelo avesso. Mas já sabia o que fazer. No que se referisse a Dulce, iria administrá-la para fazer com que ele e ela ganhassem dinheiro. E a primeira providência era construir um teatro.

Foi como nasceu o Teatro São Jorge, na rua do Catete. Tomaram dinheiro emprestado nos bancos e na SBAT (Sociedade Brasileira de Autores Teatrais), Dulce recolheu os lucros da temporada no Serrador e, em poucos meses de 1957, levantaram a casa. Em setembro, o São Jorge foi inaugurado com uma nova peça de Nelson, escrita para eles: *Viúva, porém honesta*.

Nelson encerrara sua temporada como ator em *Perdoa-me por me traíres* no dia 29 de junho; *Viúva, porém honesta* estreou em 13 de setembro — um intervalo de apenas dois meses e duas semanas, tempo em que *Viúva, porém honesta* foi escrita, produzida, ensaiada e levada ao palco. Por que essa pressa toda?

O que passou à História foi que, quando escreveu *Viúva, porém honesta*, Nelson continuava febril de ódio contra os críticos que haviam maltratado *Perdoa-me por me traíres*. Iria vingar-se agora num personagem de *Viúva, porém honesta*, Dorothy Dalton, "crítico das novas gerações", que Nelson descrevia como "foragido do SAM" (Serviço de Assistência ao Menor) e homossexual. Estaria querendo dizer que todos os jovens críticos de teatro eram delinquentes e homossexuais?

Parece um pobre motivo para que Nelson escrevesse uma peça inteira, quando poderia ter resolvido o problema em uma ou duas colunas de "A vida como ela é...". E, embora ele cultivasse (com gosto) um canteiro de rancores passageiros, seu temperamento não era o de um homem de ódios. Além disso, Nelson sabia que a homossexualidade não era uma regra entre os jovens críticos, nem um privilégio daquela geração — conhecia homossexuais de sobra entre os críticos mais velhos. Seja como for, se sua intenção foi atacar os jovens críticos, mesmo de raspão, o ataque não surtiu efeito, porque nenhum deles pareceu ofender-se. A reputação de Nelson no Gôndola, o restaurante que os críticos frequentavam na rua Sá Ferreira, em Copacabana, continuou a mesma: havia os que o achavam um gênio, os que o achavam um louco e os que o achavam as duas coisas.

E nem os críticos eram a única categoria que Nelson desmoralizava em *Viúva, porém honesta*. O que fazer, por exemplo, do personagem do dono de jornal, o doutor J. B. de Albuquerque Guimarães, um "gângster da imprensa" que tinha força para nomear ministros? Seria uma alusão a Paulo Bittencourt, proprietário do *Correio da Manhã*, de quem se dizia que tinha força pelo menos para derrubá-los? Mas J. B. podia ser também Edmundo Bittencourt, Geraldo Rocha ou até mesmo Mario Rodrigues. Parecia um dono de jornal à antiga, embora nada impedisse que qualquer dos contemporâneos, inclusive Samuel Wainer, envergasse a carapuça. E a quem se endereçava o personagem do psicanalista, doutor Lupicínio, que mantinha uma vitrola caça-níqueis no consultório, cobrava seu silêncio pelo taxímetro e não curava nem brotoeja? E o que Nelson teria contra os velhos clínicos de família, caricaturados no doutor Lambreta, um sátiro lambão que dizia coisas como "Uma boca aberta é meio ginecológica" e "O que estraga o adultério é a clandestinidade"?

Jece Valadão interpretava o demônio em *Viúva, porém honesta*. Um demônio de chanchada, nada demoníaco, mas cínico e amoral: "Diabo da Fonseca, para servi-lo!" — e mostrava a carteirinha. Depois do chofer de *A mulher sem pecado*, era o seu primeiro papel rodrigueano de verdade, de uma série que incluiria mais uma peça, uma novela de TV e três filmes. Nos dois meses em que *Viúva, porém honesta* ficou em cartaz, Valadão iria impregnar-se do espírito dos personagens de Nelson, apoderando-se dos seus estereótipos e incorporando-os ao seu jeito de representar — de tal forma que, no futuro, todos os papéis que faria, em dezenas de filmes, pareceriam "personagens de Nelson Rodrigues".

Ao fim da carreira de *Viúva, porém honesta*, os Rodrigues haviam assimilado Jece Valadão à família. Apagaram a imagem do caça-dotes e construíram outra, mais verdadeira, do sujeito empreendedor e carinhoso com Dulcinha. A presença de genros à mesa de dona Maria Esther já não parecia tão fora do comum, embora não chegasse a ser tão natural quanto a das noras. Poucos meses depois, outra irmã de Nelson, Irene, se casaria com Francisco Torturra, cinegrafista de Milton no *Jornal da Tela* e em seus outros cinejornais. Já havia até uma neta pela casa: Haydée, de dois anos, a filha que Milton tivera em 1955 com uma namorada, e que também morava com eles.

Cada qual começava a construir agora o seu próprio álbum de família.

1957: A RAJADA DE MONSTROS

* * *

Didi caminhou para a bola e bateu a falta contra o Peru. Deu uma "folha seca" — um jeito que inventara de chutar com o lado de dentro do pé, mas, ao mesmo tempo, prensando a bola contra o chão. A bola zarpou e Asca, goleiro peruano, saltou para recolhê-la como se fosse uma mensagem que lhe estivesse sendo trazida por um pombo-correio. Mas, ao aproximar-se do gol, a bola mudou de rumo e descaiu como uma folha seca. Asca quis voltar em pleno salto e saiu caçando borboletas invisíveis pelo Maracanã, enquanto a bola chegava meigamente às redes. O nome "folha seca" e a imagem das borboletas invisíveis tinham sido criados anos antes pelo speaker Luís Mendes, da rádio Globo. Brasil 1 × 0, e o gol de Didi classificava o Brasil para a Copa do Mundo de 1958 na Suécia.

No *Jornal da Tela* de Milton Rodrigues, enquanto Didi fazia o gol, o narrador Heron Domingues decretava:

"Está assegurada mais uma viagem de turismo do escrete brasileiro ao exterior."

Se algum espectador tinha dúvida de que o Brasil iria à Suécia para passear e levar um passeio, deixou de ter. Heron Domingues era o locutor do *Repórter Esso*, tudo que ele dizia era verdade. O futebol brasileiro era covarde, um perdedor nato. Depois da derrota de 1950, no Maracanã, ficara provado que o Brasil tremia diante dos estrangeiros. E, quando não tremia, era moleque — dava botinadas sem sentido, como na Copa da Suíça em 1954. Esse não era o sentimento apenas dos torcedores e dos jornalistas — muitos jogadores também pensavam assim. Só seríamos campeões do mundo no dia de são Nunca.

Em sua nova coluna, "Meu personagem da semana", na *Manchete Esportiva*, Nelson era uma voz isolada contra a unanimidade:

Eu acredito no brasileiro e pior do que isso: — sou de um patriotismo inatual e agressivo, digno de um granadeiro bigodudo. Temos dons em excesso. E só uma coisa nos atrapalha e, por vezes, invalida as nossas qualidades: o "complexo de vira-lata". Por "complexo de vira-lata" entendo eu a inferioridade em que o brasileiro se coloca, voluntariamente, face ao resto do mundo. Isso em todos os setores e, sobretudo, no futebol. Em Wembley [Inglaterra 4 × 2 Brasil, em 1956], por que perdemos? Porque, diante do quadro inglês, louro e sardento, a equipe brasileira ganiu de humildade. Jamais foi tão evidente e, eu diria mesmo, espetacular, o nosso vira-latismo. Na já citada vergonha de 1950, éramos superiores ao nosso adversário. Além disso, levávamos a vantagem do empate. Pois bem: e perdemos da maneira mais abjeta. Por um motivo muito simples: porque Obdúlio [Obdúlio Varela, capitão do Uruguai] *nos tratou a pontapés, como se vira-latas fôssemos.*

O problema do escrete não é mais de futebol, nem de técnica, nem de tática. Absolutamente. É um problema de fé em si mesmo. O brasileiro precisa se convencer de que não é um vira-lata e que tem futebol para dar e vender lá na Suécia. Uma vez que ele se convença disso, ponham-no para correr em campo e ele precisará de dez para segurar, como o chinês da anedota. Insisto: — para o escrete, ser ou não ser vira-lata, eis a questão.

Os colegas riam de Nelson. O Brasil precisaria de muito mais do que fé para não passar vergonha na Suécia. Precisaria de táticas revolucionárias, como as da seleção húngara de 1954 ou as do "futebol científico" da URSS, que se anunciava como o fantasma da Copa. E o treinador do Brasil, Vicente Feola, tivesse paciência, mas nem no seu clube era o técnico. (Feola era supervisor do São Paulo. Gordíssimo, dizia-se que cochilava no banco de reservas durante os treinos. O técnico são-paulino era o húngaro Bela Gutman.) E quer saber o que se dizia antes da Copa sobre os jogadores que depois voltariam como deuses? Que Didi não tinha alma, que Garrincha era um peladeiro, que Vavá era um bonde, que Gilmar cercava frangos e que Pelé, quem era mesmo Pelé?

Mas, depois dos 5 × 2 contra a Suécia na última partida, um outro Brasil se descobriu — ou descobriu o Brasil que Nelson apregoara. Os pesquisadores de hoje fariam bem em investigar se o triunfalismo que identificam aos "anos JK" não teria começado naquele dia 29 de junho de 1958, o do jogo com a Suécia — quando o governo Kubitschek já ia em meio. Se fizerem isso, encontrarão rico material em Nelson. Na edição especial da *Manchete Esportiva*, uma semana depois da Copa, ele escreveu:

Vejam como tudo mudou. Eu pergunto: — o que éramos nós? Uns humildes. O brasileiro fazia-me lembrar aquele personagem de Dickens que vivia batendo no peito: — "Eu sou um humilde! Eu sou o sujeito mais humilde do mundo!". Vivia desfraldando essa humildade e a esfregando na cara de todo mundo. E se alguém punha em dúvida a humildade, eis o Fulano esbravejante e querendo partir caras. Assim era o brasileiro. Servil com a namorada, com a mulher, com os credores. Mal comparando, um são Francisco de Assis, de camisola e alpercatas. Mas vem a deslumbrante vitória do escrete e o brasileiro já trata a namorada, a mulher, os credores, de outra maneira, reage diante do mundo com um potente, um irresistível élan vital. E vou mais além: — diziam de nós que éramos a flor de três raças tristes. A partir do título mundial, começamos a achar que a nossa tristeza é uma piada fracassada. Afirmava-se também que éramos feios. Mentira! Ou, pelo menos, o triunfo embelezou-nos. Na pior das hipóteses, somos uns ex-buchos.

22

Acusado de "mau gosto": café pequeno

— 1958 —
O SANGUE EM FLOR

Dercy Gonçalves botou a cabeça entre as cortinas do Teatro Cultura Artística, em São Paulo, e gritou para a plateia que reclamava do atraso:
"Já vai, porra!!!"

A plateia riu. Aquela era a Dercy. E era uma plateia de personagens da coluna de Tavares de Miranda. Léo Júsi, o diretor da peça, ficara espantado ao ver aqueles industriais, banqueiros e grã-finos desembarcando no teatro. Havia dois ou três Rolls-Royces estacionados na porta. Por menos que ele acreditasse, era a plateia habitual das estreias de Dercy Gonçalves em São Paulo. Muitos tinham mandado de véspera seus choferes à bilheteria, para assegurar lugares na fila do gargarejo. Queriam ficar ao alcance dos jatos entre os dentes que a estrela esguichava na primeira fila. Era uma honra ser cuspido por Dercy.

Em 1958, Danilo Bastos, marido da comediante, controlava as duas salas do Teatro Cultura Artística. Na sala menor encenava os espetáculos sérios, como *Juventude sem dono* [*A Hatful of Rain*], de Michael Gazzo, dirigido por Flávio Rangel. Um tremendo drama sobre drogas. Na sala maior ficava Dercy, entregue a si e a seus cacos — não importava o que levasse, a casa encheria do mesmo jeito. Mas Dercy não estava satisfeita. Não se incomodava de ser tratada como um chinelo velho por Danilo como marido, mas exigia sua atenção como produtor. Queria provar que podia fazer mais do que chanchadas. Queria representar Nelson Rodrigues.

Quando Danilo Bastos procurou-o em nome de Dercy, Nelson não se fez de rogado: cedeu-lhe a amaldiçoada *Doroteia*, a peça de que "nem sua mãe gostara". Mas exigiu Léo Júsi como diretor, para controlar Dercy e tentar impedir que ela transformasse o seu texto numa sinfonia de cacos. Danilo Bastos aceitou. Que diferença faria, Léo Júsi, Alziro Zarur ou o marechal Lott, como diretor? — pensou. Dercy faria o que quisesse do mesmo jeito. Mas Léo Júsi combinou com Nelson um tipo de tratamento para *Doroteia* que servisse a Dercy, para que ela não precisasse improvisar tanto. Algo divertido, mais na linha do "realismo fantástico", menos comportado do que a concepção original de Ziembinski em 1950.

Nada comportado, aliás. Afinal, Dercy faria Doroteia, a moça que quer se redimir — e só isso já seria uma contradição em termos. Das Dores, a frágil garota que morreu e não sabia, seria interpretada por Darcy Coria, miss Corinthians do ano anterior, uma fenomenal morena de 1,90m de altura, de fraldas e com um par de coxas inenarráveis. As botinas andariam pelo palco, movidas por cordões. Quando uma das solteironas morresse, seria içada por um gancho e guinchada para fora do palco. Outra desapareceria por um alçapão. As entradas em cena seriam por escorregas de playground. Nelson faria umas poucas alterações no texto, para descomplicá-lo, e mudariam o título.

Vinde ensaboar vossos pecados — *Doroteia* em sua encarnação Dercy Gonçalves — estreou no Cultura Artística para uma plateia que sabia muito mais de Dercy do que de Nelson. Donde ninguém entendeu o que se estava passando no palco, mas ninguém estranhou. Dercy também não sabia muito bem a que vinha aquela história de jarros e botinas, mas respeitou o texto — durante os primeiros dias. Justamente num desses dias, Nelson tomou o trem e foi a São Paulo vê-la. Como ela se comportasse, ele riu muito e fez-lhe vastos elogios no camarim:

"Você é formidável, Dercy! É a nossa Sarah Bernhardt!"

E, como se esperava, assim que Nelson embarcou de volta para o Rio no dia seguinte, Dercy passou a rechear cada fala com um caco.

Nelson ficou sabendo e pediu a Léo Júsi para tentar dominá-la. Mas Dercy era indomável:

"O caco faz parte do teatro", mandou dizer.

Nelson apenas conformou-se:

"Ela não tem culpa. Toda grande estrela da geração de Dercy só sabe trabalhar assim. Se, ao final da temporada, sobrar uma palavra do meu texto, posso me sentir um Ibsen."

Nelson não voltou para conferir. Mas, pelos relatos que ouvia, *Vinde ensaboar vossos pecados* ficava mais incompreensível a cada dia. Não que a plateia protestasse. Ao contrário: quanto mais Dercy e menos Nelson no espetáculo, mais o público gostava — e, sem que eles soubessem, mais *Doroteia* deixava Beckett e Ionesco no chinelo em termos de "absurdo".

Com um mês de casa cheia, Dercy fechou o espetáculo e estreou outro, como gostava de fazer. Quando seus próprios cacos começavam a ficar repetitivos, ela apenas trocava de peça.

Nelson não precisaria que sobrasse uma palavra daquele texto para sentir-se um Ibsen. Ele já se sentia um Ibsen. Pouco depois da Copa do Mundo, encontrou Millôr Fernandes e Paulo Mendes Campos e deu a cada um uma cópia de sua nova peça, *Os sete gatinhos*. Mas advertiu:

"Eu sei que vocês vão achar sensacional. E não me venham com pequenas restrições!"

Nelson nunca soube se Millôr tinha grandes ou pequenas restrições a *Os sete gatinhos*. Mas a opinião de Paulinho Mendes Campos saiu-lhe melhor do que a encomenda:

"Acho *Os sete gatinhos* a melhor peça de Nelson Rodrigues e um dos trabalhos mais belos, mais fortes e mais impressionantes do teatro mundial contemporâneo", ele escreveu.

Dito assim, parecia apenas uma corbeille de hipérboles, mas P. M. C. foi além. Contestou a velha tese de que o teatro é uma casa destelhada que se pode xeretar; nas peças de Nelson, segundo ele, o teatro podia ser a tal casa destelhada, mas com o espectador lá dentro, nu, "despido dos convencionalismos com que cobria suas próprias vergonhas". E olhe que, na casa de *Os sete gatinhos*, morava uma família em que as quatro irmãs se deixavam prostituir pelo pai para que a caçula se casasse virgem. Enquanto isso, a mãe rabiscava, escondida, palavrões na parede do banheiro.

"Como se o autor quisesse dizer-nos", escreveu P. M. C., "que, neste mundo corrompido pela hipocrisia, está se realizando o incrível e inelutável milagre: a puta transformada em vestal da virgindade. Em outras palavras, o mundo quer esquecer a força que o compele à pureza: só as putas são conscientes do valor da virgindade." Para P. M. C., pouco se lhe dava que os conceitos de Nelson a respeito do bem e do mal lhe parecessem preconceitos: "O mundo perde sempre um pouco da sua potencialidade trágica quando um preconceito é destruído. Se admitirmos, por hipótese, um mundo mentalmente asséptico, varrido de todos os preconceitos, estejamos certos de que o drama e a tragédia desaparecerão dos palcos".

Em 1958, no entanto, não havia ainda muitos indícios de que os preconceitos estivessem sendo varridos, exceto para baixo do tapete. Na estreia de *Os sete gatinhos*, em outubro daquele ano, Paschoal Carlos Magno saiu do teatro dizendo:

"É uma pena que esse autor, dos mais importantes do Brasil em todos os tempos, desperdice o seu talento com a imundície."

E Paschoal fora amigo de Roberto Rodrigues, dava-se bem com Nelson, conheciam-se desde vidas passadas. Se o conhecia tão bem, por que reagia daquele jeito? Porque era uma besta, achava Nelson. A respeito de *Os sete gatinhos*, outro crítico acusou-o de "exploração ignominiosa e lucrativa de crimes torpes" e de "deleitar-se com a podridão". Como acontecera na época de *Anjo negro*, voltaram a fazer estatísticas dos incestos, mortes violentas, suicídios, taras e, agora, do lesbianismo em suas peças. Às vezes, parecia cômico a Nelson que ninguém enxergasse o óbvio. Foi o que ele disse no programa de televisão de Gilson Amado:

"Minhas peças são obras morais. Deveriam ser encenadas na escola primária e nos seminários."

Os sete gatinhos era, nominalmente, uma produção de seu irmão Milton, mas o grosso do dinheiro saíra do bolso de Leonardo Bloch, um dos diretores da *Manchete*. E retornara com lucros porque, da estreia ao encerramento, quase três meses depois, o espetáculo teve lotação esgotada e foi aplaudido de pé — talvez pelo colorido "social" do texto. A família de "seu" Noronha (interpretado por Jece Valadão, de peruca branca) era da baixa classe média, morava numa rua pobre do Grajaú e ele se fazia passar por funcionário da Câmara dos Deputados quando na verdade era um humilde contínuo. Um dos momentos culminantes era quando uma de suas filhas o insultava:

"— Contínuo!"

Nelson não gostava de interpretações sociologizantes ou economicistas de suas peças. "Para mim, seja de que classe for, seja esquimó ou mandarim, o homem continua sendo o mesmo homem", ele diria, anos depois. Mas, em 1958, não interessavam os motivos do sucesso — Nelson saboreou o triunfo de *Os sete gatinhos* como se ele fosse um bilhete premiado que achasse na rua. Aliás, ninguém ficou mais surpreso com esse triunfo do que ele:

"Parece blague, mas desta vez não me jogaram tomates."

Era quase como se tivesse errado em alguma coisa. Mas Nelson não estava fazendo as pazes apenas com a plateia. Os melhores críticos, entre os quais Décio de Almeida Prado, eram quase sempre positivos a seu respeito. É verdade que Décio gostaria que ele não "fugisse tanto à norma". Nelson achava graça. Para ele, "fugir à norma" deveria ser, ao contrário, uma virtude. Décio também fazia restrições ao que considerava de "mau gosto" em suas peças — como a cena de *A falecida*, em que o personagem está sentado "à maneira do *Pensador* de Rodin"; alguém bate à porta e o sujeito responde: "Tem gente!".

Passeando com Décio pela avenida Atlântica, numa das vezes em que o crítico veio ao Rio, Nelson defendeu-se:

"Mas, meu coração, ir ao banheiro é a coisa mais natural do mundo. Até você vai!"

Os sete gatinhos: *Jece Valadão (no alto) como "seu" Noronha; acima, Nelson debate com a plateia depois da estreia*

Quando *Senhora dos afogados* e *A falecida* saíram em livro, Nelson mandou-lhe um exemplar com a dedicatória: "Para o querido Décio, essas duas peças do seu particular desagrado. Com a amizade do Nelson Rodrigues".

O único crítico com quem Nelson manteria uma relação que faria jus à dedicatória que ele distribuía para todo mundo — "ao Fulano, amigo para além da vida e da morte" — seria Sábato Magaldi. Em 1952, Sábato partira para a França a fim de estudar estética, e Nelson fora levá-lo ao aeroporto do Galeão. Ao despedir-se, Nelson parecia preocupado, mas disse a Sábato: "Olha: Deus te abençoe". Um ano depois, quando Sábato desembarcou de navio na praça Mauá, Nelson foi o único amigo que se abalou para recebê-lo. Mas não porque estivesse com saudades. A primeira coisa que perguntou, de olho rútilo e lábio trêmulo, foi:

"Você ainda gosta de *Vestido de noiva*? Ainda acha que eu sou bom?"

Seu pavor era o de que, depois de um ano exposto ao melhor teatro francês e mundial, Sábato começasse a achá-lo um autor "menor". Só se tranquilizou quando este lhe garantiu que, com tudo que tinha visto, ele ainda era o maior. Mas os bate-papos diários entre ambos foram interrompidos porque Sábato apenas assinou o ponto no Rio em 1953 e mudou-se para São Paulo, onde iria lecionar na EAD (Escola de Arte Dramática). A partir daí, as conversas entre os dois seriam por telefone, quando Sábato tomava a iniciativa — porque, para Nelson, um telefonema interurbano era um desses luxos insustentáveis. Motivo pelo qual seu coração ganhava uma consistência de pudim quando Sábato ligava de São Paulo e ficavam quarenta minutos conversando.

Anos depois Nelson descobriu um jeito de ligar diariamente para Sábato, e de graça: através de um amigo comum, o também mineiro Wilson Figueiredo, poeta e chefe de redação do *Jornal do Brasil*. Nelson conhecera Wilson na *Manchete* em 1955 e se espantara com a sua capacidade de ruborizar-se.

"É o último homem no Brasil que ainda se ruboriza!", proclamava Nelson pelos corredores da rua Frei Caneca.

Ao ouvir isso, Wilson ficava pink como um flamingo e se ressentia da brincadeira. Apesar das orelhas em fogo, não se achava um tímido. Só agora, no *Jornal do Brasil* — onde Nelson ia visitá-lo todo dia, para vê-lo e para filar seu telefone —, Wilson compreendia que aquela era uma característica de Nelson: a capacidade de captar, de primeira, algo que definisse uma pessoa. Seu colega Carlos Lemos, por exemplo, era o "extrovertido ululante", pela mania de falar alto em bondes. Paulinho Mendes Campos tinha o "perfil de Napoleão aos dezessete anos"; Antonio Callado era "o único inglês da vida real", pela fleuma que já demonstrava antes mesmo de ir morar em Londres; Carlinhos de Oliveira era uma "cambaxirra", a quem ele tinha vontade de "oferecer alpiste na palma da mão". E de Gustavo Corção, Nelson dizia: "Aposto que ele ainda usa urinol".

Juscelino, para Nelson, era o "cafajeste dionisíaco". Considerava uma qualidade presidencial essa cafajestice "da cartola aos sapatos", principalmente depois do funéreo Dutra, do trágico Getulio e do aguado Café Filho. Nelson votara em Juscelino contra o general Juarez Távora, rompendo sua fidelidade à UDN, e não se arrependera. Quando lhe contaram que Juscelino, ao passar por uma quilométrica fila de açougue, perguntou qual filme estavam levando, Nelson empolgou-se:

"Um presidente que confunde a fila da carne com a fila do Metro! É o gênio, compreendeu? O preço da carne é um detalhe e o gênio passa por cima do detalhe!"

Em 1958, Nelson deixou os escrúpulos em casa e foi ao Catete pedir um emprego público a Juscelino.

"Escritores ganham mal, presidente", disse.

Juscelino podia não estar em condições de dar conferências sobre o teatro de Nelson, mas era grande admirador de Mario Filho. Na abertura dos Jogos da Primavera de 1956, ficara tão empolgado na tribuna de honra de São Januário que mandara um ajudante de ordens correndo ao Palácio Laranjeiras buscar sua mãe, dona Júlia. Ela não podia perder aquele "show". E, desde então, dona Júlia não faltava a uma abertura dos Jogos. Nem ele.

Para Juscelino, a maneira mais simples de atender ao pedido de Nelson era dar-lhe um cartório. Não que o Brasil estivesse carente de cartórios — porque, afinal, ele os distribuía a três por dois. Um funcionário alertou-o de que tabeliães precisavam ter curso superior. Doutor Nelson teria, pois não? Não, confessou Nelson, deixara os estudos no terceiro ano do ginásio. Juscelino então propôs-lhe uma vaga de tesoureiro do Iapetec (Instituto de Aposentadoria e Pensões dos Empregados em Transportes de Carga).

Nelson achou ótimo, embora não pudesse ser tesoureiro nem de suas próprias finanças. Mas o Iapetec era uma potência, funcionava sozinho. Se, um dia, ninguém aparecesse para trabalhar, funcionaria do mesmo jeito. Dessa vez Nelson não temeu exibir as cavernas pulmonares nos exames médicos. Sabia que elas estavam OK. Acabou reprovado — por mal dos pecados, no exame de vista.

O jeito foi pedir a vaga para Elza. Para Juscelino, tanto fazia. Agradaria do mesmo jeito ao irmão de Mario Filho. Elza passou em todos os exames e se tornou funcionária pública, nível "ó de penacho" — uma categoria não reconhecida oficialmente, mas que previa uma gratificação extra, acima da "letra ó", a mais alta do funcionalismo. Daí o penacho.

Foi melhor assim. Nelson Rodrigues tabelião ou tesoureiro de um órgão público parecia uma ideia tão esdrúxula quanto Suzana Flag cercada por uma ninhada de filhos e com o avental sujo de ovo.

Ou não. Os gostos e desgostos de Nelson eram simples, quase medianos, não muito diferentes dos de qualquer "barnabé", como se chamavam os funcionários públicos menos graduados. Em janeiro de 1956, Nelson respondeu à seção "Arquivos implacáveis" de João Conde, em *O Cruzeiro*, sobre o de que gostava e não gostava. Na coluna "gosto", escreveu:

1. *Minhas peças.*
2. *Cigarro ordinário.*
3. *Música barata.*
4. *Criança desdentada.*
5. *Fluminense.*
6. *Filme de diligência.*
7. *Mulher bonita e burra.*
8. *Dramalhão.*
9. *Visitar cemitério.*
10. *Estar só.*

Na coluna "detesto", suas respostas foram:

1. *Luar.*
2. *Chicória.*
3. *Cumprimento.*
4. *Varizes.*
5. *Teatro dos outros.*
6. *Samba.*
7. *Trabalho.*
8. *Psicanalista.*
9. *Sujeito inteligente.*
10. *Qualquer político.*

Nas três últimas afirmações sobre o que detestava, Nelson estava apenas fazendo "charme". Não tinha a menor paciência com gente burra — escolhia os amigos pela inteligência e um dos que ele mais prezava, Helio Pellegrino, era psicanalista. Quanto aos políticos, era fã de Juscelino e não detestava nem Carlos Lacerda. O que sentia pela maioria dos políticos era um vago desprezo — quando se lembrava deles. E, na outra coluna, ao dizer que gostava de ir ao cemitério, não especificou que era para visitar seu irmão Joffre, o que fazia quase todo ano. Mas quem leu aquela referência ao cemitério acrescentou mais um dado à sua convicção de que Nelson Rodrigues devia ter realmente alguma tara.

Com toda a aura satânica que o público lhe atribuía, Nelson era difícil de ser superado como animal doméstico — burocraticamente doméstico — e, mesmo assim, inepto em detalhes. Se Elza não lhe pusesse as meias em cima da cama ou não lhe abotoasse os suspensórios, sairia descalço ou com as calças caindo pela rua. Seu café da manhã era um cafezinho e uma banana. Ia cedo, de bonde ou lotação, para o jornal ou revista e, se se transformava num lobisomem, só podia ser à tarde — porque voltava à noite para casa com a docilidade de uma ovelha.

Chegava por volta de nove ou nove e meia, com o bombom de Elza e o embrulho de manteiga dependurado no dedo mínimo. Sentava-se para comer a papinha da úlcera e muitas vezes acordava Nelsinho para juntar-se a eles. Era de uma humildade tibetana: servia-se das travessas a uma colher de cada vez. Nunca enchia o prato. Comia devagar, acompanhando a garfada com um pedaço de pão com manteiga. Mastigava meticulosamente, como se a úlcera tivesse um sono leve, que qualquer bocado mais rijo pudesse despertar. Tomava uma gelatina de sobremesa (mantinha estoques na despensa), contava uma história engraçada da redação e punha discos de ópera. Os outros iam dormir e ele abria a Remington. Enfiava duas laudas com carbono no rolo e escrevia até quase dormir sobre a máquina.

Não interferia na economia doméstica, nem acompanhava os boletins escolares dos filhos. Só se meteu uma vez, quando Joffre ficou em segunda época de desenho e francês, no quarto ano de ginásio, em 1952. O colégio era o São José, na Tijuca, e o professor das duas matérias era padre Fidélis. Para a prova de francês, Joffre tomou umas aulas com Albert Laurence, colega de Nelson na *Última Hora* e francês de verdade, marselhês de quatro costados. Joffre foi fazer a prova, confiante no exame oral. Mas padre Fidélis fulminou-o de saída:

"Prova oral não interessa!" E reprovou-o por uma fração.

Nelson bufou como um dragão ao saber disso. Como não interessa a prova oral num exame de línguas? Foi pessoalmente ao São José. Tentou demover padre Fidélis, mas este não recuou de sua decisão. Nelson olhou-o de alto a baixo, cada botão da batina, e comentou:

"O senhor não merece a batina que veste!"

Nos fins de semana, passava a maior parte do tempo de pijama. Aos domingos pela manhã, ouvia o programa de operetas da rádio Nacional sob o patrocínio de Januário Ferragens. À tarde, Nelson tornava o profano sagrado e ia ao Maracanã como outros iam à missa. Distinguia cada vez menos o que se passava em campo, mas não perdia um jogo, mesmo que não fosse do Fluminense. Pegava Joffre e Nelsinho pela mão e iam a pé do Andaraí para o estádio, pela Maxwell. No caminho, na ida ou na volta, passavam pela rua Alegre e Nelson lhes falava de sua infância.

Para sua perplexidade, Joffre não se tornara Fluminense, mas Flamengo. Nelson o levara pela primeira vez a um jogo — Fluminense × Olaria, em Bariri — apenas para sacramentar a paixão tricolor do filho, que já lhe parecia líquida e certa. Comprara-lhe uma flâmula do Fluminense, de lã, como eram as flâmulas nos anos 40, e sentaram-se para esperar os gols de Orlando e os chutões de Pé de Valsa. Mas o Fluminense desapontou miseravelmente. O jogo terminou 1 × 1 e Joffre sentiu-se sem jeito com aquele pano colorido na mão. Poucas semanas depois foram ver Flamengo × São Cristóvão na Gávea. O Flamengo ganhou de 7 × 1, com um ponta rubro-negro quase careca chamado Esquerdinha fazendo misérias. Joffre tornou-se Flamengo. Nelson ficou besta, mas nunca tentou fazê-lo mudar de ideia. Só faltava agora que Nelsinho — que ele chamava de "torpinho" — imitasse o irmão mais velho e também virasse Flamengo. Mas Nelsinho tornou-se até mais tricolor do que o pai. E Elza, que era Flamengo, também se converteu.

Antes do dinheiro da indenização de *Crítica*, em 1956, os dois garotos tiveram uma infância modesta, porém decente. Estudaram em bons colégios da Tijuca, mas suas semanadas nunca lhes permitiram esbaldar-se nos prazeres da época, como bolas de couro, guaraná Caçula ou figurinhas da bala Ruth. E, quando o dinheiro de *Crítica* saiu e Nelson desapertou-se por uns tempos, esses prazeres já tinham ficado para trás.

Em 1957, Nelson respondeu a uma enquete da *Manchete* a respeito da "mulher ideal". Suas respostas, por mais sarcásticas, talvez digam mais sobre ele no dia a dia do que qualquer descrição:

Que tipo de mulher prefere? "A leitora de *Grande Hotel* [uma revista de fotonovelas]."

O que nota numa mulher à primeira vista? "A alma."

Qual a linha da moda feminina que mais aprecia? "Não acredito em moda."

Que pensa dos perfumes na mulher? "Prefiro o cheiro específico, nato, que cada mulher tem."

Qual a importância do físico numa mulher? "Não me ocorre nenhuma vontade interessante."

Qual a qualidade que mais aprecia numa mulher? "A ignorância."

Qual o defeito que mais condena nela? "Qualquer veleidade intelectual."

Tem necessidade de uma mulher ao seu lado? "Sim."

Acredita na diferença intelectual entre os sexos? "A mulher nunca precisa de inteligência."

Nos seus bate-papos diários depois do trabalho, prefere a presença dos homens ou das mulheres? "Acho o homem extremamente desagradável."

Qual a fase que mais aprecia nas relações com a mulher: namorada, noiva, amiguinha ou "caso"? "Sou admirador da namorada."

Considera que a mulher tem de ser uma boa dona de casa? "Considero que a mulher só tem de ser dona de casa."

Acha que numa mulher não se deve bater nem com uma rosa? "Questão de gosto."

Esqueça a tolice das perguntas. Todos os entrevistados na enquete (Di Cavalcanti, Ibrahim Sued, o arquiteto e pintor Flávio de Carvalho, o cantor Francisco Carlos, o ator Maurício Barroso, o colunista José Alvaro e outros) tentaram fazer média com um novo tipo de mulher independente que começava a aparecer. Menos Nelson. Exceto na última pergunta, quando — também ao contrário de Nelson, que foi ambíguo — vários disseram explicitamente que se devia bater, sim.

Nelson teve um acesso de tosse naquela madrugada de 22 de novembro de 1958 e acordou ensopado no próprio sangue. Os pontos da cirurgia tinham estourado. Elza, ao seu lado, acendeu o abajur do criado-mudo: um chafariz vermelho esguichava através do paletó do pijama de Nelson.

Três dias antes, um sábado, ele tivera a vesícula extraída na casa de saúde Santa Luzia, na avenida Mem de Sá, na Lapa. A casa de saúde estava longe de ser um dos centros mais sofisticados da medicina mundial, mas era onde operava o seu médico, doutor Hugo Cotta dos Santos, um velho amigo. No dia seguinte à operação, domingo, incendiado por uma febre invencível, Nelson vomitou uma secreção preta. Ficou muito assustado. Doutor Hugo tentou tranquilizá-lo, era uma reação normal daquele tipo de pós-operatório. Mas Nelson não queria acreditar. Julgou-se no umbral da morte, o médico é que estava mal informado. Perguntou se podia fumar.

Para sua surpresa, doutor Hugo respondeu:

"Não devia, mas, se você estiver com muita vontade, um cigarrinho só, eu deixo."

Nelson diria depois a Elza que, naquele momento, teve a certeza da morte. Se o médico o deixava fumar, é porque ele estava nas últimas.

Elza pôs um Caporal Amarelinho nos lábios de Nelson e acendeu-o. Na primeira tragada, que não houve, Nelson cuspiu tossindo o cigarro. Não conseguia engolir a fumaça — como doutor Hugo sabia que iria acontecer, e só por isso lhe permitira acender o cigarro.

Mas doutor Hugo não conseguiu resistir à insistência de Nelson para sair do hospital e convalescer em casa. Na segunda-feira teve de deixá-lo ir, com febre e tudo. Nelson foi transportado no De Soto e subiu a pé, e não de maca, os quase vinte degraus que levavam ao segundo andar de sua casa na rua Agostinho Menezes. Meteu-se na cama e, na madrugada seguinte, teve uma inchação intestinal que lhe provocou o acesso de tosse. Os pontos da parede abdominal se romperam e o sangue jorrou através da incisão. Junto com o sangue, viria o resto.

Estava sozinho com Elza, Joffre e Nelsinho, sem uma enfermeira para assisti-lo. Joffre correu para o telefone e ligou para a casa de doutor Hugo, na Gávea. Doutor Hugo mandou que comprimissem com a mão o local de onde aflorava o sangue. Enquanto isso acionaria o Pronto Socorro com um médico de sua confiança. E ele também estaria a caminho.

A ambulância do Pronto Socorro cantou pneus pelas ruas escuras e fez o percurso entre a praça da República e o Andaraí em minutos. Foi o que salvou Nelson. Quando o doutor José Afonso, chefe de serviço do Pronto Socorro, entrou em seu quarto, Nelson começava a sofrer uma eventração — seus intestinos estavam saindo pelos pontos rompidos, como Medusa pondo a cabeça para fora. Doutor José Afonso entrou em ação e, daí a pouco, doutor Hugo também chegou. Devolveram as tripas ao seu lugar, aproximaram as bordas da incisão e aplicaram uma cinta de esparadrapo. Horas depois, puderam submetê-lo à primeira das muitas transfusões.

Nelson recuperou-se do susto — mais um —, mas recusou-se a voltar para a casa de saúde. Doutor Hugo novamente teve de concordar. Nunca vira paciente mais teimoso. Mas Nelson não poderia ficar naquele quarto, impraticável para se trabalhar numa emergência. O médico examinou a casa e optou pela

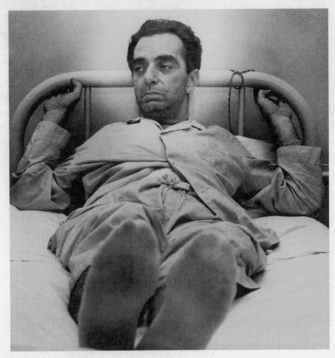
A traição da vesícula: corpo a corpo com a morte

sala, no primeiro andar. Desceram-no na maca, trouxeram a cama e o instalaram ali. Não é que isso pareça um absurdo hoje. Era um absurdo na época e os médicos sabiam disso, mas só à força, amarrado, Nelson seria levado para a casa de saúde — o que eles não quiseram fazer. E então Nelson começou ali uma provação de quase três meses.

A incisão cicatrizou, mas ele continuava com a febre alta e persistente, cuja origem ninguém conseguia identificar. Outros médicos foram chamados para examiná-lo, mas ninguém quis fazer um diagnóstico definitivo. Devido ao seu histórico, pensou-se numa recidiva da tuberculose. Mas essa hipótese foi afastada, porque a febre variava a níveis de placar de basquete americano — entre 39 e quarenta graus. Outra hipótese nesses casos é a de câncer. Durante uma semana, Nelson "teve" câncer. A vizinhança foi vê-lo como se cada visita fosse uma despedida. Até na *Última Hora* acreditou-se nisso.

Alguns parentes recorreram ao espiritismo. Chamou-se o "vidente" Pedro Fumagali, guru de Elsinha, irmã de Nelson. Pedro Fumagali queria fazê-lo beber uma poção de ervas misteriosas, mas doutor Hugo não permitiu. Dispensava a ajuda do Além — o Aquém daria conta do recado. Consentiu apenas nas rezas. Descobriu-se também que Nelson era cardíaco.

Mas mesmo o exame mais simples era complicado na balbúrdia que cercava aquele tratamento. Durante o dia, o "quarto" de Nelson tinha às vezes uma plateia de Fla-Flu. Era um entra e sai de irmãos, cunhados, sobrinhos, vizinhos e gente que nunca o tinha visto mais magro e abatido. Quando ele tinha de tomar banho ou fazer cocô, as visitas saíam para a calçada e Elza instalava a bacia ou a comadre. Era ajudada por sua mãe e pela empregada. Assim que Nelson estava recomposto, a sala se enchia de novo. Essa multidão tomava cafezinho, alguns lanchavam, outros almoçavam e jantavam. A empregada de Elza pediu demissão.

Poucos amigos foram ver Nelson. Um deles foi Paschoal Carlos Magno, que, recentemente, o atacara por *Os sete gatinhos*. Nelson recebeu-o comovido.

Nas raras vezes em que se via sem ninguém, Nelson chamava sua sogra: "Dona Concetta, fique comigo. Venha me ouvir gemer."

À noite, Nelson dormia mal, por causa da febre. Queria ter os pés sobre o colo de Elza, porque tinha medo de morrer sozinho.

No começo de março, a febre passou por si. O pesadelo acabara. Hoje sabe-se que ele saíra do hospital com uma infecção urinária, provocada por um germe resistente, e que o seu próprio organismo encarregara-se de combater.

Sua coluna na *Manchete Esportiva* ficou interrompida de novembro de 1958 a março de 1959, em plena decisão do campeonato carioca, uma das mais caprichosas de todos os tempos: Vasco, Flamengo e Botafogo haviam terminado teimosamente empatados e tiveram de ir para turnos e returnos extras entre eles, até que o Vasco foi finalmente campeão. Super-supercampeão, como o chamaram. Pois esses caprichos precisavam de um Nelson para narrá-los — e ele estava de cama, com quarenta graus de febre, prosaicamente lutando pela vida.

Em compensação, "A vida como ela é..." continuara saindo na *Última Hora* sem faltar um dia, como se Nelson fosse a maior saúde do Brasil. Colunas antigas foram reprisadas durante os mais de dois meses em que ele esteve fora, até Nelson descobrir que estava sendo descontado. Mas o que o amargurava era que Samuel Wainer não ia visitá-lo. Samuel estava nos Estados Unidos nos dias da operação. Mas voltara em duas semanas, mais do que a tempo de ir vê-lo ou pelo menos telefonar. Por que não fizera isso? Nelson lembrou-se de uma frase que Samuel teria dito a Ib Teixeira e Edmar Morel:

"Não tenho amigos, tenho interesses."

Como se podia ser tão frio? — Nelson perguntava aos amigos e parentes. Quando voltou a trabalhar, na primeira semana de março de 1959, foi queixar-se a Samuel:

"Você nem quis saber se eu estava vivo ou morto."

"Mas eu não sabia que você estava doente, Nelson", defendeu-se Samuel.

Nelson abriu os braços:

"Isso é de um cinismo atroz. Vai me dizer que não lê o seu próprio jornal?"

A *Última Hora* fizera duas matérias sobre Nelson naquele período. A primeira, logo nos primeiros dias, falava da cirurgia e do seu "abraço na morte". A segunda, algumas semanas depois, quando ele já estava melhor. Desta segunda vez, Pinheiro Jr., repórter do jornal, fora entrevistá-lo e Nelson o recebera na varanda.

Entre perguntas simpáticas sobre seu estado, Pinheiro Jr., com a maior delicadeza, quis saber:

"Nelson, supondo que você tivesse de dizer suas últimas palavras, quais teriam sido?"

Não se sabe se Nelson achou aquilo uma piada de necrotério; se quis provocar a redação da *Última Hora*, que certamente encomendara a pergunta; ou se teve outro motivo. Mas ficou sério e disse:

"Você promete que publica?"

O repórter fez que sim e molhou o lápis na ponta da língua. E Nelson, ardendo em febre:

"Então anota: 'Que besta graduada era o Carlos Marx!'."

Pinheiro Jr. anotou — e, surpreendentemente, a frase de Nelson ultrapassou incólume as brigadas marxistas da *Última Hora* e saiu no dia seguinte, 12 de dezembro de 1958.

23

Estrilando contra a censura a Boca de Ouro

— 1959 —
O REMADOR DE *BEN-HUR*

Nelson estava no ônibus, a caminho da casa de sua mãe no Parque Guinle, quando ao lado, no sinal, encostou uma banheira preta da presidência da República. Nelson viu pela janela o militar fardado no banco de trás, com o peito cravejado de medalhas, como um oficial prussiano. Só faltava a espada de ouro que lhe iriam oferecer. Era o marechal Henrique Duffles Teixeira Lott, futuro candidato da coligação PSD-PTB à sucessão de Juscelino no ano seguinte, um cidadão que os seus próprios adversários classificavam como "um monstro de honradez". Em suas mãos, aberto de uma página à outra, um jornal.

Lott estava lendo a *Última Hora*. Mais precisamente, o novo folhetim de Nelson, *Asfalto selvagem*.

Nenhum desdouro nisso — porque toda a cidade estava lendo *Asfalto selvagem*. O impressionante era que nem o "monstro de honradez", que todos imaginavam um homem dedicado exclusivamente à defesa da legalidade, do petróleo nacional e da educação moral e cívica, nem ele escapasse ao visgo daquele folhetim delirante de Nelson Rodrigues — dos poucos que Nelson assinava com o seu nome e em que estrelava o personagem mais erótico da literatura brasileira: Engraçadinha, linda e amoral como um bichinho de avenca.

Durante seis meses, de agosto de 1959 a fevereiro de 1960, centenas de milhares de leitores acompanharam a saga de Engraçadinha e de sua família — desde as origens, no Espírito Santo, até a grande tragédia que a obrigaria a mudar-se para o Rio, onde, vinte anos depois, esperava-a uma série inteira de pequenas tragédias. Mesmo para quem estava habituado às ousadias de Nelson em "A vida como ela é...", *Asfalto selvagem* era chocante:

"Como é que deixam?!", perguntavam-se muitos, resfolegando sobre o seu capítulo diário.

E não era porque, em seus 112 capítulos, *Asfalto selvagem* contivesse três defloramentos, uma mutilação genital, dois suicídios, uma curra, um assassinato, agressões lésbicas, dois exames ginecológicos, incontáveis adultérios e uma cena lindíssima de sexo debaixo de chuva torrencial — tudo isso num jornal diário, ao lado dos horóscopos e das receitas de pavê. O ministro da Justiça de Juscelino nessa época, e que se revelava tão esplendidamente arejado e liberal, chamava-se Armando Falcão — aquele que, na mesma função, mas sob os militares, iria proibir até o balé Bolshoi.

Asfalto selvagem não foi incomodado, mesmo porque aquelas coisas eram a oração matinal das páginas policiais. O que tornava *Asfalto selvagem* tão diferente (e mais "forte") do que "A vida como ela é..." era que, nele, ao ouvir a voz interior de seus personagens, reconhecíamos a nossa própria voz.

Em "A vida como ela é...", até por uma questão de formato (uma história completa e acabada por dia), Nelson precisava ser sucinto e limitar-se a descrever a movimentação física dos personagens. Já *Asfalto selvagem* tinha o espaço de um romance — aliás, era um romance, em duas longas partes. Neste, Nelson podia vasculhar à vontade a cabeça dos personagens, ir buscar as imagens e fantasias que eles escondiam deles mesmos e expor as mazelas íntimas até dos mais virtuosos. (Principalmente destes.) E podia estender-se também em comentários sobre a época, o lugar e a condição humana, através da sua visão particularíssima do mundo. Por aí pode-se fazer uma ideia do amplo território coberto por *Asfalto selvagem*. Não seria uma heresia afirmar que, mais até do que o teatro, o veículo ideal para Nelson era o romance.

A primeira parte da história passa-se em Vitória, por volta de 1940. Engraçadinha surge aos dezoito anos completos, mas Nelson informa que, desde os treze, ela já tinha um corpo de mulher, a boca de beijos, o instinto animal. É noiva por conveniência de um sujeito apagado chamado Zózimo e, ao mesmo tempo, apaixonada por Sílvio, seu primo. Mas Sílvio também está noivo, de Letícia, outra prima. Todos desejam Engraçadinha: Zózimo, Sílvio, Letícia. Até aí, nada muito diferente dos fechados rocamboles amorosos de Suzana Flag. Mas, assim como acontecera com o seu teatro a partir de *A falecida*, Nelson abriu a narrativa em *Asfalto selvagem*: situou-a num espaço e tempo definidos, com situações do cotidiano, personagens reais (de Hitler a Benedito Valadares) e um hilariante elenco de padres hipócritas, médicos canalhas e tias velhas e lelés.

Engraçadinha não pode amar Sílvio porque ele é, na verdade, seu irmão, produto de um *faux pas* de seu pai com a cunhada. Ao descobrir que é irmão, não primo, Sílvio decepa seu próprio pênis com uma navalha — não sem antes deixar Engraçadinha grávida. Ao ver a derrocada moral de sua família, doutor Arnaldo, pai de Engraçadinha, mata-se com um tiro na cabeça. Destruída sua família, Engraçadinha casa-se com Zózimo e se muda para o Rio, levando o filho de Sílvio no ventre. Termina a primeira parte de *Asfalto selvagem*.

Muitas peripécias desta primeira parte soam como ecos do passado profundo de Nelson. A lenta agonia de Sílvio no hospital lembra a de seu irmão Roberto. O pai morre por causa do filho, assim como Mario Rodrigues morrera por causa de Roberto. Só que doutor Arnaldo não morre de "desgosto", mas de um tiro na cabeça. E, após a morte do pai de Engraçadinha, a família perde a sua espinha dorsal, como acontecera com a família de Nelson depois da morte de Mario Rodrigues. Com as modificações exigidas pela ficção, era a mesma história em linhas gerais. E era cruel, mas irônico: Nelson, que vira os Rodrigues protagonizando as situações de folhetim que ele tanto gostava de ler em criança, traduzia agora a sua própria experiência de vida nesse gênero de literatura.

Para construir o fascinante personagem de doutor Arnaldo — advogado, orador e político capixaba com todo o perfil da "reserva moral" —, Nelson usou um compósito de pessoas. Doutor Arnaldo era Mario Rodrigues, na sua insistência neurótica em parecer "um homem de bem". Era também o próprio Nelson, mais do que nunca consciente dos abismos internos de todo ser humano. E era Getulio Vargas, ao matar-se para imacular a comunidade (no caso, sua família) do atoleiro para o qual, sem querer, a arrastara. Evidente que o leitor não precisava saber disso para apaixonar-se pela trama de *Asfalto selvagem*. E quem poderia reconhecer certos detalhes, exceto os mais chegados a Nelson?

Nelson terminou a história de Engraçadinha adolescente e deu início imediatamente à segunda parte — passada no Rio daquele próprio ano de 1959, com um tom palpitante de atualidade. A ligação entre as duas partes era feita pelo doutor Odorico Quintela, um jovem advogado de Vitória que discursara no enterro de doutor Arnaldo e agora, vinte anos depois, era juiz de direito no Rio. Durante aquele seu remoto discurso no cemitério, ele não conseguira tirar os olhos de Engraçadinha com o vestido colado ao corpo pela chuva que caía no enterro. Momentos houve em que doutor Odorico temeu misturar o discurso em que exaltava as virtudes do morto ilustre com as infâmias que lhe estavam passando pela cabeça. Teve medo de dizer em voz alta, diante dos túmulos:

"Meus senhores e minhas senhoras! Não é nada disso! O que interessa são os peitinhos da nossa Engraçadinha! Amigos, orai por esses dois seios pequeninos!"

Quando a história recomeça, no Rio, doutor Odorico (agora um senhor distinto, de chapéu e bigodes, misto de Epitácio Pessoa com Adolph Menjou) esbarra na esquina de Rio Branco e Ouvidor com uma colegial — "Ela teria o quê? Digamos uns quinze, dezesseis (ou quatorze)" — que é a própria Engraçadinha rediviva. Sem tirar nem pôr: a mesma boca sensual, os mesmos seios pequeninos, os mesmos quadris frementes. Conversa com ela e descobre que é Silene, filha de Engraçadinha. "Deus está nas coincidências", pensa doutor Odorico. (Outras vezes chega a assumir que é o diabo que está por trás das coincidências.) Nunca mais vira Engraçadinha, nem sabia que ela se mudara para o Rio. E agora descobria que a desejara durante todos aqueles anos.

Mudara-se para o Rio era maneira de dizer. Engraçadinha morava (com Zózimo) em Vaz Lobo, um subúrbio fora do planeta, e os dois viviam em digna pobreza com os cinco filhos: Durval (filho de Sílvio, que Zózimo assumira) e as quatro moças, das quais Silene era a caçula. Doutor Odorico viu aí a sua chance de consumar a antiga paixão por Engraçadinha — nem que tivesse de usar sua influência, suas amizades com jornalistas e sua carteirinha do Poder Judiciário. Mas a sofrida Engraçadinha, que continuava a ser uma mulher belíssima (lembrava a Vivien Leigh de ...E o vento levou), enterrara toda a sua volúpia na religião. Era agora protestante convicta. Nem com Zózimo fazia sexo — quer dizer, ele fazia com ela, mas ela não. Esquecera-se de si mesma e sua única preocupação era evitar que Silene saísse a ela no passado: o desejo personificado. O que, naturalmente, não conseguirá. Silene tem um namorado, Leleco, que irá matar por causa da menina e cair nas garras de um repórter sem escrúpulos (Amado Ribeiro, da *Última Hora*). Doutor Odorico tentará ajudar Silene e Leleco, mas só para ter Engraçadinha. E ela, ao final, perderá seus pudores, mas não por ele.

Enquanto a história se passa, o Rio está assistindo ao filme de Louis Malle, *Les amants*, em que Jeanne Moreau e Jean-Marc Bory supostamente praticam um "fellatio", imperceptível aos olhos de hoje, mas que, na época, era um deus nos acuda. O filme é um background para toda a ação: os que mais o condenam são os que mais querem vê-lo, desde que ninguém fique sabendo. Doutor Odorico é um deles. Na porta do Pathé, na Cinelândia, ao ter o braço travado por uma conhecida gorda e patusca que vocifera hipocritamente contra *Les amants*, doutor Odorico tem um momento de lucidez:

"— Os culpados somos nós! Esse filme, quando estreou, era tão inocente, tão puro! Nós é que corrompemos o filme, nós! E, agora, o filme não é o mesmo: — está degradado pela plateia! Qualquer dia a senhora há de ver os artistas improvisarem cacos, piadas obscenas. Passar bem, minha senhora!"

É quase uma receita de Nelson sobre como deveriam enxergar a sua obra.

Se a primeira parte de *Asfalto selvagem* já era impressionante, a segunda era sensacional, porque Nelson misturava os personagens da ficção com figurantes de carne e osso — a maioria jornalistas seus amigos, que apareciam no folhetim com os seus próprios nomes e, às vezes, nas piores situações: Otto

Lara Resende, Wilson Figueiredo, Paulo Mendes Campos, Helio Pellegrino, Carlinhos de Oliveira, Hermano Alves, Ib Teixeira, Raimundo Pessoa, Amado Ribeiro, o fotógrafo Paulo Reis, o crítico musical Eurico Nogueira França, inúmeros outros. Não se sabe como alguns deles não se irritaram com Nelson. O caso de Amado Ribeiro é o mais incrível: aos 27 anos em 1959, ele era exposto em *Asfalto selvagem* como o repórter policial mais cafajeste da face da Terra, capaz de achacar suspeitos, inventar culpados, chantagear a mulher da vítima e o diabo a quatro, tudo para vender jornal. Não que Amado Ribeiro não fosse parecido com aquilo na vida real, mas Nelson não teria exagerado?

"Não, eu sou pior!", gabava-se Amado Ribeiro.

O futuro historiador da música popular José Ramos Tinhorão, então copy desk do *Jornal do Brasil*, era mostrado como um jovem sátiro a bordo de um calhambeque e mantendo um caderninho onde anotava os nomes de suas conquistas — a maioria das quais iludia com a promessa de que Accioly Neto mandaria fotografá-las para a capa de *O Cruzeiro*. O articulista político Hermano Alves aparecia assinando uma coluna no *Jornal do Brasil* a que qualquer desconhecido tinha acesso para "plantar" uma nota contra terceiros. Um soneto erótico de Otto Lara Resende era usado por doutor Odorico como aríete para vencer a resistência de Engraçadinha. E o rubor de Wilson Figueiredo era evocado publicamente, mas como pretexto para Nelson descarregar sua antipatia por Gustavo Corção:

"— O simples rubor da face é uma indicação de sentimentos elevados", dizia doutor Odorico a folhas tantas. "— Já o Corção é um pálido. E não escreve uma vírgula sem uma vaidade de prima-dona decotada!"

Alceu Amoroso Lima, em contrapartida, era comparativamente bem tratado. Numa passagem, doutor Odorico dizia para Engraçadinha:

"— O Tristão de Athayde. É um sábio católico. Sujeito de bem, ouviu? De bem! Pois o Tristão disse que se tirassem do homem a Vida Eterna — o homem cairia de quatro, imediatamente!"

Mas, em seguida, doutor Odorico fica na dúvida: "— Foi mesmo o Tristão que disse isso?". Para piorar, Nelson dava ao ginecologista praticante de abortos o nome de doutor Alceu, como Tristão era mais conhecido. Outro atrevimento de Nelson em *Asfalto selvagem* foi batizar de doutora Bruma uma médica "de nádegas maciças e grande sensibilidade nos seios", citada quase no começo da história. O nome Bruma, não muito comum no Brasil, talvez remetesse ao de Bluma Wainer, a primeira mulher de Samuel Wainer, agora casado com Danuza Leão. Mas Samuel não disse nada.

As pequenas maldades de Nelson proliferam em *Asfalto selvagem*. Dois figurantes conversam numa sala onde se encontra doutor Odorico. Um deles cita o famoso conselho de Guimarães Rosa aos jovens escritores: "— Não façam biscoitos, façam pirâmides!". E fulmina: "— Mas o que é a obra de Guimarães Rosa senão uma pirâmide de confeitaria?".

Juscelino, Carlos Lacerda, Jânio Quadros, Juraci Magalhães, Israel Pinheiro, Lourival Fontes, Sobral Pinto, Gilberto Amado, Neiva Moreira, Almino Affonso,

Augusto Frederico Schmidt, Abraão Medina (dono das lojas Rei da Voz), Benício Ferreira Filho (cartola tricolor e diretor da financeira Prolar), Abdias do Nascimento, o historiador Pedro Calmon, o poeta Lêdo Ivo, todos entram e saem da história (vários deles respingados), como tema de conversas soltas entre protagonistas ou coadjuvantes, como se o narrador as captasse casualmente na rua. Na verdade, eram a maneira de Nelson fazer colunismo político, crítica literária e crônica social — sem paralisar a ação e, ao mesmo tempo, escrever o que pensava sobre cada um.

Por exemplo: doutor Odorico está na rua e precisa telefonar. Entra num armazém. Alguém está usando o telefone. O sujeito fala aos berros:

"—Tem lido as memórias do Gilberto Amado? Escuta! É uma falsificação! O Gilberto não apresenta um pulha, um canalha! Em toda a República, ele não vê um presidente patife, um ministro sem-vergonha, um sábio que seja nobre e limpamente um cavalo de 28 patas! No seu mural, falta o excremento. Não enxerga uma prostituta na família brasileira. O Gilberto faz relações públicas com o passado. Reabilita e promove uma série de cretinos retrospectivos!"

A ideia de ouvir alguém discutindo as repolhudas memórias de Gilberto Amado num armazém, entre latas de banha e sacos de farinha, já era engraçada, principalmente para quem conhecia o empavonado Gilberto. Mas com isso Nelson criava também a ilusão de um Rio literário e político, uma Paris a quarenta graus, onde todos eram articulados e tinham opinião sobre tudo. *Asfalto selvagem* era assim, da primeira à última linha.

Numa das passagens mais bem construídas, enquanto Leleco e Silene fazem amor num quarto do Bar do Pepino, na avenida Niemeyer (era a sublime primeira vez de ambos), três jornalistas — Ib Teixeira, Raimundo Pessoa e Tinhorão — discutem aos berros sobre a próxima sucessão presidencial bem debaixo da janela dos amantes. Os jornalistas já dão Jânio como eleito, mas garantem que ele não completará o mandato. Será morto antes, porque está louco para isso. Nelson corta de uma cena para outra:

"— A cronologia é: — morte de Jânio, golpe, guerra civil!", esbraveja um dos jornalistas lá fora.

No quarto, nus, Leleco implora a Silene que diga um palavrão baixinho em seu ouvido para excitá-lo.

A segunda parte de *Asfalto selvagem* foi quase uma criação coletiva. Nelson já tinha toda a história na cabeça desde o começo, mas diversas variações e subtramas lhe foram sendo sugeridas, de propósito ou sem querer, pelos jornalistas que ele metia na história. Nem todos esses jornalistas Nelson conhecia o suficiente para envolvê-los em certas situações. José Ramos Tinhorão, por exemplo. Wilson Figueiredo, seu colega no *Jornal do Brasil*, descreveu-o para Nelson: "É um rapaz assim, assado"; Nelson criou um novo Tinhorão em sua cabeça e o apresentou como se fosse o verdadeiro. Na vida real Tinhorão tinha realmente um carro caindo aos pedaços, um Ford 1935 azul-marinho, conversível, e frequentava de fato o Bar do Pepino — o qual existia e foi um precursor dos motéis de São Conrado, mas a que também se ia apenas para beber. Só que, num espasmo de total irresponsabilidade, Nelson pôs Tinhorão como o principal suspeito de ter deflorado e engravidado Silene. E, para sua nenhuma surpresa, o verdadeiro Tinhorão adorou!

Num caso talvez único na literatura, o destino dos protagonistas de *Asfalto selvagem* era discutido passo a passo entre o autor e os figurantes. Nelson ligava todo dia para Wilson Figueiredo no *Jornal do Brasil*, exatamente como doutor Odorico fazia na história. Perguntava a Wilson o que ele achara do capítulo daquele dia e ouvia de volta:

"Genial! Mas afinal, Nelson, o doutor Odorico vai ou não vai papar a Engraçadinha?", perguntava.

"Está difícil, Wilson. A moça é a virtude da cabeça aos chinelos."

"Olha, o Hermano aqui tem um palpite. Você não disse que eles são pobres? Faça doutor Odorico suborná-la com alguma coisa. Uma geladeira, por exemplo."

Nelson achava graça e dizia que ia pensar. Alguns capítulos depois, a geladeira — uma Sheer Look branca como uma catedral, comprada a crédito por doutor Odorico no Rei da Voz — materializava-se na casa de Engraçadinha. E Nelson fazia mais: obrigava doutor Odorico a converter-se à religião de Engraçadinha, achando que, com isso, ela iria para a cama com ele.

Wilson, Hermano, Tinhorão, Carlinhos de Oliveira e os outros adoravam sair em *Asfalto selvagem*. Otto Lara Resende, nem tanto. Otto fingia irritar-se. Ou se irritava de verdade, ninguém sabia ao certo. E com alguma razão: antes de Engraçadinha, e talvez mais do que Engraçadinha, ele era o leitmotiv da vida de doutor Odorico — um juiz que, na verdade, só tem a pose do juiz. (No fundo, sofre por ter nascido em Mimoso do Sul, ES, fez carreira lambendo botas e é casado com uma "víbora de túmulo de faraó".)

Em pessoa, Otto até que aparece pouco na história. Mas está permanentemente em cena na cabeça do juiz, que o vê como o sujeito mais brilhante do Brasil. Tudo o que doutor Odorico pensa, diz ou faz é em função do que Otto iria pensar ou dizer. "Ah, se o Otto me visse!", ou, depois de dizer uma boa frase: "Essa foi digna do Otto!". Otto é o norte de doutor Odorico, seu "O céu é o limite", sua estrela-guia. Essa admiração obsessiva o faz também viver citando as frases de Otto ("Não tenho uma opinião no bolso e outra na lapela!") e as lambendo como se elas fossem um "Jajá" de coco. Como se Otto fosse incapaz de dizer um bom-dia sem pingar-lhe um toque de gênio.

Nelson descreve o juiz indo à casa de Otto, no único encontro entre os dois no romance:

O diálogo com o escritor mineiro era para [doutor Odorico], se assim posso dizer, um excitante, um afrodisíaco espiritual de primeira ordem. A inteligência jorrava do Otto Lara assim como a água dos tritões de chafariz. Foi encontrar aquele jovem espírito remexendo uma papelada imensa. Doutor Odorico deduziu que estaria, ali, a obra que o escritor ia construindo nos intervalos dos seus bate-papos antológicos.

O juiz observa, com uma cálida simpatia intelectual:

— O amigo produz muito!

De cócoras, a mão enfiada naquele torvelinho de papéis rabiscados, o Otto Lara deixa escapar um dos seus lampejos admiráveis:

— Eu sou o autor de muitos originais, e de nenhuma originalidade!

Foi tal o deleite do juiz que chegou a perder a fala. Mais do que nunca, pareceu-lhe humilhante o brilho do Otto Lara. E lamentou que um taquígrafo não andasse atrás dele, as 24 horas do dia, pago pelo Estado, para imortalizar-lhe as frases perfeitas, irretocáveis. Só uma coisa admirava o doutor Odorico: é que esse gênio verbal não arrancasse de si mesmo, todas as semanas, uma Comédia humana, *uma* Divina comédia *ou* As vidas dos doze Césares.

Pois era isso que irritava Otto: essa cobrança de Nelson, essa exigência de que ele desovasse obras-primas semanais em forma de poemas, contos, novelas, romances, biografias, enciclopédias. Nelson não se conformava com que Otto vivesse batendo papo pelas esquinas e escrevesse tão pouco. Em outro trecho de *Asfalto selvagem*, Nelson, digo, doutor Odorico, compara Otto a um cano furado:

— Perfeitamente, cano furado! Assim como o cano furado esbanja água num esguicho perdulário, assim o Otto Lara esbanja espírito na conversa fiada. Nem a água chega à torneira, nem o espírito à página impressa e perdurável. Falei bem?

Mas, em *Asfalto selvagem*, não é só doutor Odorico que parece obcecado por Otto. A todo momento, sempre que um personagem senta-se num botequim ou toma um elevador, há uma rodinha discutindo a última frase do Otto sobre isto ou aquilo. Era como se ele fosse a consciência do Rio de Janeiro, a última palavra, sempre em disponibilidade para definir qualquer pessoa ou situação. Isso incomodava o tímido, modesto e mineiro Otto. O problema era que Otto podia ser tímido, modesto e mineiro — "um temperamento medieval, nascido em 1522", como ele se autodefinia —, mas a verdade é que dizia mesmo as frases geniais que Nelson admirava. E, quando não dizia, Nelson as inventava e as atribuía a ele.

"O Nelson Rodrigues está te levando ao ridículo", advertiu-o Carlos Drummond de Andrade.

Otto ficou preocupado e ligou para Nelson:

"Para com isso, Nelson!"

Nelson foi queixar-se ao amigo comum, Helio Pellegrino:

"O Otto está irritado porque eu o homenageio quase diariamente!"

E Helio, mais moleque do que nunca:

"Não liga, não, Nelson. Continue com as homenagens. O Otto adora aparecer."

Em 1959, Otto tinha 37 anos (dez a menos que Nelson) e acabara de voltar de uma temporada de três anos em Bruxelas, na Bélgica, onde fora adido

cultural do Brasil. Assim que Otto pisou no Galeão, Nelson capturou-lhe uma frase:
"A Europa é uma burrice aparelhada de museus!"
Assim como doutor Odorico, Nelson quase ficou sem fala. Não era de hoje a sua admiração pelo mineiro. Vinha desde 1946, quando Otto se mudara para o Rio, e essa admiração só fizera crescer nas várias redações por que passaram juntos: *O Globo*, *Última Hora*, *Manchete*. Com os anos, Otto tornara-se uma potência como jornalista (só ocupava agora cargos de diretoria), mas Nelson achava pouco os dois livros de contos e novelas que ele publicara até então.

A fixação de Nelson por Otto não caberia em compêndios. Mas, para Otto, essa fixação às vezes equivalia a ter um unicórnio no jardim, olhando-o pela janela. Nelson ia à sua casa na Gávea ou falava com ele por telefone quase todos os dias. Se Otto deixasse, teria de regular seus horários pelos de Nelson. Por isso, às vezes *desaparecia*.

Como no dia em que Nelson ligou três vezes para a casa de Otto e ouviu a mesma resposta da empregada:
"Doutor Otto não está."
E Nelson sabia que Otto estava. Resolveu ir em pessoa. Tomou o bonde no Andaraí e viajou mais de uma hora até a praça do Jóquei, perto da rua Artur Araripe, na Gávea, onde Otto morava. Subiu ao segundo andar do prédio sem elevador e bateu à sua porta. A empregada atendeu e deu a mesma resposta:
"Doutor Otto não está."
Nelson não desanimou. Foi para um botequim do outro lado da rua, pediu um cafezinho e ficou observando o movimento em frente ao prédio de Otto. Durante meia hora, ninguém parecido com Otto entrou ou saiu. Nelson pagou o café, atravessou a rua e subiu novamente ao segundo andar.
Bateu e, desta vez, o próprio Otto abriu:
"Você tinha razão, Nelson. Eu estou."

O último capítulo da segunda parte de *Asfalto selvagem* saiu no dia 1º de fevereiro de 1960. Nelson planejou uma terceira parte, que incluiria a morte de Engraçadinha e a continuação da história através de Silene. Mas resolveu fazer uma pausa. Nos últimos seis meses escrevera um capítulo diário de folhetim, sem interromper nem por um dia "A vida como ela é..." e sem contar as crônicas sobre futebol para *Última Hora*, *Jornal dos Sports* e *Manchete Esportiva*. Tinha todo o direito de exclamar:
"Trabalho mais que um remador de *Ben-Hur*", referindo-se ao filme com Charlton Heston, então em cartaz.
Naquele mesmo ano de 1960, *Asfalto selvagem* saiu em livro, em dois volumes, com os subtítulos *Engraçadinha — seus amores e seus pecados dos doze aos dezoito* e *Engraçadinha — depois dos trinta*. Foram lançados por J. (José) Ozon, um

veterano editor e caricaturista carioca, comunista histórico, velho amigo de sua família. Numa época em que as editoras brasileiras perseguiam o padrão francês de sobriedade, sem grafismos exagerados (no máximo, uma aquarela ou um bico de pena suaves), as capas de *Asfalto selvagem* pareciam destinadas à venda em quiosques ou mafuás.

A do primeiro volume, então, dificilmente poderia ser exibida numa casa de família daquele tempo, exceto encapada com papel pardo. Mostrava uma mulher nua, com uma leve tira de pano cobrindo-lhe o sexo, sobre um entusiasmado fundo laranja. Era como se seu próprio editor tratasse Nelson como um mero autor de pornografias. Mas Nelson não parecia se importar — porque as orelhas dos dois livros restabeleciam a verdade.

Quem comprou aqueles livros pelas capas e se deu ao trabalho de ler as orelhas deve ter ficado perplexo. As do primeiro volume traziam as opiniões de gente séria — Manuel Bandeira, Menotti del Picchia, José Lins do Rego, Gilberto Freyre, Walmir Ayala, Henrique Pongetti e Sábato Magaldi —, pondo Nelson nas alturas. Por pouco não devem ter afastado certos compradores. As do segundo volume, eruditíssimas e não assinadas, comparavam Nelson a Rabelais, Dante, Cervantes, Camões, Balzac, Zola, Górki, Eça, Aluísio de Azevedo e Lima Barreto, entre os que foram perseguidos em sua época por escrever a verdade. Genial, mas não combinava com aquelas capas propositadamente escandalosas.

A frase de Pongetti na orelha do primeiro volume resumia bem o sentimento corrente sobre Nelson: "A paixão com que o combatem ou endeusam vai da injúria à genuflexão, sem etapas intermediárias". Apesar de admirado por alguns pesos pesados, a opinião geral sobre Nelson naquela época era a de que ele não pertencia à literatura. Exceto por seu teatro, Nelson não era para ser levado a sério — nem mesmo como humorista ou crítico de costumes. Em 1957, R. Magalhães Jr. compilara a sua enorme *Antologia de humorismo e sátira — de Gregório de Matos a Vão Gôgo*, e não incluíra uma única vírgula de Nelson nas suas quatrocentas e tantas páginas.

Enxotado da literatura, Nelson tinha de contentar-se com o "povo". Ozon, seu editor, contava com distribuição nacional (escritórios em São Paulo, Niterói, Belo Horizonte, Fortaleza e Belém), o que explica que os dois volumes de *Asfalto selvagem* tenham chegado aos mais remotos grotões e tirado incontáveis edições. Incontáveis é bem o termo. Ozon era romântico e meio desorganizado, o que impede que se faça uma ideia de quanto rodou daqueles livros — assim como dos dois volumes de "A vida como ela é...", intitulados *Cem contos escolhidos*, que saíram em 1961. E, mesmo que se soubesse, a situação dos direitos autorais não era mais brilhante do que em 1944, quando Suzana Flag assolou o Brasil com *Meu destino é pecar*. Os livros se vendiam aos milhares, mas isso não parecia converter-se em dinheiro. Todos os escritores brasileiros se queixavam.

Era por isso que Nelson tinha de virar-se. Em 1960, antes de sair em livro, "A vida como ela é..." foi gravada em disco, num LP da Odeon, com um elenco

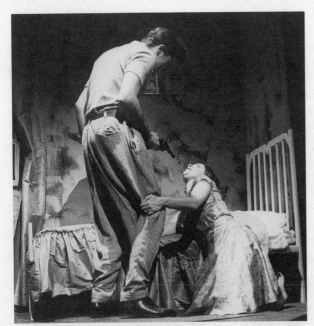

Tensão em Boca de Ouro: *Milton Morais como o "Drácula de Madureira" (acima); Ivan Cândido e Beatriz Veiga (esq.) como Leleco e Celeste*

Brasília, 1960: Nelson (com Joffre) na inauguração

da Rádio Nacional. Tornou-se programa de rádio, sendo narrada diariamente ao microfone da Rádio Clube às 23 horas por — ora, vejam só — Procópio Ferreira. E foi também lançada em fotonovela por Bloch Editores. Só faltaram adaptá-la para o "Holiday on Ice".

A revista *A vida como ela é... em fotonovela* tirou apenas o número um, em novembro daquele ano. Continha duas histórias, "Véu de noiva", com Moacir Deriquém e Iracema de Barros, e "O justo", com Angelito Melo e Jurema Streb. Era como *Sétimo Céu*, a outra revista de fotonovelas dos Bloch, só que para adolescentes ligeiramente mais sapecas — e, daí, proibida para menores de 21 anos... A 1º de janeiro de 1961, no entanto, mudou o governo. Nelson votara em Lott, mas foi Jânio quem tomou posse como presidente e uma nova equipe anunciou que ia moralizar o país. Com o que interrompeu-se preventivamente a produção da fotonovela.

Era por essa e por outras que Nelson gostava de Juscelino.

Gostava tanto que, no dia 21 de abril de 1960, por exemplo, Nelson cometera a suprema façanha de sair do Rio e amanhecer em Brasília, depois de vinte horas de ônibus pela estrada. Nada mal para quem dizia que, "a partir do Méier, começava a sentir uma infinita nostalgia do Brasil".

O CPOR (Centro de Preparação de Oficiais da Reserva), onde seu filho Joffre fazia o serviço militar, fretara três ônibus e estava levando noventa estudantes secundários, meninos e meninas, para a inauguração da cidade. O comandante convidara Nelson a ir com eles, Nelson aceitara e Samuel Wainer garantira-lhe a hospedagem na capital, em troca de um artigo que ele mandaria de lá. O artigo, "A derrota dos cretinos", teve chamada de primeira página na *Última Hora* do dia 22 e era uma venenosa provocação aos inimigos da cidade.

Nelson descreve como o ônibus que varou a Belo Horizonte-Brasília tinha de parar a todo instante para que os jovens, inclusive as meninas, fizessem xixi nas moitas à beira da estrada. Chamou aquilo de uma "cistite cívica", uma urgência das moças, como se elas sentissem que "a História as solicitava". Em seguida, elogiou a poeira cor de canela de Brasília e contestou o poeta Drummond, que escrevera contra aquela poeira no *Correio da Manhã*. Na argumentação de Nelson, o novo Brasil se construiria da poeira de Brasília, e não higienicamente instalado em Copacabana, como Drummond, a milhares de quilômetros. E disse mais: que, um dia, haveria de ver o poeta "sujando-se limpa e nobremente no pó de Brasília, batendo martelo, entupido de barro, dando rijas e sadias marteladas, e depois expelindo fogo pelas ventas".

Nelson nunca veria Drummond fazer isso, é claro, mas Brasília também não corresponderia aos seus sonhos. Muitos anos depois, numa das "Confissões" em *O Globo*, ele diria amargurado:

"Em Brasília todos são inocentes e todos são cúmplices."

***

O ônibus que Nelson tomava quase todo dia na Central do Brasil para ir almoçar com sua mãe era o "115", da linha Laranjeiras-Estrada de Ferro. Um dos choferes, um pernambucano chamado Rubem Francisco da Silva, gostava de exibir-se: tinha 27 dentes na boca, mas eram todos de ouro. Abria a boca no ponto final da rua General Glicério e dizia:

"Olha só! Pode contar, um por um! E não é coroa, é maciço! Ouro 24!"

Não se sabe se, rodando diariamente da Central às Laranjeiras com aquela boca de milhões, Rubem Francisco da Silva viveu para ver o espetáculo. Mas Nelson capturou o mote dos seus dentes, combinou-o com um personagem real do submundo carioca, o bicheiro Arlindo Pimenta, e com esse material produziu a sua nova peça: *Boca de Ouro*.

A exemplo de *Álbum de família*, *Anjo negro*, *Senhora dos afogados* e *Perdoa-me por me traíres*, também *Boca de Ouro* tropeçou na censura e atravessou alguns meses de 1960 interditada, até Nelson desembaraçá-la com Armando Falcão. Ziembinski levou-a para montá-la em São Paulo, em dezembro, no antigo Teatro Federação, mais tarde Cacilda Becker. Seria a única estreia paulista de Nelson — e um retumbante fracasso. Ziembinski, contra todas as evidências de que não iria dar certo, insistiu em ser, ele próprio, Boca de Ouro.

É certo que Nelson definira o personagem como o "Drácula de Madureira", o "Rasputin suburbano". Mas essas imagens centro-europeias não obrigavam a que o ator que o representasse tivesse de falar com um sotaque em que as consoantes se atropelavam. A não ser que, por Boca de Ouro ter nascido numa pia de gafieira, Ziembinski atribuísse aquele sotaque ao fato de que Boca de Ouro talvez fosse filho de uma "polaca" do Mangue. Mas era inútil: Boca de Ouro era um malandro de subúrbio carioca, com ginga, malícia e swing próprios — o que Ziembinski, com toda a sua vivência do Rio, era incapaz de reproduzir. Foi essa a opinião de Décio de Almeida Prado, com a qual Sábato Magaldi concordou, e, com isso, *Boca de Ouro* calou-se rapidamente em São Paulo.

Mas ressuscitou gloriosamente no Rio um mês depois, em janeiro de 1961, com direção de José Renato e o elenco perfeito: Milton Morais, como Boca de Ouro; Vanda Lacerda, como sua ex-amante Guigui; Ivan Cândido, como sua suposta vítima, Leleco; Beatriz Veiga, como sua nova amante Celeste; e Tereza Rachel, como sua assassina, Maria Luísa. No seu hábitat natural, *Boca de Ouro* ganhou outra dimensão, que levaria Helio Pellegrino a escrever uma ode sobre o personagem em *O Jornal*:

"*Boca de Ouro*, nascido de mãe pândega, parido num reservado de gafieira, tendo perdido o paraíso uterino para defrontar-se com uma realidade hostil e inóspita, sentiu-se condenado à condição de excremento", escreveu Helio. "Seu primeiro berço foi a pia da gafieira, onde a mãe, aberta a torneira, o abandonou num batismo cruel e pagão. Essa é a situação simbólica pela qual o autor, com um vigor de mestre, expressa o exílio e a angústia humana do nascimento, o traumatismo que nos causa, a todos, o fato de sermos expulsos do Éden e rojados ao mundo, para a aventura do medo, do risco e da morte. Boca de Ouro, frente a essa angústia existencial básica, escolheu o caminho da violência e do ressentimento para superá-la. Ele, excremento da mãe, desprezando-se na sua enorme inermidade de rejeitado, incapaz de curar-se dessa ferida inaugural, pretendeu a transmutação das fezes em ouro, isto é, da sua própria humilhação e fraqueza em força e potência.

"Essa alquimia sublimatória ele a quis realizar através da violência, da embriaguez do poder destrutivo pela qual chegaria à condição de deus pagão, cego no seu furor, belo e inviolável na pujança da sua fúria desencadeada. Ao útero materno mau, que o expulsou e o lançou na abjeção, preferiu ele, na sua fantasia onipotente, o caixão de ouro, o novo útero eterno e incorruptível onde, sem morrer, repousaria."

Nelson leu isso com os olhos turvos pelas lágrimas. Apontou para Helio Pellegrino e exclamou:

"É o nosso Dante!"

24

Com Lúcia: fundando a "solidão a dois"

— 1961 —
A VOZ SOLITÁRIA

"Protesto em nome da família brasileira!", gritou um espectador exaltado, em cena aberta de *Beijo no asfalto*. Todos se voltaram para ele: os outros espectadores, o elenco, os contrarregras. Era como se aquele homem de gravata, sobraçando uma honesta pasta, representasse ali, na plateia do Teatro Ginástico, a típica célula familiar brasileira de 1961, composta de marido, mulher, amante, um casal de filhos, a sogra, a cunhada, o gato e o papagaio. Alguém ainda tentou reagir:

"Cala a boca!"

Mas outras vozes se juntaram à do homem de pasta:

"Isto é um acinte!"

"Onde está a polícia que não fecha esta indecência?"

O motivo da revolta era uma fala de Selminha, interpretada por Fernanda Montenegro, quando ela tentava defender a virilidade de seu marido Arandir (Oswaldo Loureiro) contra as sórdidas insinuações do delegado Cunha (Ítalo Rossi) de que Arandir seria homossexual:

"— Ou o senhor não entende quê? Eu conheço muitas que é uma vez por semana, duas e, até, quinze em quinze dias. Mas meu marido todo dia! Todo dia! Todo dia! (*Num berro selvagem.*) Meu marido é homem! Homem!"

A insurreição da plateia só não foi adiante porque maridos em quantidade apreciável, talvez pouco assíduos em suas obrigações domésticas, tomaram suas mulheres pelo braço e retiraram-se masculinamente do teatro. Uma dessas mulheres protestou:

"Eu não quero ir, Aparício! Quero ficar!"

Mas foi arrastada do mesmo jeito.

Fernanda Montenegro levara mais de um ano para extrair uma peça de Nelson para a sua companhia, o Teatro dos Sete. Procurara-o pela primeira vez em fins de 1959 e ele lhe prometera a peça. Passaram-se semanas e nada de peça. Fernanda começou a telefonar-lhe na *Última Hora*. Nas primeiras vezes, Nelson atendeu e deu uma desculpa:

"Muito trabalho, meu anjo. Trabalho pra chuchu!"

Não era exagero: Nelson estava escrevendo *Asfalto selvagem* e "A vida como ela é..." diariamente na *Última Hora*, uma coluna também diária no *Jornal dos Sports* e, além disso, já tinha uma peça pronta, que era *Boca de Ouro*. Nas vezes seguintes, Nelson vinha ao telefone, falava "Alô?" e, quando percebia que era Fernanda, dizia com sua voz inconfundível:

"Mas aqui não é o Nelson, meu coração. É o Nestor."

Fernanda parou de ligar. Em fins de 1960, foi Nelson que a procurou, a ela e a seu marido Fernando Tôrres, para entregar-lhes *Beijo no asfalto*.

Escrevera-a em 21 dias, inspirado na história de um velho repórter de *O Globo*, Pereira Rego, que fora atropelado por um "arrasta-sandália" (um tipo de ônibus antigo) em frente ao Tabuleiro da Baiana, no largo da Carioca. Ao ver-se no chão, perto de morrer, Pereira Rego pedira um beijo a uma pessoa que se debruçara para socorrê-lo. Só que essa pessoa era uma jovem.

Nelson fez com que o atropelado na praça da Bandeira pedisse o beijo a um homem — Arandir. Um repórter, Amado Ribeiro (sempre esse homem fatal), da *Última Hora*, presencia o atropelamento e o beijo. Anota nome e endereço do atropelado e do outro, e vai a um delegado no desvio para propor-lhe a sua reabilitação: iriam criar um caso em cima daquele beijo no asfalto. Pederastia na via pública — um escândalo para vender jornal e parar a cidade. O repórter e o delegado forjam testemunhas e transformam o que fora um beijo de piedade num caso amoroso e sinistro entre dois homens.

A *Última Hora* estampa o caso em manchetes e em toda a cidade só se fala no "beijo no asfalto". Arandir, o rapaz que beijara, começa a ser perseguido no trabalho e se demite; seu sogro, que nunca gostara dele como genro, intriga-o com sua mulher; e até esta começa a duvidar. Quando a história ameaça esfriar, Amado Ribeiro (interpretado por Sérgio Britto) transforma o caso num crime e reúne indícios para provar que Arandir empurrara o sujeito para debaixo do lotação. É puro Kafka, o Kafka de *O processo*. Uma cidade inteira acredita na homossexualidade de Arandir. E é esmagador porque, agora, até sua mulher passou a acreditar. Ele é o único que sabe a verdade — uma voz solitária contra a unanimidade. No desfecho, descobre-se que homossexual era seu sogro (Mario Lago), e o que pareciam ser ciúmes da filha eram, na verdade, ciúmes do genro, por quem o sogro era apaixonado em segredo. O velho o mata e se abraça a ele chorando.

Sábato Magaldi discordou desse final:

"Nelson, você queria fazer drama grego ou espanhol e acabou fazendo drama mexicano", ele disse.

"E quem garante a você que o drama mexicano é menos drama do que o drama grego ou espanhol?", retrucou Nelson.

O Teatro dos Sete já encenara Bernard Shaw e Georges Feydeau, mas seria com *Beijo no asfalto* que Fernando Tôrres, Fernanda Montenegro e Sérgio Britto se realizariam como companhia. Isso apesar dos percalços sofridos durante a temporada: *Beijo no asfalto* tinha um mês e meio em cartaz quando Jânio Quadros renunciou a 25 de agosto, poucas semanas depois de proibir os desfiles de misses em maiô. O país parou por quase dez dias, a um passo da guerra civil — não pelas misses, claro. Quando as coisas se acalmaram, a peça foi retomada, mudou-se para o teatro da Maison de France e viajou depois para o Sul. Foram ao todo sete meses em cartaz, o maior sucesso de Nelson, e poderia ter sido muito maior se Jânio não tivesse tomado aquele pileque.

Mas não foi um sucesso tranquilo. Quando a peça estava na Maison, Nelson ia todas as noites para o teatro e ficava no saguão, de guarda-chuva no braço, com seu filho Joffre, tomando satisfações de quem saía indignado no meio do espetáculo.

Corria atrás do sujeito e o interpelava:

"Mas vem cá. Me diz uma coisa. O que o ofendeu nessa peça?"

Às vezes o cidadão engrossava e Nelson engrossava de volta. Mas quase sempre conseguia convencê-lo a voltar para ver o resto.

O próprio Nelson tivera de ser convencido pelos Fernandos — Tôrres e Montenegro — a tornar o texto um pouco mais ofensivo, salpicando-o com alguns palavrões. Foi quando muitos se deram conta de que, até então, *nenhuma* peça de Nelson contivera um único palavrão!

"Mas a minha musa sereníssima, a minha Duse, vai dizer palavrões?", protestou Nelson.

A contragosto, Nelson enxertou alguns nomes feios no texto, como um confeiteiro aplica cerejas podres numa torta. Quer saber quais eram? "Chupão", "gilete" e "barca da Cantareira" — e nenhum deles a ser ditos por Fernanda, mas pelo repórter e pelo delegado, dois boçais. Com ou sem aquelas palavras, no entanto, *Beijo no asfalto* teria o mesmo impacto.

Beijo no asfalto provocou a saída de Nelson da *Última Hora*. Não porque Amado Ribeiro fosse personagem da peça, repetindo o repórter amoral e sem escrúpulos que Nelson já descrevera em *Asfalto selvagem*. Mas porque as referências à *Última Hora* não contribuíam muito para a imagem do vespertino. Falava-se até de Samuel Wainer, na cena em que Selminha diz para seu pai:

"— Como é que um jornal, papai! E o senhor que defendia tanto o Samuel Wainer! Como é que um jornal publica tanta mentira!"

Para que Nelson incluísse essa fala numa peça enquanto empregado de Samuel Wainer e do jornal, só poderia haver uma explicação: excesso de independência — ou de inocência. Os Fernandos acharam melhor se precaver. Gostariam de uma carta de Amado Ribeiro e outra de Samuel Wainer, autorizando-os a usar seus nomes e o da *Última Hora*. Nelson achava desnecessário — já escrevera sobre a *Última Hora* e na própria *Última Hora*. Mas Fernando Tôrres insistiu.

Com Amado Ribeiro não houve problema. Assistiu a um ensaio, vibrou, foi ao palco abraçar Sérgio Britto e repetiu seu bordão: "Eu sou pior! Eu sou pior!". Produziu ali mesmo uma declaração e assinou. Já Samuel Wainer não podia dar a carta, estava fora do Brasil, um diretor interino forneceu-a, liberando o uso do título. O espetáculo entrou em cartaz, houve a renúncia de Jânio, aconteceu o alarido que mobilizou a *Última Hora* e o país e, quando a peça foi para a Maison, Samuel chamou Nelson e mandou-o tirar o jornal da história.

Nelson pediu aos Fernandos que atendessem Samuel. Bastava trocar o nome, inventar outro. Mas Fernando Tôrres não quis ceder. A peça já estava em cartaz, não ficaria bem, seria o suicídio moral do espetáculo. E havia outro argumento:

"Temos uma carta", disse Fernando Tôrres.

"E se eu for demitido?", perguntou Nelson.

"Ora, Nelson, qual o jornal que não gostaria de ter você?", respondeu Fernanda Montenegro.

Nelson cedeu, mas a situação pesou para ele dentro da *Última Hora*. Colegas viraram-lhe o rosto. Nem o seu teatro parecia agradar-lhes mais. E, pensando bem, já não precisavam dele, porque a esquerda tinha agora os seus próprios autores: Gianfrancesco Guarnieri, Oduvaldo Viana Filho, Augusto Boal, para não falar em Dias Gomes. Nelson tornara-se purê de ontem. A ideia do desemprego provocava cambalhotas em sua úlcera. (A *Manchete Esportiva* já não existia.) Mas ele próprio se convenceu de que seus dias na *Última Hora* haviam terminado.

Pediu demissão a Samuel, aceita sem restrições. Estava deixando um jornal em que trabalhara desde o primeiro número e no qual publicara, durante dez anos, cerca de duas mil histórias de "A vida como ela é...", num astronômico total de dez mil laudas — trezentas mil linhas!

Ninguém lhe dissera nada, mas a atmosfera já estava carregada para Nelson na *Última Hora* havia pelo menos seis meses. Mais exatamente, desde 24 de março daquele ano de 1961 — quando Nelson se atrevera a publicar, num semanário recém-lançado chamado *Brasil em Marcha*, onde colaborava, um artigo sobre um velho amigo seu e cujo título parecia piscar em néon: "O meu ex-patrão Roberto Marinho".

A memória prega peças. Havia quem acreditasse que, ao sair da *Última Hora*, Nelson asfaltou sua volta a *O Globo* com o artigo sobre Roberto Marinho no *Brasil em Marcha*. Mas as datas não coincidem. Ao contrário. Quando Nelson elogiou Roberto Marinho, em março, ainda estava em suas plenas funções de colunista da *Última Hora* e de empregado de Samuel Wainer. E, ao sair da *Última Hora*, em setembro, não foi direto para *O Globo*, mas para o *Diário da Noite*. Levou com ele "A vida como ela é..." e foi recebido com tanto estardalhaço no jornal de Chateaubriand que o anúncio da sua estreia ocupou quatro quintos da primeira página do *Diário da Noite*. Mas este, como outros jornais dos Associados nos anos 60, já era um órgão murcho e às vésperas de falir. Nelson passou dez meses lá e só foi para *O Globo* em julho de 1962 — e não para escrever "A vida como ela é...", mas uma coluna de futebol, "À sombra das chuteiras imortais".

Afinal, o que havia no artigo sobre Roberto Marinho que cavara a sepultura de Nelson na *Última Hora* (e cuja cruz seria o episódio de *Beijo no asfalto*)? Os trechos principais diziam:

Outro dia, numa reunião de artistas, alguém me pergunta: — "O que é que você acha do Roberto Marinho?", fizeram um silêncio, uma espécie de concha acústica, para ouvir minha opinião. A maioria dos presentes queria acreditar que Roberto Marinho é egoísta, cruel, volutuoso como um Nero de Cecil B. DeMille. Em vez de dar uma opinião, preferi contar um fato, O caso é que, em 1931, entrei para O Globo. Eu era, na ocasião, um pobre-diabo, da cabeça aos sapatos. Ninguém mais obscuro, ninguém mais anônimo. E confesso: — eu olhava Roberto Marinho com uma amargura hedionda. Ele tinha tudo e eu não tinha nada. Diante dele, eu me sentia, digamos assim, uma espécie de Raskolnikov de galinheiro. A única coisa que havia em mim, dia e noite, era o fermento do ódio social.

Um dia, caí doente, muito doente. Febre alta, tosse, o diabo. Tiro radiografia: — lesão pulmonar. Eu devia subir para Campos do Jordão imediatamente. Mas não tinha um níquel no bolso. Era tal o meu estado de fraqueza que me vinha, por vezes, uma certa nostalgia da morte. O que eu queria dizer é que Roberto Marinho não me deu nenhum chute. Deixei o Rio, passei três anos fora, em tratamento. E ele me pagou, piamente, integralmente, o meu ordenado, até o fim. Passados os três anos, voltei. Estava bom. Passei no O Globo. Ao me ver, Roberto Marinho disse, simplesmente: — "Alô, Nelson". Foi só.

No futuro, Nelson contaria muitas vezes essa história simplificada da tuberculose e dos salários, mas foi ali que ela saiu pela primeira vez. Era apenas o reconhecimento de uma gratidão pessoal, sem nenhum conteúdo político.

Mesmo assim, o artigo só não provocou a sua demissão da *Última Hora* porque Roberto Marinho, na época, era o terceiro ou quarto inimigo de Samuel Wainer na sua lista dos dez mais. (Antes dele vinham, pelo menos, Carlos Lacerda e Assis Chateaubriand.) Mas era suficiente para que Samuel visse naquilo uma falta grave de *esprit de corps*.

Brasil em Marcha, um semanário fundado por um joalheiro polonês chamado Michael Krymchantowsky, casado com a atriz Fada Santoro, tinha fumaças de *The Spectator* londrino ou *Le Monde* e era uma publicação quase clandestina. O creme da inteligência de esquerda e de direita colaborava, de Celso Furtado a Eugênio Gudin. Com fontes de renda meio obscuras, o jornal cambaleou por uns tempos, tornou-se mensal em 1962, encolheu a tabloide e faleceu em 1965. Mas fora ali que Nelson inaugurara, de fevereiro a junho de 1961 (enquanto seu irmão Augustinho era editor), o tipo de crônica que depois se tornariam as "Confissões".

A primeira dessas crônicas, a 10 de fevereiro, sobre Juscelino — que acabara de passar a faixa a Jânio e já estava sendo visto pelos ex-amigos como um cartucho usado —, essa, sim, era um hino. Em certo trecho, Nelson dizia de Juscelino:

Ninguém mais antipresidencial. Ele trouxe a gargalhada para a presidência. Nenhum outro chefe de Estado, no Brasil, teve essa capacidade de rir e nos momentos mais inoportunos, menos indicados. Dir-se-ia que tinha sempre um riso no bolso, riso que ele puxava, escandalosamente, nas cerimônias mais enfáticas. Os outros presidentes têm sempre a rigidez de quem ouve o Hino Nacional. Cada qual se comporta como se fosse a estátua de si mesmo. Não Juscelino. Quando ele tirou os sapatos para Kim Novak (que achado genial! que piada miguelangesca!), ele foi o antipresidente, uma espécie de cafajeste dionisíaco. Eu diria que jamais alguém foi tão brasileiro. O novo Brasil é justamente isso: — um presidente que tira os sapatos para uma beleza mundial.

Lançam a inflação na cara de Juscelino. Mas o Brasil estava de tanga, estava de folha de parreira ou pior: — com um barbante em cima do umbigo. Todo o Nordeste lambia rapadura. E vamos e venhamos: para um povo que lambe rapadura, que sentido têm os artigos do professor Gudin? Sempre existiram os Gudin e o povo sempre lambeu rapadura. Ao passo que o Brasil só conheceu um Juscelino. Eu poderia falar em Furnas, Três Marias, estradas, Brasília, indústria automobilística. Mas não é isso que importa. Amigos, o que importa é o que Juscelino fez do homem brasileiro. Deu-lhe uma nova e violenta dimensão interior. Sacudiu, dentro de nós, insuspeitadas potencialidades. A partir de Juscelino, surge um novo brasileiro. Aí é que está o importante, o monumental, o eterno na obra do ex-presidente. Ele potencializou o homem do Brasil.

Eram outras colaborações de Nelson no *Brasil em Marcha* que estavam fazendo com que o olhassem torto na *Última Hora*. Nominalmente, aquelas em que ele comprou publicamente a briga com a esquerda teatral brasileira.

E logo com quem? Com Oduvaldo Viana Filho, o Vianinha, que, aos 25 anos em 1961, vivia pelas ruas com duas tochas adolescentemente acesas: uma pelo teatro e outra pela revolução. Na época, Vianinha estava empenhado na montagem itinerante de *Pátria o muerte*, sua peça sobre Cuba em parceria com Armando Costa e Antônio Carlos Fontoura. O espetáculo satirizava a frustrada invasão da baía dos Porcos pelos exilados cubanos de Miami, e era levado em portas de fábricas, praças de subúrbios e outros cenários jdanovianos onde houvesse operários ansiosos por ouvir sua mensagem. Mas as escassas plateias provavam que o proletariado, alienadíssimo, não estava muito interessado no assunto. Nem de graça.

Num artigo que se pretendia irônico e carinhoso, intitulado "A cambaxirra da revolução", em 31 de março (de 1961), Nelson dá a entender que o fracasso da ideia de Vianinha talvez se devesse ao fato de a peça, a começar pelo título, ser em espanhol. E exorta Vianinha a se livrar daquela "alienação trágica e linda", daquela "candidez em último grau", e a se alistar, não por Cuba, mas pelo Brasil. Ou, pelo menos, a falar português. Nelson jura que, se Vianinha fizer isso, ele será seu feroz aliado e abrirá uma barricada ao seu lado. Em seguida, atribui o equívoco do jovem dramaturgo ("Está numa idade em que muitos ainda tomam carona de bonde e outros raspam pernas de passarinho a canivete") à sua ingenuidade. Mas garante que é exatamente essa ingenuidade que o salvará:

A revolução tem de tudo: sujeitos bestiais que saem por aí bebendo sangue, chupando carótidas, decapitando marias antonietas. Mas há também o que eu chamaria os colibris, as cambaxirras. O Vianinha é justamente a "cambaxirra da revolução". Tão terno e tão passarinho que não daria um tiro nem de espingarda de rolha. Quando o vejo, a minha vontade é oferecer-lhe alpiste na mão.

Vianinha, pelo visto, aceitou o alpiste: respondeu a sério no próprio *Brasil em Marcha*, arrasando a obra de Nelson e acusando-o de criar personagens que "urram e batem no peito como animais, felizes por não ter de pensar". E pergunta se, diante da súbita "sede de pensar varrendo o Brasil", ainda haveria alguém interessado na fidelidade da mulher ou nas pernas da vizinha.

A polêmica, para Nelson, é que era o verdadeiro afrodisíaco. No número seguinte do semanário, o de 14 de abril, ele treplicou, com clara satisfação:

Para um velho como eu (sou realmente uma múmia), é uma delícia discutir com as Novas Gerações. Todavia, há no meu debate com o Vianinha um defeito técnico. Pergunto: — como polemizar com um sujeito que eu trato pelo diminutivo? Sim, como xingar um sujeito que eu próprio chamo, risonhamente, de Vianinha? Mas, se eu tenho os meus escrúpulos sentimentais, o meu jovem inimigo não faz o mesmo. Pelo contrário: — com o furor de um falso Tartarin, ele investe contra mim, contra a minha obra e não deixa pedra sobre pedra. E, agora mesmo, ao redigir estas linhas, tenho que espanar a poeira do meu próprio desabamento.

Mas vejam vocês: — ao ler a resposta percebi, subitamente, tudo. Perpetrei, na mais abjeta boa fé, uma gafe hedionda. Sim, ao negar a bestialidade, a ferocidade do teatrólogo, eu o comprometi! Amigos, eu ignorava, sob a minha palavra de honra, ignorava que, todas as tardes, o Vianinha vai para a porta da UNE. E lá, em exposição, faz um sucesso imenso. Posa de sanguinário. Mas, para sustentar esse êxito, tem de parecer bestial, tem de parecer feroz. Seu ar, na porta da UNE, *é de fanático sempre disposto a ferrar os caninos na carótida mais à mão. E, de repente, venho eu e digo: "O Vianinha é um Drácula de araque! O Vianinha é a cambaxirra da revolução!".*

Então, no seu ressentimento, o Vianinha nega, de alto a baixo, o meu teatro. E por que nega? É simples: — porque eu não faço propaganda política, porque não engulo a arte sectária. Em suma: — o Vianinha queria que o Boca de Ouro parasse a peça e apresentasse um atestado de ideologia. Mas ele quer mais. Não basta o personagem. Exige também do autor o mesmo atestado. A minha vontade é perguntar ao Vianinha: — "Ô, rapaz! Você é revolucionário ou 'tira'?".

No artigo com que encerrou a polêmica, o de 21 de abril, Nelson diverte-se com o fato de que Vianinha, ao dizer que "o brasileiro não é mais o sujeito preocupado com a fidelidade da mulher", involuntariamente plantou "chifres anelados e ornamentais" na testa de toda uma população. "Mas onde o teatrólogo brilha como um sol furibundo", diz Nelson, "é quando descobre o subdesenvolvimento sexual do Brasil. O desprazer com que olhamos a coxa da vizinha prova, à saciedade, que o nosso erotismo é ralo, é escasso."

Embora Nelson estivesse dizendo exatamente o que pensava nesses artigos, o tom era de delicada galhofa porque ele admirava Vianinha e pressentia a "evidência escandalosa do seu talento". Mas a galhofa e a delicadeza cederam lugar a um tom magoado e agressivo quando ele respondeu a um ensaio de Carlos Estevam Martins no jornal da UNE, *O Metropolitano* — em que o jovem sociólogo e presidente do CPC (Centro Popular de Cultura), chamando-o de "reacionário", pregava um "teatro popular" nos mais engomados e intolerantes padrões coletivistas do "realismo socialista". Padrões pelos quais o drama do indivíduo não interessava, e nem o próprio indivíduo.

O artigo de Nelson, "Teatro popular", saiu no *Brasil em Marcha* de 7 de abril, abrindo uma janela na polêmica com Vianinha. Certamente de propósito, Nelson troca o nome de Carlos Estevam por José Estevam e, depois de dizer que os "revolucionários burros" estavam se tornando tão numerosos quanto a frota da Kibon — um em cada esquina —, comenta:

Segundo sua concepção, o "teatro popular" há de ter o "mínimo de teatro" e há de excluir, como inútil trambolho, o ser humano. O José não admite a presença do homem em cena nem para carregar bandejas, nem para dar recados. Levando ao último extremo a "desumanização do teatro", eis o que propõe o José: — em vez de amor, em vez de ódio, em vez das paixões que lembram a besta humana, o "revolucionário burro" quer o petróleo e seus derivados, quer manganês, quer minérios, quer batatas, quer abacates. E, nessa altura dos acontecimentos, percebemos que o ensaísta é um centauro de Marx de galinheiro com Brecht também de galinheiro. Vejam vocês: — um "teatro popular" que exclui o homem e que vai mais longe: — exclui o próprio teatro. Pode-se imaginar que o dramaturgo já não seria mais dramaturgo, que seria apenas uma arara da mais rasante palavra de ordem.

A pecha de "reacionário" também era assumida ali pela primeira vez por Nelson — isso numa época em que as cobranças eram tão intensas na área cultural que até os concretistas estavam produzindo poemas cubanos. Para Nelson, era como se ele estivesse sendo o personagem de *Beijo no asfalto* — a voz solitária contra a unanimidade:

O Brasil atravessa um instante muito divertido de sua história. Hoje em dia, chamar um brasileiro de reacionário é pior do que xingar a mãe. Não há mais direita nem centro: — só há esquerda neste país. Perguntem ao professor Gudin: — "Você é reacionário?". Sua resposta será um tiro. Insisto: — o brasileiro só é direitista entre quatro paredes e de luz apagada. Cá fora, porém, está sempre disposto a beber o sangue da burguesia. Pois bem. Ao contrário de setenta milhões de patrícios, eu me sinto capaz de trepar numa mesa e anunciar gloriosamente: — "Sou o único reacionário do Brasil!". E, com efeito, agrada-me ser xingado de reacionário. É o que eu sou, amigos, é o que sou. Por toda parte, olham-me, apalpam-me, farejam-me como uma exceção vergonhosa. Meus colegas são todos, e ferozmente, revolucionários sanguinolentos. Ao passo que eu ganho, eu recebo da Reação.

E, no entanto, vejam vocês: — como é burra a burguesia! Eu, com todo o meu reacionarismo, confesso e brutal, sou o único autor perseguido do Brasil, o único autor interditado, o único que, até hoje, não mereceu jamais um mísero prêmio. Pois bem. Enquanto a classe dominante me trata a pontapés e me nega tudo — que faz com os outros? Sim, que faz com os autores altamente politizados? Amigos, eis o equívoco engraçadíssimo: — a burguesia os trata a pires de leite, como gatas de luxo. O Dias Gomes, com o seu *Pagador de promessas,* fez um rapa de prêmios. O Flávio Rangel não dá um espirro sem que lhe caia um prêmio na cabeça. O meu amigo Augusto Boal, premiado. O Vianinha, premiadíssimo.

Há, porém, uma hipótese a considerar: — quem sabe se o equívoco não é laboriosamente premeditado? Porque os meus colegas citados têm, a um só tempo, um imenso talento teatral e uma imensa burrice política. O talento distrai a burguesia e a burrice a serve.

Nelson aproveitou uma pausa num ensaio de *Beijo no asfalto*, em junho de 1961, chamou Fernanda Montenegro a um canto do palco e perguntou em tom de conspiração:

"Fernanda, seja sincera. É uma suposição. Se você tivesse um amante misterioso, que presente gostaria de receber dele? Um presente tão misterioso quanto o próprio amante."

Fernanda falou alto, quebrando a conspiração:

"Sei lá, Nelson! Não tenho amantes misteriosos!"

Dias depois, Nelson voltou ao assunto com Fernanda, mas agora triunfante:

"Achei!" — e mostrou-lhe uma edição de luxo, em francês, de *Toi et moi*, o inevitável livro de poemas eróticos (digamos, sensuais) de Paul Géraldy, um clássico entre namorados desde 1913.

Era o seu presente do Dia dos Namorados para a mulher por quem estava apaixonado: Lúcia Cruz Lima.

Desta vez era sério. E, no começo, pareceu tão simples. O cunhado de Lúcia jogava polo no Itanhangá e ela ia vê-lo de vez em quando. Helena, irmã de Nelson, cobria polo para o *Jornal dos Sports*, e a conheceu. Lúcia falou a Helena de sua admiração por Nelson. Na primeira festa no apartamento do Parque Guinle, Helena convidou Lúcia e a apresentou a Nelson. Da parte de Nelson, foi amor à primeira vista. Bem, ele era assim.

Mas, no caso de Lúcia Cruz Lima, por que não seria? Vinte e cinco anos, linda, loura, olhos verdes, mignon, 48 quilos, leve e delicada como Audrey Hepburn. Estudara a vida toda no Colégio Jacobina, era fina, esportiva, sócia do Country, falava francês, vestia-se com Guilherme Guimarães. E parecia alegre, viva, inteligente. O melhor era que também olhava para Nelson com um brilho que parecia iluminar o dramaturgo, o jornalista — e o homem.

"O olhar dela diz tudo", sussurrou Nelson para Helena, como se, de repente, tivesse raiado o sol no horizonte do Brasil.

Lúcia tinha um único defeito, e grave: era casada. Seu marido, Georges Barrene, era jovem, bonito, 1,85m, vegetariano, educadíssimo, filho único, herdeiro das pastilhas Valda, e os dois tinham uma filha de três anos, Maria Luísa. Lúcia e Jorginho, como o chamavam, conheciam-se desde a infância, suas famílias eram amigas, o casamento fora quase inevitável. Mas era um casamento apenas confortável, sem paixão — e que já estava reduzido a uma simples coabitação quando Lúcia conheceu Nelson.

Nelson e Lúcia começaram a se ver, de maneira discreta. Ela ia encontrá-lo na porta do teatro, na avenida Graça Aranha, escondiam-se no Metro Passeio e viam o filme de mãos dadas. A empolgação de Nelson era perceptível para todos os seus amigos. Mas a ninguém ele dizia o nome de Lúcia.

"Esta é a maior", contou Nelson a seu colega Geraldo Romualdo da Silva. "Estou apaixonado por uma grã-fina casada. E ela por mim. E agora?"

Quando *Beijo no asfalto* estreou, a 7 de julho, Nelson dedicou-lhe a estreia. No saguão do Ginástico, Nelson estava com Joffre, então com vinte anos, quando seu filho notou que aquela mulher jovem e bonita olhava na sua direção.

"Olha lá, papai, aquela moça está me dando a maior bola!", disse Joffre.

"Desculpe, meu filho", respondeu Nelson. "Mas não é pra você: — é pra mim."

Joffre caiu das nuvens. Era verdade — e, desta vez, ele sentiu que a paixão de seu pai por Lúcia não se parecia com nenhum dos outros "casos" no passado.

Nelson estava deslumbrado e, ao mesmo tempo, incomodadíssimo. Lúcia era literalmente do outro mundo — no sentido de que pertencia a um mundo tão diferente do dele. E havia o problema de Elza. Estavam casados há 21 anos, tempo mais que suficiente para que qualquer casamento comece a parecer um remédio já vencido. E tempo demais também para que um casal se separe. Mas Nelson, às vésperas de fazer 49 anos, viu em Lúcia a perspectiva de um renascimento.

Ninguém é exatamente velho aos 49 anos, mas Nelson aparentava muito mais. Era lento de gestos (acender um cigarro tomava-lhe uma infinidade), pesado, sedentário. Sua fala era uma espécie de mugido arrastado, a ponto de muitos pensarem que vivia bêbado — ele, que nunca pusera uma gota de álcool na boca. Quando se empolgava, a voz ganhava outra tonalidade e as sílabas quase se atropelavam, mas isso era raro, porque Nelson parecia carregar uma tristeza perene. Quando se sentava para escrever, os ombros caíam e ele, que não era baixo, encolhia. A visão dos suspensórios também não ajudava. O que pareciam traços de beleza na juventude tinham sido devastados pelos abalos de saúde e pelo seu estilo de vida — o rosto magro e bem desenhado lembrava agora um buldogue. E Nelson era publicamente doente. Todos sabiam que fora tuberculoso e ele próprio encarregava-se de promover sua úlcera como se ela fosse Maria Callas. Era cardíaco, precisava se cuidar. Tinha ainda uma enxaqueca permanente, comum a toda a sua família. E sofria também de hemorroidas.

Quando Lúcia revelou a história a suas amigas no Country e nos lugares sofisticados que frequentava, elas não acreditaram. Como podia interessar-se por um homem tão mais velho, feio, doente, relaxado, certamente cheio de manias e, para piorar, casado — por mais inteligente e fascinante que fosse? O choque dos amigos de Nelson também não foi menor. Otto Lara, Helio Pellegrino, seu novo amigo Claudio Mello e Souza, todos conheciam Lúcia. Sabiam muito bem o poder de sedução que Nelson em campanha era capaz de exercer sobre uma mulher, mas aquilo era demais. Ele talvez fosse capaz de separar-se de Elza, mas a família de Lúcia nunca aprovaria um casamento.

O pai de Lúcia, o doutor Carlos Cruz Lima, era um dos clínicos mais respeitados do Rio. Neto de barão, ex-presidente do Country, amigo do Ibrahim, catedrático da Faculdade Nacional de Medicina, sua família era nome de rua no Flamengo. Como se esperava, ele e sua mulher, dona Lidinha, foram frontalmente contra o romance da filha, embora não pudessem impedi-lo. Nelson foi procurar doutor Cruz Lima na faculdade, para convencê-lo das suas melhores intenções. Tiveram um bate-boca que não ajudou em nada a causa do amor. Nelson era de novo o tarado.

Mas nada se compara ao que Nelson estava enfrentando em casa. Comunicara a situação lealmente a Elza. Ela fora taxativa ao negar-lhe o desquite e arrancara-lhe a promessa de não tomar nenhuma decisão antes de seis meses ou um ano — contando com que, como das outras vezes em que a separação esteve por um fio, Nelson voltasse atrás. Nelson considerou a situação. E, além disso, Lúcia continuava casada.

Mas não por muito tempo. Lúcia também contara tudo a seu marido e ele fora compreensivo. Sabia que estavam vivendo uma ficção e que o desquite era uma saída tão digna quanto inevitável. Nem precisaram de advogados — foram juntos ao juiz e acertaram os papéis da separação. Por decisão de ambos, Maria Luísa, a filha, iria morar com os pais dele em Santa Teresa; Lúcia voltou a viver com seus pais no Leblon enquanto Nelson não se separasse de Elza.

Foi um longo processo: quase dois anos. A cada tentativa de Nelson de sair de casa, Elza invocava os filhos, os vizinhos, todos os seus anos juntos, o amor eterno que ele cansara de jurar-lhe (e que, se não fosse eterno, não seria amor) e ameaçava suicídio. Mas, agora, nos primeiros meses de 1963, não havia nada que impedisse Nelson. Joffre tinha 22 anos, Nelsinho iria fazer dezoito. Elza ficaria com a casa da rua Agostinho Menezes e o apartamento de Teresópolis. Tinha também o seu emprego no Iapetec. E Lúcia estava grávida.

Nelson alugara um apartamento para ele e Lúcia na rua Visconde de Pirajá, esquina com Montenegro, em Ipanema. Lúcia já começara a decorá-lo. Nelson sairia de casa e iria para o apartamento de sua mãe no Parque Guinle — a "sala íntima" já estava pronta para recebê-lo. Assim que a criança nascesse, Nelson e Lúcia iriam juntos para Ipanema.

Nelson marcou o dia de sua saída, um domingo.

Elza fez-lhe as malas e eles tiveram um almoço de despedida, o casal e os dois filhos. Enquanto comiam, não se falou em separação, mas era como se uma sombra estivesse sentada à mesa. No meio da tarde, Nelson chamou um táxi, pegou as malas, beijou-os e foi embora. Nas horas seguintes, Elza perdeu o controle e regou muitos tranquilizantes com uísque. Passou mal, desmaiou, podia morrer. Os garotos telefonaram assustados para Nelson. Este desabalou-se de Laranjeiras, voltou correndo para o Andaraí, chamou-se um médico e Elza foi salva.

Quando ela se recuperou e pareceu mais calma, Nelson chamou outro táxi e foi embora.

25

"Menina sem estrela": sua filha com Lúcia

— 1963 —

DANIELA

"Com o Nelson, só a tiro!", bradava Otto Lara Resende. "Infelizmente, o homicídio está capitulado no Código Penal!"

Na marquise do Teatro Maison de France, na avenida Presidente Antônio Carlos, piscava o título da nova peça de Nelson: *Otto Lara Resende ou* BONITINHA, MAS ORDINÁRIA. Seu nome — por extenso, como num cartão de visitas — vinha em letras menores, mas, para desespero de Otto, era visível do mesmo jeito. E acoplado àquela coisa de bonitinha, mas ordinária. O que iriam pensar? Que a bonitinha, mas ordinária, era ele!

"Lá em Minas ninguém vai entender...", comentou com Otto seu conterrâneo Tancredo Neves, primeiro-ministro de João Goulart.

O culpado de tudo, como sempre, era o Helio Pellegrino, resmungava Otto. Era o Helio que estimulava essas brincadeiras sádicas do Nelson.

"O Otto vai adorar, Nelson. Vai até se oferecer para pagar o gás néon!", garantia Helio.

Na verdade, ser o título da peça (e de uma peça como aquela) deixou Otto

Lara Resende profundamente irritado. Tanto que não foi ver o espetáculo. E não era por falta de tempo, porque ela ficou cinco meses em cartaz, longos como cinco séculos. Nelson mobilizou todos os amigos, não se conformava com que ele não visse. "Mas até o Tancredo já viu, Otto!", argumentava. Não ir ao teatro era a única vingança ao alcance de Otto. Porque, de resto, não podia fazer nada, nem reclamar. Descobrira há muito tempo que, quando se tratava de qualquer coisa que Nelson escrevesse a respeito de alguém, se esse alguém não gostasse devia ficar quieto.

"Se reclamar é pior. Aí é que ele encarna mesmo", dizia Otto.

Esse fora o conselho que Otto dera a Fernando Sabino, quando Nelson começou a citá-lo nas histórias de "A vida como ela é...". No meio de uma situação dramática, dois personagens começavam a falar de Fernando Sabino — um mal (enfaticamente), outro bem (tibiamente). Fernando seguiu o conselho de Otto e Nelson cansou-se, virou o disco. E fora também o que Otto dissera a Claudio Mello e Souza.

Claudio era copy desk do *Jornal do Brasil*, amigo do pessoal do Teatro dos Sete e frequentador da casa de Maria Urbana e Helio Pellegrino na rua Nascimento Bittencourt, no Jardim Botânico, de onde Nelson e Otto não saíam. A beleza física de Claudio impressionava Nelson, que o saudava exuberantemente quando ele entrava:

"Mas que beleza! Que beleza! Chegou o 'perfil de jovem Goethe'! A 'alegria dos espelhos'!"

Não se limitava a dizer isso na casa de Helio. Transformou a beleza de Claudio Mello e Souza em personagem de suas crônicas no *Jornal dos Sports*. Claudio sentia uma ponta de ironia nessas exclamações, suspeitando que Nelson pudesse estar chamando-o de bonito para diminuir sua inteligência. Foi consultar-se com Otto e este disse apenas:

"Com o Nelson nunca se sabe. Mas, pelo amor de Deus, não reclame! Agradeça os elogios e faça de conta que não leu as críticas!"

Certa noite, em casa de Helio, Claudio citou Homero por algum motivo e disse uma palavra em grego. Nelson ficou maravilhado e escreveu no dia seguinte em sua coluna:

"É o único brasileiro que leu Homero no original!"

Claudio sentiu o peso da influência de Nelson quando, por causa disso, foi convidado a dar palestras sobre Homero em duas universidades. Mas a coisa chegou a um limite perigoso quando Nelson viu Claudio com um vistoso suéter de cashmere azul-pavão que ele trouxera da Europa. Nelson atribuiu ao suéter um valor absurdo — 150 mil cruzeiros, que, na época, dariam para comprar um rebanho de ovelhas e fabricar um estoque inteiro de suéteres — e passou a usá-lo como referência monetária. O "suéter de 150 mil cruzeiros de Claudio Mello e Souza" tornou-se também um personagem quase diário da coluna.

Certa manhã, Maria Urbana Pellegrino tomou um ônibus cujo trocador estava lendo a coluna de Nelson. O trocador comentou com o passageiro ao lado:

"Esse Claudio Mello e Souza é um bom filho da puta! Comprando um suéter de 150 contos! Esse já está na minha lista!"

Maria Urbana ficou assustada e contou a Helio, o qual advertiu Nelson de que estava pondo Claudio em risco. E só então Nelson esqueceu Claudio por uns tempos.

Agora era a vez de Otto seguir o próprio conselho. Tinha de fingir que não se importava de ver o seu nome nos anúncios, nos cartazes, nas críticas, na fachada do teatro, na boca dos personagens e da plateia. Otto podia não dizer nada, mas seu mal-estar chegou a Nelson através dos outros. Nelson se defendia:

"Mas o título da peça é a verdadeira estátua, o busto de corpo inteiro do Otto!"

Outros queriam saber se Otto iria brigar com Nelson. A briga nunca chegou a acontecer e Nelson também comentou:

"Assim é o mundo. Impotente de sentimento, o ser humano precisa ver o desamor por toda parte. Ninguém admite que o nome de minha peça é uma homenagem, apenas uma homenagem, uma cândida, límpida, inequívoca homenagem."

Não tão inequívoca. Em *Otto Lara Resende ou Bonitinha, mas ordinária*, um milionário, doutor Werneck, oferece a Edgar, um simples contínuo de sua empresa, a oportunidade de casar-se com sua filha, Maria Cecília, que acaba de ser estuprada por cinco homens num lugar deserto, talvez Floresta da Tijuca. Defeito no motor, o carro parou, ela desceu, os sujeitos apareceram e já sabe. É preciso salvar as aparências, casá-la o quanto antes. E Maria Cecília é jovem e linda, as mulheres que saem na capa da *Manchete* não lhe chegam aos pés. Para completar, o intermediário de doutor Werneck — seu genro Peixoto, sujeito sem qualquer moral — oferece um cheque astronômico a Edgar, um "adiantamento" em relação ao que ele teria se topasse.

Muitos topariam, e na hora. Acontece que Edgar gosta de Ritinha, tão pé-rapada quanto ele e que, embora ele não saiba, sustenta a mãe louca e as três irmãs prostituindo-se. O dilema se dá entre a consciência de Edgar e uma frase de Otto Lara Resende que Edgar leu não sabe onde: "O mineiro só é solidário no câncer". Era uma outra maneira de dizer, como Dostoiévski, que, se Deus não existe, tudo é permitido, ninguém precisa ter escrúpulos, moral, sentimentos, nada. Edgar quer e não quer acreditar na terrível frase de Otto. Mas, para todo lado que se vira, vê a frase sendo confirmada. Não é só o mineiro, mas todo mundo. Ninguém tem escrúpulos. Só no câncer. Conclui no final que o verdadeiro câncer é a frase de Otto — e que, se não acreditar nela, estará salvo.

Era natural que Otto se sentisse incomodado. Seu nome e sua suposta frase eram citados 47 vezes no texto. Imagine o efeito disso no espetáculo. Na primeira vez em que Edgar o menciona, na primeiríssima cena, Peixoto ainda pergunta:

"— Otto Lara? Um que é ourives?"

"— Ourives? Onde? O Otto escreve. O Otto! O mineiro, jornalista! Tem um livro. Não me lembro o nome. Um livro!"

A partir daí, nome e frase pontilham a ação como uma ladainha. Peixoto também adere à frase e passa a repeti-la, só que, para um canalha como ele, ela é a verdade irrespondível. O mineiro só é solidário no câncer. No terceiro e último ato, nome e frase eram mencionados dezoito vezes! O espectador saía do teatro com aquilo na cabeça. E não adiantava o próprio Edgar dizer que a frase era só uma imagem, que "mineiro" e "câncer" eram metáforas.

Nem adiantaria a Otto jurar que nunca dissera aquilo — e que, como outras, a frase fora uma invenção de Nelson, atribuída a ele. Nunca se livraria dela e, um dia, chegaria a compará-la a um rabo de papel que Nelson lhe tivesse pregado. Além disso, como Otto sabia muito bem, podia ser que, num momento de distraída inspiração e nem que fosse de outra maneira, ele realmente tivesse dito a bendita frase.

Quando escreveu *Bonitinha, mas ordinária*, Nelson já estava firme com Lúcia, mas ainda não saíra de sua casa com Elza. Não queria ir morar com Lúcia enquanto os pais dela não dessem a entender que, pelo menos, o toleravam. Nelson ia queixar-se a Otto e este não achava aquilo um câncer com o qual precisasse ser solidário:

"Você passou a vida convencendo a sociedade de que era um rinoceronte hidrófobo. E agora quer ser recebido na sala?", vingava-se Otto.

Os pais de Lúcia não tinham o menor motivo para recebê-lo em seus salões. Como se não bastasse a imortal fama de "tarado", havia agora também a agressão de *Bonitinha, mas ordinária*. Pela primeira vez numa peça de Nelson, o mundo grã-fino aparecia com destaque. E o que se via nele? Uma classe de devassos, prepotentes, de pessoas para quem o dinheiro comprava tudo, "até amor verdadeiro". Na cena final e culminante do primeiro ato, Edgar chamava doutor Werneck, com todas as letras, de "Seu filho da puta!", provocando orgasmos na plateia — em cuja boca o palavrão já estava maduro, louco para sair. Havia referências ao Country, ao Itanhangá — a todo o mundo dos pais de Lúcia. Não que Nelson estivesse se referindo precisamente a eles, mas não podia impedir que eles se sentissem ofendidos.

Nelson precisava de um intermediário, de alguém que intercedesse por ele junto a doutor Cruz Lima e dona Lidinha. Sua tentativa de conversar com a mãe de Lúcia também fora um desastre. Ela o chamara de tarado, imoral, sem-vergonha. Nelson ouvira tudo aquilo em magoado silêncio. Quando saíram, já na rua, Lúcia tentou aplicar gelo na situação:

"Dá o desconto, Nelson. Mamãe é uma alma pura."

Nelson não conteve a gargalhada:

"Rá-rá-rá! A alma da tua mãe é mais suja do que pau de galinheiro!"

Quem poderia ser o intermediário — alguém que fosse dizer ao doutor Cruz Lima que Nelson não era o monstro que parecia ser? Nelson perguntou a Otto sobre Alceu Amoroso Lima. Otto desaconselhou-o e, como era sabido,

Bonitinha, mas ordinária: Fregolente, acima, na bacanal dos grã-finos; à esq., Nelson "ensaia" Carlos Alberto e Tereza Rachel para a cena de amor no cemitério

Nelson nunca tivera boas relações com Alceu. Na verdade, haviam rompido sem nunca se terem falado na vida, exceto por telefone. E fora um telefonema que precipitara o rompimento.

No fim dos anos 50, Nelson tentara uma aproximação com Alceu. Entre Alceu e Corção, que eram os dois líderes católicos do país, Nelson preferia Alceu. Corção era "esse católico apenas irritado, esse católico sem paixão", que vivia atacando-o. Já Alceu gostara de *Vestido de noiva*, mas só — de *Álbum de família* em diante, só faltara chamar a polícia para tirá-lo de cartaz. (E, a respeito de *Álbum de família*, Alceu ficara por escrito ao lado da polícia.) Mas era um católico integral e, para Nelson, deveria ter "Deus enterrado em si como um sino". Nelson perdoava até sua aberta simpatia por Hitler e Mussolini no começo da guerra. A propósito de *Senhora dos afogados*, Alceu mandara-lhe uma carta que terminava com a frase: "Ou você se converte ou você se suicida". Nelson nunca a entendera: a que se converte um convertido?

Apesar de usar um cordão com um crucifixo no pescoço, que só tirava para tomar banho, Nelson não poderia ser considerado um católico. Não ia a missas, não cultuava santos e não fazia jejuns, exceto os exigidos pela úlcera. Mas sua religiosidade era evidente em sua obra e até incômoda para os seus mais íntimos no dia a dia. Não fora de brincadeira que, aos 23 anos, em 1935, chorara ao assistir à *Vida de Cristo* com Vicente Celestino no Teatro Recreio. Usava com frequência a expressão "Deus me perdoe!", o que talvez pudesse ser um expletivo, mas a sinceridade com que se despedia de todo mundo dizendo "Deus te abençoe" nunca foi posta em dúvida. E, aos materialistas, para quem a morte é o fim de tudo, dizia: "É absurdo o sujeito se demitir da vida eterna, como se fosse um suicida depois da morte".

O próprio Alceu admitiria, muitos anos depois, as tentativas que Nelson fizera de aproximar-se. Nelson lhe telefonava (religiosamente é o termo exato) todo Natal e Ano-Bom. Segundo Nelson contaria no futuro, incomodava-o que, sempre que ligava para Alceu para desejar-lhe felicidades "a si e aos seus", Alceu respondesse de pronto: "Ah, Nelson, acabei de rezar por você!". Todo ano, a mesma coisa. A Nelson intrigava essa oração em permanente plantão que o seu telefonema sempre vinha despertar. Nelson queria dizer a doutor Alceu que rezasse menos por ele, ou nem rezasse, mas que fosse seu amigo. Queria ser apenas seu amigo, queria ter a liberdade de contar-lhe que, em criança, recortava e armava os presépios de papelão que vinham no *Tico-Tico*.

O caldo entornou num Natal por volta de 1960 quando Nelson deu o telefonema de praxe e Alceu, em vez de dar a resposta idem ("Estava rezando por você!"), suspirou:

"Ah, Nelson, você aí nessa lama!"

(Segundo a versão de Alceu, ele disse: "Então, Nelson, você sempre a remexer nessa lama das ruas?".)

Nelson se ofendeu. Achou que Alceu, na sua "imodéstia de santo", não tinha o direito de dizer aquilo. Pensou em perguntar-lhe de volta: "E os seus pântanos, como vão, doutor Alceu? E os seus sapinhos, as suas pererecas?". Desligou com "até logo, passar bem", e Alceu sentiu que dera um fora. Escreveu a Nelson dizendo que não era aquilo que queria dizer, que não o julgava pessoalmente "metido na lama das ruas". Mas Nelson não o perdoou e, agora, Otto espantava-se de Nelson cogitar do sábio católico para torná-lo potável a doutor Cruz Lima e dona Lidinha.

A outra alternativa era dom Helder Câmara. Nelson pediu ajuda a Helio Pellegrino. Helio falou com dom Helder, explicou-lhe o que Nelson queria, dom Helder mandou-o telefonar. Nelson pediu a dom Helder que ele ligasse para Lúcia e fosse visitá-la em casa de seus pais. Aos olhos dos pais de Lúcia, seria como que uma bênção à união dos dois. (E de que importava que nenhum dos dois fosse solteiro? Já havia o precedente de que dom Helder intercedera para que o Colégio São Vicente de Paula aceitasse a matrícula de Diduzinho, filho de Didu e Tereza Souza Campos. E Didu, um dos dez mais elegantes do Brasil, era desquitado.) Segundo Nelson, dom Helder teria garantido a ele que o atenderia.

Efetivamente dom Helder telefonou para Lúcia, disse que rezaria por ela e recebeu doutor Cruz Lima e dona Lidinha em seu gabinete no Palácio São Joaquim. Não se sabe o que foi dito naquela reunião, mas Lúcia sentiu que seus pais voltaram ainda mais firmes na sua desaprovação a Nelson. Nelson ficou desapontado e, então, procurou dom Marcos Barbosa no Mosteiro de São Bento. Como padre, dom Marcos também não poderia aprovar uma união de desquitados, mas suas visitas a Lúcia fizeram com que doutor Cruz Lima e dona Lidinha ficassem um pouco menos intolerantes. A relativa aceitação de Nelson pelos pais de Lúcia, no entanto, só aconteceria depois (muito depois) que nascesse a prematura Daniela — e do drama que eles viveriam com ela.

A partir do momento em que Nelson saiu de casa e foi fazer uma escala na "sala íntima" do apartamento de sua mãe, aquilo configurava uma situação de fato. Estava agora com Lúcia, por mais que o bombardeio contra eles partisse de todas as direções: da família dela, de suas amigas — e, naturalmente, de Elza, que lutou por Nelson enquanto foi possível. Foram momentos difíceis, em que a própria Lúcia relutou e chegou a dizer-lhe:

"Pense bem, Nelson, se é isso mesmo o que você quer. Ainda está em tempo."

Quanto mais se formava uma maioria contra eles, mais Nelson queria desafiar essa maioria. Mas sua própria família recebeu Lúcia muito bem: ela foi admitida de saída no apartamento do Parque Guinle. E coisas engraçadas começaram a acontecer. Lúcia achou, por exemplo, que Nelson poderia ser aperfeiçoado. Metade de suas roupas foi dada aos pobres e, em seu lugar, foram surgindo as gravatas italianas de tricô, as malhas de *col roulé*, as calças de vinco impecável. Nelson foi obrigado a fazer regularmente o que não fazia nunca: engraxar os sapatos na rua. Os colarinhos de ponta virada ficavam agora no lugar, a poder de goma. Sua tradicional esculhambação saiu por uma porta do palco e, pela outra, entrou um janota que os amigos custaram a reconhecer.

E Nelson agora precisava caprichar porque, desde 1960, era uma celebridade em televisão. Começara na *Grande Resenha Facit*, talvez a primeira mesa-redonda sobre futebol apresentada regularmente no mundo. Luís Mendes dera a ideia e Walter Clark, o garoto-prodígio da então poderosa TV Rio, a comprara. E por que não? A noite de domingo era morta na televisão. Um grupo de sujeitos discutindo futebol passionalmente após o jogo no Maracanã poderia dar certo. O patrocinador seria a Facit, a multinacional das máquinas de calcular e cujo presidente no Brasil, o sueco Gunnar Goransson, era Flamengo fanático. E o futebol ainda era um dos grandes assuntos nacionais.

Formou-se o time. Luís Mendes comandaria a mesa. Haveria um tricolor, Nelson Rodrigues; um rubro-negro, José Maria Scassa; um botafoguense, João Saldanha; um vascaíno, Vitorino Vieira; e um "imparcial", Armando Nogueira. A mesa era desequilibrada porque Luís Mendes e Armando Nogueira também eram botafoguenses, mas não havia por que reclamar — o Botafogo de Garrincha, Didi, Nilton Santos, Quarentinha e Zagallo era metade da seleção brasileira. (Nos anos seguintes, a balança penderia para o Fluminense com a entrada dos comentaristas internacionais, o espanhol Hans Henningsen e o francês Alain Fontaine, tricolores, e do ex-craque Ademir, identificado com o Vasco, mas secretamente Fluminense.)

Essa fórmula, cozinhada pelo produtor Augusto ("Gugu") Melo Pinto, era melhor do que o próprio jogo que se discutia. Ou que se tentava discutir: enquanto Armando Nogueira falava sério sobre táticas e esquemas, Nelson — que fora ao Maracanã com ele e, à saída do estádio, perguntara: "Meu querido Armando Nogueira, o que é que nós achamos do jogo?" — transformava o debate num pot-pourri de humor. Para irritar os colegas que volta e meia se deslumbravam com o futebol europeu, Nelson referia-se ao "escrete húngaro do Armando Nogueira" — uma maneira de dizer que a grande seleção da Hungria de 1954 só existia na cabeça de Armando. A repetição constante da expressão irritou alguns amigos do comentarista, entre os quais o banqueiro José Luís Magalhães Lins, do Banco Nacional, em cujos empréstimos Nelson vivia pendurado.

José Luís pediu a Nelson que poupasse Armando. Nelson atendeu-o — e, a partir daí, passou a referir-se ao "ex-escrete húngaro do Armando Nogueira".

As piadas de Nelson deixavam também o rubro-negro José Maria Scassa apoplético. Numa dessas, no ar, Scassa chamou-o de burro. Nelson não se perturbou: "Meu querido Scassa, eu sou mais inteligente do que você até dormindo!". Ou numa noite sufocante de verão carioca em que se discutia a excursão da seleção à Europa durante o inverno. Zagallo, convidado da mesa, disse que o brasileiro estava habituado a jogar no frio. O comentário de Nelson provocou um estouro de gargalhadas que obrigou Gugu Melo Pinto a interromper o programa, porque ninguém parava de rir:

"O nosso Zagallo deixou o seu trenó lá fora, os seus cães esquimós, os seus sapatos de raquete, e veio aqui nos dizer que o brasileiro está acostumado a jogar no frio!"

Não era segredo para a mesa que Nelson não enxergava nada em campo e que sabia o nome de, no máximo, meia dúzia de jogadores do Fluminense. Mas faziam vista grossa àquela cegueira porque, às vezes, sua intuição os surpreendia. Como na primeira vez em que o videoteipe, então grande novidade, foi acionado para esclarecer um lance de jogo, em 1962. Num Fla-Flu, aquela tarde, o juiz Airton Vieira de Morais, o "Sansão", deixara de marcar um pênalti contra o Fluminense. Na resenha, Scassa protestou contra o erro do juiz. Foi pênalti, não foi pênalti, e Luís Mendes mandou rodar solenemente o teipe. Ao vê-lo, todos concordaram: pênalti claro. Menos Nelson. Com seu senso teatral, pediu: "Câmara em mim!", e decretou:

"Se o videoteipe diz que foi pênalti, pior para o videoteipe. O videoteipe é burro!". Uma pausa e completou: "É só".

O que na época pareceu uma heresia — desafiar o infalível videoteipe — não demorou a confirmar-se: dependendo do ângulo da câmera, o teipe de fato não era de se pôr a mão no fogo. Era burro.

Depois da resenha, os participantes saíam da TV Rio, no Posto Seis, e iam jantar na Churrascaria do Leme, onde, segundo Nelson, chegavam com um "apetite de javali de mandíbulas sanguinolentas". Os colegas sabiam da obsessão erótica de Nelson em seu teatro e em "A vida como ela é...", mas tinham se habituado a vê-lo, ao vivo, como um sujeito mais ou menos sem sexo. Até que sua namorada começou a ir buscá-lo na churrascaria e eles se perguntaram o que ele tinha para encantar aquela boneca chamada Lúcia.

Na noite de 19 de junho de 1963, Lúcia estava em casa de seus pais no Leblon com a irmã, Maria Lídia. Nelson fora a um jogo noturno no Maracanã e doutor Cruz Lima e dona Lidinha tinham ido à inauguração da boate de Ibrahim Sued, a Top Club, na praça do Lido. Lúcia não se sentia bem — as pressões estavam dando-lhe nos nervos e cada telefonema era um motivo de susto e aflição. Estava grávida de seis meses e sua própria gravidez era um motivo de preocupação. Um ano antes tivera mononucleose. Quando se vira grávida, fizera exames e já não havia traços da virose. Mas Lúcia tivera um pós-parto complicado em sua primeira gravidez — sofrera nada menos que uma embolia pulmonar. Seu pai temia que acontecesse de novo e, como se não bastassem os riscos, era contra aquele novo filho.

Uma de suas clientes atrevera-se a dizer-lhe:
"Eu tenho nojo de sua filha."
Afrontando suas próprias convicções, doutor Cruz Lima chegara a insinuar para Lúcia a conveniência de tirar a criança. Lúcia não admitiu tocar no assunto. E Nelson, ferozmente contrário ao aborto, não se achava no direito de palpitar, mas, no que dependesse dele, Lúcia teria seu filho. Se fosse menina, como queriam, se chamaria Daniela. Os dois foram corajosos — mas ninguém estava preparado para o que viria.

Aquela noite, por causa de um telefonema sem importância que a assustou, a bolsa amniótica de Lúcia se rompeu. O líquido começou a escorrer, quase jorrar. Lúcia e Maria Lídia entraram em pânico. Todos que poderiam ajudá-la estavam longe dali. Houve um corre-corre pela casa, enquanto ela perdia água. Conseguiram acordar seu irmão, João Carlos, de dezessete anos. Este olhou para Lúcia e perguntou:
"Mas isso não é xixi?"

Quando convenceu-se de que não era, vestiu-se sobre o pijama e saiu desvairado pelas ruas, em busca de um táxi, para buscar seus pais na praça do Lido. Maria Lídia ligou para uma tia que morava ali perto. Ela perguntou candidamente:
"Já chamaram o médico?"

Não. Não lhes tinha ocorrido. Chamaram-no e ele chegou quase junto com os pais. Lúcia foi posta de repouso. Doutor Cruz Lima achou que era caso de correr para o hospital e operar. O médico não considerou tão grave. Essas coisas acontecem, a criança era muito pequena, o líquido iria recompor-se. Lúcia tinha só de repousar. E Lúcia só foi para a casa de saúde São José, no Humaitá, na tarde do dia seguinte.

Nelson foi avisado de manhã. Quando chegou à casa de saúde, os pais de Lúcia o cumprimentaram friamente. Ela já fora levada para a sala de parto. Perdeu-se tempo precioso tentando induzir o parto, quando poderiam ter feito logo a cesariana. Daniela nasceu à noite, com 1,5 quilo, e não queria respirar. Seu cérebro ficou minutos fatais sem oxigenação. Tudo era prematuro em Daniela: baço, fígado, pulmões. Finalmente conseguiram fazê-la respirar, mas, pela manhã, ela voltou a estar clinicamente morta. Uma junta de médicos, entre os quais doutor Cruz Lima, conseguiu salvá-la. Na realidade, conseguiram que ela não morresse. Poucos dias depois, ainda na casa de saúde, Daniela sofreu uma espécie de icterícia e tiveram de trocar-lhe o sangue.

Uma semana depois, Lúcia pôde levar Daniela para casa. Mas não para o apartamento em que iria morar com Nelson em Ipanema. Ainda era muito arriscado. Foi com ela para a casa de seus pais, onde uma enfermeira e o próprio doutor Cruz Lima poderiam assisti-la. Durante os três ou quatro meses seguintes, Nelson continuou em Laranjeiras. Quando ia visitar Daniela, os pais de Lúcia retiravam-se ostensivamente para outro aposento, a fim de não vê-lo. Finalmente, Lúcia e Daniela puderam ir com Nelson para o apartamento da Visconde de Pirajá. E só então Nelson conheceu as dimensões reais do drama.

1963: DANIELA

Daniela passaria todo o seu primeiro ano de vida numa tenda de oxigênio, com horríveis crises respiratórias. Desde o primeiro momento apresentou má circulação nas pernas, o que lhe provocava câimbras lancinantes. Nelson e Lúcia ainda não sabiam, mas a menina atravessaria os seus primeiros anos praticamente sem dormir, chorando de forma enlouquecedora, com dores que poderiam ter todas as origens. Devido à paralisia cerebral, jamais iria andar ou articular um movimento. Também seria muda. E irreversivelmente cega.

Mas Lúcia e Nelson também não sabiam disso. A cegueira de Daniela foi comunicada primeiro a Lúcia pelo doutor Abreu Fialho. Ela se ofereceu para doar um de seus olhos à filha. Novos exames foram feitos e, dias depois, o médico concluiu que o sacrifício de Lúcia seria inútil. No consultório, quando Abreu Fialho liquidou suas esperanças, Lúcia começou a tremer e tiritar de forma descontrolada. As enfermeiras deram-lhe calmantes e ela se deixou ficar mais de uma hora por ali, tentando recuperar-se. Não queria que Nelson a visse naquele estado. Lúcia pediu a Abreu Fialho que, pelo menos por enquanto, não contasse a seus pais, e muito menos a Nelson, que Daniela nunca poderia enxergar.

Mas Nelson rapidamente começou a perceber. Os olhos azuis de Daniela não tinham vida — eram como os dos cegos que ele descrevera em *Anjo negro*. Sentiu que Lúcia e doutor Abreu Fialho estavam escondendo-lhe alguma coisa. Pediu ao médico que viesse ver Daniela. Abreu Fialho passou em sua casa numa noite de domingo, a poucos minutos de Nelson ir para a TV Rio, para participar da *Resenha Facit*. Examinou a menina, ofereceu carona a Nelson até o Posto Seis e, no brevíssimo caminho, com todo o tato de que foi capaz, deu-lhe a notícia. Embora Nelson já estivesse esperando pelo pior, o choque deixou-o imobilizado, sem reação.

Nelson entrou diferente na TV Rio aquela noite. Luís Mendes, José Maria Scassa e outros notaram que havia algo estranho com ele. A única pessoa que Nelson levou para um canto e com quem ficou aos sussurros por longos minutos foi João Saldanha. Saldanha também saiu abatido da conversa. O programa começou e Nelson participou apaticamente. Saldanha deu-lhe a carona de volta em seu Fusca e não se sabe do estado de Nelson no carro do amigo. Mas, assim que entrou em casa, desfez-se de todas as defesas.

Começou a chorar desesperadamente e seus soluços podiam ser ouvidos em todo o edifício. Estava fora de si. Entre os espasmos de choro, só conseguia fôlego para chamar o médico de "burro" e dizer que ia matá-lo.

Daniela transformou a vida de todos ao seu redor. A mãe de Lúcia, dona Lidinha, personagem de colunas sociais, subiu de joelhos os 365 degraus da escadaria da Igreja da Penha para que a menina voltasse a enxergar. Uma senhora de Minas ofereceu sua córnea a Daniela, sem saber que era inútil. Helio Pellegrino foi padrinho de Daniela e, com isso, tornou-se compadre de Nelson.

Dom Marcos Barbosa foi visitar a criança e a mãe. Os pais de Lúcia finalmente "aceitaram" Nelson. E, durante anos, Nelson observou Lúcia, todas as noites, ajoelhada com Daniela dentro da tenda de oxigênio, massageando suas pernas sempre geladas pela má circulação. Algumas vezes o próprio Nelson a rendeu, ninando a levíssima Daniela a noite inteira.

Maria Luísa, a filha mais velha de Lúcia, nunca viu Nelson. Quando seus pais se separaram, ela fora viver com os avós paternos. Estes permitiram que a garota visitasse Lúcia, desde que esta não a misturasse com Nelson. Nelson lamentou a situação, mas compreendeu. Quando chegava da rua e via o carro com chofer estacionado na porta do edifício, sabia que Maria Luísa estava com Lúcia. Então ia fazer hora tomando café no botequim, esperando que a menina saísse. E só então entrava em sua casa.

Moravam num apartamento de sala e dois quartos, modesto para os padrões a que Lúcia estava habituada, mas que ela se encarregou de pôr ao seu jeito. Tudo muito arrumadinho, cortinas, pequenos objetos, réplicas do Aleijadinho. Recebiam poucos amigos, mas com esmero: Maria Augusta e Claudio Mello e Souza, Fernanda Montenegro e Fernando Tôrres, Maria Urbana e Helio, Helena e Otto Lara, um casal de cada vez. Os jantares eram à francesa e à luz de velas. Se alguma visita manifestasse o desejo de ver Daniela, Lúcia a conduzia ao quarto da menina. Mas quem a visse uma vez não gostaria de repetir a experiência.

Nem tudo era tão triste. A oposição e a adversidade uniram Nelson e Lúcia e ele diria várias vezes que os dois haviam "fundado a sua solidão".

Ela completou a sua missão de pô-lo na linha. Agora já não eram apenas os ternos que ela obrigava Nelson a fazer no Dom Vicente. Tentou também que ele abolisse os suspensórios, ajustando-lhe as calças na cintura. Mas, sem o cinto, as calças caíam na rua e, com isso, voltaram os suspensórios. Convenceu-o a usar óculos, mas só por algum tempo — pouco depois os óculos "sumiram" e Nelson não mandou fazer outros, preferindo continuar enxergando mal. Em compensação, ensinou-o a tomar banho direito, usando escova e bucha para esfregar as costas, coisa que nunca lhe tinha ocorrido. Lúcia entrava no chuveiro com ele para ajudá-lo e às vezes tomavam banho juntos.

Nelson não deu pensão a Elza. Ela continuava com seu salário no Iapetec e tinha os filhos. Joffre queria fazer cinema. E Nelsinho era agora o motorista de Nelson — trocaram o De Soto por um Fusca e era neste que Nelsinho o transportava para o jornal, a televisão, o teatro ou para a casa de dona Maria Esther. A separação de seus pais tornara-o, curiosamente, mais próximo de Nelson.

26

Toda nudez será castigada: Nelson Xavier
e Luís Linhares

— 1965 —
O DESESPERÔMETRO

"Nelson Rodrigues é um perigo a ser evitado", escreveu o crítico Alex Vianny na revista *Senhor* em fevereiro de 1963. Em perigo agora estava não a religião ou a família brasileira, mas o cinema nacional. Alex Vianny ficou assustado com o sucesso comercial de *Boca de Ouro*, o filme dirigido por seu amigo Nelson Pereira dos Santos — mas que, na verdade, pertencia muito mais a Jece Valadão, que o produzira e estrelara. Não era um filme "de autor" ou "participante", como os outros filmes do engatinhante Cinema Novo. Era uma encomenda.

Jece Valadão contratara Nelson Pereira dos Santos como poderia ter contratado Watson Macedo. Se preferira o diretor de *Rio quarenta graus*, era porque este era melhor. Mas não queria brilharecos ao estilo de Ruy Guerra em *Os cafajestes*, que ele, Jece, também produzira no ano anterior. Queria a peça de Nelson como ela era, bem fotografada, com o mínimo de adaptações e zero de cinemanovices. Nelson Pereira dos Santos aceitara pelo dinheiro — precisava dele para rodar *Vidas secas*, um projeto que vinha adiando por falta de fundos. Para Alex Vianny, cineasta bissexto, não era vergonhoso trabalhar por encomenda. Ele próprio filmaria qualquer coisa que o Partido Comunista pedisse. Mas Nelson Rodrigues nunca. Nelson Rodrigues era um "mercador da pornografia e cáften do desespero humano", criador de um "fedorento mundinho".

O que preocupava Alex Vianny era que, na esteira do sucesso de *Boca de Ouro* em 1963, já se anunciavam as filmagens de *Bonitinha, mas ordinária*, *Asfalto selvagem* e *Anjo negro*. Nelson Rodrigues vinha infeccionar o novo cinema brasileiro com seu "desesperômetro" pequeno-burguês e desviá-lo do caminho reto, que era o de filmar cangaceiros e favelados. Em sua crítica na *Senhor*, Alex Vianny insinuou que torceria pelo fracasso desses filmes na bilheteria.

O cinema brasileiro estava descobrindo um filão: Nelson Rodrigues. Não que antes não quisessem filmá-lo. Mas o medo da censura paralisava os produtores antes que eles pingassem uma palavra no papel. *Meu destino é pecar* fora rodado em 1952 pela Maristela, uma espécie de Vera Cruz de tanga, e tivera problemas. E nem era Nelson Rodrigues, mas Suzana Flag, um chá de hortelã. Não se podia dizer a palavra "amante" no filme, por exemplo. Tinha de se dizer "amiga". Com isso, o festival de adultérios da história virara uma ação entre amigos.

Até 1963, o cinema só usara Nelson como dialoguista. Em 1950 ele escrevera os diálogos de *Somos dois*, um filme com Dick Farney, dirigido por seu irmão Milton. Joffre, seu filho, então com nove anos, fazia uma ponta como o irmão da mocinha e seu cachê fora um saco de bolas de gude. Em 1961 Nelson dera alguns palpites no roteiro de Jorge Dória para *Mulheres e milhões*, um filme de Jorge Iléli cuja história era parecida com a de um dos filmes favoritos de Nelson, *O segredo das joias*, de John Huston. E, em 1962, Nelson passara uma caneta nos diálogos de *Eu sou Pelé*, biografia romanceada do próprio, dirigida por Carlos Hugo Christensen. Tudo escrito às pressas, por caramínguás, para sair do vermelho a que vivia condenado. Jamais alguém lhe propusera rodar uma peça sua, com todos aqueles recursos que haviam produzido um *Luzes da ribalta*, um *Rocco e seus irmãos*, filmes que adorava — ou *La Violetera*, com Sarita Montiel, outro que ele tinha visto umas dez vezes.

Gilberto Perrone fora o produtor de *Mulheres e milhões*, um baita sucesso de público. Jece Valadão pegou o dinheiro que ganhara com *Os cafajestes* e cotizou-se com Perrone para fazer *Boca de Ouro*. O cinema brasileiro tornara-se o terror dos festivais internacionais: ganhava uma palma, um urso ou um leão de ouro a cada quinze minutos. No caso de *Boca de Ouro*, Jece Valadão dispensava os ursos ou leões — queria um filme comercial. Nelson Pereira dos Santos veio dirigir e deu conta do recado com carinho. Com *Boca de Ouro* dentro da lata, Valadão vendeu sua parte para Jarbas Barbosa e usou o dinheiro para produzir *Bonitinha, mas ordinária* em 1963.

Mas não o produziu sozinho. Parte do dinheiro foi levantada por Joffre, com o aval de Nelson, junto ao Banco Nacional de José Luís de Magalhães Lins. O próprio Jece dirigiu *Bonitinha, mas ordinária* em parceria com J. P. de Carvalho, e deixou que este assinasse sozinho. O nome de Otto Lara Resende também foi eliminado, como que por encanto, do título. Mas não da história e nem dos diálogos. E, como o filme foi levado no Brasil inteiro, Otto, por onde quer que passasse, tinha de mostrar a carteira de identidade para provar que existia, que não era apenas um personagem da imaginação de Nelson Rodrigues.

Bonitinha, mas ordinária no cinema foi visto por dois milhões de espectadores — o que permite calcular as multidões que abordaram Otto na rua, o apalparam e farejaram. O filme rendeu muito dinheiro, mas não para Joffre. Desta vez foi ele que vendeu sua parte para Jece Valadão, pagou o banco e foi para a Itália estudar cinema. Voltou em 1964, disposto a tornar-se o Franco Cristaldi ou o Carlo Ponti brasileiro — o produtor que iria fazer as pazes do cinema "de arte" com a bilheteria. Sua primeira ideia era filmar *Senhora dos afogados* com direção de Glauber Rocha. Grande ideia. Levantou o dinheiro com José Luís Magalhães Lins e foi à luta.

Glauber, ainda fumegante pelo explosivo sucesso de *Deus e o diabo na terra do sol*, aceitou na hora. Assinou o contrato e, bem ao seu estilo, só depois é que foi ler a peça. E, ao ler, sentiu que não era o material para ele.

"Joffre, me perdoe, mas me libere", disse Glauber. "Vai dar um choque de autores. Seu pai é autor e eu também sou. Não dará certo."

Perdida a chance de se fazer o melhor filme brasileiro de todos os tempos, Joffre viu-se com uma ideia na cabeça e o dinheiro na mão, mas sem um diretor para realizá-la. "Pegue Leon Hirszman ou Eduardo Coutinho", soprou-lhe Luís Carlos Barreto. Num encontro casual com Joffre no Far-West, um botequim perto da TV Rio, Fernando Tôrres e Sérgio Britto falaram-lhe do seu desejo de fazer Nelson no cinema. Só que a peça que preferiam era *A falecida*. E então acertou-se tudo. Leon Hirszman seria o diretor, Eduardo Coutinho o roteirista e Fernanda Montenegro — quem mais? — seria Zulmira, a mulher que não tem onde cair morta, mas sonha com um caixão de luxo.

O filme ganhou o inevitável prêmio em festival, mas foi um fiasco comercial de dimensões cataclísmicas. E olhe que Fernanda Montenegro realizou em *A falecida* aquela que durante anos foi considerada a maior interpretação feminina do cinema brasileiro. Seu desempenho enganou até os figurantes na sequência do velório, rodada na casa de uma senhora portuguesa no Estácio.

Chico de Assis, do Teatro de Arena, havia preparado os vizinhos da portuguesa: convenceu-os de que iriam assistir a um velório de verdade, com uma morta de carne e osso no caixão, e conclamou todo mundo a ir ver a defunta. O rosto de Fernanda Montenegro ainda não era tão conhecido na Zona Norte do Rio. Durante horas, dezenas de pessoas desfilaram diante do caixão em que ela se deitava, imóvel, de olhos fechados, fazendo força para não respirar entre aqueles círios, cruzes e flores. Ninguém parecia ver nada de anormal na presença da câmera, dos refletores e de Leon Hirszman gritando "Corta!", "Ação!" e "Olha a luz, Zé Medeiros!".

A única figurante que relativamente destoava era a própria portuguesa, rija senhora de seus quase oitenta anos. Ela sabia que se tratava de um filme, mas ajoelhava-se ao pé do caixão e sussurrava para Fernanda Montenegro como se temesse despertá-la da morte:

"Não faça isso, dona Fernanda. Que pecado! Não se brinca com essas coisas!"

Mas, em seguida, como Fernanda não respondesse, cofiava os bigodes, desfiava o terço e voltava a rezar. Maior realismo, impossível.

Tudo teria dado certo se a ideia de um filme "de arte", sombrio e cerebral, perfeita para *Senhora dos afogados*, não tivesse contaminado *A falecida* — afinal, a primeira "tragédia carioca" de Nelson, quase uma comédia. Todo o humor e o escracho da história foram desidratados por Leon Hirszman, como Nelson suspeitou que iria acontecer no dia em que compareceu às filmagens e viu alguns atores dando empostações de mordomo inglês aos personagens.

Quando o filme ficou pronto, Nelson foi assisti-lo com Joffre no velho estúdio da Líder, em Botafogo.

"Espeto, meu filho. Está muito preto e branco", comentou baixinho.

"Mas o filme é em preto e branco, papai", respondeu Joffre.

"Eu sei, mas está preto e branco demais" — sua maneira de dizer que *A falecida* estava mais "sério" do que um filme sueco.

Como aconteceria com todos os filmes baseados em suas peças (enquanto eles estivessem em cartaz), Nelson deu declarações de que teria "gostado" de *A falecida*. Mas, na verdade, detestou-o. E o público também.

Se o fracasso de *A falecida* tivesse se limitado a algumas bolas pretas no "Conselho de cinema" do *Correio da Manhã*, ninguém sairia muito machucado. Mas o rombo que provocou nas finanças de Nelson e Joffre iria obrigar Elza a vender a casa da rua Agostinho Menezes e o apartamento em Teresópolis. E faria Nelson perder o apartamento que comprara para Lúcia e Daniela no Leblon.

"Todas as minhas angústias passaram a ter um só nome: *A falecida*", ele disse a Lúcia. "Estou endividado até as encarnações futuras."

"Nelson Rodrigues em novela de televisão, só de madrugada!", decretou o juiz de menores Cavalcanti Gusmão.

Era uma monótona perseguição. Em 1963, o simples nome de Nelson seria uma ameaça ao tecido social se aparecesse na tela da TV como autor de uma novela. E principalmente da TV Rio, a Globo do seu tempo. Mas Walter Clark e o pessoal do Teatro dos Sete queriam apenas inovar: produzir novelas brasileiras, para aproveitar o insuportável sucesso dos dramalhões cubanos que sustentavam a televisão. *O direito de nascer*, de Félix Cagnet, já estava no ar há mais de um ano, mas um dia teria de acabar — nem mamãe Dolores suportaria sofrer tanto. E, para Walter, se se tratava de produzir uma novela nacional, Nelson Rodrigues era a escolha óbvia para escrevê-la.

Os dois eram agora gêmeos como duas chamas e Nelson dizia conhecer Walter Clark desde que ele usava chuca-chuca. Estava exagerando. Walter tinha 24 anos quando Nelson foi para a TV Rio com a *Resenha Facit* em 1960. E Nelson desamou-o com um minuto de bola em jogo. Achou-o um "Mozart aos oito anos, sem o talento de Mozart". Via-o dando ordens, criando e destruindo programas, revirando a televisão pelo avesso, as mulheres se agarrando às suas pernas, implorando para que ele as seduzisse. Como se pode gostar de alguém assim? Mas o pior em Walter Clark era o seu carro: um Thunderbird suntuoso, equipado com cascata artificial e filhote de jacaré. Nelson se perguntava de onde vinha tanto poder. Só depois descobriu que o próprio Walter Clark se dera esse poder; viu nele uma espécie de Ziembinski eletrônico e passou a admirá-lo. Ficou ainda mais feliz quando descobriu que Walter o admirava, este sim, desde que usava chuca-chuca.

Nelson escreveu para Walter Clark a primeira novela brasileira de todos os tempos: *A morta sem espelho*. Ele não lhe impusera limites, mas Nelson sabia onde pisava: *A morta sem espelho* raiava uma possível zona incestuosa, mas só se o telespectador prestasse muita atenção. O que abundavam eram os adultérios, uma realidade cotidiana nas melhores famílias. Um dos momentos mais chocantes era quando Ítalo Rossi, no seu eterno papel do marido traído, sacava um gigantesco revólver e dizia para sua mulher, Isabel Teresa: "Acorda pra morrer!". Mais singelo do que isso, só *A hora do pato*, programa de auditório da Rádio Nacional.

Mesmo assim, era demais para 1963 às oito e meia da noite. O juizado de menores mandou empurrar a novela para onze e meia — um horário em que não apenas todos os televisores já tinham sido postos para dormir como os funcionários da televisão estavam apagando as luzes para ir embora. E *A morta sem espelho* era um investimento muito grande para se deixar matar por essa medida. A direção era de Sérgio Britto. O elenco tinha Fernanda Montenegro, Fernando Tôrres, Ítalo Rossi, o próprio Sérgio Britto e a estreia de Paulo Gracindo como ator de TV. A música era de Vinicius de Moraes. Quem mais eles queriam? O ministro San Thiago Dantas como figurinista?

Walter Clark pediu socorro a dom Helder. Garantiu-lhe que Nelson se moderara e convidou-o a ver alguns capítulos já gravados na sala de vídeo da TV Rio. Chamou ainda duas proeminentes senhoras católicas para opinar e completou a plateia com parte do elenco, inclusive Joffre, que fazia um pequeno papel como ator. Nelson não queria ir — depois do episódio em que pedira a intervenção de dom Helder junto aos pais de Lúcia, tomara alergia ao bispo auxiliar do Rio. Mas foi. E ainda ouviu de dom Helder:

"Fazendo concessões, Nelson?"

"Não, dom Helder. Quem faz concessões é o gênero, não eu", respondeu.

Dom Helder assistiu aos capítulos, fez "tsk, tsk" para algumas cenas e disse a Walter que não achava aquilo aconselhável para um horário tão nobre. Sugeriu que jogassem a novela para um pouco mais tarde. Sem seu principal trunfo, Walter desistiu de lutar pelo horário das oito e conseguiu que a censura a liberasse para as dez horas. Mas era um horário tão ingrato quanto o das onze e, dois meses depois, pediu a Nelson que casasse o galã com a mocinha ou matasse todo mundo, mas que pusesse um fim à história.

Estava claro que o grande problema era o nome de Nelson. *Asfalto selvagem*, que Jece Valadão filmara aquele ano contando a primeira parte da história de Engraçadinha, com Vera Vianna no papel, fora proibido para menores de 21 anos. (E, depois de 1º de abril de 1964, seria definitivamente proibido.) Na televisão a coisa era até pior. Qualquer novela assinada por Nelson faria com que os censores se sentissem de sapatilhas sobre brasas. Assim, na sua novela seguinte, *Sonho de amor*, em 1964, o nome de Nelson apareceu, mas ela foi anunciada como "uma adaptação de *O tronco do ipê*, de José de Alencar".

Os militares estavam agora no poder, o marechal Humberto de Alencar Castello Branco tornara-se presidente e seus biógrafos já tinham conseguido descobrir-lhe um remoto parentesco com José de Alencar. Talvez por isso *Sonho de amor* tenha ido placidamente ao ar naqueles meses de abril e maio de 1964 — embora Nelson, que nunca lera *O tronco do ipê*, só tenha aberto o livro para saber quais eram os nomes dos personagens. Ou talvez porque os censores também nunca tivessem lido o primo do marechal.

E a terceira e última novela de Nelson, *O desconhecido*, só foi exibida em julho e agosto daquele ano, com direção de Fernando Tôrres e grande elenco (Nathalia Timberg, Carlos Alberto, Jece Valadão, Joana Fomm, Vera Vianna, Aldo de Maio, Germano Filho), depois de uma hilariante negociação de Walter Clark com o general Antônio Bandeira, chefe da Censura. Walter tentou vender-lhe Nelson como um homem de posições conhecidas, um anticomunista convicto, simpático à "Revolução". Contou-lhe que, no dia 1º de abril, tinham assistido juntos, da varanda da TV Rio, à tomada do Forte de Copacabana, e Nelson até comentara:

"Essa revolução está sendo feita a tapa."

Como um homem como ele poderia ser proibido?, perguntou Walter. O militar cedeu, mas resmungou:

"Esse Nelson Rodrigues ainda não me convenceu."

"Li três páginas de *Toda nudez será castigada* e o personagem principal me repugnou", declarou Gracinda Freire a *Fatos e Fotos* em 1965. "Nelson Rodrigues é o maior comerciante do teatro. É o dono absoluto da indústria do sensacionalismo."

"Li e recusei", justificou-se Tereza Rachel na mesma revista. "Não por uma questão de puritanismo, mas de categoria. A peça é ruim."

Outra atriz disse a Cleyde Yáconis, quando soube que esta havia ficado com o papel:

"Não sei como você tem coragem. Eu não faço no palco um personagem que finge que lava a xoxota na bacia!"

Nelson tinha todos os motivos para sentir-se como um cristão entre os leões. Agora não eram apenas a esquerda, a direita, os críticos, a censura, seus sogros e alguns padres que viam nele uma réplica de galocha e suspensórios do "Monstro da Lagoa Negra". Era a própria categoria teatral ou, pelo menos, as atrizes a quem ele oferecera o papel de Geni em sua nova peça, *Toda nudez será castigada*. Nenhuma delas queria interpretar a prostituta que se casa com um viúvo, tem um caso com o filho deste e corta os pulsos para morrer.

O papel de Herculano, o viúvo, também parecia maldito. Nelson chegara a convidar Rodolfo Mayer. Mas seu ex-vizinho na rua Agostinho Menezes não quis conversa:

"Se quiserem, podem me chamar de covarde, mas não tenho coragem de aceitar esse papel."

Todos temiam a opinião do público e ninguém queria saber do argumento de Nelson:

"A peça é uma cambaxirra. Não tenho culpa se o espectador resolve projetar em mim a sua própria obscenidade."

Mas o que realmente doía em Nelson era que *Toda nudez será castigada* fora uma encomenda de Fernanda Montenegro; ela lera a metade do primeiro ato e se recusara a fazê-la. Alegara gravidez — e estava mesmo grávida, de seu filho Cláudio. Mas Nelson achava que, depois que tivesse seu filho, nem assim Fernanda aceitaria fazer a peça.

"Você nos prometeu uma comédia, Nelson, e isso é uma tragédia", disse Fernanda.

"Mas isso é a comédia humana, minha flor!", disse Nelson.

"E onde já se viu o Herculano dar dezessete trepadas em menos de 72 horas?"

"E a poesia, Fernanda?"

Nelson só não rompeu com Fernanda porque ela deu diversas entrevistas defendendo a peça: "Se disserem que a peça escandaliza, Nelson se sentirá realizado. Mas não admito que se diga que a peça é ruim", ela falou a *Fatos e Fotos*.

A carreira de *Toda nudez será castigada* — estreia no dia 21 de junho cortada por aplausos em todas as cenas individuais, ovação de pé ao fim do espetáculo e, a partir daí, seis meses seguidos no Teatro Serrador e excursão pelo Brasil — pode ter feito com que algumas daquelas atrizes se arrependessem de seu julgamento. Para Nelson, foi uma vingança com sabor de pitanga — doce, mas com um travo de azedume.

* * *

Não tão doce, no entanto, que o fizesse esquecer a montanha de problemas com que se debatia. Havia o drama cotidiano de sua filha Daniela, condenada a viver como uma planta pelo resto de seus dias. Diante deste, todos os problemas eram menores, mas ele tinha também as dívidas de *A falecida*. E, precisamente no ano em que o filme foi lançado, 1965, e se esperava que se pagasse, Nelson comprara um apartamento de quatro quartos e duzentos metros quadrados num prédio em construção na rua Timóteo da Costa, no alto do Leblon. Mais uma vez tomara dinheiro com José Luís Magalhães Lins — mas grande parte dele evaporara-se para saldar a hemorragia de dívidas daquele filme. E, agora, um ano depois, Nelson estava exatamente um ano atrasado no pagamento das prestações.

Com medo de perder o apartamento, Nelson pediu a Wilson Figueiredo que lhe conseguisse um financiamento no Banco Nacional de Habitação, onde Wilson tinha também um emprego. Wilson podia ser poeta, diretor do *Jornal do Brasil* e personagem de *Asfalto selvagem*, mas não tinha poderes para sair cavando financiamentos de um minuto para o outro. E, além disso, o BNH estava passando por uma de suas crises crônicas. Nelson então tentou convencer Wilson a comprar-lhe o apartamento — a essa altura pronto, nas chaves. Wilson não queria, já tinha onde morar, estava satisfeito. Nelson insistiu em que Wilson morava mal, morava pessimamente, seu apartamento era menor do que uma casa de cachorro — o que não era verdade. No dia do jogo Brasil × Portugal pela Copa de 1966, um corretor de imóveis subiu ao *Jornal do Brasil*, tirou Wilson da sua concentração pela "pátria em chuteiras" e arrastou-o para ver o apartamento de Nelson.

Wilson entregou os pontos. O que, aliás, não era tão difícil: Nelson devia um ano de prestações, mas prestações congeladas, sem juros ou correção. Wilson podia assimilar facilmente a dívida e continuar pagando o que restava. Fez isso. Nelson livrou-se da dívida, sobraram-lhe uns amendoins e ele ficou tão grato a Wilson que passou a citá-lo em suas colunas como proprietário de um apartamento digno do xá da Pérsia, com "torneiras de ouro", das quais escorria champanhe. Uma velha tia de Wilson acreditou e ligou-lhe de Belo Horizonte para perguntar se precisava levar essa vida de milionário.

Mas nem tendo se livrado da dívida Nelson sentiu-se desapertado. A bagunça de sua vida financeira era indescritível: cobrava mal por seu trabalho, levava canos, não ia receber o que lhe deviam, deixava contas sem pagar e tomava dinheiro no banco por conta de tarefas que ainda deveria cumprir. Por mais que trabalhasse, estava sempre falido. Houve um momento em que Lúcia começou a fazer tapeçarias de parede para ajudar na receita. Em 1966 Nelson escrevia diariamente duas colunas esportivas, a de *O Globo* e a do *Jornal dos Sports*; "A vida como ela é...", também para o jornal de seu irmão; fazia pelo menos quatro aparições semanais em televisão — agora na TV Globo, para onde fora com Walter Clark; e sujeitara-se a vender seu nome como "tradutor" dos romances do escandaloso Harold Robbins, para a editora Guanabara de Alfredo Machado.

A ideia fora de Machado, para ajudar Nelson a faturar um dinheirinho fácil. Mas era também muito conveniente para sua editora: ao ler "Tradução de Nelson Rodrigues" com destaque na capa de livros de Harold Robbins, como *Os insaciáveis, Os libertinos* e *Escândalo na sociedade*, o comprador via naquilo uma garantia. Sabia que era literatura "pesada". Como poderia imaginar que Nelson era o mais acabado monoglota da língua portuguesa — senhor de todos os mistérios da sua língua e incapaz de dizer gato em qualquer outra?

A principal fonte de renda de Nelson era agora a televisão. Quando Walter Clark fora convidado a trocar a TV Rio, dona da audiência carioca, por uma TV Globo que ainda se arrastava na "lanterninha", tinha sido a Nelson que ele perguntara sobre Roberto Marinho. Nelson contou-lhe a história da tuberculose e de como quase tinham morrido juntos no barco em chamas. Walter considerou aquilo uma espécie de aval, trocou de estação e levou uma equipe inteira para a Globo, inclusive Nelson. Foi um grande negócio para todo mundo, exceto para a TV Rio, que acabou. Nos anos seguintes, na Globo, Walter teria várias oportunidades de demonstrar em espécie sua gratidão por Nelson.

Nelson pedia-lhe adiantamentos que só poderiam ser pagos com descontos no salário. Ao fim do mês, Nelson dizia a Walter que não poderia dar-se ao luxo de sofrer o tal desconto. Walter então pedia a Nelson que escrevesse qualquer coisa para ser lida em algum programa e pagava-lhe por fora. Ou, quando não havia tempo hábil para isso, Walter inventava que Nelson havia escrito alguma coisa, mandava-o assinar um recibo e usava aquilo para cancelar o desconto em folha.

E não estava, como se diz, exorbitando. Nelson era uma das atrações da Globo. Seu quadro "A cabra vadia", que ia ao ar como uma seção do programa *Noite de gala*, às segundas-feiras, era hilariante. A cabra vadia começara como um personagem em prosa, em sua coluna no jornal, "À sombra das chuteiras imortais". Nelson usava a cabra como testemunha muda de suas entrevistas imaginárias com personalidades várias, realizadas num terreno baldio também imaginário. A suposição era a de que há certas coisas que só se confessam num terreno baldio. Maurício Sherman, produtor da Globo, teve a ideia de levar Nelson, o terreno baldio e a cabra — uma cabra de verdade — para *Noite de gala*. O entrevistado também seria de verdade.

A cabra foi contratada pela Globo em regime *full-time* e passava a semana amarrada no pátio da estação. Em 1966, a rua Von Martius, no Jardim Botânico, onde ficava a televisão, ainda era um vasto capinzal, donde a cabra não tinha problemas de cesta básica. Às quintas-feiras, dia da gravação, era deixada de propósito sem comer, para desempenhar melhor o seu papel no vídeo. Quando Nelson e o entrevistado estavam prontos, a cabra era trazida para o estúdio, depositavam uma montanha de capim à sua frente e as câmeras faziam o resto.

Roberto Marinho não tinha sido comunicado. Quando entrou pela primeira vez no estúdio e viu-o transformado numa jângal, pensou que havia entrado na estação errada, talvez na TV Tupi. Mas, ao saber que era o cenário do quadro de Nelson, já não achou tão esquisito.

O primeiro entrevistado de Nelson em "A cabra vadia" foi João Havelange, então presidente da CBD. A seleção brasileira preparava-se para ser tricampeã do mundo na Copa de 1966, em Londres. A comissão técnica dava o caneco como faturado, convocara para treinamento quase todos os jogadores em atividade no Brasil — e o resultado era que, a poucos dias da estreia na Copa, o Brasil ainda não tinha um time. Tinha vários. O desastre era iminente. No "terreno baldio", enquanto a cabra "comia o cenário", Havelange disse a Nelson o que não teria coragem de dizer "nem ao médium depois de morto": que, com aquela comissão técnica, o Brasil não seria tri em Londres nem de cuspe à distância.

Mario Filho pôs sua fé inabalável dentro da mala e foi a Londres para ver as maravilhas que os veteranos, como Gilmar, Djalma Santos, Bellini, Garrincha e Pelé, e os novatos, como Gérson, Tostão, Jairzinho, Silva e Alcindo, iriam fazer durante o tri. Assistiu aos três jogos do Brasil sentado nas cadeiras atrás dos gols para os quais a seleção atacava. Mas quase não teve o que ver. No primeiro jogo, contra a Bulgária, no dia 12 de julho, Pelé e Garrincha fizeram 2 × 0. Ninguém se empolgou, mas o Brasil vencera, era isso que importava, a camisa amarela jogava sozinha. O jogo seguinte, três dias depois, contra a Hungria, trouxe a seleção à dura realidade. A derrota por 3 × 1 revelou um time velho, desentrosado e medroso. Restava o terceiro jogo, decisivo, contra Portugal, no dia 19. Até Mario Filho esperou pelo pior.

Vicente Feola, reconduzido ao comando da seleção, trocou nove jogadores na véspera da partida e botou-os em campo. Alguns foram apresentados uns aos outros já com a bola rolando. O Brasil perdeu de novo por 3 × 1, o que significava pegar o boné e voltar para casa. A cada gol português, o comentarista Hans Henningsen, o "Marinheiro Sueco", sentado ao lado de Mario Filho, via-o desmoronar.

Dois meses depois, já de volta ao Rio, Mario Filho estava morto aos 58 anos.

Não se pode dizer que foi apenas o fracasso do Brasil na Copa que provocou o enfarte de Mario Filho — o seu primeiro, único e fatal enfarte. É verdade que ele pusera no tri muitas fichas de seu jornal: comprara papel, investira em máquinas, o futebol teria um enorme impulso com a conquista definitiva da taça Jules Rimet, a circulação do *Jornal dos Sports* dobraria por muitos meses. Acontecera isso nas outras duas Copas que o Brasil havia ganho, em 1958 e 1962. E, desta vez, ele queria estar preparado.

A de 1962, no Chile, Mario Filho também tinha ido assistir. Depois de Garrincha, o maior jogador do Brasil fora Amarildo, o "Possesso", cuja convocação se devera à campanha de Nelson no *Jornal dos Sports*. Ninguém parecia acreditar em Amarildo exceto Nelson. Quando Pelé se machucou e ficou fora da Copa, o "Possesso" entrou e fez os gols por Pelé. Mario Filho voltara do Chile com dois livros: *Copa do Mundo, 62*, que lançara pelas Edições O Cruzeiro e cujos direitos da primeira edição revertera aos 22 jogadores; e *Viagem em torno de Pelé*, que publicara em 1963 pela Editora do Autor e que se dizia que irritara Pelé — que se teria sentido com direito a uma porcentagem sobre as vendas, porque passara horas contando sua vida para Mario Filho na concentração de Viña del Mar. Como se, apesar de todo esse material, Mario Filho não tivesse imaginado metade da história — e bem que Pelé gostaria de ter vivido *aquela* vida.

O que Mario Filho gostaria de ter sido, na verdade, era um ficcionista como Tolstói ou Dostoiévski, seus escritores do coração. (Quando jovem aprendera inglês para ler *Guerra e paz*, por não confiar nas traduções em português.) Mas o jornal e o esporte o desviaram do que julgava ser a sua vocação. Seus dois romances de adolescência, *Bonecas* e *Senhorita 1950*, Mario Filho descartara da memória, dos registros e até da sua obra. Não tinham sido para valer. Ficção para valer ele estava começando a escrever agora, com *O rosto*, um dia na vida de um jornalista no Rio da década de 20, e com uma trilogia que se chamaria *A espanhola* — por "espanhola" entendendo-se a gripe que quase dizimara a cidade em fins de 1918.

O rosto já saíra pela Record, também de Alfredo Machado, em 1965. Mas, antes de fazer ponta no lápis para se dedicar a *A espanhola*, Mario Filho queria ver publicado o seu monumental *Infância de Portinari*, que levara vinte anos escrevendo como se tirasse cada palavra de uma caixa de música. O texto e as pranchas já estavam com Adolpho Bloch, que prometera publicá-lo em fins de 1966 — assim que ficasse satisfeito com as cores das dezesseis reproduções de Portinari que o livro conteria.

E, em 1965, o ano do quarto centenário do Rio de Janeiro, Mario Filho exagerara. Os Jogos da Primavera tinham sido os Jogos Mundiais da Primavera. Não se limitara a ter os clubes e colégios do Rio; convidara também delegações da Europa, dos Estados Unidos, do resto da América do Sul. Foram os maiores Jogos da história dos Jogos. Alguém de fora, que não o conhecesse, poderia dizer que era impossível alguém sentir-se tão realizado.

Mas havia um travo na vida de Mario Filho, que não apenas comprometia a sua felicidade, como a arruinava miseravelmente: o alcoolismo de seu filho único, Mario Júlio Rodrigues.

Mario Júlio nascera em 1928 e seu problema se revelara aos dezessete anos, em 1945 — justamente quando Mario Filho estava perto de se separar de Roberto Marinho e fazendo grandes planos para seu filho e para o *Jornal dos Sports*. Quando começou, Mario Júlio era apenas um bebedor clássico: altos porres, sentimentos de culpa e novos porres. Mas aos poucos tornou-se um bebedor trágico, porque consciente de sua condição: depois de incontáveis passagens por clínicas de recuperação, podia dar palestras sobre alcoolismo. Só não conseguia parar de beber. Casou-se com Dalila, teve um filho — Mario Neto — em 1947, mas não adiantou. Mantinha uma relação adversária com seu pai e com todos os tios, exceto Paulinho, quase da sua geração. Era como se não quisesse ser um Rodrigues — o que ele era, por dentro e por fora, inclusive na admiração por Dostoiévski, que relia completo todo ano.

Nos últimos anos, Mario Júlio já não tinha forças para lutar contra ou a favor de sua doença. Mario Filho e Célia o levaram até o médium Zé Arigó. Quando o estado de Mario Júlio ficava impraticável na redação, onde suas funções já eram pouco mais que decorativas, Mario Filho chamava a ambulância e o mandava para a casa de saúde Doutor Eiras, em Botafogo. Mario Júlio deixava-se levar docilmente. Quando a ambulância se afastava, Mario Filho voltava lentamente para sua sala e ficava horas olhando para a parede, sem ver qualquer significado nos quadros e fotos que contavam a história dos seus quase quarenta anos de triunfos.

Na noite de 16 de setembro de 1966, Mario Filho deu um jantar em sua casa para alguns amigos. Nelson estava presente. Por volta de 22 horas, Mario Filho pediu a Célia um banquinho para descansar a perna debaixo da mesa. Sentira uma câimbra estranha e uma dor no braço. Ligou para sua irmã Stella, médica: "Stella, essa dor no braço não está normal". Stella mandou-o ir imediatamente para uma clínica de Copacabana.

Célia foi com ele. Na clínica, foi atendido por um médico que o examinou perfunctoriamente e disse que ele não tinha nada. Mario Filho insistiu, queria um eletro, mas o médico garantiu que ele estava bem e que, além disso, era a sua hora de sair.

Mario Filho e Célia voltaram para casa. Os convidados já tinham se retirado, exceto Nelson, que ficou com ele até uma da manhã. E então Nelson despediu-se e também foi embora. Mario Filho foi dormir e acordou três horas depois, sentindo-se mal. Ligou para seu médico particular e foi informado de que este estava fora do Rio. O telefone caiu-lhe da mão. Estava morto.

27

Com sua parceira de televisão

— 1967 —
A CABRA VADIA

No começo de 1966, Carlos Lacerda chamou Nelson Rodrigues a seu escritório — e dessa vez não era para acusá-lo de querer destruir a família brasileira.
"Olha, vou fazer uma editora", disse Lacerda. "Quero um romance seu. Mas nada de Suzana Flag. Quero Nelson Rodrigues. Escreva o que quiser, não vou censurar nada."
E deu-lhe um cheque de dois milhões de cruzeiros — um adiantamento que pareceu a Nelson "digno de um Proust", cerca de novecentos dólares.
Nelson foi para casa e, em dois meses, escreveu *O casamento* — um romance que se o Carlos Lacerda de 1966 fosse o mesmo de 1953 teria convocado seus amigos conspiradores da Aeronáutica para promover um raide aéreo contra a cabeça de Nelson. Nada mais anti-Carlos Lacerda e tudo que ele representara do que *O casamento*. E Carlos Lacerda ia fazer de *O casamento* o primeiro livro de sua editora, a Nova Fronteira.

Surpreso? Pois fazia tempo que Nelson e Lacerda estavam reconciliados. Desde 1961, quando Lacerda se elegera governador do novo estado da Guanabara e, num gesto de quem estende a mão, convidara-o a visitá-lo em palácio. Nelson aceitara trocar de bem porque, mesmo na pior época em que Lacerda chamava de "canalhas" todo mundo na *Última Hora*, inclusive ele, Nelson ouvia-o pelo rádio e tinha sentimentos mistos: num momento xingava-o de "cachorro" e dizia: "Só dando-lhe um tiro na boca!"; no outro, ficava besta: "Como fala bem esse desgraçado! Rui não chegava nem aos pés!". Sabia que Lacerda era inteligente e esperto demais para acreditar no que vociferava contra ele. Os dois riram das brigas do passado e Nelson voltou a achar que o Brasil precisava até dos defeitos de Carlos Lacerda.

Nelson escreveu *O casamento*, entregou-o a Lacerda na Nova Fronteira e ouviu dele que tudo azul. E só então Lacerda foi ler o romance. Ficou assustadíssimo. A UDN podia ter aprendido a diferença entre meninos e meninas, mas não estava preparada para *aquilo*. Era um carnaval de incestos e perversões às vésperas de um casamento. Ao mesmo tempo, Lacerda não queria dar a entender a Nelson que o recusara. Outro poderia publicar aquele romance, não ele.

Ofereceu-o a Alfredo Machado, que o aceitou na hora para sua editora Eldorado. E então armaram um esquema pelo qual uma cópia cairia "acidentalmente" nas mãos de Machado. Este diria: "Quem vai editar *O casamento* sou eu!", pagaria os dois milhões de cruzeiros a Lacerda e ficaria com o livro. E Nelson acreditaria porque, se houvesse uma coisa que ele sabia que não adiantava, era discutir com Alfredo Machado.

O casamento vendeu oito mil exemplares nas primeiras duas semanas de setembro de 1966, pau a pau com o novo romance de Jorge Amado, *Dona Flor e seus dois maridos*, que a outra editora de Machado, a Record, também acabara de lançar. *O casamento* estava a caminho de uma brilhante carreira nas livrarias quando a morte de Mario Filho pegou Nelson de surpresa e abateu-o. Coquetéis, noites de autógrafos, entrevistas, tudo foi cancelado. Nelson sentiu-se enlutado por si próprio, que era irmão, e por todas as gerações que Mario Filho banhara ao longo da vida, "como se fosse um rio".

E, um mês depois, em outubro, quando decidiu atirar-se de novo à campanha de lançamento do livro, o ministro da Justiça de Castello Branco, Carlos Medeiros Silva, baixou uma portaria proibindo *O casamento*.

Trechos da justificação da portaria — e não vale rir — diziam:

"Considerando que a desmoralização do casamento importa, sem sombra de dúvida, a da família e, em consequência, a subversão de nosso sistema de vida cristão e democrático;

"Considerando que a liberdade de manifestação do pensamento não importa permitir a licenciosidade, máxime quando atinge a instituição do casamento;

"Considerando, por fim, que o livro *O casamento*, de autoria de Nelson Rodrigues, pela torpeza das cenas descritas e linguagem indecorosa em que está vazado, atenta contra a organização da família, impondo-se, por esse motivo, medidas que impeçam a sua divulgação, resolve:

"1. Declarar proibidas a edição, distribuição e venda, em todo o território nacional, do livro *O casamento*, de autoria de Nelson Rodrigues;

"2. Determinar ao DFSP (Departamento Federal de Segurança Pública) as providências necessárias à apreensão."

Não se sabe de onde Carlos Medeiros Silva tirou tempo para ler *O casamento*, empenhado que estava no seu prazer solitário de escrever a Constituição que, três meses depois, seria promulgada por um Congresso de joelhos — a que aboliria as eleições diretas para presidente e daria ao regime militar os instrumentos para perpetuar-se no poder. É possível que nem tenha folheado o livro e que assinara a portaria para atender às pressões de setores que, de 1966, ainda acreditavam nos discursos de Carlos Lacerda em 1953. Se o tivesse lido teria enxergado o óbvio: que *O casamento* era uma defesa encarniçada da família e do próprio casamento. Mas o pior era que, com a portaria, Carlos Medeiros Silva denunciava também sua ignorância da lei — porque, na época, os livros estavam isentos de censura.

Assim que o *Diário Oficial* trazendo a medida chegou às redações, os jornais foram correndo ouvir Nelson. E ele reagiu com uma fúria de que poucos o julgavam capaz:

"Essa é uma medida odiosa e analfabeta", disse Nelson ao *Jornal do Brasil*. "Sinto uma profunda e definitiva vergonha de ser brasileiro. O livro é de um moralismo transparente, taxativo e ostensivo para quem sabe ler e para quem não é analfabeto nato ou hereditário. Caso se confirme a notícia, vou espernear com todas as minhas forças, porque não estamos no faroeste e ainda há leis no Brasil que devem ser respeitadas. Eu acredito que a Justiça imporá a obra nas livrarias. Outra esperança que tenho, apesar de tudo, é a de que não assistirei à queima pública do meu livro como numa cerimônia nazista."

A proibição de *O casamento*, além de ser uma descarada transgressão constitucional, era ainda mais perigosa porque abria um precedente: permitiria que, a partir dali, qualquer autoridade administrativa, como um prefeito ou um secretário de Obras, se sentisse no direito de proibir e apreender livros que não lhe agradassem. E tudo isso, como se dizia, ao arrepio da lei. Se não fosse contida, o passo seguinte seria a censura prévia — nada improvável numa época em que clássicos como *A capital*, de Eça de Queiroz, e *O vermelho e o negro*, de Stendhal, chegaram a ser confiscados como subversivos por alimárias a serviço do Estado.

Agentes do DOPS saíram pelas livrarias de Rio, São Paulo, Brasília, Curitiba e Porto Alegre apreendendo *O casamento*. A colheita foi magra porque as duas primeiras edições, de três mil e cinco mil exemplares, já estavam esgotadas. Alfredo Machado preparava-se para rodar a terceira, mas, com a proibição, teve de mandar parar as máquinas.

Apesar disso — e de a imprensa ainda gozar considerável liberdade naqueles tempos pré-AI-5 —, *não* se ouviu um coro de protestos contra a proibição do romance de Nelson Rodrigues. A esquerda, desta vez, achou que não era com ela. Das vozes isoladas que se manifestaram em solidariedade a Nelson — Paulo Francis, Helio Pellegrino, Franklin de Oliveira, Rubem Braga, R. Magalhães Jr., Austregésilo de Athayde e José Lino Grünewald —, só os três primeiros poderiam ser considerados "de esquerda". E, assim mesmo, Paulo Francis não era ortodoxo e Helio e Franklin eram velhos amigos de Nelson. Até para quem, como Nelson, habituara-se a ser uma voz isolada contra a unanimidade, essa unanimidade estava ficando — sem piada — cada vez mais numerosa.

Se não tinha a solidariedade da esquerda, a direita é que não concederia a Nelson uma palavra de esmola. Alguém se dera ao trabalho de contar e enxergara 147 palavrões em *O casamento*. Mas nem a "linguagem indecorosa" de que o acusava Carlos Medeiros Silva poderia servir de argumento, porque as livrarias ainda estavam abarrotadas de *Trópico de Câncer*, o romance de Henry Miller lançado um ano antes. E *Trópico de Câncer* continha essa mesma quantidade de palavrões — só que por capítulo.

O golpe de misericórdia na confiança de Nelson aconteceu quando *O Globo* (onde ele escrevia diariamente "À sombra das chuteiras imortais") publicou no dia 19 de outubro um tópico de primeira página defendendo a proibição do livro. O tópico intitulava-se "Um dever de consciência" e não citava *O casamento*. Nem precisava. Bastava justificar a "corajosa" atitude de Carlos Medeiros Silva ao proibir um livro que atentava contra "os princípios basilares da nossa organização social, e entre esses o do matrimônio".

Nelson quis cortar os pulsos:

"Mas é o fim do mundo! Como isso pode acontecer no meu próprio jornal?"

Não se queixou a Roberto Marinho. Mas a literatura brasileira passou a ter uma dívida de gratidão para com o anônimo redator daquele tópico que magoou Nelson tão fundo. Ele foi o responsável por Nelson dar uma nova guinada profissional e de vida, ao começar a escrever suas "Memórias" no *Correio da Manhã*.

"Por que você não se muda para o *Correio da Manhã*?", perguntou-lhe o jornalista Francisco Pedro do Coutto na tribuna de imprensa do Maracanã.

Nelson vislumbrou ali uma saída. Estava indignado com *O Globo*, considerava-se com um punhal cravado às costas. Mas precisava pensar bem. Não podia largar tudo de uma hora para a outra. Havia a TV Globo. De certa forma eram a *Resenha Facit* e o esquete de "A cabra vadia" em *Noite de gala* que pagavam o seu aluguel, o tratamento de Daniela, os brincos de Lúcia. Mas o *Correio da Manhã* lhe estava sendo simpático na proibição de *O casamento*. Até Paulo Francis o defendera. E o *Correio da Manhã* publicara outro artigo, de um rapaz que ele não conhecia, José Lino Grünewald, que só faltara chamar Carlos Medeiros Silva de burro. "Quem é esse camicase?", perguntou Nelson, referindo-se a Grünewald. E autorizou Coutto, redator do *Correio da Manhã*, a tratar do caso.

Paulo Bittencourt morrera em 1964, mas o *Correio da Manhã* continuava um jornal difícil, com seus vetos seculares a certos nomes. Lima Barreto, por exemplo, não existia para o *Correio da Manhã*, porque satirizara Edmundo Bittencourt em seu romance *Recordações do escrivão Isaías Caminha*. E isso tinha sido em 1909. Desde então, Lima Barreto nunca mais "existira" para o jornal. Seu nome não podia sair. Era bom saber se havia algum veto a Nelson. Coutto levou a ideia a Newton Rodrigues, redator-chefe (sem parentesco com Nelson); Newton aprovou-a e falou com Oswaldo Peralva, superintendente; e Peralva, antigo companheiro de Nelson na *Última Hora*, foi consultar Niomar Moniz Sodré, viúva de Paulo Bittencourt. A resposta foi animadora: "Não há nada. Nelson é bem-vindo".

Coutto levou Nelson ao apartamento de José Lino Grünewald na rua Gastão Baiana, em Copacabana, e Nelson julgou descobrir em José Lino uma alma gêmea: os dois gostavam de ópera, boleros e Vicente Celestino. Daí a dias foram todos almoçar no restaurante de Mirtes Paranhos no Hotel Empire: Nelson, Coutto, Newton Rodrigues, José Lino e um amigo de Nelson, o advogado Marcello Soares de Moura. Nelson falou a Newton de sua impossibilidade de deixar a TV Globo. Mas Newton tinha a solução:

"Você não precisará deixar a TV Globo e, se preferir, nem mesmo a coluna de futebol em *O Globo*. O que queremos de você são as 'Memórias de Nelson Rodrigues'."

Era uma época em que até as estrelas como Nelson podiam (e precisavam) assinar artigos em mais de um jornal. Os salários eram tão baixos que nenhum patrão ousava exigir exclusividade. Nelson foi falar com Roberto Marinho e este não se opôs: Nelson continuaria com as "Chuteiras" em seu jornal e com tudo que fazia na televisão e que fosse feliz no *Correio da Manhã* — se pudesse. Se se tratava de escrever suas memórias, Nelson teria de falar de Mario Rodrigues e da briga com Edmundo Bittencourt em torno do "fígado podre". E aí — queria saber Roberto Marinho —, como ficaria?

Nelson não quis saber. A primeira vez que subiu ao terceiro andar do *Correio da Manhã* na avenida Gomes Freire, na Lapa, houve um frisson na redação. Um repórter político, Oyama Telles, forte como Johnny Weissmuller, saiu correndo quando o viu e foi esconder-se no arquivo. Julgou enxergar em Nelson o "anjo do mal". Foi o único que o olhou torto — porque, no resto, aquela era uma redação de amigos. (Reconciliara-se até com Paulo Francis, ao descobrir, na casa de José Lino Grünewald, que Francis também gostava de ópera.) As "Memórias" sairiam diariamente na primeira página do segundo caderno, do qual Grünewald era o editor. E seriam, em princípio, o que o título dizia: reminiscências autobiográficas, nada impedindo que Nelson, se quisesse, comentasse também os assuntos da atualidade.

Quando aceitou escrevê-las, Nelson estava com 54 anos. Precoce talvez para "memórias", não? Não, porque, desses 54 anos, ele passara quarenta em redações. Era toda uma vida. Fizera parte de jornais e revistas no berço, na plenitude e na morte. Atravessara todas as revoluções gráficas, estilísticas e empresariais da imprensa naquele período e, nem que fosse como coadjuvante, acompanhara de perto todas as transformações políticas do Brasil. Numa delas, a de 1930, tinha sido até vítima. O leitor poderia perguntar: e daí? Todos os jornais tinham os seus velhinhos de estimação (e o *Correio da Manhã* estava cheio deles), e isso não bastava para que se quisesse ler suas memórias. Mas Nelson conhecera de perto os poderosos e, ao mesmo tempo, era um homem identificado com o povo. A televisão tornara-o ainda mais popular, fizera com que as pessoas ligassem o nome à figura. E era também o inventor do teatro brasileiro moderno, provara o sucesso, o fracasso e de novo o sucesso, tudo isso em escala retumbante. Tinha muito para contar e sabia contar como ninguém. Ninguém podia ser mais plástico, engraçado e polêmico ao escrever.

E, de fato, só o currículo profissional de Nelson já impressionava. Fizera reportagem de polícia, futebol, crítica, crônica, conto, folhetim, até mesmo consultório sentimental. Escrevera com seu nome, com pseudônimos e com o nome dos outros. A lista de jornais e revistas importantes pelos quais passara dava água na boca: *A Manhã*, *Crítica*, *O Globo* (três vezes), *O Cruzeiro*, *O Jornal*, *Diário da Noite* (duas vezes), *Última Hora* e *Manchete*, fora os jornais e revistas menores — e mais o *Jornal dos Sports*, do qual era uma espécie de móveis e utensílios de que já ninguém se dava conta. Nem ele — entrava e saía daquelas páginas cor-de-rosa quando lhe convinha, nunca fora sequer registrado em carteira. (Com a morte de Mario Filho, seu sobrinho Mario Júlio assumira a direção e Nelson passara a temer pelo jornal.)

Seus amigos do *Correio da Manhã* nem desconfiavam, mas a primeira opção de Nelson quando magoou-se com *O Globo* era ir para o *Jornal do Brasil*. Tinha amigos bem colocados lá dentro — Otto Lara Resende, Wilson Figueiredo, Carlos Castello Branco — e autorizou pelo menos Wilson a sondar o doutor Nascimento Brito, proprietário do jornal, a respeito de uma contratação. Não houve receptividade. E não se tratava de problema político. Apenas não havia lugar no *Jornal do Brasil* para coisas como "A vida como ela é..." e outras populices mais associadas a vespertinos. Como se veria no futuro, Nelson ficou mais decepcionado com essa recusa do que deixou transparecer. Mas, se o *Jornal do Brasil* lhe fechava as portas, o *Correio da Manhã* as abria.

Com indisfarçado orgulho, o *Correio da Manhã* anunciou durante uma semana, em chamadas de primeira página, as "Memórias de Nelson Rodrigues" para o dia 18 de fevereiro de 1967, uma quinta-feira. E ele estreou em grande estilo. Começou dizendo que nascera no dia 23 de agosto de 1912, no Recife. Duas linhas depois, Mata Hari estava ateando paixões e suicídios nas esquinas e botecos de Paris — e, daí a vinte linhas, a ação passava para o presente, para a esquina de São José com avenida Rio Branco, com um camelô agitando um folheto e gritando:

"A nova Prostituição do Brasil! A nova Prostituição do Brasil!"

Nelson descreve seu estupor. Nunca vira uma prostituição sendo apregoada nas ruas como se fosse sabonete. E o que mais o estarrecia era que o povo passava pelo camelô, numa espécie de escoamento vacum, e ninguém achava nada estranho naquilo. Finalmente Nelson deu-se conta: fora vítima de um monstruoso engano auditivo. O que o camelô estava gritando era:

"A nova Constituição do Brasil! A nova Constituição do Brasil!"

Nelson nem precisaria explicar, como aliás não explicou: a nova Constituição do Brasil, a de 1967, elaborada a frio pelo sinistro Carlos Medeiros Silva — que lhe proibira *O casamento* — prestava-se perfeitamente àquele tipo de ilusão sonora.

Pela amostra de quinta-feira, as "Memórias" de Nelson no *Correio da Manhã* prometiam pegar fogo. Os capítulos seguintes — os de sexta, sábado e domingo — saíram tão brilhantes quanto o primeiro. E então uma chuva forte desabou sobre o Rio naquela noite de domingo.

Claudio Mello e Souza ainda se lembrava de quando ouvira Nelson usar pela primeira vez a sua frase sobre chuva. Fora na segunda partida entre Santos e Milan, em 1963, pela decisão do campeonato mundial interclubes. Um toró descomunal despencava sobre o Maracanã e o Santos ia ganhar por 4 × 2, passando por cima do inimigo e da lama.

"Esse é um mau tempo de quinto ato do *Rigoletto*", disse Nelson.

Não ocorreu a Claudio que o *Rigoletto* não tinha um quinto ato, que aquela ópera acabava no terceiro, como a maioria das óperas. Mas entendeu o que Nelson queria dizer. Dias depois Nelson consagraria a expressão, enriquecendo a imagem da chuva com "raios de curto-circuito e trovões de orquestra". Até então Nelson gostava de referir-se à "chuva de Olegario Marianno", pela mania do "poeta das cigarras", seu antigo protetor e depois inimigo, de botar uma chuva em todos os seus sonetos. Mas a "chuva de Olegario Marianno" era fichinha, uma reles garoa, não se comparava à do "quinto ato do *Rigoletto*".

E essa, por sua vez, nem chegaria perto da chuva que desabou sobre o Rio na noite de 21 de fevereiro de 1967. Começou como uma chuva fina, por volta das oito horas. De repente transformou-se, como que insuflada por uma constelação de demônios. Clarões sacudiram a cidade, a água despencou de chofre, os pingos tinham quase um palmo de diâmetro. Um ano antes, no verão de 1966, o Rio fora castigado por uma chuva parecida. Morros desabaram, morreu gente, a praça da Bandeira tinha mais água que a Lagoa. E agora de novo. Só que pior.

Paulinho Rodrigues, irmão de Nelson, morava com sua mulher, Maria Natália, e os dois filhos adolescentes, Ana Maria, dezenove anos, e Paulo Roberto, dezoito, num prédio de quatro andares na rua Belisário Távora, nas Laranjeiras. Era aniversário de Maria Natália e não haveria festa. Mas sua sogra, dona Marina, já estava lá com os salgadinhos e eles esperavam dois ou três amigos para um uísque. Um deles era seu cunhado Jece Valadão.

A mulher de Jece, Dulce, tinha ido passar o fim de semana em Cabo Frio com seus filhos Alberto Magno e Stellinha. Jece estava sozinho no Rio, sem ter o que fazer. Paulinho e Maria Natália eram os Rodrigues com quem ele mais se dava e prometera ir visitá-los. Pegou o carro e foi lentamente do Flamengo às Laranjeiras sob a chuva fina. Parou na porta do edifício de Paulinho, desceu do carro, contemplou com preguiça os três andares que teria de escalar (não havia elevador) e mudou de ideia. Voltou para o carro e resolveu ir a um cinema em Copacabana. Entrou pelo meio na sessão das oito, saiu do cinema quase às onze e esticou numa boate ao lado, onde ficou até de manhã. Não viu nem ouviu a chuva. E só no dia seguinte descobriu do que escapara: o prédio de Paulinho desabara e estavam todos mortos.

Mario Júlio e sua mulher Dalila também pretendiam ir à casa de Paulinho para abraçar Maria Natália. Quando bem jovens, os dois casais já eram amigos, mas com uma diferença: Paulinho namorava Dalila e Mario Júlio, Maria Natália. Um dia trocaram de par e se casaram. Quando Mario Júlio e Dalila saíram de casa em Copacabana, rumo às Laranjeiras, a chuva estava engrossando. Mas conseguiram achar um táxi e mandaram tocar para Belisário Távora. Quando chegaram à rua das Laranjeiras, ela já estava intransitável. A água que descia do Cosme Velho lembrava aquelas corredeiras de filme. Desceram do táxi e tentaram atravessar a pé. Impossível. O jeito era se esconder debaixo de uma marquise e esperar passar o dilúvio. Duas horas depois, a chuva amainou e eles seguiram viagem. Chegaram ao edifício de Paulinho. Mas, no lugar dele, só encontraram os escombros.

Nelson e Lúcia estavam em casa, em Ipanema. Nelson preparava-se para pegar um táxi e ir para a TV Globo participar da *Resenha Facit*. Enquanto fazia hora, via pela televisão o show de Johnny Halliday, um canastrão francês do rock and roll, no Maracanãzinho. A chuva caía pesada e Nelson se perguntava se conseguiria sair de casa. Ligou para alguns colegas: estavam todos ilhados, ninguém podia pôr o pé na rua, só se fosse de escafandro. Alguém ligou da Globo: estavam dispensados, não ia haver resenha. O telefone tocou de novo e, desta vez, foi uma sorte que Lúcia atendesse. Era Helena, irmã de Nelson:

"O prédio de Paulinho desabou!"

Lúcia pensou rápido: se Nelson soubesse, teria um enfarte ali na hora.

"Quem é?", quis saber Nelson.

Tapeou-o de algum jeito, disfarçou e ligou para o doutor Silva Borges, cardiologista de Nelson. Contou-lhe baixinho a situação e pediu instruções. Este

*Os filhos unidos: Nelson, Milton, Paulinho,
Mario Filho e Augustinho com dona Maria Esther (no alto).
A família quebrada: Augustinho, Nelson, Maria
Clara e Helena no enterro de Paulinho (acima)*

recomendou que ela lhe desse primeiro um calmante e, depois, a notícia, mas aos poucos. Nelson estranhou o remédio. Lúcia alegou que fazia parte da prescrição rotineira do médico e que ela se esquecera de dizer-lhe. E só então começou a contar-lhe sobre seu irmão.

Paulinho sofrera uma queda em casa, batera a cabeça, ela disse. Minutos depois Lúcia acrescentou que talvez fosse mais sério, ele poderia ter quebrado alguma coisa. O melhor era irem para Laranjeiras, as águas estavam baixando. Foram, mas Nelson ficou desconfiado. No caminho, já no carro, Lúcia contou que uma barreira desabara sobre o edifício. E, quando já estavam perto, acabou de contar a verdade. Nelson reagiu como se soubesse, como se sempre tivesse sabido — e só não quisesse acreditar.

Era um prédio na esquina de rua Belisário Távora com Cristóvão Barcellos, tendo às suas costas uma pedra preta. Durante milhões de anos aquela pedra estivera ali, já sofrera chuvas muito piores. Mas, naquela tempestade, por um desses mistérios geológicos, ela se deslocara silenciosamente de sua base e, às dez e quinze, projetara-se contra uma casa da Cristóvão Barcellos e a arrastara. A casa fora atirada contra um prédio da Belisário Távora e este desabara sobre o prédio de Paulinho. O irmão de Nelson, sua mulher, seus filhos e sua sogra — e todos os outros moradores — foram soterrados por aquele dominó macabro.

João, um amigo do filho de Paulinho, estava com eles na hora do desabamento. Quando tudo começou a tremer, Maria Natália mandou-o sair correndo. Ele voou pelas escadas, as paredes se enrugavam às suas costas, o chão se abria em crateras uma fração de segundos depois que ele o deixava para trás. Paulinho e sua família não tiveram tempo para isso: perderam preciosos segundos tentando salvar uns aos outros. Da rua, já seguro, João pôde ver o prédio acabar de se achatar sob uma montanha de concreto e granito, ouvir os gritos de desespero e, depois, não ouvir mais nada.

Quando Nelson e Lúcia chegaram às Laranjeiras, todos os Rodrigues já estavam lá, menos Milton. Milton estava em São Lourenço fazendo uma estação de águas. Aquela noite um estouvado ouviu pelo rádio a notícia do desabamento e foi dizer-lhe à queima-roupa no hotel:

"A sua família inteira morreu!"

Milton ouviu aquilo e caiu duro, desmaiou no ato. Quando o fizeram voltar a si, alguém que sabia da versão correta foi dando-lhe a notícia em gotas.

A chuva deixaria vinte mil desabrigados e perto de quinhentos mortos, dos quais quase trinta apenas no edifício de Paulinho. Os bombeiros começaram a trabalhar assim que a chuva parou, mas levariam 25 dias tirando corpos de debaixo do entulho. No começo esperava-se que ainda houvesse muitos sobreviventes. Mas a cada cadáver que lembrava uma estátua de lama o desespero das famílias aumentava. Os corpos iam sendo reconhecidos. As rádios mandaram equipes e seus locutores liam as listas de mortos como se fossem escalações de times de futebol. Em certos momentos o clima da cobertura parecia a narração de uma partida. Havia uma explicação para isso: muitos repórteres ali eram repórteres esportivos, os únicos que estavam trabalhando normalmente naquele domingo.

Os corpos horrendamente mutilados, inchados, ensanguentados, iam sendo trazidos para o reconhecimento. A rua inteira fora transformada numa morgue. Lúcia não deixou que Nelson participasse disso. Augustinho e seu cunhado Francisco Torturra, marido de Irene, ofereceram-se para o sacrifício. Maria Natália, Ana Maria, Paulo Roberto e dona Marina foram encontrados na manhã de segunda-feira.

Só faltava Paulinho, e esperou-se até o último minuto que estivesse vivo. Foram muitos minutos, milhares de minutos — porque ele só seria encontrado na madrugada de segunda para terça-feira. Depois, Nelson daria graças por ele não ter sobrevivido: se Paulinho escapasse, e soubesse sua família morta, raiaria para ele "a estrela dos loucos ou dos suicidas".

Entre o barro e as ruínas, Helena encontrou um exemplar do último livro de Paulinho — um romance publicado no ano anterior, *O sétimo dia*. Os domingos, como aquele da chuva, eram o sétimo dia.

À sua maneira — modesto, elusivo, quase invisível —, Paulinho tocara sua vida à sombra dos dois irmãos que admirava apaixonadamente, Nelson e Mario Filho. Com o fim da *Manchete Esportiva* em 1960, ele voltara para *O Globo*, mas não para o esporte. Passara a fazer uma seção, "Se a cidade contasse...", em que narrava pequenos episódios do cotidiano carioca. Costumava pegar as histórias na seção de polícia do jornal ou valia-se de trivialidades que ele ou outros tivessem presenciado. Ou então inventava: pedia a Marcelo Monteiro, seu ilustrador, que desenhasse alguma coisa. E, a partir do desenho de Marcelo, criava um elenco de personagens, dava-lhes vida e, na maioria dos casos, morte.

Há alguns anos começara a construir uma obra de escritor: publicara dois romances (*O menino e o mundo*, 1958, e *A cidade*, 1959); reunira dois livros de crônicas do jornal (*Cidade nua*, 1961, e *Se a cidade contasse...*, 1964); fizera um livro de contos (*Rio íntimo*, 1965); e, então, mais um romance, *O sétimo dia*, em 1966. Seus livros traziam prefácios e apresentações carinhosas de amigos como Alvaro Moreyra, Jorge Amado, Adonias Filho, Antônio Olinto, Carlos Heitor Cony e eram bem recebidos. Torcia-se para que um dia rompesse sua absurda timidez e se soltasse também como ficcionista — um ficcionista de estirpe carioca, como os poucos que sempre existiram. Mas, até para escrever, Paulinho era suave e modesto, como na vida.

Era dos poucos jornalistas que, ao fim do expediente na redação, não se deixavam ficar pelos bares e pelas ruas. Ia para casa, onde sua grande distração era jogar totó com o filho e os amigos do filho. Já tivera sua fase de bebedor, mas controlara-se — bastara-lhe acompanhar o drama de seu sobrinho e melhor amigo, Mario Júlio. Em 1963, Roberto Marinho passara para o seu nome as ações que lhe restavam do *Jornal dos Sports*. Paulinho tinha agora um pequeno patrimônio, que poderia ajudar sua família, mas não achava isso suficiente: vivia fazendo seguros de vida, sempre às voltas com apólices e resseguros, parecia adivinhar o fim breve. Escapara das águas em 1951, quando o jipe da *Última Hora* caíra dentro do rio e ele quase morrera. Mas não escaparia das águas de 1967.

Na terça-feira, foram todos enterrados no São João Batista. Os caixões iam saindo um a um, às vezes com meia hora de intervalo. A cada caixão os Rodrigues, inclusive Nelson, espocavam numa crise coletiva de choro — seria a primeira vez que muitos dos amigos de Nelson o veriam chorar. E, a cada caixão, alguém que nunca se identificou assobiava uma melodia tristíssima e também desconhecida.

Na noite de segunda-feira, enquanto os bombeiros ainda se debatiam com os destroços das vigas e colunas em busca de Paulinho, Nelson estava no ar em *Noite de gala*, entrevistando o governador Negrão de Lima na presença da "cabra vadia". Àquela altura toda a cidade sabia da tragédia das Laranjeiras e não entendia como o irmão de uma das vítimas podia estar ali, na televisão, tão frio e descontraído. Nelson só ficou sabendo disso alguns dias depois, quando foi parado na rua por pessoas que lhe perguntavam como podia ser tão desumano.

Ninguém na TV Globo se lembrara de editar o programa e eliminar o quadro de Nelson, gravado na quinta-feira anterior. Ou, pelo menos, avisar que se tratava de videoteipe. (Não que isso tivesse ajudado muito: a maioria dos telespectadores ainda acreditava que o videoteipe fosse um recurso exclusivo do futebol.)

A morte de Paulinho, assim como a de Mario Filho cinco meses antes, iria provocar uma alteração na rotina dos Rodrigues. Diariamente, desde os anos 40, todos os filhos de dona Maria Esther almoçavam com ela — primeiro na rua General Glicério, depois no Parque Guinle. Ela não precisava contar para saber que tinha dez filhos à mesa e que, nos almoços de sábado, eles eram onze, porque então Mario Filho comparecia. Até que, um dia, Mario Filho não foi ao almoço de sábado. Não foi também no sábado seguinte e em nenhum outro sábado. Ninguém contou a dona Maria Esther que Mario Filho havia morrido.

Ela já tinha 79 anos, mas ainda estava lúcida e atenta. Fez que não percebeu a falta de Mario Filho. Na noite e nos dias seguintes à morte de Paulinho, seus filhos enganaram-na para que não visse televisão, não ouvisse rádio e não lesse jornais ou revistas. Mas dona Maria Esther não demorou a notar que agora Paulinho também não vinha almoçar. Nunca lhe disseram nada, nem ela perguntou. Apenas pediu a Helena que fosse ao armário e lhe trouxesse aquele vestido preto.

1967: A CABRA VADIA

* * *

Nelson interrompeu a publicação das "Memórias" durante uma semana. Elas voltaram ao *Correio da Manhã* no dia 1º de março e Nelson retomou-as contando a morte de Paulinho. Emendou-as com histórias da rua Alegre, sua perda da virgindade com uma prostituta, narrou a morte de Roberto, sua primeira temporada em Campos do Jordão, a perseguição de Lacerda à *Última Hora*, o drama de Daniela cega — esta última crônica, sobre Daniela, seria considerada por Otto Lara Resende uma das páginas mais belas da língua portuguesa. E, em duas crônicas, Nelson atacou seu colega do *Correio da Manhã* Carlos Drummond de Andrade, que escrevia três vezes por semana na página dos editoriais sob as iniciais "C. D. A.".

Na primeira crônica Nelson vergastou Drummond porque, em sua coluna, C. D. A. dedicara apenas meia dúzia de linhas à tragédia das Laranjeiras, que comovera toda uma cidade, e pingara uma única frase sobre Paulo Rodrigues. A mágoa de Nelson era porque Paulinho (ao contrário dele, Nelson) era um "trêmulo admirador" de Drummond e até lhe dedicara seu último livro, *O sétimo dia*.

Mas, como?, pergunta Nelson. *O nosso poeta nacional escreve sobre a tragédia e não consegue dizer nada? Aí está dito tudo: — nada. [...] Ora, o poeta teria de dizer, em meia dúzia de linhas, verdades jamais concebidas. Não disse. [...] Pôs numa frase escassa toda a aridez de três desertos.*

Daquela vez Drummond deixou passar. Mas, algumas semanas depois, Nelson voltou à carga. Autoacusou-se de plagiário numa coisa menor e, de raspão, denunciou que Drummond roubara de Victor Hugo a imagem dos "mortos de sobrecasaca" que usara num poema famoso sem citar a fonte — "como quem pula o muro do vizinho para roubar goiabas", disse Nelson. Drummond achou que era um desaforo. Foi queixar-se a Newton Rodrigues. Newton ficou surpreso (Drummond não costumava dar confiança ao que escreviam contra ele) e acalmou-o. Mas não disse nada a Nelson. Prometera-lhe liberdade total no que escrevesse e não iria voltar atrás.

Mas a implicância de Nelson com Drummond ficaria por ali porque, no dia 31 de maio, a publicação das "Memórias" foi de novo interrompida.

No dia seguinte, 1º de junho, o jornal deu uma nota comunicando a interrupção e dizendo que "acreditava superar as razões que impediam eventualmente Nelson Rodrigues de fornecer a seus e nossos leitores a sua coluna". E garantia que a retomada da série se daria "nos próximos dias". Enquanto esse dia não chegava, um ou outro tópico na coluna dos editoriais prometia que, superado um "problema de saúde", Nelson Rodrigues iria voltar. Acontece que Nelson não estava doente.

O sucesso das "Memórias" fora avassalador. O *Correio da Manhã*, um jornal cujo perfil de leitor era o mesmo do *Jornal do Brasil* — Zona Sul, classe A, bem informado —, conquistava com elas um mercado que lhe parecia inacessível.

Nelson pediu aumento. O *Correio da Manhã* passara a vender mais, mas era, como tantos outros em que ele trabalhara, um jornal em secreta agonia financeira. (E que seria destruído de vez depois do AI-5.) Newton Rodrigues explicou a Nelson que não tinha autorização para aumentá-lo, pelo menos por enquanto. Disse também que vinha tendo o mesmo problema com Drummond — o qual ficara indignado quando descobrira que ganhava menos do que a cozinheira de Niomar Moniz Sodré, o proprietário do jornal. Isso não serviu de consolo a Nelson. Pela primeira vez em sua vida profissional, estava brigando por seu salário — e não apenas pedindo favores, adiantamentos ou "entregando-se por um bom-dia". Não houve acordo e as "Memórias" foram interrompidas no capítulo oitenta.

Os primeiros 39 capítulos tinham sido publicados em livro pela editora que o *Correio da Manhã* estava tentando implantar. O livro, maravilhoso, chamava-se simplesmente *Memórias*, seria o primeiro de uma série e tinha um subtítulo: "A menina sem estrela" — uma referência a Daniela. Era dedicado a Lúcia e, com destaque, em outra página: "Aos meus filhos — Joffre, Nelson, Daniela".

Podia ser apenas uma dedicatória de amor. Mas podia ser também um recado a três jovens que, de repente, entravam em sua vida, dizendo-se seus filhos: Maria Lúcia, Sônia e Paulo César — filhos de Yolanda.

28

Recusando-se a reagir como o "crioulo do Grapette"

—1968—
FLOR DE OBSESSÃO

"Não vou ao teu enterro!"

Essa era a pior ameaça que "Pão Doce", um contínuo do *Jornal dos Sports*, podia fazer a alguém. E por um singelo motivo: Pão Doce consultava diariamente os obituários dos jornais para saber a qual enterro iria. Não queria saber se o morto constava ou deixava de constar dos seus arquivos. Escolhia pela sonoridade do nome do falecido ou dos parentes. Ia todo santo dia para o Caju ou para o São João Batista, postava-se ao lado do caixão com ar sinceramente fúnebre e recebia os pêsames com a cara mais envernizada deste mundo. Ir a um enterro era, para ele, como ir à igreja e ao teatro ao mesmo tempo.

Não ir ao enterro de um conhecido era, portanto, a suprema ofensa que poderia fazer a esse alguém. Mas era a frase que ele disparava quando lhe negavam uns trocados para ir matar o bicho no Garoto do Papai, o botequim na esquina de avenida Mem de Sá com Henrique Valadares, na Lapa, perto do jornal.

Nelson gostava de Pão Doce (achava o seu nome de uma doçura dostoiévskiana, assim como Marmeladov), mas evitava contribuir para os seus pifões. E Pão Doce gostava de Nelson assim mesmo, porque nunca o ameaçava e estava sempre pronto a fazer o carreto de suas colunas. Desde que saíra da *Última Hora*, Nelson passara a preferir o *Jornal dos Sports*, na rua Tenente Possolo, como escritório. Era de uma salinha da contabilidade no primeiro andar que ele escrevia as colunas de futebol de *O Globo*, que Pão Doce levava, e do próprio *Jornal dos Sports*. Mesmo assim, Nelson todo dia dava uma passada em *O Globo*, nem que fosse para conversar fiado e receber as pessoas que o procuravam. Bem ou mal, *O Globo* é que era o seu segundo lar.

Em 1967, Nelson foi procurado no *Jornal dos Sports* por uma menina que se dizia sua filha: Maria Lúcia, filha de Yolanda, a "ardente canarina" com quem ele tivera um longo caso nos anos 50. Maria Lúcia tinha agora quatorze anos. (Quando Nelson a vira pela última vez, ela tinha quatro.) A menina falou-lhe de seus dois irmãos, Sônia, de doze anos, e Paulo César, de dez. Eram seus filhos, como ele sabia — ela disse. Durante todo aquele tempo tinham se mantido afastados porque sua mãe os proibira de vê-lo. Mas agora estavam em dificuldades: a mãe se "ausentara", precisavam que ele lhes desse uma pensão.

Nelson não gostou do que ouviu. Admitia que o garoto fosse seu, mas nunca tivera certeza quanto às meninas. Maria Lúcia alegou que tinham certidões de nascimento, que Nelson os reconhecera como filhos. Nelson negou que tivesse feito tal coisa. Dispunha-se a dar uma ajuda regular a Paulo César, mas não aceitava pressões e não acreditava nos documentos. Maria Lúcia insistiu e então Nelson procurou um advogado: o doutor Alfredo Tranjan.

Tranjan examinou as certidões que lhe foram levadas por Maria Lúcia. Tinham sido passadas num cartório em Barueri, uma cidade a 26 quilômetros de São Paulo, e diziam: "Foi declarante o próprio pai". Tranjan perguntou a Nelson sobre isso e ele garantiu:

"Nem de disco voador eu fui a Barueri."

Tranjan mandou um de seus assistentes a Barueri. Este foi ao cartório e examinou os livros, folhas e datas citadas nas certidões. Nada constava — nem mesmo nas folhas e datas próximas. O cartório forneceu uma declaração ao escritório de Tranjan atestando isso. O tabelião disse também que seu antecessor estava desaparecido e sendo procurado por outras irregularidades do gênero. Tranjan recebeu a documentação e a apresentou a Nelson. Não havia dúvida quanto à falsidade das certidões — com a agravante de que, naquele momento, Yolanda se "ausentara" porque cumpria pena por estelionato numa penitenciária do Rio. Por isso a menina fora procurá-lo. Nelson não tinha de pagar qualquer pensão e, se quisesse, poderia processar Yolanda por falsidade ideológica. O que ele gostaria de fazer?

Nelson disse:

"Nada. Essas crianças não têm culpa."

Pagaria uma pensão a Paulo César e só a ele, disse. Maria Lúcia foi chamada ao escritório do advogado, Tranjan comunicou-lhe a decisão de Nelson e ela pareceu surpresa ao ouvir o resultado da investigação feita em Barueri.

Isso não encerrou o assunto. Pelos dez anos seguintes em que Nelson pagou a pensão, até 1977, houve um clima de hostilidade permanente entre ele e as duas moças a respeito do valor. Numa das vezes, Maria Lúcia derramou café quente sobre Nelson na redação do *Jornal dos Sports*. Em outra ocasião, Carmelita, uma tia espanhola das moças, invadiu o jornal e gritou para Nelson:

"Quem os pariu que os lamba!"

Por volta de 1970, Sônia substituiu Maria Lúcia na tarefa de cobrança, mas as relações não melhoraram. Nelson começou a exigir recibo. Depois passou a fazer o pagamento através de intermediários, para não ter de encontrá-las. O primeiro intermediário foi Oneir Pinho, secretária no *Jornal dos Sports*. Alguns anos depois, seria Augustinho, irmão de Nelson. Sônia ou Maria Lúcia ia procurá-lo em *O Globo* e Augustinho lhes passava a pensão em dinheiro. Nelson disse várias vezes a Augustinho:

"Não me incomodaria de ajudar se elas não fossem tão desagradáveis e hostis. Desse jeito, é uma chantagem."

Já em liberdade, foi Yolanda quem começou a procurar Nelson em *O Globo* para desafiá-lo. Ele deu ordens na recepção para que não a deixassem entrar.

Em 1974, o próprio Paulo César substituiu Sônia na função de buscar o dinheiro. Ele era a sua cara. Com o menino, Nelson era diferente. Perguntava como ele ia no colégio, parecia ter outra preocupação. Queixou-se com amargura a Paulo César da "inteligência perversa" de Maria Lúcia e Sônia. Finalmente, em 1977, aos vinte anos, Paulo César começou a trabalhar, dispensou a ajuda de Nelson e nunca mais se viram.*

A ideia de dar o nome de Mario Filho ao Maracanã tinha sido do locutor Waldir Amaral. Alguém sugerira um busto, mas Waldir Amaral achara pouco. Mario Filho merecia o estádio inteiro. Afinal, ele era "o namorado do Maracanã". E, não fosse a sua campanha, os Fla-Flus e os Vasco × Botafogo jamais teriam aquelas multidões. Não em Jacarepaguá. Mas Waldir era da rádio Globo, funcionário de Roberto Marinho — e Roberto Marinho fora rompido com Mario Filho. Verdade que Roberto Marinho se comovera com a morte de Mario Filho e fora ao seu velório, mas isso agora era diferente. Waldir Amaral consultou-o sobre engajar a rádio Globo naquela campanha e recebeu sinal verde. Telefonou para o marechal Ângelo Mendes de Morais e perguntou-lhe se não se opunha. Mendes de Morais era o prefeito da construção do Maracanã e, em certa época, cogitara-se de dar o seu nome ao estádio. Mendes de Morais não se opôs. Ao contrário: apoiou vivamente a ideia de Waldir Amaral.

* Nos anos 90, baseada em exames de DNA, a Justiça reconheceu Sônia, Maria Lúcia e Paulo César como filhos de Nelson Rodrigues.

Amaral falou então com os vereadores Raul Brunini, da Arena, e Jamil Haddad, do MDB — um de cada partido, para não haver briga. Os dois propuseram a moção à Assembleia Legislativa e esta a aprovou por unanimidade. Poucas semanas depois da morte de seu grande campeão, o Maracanã passou a ter o seu nome. Mas não havia dinheiro para comprar as letras. Para que o novo nome aparecesse na fachada, tiveram de arrancar as letras velhas, de bronze, que diziam "Estádio Municipal do Maracanã", e refundi-las para escrever "Estádio Mario Filho".

Pouco mais de um ano depois da morte de Mario Filho, Célia, sua viúva, se matou. Tomou veneno, em dezembro de 1967. Não era a sua primeira tentativa. Célia era de natureza depressiva e a perda do homem com quem fora casada durante quarenta anos acabara de golpeá-la. E não fora casada com um qualquer — fora casada com Mario Filho. Seus cunhados, testemunhas daquela paixão mútua e obsessiva, desconfiavam que ela decidira fazer isso no próprio enterro, enquanto o caixão de Mario Filho era conduzido tendo como alas os amadores do Flamengo.

Com a morte de Mario Filho e agora de Célia, o *Jornal dos Sports* ficava definitivamente nas mãos de Mario Júlio. Mas as atribulações de sua vida pessoal acabaram refletindo-se no destino do jornal. Mario Júlio separou-se de Dalila e casou-se com Cacilda, com quem teve dois filhos. Numa das internações a que ainda se submeteria, fez um testamento em que deixava o *Jornal dos Sports* para sua segunda mulher. Morreu em 1972, aos 44 anos. E, em 1980, Cacilda vendeu o jornal para as Casas da Banha.

Três anos antes da morte de Mario Júlio, em 1969, o editor-chefe do jornal, Fernando Horácio, decidira fazer uma reforma nas instalações, tentando ganhar mais espaço. Havia uma porta fechada que dava para a antiga sala de Mario Filho. Ninguém sabia onde estava a chave ou o que havia ali dentro. Fernando Horácio pediu ao gerente Ennio Sérvio Souza a planta do prédio e descobriram que se tratava de um aposento de três por cinco metros. Com autorização de Mario Júlio, mandaram arrombar a porta.

Era uma boa salinha, contendo uma escrivaninha, uma cadeira e uma estante. Nas prateleiras, encontraram dezenas de livros eróticos, muitos em francês, alguns deles ilustrados. Eram os clássicos do erotismo antigo: Restif de la Bretonne, Sade, Casanova, o *Kama sutra*, D'Annunzio, Kraft-Ebing e diversos anônimos. Nada que não faça parte hoje da biblioteca de um adolescente curioso — mas que o austero Mario Filho colecionava num segredo cioso e também adolescente.

E, nas gavetas, acharam cerca de quarenta cadernos espirais, escritos excepcionalmente a tinta, mas com a inimitável letra de Mario Filho. Eram contos eróticos. As descrições não deixavam dúvidas sobre do que se tratava, mas a inevitável elegância de Mario Filho predominava no estilo, até nos eufemismos lawrencianos para referir-se aos órgãos genitais. Por exemplo, um personagem tratava a vagina de sua namorada de "gatinha". Quem os leu garante que eram contos lindos, deliciosamente sugestivos.

Ou Mario Filho, também nesse departamento, não seria um Rodrigues. Fernando Horácio e Ennio Sérvio Souza chamaram Mario Júlio. Este examinou rapidamente o material. Mandou queimar os cadernos no terraço do jornal e vender os livros para algum sebo. O que foi feito — com exceção de um ou dois cadernos.

"Que Deus te inspire, Raphael, ao escrever essa prece", dizia Nelson para Raphael de Almeida Magalhães enquanto este, como advogado, redigia o mandado de segurança contra o ato de Carlos Medeiros Silva proibindo *O casamento*.

O mandado foi julgado em fevereiro de 1967 e decidiu pela liberação do livro. Em abril, o Tribunal Federal de Recursos confirmou a sentença por 5 × 4, considerando o ato do ministro da Justiça "ilegalidade máxima". O voto vencedor foi o do ministro do Tribunal, Márcio Ribeiro. *O casamento* estava livre de novo. Essa decisão revertia a situação e a tornava favorável a todos os mandados de segurança encaminhados à Corte pelos autores e editores proibidos desde 1964 — donde o sacrifício temporário de *O casamento* não fora em vão. O livro foi relançado, tirou várias edições e, se as famílias deixaram de ser o que eram, não foi por sua culpa.

Em dezembro de 1965, havia sido também uma penada de Raphael de Almeida Magalhães (só que então como governador da Guanabara, completando o mandato de Carlos Lacerda) que liberara *Álbum de família* — a peça de Nelson interditada desde o já imemorial ano de 1946.

O pedido fora de Otto Lara Resende, para se livrar da insistência de Nelson: "Fala com o Raphael! Já falou com o Raphael?". Otto falou e foi a coisa mais simples do mundo: Raphael mandou buscar o processo na Polícia Federal, passou os olhos sobre aquelas folhas encardidas, escreveu "Revogue-se" e mandou despachar. Ninguém o contestou e ficou por isso mesmo. Não lhe tomara mais que meia hora para anular uma proibição que se arrastava há dezenove anos.

Mesmo depois de liberada, *Álbum de família* ainda levaria um ano e meio para ser montada. Nelson ofereceu-a a várias companhias. Ouviu recusas baseadas em "falta de teatro", "falta de datas" e "falta de elenco" — nenhuma de "falta de coragem". Em julho de 1967, finalmente, a peça foi levada à cena pelo diretor Kleber Santos no Teatro Jovem, em Botafogo, e desmentiu a praga que lhe rogara o veterano Jaime Costa — a de que, se um dia fosse representada, viríamos "pela primeira vez no Brasil o público impedir o final de um espetáculo". O carrossel de incestos era mesmo de assustar, mas a plateia ficou até o fim e aplaudiu, embora o próprio Nelson achasse a encenação longe da ideal.

Álbum de família não provocou o impacto que se esperava, mas ainda não era da peça e podia não ser da encenação. Podia ser da época. Para provocar algum impacto na cena teatral de 1967 ou 1968, nem encenando a "Via-crúcis" com um elenco nu.

As "Memórias" de Nelson no *Correio da Manhã* tinham sido surpreendentes até para os que acreditavam conhecer a sua vida pelo avesso, como Roberto Marinho. Ele quis levá-las para *O Globo* e, agora que Nelson desistira de um acordo com o jornal de Niomar Moniz Sodré, era só acrescentar uma pilha de laudas ao lado da sua máquina na rua Irineu Marinho e acertar um aumento de salário.

Amigos de Nelson e Roberto Marinho facilitaram a solução: o Unibanco de Walther Moreira Salles patrocinaria "À sombra das chuteiras imortais" — seu anúncio sairia diariamente no rodapé da coluna. O intermediário nesse acerto foi Bellini Cunha, diretor do banco e amigo de Marcello Soares de Moura e, agora, também de Nelson. E o Banco Nacional, através de José Luís Magalhães Lins, patrocinaria a nova coluna de Nelson — a qual, como não poderia chamar-se "Memórias", seria "As confissões". Nelson receberia uma comissão por esses patrocínios (mais do que o dobro do seu salário). Pela primeira vez em anos, sentia-se livre da ameaça de ir para a esquina "de periquito e realejo".

A primeira "Confissão" saiu a 4 de dezembro de 1967 e tratava do assassinato de Pinheiro Machado em 1915, pouco antes de a família de Nelson vir para o Rio. Com a morte de Pinheiro Machado morria também o fraque e — era o que Nelson queria dizer — toda uma época.

Naqueles últimos dias de 1967, Nelson olhava em torno e tinha seus motivos para constatar que, mais uma vez, uma época estava morrendo. Todos os seus valores a respeito de sexo, amor, família, religião, política e até teatro pareciam estar ganhando um halo azul, como se mofassem. Poucas semanas depois, 1968 entrou em cartaz e, súbito, foi como se houvesse a conscientização instantânea e planetária de toda uma geração sobre o "momento histórico" que se vivia. Poucas épocas foram tão apaixonadas por si mesmas quanto 1968. Ninguém ousava desafiá-la.

Exceto Nelson nas "Confissões". Elas deixaram rapidamente de ser uma continuação das "Memórias" para tornar-se uma zona de combate entre Nelson e o mundo em rápida transformação.

Sexo, por exemplo. Seu táxi passava todo dia pela orla, do Forte de Copacabana ao Leme, e ele não se conformava com que a menina linda, de biquíni, vinda do mar ("as gotas se estilhaçavam nas suas costas, o ventre perfeito"), não merecesse do rapaz negro que lhe vendia o Grapette nem a "esmola de um olhar". O sujeito destampava a garrafinha e, enquanto a garota bebia pelo gargalo, o outro olhava para o infinito com um tédio idem. O que Nelson queria dizer era que, até há pouco, as duas coisas seriam impossíveis: a nudez e o tédio. E não se conformava com isso.

"Eu me recuso a reagir como o crioulo do Grapette", dizia.

Sua briga com o teatro de esquerda era antiga e, desde a polêmica com Vianinha em 1961, mais do que pública. Mas agora o inimigo não era apenas o teatro quadrado e convencional de esquerda — embora a este Nelson ainda reservasse uma ou outra farpa: "O teatro levou quatrocentos anos para passar de Shakespeare a Dias Gomes". O novo inimigo era o teatro "de agressão", inaugurado pela montagem de *O rei da vela*, de Oswald de Andrade, por José Celso Martinez Correa.

O sucesso de estima e de público de *O rei da vela* em 1967 estomagou Nelson. Todos pareciam acreditar que aquilo vinha "superá-lo". Os intelectuais se apaixonaram pelo espetáculo — e o pior, para Nelson, eram os motivos. Pela primeira vez no Brasil, um espetáculo era posto nas nuvens pelo mesmo motivo que os dele sempre tinham sido condenados: por pretender-se extraordinariamente agressivo. E José Celso era como a Rádio Continental, estava em todas. Não podia ver um repórter de Bic em punho sem disparar:

"Precisamos institucionalizar a anticultura, o mau gosto, a esculhambação, a grossura. Não faz sentido tentar despertar a consciência nacional com a cultura capenga que nos rodeia. É preciso pôr tudo abaixo e começar de novo. O teatro pode dar a sua parcela de má consciência e má educação. Ele deve promover em cada peça um estupro cultural!"

Nelson nunca esperou que uma peça sua despertasse a "consciência nacional". Ficaria satisfeito se ela despertasse uma ou outra consciência individual. Foi ver *O rei da vela* e, para seu alívio e desaponto, não se sentiu agredido ou estuprado.

"No fim de duas horas e meia, saímos, eu e outros, intactos", escreveu. "Éramos quatrocentos sujeitos e não havia, entre nós, um único e vago agredido."

Ficou até pesaroso ao ver a plateia aplaudir de pé os palavrões, como se ela, a plateia, estivesse "arrotando a sua satisfação burguesa" — exatamente o contrário do que José Celso se propunha. "Por aí se vê como falhou o sonho de uma plateia esbugalhada, horrorizada", disse Nelson. Sentia-se com autoridade para zombar do espetáculo — durante vinte anos ele fora o "único autor obsceno do Brasil", sofrera a mais massacrante campanha que um teatrólogo podia suportar, tivera quatro peças interditadas, fora vaiado duas vezes no Municipal (com *Senhora dos afogados* e *Perdoa-me por me traíres*) e despertara um motim de maridos na plateia em *Beijo no asfalto*.

Magoou-o também o repentino endeusamento de Oswald de Andrade como o "inventor" do teatro brasileiro moderno — como se lhe estivessem dando um piparote para o lado, entronizando no seu lugar o modernista morto em 1954. *O rei da vela* realmente era anterior a *Vestido de noiva*: fora publicado em 1937, mas ninguém tomara conhecimento. Montado agora pela primeira vez, trinta anos depois de escrito, vinha arrombar uma porta aberta. E quem disse que o que se via no palco era Oswald de Andrade? Uma coisa era ler em livro aquela coleção de sketches e outra, bem diferente, era vê-la em cena com a direção de José Celso. Nelson foi ainda mais rigoroso: "Se lhe retirarem os palavrões enxertados, *O rei da vela* não fica de pé cinco minutos", escreveu.

A Nelson incomodava aquela politização desenfreada que penetrava por todos os poros. O teatro não fazia mais teatro, fazia política. Achava aquilo tão incongruente quanto se, de repente, o Congresso interrompesse a sessão e os deputados e senadores começassem a representar *Pluft, o fantasminha*, de Maria Clara Machado.

Naquele fim de 1967, Nelson ainda foi convidado a participar de um "seminário" de teatro em São Paulo. Achou que fossem falar de texto, direção, cenografia. Mas o tema era política. Um incauto se levantou lá atrás e fez uma pergunta sobre dramaturgia. Segundo Nelson, só faltaram fuzilar o infeliz. O chefe da mesa disparou:

"Pensa que nós estamos aqui para discutir teatro?"

Com a radicalização política de 1968, os palcos viraram palanques: mais do que a turma do cinema ou da música popular, o pessoal do teatro sentia-se ungido de uma responsabilidade total na resistência aos militares. Encenavam-se mais assembleias do que peças. E Nelson não fazia segredo de sua opinião sobre isso:

"Não ando em comissão, nem em manifesto, nem em maioria, nem em unanimidade."

Tinha horror àquele grupismo compulsivo, onde "cada qual é ninguém". Até os textos das peças tinham agora quatro ou cinco autores, como os do grupo Opinião. O coletivismo chegava à própria criação, como se ninguém mais tivesse o direito de pensar sozinho, escrever sozinho. Mas fosse você ser contra essas coisas nas mesas do Paissandu ou do Zeppelin. Como era inevitável, todos os grupos de teatro se juntaram na aversão a ele, quase transformando-o num pária dentro da sua própria categoria. O único autor jovem que ainda ousava dizer-se seu fã era Plínio Marcos.

Mas Nelson abriu um parêntesis no seu código e, sob um sol de 39 graus, em fevereiro de 1968, sentou-se de terno e gravata nas escadarias do Teatro Municipal, na manifestação "Cultura contra censura". Era um protesto da classe teatral contra a recente proibição de oito peças, a insólita "suspensão" por trinta dias da atriz Maria Fernanda e os insultos do façanhudo chefe da Censura, general Juvêncio Façanha, às atrizes (a quem chamara de "vagabundas"). Todos os espetáculos em cartaz no Rio declararam-se em greve por três dias e os nomes mais estrelados da categoria foram para a vigília na Cinelândia, com faixas e cartazes. Havia radiopatrulhas nas proximidades, embora o gesto mais tresloucado tenha sido o de um ator que subiu à estátua de Carlos Gomes e amordaçou-a.

Nelson estava ali a convite de Vianinha, de quem nunca deixara de gostar. Não havia nenhuma peça sua entre as oito proibidas. Muitos entre as centenas

"Doces radicais": querelas brabas com os amigos Antonio Callado e Helio Pellegrino

Protesto: com Barbara Heliodora em 1968 na Cinelândia (acima); à dir., poucos meses depois, com o ex-inimigo Gustavo Corção — laureados pelo regime

de jovens manifestantes na Cinelândia olharam-no como a uma relíquia obsoleta, alguém que acabara de ser tirado do fundo de um baú. Houve também os que o olharam com hostilidade. Não imaginavam que ele estava participando de um gesto que a esquerda nunca fizera por ele — protestar contra a proibição de qualquer de suas peças.

Gerada na manifestação, uma comissão do teatro foi recebida pelo novo ministro da Justiça, Luís Antônio da Gama e Silva, no antigo prédio do ministério no Rio. Nelson fazia parte da comissão, que também incluía Fernando Tôrres, Walmor Chagas e Paschoal Carlos Magno. O ministro, mais conhecido por "Gaminha", prometeu à comissão que "o teatro era livre", nenhuma outra peça seria proibida. No dia seguinte, Nelson relatou o encontro numa das "Confissões" mais irônicas que já escreveu — e em que deu a entender, com todas as letras, que se Gaminha não cumprisse sua palavra não passaria de "um contínuo com direito a cafezinho, água gelada, automóvel grátis e casaca". Pois Gaminha não o desapontou: mal a comissão virou as costas, as peças voltaram a ser proibidas e, no dia 13 de dezembro daquele ano, Gaminha seria mais contínuo do que nunca — através dele, baixaria-se o AI-5.

Uma das peças proibidas em seguida à promessa de Gaminha foi *Toda nudez será castigada*, três anos depois de já ter sido levada no Rio, em São Paulo, Porto Alegre e Salvador. A interdição surgiu quando um grupo tentou montá-la em Natal, RN. Pela primeira vez correu-se um manifesto a favor de Nelson e que teve as assinaturas de Tônia Carrero, Maria Della Costa, Vianinha, Henriette Morineau, Eva Todor, Sandro Polloni, Aurimar Rocha, Barbara Heliodora e muita gente boa. Mas Nelson não ficou satisfeito: esperava que Alceu Amoroso Lima o assinasse.

"Todo dia hei de comprar o *Jornal do Brasil*. Quero ver o nosso Tristão de Athayde, com a sua nobilíssima indignação, fulminar o crime contra a inteligência", escreveu.

Era só uma provocação, naturalmente, porque sabia que Alceu — sempre solidário com as peças de "esquerda" proibidas — não lhe daria esse prazer.

Nem poderia. Durante todo o ano de 1968, Alceu foi personagem quase diário das "Confissões", dividindo os holofotes apenas com dom Helder Câmara. Alceu era colunista do *Jornal do Brasil*; dom Helder, àquela altura, arcebispo de Recife e Olinda. Os dois simbolizavam para Nelson a nova Igreja Católica que "pedia perdão pelos seus dois mil anos" e que trocava a vida eterna pelo "Paraíso socialista". Alceu e dom Helder eram também grandes favoritos entre o "Poder jovem", a massa de adolescentes que, de Pequim a Nova Iguaçu, acreditava sinceramente que iria dominar o mundo em 1968. Nelson abriu guerra nas três frentes: contra Alceu, dom Helder e o "Poder jovem".

Ninguém poderia ter opiniões politicamente mais antipáticas numa época em que toda a intelligentsia brasileira parecia ter se radicalizado à esquerda. Alceu e dom Helder, ex-integralistas e, agora, neossocialistas, eram admirados pela coragem com que se opunham aos militares. Nelson via neles outra coisa:

em Alceu, um velho oportunista tentando adular a juventude; em dom Helder, um insaciável apetite promocional, um globe-trotter de si mesmo. Quanto aos jovens de 1968 (a quem Alceu atribuía a "razão da idade", desculpando-os por qualquer besteira que fizessem), Nelson não os achava acima de críticas apenas por terem nascido em 1952.

Havia muito de pessoal nos seus ataques, mas estes tinham a ver com a sua ideia de coerência. Não conseguia entender, por exemplo, que um homem com um passado absolutamente reacionário como Alceu pudesse agora ser levado a sério ao classificar a revolução soviética como o "maior acontecimento do século". Nelson desencavou um livro de Alceu, *Indicações políticas*, de 1936, em que o mestre proclamava a sua "mais viva simpatia pelo fascismo e por toda essa moderna reação das direitas, que mostraram a não inevitabilidade do socialismo". Como se podia mudar de chapa com tanta simplicidade?

Nelson julgava ter a resposta: em 1936, Alceu admirava o totalitarismo de direita; em 1968, o totalitarismo de esquerda. Nelson escreveu na época:

Dirão os idiotas da objetividade que [Alceu] *passou da direita para a esquerda. Não é exato. Historicamente não existe mais esquerda. O que estamos vendo, com o socialismo, comunismo ou que outro nome tenha, é a direita, na sua forma mais inumana, bestial, demoníaca.*

No futuro, tal parágrafo seria endossado por muita gente, inclusive pelos batalhões de ex-marxistas. Mas, em 1968, escrever isso era o mesmo que condenar-se à morte em vida. E Nelson enumerava os milhões de mortos de "fome punitiva" por Stálin, o pacto germano-soviético às vésperas da Segunda Guerra (que obrigara os comunistas brasileiros a dar vivas a Hitler por uns tempos) e os recentes intelectuais soviéticos dissidentes, internados em hospícios — para concluir que, ao contrário do que pensava Alceu, o maior acontecimento do século fora "o fracasso daquela mesma revolução".

Essa coerência, que cobrava de Alceu como se lhe mordesse os calcanhares, Nelson não exigia de si mesmo em relação ao homem que fora um de seus maiores adversários até fins de 1967 — e que agora aparecia como uma de suas admirações: Gustavo Corção. Apenas quatro anos antes, em 1963, Nelson ainda o estava espinafrando e dizendo a seu respeito: "Um homem em que falta a metade satânica não é nada. Um santo sem nenhuma nostalgia do pecado é um monstro de circo de cavalinhos. Por exemplo: o Gustavo Corção. É uma virtude sem brecha, sem racha e sem goteira". E voltava à sua imagem dos anos 50, a de que, entre ser virtuoso como Corção e roubar galinhas, ele preferia assaltar o galinheiro mais próximo.

Mas o ano de 1967 já estava provocando uma rearrumação no tabuleiro. Corção, colaborador do *Diário de Notícias*, escreveu aquele ano que "cada vez mais admirava Nelson Rodrigues e cada vez menos Alceu Amoroso Lima". Nelson já não lia Corção havia anos e quem lhe chamou a atenção para o artigo foi o amigo comum de ambos, Luís Eduardo Borgerth.

Nelson foi ler o artigo e se deu conta de que, se queria defender uma igreja voltada para a vida espiritual, e não para a luta de classes, passara todos aqueles anos combatendo o inimigo errado. Veio-lhe o embrião de uma ideia que ele desenvolveria depois: "O verdadeiro Alceu é o Gustavo Corção". Pediu a Borgerth que os apresentasse. Tinham passado décadas se atacando e nunca haviam trocado um olhar.

O encontro de Nelson e Corção deu-se na Casa da Suíça, na Glória, e os dois se atiraram nos braços um do outro. Não se sabe se Nelson enxergou finalmente a "metade satânica" de Corção, mas viu nele, aos 71 anos, uma "alma de menino". (Nelson estava com 55.) Os agravos e arranca-rabos passados foram esquecidos, em nome de uma profunda afinidade que agora os unia: a defesa do Céu contra as hordas de bárbaros coletivistas que o atacavam.

Quem tivesse essas ideias — e se atrevesse a trocar Alceu e dom Helder por Gustavo Corção — deveria evitar passar pela porta do Antonio's, o restaurante da avenida Bartolomeu Mitre, no Leblon, de onde, segundo Nelson, "as nossas esquerdas guardavam uma sábia distância do Vietnã". Acontece que Nelson atrevia-se a ir eventualmente ao Antonio's, porque era aonde iam seus amigos — alguns deles, também amigos de Tristão e de dom Helder.

"Mas vocês estão espantados por quê?", perguntava Otto Lara Resende, quando alguns se queixavam de que Nelson se tornara um reacionário. "O Nelson sempre foi isso, sempre foi assim", explicava Otto.

De fato, ninguém, a não ser os mais jovens, podia dizer que Nelson aderira aos militares. (Em 1963, Nelson acreditava piamente que o Brasil "ia para o comunismo". Nada demais nisso, porque os comunistas *também* acreditavam.) O mais provável, como dizia Otto, é que "os militares tivessem aderido ao Nelson". Seu anticomunismo já era quase secular e sua implicância com os marxistas brasileiros, a quem chamava de "marxistas de galinheiro", não era de hoje. Só se alterara ultimamente para acrescentar que "Marx também era marxista de galinheiro".

A implicância com dom Helder realmente começara no episódio de seu casamento com Lúcia. Mas também era verdade que dom Helder mudara muito e sem pedir a autorização de Nelson. Poucos anos antes, por exemplo, o então bispo auxiliar do Rio era compadre de Roberto Marinho, padrinho de seu filho Roberto Irineu e fazia edificantes sermões pela Rádio Globo. De repente, a partir de João XXIII, demitira-se de seu papel de "funcionário do sobrenatural" e só falava na reforma agrária e na luta armada — era louvado pela imprensa internacional como "el arzobispo de la revolución" e "il arcivescovo rosso del Brasile".

Nelson não sabia o que mais o impressionava em dom Helder: se o ator, a vedete, sempre atento a um microfone ou a um flash de fotógrafo — ou se o falso padre sob cuja batina ele imaginava ver os pés de cabra do Anticristo.

Mas Nelson não se limitava a martelar contra Alceu, dom Helder, o "Poder jovem", as esquerdas do Antonio's e os "marxistas de galinheiro". Através das "Confissões", comprava brigas também com os "padres de passeata" por atacado (tinha horror a padres sem batina, que considerava "vestidos como um anúncio da Ducal"); o *Jornal do Brasil* (imaginava ver seu proprietário "amarrado a um pé de mesa e lhe sendo dado de beber numa cuia de queijo Palmyra"); as estudantes de psicologia da PUC; os sociólogos; as grã-finas "amantes espirituais de Guevara"; as feministas ("Todas as feministas são umas patuscas"); Jean-Paul Sartre e Bertrand Russell ("dois Acácios"); e até Alexandre Dumas filho, o de *A dama das camélias* (preferia Dumas pai, o de *Os três mosqueteiros*). Mas seu pendor polêmico se frustrava porque quase ninguém comprava de volta essas brigas. Nelson Rodrigues era um reacionário, um caso perdido ou, para outros, um palavrão.

Poucos entre os leitores que o odiavam poderiam imaginar que, no dia a dia de 1968, ele continuava sendo estimado e até querido por muitos de seus velhos (e novos) amigos de "esquerda". Eis alguns. O teatrólogo Augusto Boal; o ator Abdias do Nascimento; os escritores Antonio Callado, Carlos Heitor Cony, Franklin de Oliveira e Autran Dourado; o cineasta Arnaldo Jabor; o crítico Sábato Magaldi; o advogado Evandro Lins e Silva; os jornalistas João Saldanha, Paulo Francis, Salim Simão, Oswaldo Peralva, Ib Teixeira, Edmundo Moniz e Gerardo Mello Mourão; o psicanalista Helio Pellegrino; e até o líder estudantil Wladimir Palmeira.

Não que eles também não se irritassem com o que Nelson escrevia. Mas todos estavam cansados de saber que era do seu estilo alimentar-se periodicamente de certas obsessões. Antes era o Otto, agora era Alceu ou dom Helder. Como dizia Claudio Mello e Souza, Nelson era uma "flor de obsessão". E estavam fartos de conhecer a sua imaginação delirante e o seu pendor pelo exagero. Não precisava ser levado a sério, diziam eles.

O principal desses amigos era Helio Pellegrino. Conheciam-se desde 1953, quando Helio viera para o Rio. Durante anos Nelson almoçou em sua casa aos sábados. Quando Helio sofreu um enfarte aos 39 anos, em 1962, Nelson foi visitá-lo todas as noites durante semanas. Achava-o de uma inteligência que às vezes "raiava o insuportável" e admirava-o como poeta (criminosamente inédito). Vivia referindo-se à sua voz de barítono, que tornava profundo até um "bom dia" que dissesse, e contava que Helio gostava de contemplar o próprio peito nu ao espelho e dizer: "Vá ser bonito assim no inferno". Foi por causa de Helio que Nelson se desfez dos muitos preconceitos que passara a ter contra a psicanálise, e mais ainda ao vê-lo aplicando maciçamente Freud à interpretação de sua obra. (E, sem dúvida, os ensaios de Helio sobre *Boca de Ouro* e *Beijo no asfalto* eram nada menos que definitivos.)

Os dois sempre tiveram divergências políticas e, na maior parte daqueles anos, isso nunca lhes toldou a amizade. Helio era um frenético socialista católico, o que Nelson considerava um dilema porque, na sua visão, era impossível alguém ser socialista e católico. E Helio entendia que o reacionarismo de Nelson era apenas a unção do indivíduo sobre a coletividade. Helio podia não concordar, mas achava graça na frase de Nelson: "A massa só serve para parir os gênios. Depois que os pariu, volta a babar na gravata".

E Helio às vezes se impressionava com certas premonições de Nelson. Na perigosíssima crise dos mísseis em 1962, por exemplo, quando por um instante pareceu que EUA e URSS iriam apertar os botões e partir para o holocausto nuclear por causa de Cuba, Nelson sentenciara na casa do psicanalista:

"A Rússia não vai disparar nem um busca-pé por Cuba."

Nelson só faltou ser vaiado, mas sua teoria confirmou-se horas depois, quando Krushev mandou retirar os mísseis da ilha.

Os dois tratavam-se mutuamente por "a besta do Nelson" e "a besta do Helio" (e ambos se referiam à "besta do Otto"), todos sabendo que não era para valer. Para Nelson, Helio era também o "doce truculento".

Em 1967, Helio fora enquadrado na Lei de Segurança Nacional por artigos publicados no Quarto Caderno do *Correio da Manhã*, editado por Paulo Francis. O processo, a que Helio respondeu em liberdade, estava na 2ª Auditoria da 1ª Região Militar, no Rio. Nelson depôs a seu favor no dia 1º de setembro e, exceto por um ou outro exagero, disse tudo que precisava ser dito.

Afirmou que conhecia Helio "há mais de trinta anos" (mentira, conhecia-o há apenas quatorze) e que ele nunca pertencera ao Partido Comunista. Ao contrário, era católico praticante, tinha sido da UDN mineira, fizera a campanha do brigadeiro Eduardo Gomes e fora discípulo do (em 1967) vice-presidente Pedro Aleixo. Quanto aos artigos de Helio, Nelson disse que eles expressavam um "sentimento espiritualista" diante dos "valores da vida".

Tudo aquilo era verdade, embora Nelson intimamente se assustasse com a audácia dos artigos de Helio contra os militares no *Correio da Manhã*. Mas os auditores ficaram impressionados e, com os outros depoimentos, Helio foi absolvido.

Em 1968, as piores divergências políticas ainda podiam ser — e eram — resolvidas em torno das cavaquinhas do Antonio's, regadas a cerveja em lata (importada) ou água da bica. As brigas eram democráticas e os amigos não cortavam relações por causa de ideologia. Ainda eram possíveis as brincadeiras, como aquela de um telefonema a três entre Nelson, Helio e Otto (Nelson numa extensão), em que Helio começou a dizer cobras e lagartos dos militares, e Otto se assustou:

"Cuidado, Helio! Esse telefone certamente está sendo escutado."

"Pois eu não tenho medo desses milicos!", disse Helio. "Se houver alguém na escuta, fique sabendo que aqui fala o doutor Helio Pellegrino, poeta e psicanalista!"

Otto gelou na outra ponta do fio. E mais ainda quando Nelson meteu-se na conversa e emendou:

"E eu também não! Quem fala aqui é o deputado Jubileu de Almeida!"

Foi uma pena para todo mundo que aquele ano tão divertido tenha terminado mais cedo: no dia 13 de dezembro, dia do AI-5.

29

Com Nelsinho: às vésperas da luta armada

— 1970 —

"PRANCHA"

"Mas, general, o Helio é uma cotovia!", dizia Nelson em março de 1969 para o general Henrique de Assunção Cardoso, chefe do Estado Maior do 1º Exército. "É um homem com alma de passarinho! É meu amigo de infância! Como um homem desses pode ser um perigoso condutor das massas?"

Mary Ventura cutucava Nelson e dizia baixinho: "Fala do Zuenir! Fala do Zuenir!".

"O Zuenir também é uma cotovia, general! É um passarinho sem céu! E também é meu amigo de infância!"

O general não pareceu muito convencido:

"Doutor Nelson, estou disposto a acreditar que o doutor Helio Pellegrino seja seu amigo de infância", disse. "Mas tenho informações de que o senhor conheceu Zuenir Ventura na prisão. Como pode ser seu amigo de infância?"

Nelson embatucou. Não esperava por esta. Foi acudido por Maria Urbana Pellegrino:

"Ele está dizendo isso no sentido figurado, general. Quer dizer que teve uma relação tão intensa com Zuenir desde que o conheceu que é como se fossem amigos de infância."

Assunção Cardoso olhou bem no centro da córnea de Nelson:

"Se eu soltar o doutor Helio, o senhor se responsabiliza por ele?"

"Perfeitamente, general", disse Nelson.

"E por Zuenir Ventura também?"

"Perfeitamente."

Nelson assinou um termo de responsabilidade para cada um. (Depois piscaria para Maria Urbana: "Você é uma Mata Hari!".) Helio e Zuenir estavam livres, só não podiam sair do Rio. Tinham passado dois meses presos no Regimento de Cavalaria Marechal Caetano de Faria, em fevereiro e março de 1969. Zuenir fora apanhado por engano, confundido com um velho comunista também chamado Ventura, mas Helio soube que seria preso no próprio dia do AI-5, 13 de dezembro. Helio saiu de casa, escondeu-se no apartamento de uma amiga na Glória e passou mais de um mês sem sair à rua. Até que não aguentou mais e ligou para Nelson. Disse que ia entregar-se e queria que ele o acompanhasse.

"Afinal, os milicos ficam lendo essas coisas que você escreve a meu respeito e podem achar que eu sou mais truculento do que doce!"

Nelson apanhou Helio e foram ao Ministério da Guerra, na avenida Presidente Vargas. Recebeu-os o coronel Adir Fiúza de Castro, chefe do CIE (Centro de Informações do Exército) e subordinado direto do ministro da Guerra, general Lyra Tavares. Helio foi encaminhado primeiro ao DOPS e depois recolhido ao Caetano de Faria, onde passou a dividir a cela com Zuenir.

Fiúza conhecera Nelson casualmente em 1964 e se dissera seu admirador. Assistira a várias de suas peças e gostara de algumas. De *Bonitinha, mas ordinária*, não gostara. Admirava as convicções antimarxistas de Nelson, mas era contra seus "ataques à burguesia".

"É porque você ainda tem um ranço burguês, coronel", dissera Nelson.

O Exército tinha enorme consideração por Nelson Rodrigues. Em 1969, ele não era o único intelectual afinado com a "revolução", mas era, disparado, o mais popular. Tinha acesso a toda espécie de meio de comunicação e, ao contrário de outros, não fazia segredo de suas posições. Uma de suas expressões, "padre de passeata", fizera mais para desmoralizar os padres de esquerda do que dez divisões do Exército, na avaliação de Fiúza. A gratidão das Forças Armadas para com ele era tão grande que qualquer pessoa pela qual intercedesse ficava imediatamente sob uma espécie de proteção especial. Os militares não queriam correr o risco de desagradá-lo e perder um importante aliado.

Nelson visitava Helio *todos* os dias no presídio. Zuenir, que lhe virava as costas quando ele entrava, observava essas visitas e achava que eram uma espécie de penitência de Nelson, que devia sentir-se indiretamente responsável pela prisão de seu amigo. Não entendia como o clima da conversa entre eles no Caetano de Faria podia ser aquele: Nelson fazendo piadas com a "esquerda festiva" e Helio esbravejando contra a ditadura — como se estivessem no Antonio's ou na casa de Helio.

"Veja você, Helio", dizia Nelson. "O Arnaldo Jabor na Passeata dos Cem Mil, tomando um gigantesco sorvete e gritando 'Abaixo a fome!'."

Não era um clima de penitência. E nem Nelson teria motivos para sentir-se culpado pela prisão de Helio — porque já o defendera no processo que tinham movido contra ele em 1967 pelos artigos no *Correio da Manhã* e porque o próprio Helio não conseguia ser discreto: na Passeata dos Cem Mil, no dia 26 de junho do outro ano, 1968, dera uma "banana" pública para os militares, durante o seu discurso em frente à Assembleia Legislativa.

Nelson assistira à Passeata dos Cem Mil. Não lá de baixo, da rua, como muitos dos seus amigos, mas pela janela do escritório de um amigo do pintor Raul Brandão, a convite deste, na avenida Rio Branco. Durante o resto do ano, Nelson iria escrever em inúmeras crônicas que não vira "um operário, um preto, um desdentado" na passeata. O mar de gente marchando contra o governo não o impressionara nem um pouco. Dizia-se que tinham sido cem mil (número estimado pelo jornalista Pery Cotta, do *Correio da Manhã*). Se fossem duzentas mil, para ele seria a mesma coisa: uma multidão ululante que, amanhã, poderia estar gritando os mesmos slogans, só que ao contrário.

Quem o impressionara fora Wladimir Palmeira, o principal líder dos estudantes cariocas. Nelson passou a admirá-lo. Dois dias depois da passeata escreveu uma "Confissão" em que começava rememorando uma experiência no Maracanã, para terminar em Wladimir:

Era um jogo do Botafogo com o Vasco. Exatamente, a decisão do título. E lá fui eu me meter nas arquibancadas. Era uma das quase duzentas mil pessoas presentes. Aconteceu então que, imediatamente, perdi qualquer sentimento de minha própria identidade. Ali, tornei-me também multidão. Esqueci a minha cara, senti a volúpia de ser "ninguém". Se, de repente, o povo começasse a virar cambalhotas, e a equilibrar laranjas, e a ventar fogo, eu faria exatamente como os demais. E, então, senti que a multidão não só é desumana, como desumaniza.

(Não sei se estou falando demais. Paciência.) Lá estávamos eu e os outros desumanizados. Pouca diferença faria se, em vez de duzentas mil pessoas, fossem duzentos mil búfalos, ou javalis, ou hienas. Há, porém, um momento em que a multidão se humaniza. Sim, em que a multidão se faz homem. É quando tem um líder. Acontece então o milagre: — aquilo que era uma massa pré-histórica assume forma, sentimento, coração de homem. E, ao mesmo tempo, o medo que junta as multidões morre em nossas almas. Já não sentimos o medo, o velho, velhíssimo medo das primeiras hordas dos primeiros homens. O líder tem coragem por nós, e ama por nós, e sofre por nós, e traz a verdade tão sonhada.

Mas há uma dessemelhança entre o líder e os que o seguem: — nós somos multidão e ele, nunca. Como no texto ibseniano, ele é o que está "mais só". Todos os seus gestos, e palavras, e paixões, e sonhos, amadureceram na solidão.

Nelson viu esse líder em Wladimir Palmeira. A "Confissão" terminava assim:

Só o vi na passeata. E fiz a fulminante constatação: é, sim, um líder. Imaginem um jovem que sobe num para-lama e, com um gesto, e antes da palavra, faz a unanimidade. Eu o vi trabalhar a multidão. Dizia: — "Vamos fazer isso, aquilo e aquilo outro". Até pessoas que não tinham nada com a passeata, simples transeuntes, entravam na disciplina. Mesmo os inimigos da passeata eram tocados e convencidos. E foi impressionante no fim da marcha. De repente, Wladimir falou (com irresistível simplicidade, sem nenhuma ênfase). Disse: — "Estamos cansados". Ninguém estava cansado. E completou: — "Vamos sentar". E todos sentaram, como na passagem bíblica. (Não há tal passagem bíblica. Desculpem.) Assim ficamos, sentados, como se estivéssemos de joelhos. Senhoras, mocinhas, intelectuais, estudantes, avós, cada qual se sentou no meio-fio, no asfalto, na calçada. E foi um maravilhoso quadro plástico. Não sei, ninguém pode saber, qual será o destino desse rapaz. Mas sei que é esta coisa cada vez mais rara: — um homem.

Nelson queria saber qual seria o destino último de Wladimir. O Exército preferia saber o seu paradeiro imediato. Terminada a passeata, logo depois de incendiada uma bandeira americana, os seguranças de Wladimir o enfiaram num carro na praça Quinze e desapareceram com ele antes que o prendessem. Mas Wladimir acabaria sendo preso no dia 12 de outubro, junto com outros 1240 estudantes que participavam do congresso da UNE em Ibiúna, SP. Sua asma o impediria de fugir. Em dezembro haveria o AI-5 e ele iria responder a processo na 2ª Auditoria da Marinha. Uma das testemunhas convidadas pelo advogado Marcelo Alencar a depor a seu favor foi Nelson.

Em seu depoimento no tribunal militar, no dia 8 de maio de 1969, Nelson disse que Wladimir era "moderado e idealista"; que "evitara excessos de seus colegas contra o *Jornal do Brasil* na passeata"; e que, pelo que sabia, "a Passeata dos Cem Mil fora permitida pelas autoridades". Disse também que Wladimir "sempre estivera contra o comunismo" e que "nunca tomara nem pregara atitudes extremistas".

Antes que o acusassem de perjúrio, encerrou seu testemunho e depois sussurrou rindo para seu filho Joffre, que o acompanhara:

"Meu Deus, como eu menti bem!"

Antes de ir embora, Nelson falou com Wladimir e perguntou várias vezes como estava sendo tratado. E, sabendo que Wladimir era Fluminense, perguntou também se estava vibrando com o novo artilheiro do tricolor, o centroavante Flávio. Os dois se abraçaram, Nelson se despediu, Wladimir foi chamado a depor, fez um discurso no tribunal militar pregando a luta armada e Marcelo Alencar quis arrancar os cabelos.

Por que Nelson teria ido depor a favor de Wladimir se as passeatas estudantis, das quais Wladimir era uma espécie de Ziegfeld, não lhe despertavam a menor simpatia? Pelo seu potencial de indivíduo, pela vocação napoleônica que Nelson via em tão poucos — era o que dizia a amigos. Quanto às manifestações, Nelson achava que, sendo o estudante brasileiro um privilegiado, as passeatas fariam muito mais sentido se fossem de analfabetos reclamando instrução. Além disso, não aceitava a insistência dos estudantes em protestar em espanhol. Um dos cartazes na passeata dizia "Muerte!". Fora pintado pela estudante da Esdi (Escola Superior de Desenho Industrial) Ana Luísa Escorel e provavelmente tinha uma inspiração mais "tropicalista" que política. Mas Nelson usou aquilo como motivo de caricatura e vivia perguntando:

"Por que gritam 'Cuba! Cuba!' e não 'rua do Ouvidor! rua do Ouvidor!'?"

Não que Nelson tivesse algo contra o Tropicalismo. Em setembro de 1968, vira pela televisão Caetano Veloso desafiando sozinho o coro "feroz, unânime e obsceno" da plateia do Tuca, em São Paulo, que queria proibi-lo de cantar "É proibido proibir" durante um festival da canção. Numa "Confissão" sobre aquele festival, Nelson elogiara o "bravo troco" do cantor, que "silenciara a obscenidade da plateia", por sinal de esquerda. Via ali um seu velho conhecido: o homem só contra a unanimidade dos búfalos, dos javalis. Três meses depois, Caetano e Gilberto Gil foram presos em São Paulo, trazidos para o Rio e correram rumores de que estavam sendo torturados. No começo de 1969, Nelson almoçava com José Lino Grünewald no Nino, na rua Bolívar, quando um amigo de ambos aproximou-se:

"Nelson, o general Albuquerque Lima, ali na minha mesa, está louco para te conhecer."

Albuquerque Lima era ministro do Interior de Costa e Silva e forte candidato à sucessão do marechal. Nelson respondeu que seria um prazer. O amigo foi à sua mesa e buscou o militar.

"Nelson, aqui está o general Albuquerque Lima. Ele é seu grande admirador."

Para surpresa de todos, Nelson emendou de primeira:

"Então por que essa perseguição? Por que prenderam o Caetano Veloso e o Gilberto Gil?"

Albuquerque Lima não esperava por isso. Murmurou alguma coisa, reafirmou a admiração e preferiu voltar para sua mesa.

Essa faceta de Nelson era completamente desconhecida do público e até da maioria dos seus conhecidos. O que contava era o que ele publicava nas "Confissões".

"O Nelson Rodrigues político é uma caricatura do Nelson Rodrigues real", costumava dizer o jornalista Hermano Alves, antigo personagem de *Asfalto selvagem*.

Queria dizer com isso que o reacionário atroz nada tinha a ver com o bom sujeito que ele conhecia e que, sem dúvida, usava os mesmos ternos, sapatos e gravatas que o outro Nelson Rodrigues. Nos primeiros meses de 1969, Hermano, que fugira às pressas do Brasil depois do AI-5, vira-se exilado em Argel, capital da Argélia, sem dinheiro para se manter. Os outros brasileiros que haviam chegado antes não podiam fazer muito por ele. Hermano Alves teve de recorrer ao Brasil.

Seu antigo companheiro no *Correio da Manhã*, Salim Simão, foi um dos que passaram o chapéu. E um dos amigos a quem Salim pediu dinheiro foi Nelson. Hermano não estava em condições de perguntar qual dos Nelson Rodrigues lhe mandara o dinheiro: se o político, se o real. Apenas aceitou-o.

Salim Simão era quase tão fanático brizolista quanto botafoguense. Nelson conheceu-o no *Correio da Manhã* em 1967, embora Salim tivesse sido "foca" em *Crítica* poucos meses antes do empastelamento, em 1930. Mas Nelson, se o vira no jornal de seu pai, não podia lembrar-se dele — Salim tinha então treze anos. Torcer por Leonel Brizola em 1967 era algo quase tão exótico, tanto para a direita como para a esquerda, quanto torcer pelo Canto do Rio. Não para Salim, que era de uma fidelidade de pequinês aos amigos e conseguia conciliar em sua estima os piores adversários entre si. Por exemplo, algumas das suas maiores admirações eram os anti-Nelson Rodrigues por excelência: Alceu, dom Helder e Oscar Niemeyer. E a outra era o próprio Nelson.

"Ó, Nelson", ele perguntava aos berros, "o que você tem contra o Niemeyer?"

"O povo tem horror às invenções plásticas do Niemeyer, meu bom Salim", respondia Nelson. "Abomina. O povo gosta mesmo é do prédio do Elixir de Nogueira, ali na Glória, perto do relógio."

E quanto às opiniões de Nelson sobre Alceu e dom Helder, nem era preciso dizer. "Dom Helder só olha para o céu para saber se leva ou não o guarda-chuva", dizia Nelson. Salim rugia em defesa do bispo. Mas isso servia apenas como combustível para a amizade entre os dois, igualmente loucos por uma polêmica. Além disso, Salim sabia que havia muito mais piada que rancor nos insultos de Nelson. E Nelson era fascinado pela "espontaneidade animal" de Salim e o chamava de "O berro" porque ele só sabia falar a plenos pulmões. Outro amigo de ambos, Helio Pellegrino, dizia que Salim "ardia como um círio", num trocadilho com a sua origem.

Quem visse Nelson e Salim almoçando juntos (o que passara a acontecer quase todo dia depois de 1968) acharia que eles estavam se desfeiteando. Mas, se fosse ouvir a conversa, constataria que estavam discutindo o campeonato carioca de 1924, o comportamento de suas coronárias (Salim também era cardíaco) ou, literalmente, o sexo dos anjos, nos quais ambos acreditavam.

Os almoços com Salim Simão e com outros do pequeno círculo que Nelson chamou de seus "irmãos íntimos" passaram a ser o principal assunto das "Confissões" a partir de dezembro de 1968, depois que o AI-5 engrossou qualquer possibilidade de discussão política. Nem todos repararam, mas a marcação cerrada de Nelson sobre Alceu diminuiu por um bom tempo e o nome de dom Helder quase desapareceu. E nem ficava bem citá-lo, já que no índex que o governo distribuíra às redações — de nomes que não poderiam sair nos jornais —, o de dom Helder era dos primeiros.

E então Nelson passou a falar mais do "Young Flu", a jovem torcida tricolor capitaneada por Nelsinho Mota e Hugo Carvana; dos aniversários de José

Lino Grünewald, que se dizia um "neopagão", mas a quem Nelson atribuía uma "alma de eterno primeiro-comungante"; da generosidade de "Onassis de tanga" de Hans Henningsen, cujo nome Nelson não conseguia pronunciar e por isso chamava-o de "Marinheiro Sueco", embora Henningsen fosse espanhol de origem alemã; da comida mineira que Marcello Soares de Moura oferecia em sua casa aos sábados; do "perfil de senador do Império" de Francisco Pedro do Coutto; dos suspensórios coloridos de Walter Clark etc. Apesar da leveza dos assuntos, Nelson conseguia produzir páginas magistrais, que levaram Caetano Veloso a afirmar em 1969 que Nelson dizia "coisas lindas sobre a alma lírica dos brasileiros", como ele escreveu do exílio em Londres para *O Pasquim*.

O próprio Otto passou a ser menos mencionado nas "Confissões". Uma das vezes foi quando Nelson explicou a origem da expressão "óbvio ululante". Segundo ele, a imagem lhe fora inspirada pela descoberta do Pão de Açúcar por Otto.

Durante décadas a pedra ululava para Otto quando ele passava diariamente pela Praia de Botafogo. Otto julgava-se conhecedor da paisagem — era íntimo da enseada, das estacas Franki, das carrocinhas de Chica-bon —, mas nunca enxergara o Pão de Açúcar. E, de repente, enxergou-o. Ao frear no Aterro, quase capotou. Saiu do carro julgando ter visto uma alucinação. O que era "aquilo"? Não estava lá na véspera, tinha sido acrescentado ao cenário durante a noite! Uma senhora que passava teve de abaná-lo. E então Nelson explicava: o encontro com o óbvio é sempre uma experiência vital, plástica, inexcedível. Talvez por ser tão raro. "Só os profetas enxergam o óbvio", disse. Otto enxergava o seu.

Evidente que isso nunca aconteceu e era apenas mais um tópico no folclore que Nelson criou em torno de Otto, e que tanto irritava a este. Nelson popularizou a expressão "óbvio ululante" na televisão e passou a ser abordado na rua pelos "desconhecidos íntimos" que lhe gritavam:

"Ei, 'óbvio ululante'!"

Um ou outro arriscava: "Está certa a pronúncia?".

Entre os objetos que Nelson levou na mão, quando saiu de seu apartamento com Lúcia e voltou para a "sala íntima" de sua mãe em 1969, estava um porta-retratos com a foto de Daniela. Seu casamento com Lúcia chegara ao fim. Tinham passado oito anos juntos, seis deles sob o mesmo teto.

Muitos fatores contribuíram para aquele fim. Da parte de Lúcia, ela não conseguia contornar as pressões que ainda pulsavam contra eles. Seus pais apenas cumprimentavam Nelson, mas não lhe tinham o menor apreço. O problema de Daniela era permanente e angustiante. Nelson saía, ia para o Maracanã, jantava com os amigos e voltava tarde. Ela tinha de ficar por causa da menina. Saíam à noite às vezes, mas jamais podiam viajar, mesmo que ele quisesse. E havia a irritante desorganização financeira de Nelson.

Por mais que ganhasse, estavam sempre aos sobressaltos. Quando começara a história do patrocínio das colunas, ela tentara guardar uma parte do dinheiro no Fundo Crecinco. Mas Nelson tinha sempre uma desculpa para sacar. Pediam-lhe dinheiro de todas as partes e ele não sabia negar. Sua generosidade às escondidas era inacreditável para os que o tinham na conta de pão-duro. Fosse tão pão-duro quanto o achavam, estariam vivendo melhor. E não é preciso saber muitas intimidades para imaginar que espécie de problemas roem por dentro e por fora um casamento. Aliás, que casamento? Elza não dava o desquite a Nelson — para todos os efeitos, ela seria sempre a senhora Nelson Rodrigues.

Da parte de Nelson também havia um sentimento de desgaste. Seu apartamento era um entra e sai de enfermeiras por causa de Daniela. Tinha pouco espaço para trabalhar em casa. Aos 57 anos sentia-se mais velho do que nunca, como confidenciou a Joffre. E, pensando bem, ele e Lúcia nunca puderam desfrutar a permanente lua de mel que haviam se prometido em 1961. Os dois viviam agora numa paz de irmãos, mas não tinha sido para isso o casamento. A separação deu-se sem traumas, sem uma palavra mais alta, sem um rancor.

Lúcia sentiu que essa separação era inevitável porque Nelson não conseguia respirar fora de um estado de paixão. Mas só teve certeza quando lhe perguntou:

"O que está havendo, Nelson? Namorando?"

E ele, com grande simplicidade:

"Estou."

Poucas semanas antes, Nelson estivera internado no Instituto de Cardiologia, na rua Canning, em Ipanema. O médico suspeitara de uma insuficiência coronária e o fizera subir e descer escadas antes do exame, para ver como ele reagia. Nelson fez o que o médico mandou, mas, depois de repetir a operação algumas vezes, rebelou-se:

"Não subo mais um degrau!" — e, olhando para o teto, citou com voz súplice um sucesso em voga no rádio: "Jesus Cristo, eu estou aqui!".

Nelson ficou de repouso na casa de saúde por alguns dias. Numa das visitas que lhe fez Heleninha, sua secretária em *O Globo*, ele pediu a uma de suas irmãs que perguntasse a ela:

"O Nelson está se separando e quer saber se você gostaria de ir morar com ele."

Helena Maria (Heleninha, como a chamavam) tinha 22 anos — 35 a menos do que Nelson. Era pequenininha, morena, vestia-se como alguém ainda mais jovem. Dava uma espécie de assistência a Nelson no jornal: conversava com ele sobre os assuntos do dia para ajudá-lo a escrever as "Confissões", filtrava os telefonemas e tentava brecar a fila de pessoas que o procuravam na redação.

Às vezes "editava" uma ou outra coluna já publicada, quando Nelson estava doente e não podia escrever — mudava o título, alterava uma data, trocava um tempo de verbo e a coluna podia sair de novo. Estava a seu serviço havia alguns meses quando notou que Nelson a olhava diferente. Pensava saber o que era — o óbvio —, mas nunca que Nelson a convidasse a morar com ele.

Por que não aceitar?, ela pensou. Admirava-o e aprendera a ter afeição por ele. Nada de ruim poderia acontecer-lhe. E o que havia de mal naquele arranjo (não seria exatamente um "casamento") se os dois se dessem bem?

Nelson saiu do apartamento na Visconde de Pirajá, passou alguns dias na "sala íntima" do Parque Guinle e alugou um pequeno apartamento na rua Rita Ludolf, no Leblon. Heleninha foi com ele. Mas passaram poucos meses ali. No começo de 1970, ela o convenceu a alugar uma casa de verdade na rua Professor Mauriti Santos, no Cosme Velho, com vista para o sopé do Corcovado. Era uma casa de dois andares, com a frente pintada de rosa e fora desocupada há pouco por um consulado. Já vinha com tudo dentro — quadros, móveis, faqueiro, porcelana —, mas o melhor era a vista que se tinha da varanda: um panorama que Nelson chamava de "sua hileia amazônica".

Os amigos nunca entenderam por que Nelson precisava morar naquela casa tamanho família e ele também não explicava. Mas a casa já não parecia tão exagerada depois que Heleninha encarregara-se de povoá-la com sua família: levou seu filho, Paulo Sérgio, cinco anos, de um primeiro casamento; sua mãe, dona Catarina; e, de certa forma, seu irmão Ariel, que servia como motorista de Nelson e dormia na casa com frequência. E, um ano depois, haveria as enfermeiras de que Nelson precisaria e que se revezariam em turnos.

O próprio Nelson usava apenas metade da casa ou menos. Seu quarto ficava no primeiro andar, o de Heleninha no segundo e ele nunca subia as escadas. Foram obrigados a ter um cachorro, do qual Nelson se pelava de medo. Saíam muito para jantar (quase sempre no Nino), mas o desconforto de Nelson, de ser visto em público com uma mulher tão jovem, era evidente. A imagem do "tarado" já ficara para trás, mas nunca se sabia. No começo de 1970 foram a São Paulo para assistir à montagem de uma peça de Nelson. Mesmo ali, longe dos conhecidos, ele não lhe dava o braço na rua e se atrasava de propósito para que ela ficasse um ou dois passos à frente. Sábato Magaldi, que estava com eles, perguntou a Nelson por que isso. Nelson respondeu, entre sincero e malicioso:

"Porque eu tenho vergonha."

Muitas vezes, era Heleninha que se sentia pouco à vontade entre os amigos de Nelson. Como na vez em que, no Nino, ao tomar uma sopa Vichissoise pela primeira vez, ela gostou tanto que dispensou o prato principal e a sobremesa, preferindo mais duas Vichissoises. Os amigos de Nelson apenas a olharam, mas ela percebeu.

Pior foi o seu diálogo com a mulher de um "irmão íntimo" de Nelson, perita em poesia e literatura francesa, em casa destes. A certa altura a anfitriã perguntou-lhe com ar casual:

"Então você nunca leu Flaubert?"
Heleninha tartamudeou que não. E a outra:
"Mas certamente já leu Baudelaire."
Diante de novo não (Heleninha já querendo esconder-se atrás das almofadas), a esposa do "irmão íntimo" riu:
"Se nunca leu Flaubert e nunca leu Baudelaire, então você nunca contemplou as termas de Caracala e nunca comeu escargot!"
O embaraço de Nelson por Heleninha dissolvia-se em letra de fôrma. Numa *Manchete* daquele ano, ele admitiu que tivera três "amores eternos" em sua vida. Não disse quais seriam os outros dois, mas afirmou que o terceiro era por Heleninha. E, nos livros que lhe dava, as dedicatórias eram daquelas, arrebatadas. Em *O óbvio ululante*, sua primeira e sensacional coletânea de "Confissões", ele escreveu: "Para Helena Maria, meu amor de seis mil anos". E, em *A cabra vadia*, que acabara de sair: "Com um amor para além da vida e da morte".
Para Nelson, a vida e a morte nunca estariam tão íntimas e vizinhas entre si como naquela casa do Cosme Velho. Ali começaria o longo e dramático episódio de seu filho Nelsinho.

Aos onze anos, em 1956, Nelsinho insistira em estudar no Colégio Militar, na Tijuca. Nelson fora contra, mas o menino estava inflexível: queria ser aviador. Cursou lá o ginásio e o científico, mas nunca se adaptou às exigências da disciplina do colégio — ligeiramente drásticas para um garoto que, fora das aulas, ainda disputava guerras de cajá-manga na rua Agostinho Menezes. Em 1964, aos dezenove anos, Nelsinho desistiu de ir para a Aeronáutica, fez o vestibular de engenharia, passou e foi estudar no Fundão.
Seu pai tinha saído de casa em 1963 para ir viver com Lúcia. Curiosamente, foi aí que pai e filho se aproximaram. Joffre fora para a Itália estudar cinema e Nelsinho o substituíra como motorista de Nelson. Levava-o todo dia ao apartamento do Parque Guinle para o almoço em família e ouvia fascinado as tremendas discussões políticas à mesa. A situação estava fervendo: João Goulart recuperara seus poderes presidenciais com um plebiscito, o deputado Leonel Brizola falava em "mandar brasa" e havia agitações no campo, nas fábricas e, em 1964, até dentro das Forças Armadas. O governador da Guanabara era Carlos Lacerda, amigo de seu pai e, agora, até de seu tio Mario Filho — Lacerda finalmente convencera-se de que o Maracanã ficara melhor ali mesmo, no Maracanã. Todos os Rodrigues eram Lacerda ou Juscelino — ou quase todos.
O único "esquerdista" à mesa era tio Milton, seu padrinho. Não era impossível que Milton fosse até simpatizante do Partido Comunista. Pelo menos, defendia as reformas de base e repetia as palavras de ordem daquele tempo. Mas era uma mesa democrática: todos brigavam e ninguém se irritava ou ficava de

mal. O fiel da discussão era Mario Filho: quando os ânimos esquentavam, ele fazia um gesto como quem pede a palavra, levava o "Ouro de Cuba" à boca e os irmãos ficavam mudos e paralisados, esperando a baforada que antecederia a palavra mais sábia e esclarecedora. Mario Filho usava o charuto como uma arma da oratória. E, quando falava, sempre de maneira equilibrada, os outros sossegavam.

Mas Nelsinho não estava sossegado. Era quase impossível ser jovem sem se sentir lesado naqueles anos pós-1964 — toda a sua geração fora excluída da vida política nacional, como se faz com um siso incômodo. No caso, muitos sisos. Não que ele quisesse envolver-se em política, apenas não queria ser proibido de se envolver. E, entre o pessoal das ciências exatas, a Faculdade de Engenharia era das mais inquietas do movimento estudantil. Em 1968, no último ano do curso, ele participara de algumas passeatas e fora dos poucos a não se surpreender com a "Confissão" de seu pai sobre Wladimir Palmeira.

"Wladimir é autêntico, não está brincando", dizia-lhe Nelson.

Em 1969, com todos os canais políticos já fechados pelo AI-5, os estudantes desmantelados e um cheiro de pólvora no ar, Nelsinho passou de março a setembro fora do Brasil. Viajara com sua turma da Engenharia para um longo périplo de aperfeiçoamento técnico na Europa. Estivera em 21 países, entre os quais vários do Leste Europeu: URSS, Polônia, Tchecoslováquia e Hungria. De lá, ouvia notícias vagas do Brasil: Costa e Silva sofrera uma trombose, fora substituído por uma junta militar, o embaixador americano havia sido sequestrado, o novo presidente seria um general chamado Garrastazu Médici. Voltou poucos dias antes da posse de Médici. O pau estava comendo e já havia diversos grupos clandestinos atuando na luta armada contra o regime. Aos 24 anos, Nelsinho sentia-se incomodado por "ser tão convicto e não estar dentro da luta". Disse isso a Nelson, que apenas aconselhou-o a ficar longe "daquela loucura".

"Guerrilha urbana não é batalha de confete", brincou Nelson.

Nelsinho não era o único a estar voltando para a casa de sua mãe, que agora morava na Tijuca. Joffre também estava de volta, depois de dois anos nos Estados Unidos: pegara dinheiro com José Luís Magalhães Lins e abrira um restaurante ali perto, na rua Uruguai, chamado Cartum. Em pouco tempo Joffre observou uma movimentação diferente no apartamento — eram muitos os amigos "estranhos" de Nelsinho que entravam e saíam. Um deles, velho amigo de Nelsinho, parecia estar ficando de vez. Joffre precipitadamente farejou a formação de um "aparelho" e se queixou com Nelsinho. Tiveram uma discussão, Joffre queria que ele mandasse todo mundo embora. Nelsinho respondeu que não faria isso. Joffre ameaçou:

"Se não sumirem, denuncio todo mundo."

Nelsinho olhou-o nos olhos:

"Se fizer isso, dou-lhe um tiro na boca."

Mas não houve denúncia, nem tiro. Nelsinho saiu de casa e alugou um apartamento no subúrbio de Lins de Vasconcelos. Sua mãe comprou-lhe um sofá e uma geladeira para o apartamento. Mas o aluguel já seria pago com o dinheiro da organização a que Nelsinho agora pertencia: o MR-8.

O apartamento no Lins *era* um "aparelho" e, para todos os efeitos, Nelsinho agora se chamava "Prancha" — seu codinome. Ia atuar no setor de apoio ao "grupo de fogo" como motorista. Era um bamba no volante e isso iria salvar-lhe a vida algumas vezes — quando, levando um Taurus 38 no cinto, teria de dirigir abrindo caminho em tiroteios.

Nos dois anos em que esteve clandestino, de fevereiro de 1970 a março de 1972, quando foi preso, "Prancha" esteve quatro vezes com seu pai. Seus encontros com Nelson exigiam toda uma complicada operação, envolvendo companheiros que apanhavam o velho em sua casa no Cosme Velho, duas ou três trocas de carros com placas legais e ilegais, cortar caminho por lugares como o morro dos Cabritos e disparar pela avenida Brasil temendo uma perseguição. O "aparelho" do Lins já fora descoberto em abril daquele mesmo ano de 1970 e "Prancha" estava agora quase inacessível — era um elo na malha da guerrilha. Para falar com ele, só quando o próprio "Prancha" telefonasse da rua.

Na primeira vez em que o cardíaco e assustado Nelson submeteu-se a essa aventura para ver o filho, comentou com ele:

"Emocionante. Me sinto num filme."

Nesse primeiro encontro, Nelson ouviu mais do que falou, como era sua característica. Durante um almoço num restaurante na Zona Norte, "Prancha" explicou-lhe as motivações da luta armada e Nelson, triste, quis saber:

"Qual é o seu grau de envolvimento?"

"Prancha" não podia dizer-lhe que era total, apenas porque ainda não participara de uma ação. Mas falou-lhe que estava disposto a enfrentar os riscos da luta, as torturas, talvez a morte. Nelson recusava-se a acreditar que o Exército torturasse. Os maus-tratos que alguns poderiam estar sofrendo eram de responsabilidade de civis ou de policiais envolvidos no combate à guerrilha. Os dois conversaram no clima de respeito que sempre fora uma constante entre eles, trocando argumentos e convicções. Quando se despediram com beijos, sabiam que nenhum dos dois alterara em um milímetro o pensamento do outro.

Nelson mandou dinheiro para "Prancha" durante a clandestinidade. Geralmente a entrega era feita através de Leigmar, uma velha amiga da família, que vira Nelsinho crescer e agora trabalhava como doceira no restaurante de Joffre. Mas um dos primeiros correios foi feito por Heleninha, indo ao seu encontro no cinema Olinda, na Tijuca. "Prancha" evitava procurar Nelson para não envolvê-lo, mas chegou a telefonar-lhe da rua para a casa de dona Maria Esther, onde sabia que o acharia. Jamais poderia imaginar que, um dia, por acaso, Nelson é que iria encontrá-lo.

"Prancha" tinha um "ponto" (encontro) com César Queirós Benjamin, "Cesinha", o ex-secundarista que se tornara um dos elementos-chaves do MR-8 — e que, por isso, era procurado por todo o Exército. O ponto seria na esquina de rua da Passagem com rua São Manuel, em Botafogo. "Prancha" e "Cesinha" estavam cada qual de um lado da rua, à espera de que o sinal abrisse. "Prancha" ia atravessar quando ouviu uma voz familiar:

"Nelsinho!"

Era Nelson. Estava ali casualmente, saindo de uma casa comercial. Houve um segundo de emoção e constrangimento mútuos. "Prancha" recuperou-se do susto, disse a seu pai que estava tudo bem, não deviam ser vistos juntos, que se mandasse dali. A custo conseguiu enfiá-lo num táxi. Procurou "Cesinha" na rua e não o viu mais. Mas "Cesinha" reapareceu em minutos e bem atrás dele:

"Está maluco, rapaz? Trazendo seu pai pro 'ponto'?"

Não havia como não achar graça da coincidência, mas sabiam que houvera risco. Nelson podia estar sendo vigiado.

Durante algum tempo, "Cesinha" foi dos poucos do MR-8 a saber a verdadeira identidade de "Prancha". Não era raro que algum colega de "aparelho", assistindo com ele à *Resenha Facit* pela televisão, comentasse:

"Esse cara é inteligente", referindo-se a Nelson. "Pena que seja um reacionário."

"Prancha" tinha de segurar-se para não rir.

Quando "Prancha" tornou-se um nome na luta armada, muitos de seus companheiros do MR-8 ficaram estatelados ao descobrir quem ele era. Imagine então a reação do Exército quando soube de sua identidade. Os dois lados enxergavam a monstruosa ironia daquela situação: um dos maiores anticomunistas do Brasil ter um filho envolvido na luta armada contra o regime que ele tanto defendia.

E Nelson era um dos poucos a declarar sua amizade pelo militar que iria representar a pior fase do endurecimento do regime: o presidente Médici. Desde a posse deste, os dois se namoravam à distância no Maracanã (Médici na tribuna de honra; Nelson na de imprensa). Médici gostava de futebol, era Grêmio em Porto Alegre e Flamengo no Rio, vivia pelas tribunas com um radinho de pilha. Pode parecer pueril — e é —, mas foi o que o tornou simpático a Nelson. Os outros dois presidentes militares, Castello Branco e Costa e Silva, seriam capazes de entrar num estádio e perguntar: "Quem é a bola?". E Médici tinha "perfil de efígie, selo, moeda", aparentava personalidade, firmeza. Nelson fantasiara nele o mesmo traço que o fizera gostar de Wladimir: o potencial de liderança.

Em janeiro de 1970, Médici tomara a iniciativa da aproximação, convidando-o a assistirem juntos ao jogo São Paulo × Porto, de Portugal, pelo 10º aniversário do estádio do Morumbi, em São Paulo. Iriam e voltariam no avião presidencial. Nelson hesitou: em seus 58 anos incompletos, nunca entrara num avião, por medo. Cansara-se de recusar toda espécie de viagens — deixara de assistir a Copas do Mundo por causa disso. E desta vez não seria diferente: aceitava o convite de Médici para ver o jogo, não o avião. Iria de carro para São Paulo com Nelsinho.

Nelsinho ainda não caíra na clandestinidade. Ainda não se tornara o "Prancha", ninguém era capaz de saber que, em menos de trinta dias, seria um clandestino. (Nem ele. Seus contatos com o MR-8 ainda não estavam fechados.) Levou Nelson com prazer a São Paulo, mas recusou delicadamente o seu convite para assistir ao jogo com Médici.

"Obrigado, velho, mas não tenho o menor prazer na presença desse senhor", disse a Nelson.

Deixou Nelson no hotel em São Paulo. Viu quando os homens do governo vieram buscar seu pai para almoçar com Médici antes do jogo e pegou de novo a estrada para o Rio. Nelson voltaria de táxi ou de carona com alguém.

Nelson assistiu ao jogo e, quando se deu conta, estava a bordo do avião de Médici, voltando para o Rio a trinta mil pés de altura. Os homens de Médici souberam que era o seu primeiro voo e quiseram "batizá-lo" com champanhe. Nelson tomou apenas Lindoya, a água mineral que mais lhe parecia água da bica. Durante o jogo, entre outras Lindoyas, ele perguntara a Médici:

"Presidente, o senhor me garante que, ao contrário do que dizem, não há tortura no Brasil?"

Médici respondeu:

"Dou-lhe a minha palavra de honra que não se tortura."

Nelson ficou satisfeito. Presenciou a aterrissagem da cabine do comandante. O avião parecia planar sobre o oceano. E, de repente, o chão surgiu à sua frente, como se quisesse fugir sob seus pés.

30

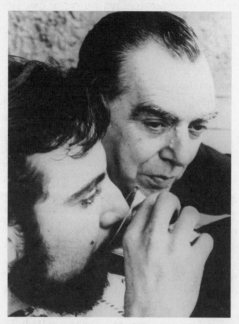

Com Joffre: luta por Nelsinho e por outros

— 1972 —
LIGAÇÕES PERIGOSAS

O Exército não queria nem pensar na eventualidade de "Prancha" ser morto num tiroteio. Ou de que "caísse" numa ação e fosse torturado com marcas sem que soubessem que era ele. Uma ordem havia circulado: "Prancha" não pode morrer. Assinado: Orlando Geisel, ministro do Exército. A repercussão seria a pior possível se algo irreparável acontecesse ao filho de Nelson Rodrigues.

Mas, ao mesmo tempo, ele ficara um peixe grande demais dentro do MR-8 para continuar solto. Era agora um homem de planejamento, cobertura e execução de ações armadas. Em dezembro de 1971 já era um dos "21 mais procurados" pelos órgãos de segurança. Sua foto e seu nome estavam nos cartazes afixados em aeroportos e estações rodoviárias e nas matérias que saíam nos jornais. (Menos em *O Globo*: Roberto Marinho mandou que tirassem a foto de Nelsinho, dessem só o nome.) Seu currículo em 1972 incluía assaltos a dois supermercados, duas agências de banco, duas firmas distribuidoras, um depósito de bebidas e um carro-forte. No assalto ao carro-forte morrera um militar da reserva e três agentes ficaram feridos, nenhum por ele. Tinham de apanhá-lo — mas vivo.

E então aconteceu: no dia 30 de março daquele ano, 1972, "Prancha" foi preso no Méier, a poucos metros de um "ponto" que envolveria gente de várias organizações. Começara a atravessar a rua quando um Corcel branco, quatro portas, rolou devagarinho na sua direção. Ou passava ele, ou passava o carro. "Prancha" parou. De brincadeira, fez uma mesura inatual, curvando-se para o Corcel e dando-lhe passagem, como se fosse uma carruagem real. Um homem nada inatual saltou de dentro do carro com uma metralhadora apontada para o seu peito:

"Não se mexa!"

Não se pode dizer que "Prancha" não estivesse preparado para aquele momento. Dezenas de seus companheiros haviam passado por isso nos últimos dois anos. A luta armada já estava praticamente destroçada pelo regime. Num micronésimo de segundo, "Prancha" viu a pergunta passar diante dos seus olhos: "Reajo ou não reajo?". O Taurus estava na sua cintura. Antes que pingasse mentalmente o ponto de interrogação, três outros homens saltaram, cada qual por uma porta, todos armados. No bolso de "Prancha" havia um papel com o planejamento completo do assalto a ser executado a partir daquele "ponto": a descrição do local, os movimentos cronometrados, tudo o que cada um deveria fazer.

Depois ele saberia que sua "queda" era inevitável. Todos os "pontos" a serem cobertos aquele dia por um militante da VAR-Palmares preso e torturado na véspera, inclusive o dele, estavam "caindo" ou iriam "cair". A própria esquina onde "Prancha" encontraria seus companheiros estava tomada. Ele mesmo vira um sujeito trepado num poste com uniforme da Telerj e um gari — saberia depois que eram agentes da repressão. A equipe que o capturara tomara-o por um militante de outra organização, chamado "Tino". Um peixe grande — não do seu tamanho, mas eles nem desconfiavam disso. Jogaram-no dentro do carro e, durante todo o trajeto para o DOI-Codi (Destacamento de Operações de Informação-Centro de Operações de Defesa Interna), na rua Barão de Mesquita, mimosearam-no com coronhadas nos rins.

Dois anos antes, em abril de 1970, quando Nelsinho já estava na clandestinidade, mas ainda se supunha que seu envolvimento fosse mínimo, Nelson conversara com Médici no Maracanã durante um Brasil × Áustria.

"Presidente, o senhor deixaria meu filho sair do Brasil?", perguntou Nelson.

Médici prometeu que sim. No dia seguinte o próprio Médici ligou para Nelson: "Falei com o general Orlando Geisel. Seu filho se entregará a você. Você o encaminhará a uma autoridade competente, que lhe dará um passaporte e uma passagem para onde ele quiser ir".

Nelson perguntou a Joffre o que achava. Joffre disse que só Nelsinho poderia decidir — quando e se aceitasse um encontro para ouvir a proposta. Os dois não se falavam desde a briga do tiro na boca, em casa de sua mãe. Duas semanas depois, Nelsinho ligou para Elza e esta o mandou ligar para Joffre, disse que era importante. Nelsinho telefonou para seu irmão no Cartum e marcaram um encontro para aquela noite numa esquina da rua Uruguai.

Joffre passou três vezes pela esquina com seu Dodge Charger e Nelsinho não estava lá. Na quarta vez avistou-o, quase confundido com a sombra de um poste. Nelsinho entrou no carro e disse a Joffre para pegar a Radial Oeste e rodar. Ouviu de Joffre a proposta de Médici e respondeu:

"Acho que não vai dar. Não tenho quem me substitua no grupo neste momento. E não acho justo deixar os companheiros na mão. Além disso, é um privilégio que eu dispenso."

Joffre usou os argumentos de irmão e outros que tomou emprestado de seu pai, mas Nelsinho não mudou de ideia. Pediu para descer num lugar que Joffre nunca soube precisar, talvez Vicente de Carvalho — tinham rodado tanto que perdera o senso de orientação. Quando voltou para o restaurante, Joffre suspeitou que haviam sido seguidos o tempo todo por um carro dos órgãos de segurança — o qual estava sendo seguido por um carro da organização de Nelsinho. Telefonou a Nelson e comunicou-lhe a recusa.

Nelson ouviu aquilo e teria dito a um amigo:

"Meu filho me deu uma lição de moral. Arrumei-lhe uma coisa formidável e ele recusou."

Mas não desistiu. Encontrou-se com Nelsinho, numa churrascaria da Barra da Tijuca, depois de mais uma daquelas operações complicadas, e perguntou se ele aceitaria conversar com Helio Pellegrino sobre isso. "Prancha" disse que sim. E então a operação se repetiu, só que agora o carro apanhou Helio no Jardim Botânico e começaram a dar voltas em torno da Lagoa.

"Olha, o Nelson teve uma ideia", disse Helio. "Por que você não vai para Cuba fazer um curso de adestramento?"

Helio não sabia o que mais o espantava: se a proposta de Nelson — ou a nova recusa de Nelsinho.

Nelson escreveu a Médici comunicando a situação. A carta foi datilografada por Otto Lara Resende e entregue por Magalhães Pinto. (Francisco Pedro do Coutto contaria mais tarde que, na vez seguinte em que Nelson e Médici se viram no Maracanã, cada qual em sua tribuna, depois da Copa do México, um indignado Médici teria virado o rosto a Nelson.) Não havia mais nada a fazer — exceto alertar os porões da repressão de que aquele rapaz alto, de barba e "tórax de sapateiro" (com as costelas afundadas no centro, formando uma concavidade vertical), era "Prancha" — Nelson Rodrigues Filho. Aquele que não podia morrer.

O Brasil tinha sido tricampeão do mundo no México. E, como acontecera na Copa da Suécia em 1958, agora era fácil falar que um time com Pelé, Tostão, Gérson, Rivelino, Carlos Alberto, Jairzinho e Clodoaldo era invencível. Ninguém mais se lembrava da campanha assassina, primeiro contra João Saldanha, depois contra Zagallo, que fizera daquela seleção a mais desacreditada de todos os tempos. A tal ponto que, quando os jogadores embarcaram para Guadalajara, Nelson escreveu em *O Globo*:

"Partiu a seleção. Terminou o seu exílio."

Para ele, a seleção brasileira era sempre invencível. Quem eventualmente a derrotava, como na Copa de 1966, era a comissão técnica, os dirigentes ou o próprio derrotismo dos jogadores — nunca o adversário. Cansou-se (ou, por outra, não se cansou) de dizer que, no México, o Brasil ganharia andando. Quando isso se confirmou no jogo final contra a Itália, no dia 21 de junho, os "profetas da derrota" tiveram de dar a palma à sua fé inquebrantável — e, na verdade, cega.

Quatro meses depois, no dia 31 de outubro, um domingo, Nelson estava no Maracanã assistindo a Flamengo × Santa Cruz pelo campeonato nacional. Aos quinze minutos do segundo tempo, sentiu-se mal. Pediu a Marcello Soares de Moura, que estava com ele, que o levasse ao serviço médico do estádio. O enfermeiro não soube dizer o que era, só sabia que era grave, mandou-o ir embora imediatamente. Francisco Pedro do Coutto levou Nelson para casa, no Cosme Velho. Doutor Stans Murad, médico de Nelson, foi chamado por Heleninha. Encontrou-o pálido, suando e, finalmente, Nelson vomitou sangue.

Era a úlcera — não uma, mas duas, ambas perfuradas. Enquanto Coutto o trazia pelos túneis para a Zona Sul, Nelson estava tendo uma hemorragia interna. A "víbora", como ele chamava a úlcera (a quem "tratava a pires de leite, como a uma gata amestrada"), estava se vingando dos três ou quatro analgésicos que Nelson lhe servira por dia durante anos, e que a irritavam como se ele a alimentasse com vidro moído.

Nelson foi removido para a casa de saúde São José, mas não podia ser operado imediatamente — havia complicações no esôfago, pâncreas, pulmões e coração. O cirurgião, doutor Augusto Paulino, só o operou dois dias depois, na terça-feira. Mas Nelson insanamente fumou na quarta e sofreu uma broncopneumonia, uma parada respiratória e, três horas depois, um enfarte. Passou 24 horas respirando por um tubo endotraqueal. Quando o aparelho era retirado, tinha delírios provocados pela baixa oxigenação — dizia coisas geniais e outras sem sentido. E, durante esses delírios, Nelson, inconsciente, simulava estar escrevendo à máquina.

De novo em casa, dias depois, Nelson passaria a conviver com novas rotinas. Uma delas, a proibição de fumar. Só a respeitou no começo e, mesmo assim, trapaceando: fumava no banheiro. Seu cigarro, Caporal Amarelinho, estava ficando difícil de encontrar — um dos poucos lugares que ainda o vendiam era uma tabacaria na avenida Rio Branco, perto do *Jornal do Brasil*. E só então se soube que o Caporal Amarelinho deixara de ser fabricado. Nelson então mudou para Continental sem filtro. Murad checava seus dedos para ver se estavam amarelos de nicotina. Mas não podia fazer nada com um cliente que escrevia na sua própria coluna: "Que o meu cardiologista, doutor Murad, não saiba que fumo escondido".

À outra rotina em sua vida, Nelson não pôde escapar: enfermagem em casa, 24 horas por dia. Suas primeiras enfermeiras foram Leonor, no turno do dia, e Lola, no da noite, ambas bolivianas. Nos dois últimos meses de 1970, talvez os mais longos e solitários de sua vida, Nelson alternava fases de insônia com outras de abismal apatia. E, como não conseguisse dormir à noite, desabava durante o dia, em cima da máquina de escrever ou do próprio jantar. Ainda estava "casado" com Heleninha, mas seus poucos momentos de comunhão aconteciam tarde da noite, quando ela o levava para ser ninado no carro, dirigindo a vinte quilômetros por hora, do Cosme Velho à Barra da Tijuca, ida e volta. Só então Nelson conseguia dormir um pouco. Às vezes, o motorista era o irmão de Heleninha, Ariel.

Como se não bastasse, começara a receber cartas e telefonemas anônimos ameaçando-o. Algumas das ameaças vinham no jargão das esquerdas — e, pelo anticomunismo diário de Nelson nas "Confissões", não era impossível que passasse pela cabeça de algum grupo terrorista a ideia de esfolá-lo. Mas tão ou mais provável era que viessem de certos órgãos da repressão, para irritá-lo e fazê-lo entregar "Prancha". Ninguém entre os militares acreditava que Nelson não soubesse onde estava seu filho. E a verdade era que não sabia. José Luís Magalhães Lins achava que Nelson não devia arriscar-se: destacou dois seguranças de seu banco para guardá-lo dia e noite enquanto durassem as ameaças. E assim o casarão do Cosme Velho passou a ter mais dois moradores, um a cada turno.

No réveillon de 1970 para 1971, nenhum dos amigos de Nelson foi visitá-lo. A família de Heleninha compareceu. Ficaram com Nelson no primeiro andar, mas, bem antes de meia-noite, ele começou a cabecear e adormeceu. O cigarro era tão presente em sua vida que, mesmo sob um sono de chumbo (induzido por Mutabon, um tranquilizante), Nelson sonhava que fumava. Levava o cigarro imaginário entre dois dedos até a boca e soprava uma fumaça também invisível. Naquela noite de réveillon, ao vê-lo dormindo, Heleninha resolveu ir a Copacabana com suas primas para jogar flores para Iemanjá. Cerca de uma e meia da manhã, Nelson acordou. Não viu ninguém e chamou a enfermeira Lola. Pediu um copo d'água. Perguntou as horas. Onde estavam todos? Quando soube que haviam saído, balbuciou alguma coisa referente a solidão e chorou convulsivamente. Lola chorou com ele.

Doze dias depois, Nelson jantava no Iate Clube com Heleninha quando novamente sentiu-se mal — falta de ar e dormência dolorida no braço esquerdo. Voltou para casa. Murad atendeu-o e internou-o no Instituto Brasileiro de Cardiologia, no Humaitá. Nelson estava com insuficiência coronariana aguda e tinha de ficar no CTI. Seu filho Joffre foi vê-lo. Conversaram qualquer coisa. Joffre pegou o carro e foi dizer a Heleninha no Cosme Velho:

"São onze da manhã. Você tem até duas da tarde para pegar suas coisas e deixar esta casa. Papai está de acordo. E não adianta esperar por ele. Não vai sair tão cedo do CTI."

Ela obedeceu. Na verdade, já esperava por isso. Sentia que Joffre, as irmãs de Nelson e até os amigos dele a achavam uma intrusa. A enfermeira Lola fora uma que a avisara: "Abre o olho". Dizia isso porque Nelson costumava chamá-la, na ausência de Heleninha, para perguntar se sua mulher não recebia visitas masculinas no andar de cima, enquanto ele dormia.

"Mas o senhor não dorme, doutor Nelson", dizia Lola. "Sabe muito bem que ninguém vem aqui."

Os "irmãos íntimos" de Nelson sussurravam maliciosamente que Heleninha devia ser a responsável pelos seus enfartes, por obrigá-lo a uma vida sexual de atleta olímpico. Poucos sabiam que aquela relação estava muito mais para a do idoso e platônico Karl Malden com a quase adolescente Carroll Baker no filme de Elia Kazan *Baby doll* [*Boneca de carne*] — e não porque Nelson quisesse assim. Com todo aquele bombardeio contra o seu organismo, é bem provável que, depois de 1970, ele só raramente conseguisse uma ereção. Os melhores momentos que passaram juntos foram um fim de semana em Brocoió, RJ, a convite do governador Chagas Freitas, antes das úlceras perfuradas no Maracanã. Mas a paixão, se havia naquela casa, era coisa dos discos de ópera e da cantora peruana Yma Sumac, que Nelson punha para tocar.

Heleninha saiu por uma porta e, tempos depois, Nelson também. A casa do Cosme Velho foi devolvida ao proprietário e, em meados de 1971, Nelson mudou-se para um pequeno apartamento na rua Xavier da Silveira, quase com Barata Ribeiro, em Copacabana. Levou com ele sua enfermeira Leonor, cujo desvelo por Nelson às vezes parecia exceder as simples obrigações profissionais. Havia da parte de Leonor alguma coisa que nem as irmãs de Nelson conseguiam definir. O que fosse — desvelo, ternura —, seria o ideal, elas achavam. Nelson precisava de alguém que fosse mais que uma enfermeira profissional. Leonor tornou-se uma espécie de governanta, com poderes para resolver tudo por Nelson e, durante algum tempo, com acesso até à sua conta bancária.

Enquanto o drama de Nelsinho se desenrolava longe de seus olhos — em "aparelhos" na Zona Norte que poderiam ser estourados a qualquer momento, em ações armadas onde a morte era uma constante possibilidade —, Nelson reuniu forças para exercer uma espécie de militância política de que nem todos os seus amigos tinham conhecimento. E que os leitores das "Confissões" nunca poderiam imaginar.

Seu prestígio e contatos com os militares tornaram Nelson um amigo a ser procurado por pessoas em apuros junto ao regime. De 1969 a 1973, ele foi instrumental na localização, libertação ou fuga de diversos suspeitos de crimes políticos. Em fevereiro de 1970, por exemplo — quando Nelsinho tinha apenas saído de casa e ninguém sabia ainda quais eram os seus planos —, Nelson foi chamado a ajudar o jovem diplomata Miguel D'Arcy de Oliveira, preso por fazer parte da "conspiração que denegria a imagem do Brasil no exterior".

D'Arcy servia em Genebra, na Suíça. Recebera pela mala diplomática um dossiê sobre torturas a presos políticos brasileiros que passou para a Cruz Vermelha e para a Anistia Internacional. No sábado de Carnaval foi chamado ao Brasil por "razões de serviço". Suspeitou que se tratasse de uma cilada. Mas podia também não ser. O jeito era vir. Chegou ao Rio na Quarta-Feira de Cinzas, procurou seu amigo Joffre Rodrigues, filho de Nelson, e alertou-o para a possibilidade de precisar de ajuda. No dia seguinte, D'Arcy apresentou-se ao Itamaraty e foi preso lá dentro, nas barbas dos cisnes. Eram os tempos do "pragmatismo responsável" na diplomacia brasileira. O ministro do exterior era Mario Gibson Barbosa.

Quando certificou-se da prisão de seu amigo, Joffre falou com Nelson. E então cabe a pergunta: por que Nelson, com o seu "patriotismo de granadeiro bigodudo", ajudaria alguém acusado de "denegrir o Brasil" no exterior? E ainda mais que as acusações se referissem às torturas — torturas que, em 1970, ele ainda não acreditava que acontecessem. (Médici dera-lhe sua palavra no Morumbi.) Nelson não perguntou nada a Joffre, exceto o nome completo e algumas qualidades de Miguel D'Arcy de Oliveira. Com esses dados, foi ao general Sizeno Sarmento, comandante do 1º Exército. Este garantiu-lhe que trataria pessoalmente do caso.

D'Arcy ficou 45 dias preso, mas não foi torturado. Ao fim desse tempo libertaram-no para aguardar o processo. Mas D'Arcy fugiu do Brasil, a pé, pela fronteira. Conseguiu chegar ao Chile e, de lá, voltou para Genebra. Excluído da carreira diplomática, podia agora trabalhar abertamente para a Cruz Vermelha e a Anistia Internacional.

O pretexto para a prisão do teatrólogo Augusto Boal, em fins de fevereiro de 1971, foi parecido. Os militares o acusavam de ter levado à revista francesa *Les Temps Modernes*, dirigida por Jean-Paul Sartre, outro dossiê sobre torturas. Nelson ainda se recuperava de sua internação por insuficiência coronariana quando recebeu um telefonema da família de Boal comunicando-lhe sua prisão em São Paulo. A atuação de Nelson, desta vez, não se limitou a falar com este ou aquele general. Escreveu uma "Confissão" inteira ("O artista Augusto Boal", em *O Globo* de 18 mar. 1971) que era quase um ultimato. Os trechos mais importantes diziam:

Há coisa de três ou quatro dias soube que [Boal] estava preso em São Paulo. Nada se compara ao meu espanto e nada o descreve. Preso por que, a troco de quê? Se me perguntarem o que faz Augusto Boal, darei esta resposta: — "Faz teatro". Poderão insistir: — "Mas além de teatro?". E eu: — "Só teatro". Vamos admitir que o leitor continue: — "E o que pensa Augusto Boal?". Minha resposta: — "Pensa em teatro".

Cabe a pergunta: — se é tão inocente, como o prendem? Vejamos. Eu sou, como se sabe, de uma insuspeição total. Venho com a revolução desde o primeiro momento e antes do primeiro momento. Sim, muito antes do primeiro momento eu já achava que só as Forças Armadas podiam salvar o Brasil. E de fato elas o salvaram. Portanto, é como revolucionário que estou dando meu testemunho sobre um homem preso como subversivo. Repito: — o que faz o meu amigo? Sua vida é uma apaixonada meditação sobre o mistério teatral. Se é crime fazer teatro, então que o prendam. Se é crime estudar teatro — prendam-no. Porque ele não faz, nem fará jamais, outra coisa.

A crônica de Nelson era, como sempre, de um generoso exagero. Dizia ser amigo de Boal há trinta anos. Inventou um Boal de calças curtas que ia toda noite ao Teatro Phoenix em 1946 para ver *Vestido de noiva* e, à saída da peça, ficava na porta esperando para beber suas palavras. Inventou uma situação em que, no velório de um amigo, os dois se retiraram para um canto para conversar sobre teatro. Na verdade não fora bem assim, embora a história real mostrasse uma intimidade até maior.

Nelson conhecera Boal em 1950, quando este ainda era aluno da Escola de Química, na Praia Vermelha. Boal convidara-o a dar uma palestra na escola sobre teatro. Nelson gostara dele, passara a mostrar-lhe suas peças (*Doroteia*, *Valsa nº 6*), ainda no manuscrito, e se interessara em ler suas primeiras tentativas. (As primeiras peças de Boal eram uma cavalgada de incestos.) Apresentara-o a Sábato Magaldi, crítico do *Diário Carioca*, e a Carlos de Laet, da *Última Hora*. Boal fora estudar teatro nos Estados Unidos em 1953. Voltara em 1955 e Nelson arranjara-lhe um emprego como tradutor na revista *X-9*. Depois incluíra-o na sua natimorta "Companhia Suicida do Teatro Brasileiro". E então Boal mudara-se para São Paulo, ficara famoso e, sempre que vinha ao Rio, procurava-o.

Nelson estava mais do que ciente do muro ideológico que os separava, mas de que lhe importava? Boal podia ser de esquerda, mas era um artista, não um guerrilheiro — e era seu amigo. Por isso nem titubeou quando um militar foi dizer-lhe no novo restaurante de Joffre, O Bigode do Meu Tio, em Vila Isabel:

"Doutor Nelson, parece que o senhor se enganou quanto ao seu amigo Augusto Boal. Ele não é tão inocente quanto o senhor pensa..."

"Não estou enganado, coronel", rebateu Nelson. "Não retiro uma palavra e, se preciso, me responsabilizo por ele e assino na linha pontilhada."

Boal ficou preso até junho e foi torturado. Quando o libertaram, foi embora para Paris e ficou anos por lá.

Mas nem todos os amigos de Nelson continuaram seus amigos. Um deles foi o filólogo Antônio Houaiss. Nelson, Houaiss e Francisco Pedro do Coutto almoçavam com frequência no Yankee Brasil, um tradicional restaurante da rua Rodrigo Silva. Num desses almoços, em que se discutia o "determinismo histórico", Houaiss perdeu a paciência com Nelson:

"Pare com essa mania de me chamar de marxista!"

Nelson recolheu-se atrás do prato de abóbora com carne de sol e, a partir daí, Houaiss passou a evitá-lo. Um novo almoço entre os três ainda chegou a ser

Com Heleninha: de certa forma, um terceiro casamento

Os "irmãos íntimos" no Itanhangá: da esq., João Saldanha, Marcello Soares de Moura, Marcos Carneiro de Mendonça, Nelson, Teresa Souza Campos, o "Marinheiro Sueco", José Lino Grünewald, Moniz Vianna, Salim Simão, Francisco Pedro do Coutto e Roberto Campos

marcado, semanas depois, no Rio Minho. A tempo e hora Nelson e Coutto estavam no restaurante da praça Quinze. Houaiss não apareceu. Os dois resolveram sair dali e ir comer no Columbia, na rua da Alfândega — onde, por um desses perversos acasos, encontraram Houaiss almoçando com Otto Maria Carpeaux e Barbosa Lima Sobrinho. Uma amizade se encerrava.

Nenhuma dessas quebras de estima o magoou mais que a de Antonio Callado. Os dois tiveram uma discussão na casa do amigo de ambos, o advogado Miguel Lins, no Leblon — que Nelson classificava como uma "casa de romance policial inglês, com cadáver debaixo do tapete". O assunto era o sequestro do embaixador alemão Ehrenfried von Holleben, em junho de 1970. Von Holleben ainda estava em poder dos terroristas, e a dúvida era sobre se estes matariam o diplomata se suas exigências (libertação de quarenta presos políticos) não fossem atendidas. Callado via a coisa em termos políticos: numa guerra (e aquela era uma guerra), o refém teria de morrer, para que os terroristas não se desmoralizassem. Nelson ficou pasmo: nada justificava a morte de um inocente.

A discussão foi aos gritos e Nelson escreveu uma "Confissão" contando a sua decepção com o amigo. O nome de Callado não era citado e nem mesmo as expressões que facilmente o identificariam, a do "doce radical" e a do "único inglês da vida real".

Ao ler a "Confissão", quem ficou pasmo foi Callado. Aquela fora uma discussão entre amigos, não era para sair no jornal. Declarou-se rompido com Nelson, para desespero de Helio Pellegrino, que presenciara a briga e não admitia que os dois ficassem inimigos. Callado exigia uma retratação por escrito — mandou dizer isso a Nelson através de Salim Simão e Helio. Mas Nelson não a escreveu.

Os dois se reconciliariam no futuro, mas o que diria Nelson se soubesse que muitos dos militares que ele apoiava pensavam exatamente como Callado? O coronel Adir Fiúza de Castro, por exemplo, era da opinião de que, no caso de um sequestro, "o refém está morto" — ou seja, aconteça o que acontecer, o governo não tem que ceder nem negociar. Tem de ir lá e estourar o esconderijo, com refém e tudo. Naquele sequestro, felizmente, os radicais de ambos os lados recolheram as matracas: o governo cedeu e os terroristas devolveram o embaixador.

A briga entre Nelson e Callado faria com que por muito tempo alguns ainda acreditassem que, quando Callado foi preso e Nelson teria tentado ajudá-lo, Callado recusara a ajuda por "não desejar que isso constasse de sua biografia". Pois nada disso aconteceu. Primeiro, porque o próprio Callado o desmente: "Eu nunca diria tal coisa". Segundo, porque quando Callado foi preso, em janeiro de 1969, e passou um mês na Vila Militar (na mesma cela de Gilberto Gil) e na Polícia Militar, em São Cristóvão, ele e Nelson ainda se davam com o carinho de sempre. E, naquela ocasião, Nelson não precisou ajudá-lo, porque Callado já estava sob a proteção de outro escritor de bem com os militares: o romancista baiano Adonias Filho.

1972: LIGAÇÕES PERIGOSAS

Outros amigos de Nelson, como os irmãos Armando, Mario e Felipe Daudt de Oliveira, o colunista político Villas Boas Corrêa, o ex-ministro getulista Helio de Almeida, o cineasta Gilberto Santeiro e todo o seu estoque de "irmãos íntimos", não alteraram em um milímetro a sua relação com ele. A partir de 1971, passaram a ter até um outro ponto de encontro: o novo restaurante de Joffre, O Bigode do Meu Tio, na rua Teodoro da Silva, em Vila Isabel. Este era mais que um restaurante. Com dinheiro emprestado a José Luís e a Bellini Cunha, Joffre transformou-o na segunda casa de espetáculos do Rio, logo abaixo do Canecão. Mantinha setenta empregados na folha de pagamento e, numa noite cheia, podia servir dois mil couverts. Suas atrações musicais iam de Elizeth Cardoso e Claudette Soares a Cauby Peixoto e a paraguaia Perla. Mas os amigos de Nelson tinham de conviver ali com um outro e conspícuo grupo de habitués: os militares.

Não eram apenas os generais e coronéis que frequentavam O Bigode do Meu Tio, alguns dos quais penduravam contas como se o restaurante fosse a casa da sogra. Agentes do SNI, do DOPS e de outras organizações nada rotarianas infestavam o ambiente. Certamente não esperavam que "Prancha" aparecesse por ali, para cantar "Noche de ronda" em dueto com Perla, como o "Marinheiro Sueco" fizera certa noite. Iam porque gostavam do lugar — embora achassem que, mais cedo ou mais tarde, algum companheiro de "Prancha" pudesse tentar entrar em contato com Nelson. Seja como for, o telefone do restaurante foi grampeado — embora só se descobrisse isso em 1972, quando "Prancha" foi preso e o fizeram ouvir os próprios telefonemas que dera para lá.

"Você é o 'Prancha'!", disse o torturador.

"Prancha" estava de capuz, não podia ver o rosto do sujeito que chutava o seu tornozelo com o batibute. Ao ser jogado na sala do DOI-Codi, passara pelo rito comum a todos os presos que caíam naquela ratoeira: o sujeito que, aos tapas e berros, ordenava: "Fala seu nome! Fala seu nome!" — e, antes que você respondesse, ele disparava uma nova ordem: "Tira a roupa! Tira tudo!".

A nudez podia ser (e era) humilhante para muitos. Não para "Prancha". Estudara em colégio militar, passara anos pelado em meio a outros homens, estava mais do que habituado — não seria aquilo que destruiria o seu moral. Nem teve tempo de declarar o nome que constava de sua carteira de identidade falsa, "Geraldo Barcellos Ferreira". Foi só tirar a camisa para expor as costelas afundadas que formavam uma cavidade do pescoço ao umbigo, como o leito de um riacho. O torturador reconheceu-o naquele minuto:

"Você é o 'Prancha'!"

O tratamento mudou num segundo. Não lhe tiraram o capuz, nem lhe ofereceram licores e charutos. Mas "Prancha" ouviu alguém sussurrar:

"Não marca."

Durante os dois primeiros dias que passou ali, foi submetido a sessões de "afogamentos", choques elétricos nas partes e à especial predileção de um dos torturadores, a de chutar-lhe o tornozelo com o batibute. Ao fim de uma semana foi levado para o Batalhão de Guardas, em São Cristóvão. Seu pai só o veria oito dias depois de sua prisão.

A notícia de que Nelsinho fora preso chegou primeiro a Joffre naquela mesma noite de 30 de março. Paulo Jabur, companheiro de "Prancha" no "aparelho", ligou para o restaurante e alertou Joffre de que o "ponto" caíra. Não havia dúvida sobre a prisão. Joffre e sua mulher Marta ainda procuravam a melhor maneira de dar a notícia a Nelson e Elza quando outro telefonema — de um ex-segurança de Nelson — passou uma informação: havia um corpo no Instituto Médico Legal, de cerca de 1,93m, muito magro, barba e cabelo avermelhados que quase lhe cobriam o rosto, olhos esverdeados. Era Nelsinho escrito e escarrado. Joffre e Marta saíram correndo para o necrotério, na avenida Mem de Sá. Levaram Leigmar, doceira do Bigode e a pessoa entre eles que via Nelsinho com frequência na clandestinidade.

Naquela galeria de corpos inermes e gelados, havia mesmo um que tinha tudo para ser seu irmão. Joffre podia quase jurar. Mas faltava um dado que o identificaria de forma absoluta: o tórax afundado. O homem estendido à sua frente tivera o peito destruído por uma rajada de metralhadora de baixo para cima. O identificador oficial do IML disse que só poderiam tirar a dúvida confrontando as impressões digitais do morto com as de Nelsinho. Joffre foi em casa buscar um documento de Nelsinho contendo a digital. O identificador lambuzou os dedos do morto, confrontou as impressões e garantiu: "Não são da mesma pessoa".

Joffre respirou aliviado, mas fez o homem repetir três vezes a operação de lambuzar os dedos do cadáver. Não queria ter a menor dúvida. O identificador já estava perdendo a paciência. Joffre precisou passar-lhe um dinheiro. Todas deram negativo. Joffre, Marta e Leigmar voltaram para o Bigode, mas só puderam jurar que não era Nelsinho depois de ligar para uma antiga namorada dele. Joffre perguntou à moça se Nelsinho tinha fimose. Ela disse que sim, mas que operara. Então Nelsinho estava vivo: o corpo no IML tinha fimose.

Pouco depois, no restaurante, alguém bateu-lhe no ombro. O sujeito anunciou-se como um inspetor do DOPS:

"Doutor Joffre, pode nos acompanhar ao IML? Há uma pessoa lá que precisa ser identificada."

Não adiantou a Joffre explicar-lhe que estava vindo exatamente de lá. Não era um convite, mas uma intimação. Sentiu ali o cheiro de uma conjura — Nelsinho estava preso e queriam que passasse por morto, pelo menos por algumas horas. E lá se foram para o IML. O identificador oficial não queria acreditar quando viu Joffre de volta. Mas não podia protestar: agora eram ordens do DOPS. O teste deu negativo de novo e Joffre então voltou de vez para seu restaurante — e para a dura missão de contar a seus pais a prisão de Nelsinho.

Para Nelson, a noite de sábado no Bigode do Meu Tio era sempre com o doutor Stans Murad. Elza ia quase todas as noites. Joffre chamou Murad em particular e passou-lhe o relato. O cardiologista induziu Nelson a tomar um Isordil sublingual e deu-lhe a notícia com cuidado. Nelson reagiu mal, como se esperava, mas o Isordil segurou-o. Foi para o telefone e começou a ligar dali mesmo. Procurou o coronel Fiúza, o oficial que podia achar qualquer preso na área do 1º Exército. Fiúza ficou de investigar e telefonou mais tarde, garantindo que "Prancha" não estava com eles.

Foi uma longa semana de aflições. Sem notícias do filho — e com a certeza de que ele estava preso —, Nelson mobilizou todos os militares que conhecia tentando localizá-lo. "Prancha" não estava em lugar nenhum, era a resposta. Dentro da clandestinidade em que funcionava o DOI-Codi, podia até ser verdade que alguns dos militares procurados por Nelson realmente não soubessem. O irônico era que Nelson não estava podendo fazer por seu filho o que já tinha feito por outros. Como apenas dois meses antes, por exemplo, quando ajudara a localizar Angelina, filha de Oswaldo Peralva e sobrinha de Ib Teixeira, seus velhos amigos da *Última Hora*.

Angelina era militante da fração bolchevique da Polop (Política Operária), outro grupo clandestino. Fora presa em janeiro e estava desaparecida. E, como outros, podia estar morta. Peralva, sua mulher Nádia e a cunhada Lena pediram ajuda a Nelson. Nelson foi com eles ao Ministério da Guerra. Falaram com Fiúza e com o general Sílvio Frota em pessoa, comandante do 1º Exército. Fiúza localizou Angelina: estava presa no Batalhão de Guardas. Brevemente seus pais a veriam. (Meses depois seria libertada para aguardar julgamento e seu advogado, Heleno Fragoso, recomendaria a Peralva que pedisse uma carta a Nelson sobre Angelina, para ser anexada à defesa — carta que ele escreveu.)

Enquanto isso, Nelson sentia-se dramaticamente impotente a respeito de Nelsinho. Ninguém dizia onde ele estava. Não quis esperar mais. Foi a Fiúza e anunciou:

"Eu vou falar com o Médici."

Fiúza pediu-lhe mais algum tempo. Se o garoto estivesse preso ele o encontraria. E no mesmo dia encontrou-o.

"Prancha" já estava no Batalhão de Guardas. Nelson, Elza e Joffre tiveram autorização para vê-lo. Parecia bem. Mas Nelson perguntou-lhe na frente de um oficial:

"Você foi torturado?"

E Nelsinho:

"Muito."

O rosto de Nelson se desfez, como uma máscara de teatro que tivesse sido deixada na chuva. Envelheceu anos naquele e nos minutos seguintes. Algo em que vinha acreditando durante todo aquele tempo se esboroava na palavra de seu filho — e, como se isso não bastasse, Joffre lhe contaria depois que vira o tornozelo de Nelsinho, com o branco do osso à mostra.

Nos dias seguintes, algumas patentes militares sugeriram à direção de *O Globo* que, juntamente com a notícia da prisão de Nelson Rodrigues Filho, seu pai dissesse pelo jornal que o vira e que ele estava bem.

Nelson acatou a "sugestão". Mas declarou apenas:

"Vi meu filho. Ele está vivo."

31

O velho e o novo: coerentes

— 1972-1979 —
O AGENTE DUPLO

Sete anos depois, no dia 25 de maio de 1979, o locutor Cid Moreira anunciava pelo *Jornal Nacional*:
"No momento em que o governo brasileiro prepara o projeto de anistia para enviar ao Congresso, o escritor Nelson Rodrigues fala pela primeira vez sobre seu filho — que também se chama Nelson. Ele está preso há sete anos no Rio, por crimes contra a segurança nacional."

A repórter Teresa Cristina Rodrigues (filha de Augusto Rodrigues e prima de Nelson em segundo grau) perguntava:

"Qual é a sua relação com seu filho hoje?"

Nelson respondia:

"Muita gente pensa e deseja que meu filho esteja brigado comigo. Nunca nós nos amamos tanto como agora."

Seguiam-se dezessete minutos de entrevista no programa de maior ibope da televisão brasileira. Algumas das surpreendentes perguntas e respostas eram:

REPÓRTER: "Existe uma contradição entre o Nelson Rodrigues pai — esmeradíssimo, sempre presente, apoiando o filho — e o Nelson Rodrigues escritor, autor, que é anticomunista, contrário às ideias do filho?"

NELSON: "Sou anticomunista. É preciso que o telespectador ouça isso. Sou democrata. Mas o sujeito não pode dizer 'sou democrata' sem o ridículo inevitável, porque falar em democracia hoje, em qualquer lugar do mundo, fica engraçado. Porque você pega o comunista, ele se diz democrata tranquilamente, desafiando o teto que devia cair em cima dele."

REPÓRTER: "Como pai, você nunca se esquece de que é um cidadão brasileiro com ideias políticas tão definidas?"

NELSON: "Eu sou a favor da liberdade, como meu filho — que também é a favor da liberdade. Nós estamos de acordo em muitas coisas. Não estamos em outras. Mas isso não modifica a nossa relação profunda. Eu talvez não sentisse tanto a condição de pai como agora, com tudo o que aconteceu e ninguém podendo fazer nada."

REPÓRTER: "Como você explica que seu filho Nelsinho — vivendo com você, no seu mundo de ideias — tenha chegado a ideias tão opostas às suas?"

NELSON: "Sou a favor da liberdade. Acho a liberdade mais importante que o pão. E ele também acredita na liberdade — só acredita na liberdade. Eu acho que ele tem incompatibilidades seriíssimas com as ideias que o fizeram entrar na luta. Imagine o amigo comunista que fala em liberdade num país como a Rússia, em que o sujeito é internado num hospício, é amarrado num pé de mesa, de quatro, com uma cuia de queijo Palmyra. E os caras vêm falar de liberdade! É uma das piadas mais horrendas."

REPÓRTER: "A educação que você deu aos filhos — Nelsinho e Joffre — teria sido repressiva?"

NELSON: "Nunca na minha vida dei um cascudo nos meus filhos. Sou rigorosamente contra a pancada na educação. E a tortura é a suprema infâmia. A infâmia jamais concebida."

REPÓRTER: "Você acredita que o presidente Médici não sabia das torturas que estavam acontecendo naquele período?"

NELSON: "É como o diretor do jornal: a notícia escapa inteiramente à sua vigilância e ao seu controle. Numa imensa nação acontecem horrores. É uma ingenuidade atroz o sujeito pensar que o presidente sabe tudo, quando tem gente cujo trabalho é evitar que o presidente saiba de certas coisas."

REPÓRTER: "Como você se sentiu, como pai, ao saber que seu filho tinha sido torturado?"

NELSON: "Foi um choque tremendo."

REPÓRTER: "Você se sentiu impotente?"

NELSON: "Claro. O que é que eu podia fazer? Você queria que eu brigasse com o tanque? Saísse no braço com o tanque? Eu era o sujeito mais impotente. Eu era um beija-flor."

Um mês depois, em junho, ao final de uma entrevista parecida, o repórter da *Última Hora* perguntou a Nelson se ele tinha alguma frase, algum apelo, algum recado para alguém.

"Sim", disse Nelson. "O recado é para o presidente da República, que eu chamarei de você — porque ele é um homem simples, carioca como eu, mais moço do que eu, pai como eu. Escuta aqui, Figueiredo. Muitos presidentes realizaram obras maravilhosas, faraônicas. Construíram estradas, acabaram com a inflação — o diabo. Mas nenhum deles teve a chance que você tem. A bondade está acima das leis. A generosidade, a clemência, a misericórdia são os mais belos sentimentos que um ser humano pode ter. Deixe o petróleo pra lá. A inflação que se dane. Um país não pode viver dividido. Você estendeu a mão. Como podem apertá-la os brasileiros que estão detidos? Solte esses rapazes, Figueiredo. Meia dúzia de obras gigantescas não colocam um presidente na História. Você é o único brasileiro que tem essa oportunidade na mão. Solte esses moços, Figueiredo. Por favor, Figueiredo, solte meu filho."

Essa entrevista, para o jornalista Raul Giudicelli na *Última Hora* (19 jun. 1979), ecoava a carta aberta que Nelson mandara ao novo presidente, João Baptista Figueiredo, através do *Jornal do Brasil* e publicada na seção de cartas do jornal a 13 jun. 1979. Um trecho dizia:

Quis o destino que meu filho Nelson, na altura dos 24 anos, entrasse na clandestinidade. Talvez, um dia, eu escreva todo um romance sobre a clandestinidade e a prisão do meu filho. A prisão não é tudo. (Preciso chamar você, novamente, de senhor.) O senhor precisa saber que meu filho foi torturado. [...] Ora, um presidente não pode passar como um amanuense. Há uma anistia. Tem que ser uma anistia histórica. O que não é possível é que seja uma anistia pela metade. Uma anistia que seja quase anistia. O senhor entende, presidente, que a terça parte de uma misericórdia, a décima parte de um perdão não tem sentido. Imagine o preso chegando à boca de cena para anunciar: — "Senhores e senhoras. Comunico que fui quase anistiado".

A campanha pela anistia começara um ano antes, em maio de 1978, no fim do governo Geisel. Os primeiros atos públicos reuniram alguns punhados de bravos na USP, em São Paulo, e na PUC, no Rio, sob um cerco de helicópteros. Mas a campanha alastrou-se rapidamente. O Brasil estava cansado, rara a família que não fora atingida pela violência. A sociedade exigia a anistia. Em outubro, o general Figueiredo fora "eleito" presidente e, pela TV, "estendera a mão em conciliação". Tramitava um projeto de anistia do governo, que não incluía os envolvidos na luta armada, como Nelsinho. Era a "quase anistia", a "terça parte da misericórdia", como temia Nelson.

Nelsinho respondera a quinze processos e fora absolvido em nove, inclusive um "crime de sangue". Nunca matara ou ferira alguém, mas, nos seis processos em que fora condenado, as penas somaram 72 anos de prisão. Ou seja: preso aos 26, teria 98 quando saísse. A irregularidade das condenações era brutal até pelas leis de exceção do próprio regime, a começar pela forma com que se arrancavam as "confissões" e os testemunhos — sob tortura ou coação.

Evaristo Moraes Filho, advogado de Nelsinho, conseguira sucessivas revisões das condenações. A pena foi sendo reduzida e passou para doze anos e quatro meses. Em 1979 Nelsinho já teria cumprido mais da metade e poderia sair em liberdade condicional. Mas isso era pouco, não apagava a marca do ferrete. O que se queria era a anistia geral e irrestrita.

A voz de Nelson na campanha da anistia era duplamente incômoda para os militares. Era a voz de um pai com acesso a todo tipo de mídia — e a de um escritor que nunca escondera seu apoio ao regime. Apoio que, na verdade, sofrera um profundo abalo desde abril de 1972, quando se convencera da existência das torturas. O simples reconhecimento por Nelson Rodrigues de que o regime havia torturado denunciava o excremento que se tentara varrer para debaixo da bandeira.

"Pelo amor de Deus, vocês tirem Angelina do país", implorou Nelson a Nádia, mulher de Oswaldo Peralva. "Os militares descobriram que ela voltou a atuar e dizem que ela está marcada."

Era Nelson, em 1972, contando a Nádia o que ouvira no Bigode do Meu Tio, onde os militares só faltavam pendurar-se nos lustres e pular de um lustre para outro. Nádia achava que Nelson era uma espécie de agente duplo a serviço do bem. Com sua intimidade com os militares, ficava sabendo sobre quem estava visado e ia correndo alertar a família da pessoa. Angelina, que fora localizada e libertada com a ajuda de Nelson dois anos antes, em 1970, embarcou rapidamente para Paris e se safou.

Não foi a única a ser ajudada por Nelson depois da prisão de Nelsinho. Também em 1972, a artista plástica carioca Ana Letycia fora presa em Porto Alegre quando, ironicamente, participava como jurada de uma exposição do Salão do Exército. A acusação era a de ter abrigado duas militantes da VPR (Vanguarda Popular Revolucionária) em seu apartamento no Rio. As moças eram suas amigas. Os interrogadores não entendiam o que uma mulher que abrigava terroristas estava fazendo no Rio Grande do Sul a convite do Exército — e, como não soubessem o que perguntar, deixaram-na incomunicável por uma semana numa cela contígua a uma sala de onde vinham sons de torturas.

No Rio, família e amigos de Ana Letycia deram por seu silêncio e se mexeram para localizá-la. Um deles foi o pintor Glauco Rodrigues (sem parentesco). Glauco procurou Joffre, seu amigo e de Ana Letycia. Joffre falou com Nelson e este pediu ajuda ao coronel Agenor Homem de Carvalho, comandante da Polícia Especial. Ana Letycia foi localizada. O DOPS gaúcho embarcou-a num avião para o Rio, acompanhada de um investigador. Saiu do avião diretamente para o Ministério do Exército, onde foi interrogada pelo coronel Fiúza. "O que a senhora sabe de marxismo?", perguntou Fiúza. Como Ana Letycia não parecesse muito preparada para a sabatina, Fiúza mandou-a para casa e nunca mais a incomodaram.

Outra por quem Nelson intercedeu, em maio de 1973, foi a jornalista Ana Arruda, mulher de Antonio Callado. Ana estava presa por seu envolvimento com a RAN (Resistência Armada Nacional), um dos últimos grupos da guerrilha, quando seu pai morreu. Nelson ficou sabendo e, através de Fiúza, conseguiu que ela pudesse ir ao enterro. Ana foi de sua cela para o São João Batista e voltou, e só anos depois ficou sabendo quem tornara aquilo possível.

Mas Nelson não demorou muito a perceber que seu prestígio com os militares era ilusório. A presteza e os rapapés com que o atendiam quando se tratava de localizar presos ou a garantia de que não seriam tocados não serviam muito quando se tratava do seu próprio filho. Nelsinho fora torturado no DOI-Codi. Nos dois anos e meio que passaria no Batalhão de Guardas, só teria direito a quatro banhos de sol — um a cada sete meses. Na Fortaleza de Santa Cruz, em Niterói, para onde seria levado em 1975 por seis meses, ficaria em solitária. O tratamento seria melhor na Ilha Grande, onde passaria outra temporada e até lhe permitiriam jogar futebol. Pena que a distância da Ilha Grande praticamente impedisse as visitas. Nos dois últimos presídios a partir de 1976, o Esmeraldino Bandeira, em Bangu, e o Mílton Dias Moreira, na rua Frei Caneca, as condições já eram outras — e o Brasil também. Visitar os presos políticos tornou-se quase um "programa".

De todos os presídios pelos quais Nelsinho passou, Nelson só não foi vê-lo na Ilha Grande — por estar se recuperando de uma das várias cirurgias que o flagelaram em sua última década. De 1972 a 1979, sempre que lhe era permitido, Nelson foi de presídio em presídio, enfrentando semanalmente os olhares oblíquos de outros presos políticos e suas famílias — que não entendiam o que o conhecidíssimo "reacionário" estava fazendo ali, visitando o seu filho.

"Um homem em permanente velório por si mesmo e pelos outros" — foi como Carlos Heitor Cony definiu Nelson na *Manchete*, em 1975. Mas, para Nelson, até as mortes em família já estavam ficando esperadas. Seu irmão Milton passara os últimos anos inativo no apartamento do Parque Guinle, com um tipo de câncer do sangue — linfoma, um tumor dos gânglios linfáticos. Mexia-se pouco, exceto para tentar correr atrás das enfermeiras, suas ou de sua mãe. Mas o que o matara em 1972, aos 67 anos, fora uma trombose cerebral, como a de seu pai.

Dona Maria Esther também morrera, em 1973, aos 86 anos. Estava de há muito paralítica e só saía da cama para ir de cadeira de rodas à mesa do almoço, onde seus filhos a esperavam em perfilado respeito. Na morte de Mario Rodrigues, em 1930, ela mantivera a família unida com sua vontade de ferro. Mas agora estava se apagando como uma chama. Quando teve o edema pulmonar e foi levada para a clínica São Vicente, na Gávea, todos sabiam que não voltaria.

Cony poderia também ter definido Nelson como um homem em permanente estado de paixão — porque nem mesmo esses dramas tinham conseguido desligar o nervo amoroso de Nelson. Durante 1972 e 1973, ele vinha saindo com Malu, viúva, bonita, perfumadíssima e professora de sua sobrinha Cláudia (filha de Irene) no Colégio Anne Frank, nas Laranjeiras. Saindo não era bem o termo — porque Malu não queria ser vista em público com Nelson. Tinha medo de que seus próprios filhos soubessem e não aceitassem. Os dois se encontravam no novo apartamento de Nelson no Leme e, numa das tardes, realizaram uma simbólica cerimônia: Nelson deu-lhe uma aliança, "para além da vida e da morte".

Foi uma grande paixão de Nelson, mas que o excesso de sigilo liquidou. Para Malu, era como se só Nelson e as irmãs dele pudessem saber de seu sentimento, mais ninguém. Por isso não compareceu ao velório nem ao enterro de dona Maria Esther. Os que viam Nelson hirto na capelinha e no cemitério, sem derramar uma lágrima — e sabiam de seu amor pela mãe —, não entendiam aquela firmeza. É que Nelson estava tenso e apreensivo, à espera de Malu. Quando convenceu-se de que ela não chegaria, decidiu romper o namoro.

Mas não foram anos de todo maus. Em 1973, ele iria assistir à sua grande ressurreição cinematográfica, graças ao diretor Arnaldo Jabor. Os últimos filmes baseados em Nelson tinham sido *O beijo*, de Flávio Tambellini (1965), e *Engraçadinha depois dos trinta*, de J. B. Tanko (1966). O primeiro fora um fiasco — ao adaptar *Beijo no asfalto*, Tambellini eliminara o asfalto do título e da história. O segundo fora competente, mas rotineiro. E, desde então, o cinema brasileiro, seguindo os conselhos de Alex Vianny, deixara Nelson de lado. Quando Arnaldo Jabor anunciou que iria filmar *Toda nudez será castigada*, era como se estivesse indo ao Egito antigo em busca de um assunto.

Até então praticamente só a "direita" filmara Nelson. Mas Jabor era insuspeito: fora redator do *Metropolitano* (o jornal da UNE), pertencia ao Cinema Novo, vivia com uma ideia na cabeça e uma câmera na mão. Poucos sabiam que tinha sido colega de Joffre no CPOR, era fã de Nelson desde os quinze anos e, com ou sem política, continuava sendo. Que as esquerdas não viessem policiá-lo, ou ele as mandaria lamber sabão. Elas vieram e ele as mandou lamber o dito.

Toda nudez será castigada, o filme, deu um susto em todo mundo. Sua estreia no Roxy foi um sucesso comercial e de crítica, uma rara combinação no cinema nacional. O público entusiasmou-se com Darlene Glória no papel da prostituta Geni e aplaudia o filme no meio. A adaptação de Jabor era, ao mesmo tempo, fiel e criativa. Mas nem assim passou incólume pelo Poder: enviado para representar oficialmente o Brasil no Festival de Berlim, *Toda nudez* foi proibido pelo chefe da Polícia Federal, general Antônio Bandeira, e retirado de cartaz em 29 cinemas do Rio. Era como prender a seleção brasileira durante uma Copa do

Oswaldinho (José Wilker) humilha Leleco (Carlos Gregório) em Anti-Nelson Rodrigues

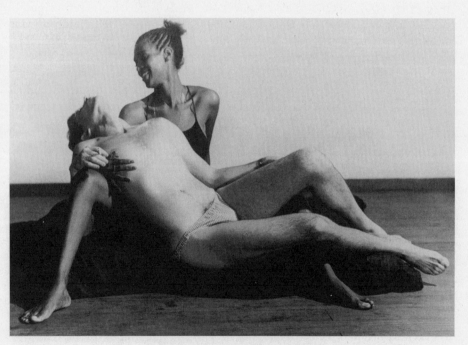

Carlos Gregório e Yuruah numa cena que lembra os desenhos de Roberto Rodrigues em A sérpente, *última peça de Nelson*

Mundo. Ficou um mês proibido, mas ninguém se dava conta do ridículo. Nem o presidente da República sob o qual se dera o vexame: Médici.

A retomada de Nelson pelo cinema brasileiro continuaria em 1975 com *O casamento*, pelo próprio Jabor — e principalmente com o estrondoso sucesso de *A dama do lotação*, em 1978, adaptado por Neville d'Almeida de uma história de "A vida como ela é...", com Sônia Braga na protagonista. Estava aberto o caminho. Nos três anos seguintes, haveria outros cinco filmes baseados em sua obra. A qualidade desses filmes era discutível, mas eles seriam uma bonança financeira para Nelson.

Com sua incapacidade crônica para negociar, Nelson nem sempre fazia os melhores acordos com os produtores, mas às vezes era salvo pelo gongo. Vendeu os direitos de filmagem de *A dama do lotação*, por exemplo, por quinhentos dólares. Repetindo: quinhentos dólares. Foi Neville d'Almeida quem insistiu junto à Embrafilme para que Nelson tivesse cinco por cento da bilheteria. O que, para Nelson, foi o mesmo que fazer treze pontos na loteria esportiva porque *A dama do lotação* teve sete milhões e meio de espectadores. Neville calcula que, em cruzeiros, isso tenha representado em 1978 cerca de duzentos mil dólares para Nelson.

Sua participação nas produções consistia em visitar as filmagens, dar um ou outro palpite, estimular o elenco e promover incansavelmente o filme pelos jornais. A exceção, mais uma vez, foi *A dama do lotação*, um original de 130 linhas que Nelson ajudou a transformar em roteiro, criando novas situações e personagens. Mas, mesmo que sua participação tivesse sido nula, depois do filme pronto Nelson o considerava o "seu" filme. Quando ele era lançado, passava de carro (um Opala com chofer) por todos os cinemas que o estivessem exibindo, para conferir as filas. Se a sessão já tivesse começado, pedia ao bilheteiro para que o deixasse "dar um pulinho lá dentro" e checar a casa cheia.

Bem que ele avisara, há muitos anos:

"O cinema nacional só terá futuro quando desaparecer o 'Cinema Novo' até o último vestígio."

Em fevereiro de 1974, Nelson atirou-se aos pés da censora durante um ensaio de *Anti-Nelson Rodrigues*, a peça que marcava a sua volta ao teatro depois de oito anos:

"Minha senhora, eu lhe peço de joelhos. Deixe o rabo. Pelo amor de Deus, a senhora corta tudo, menos o rabo. O rabo é essencial!"

A peça fora liberada para maiores de dezoito anos, sem cortes. Agora, no ensaio, a censora estava implicando com a frase em que Oswaldinho (José Wilker) explica para Leleco (Carlos Gregório) sua fixação por Joice (Neila Tavares).

"Já reparou que o rabo da grã-fina não tem perfil?", diz Oswaldinho. "Um rabo chato, sem perfil. A Joice, pelo contrário."

A censora achou o termo "desagradável e pouco respeitoso para se referir à parte do corpo de uma mulher". Não entendia que a grossura do termo era essencial para se valorizar, dois atos depois, a conversão final de Oswaldinho às virtudes espirituais de Joice. Acabou deixando passar, não porque tivesse entendido, mas por causa do gesto dramático e teatral de Nelson. Na vida real, ele sabia ser o Laurence Olivier de si mesmo.

Nelson escrevera *Anti-Nelson Rodrigues* para livrar-se da perseguição que há seis meses lhe movia a atriz Neila Tavares. Ela queria porque queria uma peça sua. E, assim como Fernanda Montenegro doze anos antes, Neila teve de persistir para arrancar-lhe essa peça. Teve também de vender um Di Cavalcanti para montá-la, mas foi bom que persistisse. Não porque *Anti-Nelson Rodrigues* estivesse à altura das peças anteriores — parecia um episódio de "A vida como ela é...", esticado e dramatizado —, mas porque atraiu Nelson de volta ao teatro. E, no entanto, a sua ausência dos palcos durante oito anos fora de uma atroz coerência. Numa época em que, para seu desgosto, Brecht e Marx haviam "cretinizado toda uma geração de autores", Nelson politizara radicalmente suas crônicas de jornal — mas resguardara seu teatro, emudecendo-o.

Anti-Nelson Rodrigues era como se nunca tivesse havido a pílula, os militares, os estudantes, os terroristas. E estava longe de ser uma peça "anti-Nelson Rodrigues" como ele queria. Ao contrário. Ali estava o autêntico Nelson, explícito e com notas ao pé de página. A virgindade tão fora de moda de Joice (que só se entregará a Oswaldinho depois de rasgar o cheque de milhões com o qual ele pretende comprar uma hora do seu corpo) foi justificada por Nelson na época, num texto para *Visão* (11 fev. 1974):

Acredito que a maior tragédia do homem ocorreu quando ele separou o amor do sexo. A partir de então, o ser humano passou a fazer muito sexo e nenhum amor. Não passamos do desejo, eis a verdade. Todo desejo, como tal, se frustra com a posse. A única coisa que dura para além da vida e da morte é o amor.

As mulheres têm normalmente embutida em si essa visão do sexo e do amor como uma peça única, indivisível. Os homens, não. Mas Nelson não era um homem comum.

Quando escreveu *Anti-Nelson Rodrigues* em fins de 1973, Nelson estava entrando na comparativa estabilidade financeira em que singraria até o fim da vida. Naquele ano, com dinheiro da Caixa Econômica Federal, comprou um apartamento de três quartos na avenida Atlântica, defronte ao mar do Leme, onde ficaria até o fim. Pela segunda e última vez na vida tornava-se proprietário — aos 61 anos. Se tivesse investido em escrever teatro dez por cento do tempo que consumiu dando entrevistas nos anos 70, teria produzido pelo menos cinco peças no período.

Não houve jornal ou revista que não fizesse o seu "pingue-pongue" com ele e não houve dia em que não atendesse a um repórter — na redação de *O Globo*, em casa ou por telefone —, para não falar das turmas de estudantes, inclusive ginasianos, que o procuravam. Passou a marcar as entrevistas em restaurantes, quase sempre na Fiorentina, ali mesmo no Leme. Era uma maneira de poupar tempo: terminado o almoço, bastava levantar-se, agradecer e despedir-se com um "Deus te abençoe". (Quando iam à sua casa, os jornalistas encerravam a entrevista e continuavam batendo papo, sem que ele tivesse coragem de levá-los até à porta.)

O resultado de sua disponibilidade é uma quantidade de material impresso que só pode ser avaliada em quilos. A maioria dessas entrevistas é repetitiva, mas não por sua culpa — porque, afinal, se lhe faziam as mesmas perguntas ("O senhor é reacionário?"), ele dava as mesmas respostas ("Não, sou um libertário. Reacionária é a URSS"). Mas o que se deduz dessa estafante solicitação é que, em seus últimos anos, se Nelson continuava longe de estar entendido, podia considerar-se plenamente "aceito". A reportagem de capa de *Veja* em 11 mar. 1980, descrevendo sua onipresença nos palcos e telas do país, era o arremate final nessa aceitação. Como sempre desejara, Nelson era, enfim, quase tão querido quanto admirado. Seu nome foi cogitado até para a Academia Brasileira de Letras — um ambiente que ele classificava para as irmãs de "gélido como um túmulo".

O "maldito" deixara de exalar a malária, o tifo, a febre amarela. Só estava ameaçado de tornar-se aquilo que ele sempre combatera: uma unanimidade.

A tuberculose devastara a saúde de Nelson na juventude e na maturidade, e só a custo tinha sido posta em sossego. Mas legara-lhe, para a velhice, uma antologia de mazelas. A pior delas era uma fibrose que lhe dava uma área de ventilação pulmonar menor que a normal e causava uma bronquite crônica. Sua própria insônia era provocada por insuficiência respiratória. Nelson queria usar bombinha, no que era proibido pelo cardiologista Stans Murad. O que doutor Murad exigia era que emagrecesse dez quilos e deixasse de fumar — conselhos que Nelson não seguiu. A partir de 1974, seu organismo foi um campo de combate entre a medicina e a morte.

Em julho daquele ano, enquanto *Anti-Nelson Rodrigues* seguia feliz carreira no teatro do SNT, Nelson submeteu-se a uma cinecoronariografia na Beneficência Portuguesa sob a supervisão de Murad. As lesões encontradas nas artérias eram graves, mas as chapas acusaram algo inesperado e muito mais urgente: um aneurisma da aorta abdominal. A qualquer momento ela poderia arrebentar. Nelson tinha de ser operado e o grande especialista nacional era o doutor Puech de Leão, em São Paulo.

Nelson cruzou a Rio-São Paulo de ambulância e a operação realizou-se no Hospital Nove de Julho. No dia seguinte teve uma hemorragia interna e precisou ser reoperado. Se a primeira cirurgia já era arriscada, a segunda podia ser fatal. Era a única saída e Stella, irmã de Nelson, autorizou-a. A hemorragia foi estancada, mas Nelson teve insuficiência respiratória e atravessou quinze dias de delírios. Stella passou esses quinze dias e quinze noites sentada à sua cabeceira — suas pernas incharam como se tivesse elefantíase. Durante esse tempo doutor Murad teve de ir vê-lo várias vezes em São Paulo. As passagens foram fornecidas pela TV Globo através de Armando Nogueira.

Nelson foi trazido de volta ao Rio na ambulância e chegou à Beneficência Portuguesa roxo de cianose, quase sem respirar. Por três vezes esteve perto de morrer. Doutor Jesse Teixeira fez-lhe uma traqueotomia. Quando o tubo endotraqueal era retirado, Nelson entrava de novo em delírio. Alternou delírios e lucidez durante mais um mês. Ao ficar bom, ouviu de todos os médicos que, agora, era oficial: *tinha* de parar de fumar. Acatou a ordem e, a partir daí, passou a fumar oficialmente escondido.

Menos de três anos depois, em abril de 1977, foi internado no Prontocor da Lagoa com uma arritmia ventricular grave e nova insuficiência respiratória. Suas veias já não se prestavam a injeções e sua irmã Irene tinha de alimentá-lo por via oral. Mas Nelson quase não conseguia abrir a boca. Emagreceu a ponto de lembrar um egresso de campo de concentração. Subitamente perdeu os reflexos e pareceu ter ficado cego. Voltou a si pela medicação de seu neurocirurgião, doutor João Elias, mas teve uma diarreia que quase o levou de novo. O exame proctológico feito pelo gastrenterologista, doutor Alfredo Burke, revelou uma gravíssima colite ulcerativa. O medicamento que o salvou era americano e, segundo Stella, foi conseguido em 24 horas por Walter Clark, que mandou buscá-lo em Nova York pela TV Globo.

Durante essa internação de 1977, os departamentos de pesquisa dos jornais começaram a ouvir pessoas e a preparar os obituários de Nelson Rodrigues. Salim Simão, agora no *Jornal do Brasil*, teve acesso a esse material. Quando Nelson se recuperou, Salim contou-lhe que, entre os entrevistados pelo *Jornal do Brasil*, estava Alceu Amoroso Lima, que falou carinhosamente a seu respeito. "Eu, quando morrer, ou o Nelson morrer, nós nos faremos justiça", teria dito Alceu.

Foi o que bastou para Nelson nunca mais atacá-lo. (Em 1980, Zuenir Ventura promoveria o abraço entre os dois.)

Mas Nelson perdera o gume para as polêmicas em sua coluna. As próprias "Confissões" haviam sido interrompidas em 1975. Suas longas internações impediam-no de escrever e a republicação de colunas antigas nem sempre funcionava. Além disso, os leitores fiéis percebiam. Limitou-se à coluna de futebol, onde, muitas vezes, inventava um pretexto para falar dos amigos, mesmo que estes nunca tivessem visto uma bola. Até mesmo ao Maracanã já não ia tanto — justamente agora que, de óculos desde 1975, era capaz de enxergar em campo o time de seus sonhos: o Fluminense de Rivelino, Carlos Alberto, Edinho, Rodrigues Neto, Doval, Dirceu e Paulo César — a "Máquina" que Francisco Horta montara aquele ano e que o próprio Horta iria desmontar em 1976, vendendo o time inteiro e deixando órfãos todos os tricolores como Nelson.

Nelson escreveu sua última peça — *A serpente* — em meados de 1979, pouco antes de envolver-se num turbilhão que exigiria tudo até dos mais arejados pulmões e do mais possante coração. De julho para agosto, Nelsinho e os treze últimos presos políticos cariocas sustentaram uma greve de fome pela transformação da anistia ampla em anistia total e irrestrita. No dia 21 de agosto, o Congresso votou a lei que o governo queria, excluindo-os da anistia. No dia 22, o 32º da greve, os presos encerraram o protesto, antes que alguém morresse. No dia seguinte, 23 — dia dos 67 anos de Nelson —, Nelsinho teve permissão para deixar o presídio e assistir ao nascimento de sua filha Cristiana.

Como seu avô Mario Rodrigues, ele também gerara uma filha na prisão — com sua companheira Cristina, quando ela o visitava. A cesariana fora marcada para coincidir com o aniversário de Nelson. Nelsinho chegou algemado à maternidade Clara Basbaum, em Botafogo, na presença de uma multidão de repórteres, e assistiu ao parto. Nelson emocionou-se ao saber que ganhara uma neta. (Joffre tinha dois garotos.) Nascida a criança, Nelsinho foi levado de volta para a Veraneio dos órgãos de segurança e devolvido ao presídio na Frei Caneca.

Estava aguardando desde fevereiro o julgamento do recurso que lhe daria a liberdade condicional. Durante aquele tempo Nelson pedira a "anistia total" em dezenas de entrevistas. Com a derrota desta no Congresso, a luta passara a ser pela liberdade condicional. A 14 de outubro, Nelson foi novamente apelar a Figueiredo no *Programa Flávio Cavalcanti*, a convite do apresentador e de Marisa Urban. Flávio providenciara uma ambulância na garagem da TV Tupi, temendo que Nelson pudesse precisar — e ele quase precisou. Ao ver um teipe de Nelsinho na prisão dirigindo-se a ele — "Alô, pai!" —, Nelson sentiu-se mal. Enquanto Salim Simão, que o acompanhara, fazia um discurso libertário para as câmeras, Nelson teve de tomar um Isordil. E, no dia seguinte, 15, foi para o Pró-Cardíaco, em Botafogo, com insuficiência respiratória e coronariana.

No dia 16, Nelsinho recebeu a liberdade condicional. Aos 34 anos, voltava para casa, para dedicar-se a seu pai. Mas, naquele dia, Nelson não pôde recebê-lo. Estava inconsciente na casa de saúde.

"Nós, os velhos, precisamos de um mínimo de puerilidade encantada, sem a qual seríamos múmias inteiramente gagás" — ele escrevera numa de suas melhores "Confissões".

Para quem, como se disse, precisava viver num permanente estado de paixão, nem sempre uma mulher foi suficiente para a carga amorosa de Nelson.

Ele jurou amor eterno a inúmeras mulheres, várias ao mesmo tempo, e provavelmente estava dizendo a verdade para todas. Tinha uma explicação para isso:
"O amoroso é sincero até quando mente."

Dois anos antes, em fins de 1977, outra pessoa voltara para a casa de Nelson: Elza, sua primeira mulher.

Na verdade nunca tinham estado muito longe um do outro durante aquela década — desde, pelo menos, a prisão de Nelsinho. Viam-se quase toda noite no Bigode do Meu Tio e, quando o restaurante deixara de existir em 1973, continuaram a encontrar-se nas visitas a Nelsinho nos diversos presídios. Nas cirurgias e internações de Nelson, Elza deu dedicado plantão nos hospitais e, quando ele recebia alta, ela ia vê-lo no apartamento do Leme. Quando Nelson resolveu voltar a viver com Elza, Joffre recebeu a notícia como se fosse um "presente de Natal". Haviam passado quatorze anos separados, mas tinham toda uma vida em comum.

Pouco antes, em 1976, Nelson acabara de protagonizar outro reencontro: com Carolina, a garota do Colégio Bennett pela qual se apaixonara em 1929. Carolina tinha então quatorze anos e era noiva de Arilno, o qual, ao perceber as intenções de Nelson, pusera-o para correr. E nunca mais se tinham visto. Carolina não tinha mais quatorze anos. Tinha agora 61, era viúva e bisavó, mas essa descrição não lhe fazia justiça. Pitanguy deixara-a sem uma ruga. Seus dentes eram perfeitos e dela mesma; era vaidosa, elegante e esfuziante. O reencontro, 47 anos depois, fora promovido por sua ex-colega Maria Clara, irmã de Nelson.

Nelson acendeu-se. Carolina pediu permissão aos filhos Roberto e Ana Maria para "namorar". Eles a concederam mais que depressa porque, recém-viúva, aquilo só poderia fazer-lhe bem. Nelson ia visitá-la duas ou três vezes por semana em seu apartamento na rua Rainha Guilhermina, no Leblon. Ela lhe servia sucos e café e, fumante fanática (três maços de Hollywood por dia), permitia que ele contrariasse as ordens médicas e desse umas tragadas. Mas, no Natal de 1977, Nelson voltou com Elza e falava disso com orgulho para os repórteres. Voltara a ser o homem do casamento eterno. As visitas a Carolina ficaram mais espaçadas e Carolina compreendeu. No último ano de Nelson, 1980, quase não se viram.

Mesmo porque, no primeiro semestre de 1980, Nelson teve a última de suas paixões crepusculares: Ana Lúcia Magalhães Pinto, filha do velho político mineiro e, na época, separando-se de seu marido, o psicanalista Eduardo Mascarenhas. Nelson a conhecera com Mascarenhas, por quem estava fascinado desde que lera um entusiasmado ensaio do psicanalista sobre a sua obra. Nelson vibrara com o uso que Mascarenhas fizera do conceito freudiano do "perverso polimorfo" para definir os seus personagens. Passou a ligar-lhe toda tarde para perguntar:

"Mascarenhas, qual é a última do 'perverso polimorfo'?" — como se esse fosse não um conceito, mas uma figura de carne e osso. Numa reunião Nelson conheceu Ana Lúcia e, diante dela, o "perverso polimorfo" passou para segundo plano.

Nelson sabia que Ana Lúcia e Eduardo estavam se separando, com o que se sentiu livre para fazer-lhe declarações. Pedia a Ana Lúcia que mandasse alguém a *O Globo* para pegar as cartas que lhe escrevia. Uma dessas cartas convidava-a para a estreia de *A serpente*, no teatro do BNH, em 6 de março, e dizia:

Se todos me vaiarem e só você me aplaudir, ainda assim eu me sentirei como um Napoleão coroado.

Ana Lúcia sentia-se envaidecida por aquela devoção, mas não queria permitir qualquer aproximação de Nelson, exceto por cartas ou telefonemas. Entre outros motivos, não sabia se queria separar-se de seu marido. Além disso, Nelson ia fazer 68 anos — e ela mal passara dos trinta. Muita diferença de idade.

Nelson foi queixar-se a Helio Pellegrino:

"Ela diz que eu tenho idade para ser pai dela."

E Helio, amigo de Nelson e mentor de Mascarenhas, só que louco para ver fogo no circo:

"Mas, Nelson, essa é a maior homenagem que uma mulher pode fazer a um homem: compará-lo ao próprio pai!"

Finalmente Ana Lúcia decidiu que não queria separar-se de Mascarenhas e disse delicadamente a Nelson: "Acho que você não devia me ligar mais". Nelson suspirou. Mandou-lhe um exemplar de seu livro de crônicas, *O reacionário*, com a dedicatória: "A Ana Lúcia, meu último amor" — e deixou de ligar.

Uma livraria de Londrina, PR, convidou Nelson a fazer lá um lançamento de *O reacionário*. Nelson só saía do Rio por motivo de força maior, mas a sensação de abandono que o tomava pode tê-lo feito aceitar. E, como não andava de avião, viajou no seu próprio carro com chofer e mais sua irmã Maria Clara, médica, que lhe servia de enfermeira.

Os 957 quilômetros entre o Rio e Londrina lhe custaram dois dias, com escalas. O pessoal da livraria recebeu-o muito bem. Nelson foi para o hotel, descansou por algumas horas e, no fim da tarde, sentou-se a uma mesa na loja com uma caneta cheia de tinta e uma pilha de *O reacionário* à sua frente. Ninguém apareceu para colher seu autógrafo.

Só isso seria suficiente para magoá-lo. Mas faltava ainda a viagem de volta — mais 957 quilômetros de absoluta solidão. Era como se o mundo lhe dissesse que não precisava mais dele.

32

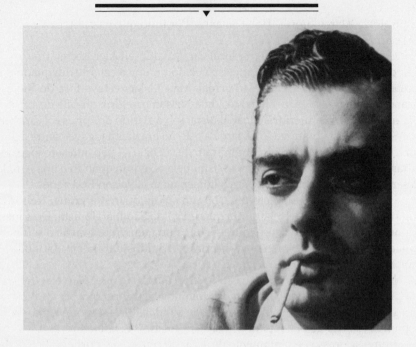

— 1980 —
O ANJO SOBE AO CÉU

Nelson morreu poucos minutos antes das oito da manhã do dia 21 de dezembro de 1980, um domingo. No fim da tarde daquele dia ele faria treze pontos na loteria esportiva, num "bolo" com seu irmão Augustinho e alguns amigos de *O Globo*.

Fora internado há dez dias no Clinerj, nas Laranjeiras, com um edema pulmonar, e submetido a nova traqueotomia. Desde então entrara e saíra de coma como os personagens que faziam aparições-relâmpago em suas peças. Um mês antes, já passara pelo Pró-Cardíaco, em Botafogo, com crises respiratórias que lhe provocavam delírios, durante os quais, como sempre, "escrevia" à máquina com os dois dedos. Muitas vezes, durante aquele novembro e dezembro, os jornais seguraram seus fechamentos esperando a notícia de sua morte. Mas Nelson fazia de um fio de vida o trapézio para a ressurreição.

Na madrugada de 21 de dezembro, ele resistira a sete paradas cardíacas. Entrara de novo em coma e doutor João Elias aplicara-lhe um marcapasso. Mas, pela manhã, Nelson morreria de trombose e de insuficiência cardíaca, respiratória e circulatória. Tinha 68 anos. Por tudo que passara, parecia velho de séculos.

Carlos Heitor Cony tentaria localizar Arnaldo Niskier, secretário da Cultura do estado, para que Nelson fosse velado no único cenário adequado para recebê-lo: o saguão do Teatro Municipal. Mas Niskier estava fora do Rio e do alcance de telefonemas. E, então, restou a Nelson o velório que ele desprezava: na capelinha do Cemitério São João Batista, sob o alarido dos pires e xícaras. Milhares de pessoas foram vê-lo. À tarde a seleção brasileira jogava contra a Suíça em Cuiabá, MT. Foi guardado um minuto de silêncio — não antes do jogo, mas durante a partida. O Brasil inteiro assistiu pela televisão quando o juiz Arnaldo César Coelho paralisou a bola para a homenagem a Nelson Rodrigues.

No dia seguinte, ao meio-dia, sob um sol de quarenta graus, Nelson foi enterrado na sepultura 18 340-A da quadra 43 do São João Batista. Dois meses depois, Elza cumpriu o seu pedido — de, ainda em vida, gravar o seu nome ao lado do dele na lápide, sob a inscrição: "Unidos para além da vida e da morte. É só".

Nelson morrera a poucos dias do Natal, uma data que, para ele, transcendia profundamente a vulgaridade das folhinhas e das promoções das lojas de varejo. Alguns anos antes, numa noite de solidão, ele escrevera uma curta e definitiva crônica de Natal para *O Globo*, intitulada "A vigília dos pastores".

Como se orasse pelo momento de subir ao céu, o anjo pornográfico dizia:

Escrevo à noite. Vem na aragem noturna um cheiro de estrelas. E, súbito, eu descubro que estou fazendo a vigília dos pastores. Aí está o grande mistério. A vida do homem é essa vigília e nós somos eternamente os pastores. Não importa que o mundo esteja adormecido. O sonho faz quarto ao sono. E esse diáfano velório é toda a nossa vida. O homem vive e sobrevive porque espera o Messias. Neste momento, por toda a parte, onde quer que exista uma noite, lá estarão os pastores — na vigília docemente infinita. Uma noite, Ele virá. Com suas sandálias de silêncio entrará no quarto da nossa agonia. Entenderá nossa última lágrima de vida.

AGRADECIMENTOS

Os dois anos em que trabalhei em *O anjo pornográfico* não resumem minha longa convivência com Nelson Rodrigues — como seu leitor. Aprendi a ler com "A vida como ela é...", na *Última Hora*. Desde então segui-o pelos jornais e li mais Nelson Rodrigues do que qualquer outro autor nacional ou estrangeiro. Assisti a quase todas as suas peças. Vi-o na televisão, na rua, em casas de amigos e no Maracanã. Fomos contemporâneos por poucos meses no *Correio da Manhã* em 1967, embora ele raramente fosse ao jornal. Almocei duas vezes com ele e entrevistei-o uma vez. Fui amigo de vários dos seus "irmãos íntimos". Julgava-me capaz de ir a *O céu é o limite* para responder sobre sua vida — baseado nas pistas e indicações que ele deixou em sua obra. Mas foi só ao começar este trabalho que me dei conta da existência de muitos Nelsons no Nelson Rodrigues que julgava conhecer.

Durante dois anos, 1991-92, li ou reli *todos* os seus livros (inclusive os raros, esgotados, aqueles que pareciam não existir mais). Perdi a conta dos artigos de Nelson que desencavei, desde os primeiros que começou a publicar aos treze anos. Tive acesso a cartas particulares, algumas bastante íntimas, manuscritos, originais e fotos raras.

Mas, como é impossível compreender Nelson Rodrigues sem contar a história de seu pai, Mario Rodrigues, e a de pelo menos dois de seus irmãos, Roberto Rodrigues e Mario Filho, a investigação sobre estes acabou se tornando um trabalho à parte e tão fascinante quanto. Os três merecem alentadas biografias. Por questão de espaço, tive de limitar-me a narrar aqui apenas as passagens que os envolviam diretamente com Nelson.

Mas, para um trabalho como este, nada substitui a informação em primeira mão dos que conviveram com o objeto da biografia. De janeiro de 1990 até o prelo, ouvi 125 pessoas, a grande maioria em entrevistas ao vivo, outras por telefone ou carta, quase todas mais de três vezes. O total de entrevistas chegou perto de setecentos. Gostaria de agradecer a essas pessoas que me abriram seu tempo, seus arquivos e suas recordações de Nelson, Mario Rodrigues, Roberto Rodrigues e Mario Filho. Tudo que me disseram foi checado e rechecado entre elas. A responsabilidade pelo que se conta aqui é minha, inclusive pelos possíveis erros e omissões. Por ordem alfabética de sobrenomes, essas fontes foram:

Hermano Alves; José Geraldo Amino; Antunes Filho; Ana Arruda; Permínio Ásfora; Barbosa Lima Sobrinho; Helena Maria Barbosa; Georges Barrene;

Fernando de Barros; Ney Bianchi; Pedro Bloch; Augusto Boal; Luís Eduardo Borgerth; Ronaldo Bôscoli; Núxi Brandão; Ronaldo Brandão; Eleonor Bruno; Antonio Callado; Maria Lúcia Camejo; Paulo César Camejo; Carlos Castello Branco; Adir Fiúza de Castro; Freddy Chateaubriand; Achilles Chirol; Walter Clark; João Condé; Renato Consorte; Carlos Heitor Cony; Francisco Pedro do Coutto; Belline Cunha; Neville d'Almeida; Maria Della Costa; Helio Fernandes; Millôr Fernandes; Guilherme Figueiredo; Wilson Figueiredo; Paulo Francis; Violeta Coelho Neto de Freitas; Laura Góes; Dercy Gonçalves; Ecila e José Lino Grünewald; Irineu Guimarães; Hans Henningsen; Fernando Horácio; Arnaldo Jabor; Léo Júsi; Danuza Leão; Ana Letycia; Nydia Lícia; Lúcia Cruz Lima; Ruy Affonso Machado; Sábato Magaldi; Raphael de Almeida Magalhães; Telmo Martino; Eduardo Mascarenhas; João Máximo; Mario Mello; Luís Mendes; Wilson de Castro Miranda; José Carlos Monteiro; Marcelo Monteiro; Fernanda Montenegro; Lena de Abreu Teixeira Moreira; Sônia Camejo Mota; Marcello Soares de Moura; Stella (Perry) Moura; Stans Murad; Abdias do Nascimento; Antônio Nássara; Arnaldo Niskier; Armando Nogueira; Sônia Oiticica; Felipe Daudt de Oliveira; Miguel D'Arcy de Oliveira; Wladimir Palmeira; João Albuquerque Rodrigues Parente; Armando Paschoal; Wilson Leite Passos; Maria Urbana Pellegrino; Ana Lúcia Magalhães Pinto; Paulo Porto; Décio de Almeida Prado; Otto Lara Resende; Augusto Rodrigues; Augusto Falcão Rodrigues; Elsa Falcão Rodrigues; Elza Bretanha Rodrigues; Helena Rodrigues; Irene Rodrigues; Joffre Bretanha Rodrigues; Maria Clara Rodrigues; Mario Rodrigues Neto; Nelson Rodrigues Filho; Newton de Almeida Rodrigues; Stella Rodrigues; Suzana Rodrigues; Teresa Cristina Rodrigues; Vera Beatriz e Sérgio Rodrigues; Raul Roulien; Fernando Sabino; Maurício Scherman; Anita Schmidt; Geraldo Romualdo da Silva; Evando Lins e Silva; Claudio Mello e Souza; Ennio Sérvio Souza; Ib Teixeira; Nádia de Abreu Teixeira; Ana Maria Thompson; Nathalia Timberg; José Ramos Tinhorão; Cláudia Rodrigues Torturra; Alfredo Tranjan; Marisa Urban; Jece Valadão; Lola Valdívia; Edla Van Steen; Zuenir Ventura; Zilah Maria e Carlos Vergueiro; Antônio Moniz Vianna; Eros Volúsia; Cleyde Yáconis; Fernando Zerlottini.

Em fevereiro de 1992 conheci Daniela, filha de Nelson e Lúcia Cruz Lima. Aos 28 anos, sua presença silente e, à sua maneira, feliz, foi mais eloquente que qualquer depoimento. E, naturalmente, conheci também Helio Pellegrino, falecido em 1988. Nossas conversas sobre Nelson estão neste livro, embora, na época, eu nem sonhasse em escrevê-lo. Infelizmente não pude contar com o depoimento de Roberto Marinho. Através de Claudio Mello e Souza, justificou-se dizendo estar guardando suas histórias sobre os Rodrigues para o seu próprio livro de memórias.

Procurei dom Helder Câmara por telefone no dia 13 abr. 1992. Agradeço-lhe por sua disposição a me ouvir, mas lamento que tenha fugido de todas as perguntas alegando "não se lembrar" e que "esqueceu todos os episódios daquela época" — mesmo quando eu lhe propunha passagens em que sua atuação

AGRADECIMENTOS

como bispo auxiliar do Rio de Janeiro fora favorável a Nelson. Da mesma forma, dona Yolanda Camejo recusou-se a receber-me, mesmo por telefone. Minhas desculpas ao leitor por não poder, por isso, oferecer uma visão mais completa das atribuladas passagens dessas pessoas pela vida de Nelson.

Quero agradecer também aos funcionários de jornais e empresas que me facilitaram a consulta a seus arquivos, isso quando eles próprios, com espontâneo interesse, não localizaram material inestimável e dado como perdido:

Susana Camargo, Elenice Ferrari, Bizuka Correia da Silva e Jorge Miguel Costa Soares (Dedoc — Departamento de Documentação da Editora Abril, São Paulo); Christina Konder e Maria Célia Fraga (Departamento de Pesquisa de *O Globo*); Ivonete Rodrigues da Silva, Karla Profeta da Luz e Dilu Pereira Gomes (Serviço de Documentação de *O Estado de Minas*, Belo Horizonte); Margot Pavan, Helouise Costa, Luiz de Barros Moreira e Luís Alberto Zimbarg (Arquivo do Estado de São Paulo, onde se encontra a coleção da *Última Hora*); Sílvia Regina de Oliveira Franco (Biblioteca Nacional, Rio); e Helane Berbert (Sanatorinhos Populares, Campos do Jordão).

Por me fornecer valioso material, dar dicas, rastrear números de telefones, prover indispensável aconselhamento ou ajudar em muitos sentidos, obrigadíssimo a meus amigos:

Adda Di Almeida, Anna Paula Martins e Flamínio Lobo (livraria Alpharrabio, Rio); Gabriela Albuquerque; Cláudio Bojunga; Mario Carneiro; Pedro Corrêa do Lago; Zevi Ghivelder; Duílio Gomes; Francisco Grijó; Christina Guido; Ivson; Rita Kauffman; Juca Kfouri; Sérgio Maluly; Telmo Martino; Olímpio de Mattos; Geneton Moraes Neto; Sebastião Pereira Jr.; Paula Plank; Luís Puech; Roberto Pumar; Evelyn Rocha; Marcos Santarrita; Gilberto Santeiro; Marília T. Barboza da Silva; doutor Carlos Stábile; Henrique Sverner; André Teixeira; Maria Thereza Vargas; Guilherme Vasconcellos; Humberto Werneck; Ivanir Yazbeck.

Colhi a epígrafe e o título deste livro numa curta, mas decisiva entrevista de Nelson ao jornalista André Kallàs, publicada na *Manchete* em outubro de 1966. A André, o meu obrigado (e o de todos os fãs de Nelson) por ter feito aquela entrevista.

Agradeço também a Mai Mariutti, então gerente de marketing da Companhia das Letras, pelo seu esforço para intermediar junto à Goodyear do Brasil Produtos de Borracha Ltda. a bolsa de dois anos que me foi concedida por esta empresa. E meu eterno penhor a Cyril Walter e Célia Cambraia, respectivamente gerente de relações públicas e editora de publicações da Goodyear. Desde o primeiro momento, em meados de 1990, eles acolheram com entusiasmo a ideia de a Goodyear patrocinar *O anjo pornográfico* e fizeram com que se tornasse possível essa empreitada.

R. C.

A OBRA DE NELSON RODRIGUES

▼

PEÇAS

Nome da peça. Ano em que foi escrita. Especificação do autor quanto a gênero e número de atos. Datas de interdição (int.) e liberação (lib.) pela Censura Federal. Companhia ou produtor responsável pela montagem original. Nome do teatro. Data da estreia. Direção (dir.). Cenários (cen.). Figurinos (fig.). A distribuição do elenco (distr.) segue a ordem das entradas em cena segundo os programas originais das estreias. Todas as estreias no Rio de Janeiro.

A mulher sem pecado (1941). Companhia do Teatro Brasileiro do SNT. Teatro Carlos Gomes, 9 dez. 1942. Dir.: Rodolfo Mayer. Cen.: José Gonçalves dos Santos. Distr.: Homem manco (Gim Mamoré), Aninha (Isabel Câmara), Olegario (Teixeira Pinto), Inézia (Leila Lys), Umberto (Rodolfo Mayer), Lídia (Amélia de Oliveira), Joel (Brandão Filho), Gomide (Arnaldo Coutinho), mulher (Guiomar Santos), Evaristo (Elias Celeste).

Vestido de noiva (1943). Tragédia em três atos. Os Comediantes. Teatro Municipal, 28 dez. 1943. Dir.: Ziembinski. Cen. e fig.: Santa Rosa. Distr.: Alaíde (Lina Gray/Evangelina Guinle da Rocha Miranda), madame Clessy (Auristela Araújo), Pedro, homem de capa e limpador (Carlos Perry), Lúcia (Stella Perry), pai de Alaíde (Otávio Graça Mello), mãe de Alaíde (Maria Barreto Leite), mãe do namorado (Luiza Barreto Leite Sanz), dona Laura (Leontina Kneese), quatro repórteres (Armando Couto, Alvaro Alberto, Brutus Pedreira, Carlos Mello), três mulheres (Virgínia de Sousa Neto, Maria Sarli, Edelweiss), mulher inatual e mulher do telefone (Stella Graça Mello), homens inatuais (Isaac Paschoal, Armando Couto), médicos (Brutus Pedreira, Alvaro Alberto, Darcy dos Reis, Luiz Paulo), médico de serviço e speaker (Brutus Pedreira), rapaz do café (Nélio Braga), jornaleiros (meninos da Casa do Pequeno Jornaleiro).

Álbum de família (1946). Tragédia em três atos. Int. em 17 mar. 1946. Lib. em 3 dez. 1965. Teatro Jovem, 28 jul. 1967. Dir., cen. e fig.: Kleber Santos. Distr.: Jonas (Luís Linhares), Senhorinha (Vanda Lacerda), tia Rute (Virgínia Valli), Guilherme (Ginaldo de Souza), Edmundo (José Wilker), Glória (Adriana Prieto), Teresa (Célia Azevedo), voz de mulher (Thelma Reston), avô (Paulo Nolasco), Heloísa (Thaís Moniz Portinho).

Anjo negro (1947). Tragédia em três atos. Int. em janeiro de 1948. Lib. poucas semanas depois. Teatro Popular de Arte. Teatro Phoenix, 2 abr. 1948. Dir., cen. e fig.: Ziembinski. Cen.: Sandro. Distr.: senhoras (Pérola Negra, Eunice Fernandes, Regene Mileti, Paula Silva, Zeni Pereira, Augusta Silva), Elias (Josef Guerreiro), carregadores (Geraldo Pereira, Jorge Aguiar, Aimoré Nogueira, Milton Rocha), Ismael (Orlando

Guy), Virgínia (Maria Della Costa), criada (Maria de Oliveira), tia (Itália Fausta), primas (Nieta Junqueira, Rosely Mendez, Yara Brasil, Aurora La Bella), Ana Maria (Nicete Bruno).

Senhora dos afogados (1947). Tragédia em três atos e seis quadros. Int. em janeiro de 1948. Lib. em 1953. Companhia Dramática Nacional do SNT. Teatro Municipal, 1º jun. 1954. Dir.: Bibi Ferreira. Cen.: Santa Rosa. Distr.: Eduarda (Nathalia Timberg), avó (Wanda Marchetti), Moema (Sônia Oiticica), Paulo (Carlos Mello), Misael (Ribeiro Fortes), noivo (Narto Lanza), madame (Déo Costa), Sabiá (Ferreira Maya), vendedor de pentes (Magalhães Graça), vizinhos (Celme Silva, Waldir Maia, Elísio de Albuquerque, Walter Gonçalves), coro de mulheres (Cida Carneiro, Mirthes Mendonça, Cerise Carneiro, Marina Ramos, Eudóxia Ferreira, Jerci Camargo, Leila Azar, Inadir Costa), solista (Maria Fernanda).

Doroteia (1949). Farsa irresponsável em três atos. Prod.: Paschoal Bruno. Teatro Phoenix, 7 mar. 1950. Dir.: Ziembinski. Cen. e fig.: Santa Rosa. Distr.: dona Flávia (Luiza Barreto Leite), Maura (Nieta Junqueira), Carmelita (Rosita Gay), Das Dores (Dulce Rodrigues), Doroteia (Eleonor Bruno), dona Assunta da Abadia (Maria Fernanda).

Valsa nº 6 (1951). Peça em dois atos. Prod.: Milton Rodrigues. Teatro Serrador, 6 jun. 1951. Dir.: Henriette Morineau. Interpretação de Dulce Rodrigues.

A falecida (1953). Farsa trágica em três atos. Companhia Dramática Nacional do SNT. Teatro Municipal, 8 jun. 1953. Dir.: José Maria Monteiro. Cen. e fig.: Santa Rosa. Distr.: madame Crisálida (Luiza Barreto Leite), Zulmira (Sônia Oiticica), Oromar (Aurimar Rocha), Tuninho (Sérgio Cardoso), dois parceiros (Walter Gonçalves, Edson Batista), dois funcionários (Orlando Macedo, Luís Oswaldo), Timbira (Renato Restier), duas mulheres (Gusta Gamer, Marina Lélia), dois homens (Leste Iberê, José Araújo), pai (Waldir Maia), mãe (Miriam Roth), dois cunhados (Lauro Simões, Guy Welder), doutor Borborema (Agostinho Maravilha), vizinha (Maria Elvira), chofer (Lauro Simões), garçom (Guy Welder), Pimentel (Leonardo Vilar).

Perdoa-me por me traíres (1957). Tragédia de costumes em três atos. Prod.: Gláucio Gill. Teatro Municipal, 19 jun. 1957. Dir.: Léo Júsi. Cen.: Cláudio Moura. Distr.: Nair (Yara Texler), Glorinha (Dália Palma), Pola Negri (Maurício Loyola), madame Luba (Sônia Oiticica), doutor Jubileu de Almeida (Abdias do Nascimento), enfermeira (Lea Garcia), médico (Roberto Batalin), tia Odete (Sônia Oiticica), Ceci (Mara de Carlo), Cristina (Maria Amélia), tio Raul (Nelson Rodrigues), Gilberto (Gláucio Gill), Judite (Maria de Nazareth), mãe (Sônia Oiticica), primeiro irmão (Weber de Moraes), segundo irmão (Namir Cury).

Viúva, porém honesta (1957). Farsa irresponsável em três atos. Teatro São Jorge, 13 set. 1957. Dir.: Willy Keller. Cen. e fig.: Fernando Pamplona. Distr.: doutor J. B. (Grijó Sobrinho), Pardal (Raimundo Furtado), madame Cri-cri (Norma de Andrade), doutor Lupicínio (Heitor Dias), doutor Sanatório (André Luiz), Diabo da Fonseca (Jece Valadão), Ivonete (Dulce Rodrigues), doutor Lambreta (Rodolfo Arena), tia Assembleia (Geny Borges), tia Solteirona (Gessy Santos), Dorothy Dalton (Wilson Marcos), padre (N. N.).

Os sete gatinhos (1958). Divina comédia em três atos e quatro quadros. Prod.: Milton Rodrigues. Teatro Carlos Gomes, 17 out. 1958. Dir.: Willy Keller. Cen. Enrico Bianco. Distr.: "seu" Noronha (Jece Valadão), Aurora (Sandra Menezes), Silene (Maria Amélia), doutor Bordalo (Edison Silva), Débora (Joãozinho Boa-pinta), dona Aracy

(Iracema Machado Lopes), Arlete (Cordeli), Hilda (Yolanda Cardoso), doutor Portela (Sandoval Mota), "seu" Saul (Francisco Sacardi), "Bibelot" (Eugênio Carlos).
Boca de Ouro (1959). Tragédia carioca em três atos. Int. e lib. em 1960. Teatro Nacional de Comédia, 20 jan. 1961. Dir.: José Renato. Cen. e fig.: Anísio Medeiros. Distr.: Boca de Ouro (Milton Morais), dentista (Rodolfo Arena), secretário (Ferreira Maya), "Caveirinha" (Magalhães Graça), repórter (Joel Barcelos), fotógrafo (Josef Guerreiro), dona Guigui (Vanda Lacerda), Agenor (Oswaldo Louzada), Leleco (Ivan Cândido), Celeste (Beatriz Veiga), preto (José Damasceno), grã-finas (Elisabeth Gallotti, Lícia Magna, Shulamith Yaari); Maria Luísa (Tereza Rachel); locutor (Hugo Carvana).
Beijo no asfalto (1960). Tragédia carioca em três atos. Sociedade Teatro dos Sete. Teatro Ginástico, 7 jul. 1961. Dir.: Fernando Tôrres. Cen.: Gianni Ratto. Distr.: Prostituta (Marilena de Carvalho), Aruba (Renato Consorte), Amado Ribeiro (Sérgio Britto), fotógrafo (N. N.), Cunha (Ítalo Rossi), Aprígio (Mario Lago), Selminha (Fernanda Montenegro), Dália (Suely Franco), Barros (Labanca), Arandir (Oswaldo Loureiro), dona Matilde (Zilka Salaberry), Werneck (Francisco Cuoco), Pimentel (Ivan Ribeiro), dona Judith (Suzy Arruda), viúva (Carminha Brandão), vizinho (Henrique Fernandes).
Otto Lara Resende ou Bonitinha, mas ordinária (1962). Peça em três atos. Teatro Novo. Teatro Maison de France, 28 nov. 1962. Dir.: Martim Gonçalves. Distr.: Edgar (Carlos Alberto), dona Ivete (Dinorah Brillanti), Ritinha (Tereza Rachel), Aurora (Maria Gladys), Dinorá (Maria Teresa Barroso), Nadir (Lisette Fernandes), dona Berta (Antônia Marzullo), Alírio (Adamastor Câmara), Osíris (Sílvio Soldi), doutor Werneck (Fregolente), dona Lígia (Aurora Aboim), Peixoto (Pedro Pimenta), Maria Cecília (Léa Bulco), Teresa (Thelma Reston), leproso (José de Paula), Arthurzinho (Sílvio Soldi), coveiro (Paulo Gonçalves), negros (J. S. Zózimo, Gérson Pereira, Hercílio Nunes, Edson Nunes de Brito), presidente da comissão (Paulo Gonçalves), Fontainha (Sílvio Soldi), Alfredinho (Djalma Melim Filho), Bingo (Fábio Meto), Pedrinho (Waldir Fiori), Ana Isabel (Shulamith Yaari), velha (Luiza Barreto Leite), Pau de Arara (José de Paula), grã-finas (Regina Schneider, Clóvis Cavalcanti, Célia Dourado), "juventude transviada" (Medeiros Lima, Arthur Salgado).
Toda nudez será castigada (1965). Obsessão em três atos. Prod.: Aluísio Leite Garcia e Joffre Rodrigues. Teatro Serrador, 21 jun. 1965. Dir.: Ziembinski. Cen. e fig.: Napoleão Moniz Freire. Distr.: Herculano (Luís Linhares), Nazaré (Jacyra Costa), Patrício (Nelson Xavier), tias (Elza Gomes, Antônia Marzullo, Renée Bell), Geni (Cleyde Yáconis), Odésio (Olegario de Holanda), Serginho (Ênio Gonçalves), médico (Alberto Silva), padre (Ferreira Maya), delegado (José Maria Monteiro).
Anti-Nelson Rodrigues (1973). Peça em três atos. Blec Bêrd. Teatro do SNT, 28 fev. 1974. Dir.: Paulo César Pereio. Cen. e fig.: Régis Monteiro. Distr.: Oswaldinho (José Wilker), Teresa (Sônia Oiticica), Gastão (Nelson Dantas), Salim Simão (Paulo César Pereio), Hele Nice (Iata Jati), Joice (Neila Tavares), Leleco (Carlos Gregório).
A serpente (1978). Peça em ato único. Ello Produções Artísticas. Teatro do BNH, 6 mar. 1980. Dir. e cen.: Marcos Flaksman. Fig.: Marília Carneiro. Distr.: Décio (Carlos Gregório), Lígia (Xuxa Lopes), Guida (Sura Berditchevski), Paulo (Cláudio Marzo), Crioula (Yuruah).

LIVROS — EDIÇÕES ORIGINAIS

Teatro

Teatro completo. Organização e prefácios de Sábato Magaldi. Editora Nova Fronteira, 1981-89. Quatro vols.

Romances

Meu destino é pecar. Publicado originariamente em *O Jornal*, 1944. Edições O Cruzeiro, Rio, 1944. Como Suzana Flag.
Escravas do amor. Publ. orig. em *O Jornal*, 1944. Edições O Cruzeiro, Rio, 1946. Como Suzana Flag.
Minha vida. Publ. orig. em *O Jornal*, 1946. Edições O Cruzeiro, Rio, 1946. Como Suzana Flag.
Núpcias de fogo. Publ. orig. em *O Jornal*, 1948. Inédito em livro. Como Suzana Flag.
A mulher que amou demais. Publ. orig. no *Diário da Noite*, 1949. Inédito em livro. Como Myrna.
O homem proibido. Publ. orig. na *Última Hora*, 1951. Editora Nova Fronteira, Rio, 1981. Como Suzana Flag.
A mentira. Publ. orig. em *Flan*, 1953. Inédito em livro. Como Suzana Flag.
Asfalto selvagem. Publ. orig. na *Última Hora*, 1959-60. J. Ozon Editor, Rio, 1960. Dois vols. Como Nelson Rodrigues.
O casamento. Editora Guanabara, Rio, 1966. Como Nelson Rodrigues.

Contos

Cem contos escolhidos: A vida como ela é... J. Ozon Editor, Rio, 1961. Dois vols.

Crônicas

Memórias de Nelson Rodrigues. Publ. orig. no *Correio da Manhã*. Edições Correio da Manhã, Rio, 1967.
O óbvio ululante. Publ. orig. em *O Globo*. Editora Eldorado, Rio, 1968.
A cabra vadia. Publ. orig. em *O Globo*. Editora Eldorado, Rio, 1970.
O reacionário. Publ. orig. no *Correio da Manhã* e em *O Globo*. Editora Record, Rio, 1977.
À sombra das chuteiras imortais: Crônicas de futebol. Publ. orig. na *Manchete Esportiva* e em *O Globo*. Companhia das Letras, São Paulo, 1993.
A pátria em chuteiras: Novas crônicas de futebol. Publ. orig. na *Manchete Esportiva* e em *O Globo*. Companhia das Letras, São Paulo, 1994.
O remador de "Ben-Hur": Confissões culturais. Publ. orig. em *O Globo*. Companhia das Letras, São Paulo, 1996.
Flor de obsessão: As 1000 melhores frases de Nelson Rodrigues. Publ. orig. em diversos veículos. Companhia das Letras, São Paulo, 1997.

NOVELAS DE TV

A morta sem espelho. TV Rio, 1963. Dir.: Sérgio Britto. Com Fernanda Montenegro, Fernando Tôrres, Sérgio Britto, Ítalo Rossi, Paulo Gracindo.
Sonho de amor. TV Rio, 1964. Dir.: Fernando Tôrres. Com Fernanda Montenegro.
O desconhecido. TV Rio, 1964. Com Nathalia Timberg, Jece Valadão, Vera Vianna.

FILMES E SÉRIES

Somos dois (1950). Dir.: Milton Rodrigues. Com Dick Farney. Como dialoguista.
Meu destino é pecar (1952). Dir.: Manuel Pelufo. Com Nydia Lícia.
Mulheres e milhões (1961). Dir.: Jorge Ileli. Com Norma Bengell, Odete Lara, Glauce Rocha. Como dialoguista.
Boca de Ouro (1962). Dir.: Nelson Pereira dos Santos. Com Jece Valadão, Odete Lara, Daniel Filho.
Meu nome é Pelé (1963). Dir.: Carlos Hugo Christensen. Com Pelé. Como dialoguista.
Bonitinha, mas ordinária (1963). Dir.: J. P. de Carvalho. Com Jece Valadão, Odete Lara.
Asfalto selvagem (1964). Dir.: J. B. Tanko. Com Jece Valadão, Vera Vianna.
A falecida (1965). Dir.: Leon Hirszman. Com Fernanda Montenegro, Ivan Cândido, Paulo Gracindo.
O beijo (1966). Dir.: Flávio Tambellini. Com Reginaldo Faria, Nelly Martins.
Engraçadinha depois dos trinta (1966). Dir.: J. B. Tanko. Com Irma Álvarez, Fernando Tôrres.
Toda nudez será castigada (1973). Dir.: Arnaldo Jabor. Com Darlene Glória, Paulo Porto.
O casamento (1975). Dir.: Arnaldo Jabor. Com Paulo Porto, Adriana Prieto.
A dama do lotação (1978). Dir.: Neville d'Almeida. Com Sônia Braga, Paulo Villaça. Como corroteirista.
Os sete gatinhos (1980). Dir.: Neville d'Almeida. Com Ana Maria Magalhães, Sura Berditchevski, Regina Casé, Lima Duarte, Antônio Fagundes.
O beijo no asfalto (1980). Dir.: Bruno Barreto. Com Christiane Torloni, Ney Latorraca.
Bonitinha, mas ordinária (1980). Dir.: Braz Chediak. Com Lucélia Santos, Milton Morais, José Wilker.
Álbum de família (1981). Dir.: Braz Chediak. Com Dina Sfat, Lucélia Santos, Rubens Correia.
Engraçadinha (1981). Dir.: Haroldo Marinho Barbosa. Com Lucélia Santos, José Lewgoy.
O homem proibido (1982). Novela da TV Globo, 146 capítulos. Dir.: Celio Azevedo, Gonzaga Blota, Reynaldo Boury. Com David Cardoso, Lidia Brondi, Lilian Lemmertz.
Perdoa-me por me traíres (1983). Dir.: Braz Chediak. Com Vera Fischer, Nuno Leal Maia, Rubens Correia.
Meu destino é pecar (1984). Série da TV Globo, 35 capítulos. Dir.: Ademar Guerra, Denise Saraceni. Com Lucélia Santos, Tarcísio Meira.
Boca de Ouro (1990). Dir.: Walter Avancini. Com Tarcísio Meira, Luma de Oliveira.
Engraçadinha... Seus amores e seus pecados (1995). Série da TV Globo, 12 capítulos. Dir.: Denise Saraceni, João Jardim. Com Alessandra Negrini, Angelo Antonio, Paulo Betti, Claudia Raia, Alexandre Borges. Lançamento em DVD em 1999.
A vida como ela é... (1996). Série da TV Globo, 40 capítulos. Dir.: Daniel Filho, Wolf Maya, Denise Saraceni. Com Malu Mader, Debora Bloch, Giulia Gam, Tony Ramos, Mauro Mendonça e muitos outros. Lançamento em DVD em 1999.
Traição (1998). Dir.: José Henrique Fonseca, Arthur Fontes, Claudio Torres. Com Pedro Cardoso, Fernanda Torres, Alexandre Borges.
Gêmeas (1999). Dir.: Andrucha Waddington. Com Fernanda Torres, Evandro Mesquita, Francisco Cuoco, Fernanda Montenegro.
Vestido de noiva (2006). Dir.: Joffre Rodrigues. Com Simone Spoladore, Letícia Sabatella, Marilia Pêra.

Bonitinha, mas ordinária (2013). Dir.: Moacyr Goes. Com João Miguel, Gracindo Júnior, Leandra Leal.
O beijo no asfalto (2018). Dir.: Murilo Benicio. Com Lázaro Ramos, Débora Falabella, Stenio Garcia.
Boca de ouro (2019). Dir.: Daniel Filho. Com Marcos Palmeiras, Lorena Comparato, Malu Mader, Thiago Rodrigues.

BIBLIOGRAFIA

Uns mais, outros menos, todos estes livros foram úteis na elaboração de O anjo pornográfico:

ABREU, Brício de. *Esses populares tão desconhecidos*. E. Raposo Carneiro Editor, Rio, 1963.
ALMEIDA PRADO, Décio de. *O teatro brasileiro moderno*. Editora Perspectiva/Editora da Universidade de São Paulo, São Paulo, 1988.
ANDRADE, Jeferson de (com Joel Silveira). *Um jornal assassinado*. José Olympio Editora, Rio, 1991.
ANDRADE, Oswald de. *Telefonema*. Editora Civilização Brasileira/MEC, Rio, 1974.
BAHIA, Juarez. *Jornal, história e técnica: História da imprensa brasileira*. Editora Ática, São Paulo, 1990.
BLOCH, Pedro. *Pedro Bloch entrevista*. Bloch Editores, Rio, 1989.
CARDOSO Elizabeth Dezouzart, Lilian Fessler Vaz, Maria Paula Albernaz, Mario Aizen, Roberto Moses Pechman. *Copacabana (História dos bairros: memória urbana)*. João Fortes Engenharia/Editora Index, Rio, 1986.
CLARK, Walter (com Gabriel Priolli). *O campeão de audiência*. Editora Best Seller, São Paulo, 1991.
CAVALCANTI PROENÇA, Ivan. *João Saldanha & Nelson Rodrigues*. Educom Editora, Rio, 1976.
COUTINHO, Edilberto. *Nação rubro-negra*. Fundação Nestlé de Cultura. Rio, 1990.
Depoimentos II. Funarte/Serviço Nacional de Teatro, Rio, 1977.
Depoimentos V. Funarte/Serviço Nacional de Teatro, Rio, 1981.
Depoimentos VI. Funarte/Serviço Nacional de Teatro, Rio, 1981.
DÓRIA, Gustavo A. *Moderno teatro brasileiro*. MEC/Serviço Nacional de Teatro, Rio, 1975.
FRANCIS, Paulo. *Opinião pessoal*. Editora Civilização Brasileira, Rio, 1966.
GOMES, Danilo. *Antigos cafés do Rio de Janeiro*. Livraria Kosmos Editora, Rio, 1989.
HORA, Mario. *48 anos de jornalismo (1908 a 1956)*. Livraria São José, Rio, 1956.
LINS, Ronaldo Lima. *O teatro de Nelson Rodrigues: uma realidade em agonia*. Editora Francisco Alves/MEC, Rio, 1979.
LOREDANO, Cássio. *Guevara e Figueroa: Caricatura no Brasil nos anos 20*. Funarte/Instituto Nacional de Artes Gráficas, Rio, 1988.
LUSTOSA, Isabel. *Histórias de presidentes: A República no Catete*. Fundação Casa de Rui Barbosa/Editora Vozes, Petrópolis, 1989.
MAGALDI, Sábato. Prefácios de *Nelson Rodrigues: Teatro completo*. Quatro vols. Editora Nova Fronteira, Rio, 1981-89.
MAGALDI, Sábato. *Nelson Rodrigues: dramaturgia e encenações*. Editora Perspectiva/Editora da Universidade de São Paulo, São Paulo, 1987.
MAGALHÃES JÚNIOR, R. *O fabuloso Patrocínio Filho*. Editora Civilização Brasileira, Rio, 1957.

MARON FILHO, Oscar, e Renato FERREIRA (organizadores). *Fla-Flu... e as multidões despertaram!* (Textos de Nelson Rodrigues e Mario Filho.) Edição Europa, Rio, 1987.

MELO FRANCO, Virgílio A. de. *Outubro, 1930.* Schmidt Editor, Rio, 1931. 5. edição, Editora Nova Fronteira, Rio, 1980.

MORAES, Dênis de. *Vianinha, cúmplice da paixão.* Editorial Nórdica, Rio, 1991.

MOREIRA DA COSTA, Flávio. *Vida de artista.* Editora Salina, Porto Alegre, 1990.

PAIVA, Salvyano Cavalcanti de. *Viva o rebolado.* Editora Nova Fronteira, Rio, 1991.

RODRIGUES, Stella. *Nelson Rodrigues, meu irmão.* José Olympio Editora, Rio, 1986.

SAMPAIO, Silveira. *Trilogia do herói grotesco.* Editora Civilização Brasileira, Rio, 1961.

SILVA, Helio. *1922: Sangue na areia de Copacabana.* Editora Civilização Brasileira, Rio, 1964.

SILVA, Marília T. Barbosa, e Lygia SANTOS. *Paulo da Portela.* Funarte/MEC, Rio, 1989.

SODRÉ, Nelson Werneck. *A história da imprensa no Brasil.* Editora Civilização Brasileira, Rio, 1966.

TAVARES, Neila. *Desenhos de Roberto Rodrigues.* Cordelurbano nº 2. Editora Ouvidor, Rio, 1974.

VAN STEEN, Edla. *Viver & escrever,* vol. 2. L&PM Editora, Porto Alegre, 1982.

VENTURA, Zuenir. *1968: O ano que não terminou.* Editora Nova Fronteira, Rio, 1988.

VOGT, Carlos, e Berta WALDMAN. *Nelson Rodrigues: Flor de obsessão.* Editora Brasiliense, São Paulo, 1985.

VOLÚSIA, Eros. *Eu e a dança.* Revista Continente Editorial, Rio, 1983.

WAINER, Samuel (com Augusto Nunes). *Minha razão de viver.* Editora Record, Rio, 1988.

WERNECK, Humberto. *O desatino da rapaziada.* Companhia das Letras, São Paulo, 1992.

CRÉDITO DAS ILUSTRAÇÕES

Todos os esforços foram feitos para se determinar a origem e a autoria das fotos usadas neste livro. Nem sempre isso foi possível, principalmente no caso de fotos obtidas em acervos de parentes ou amigos do biografado — cópias de cópias, muitas sem o carimbo do fotógrafo no verso. Teremos prazer em creditar esses fotógrafos, se se manifestarem.

Abril Imagens: 4, 79.
Acervo Augusto Falcão Rodrigues: 157.
Acervo Eleonor Bruno: 5, 215.
Acervo Eros Volúsia: 127.
Acervo Elza Bretanha Rodrigues: 2, 4, 5, 111, 137, 147, 157, 158, 189, 257, 309, 377, 391.
Acervo Felipe Daudt de Oliveira: 371.
Acervo Helena Maria Barbosa: 399.
Acervo Helena Rodrigues: 1, 5, 9, 21, 29, 33, 42, 51, 59, 101, 107, 119, 123, 127, 128, 135, 147, 149, 201, 223, 237, 253, 299, 349, 357, 399, 419.
Acervo Mario Rodrigues Neto: 264.
Acervo Millôr Fernandes: 181.
Acervo Ruy Affonso Machado: 205.
Acervo Sérgio Rodrigues: 73, 77, 89, 99.
Adyr Vieira/Agência JB: 206.
Amicucci Gallo/Abril Imagens: 363.
Amicucci Gallo/*O Globo*: 340.
Antonio Augusto Fontes: 4.
Biblioteca Nacional: 45, 51, 95, 96, 107.
Carlos/Foto Carlos Ltda.: 4, 163, 170-171, 175, 181.
Estado de Minas/Dedoc: 6, 206, 271, 285, 371.
O Estado de S. Paulo/Agência Estado: 243.
J. Santos/*O Globo*: 299.
Manchete: 4, 229, 264-265, 278-279, 289, 309, 313, 325, 327, 337, 405, 411.
Última Hora/Arquivo do Estado de São Paulo: 3, 206, 253, 289, 297, 371.

ÍNDICE REMISSIVO

ABI (Associação Brasileira de Imprensa), 122
aborto, 269
Abreu Fialho, 335
Abreu, Casimiro de, 145
Abreu, Manoel, 85, 86
Abutre, O, folhetim de Mario Rodrigues, 69
Academia Brasileira de Letras, 61, 414
Academia Militar das Agulhas Negras, 137
Accioly Neto, 183, 184, 202, 211, 218
Adacto Filho, pseudônimo de Artur Pereira de Melo, 164, 165, 166, 167
Ademir, jogador de futebol, 247, 332
Adonias Filho, 359, 400
Affonso, Almino Álvares, 303
Affonso, Ruy, 202
Afonso, José, 295
Agapito, Moacir, vizinho de cela de Sylvia Seraphim, 138
Alaíde, filha de dona Laura, vizinha de NR na rua Alegre, 30
Alaíde, personagem de *Vestido de noiva*, 39, 156, 160, 167, 172, 173, 174, 178, 193, 194, 220, 245; Maria Della Costa no papel de, 204
Alberto Magno, filho de Dulce Rodrigues e Jece Valadão, 356
Alberto, Alvaro, 166
Alberto, rei da Bélgica, 40
Álbum de família, peça de NR: 196, 210, 211, 311; Accioly Neto sobre, 199; Agrippino Grieco defende, 199; Alceu Amoroso Lima e, 199, 330; censura a, 196, 367; críticas, 197, 198, 199; *Diário de Notícias* e, 198, 199; Emil Faraht defende, 199; enquete de *O Globo* sobre exibição de, 199; Jaime Costa contra, 199; liberado, 369; em livro, 197; Manuel Bandeira sobre, 199; montagem, 369; polêmica, 196, 197, 199; e Pompeu de Souza, 199; R. Magalhães Jr. contra, 198; e Rachel de Queiroz, 199; e Sérgio Milliet, 199; Waldemar Cavalcanti defende, 199

Albuquerque Lima, Afonso Augusto de, 381
Alcindo, jogador de futebol, 346
Aleixo, Pedro, 376
"Alemão", amigo de Elza, 146
Alencar, Cristóvão de, 116
Alencar, José de, 342
Alencar, Marcelo, 380
Alfredinho, jogador de futebol, 114
Alice, professora apaixonada por NR, 125, 129
Alma e corpo de uma raça, filme de Milton Rodrigues, 140, 261
Alma Infantil, jornalzinho de NR, 60, 61, 72; seu fim, 63
Almeida Prado, Décio de: sobre *Boca de Ouro*, 311; no Grupo Universitário de Teatro, 161; NR e, 288, 290; sobre NR, 288; sobre TBC, 250; sobre *Vestido de noiva*, 176, 189
Almeida, Antônio, 233
Almeida, Garcia de, 90
Almeida, Helio de, 161, 401
Almeida, Jubileu de, personagem de *Perdoa-me por me traíres*, 275, 376; e Helio Pellegrino, 276; e Otto Lara Resende, 276
Almeida, Mauro de, 116
Almeida, Moacir de, 63
Almeida, Neville d', 412
Alva, Oscar d', 141
Alvarus, 79
Alves, Ataulfo, 280
Alves, Hermano, 303, 381
Alves, Lúcio, 180
Amado, Gilberto, 16, 34, 93, 303
Amado, Gilson, 275, 288
Amado, Jorge, 162, 350, 359
"Amanhã tem mais", coluna de Apparicio Torelly em *A Manhã*, 48
Amaral, Waldir, 365
Amarildo, o "Possesso", 346-7
Amauri, amigo de Elza, 146
Amei um bicheiro, filme, 280

Amélia, dra., médica do Recife, 16
Amigo da Onça, O, 183
Amoroso Lima, Alceu, dito Tristão de Athayde, 28, 199, 212, 273, 372, 374, 453; conciliação com NR, 415; desentendimentos com NR, 329, 330, 372, 373, 374, 382; e Gustavo Corção, 246
Ana Letycia, artista plástica: NR e prisão de, 408
Ana Maria, personagem de *Anjo negro*, 204
Andrade, Oswald de, 112, 369; NR e, 255; NR sobre, 256; sobre NR, 255
"Angelu", remador do Flamengo, 120
anistia, campanha pela, 407, 416; apoio de NR à, 408
Anjo negro, peça de NR: anúncio no *Diário da Noite*, 214; censura, 201, 202, 311, 335; chamada promocional, 201; Os Comediantes, 202; *Correio da Manhã* e, 202; críticas, 202, 288; *O Cruzeiro*, 203; *Diário da Noite* e, 201; elenco, 204; estreia de, 201; filme, 338; *O Globo* defendendo, 202; Gustavo Dória defendendo, 202; Ismael interpretado por um branco, 203, 204; Itália Fausta em, 204; Maria Della Costa em, 204; Nicete Bruno como Ana Maria em, 204, 215; e Paschoal Carlos Magno contra, 202; e Pompeu de Souza debatendo em, 213; Ruy Affonso e, 202; e Thomaz Santa Rosa no debate de, 213; Ziembinski, 204, 213
Anjos, Cyro dos, 220, 221
Anti-Nelson Rodrigues, peça de NR, 412; Carlos Gregório em, 412; elenco, 412; e José Wilker, 412; e Neila Tavares, 412
Antologia de humorismo e sátira — de Gregório de Matos a Vão Gôgo, de R. Magalhães Jr., 308
Antonio Carlos Ribeiro de Andrada, 55, 57, 81
Antunes Filho, José Alves, 250
Apporelly, *v.* Torelly, Apparicio
Arandir, personagem de *Beijo no asfalto*, 313
Aranha, Ciro, 131
Aranha, Oswaldo, 108, 131
Araújo, Aristides, 166
Araújo, Auristela, 166
Araújo, Hermínio, 126, 191
Araújo, Naná, 166
Arilno, noivo de Carolina, 72, 417
Arnaldo, personagem de *Asfalto selvagem*, 301
"Arquivos implacáveis", seção de João Conde em *O Cruzeiro*, 292
Arruda, Ana: NR intercedendo a favor de, 409
Asca, jogador de futebol peruano, 283
Asfalto selvagem, folhetim de NR na *Última Hora*, 299, 300, 314, 315; Alceu Amoroso Lima personagem de, 303; Amado Ribeiro personagem de, 302, 303; capa do livro, 308; Carlos Drummond de Andrade sobre, 306; Carlinhos de Oliveira em, 303; cit., 302, 304, 305-6, 314; criação, 304; edições, 308; estrutura, 300, 301, 302, 303; Eurico Nogueira França personagem de, 303; filme de Jece Valadão, 342; filme, 338; Gilberto Freyre sobre, 308; Gustavo Corção personagem de, 303; Ib Teixeira como personagem de, 303; Helio Pellegrino como personagem em, 303; Henrique Pongetti sobre, 308; Hermano Alves, 303, 381; José Lins do Rego sobre, 308; livro, 307; José Ramos Tinhorão em, 303, 304; Manuel Bandeira sobre, 308; Menotti del Picchia sobre, 308; orelhas, 308; Otto Lara Resende como personagem, 303, 305, 306, 307; Paulo Mendes Campos personagem de, 303; Paulo Reis em, 303; relação com a família de NR, 301; Sábato Magaldi sobre, 308; terceira parte de, 307; Vera Vianna em, 342; Walmir Ayala sobre, 308; Wilson Figueiredo, 303, 304
Assis Barbosa, Francisco de, 232, 250; NR e, 277
Assis Chateaubriand Bandeira de Melo, Francisco de, 84, 91, 94, 176, 182, 185, 186, 187, 246, 317, 318; contra a *Última Hora*, 244
Assis, Chico de, 339
Assunção Cardoso, Henrique de, 377
Athayde, Austregésilo de, 199, 352
Athayde, Tristão de, *v.* Amoroso Lima, Alceu
Atlântico, Cassino, 116, 180
automobilismo, 132
Autran Dourado, Valdomiro Freitas, 375
Ayala, Walmir, 308
Azevedo, Álvares de, 145
Azevedo, Odilon, 46, 169

Babo, Lamartine, 116, 134
Bacchi, jogador de futebol, 31
"Balé da Juventude", produção de Milton Rodrigues, 261
Bandeira Duarte, Margarida, 155, 162
Bandeira, Antônio, 342, 410
Bandeira, Herculano, 18
Bandeira, Manuel, 155, 159, 168, 169, 172, 176, 199, 212, 213, 308; cocaína, 53; sobre NR, 160
Bandeira, Suzana, pseudônimo de Millôr Fernandes, 192
"Barba de Fogo", *v.* Rodrigues, Francisco
Barbosa Lima Sobrinho, Alexandre, 400
Barbosa, Ariel, irmão de Heleninha, 385, 395
Barbosa, Catarina, mãe de Heleninha, 385

ÍNDICE REMISSIVO

Barbosa, dom Marcos, 331, 336
Barbosa, Helena Maria, 384; e NR, 386; constrangimento de NR com, 386; e a clandestinidade de Nelsinho, 388; e problemas de saúde com NR, 394; separação de NR, 395, 396
Barbosa, Jarbas, 338
Barbosa, jogador de futebol, 224
Barbosa, Julieta, cunhada de NR, 174
Barbosa, Orestes, 46, 47, 57, 68, 69, 75, 97, 103, 112, 113, 116, 118; e Mario Rodrigues, 46, 57, 68
Barbosa, Rui, 17, 29, 34, 36, 61, 64; e a imprensa, 34; sobre *Tico-Tico*, 29, 34
Barrault, Jean-Louis, 254
Barrene, Georges, "Jorginho", 322
Barrene, Maria Luísa, filha de Lúcia Cruz Lima, 322, 323, 336
Barreto Leite, Luiza, 162, 166, 217
Barreto Leite, Maria, 166
Barreto, Félix, padre, 62
Barreto, Luís Carlos, 339
Barros de Melo, família, 113
Barros, Fernando de, 204
Barros, Iracema de, 310
Barroso, Ary, 226, 259, 280
Barroso, Maurício, 251, 294
Basbaum, Leôncio, 54
Bastos Padilha, José, 71, 131, 133, 259
Bastos, Danilo, 285
Batalha, A, jornal, 50
Becker, Cacilda, 251, 252; como Lúcia, 204; NR sobre, 252
Beckett, Samuel, 218, 287
Beijo no asfalto, peça de NR, 321, 369, 375; Amado Ribeiro como personagem de, 314; autorização de Amado Ribeiro para, 316; criação de, 314; estreia, 313, 322; estrutura, 314; e Fernanda Montenegro, 313, 314, 321; e Fernando Tôrres, 315; Joffre Rodrigues, 315; e saída de NR da *Última Hora*, 315, 317; Sábato Magaldi sobre, 315; e Samuel Wainer citado em, 316; Sérgio Britto em, 314, 315, 316; Teatro dos Sete, 315; *Última Hora* sobre, 316
Beijo, O, filme de NR e Flávio Tambellini, 410
Bellini, jogador de futebol, 346
Ben-Hur: NR cit., 307
Benjamin, César Queirós, "Cesinha", 389
Bergson, Henri, 178
Bernardes, Artur, 34, 35, 38, 41, 43, 52, 55, 69; caso das "cartas falsas", 35-6
Besanzoni Lage, Gabriela, 142

Bezerra de Freitas, José, 69, 80, 84, 93
Bezerra, personagem de "Confissões", 236
Bianchi, Ney, 263, 266
Bianco, Enrico, 186
Biar, Célia, 251
Bigode do Meu Tio, O, restaurante, 398, 401, 403, 408, 417
Bigode, jogador de futebol, 224
Bilac, Olavo, 31
"Binóculo", coluna da *Gazeta de Notícias*, 93
Bittencourt, Edmundo, 14, 20, 21, 22, 24, 36, 37, 38, 39, 41, 52, 54, 58, 79, 173, 282; briga com *A Manhã*, 52-4; humor de, 35; e Mario Rodrigues, 45, 46, 52, 54; satirizado por Lima Barreto, 353
Bittencourt, Paulo, 37, 41, 173, 353
Bloch, Adolpho, 263, 347
Bloch, Leonardo, 288
Bloch, Pedro, 34, 168, 233
Boal, Augusto, 254, 316, 321, 375, 397; e "Companhia Suicida do Teatro Brasileiro", 398; e revista *X-9*, 398
Boca de Ouro, peça de NR, 314, 375; e Beatriz Veiga, 311; censura, 311; criação, 311; críticas, 310; elenco, Rio de Janeiro, 311; filme de Nelson Pereira dos Santos, 337; Helio Pellegrino sobre, 311; Ivan Cândido em, 311; Jece Valadão, 337, 338; e Gilberto Perrone produzem o filme, 338; José Renato sobre, 311; Rubem Francisco da Silva, 311; Sábato Magaldi sobre, 311; em São Paulo, 311; Tereza Rachel em, 311; Ziembinski, 311
Boca de Ouro, personagem de *Boca de Ouro*, 311
"Boca larga", remador do Flamengo, 120
Bocayuva, "Baby", 280
Bohème, La, 141, 215
Bollini, Flaminio, 250
"Bom dia", coluna de NR no *Jornal dos Sports*, 228
Bonecas, contos de Mario Filho, 113, 114, 347
Bonitinha, mas ordinária, peça de NR, 325, 328, 329, 378; estrutura, 328, 329; filme, 338, 339; Jece Valadão, 339; Joffre Rodrigues e produção de, 339; Nelson Pereira dos Santos, 338; Otto Lara Resende, 325, 326, 328, 329, 339
Borba, José César, 173, 176, 194; ataque a NR, Monte Brito e Freddy Chateaubriand, 198
Borba, Manuel, 17-9
Borgerth, Luís Eduardo, 373
Bory, Jean-Marc, 302

Bôscoli, Ronaldo, 263, 266
Braga, Nadir, 166
Braga, Nelio, 166
Braga, Rubem, 352
Braga, Sônia: em *Dama do lotação*, 412
Brandão, Raul, 379
Brandão, Roberto, pseudônimo de Pompeu de Souza, 198
Brasil em Marcha, semanário, 316, 317, 318; Augustinho Rodrigues em, 318; Vianinha respondendo a NR, 319
Brasília, 310
Brecheret, Victor, 76
Bretanha, Concetta, sogra de NR, 143, 144, 148, 174, 190, 296
Bretanha, Tuninho, irmão de Elza Rodrigues, 267
Britto, Sérgio, 314, 315, 316, 339, 341
Brizola, Leonel, 386
Brown, Isaac, 125, 126
Bruma, doutora, personagem de *Asfalto selvagem*, 303
Brunini, Raul, 366
Bruno, Eleonor (Nonoca): paixão de NR, 207, 215, 216, 217; Elza Rodrigues e o caso de NR com, 215, 229; fim do caso com NR, 229
Bruno, Flordéa, 216
Bruno, Lígia, 216
Bruno, Nicete, 204, 215
Bruno, Paschoal, irmão de Eleonor Bruno, 216, 217
Buenos Aires: Mario Rodrigues e, 34
Bulcão, Argemiro, 118, 133
Burke, Alfredo, 415

"Cabra vadia, A", quadro de NR na TV Globo em *Noite de gala*, 345; em livro, 386; e Roberto Marinho, 345; e "À sombra das chuteiras imortais", 345
Cabral, Sadi, 162
Cacilda, segunda mulher de Mario Júlio Rodrigues, 366
Cafajestes, Os, filme de Ruy Guerra, 337, 338; Jece Valadão produzindo, 337
Café Filho, João, 224, 257, 290
Cagnet, Félix, 340
Cala a boca, Etelvina, de Armando e Freire Jr., 72
Caldas, Silvio, 280

Callado, Antonio, 144, 180, 219, 290. 375, 409; briga com NR, 400; NR e, 144, 180; prisão, 400
Calmon, Miguel, 57
Calógeras, Pandiá, 34
Câmara, dom Helder, 276, 331, 341, 372-4, 382; NR e, 375; e Roberto Marinho, 374
Câmara, dom Jaime de Barros, 246, 276
Camargo, Joracy, 48, 142, 151, 177, 179
"Cambaxirra da revolução, A", artigo de NR, 319
Camejo, Carmelita, irmã de Yolanda, 365
Camejo, Carmen, mãe de Yolanda, 249
Camejo, Yolanda, 248, 249, 250, 267, 268, 362, 364, 365
Caminho do céu, filme de Milton Rodrigues, 261
Campos do Jordão: NR em, 139, 140, 145
Campos, Humberto de, 18, 38
Campos, Milton, 275
Cândido, Ivan, 311
Canudos, Campanha de, 19
Capanema, Gustavo, 153, 164, 175
Capricho, peça de Alfred de Musset, 164, 165, 166
Carbonell, Loreto, 123
Carbonell, Luísa, irmã de Sérgio Loreto, 123
Cardoso, Gilberto, 259
Cardoso, Lúcio, 164, 182
Cardoso, Mary, 166
caricatura, 68
Caridade, dona, vizinha de NR na rua Alegre, 23, 25
Carlos Alberto, 342, 393, 416
Carlos Magno, Paschoal, 372
Carlos, fotógrafo de teatro, 174
Carlos, J., 68
Carlyle, jogador do Fluminense, 247, 262
Carnaval no fogo, filme, 280
Carnaval, 26, 118
Carolina, paixão de infância de NR, 71; Maria Clara Rodrigues promove reencontro, 417
Carpeaux, Otto Maria, 160, 168, 211, 400
Carrero, Tônia, 372
Cartola, sambista, 118
Carvalho, Agenor Homem de, 408
Carvalho, Carlos José de, "Carlinhos", 70
Carvalho, Flávio de, 294
Carvalho, Horácio de, 232
Carvalho, J. P. de, 339
Carvalho, Ronald de, 46, 112, 113

ÍNDICE REMISSIVO

Carvana, Hugo, 382
Casamento, O, romance de NR: e Alfredo Machado, 350, 351; apreensão de, 351; atacado pelo *O Globo*, 352; com Carlos Lacerda, 349, 350; censura de, 367; defendido pelo *Correio da Manhã*, 352; filmado por Arnaldo Jabor, 412; liberação, 369; proibição, 350, 355; publicação, 350
Castello Branco, Carlos, 210, 216, 224, 350, 354, 389; na *Tribuna da Imprensa*, 244
Castello Branco, Humberto de Alencar, 342
Castilho, jogador de futebol, 262
Castro Araújo, 92
Castro, Jorge de, 162
Catanheda, Alvaro, 166
Cavalcanti Gusmão, 340
Cavalcanti, Carlos, 90
Cavalcanti, Waldemar, 199
Caymmi, Dorival, 250
Cegueira dos deuses, A, de Mario Rodrigues, 121
Celeste, personagem de *Boca de Ouro*, 311
Celestino, Vicente, 126, 153, 267, 330, 353
Celi, Adolfo, 250, 252
Cem contos escolhidos, título de "A vida como ela é..." em livro, 308
Cem garotas e um capote, filme de Milton Rodrigues, 261
Cezum, apelido, *v.* Rodrigues, Célia
Chagas Freitas, Antônio de Pádua, 396
Chagas, Walmor, 372
Chateaubriand, Freddy (Frederico), 180, 182, 183, 184, 187, 188, 191, 198, 219, 221; contra Alvaro Lins, 198
Chaves, motorista de Mario Filho, 260
Chico Neto, jogador de futebol, 31
Chile: Mario Filho no, 346
Christensen, Carlos Hugo, 338
chuva de 1967, 355
Cidadão Kane, de Orson Welles, 160, 179
Cidade nua, de Paulo Rodrigues, 359
Cigarra, A, revista, 182
"Cinco de julho", artigo de Mario Rodrigues, 39
Cinema Novo, 410
cinemas, Rio de Janeiro, 31
Circuito da Gávea, e Mario Filho, 133
Clarinha, personagem de Mario Filho, 112, 113
Clark, Walter, 332, 341, 342, 383; complicações de saúde de NR, 415; novela nacional, 340; na TV Globo, 344

Cláudia, filha de Irene Rodrigues, 410
Clélia, uma estudante apaixonada por NR, 125
Clessy, madame, personagem de *Vestido de noiva*, 41, 156, 160, 172, 193, 220; Olga Navarro interpreta, 204
Clodoaldo, jogador de futebol, 393
Clube de Regatas Boqueirão do Passeio, 115
Clube dos Democráticos: e Mario Rodrigues, 37
cocaína: no Rio, 54
Coelho Leite, 13, 14, 19
Coelho Neto, Henrique Maximiano, 114
Coelho Neto, Violeta, 141, 142; no casamento de NR, 148
Coelho, Arnaldo César, 420
Coimbra, Estácio, 11, 12, 18, 19, 40
Collor, Lindolfo, 57
Colombo, Confeitaria: NR e a, 210, 216, 244
Colombo, Adalgisa, 266
Columbia, Restaurante: NR no, 400
Comédia Brasileira, companhia de teatro, 155
Comediantes, Os, 165-9, 175, 193, 202, 204, 250; ensaios, 165; Ítalo Rossi em, 313; participantes, 162, 166; profissionalização de, 179, 195; e Ziembinski, 164
Companhia Dramática Nacional do SNT, 248, 252
Companhia Dulce Rodrigues, 280
Companhia Lírica Brasileira, 142
Companhia Suicida do Teatro Brasileiro, 254, 398: manifesto, 254, 255
Condé, João, 292
"Confissões", coluna de NR em *O Globo*, 236, 310, 368, 372, 375, 379, 380; sobre Antonio Callado, 400; sobre Boal, 397; e *Brasil em Marcha*, 318; interrompidas por problemas de saúde, 415; "irmãos íntimos" de NR, 382; Otto Lara Resende em, 383; patrocínio do Banco Nacional, 370; problemas políticos com a esquerda, 395; sobre Tropicalismo e Caetano Veloso, 381; Wladimir Palmeira, 379, 380, 387
Cony, Carlos Heitor, 359, 375, 420; sobre NR, 409
Copa do Mundo, 62, de Mario Filho, 347
Copa do Mundo: 1950, e Milton Rodrigues, 261; 1958, 283; 1966, e Mario Filho, 346
Copa Rio Branco, 32, de Mario Filho, 222
Copa Rio, 225, 226
Copacabana: 1924, 40; levante do Forte, 36
Corção, Gustavo, 246, 290, 303, 330, 373; NR e, 375-7; NR sobre, 246
Coria, Darcy, 286
Corrêa, Villas Boas, 401

Correia, Raimundo, 26
Correio da Manhã, 12, 18, 19, 20, 22, 33-4, 46, 50, 52, 54, 56, 64, 102, 149, 173, 176, 194, 197, 202, 277, 352, 354, 355, 361, 368, 376; Alvaro Lins, 197, 198; Carlos Drummond de Andrade, 361; episódio das "cartas falsas", 34, 35, 36; e Mario Rodrigues, 19, 20, 22, 23, 33-9, 40-4, 50, 52; Melo Vianna, 55; vetos, 353
Cortes, Aracy, 92
Costa e Silva, Artur da, 381, 387, 389
Costa Rego, Pedro da, 19, 35
Costa, Armando, 319
Costa, Fernando, 52, 69, 94, 118
Costa, Jaime, 151, 152, 160, 169, 199, 367
Costallat, Benjamim, 27, 29
Cotta dos Santos, Hugo, 295
Coutinho, Eduardo, 339
Couto, Armando, 166
Coutto, Francisco Pedro do, 352, 383, 393, 394, 398
Coward, Noël, 251
Crime e castigo, de Dostoiévski, 30, 112, 273
Cristais partidos, de Gilka Machado, 29
Cristaldi, Franco, 339
Cristina, namorada de Nelsinho, 416
Cristófaro, Amália, 23, 24, 28
Crítica, 68-70, 72, 79, 80, 81, 84, 89, 91, 93, 94, 98, 100, 101, 102, 116, 175; empastelamento de, 101-10, 115, 117; família Rodrigues no, 69; fim de, 108-10; fim do processo de empastelamento, 257, 258, 294; fundação do, 68-71; e Henrique Pongetti, 153; e Mario Rodrigues, 79-82, 116; sem Mario Rodrigues, 101, 108-10; leilão dos despojos, 121; Mario Filho no, 69, 80, 82, 98, 101, 102, 114-5; página de esporte, 80; Roberto Rodrigues criticando o Salão Oficial da Escola de Belas Artes, 75, 76; seção policial, 80; seção de política, 80; contra Sylvia Seraphim, 104, 138, 258, 266; e a Última Hora, 233; velório de Roberto Rodrigues, 92
Cruz Lima, Carlos, 323
Cruz Lima, família, 329, 331, 333, 334
Cruz Lima, João Carlos, irmão de Lúcia, 334
Cruz Lima, Lidinha, mãe de Lúcia, 323, 329, 331, 333, 335
Cruz Lima, Lúcia: e NR, 321, 322, 386; complicações no parto, 334; desquite de, 323; e a morte da família de Paulo Rodrigues, 356, 358, 359; e Otto Lara Resende, 329; separação de NR, 383
Cruz Lima, Maria Lídia, irmã de Lúcia, 333, 334
Cruzeiro, Edições O, 187, 190

Cruzeiro, O, 154, 176, 178, 180, 182, 183, 184, 186, 192, 211, 303; contra Alvaro Lins, 198, NR e Anjo negro, 203; NR em, 183; e Suzana Flag, 219
Cuba, crise dos mísseis, 377
Cultura Artística, Teatro, São Paulo, 285-6
"Cultura contra censura", manifestação: NR e, 372, 373
Cunha Miranda, Alma, 141
Cunha, Bellini, 368, 401
Cunha, delegado, personagem de Beijo no asfalto, 313
Cunha, Euclydes da, 12, 20, 66
Cunha, Márcio, pseudônimo de NR, 178

"Da primeira fila", coluna na seção esportiva de O Globo, 222; Augustinho Rodrigues, dirigindo, 222
Dalton, Dorothy, personagem de Viúva, porém honesta, 281
Dama do lotação, A, filme adaptado por Neville d'Almeida de uma história de "A vida como ela é...", 412
Dantas Barreto, Emídio, 11, 12, 16, 17, 18, 19
Dantas, Pedro, pseudônimo de Prudente de Morais Neto, 210
Das Dores, personagem de Doroteia, 217, 218, 286
Daudt de Oliveira, Armando, 401
Daudt de Oliveira, Felipe, 401
Daudt de Oliveira, Mario, 401
Della Costa, Maria, 201, 204, 372
Democracia, A, jornal, 70
Dequinha, jogador de futebol, 260
Deriquém, Moacir, 310
"Derrota dos cretinos, A", artigo de NR na Última Hora, 310
Desconhecido, O, novela de NR, 342; Aldo de Maio, 342; Carlos Alberto em, 342; elenco, 342; Fernando Tôrres dirigindo, 342; Germano Filho em, 342; Jece Valadão, 342; Joana Fomm em, 342; Nathalia Timberg, 342; Vera Viana em, 342; Walter Clark em, 342
Detetive, revista, 180, 182, 184, 186; NR na, 182
Deus e o diabo na terra do sol, filme de Glauber Rocha, 339
Deus lhe pague, peça de Joracy Camargo, 151, 177
Di Cavalcanti, Emiliano, 79, 231, 294
Dia é nosso, O, filme de Milton Rodrigues, 261

ÍNDICE REMISSIVO

Diário Carioca, 102, 133, 162, 197, 210, 232, 261, 398; contra Alvaro Lins, 198; Augustinho Rodrigues no, 140, 261; NR e, 210; reforma no jornalismo, 231
Diário da Noite, 84, 91, 102, 201; folhetim *Giselle, a espiã nua que abalou Paris*, 219; NR no, 219
Diário de Notícias, 102, 162, 176, 198, 199, 210, 277, 373
Diários Associados, 176, 184, 185, 197, 198; NR nos, 180
diários no sótão, 39
Dias Gomes, Alfredo de Freitas, 316, 321, 369
Dias, Pedro, 175
Dida, jogador de futebol, 266
Didi, jogador de futebol, 262, 266, 283, 284, 332
Diduzinho, filho de Didu e Tereza Souza Campos, 331
Dionysos, revista, 213
Dirceu, jogador de futebol, 416
"Direito de matar, O", crônica de Sylvia Seraphim na *Gazeta* de S. Paulo, 94
Direito de nascer, O, de Félix Cagnet, 341
Diretrizes: Augustinho Rodrigues em, 261
Djalma Santos, jogador de futebol, 346
domingo de regatas, 1956, 260
Domingos da Guia, jogador de futebol, 222
Domingues, Heron, 283
Donga, sambista, 116
Dória, Gustavo, 162, 166, 169, 202
Dória, Jorge, 338
Doroteia, peça de NR, 214, 277, 398; críticas, 218; Darcy Coria em, 286; dedicada a Eleonor Bruno, 216; com Dercy Gonçalves, 286, 287; Dulce Rodrigues em, 217, 218; enredo, 218; estreia de, 217; Léo Júsi em, 286; e o teatro do absurdo, 218; Thomaz Santa Rosa, 217; Ziembinski, 217, 218, 286
Doroteia, personagem de *Doroteia*, 217, 220
Dostoiévski, Fiódor, 30, 112, 140
Doval, jogador de futebol, 416
Drummond de Andrade, Carlos, 153, 161, 164, 176, 306; no *Correio da Manhã*, 361; atacado por NR, 255, 361; e NR, 153, 255, 310
Drummond, Juracy, 90
Dulcina, atriz, 152
Dunshee de Abranches, Clóvis, 91, 103, 104, 105
Dupont, E. A., 179
Durval, personagem de *Asfalto selvagem*, 302
Dusek, George, 195
Dutra, Eurico Gaspar, 196, 224, 244, 290

Eddy, Nelson, 144
Edgar, personagem de *Bonitinha, mas ordinária*, 328, 329
Edições do Povo, editora fictícia, 197
Edinho, jogador de futebol, 416
Edmundo, personagem de *Álbum de família*, 197
Eduarda, personagem de *Senhora dos afogados*, 220, 252
Educadora, Rádio, 103
Elias, João, 415, 419
Elizabeth, rainha da Bélgica, 40
"Elogio do silêncio, O", artigo de NR em *A Manhã*, 65
Elza, mulher de Pompeu de Souza, 216
"Engole-garfo", remador do Flamengo, 120
"Engraçadinha — depois dos trinta", subtítulo do livro *Asfalto selvagem*, 307; filme de NR e de J. B. Tanko, 410
"Engraçadinha — seus amores e seus pecados dos doze aos dezoito", subtítulo do livro *Asfalto selvagem*, 307
Engraçadinha, personagem de *Asfalto selvagem*, 300, 305
Érica, empresa de Samuel Wainer, 232
Ernesto do Rego Batista, Pedro, 100
Escola de maridos, de Molière, 164
Escola Nacional de Belas Artes, 61, 62
Escorel, Ana Luísa, 381
Escravas do amor, folhetim de NR, 187, 190; em livro, 187
Escravo, O, de Lúcio Cardoso, 164, 165
Esmeralda, ópera de Carlos de Mesquita, 140
"Espírito moderno", página literária de *A Manhã*, 112, 113
Esporte em marcha, cinejornal de Milton Rodrigues, 261
Esquerda, A, jornal, 50
Esquerdinha, jogador de futebol, 293
Estácio, escola de samba, 118
Estádio de Remo da Lagoa, 260
Estados de alma, de Gilka Machado, 27
Etcheverry, João, 232
Eu sou Pelé, filme dirigido por Carlos Hugo Christensen: NR e, 338
Europa: Nelson Rodrigues Filho na, 387

Façanha, Juvêncio, 370
Fadel, Fadel, 259
Falcão, Ana Esther, avó de NR, 15
Falcão, Armando, 300, 311

Falcão, família, 15
Falcão, João Marinho, 15
Falecida, A, peça de NR, 250, 251, 300; como comédia, 247; Décio de Almeida Prado, 288; Eduardo Coutinho no filme, 339; elenco, 248; Elza Rodrigues, prejuízos com o filme, 340; enredo, 247; estreia, 247; Fernanda Montenegro no filme, 339; filmagens, 339, 340; filme e críticas da imprensa, 340; filme com a produção de Joffre Rodrigues, 339, 340; José Maria Monteiro na peça, 248; Leon Hirszman no filme, 339; livro, 290; prejuízos com o filme, 340, 344; e *Senhora dos afogados*, 340; Sônia Oiticica, 248
Família Lero-lero, A, de R. Magalhães Jr., 151
Fanny, pensão da, 52
Faraht, Emil, 199
Faria Neves Sobrinho, 91, 92, 113
Faria Rosa, Abadie, 154, 161, 165
Farney, Dick, 338
Fatos e Fotos, revista, 342, 343
Fausta, Itália, 204
Fausto, jogador de futebol, 222
"Felicidade, A", artigo de NR em *A Manhã*, 65
Feola, Vicente, 284, 346
Ferberow, Weniamin, 268
Fernandes, Helio, 186, 216
Fernandes, Millôr, 180, 186, 280, 287; e Dulce Rodrigues, 192; e a família Rodrigues, 192; na revista *O Cruzeiro*, 183, 192
Fernando Horácio, editor-chefe do *Jornal dos Sports*, 366, 367
Ferreira da Silva, Ademar, 221
Ferreira, Bibi, 252
"Ferreira, Geraldo Barcellos", codinome de Nelsinho, 401
Ferreira, Procópio, 151, 152, 160, 169
Feydeau, Georges, 315
Fidélis, padre, professor de Joffre Rodrigues no Colégio São José, 293
Figueiredo Pimentel II, Alberto, 84, 93, 94
Figueiredo Pimentel, Alberto, 93
Figueiredo, Adail, 92
Figueiredo, Guilherme, 176, 184
Figueiredo, Jackson de, 43
Figueiredo, João Baptista, 407, 416
Figueiredo, Wilson, 303, 304, 354; no *Jornal do Brasil*, 290; compra do apartamento de NR, 344
Figueroa, Enrique, 68, 79, 80

Fim de jornada, de R. C. Sherriff, 164, 177; com Ziembinski, 165, 168, 177
Fios de prata (*Sinfonia da dor*), de Sylvia Seraphim, 104
Fiúza de Castro, Adir, 378, 400, 403, 408; NR e, 379
Fla-Flu, revista musical, 132
Flamengo: e Joffre Rodrigues, 116; e Mario Filho, 259, 260
Flan, semanário de Samuel Wainer, 250; equipe, 250; Suzana Flag (NR) em, 244
Flávia, personagem de *Doroteia*, 217, 220
Flávio, jogador de futebol, 380
Floriano, ajudante de ordens de Mario Filho, 259
Florinda, caso policial, 82
Fluminense, 31, 416; e Joffre Rodrigues, 116; e Mario Filho, 259
Folha da Noite, 234
Fomm, Joana, 342
Fon-Fon, revista, 85, 124, 168
Fonseca, Hermes da, 11, 12, 17, 35, 36
Fontaine, Alain, 332
Fontaine, Joan, 185
Fontes, Lourival, 196, 303
Fontoura, Antônio Carlos, 319
Fortes, jogador de futebol, 31
Fortunato, Gregório, 222
Fragoso, Heleno, 403
Franca, Leonel, padre, 202
Francis, Paulo, 218, 277, 352, 375, 376; NR sobre, 277
Francisco Carlos, cantor, 294
Frazão, Eratóstenes, 69, 93, 116
Frederico, colega de escola de NR, 26
Freire Jr., Francisco José, 72, 142, 177
Freire, Gracinda, 342
Freitas, Geraldo de, 180
Freitas, Silvia de, 166
Freud, Sigmund, 178; NR e, 141
Freyre, Gilberto, 154, 212, 308
Fritz, Anísio Oscar Mota, dito, 79
Fróes, Leopoldo, 152
Frota, Silvio, 403
Fumagali, Pedro, 296
Furtado, Celso, 318
futebol, 131, 132, 226, 262, 283, 284, 296, 332, 346, 394

Galloti, Luiz, 227, 280
Gama Cerqueira, advogado, 100
Gama e Silva, Luís Antônio da, 372

ÍNDICE REMISSIVO

García Lorca, Federico, 169
Garcia, investigador, 103
garçonnière do edifício Pitaguary, 216, 229, 230
Garrido, Alda, 72, 164
Garrincha, jogador de futebol, 224, 284, 332, 346
Gazeta de Notícias, jornal, 93, 106
Gazeta de S. Paulo, jornal, 94
Gazeta, A, jornal, 85
Geisel, Orlando, 391, 392, 407
Geni, personagem de *Toda nudez será castigada*, 343, 410
Géraldy, Paul, 321
Germano Filho, 342
Gerson, jogador de futebol, 346, 393
Gibi, revista, 186
Gibson Barbosa, Mario, 397
Gigli, Beniamino, 267
Gil, Gilberto: prisão de, 381, 400
Gilberto, personagem de *Perdoa-me por me traíres*, 270
Gill, Gláucio, 254, 270, 271, 274, 276
Gill, Rubem, 84
Gilmar, jogador de futebol, 284, 346
Giselle de Monfort, pseudônimo de David Nasser, 219
Giselle, a espiã nua que abalou Paris, folhetim do *Diário da Noite*, 219
Giudicelli, Raul, 407
Globo Feminino, O, jornal, 161, 176
Globo Juvenil, O, jornal, 156, 165, 176; Elza em, 142-3, 150; NR em, 141, 142, 144, 146, 154, 165; saída de NR de, 180
"Globo na arte lírica, O", coluna de *O Globo*, 141
Globo Sportivo, O, tabloide semanal, 222
Globo, TV, 345, 415
Globo, O, 109, 111-22, 159, 176, 179, 199, 202, 352, 391; Augustinho Rodrigues no, 261; esportes, 126, 130, 131, 132, 133; "O Globo na arte lírica", coluna de, 141; Joffre Rodrigues em, 115, 133; com Mario Filho, 115-8, 126, 130-3, 134, 140, 222, 224; Milton Rodrigues, 261; nascimento de *Mundo Esportivo*, 117-8; nascimento do *Jornal dos Sports*, 133; NR e, 115, 117, 121, 126, 139, 140, 142, 228, 307, 317, 364, 365, 368; com Otto Lara Resende, 307; prisão de Nelsinho, 404; raide Rio-Santos, 120
Globo, Rádio, 365, 374
Glória, Darlene, 410
Glória, personagem de *Álbum de família*, 197

Glorinha, personagem de *Perdoa-me por me traíres*, 270
Goldoni, Carlo, 164
Gomes de Paiva, Max, 103, 104
Gomes Pedrosa, Roberto, 225
Gomes, Ângelo, 262, 263
Gomes, Eduardo, 244, 275, 376
Gomes, Sebastião, 89
Gonçalves, Dercy, 285, 286; NR sobre, 286
Gonczarowska, Jankiel, 263
Gondim de Oliveira, Leão, 185
Gondin da Fonseca, Manuel José, 70, 74, 75
Gonzaga, Ademar, 140
Gonzaga, Armando, 72
Goransson, Gunnar, 332
Goulart, João, 224, 325, 386
Graça Mello, Otávio, 166, 173, 195
Graça Mello, Stella, 166
Graciano, Clóvis, 161
Gracindo, Paulo, 341
Grande Resenha Facit, programa de TV, 332, 341, 352, 389; NR na, 335
Gray, Lina, pseudônimo de Evangelina Guinle, 167
Gregório, Carlos, 412
Grieco, Agrippino, 48, 61, 65, 66, 112, 113, 199
Gritos bárbaros, de Moacir de Almeida, 65
"Gritos bárbaros", artigo de NR no *A Manhã*, 65
Grock, pseudônimo de NR, 193, 211
Grünewald, José Lino, 179, 352, 353, 381, 383
Grupo de Teatro Experimental, 161
Grupo Universitário de Teatro, 161
Guanabara, Editora, 344
Guarnieri, Gianfrancesco, 316
Gudin, Eugênio, 318
Guerra, Ruy, 337
Guevara, Andrés, 68, 75, 79, 80, 113, 114, 117, 209, 233; carta de NR a, 209; e a *Última Hora*, 233
Guigui, personagem de *Boca de Ouro*, 311
Guilherme, personagem de *Álbum de família*, 197
Guimarães, J. B. de Albuquerque, personagem de *Viúva, porém honesta*, 282
Guimarães, Joaquim, 132
Guinle, Arnaldo, 54, 131, 133, 260
Guinle, Eduardo, 167
Guinle, Evangelina, 166, 168, 173, 174
Guinle, família, 165
Guri, O, revista, 180, 184; NR em, 182

Gutman, Bela, 284
Guy, Orlando, 204

Haddad, Jamil, 366
Havelange, João, 346
Heliodora, Barbara, 372
Henningsen, Hans, o "Marinheiro Sueco", 332, 346, 383
Herculano, personagem de *Toda nudez será castigada*, 343
Hirszman, Leon, 339
história em quadrinhos, 182
História literária de Eça de Queiroz, de Alvaro Lins, 156
história política do Brasil, 56, 57, 81, 102, 105, 106, 244, 263, 315, 342, 372, 376, 383, 387, 388, 400, 407
Histórias do Flamengo, de Mario Filho, 222, 260
Hitchcock, Alfred, 185, 195
Holanda, Rafael de, 69, 84, 103
Hollywood, 121
Homem proibido, O, de Suzana Flag, 240
Honorina, dona, diretora da escola Prudente de Morais, 26, 39
Hora, Mario, 176
Horta, Francisco, 416
Houaiss, Antônio, 398

Iapetec (Instituto de Aposentadoria e Pensões dos Empregados em Transportes de Carga), 291
Ibsen, Henrik, 177, 178
Iléli, Jorge, 338
Imprensa, de Carlos Lacerda, 244
Índio do Brasil, Febrônio, 81, 94
Infância de Portinari, de Mario Filho, 347
"Instantâneos sinfônicos Schenly", programa da Rádio Tupi: NR e, 184
Instituto Italiano, 165
Instituto Lafayette, 166
Invenção de Orfeu, de Jorge de Lima, 255
Ionesco, Eugene, 218, 287
Isabel Teresa, personagem de *A morta sem espelho*, 341
Ismael, personagem de *Anjo negro*, 203, 204
Itália, jogador de futebol, 114
Ivo, Lêdo, 199

Jabor, Arnaldo, 375, 379; filma NR, 410
Jabur, Paulo, 402
Jacobbi, Ruggero, 250, 252
Jafet, Ricardo, 232

Jaguaré, jogador de futebol, 222
Jairzinho, jogador de futebol, 346, 393
Jarry, Alfred, 221
Jazz, revista de Milton e Roberto Rodrigues, 59, 75, 79
Jércolis, Jardel, 132
João do Rio, pseudônimo de Paulo Barreto, 27
João Turco, *v.* Pallut, João
João, amigo do filho de Paulo Rodrigues: e a morte da família, 358
Jobim, Danton, 46, 69, 75, 231
Jogos da Primavera, 225, 291, 347; e Mario Filho, 224
Joice, personagem de *Anti-Nelson Rodrigues*, 412
Jonas, personagem de *Álbum de família*, 197
jornais, 54, 112, 140, 231, 232; cadernos, 54; década de 1920, 45, 46, 47, 52, 68, 69, 80, 81, 81, 114; década de 1950, 231; década de 1960, 353; fotografia, 1925, 48; objetividade, 232; jornalismo esportivo, 114, 221, 222, 225
Jornal da República, 12, 14, 16, 17, 19
Jornal da Tela, de Milton Rodrigues, 282, 283
Jornal de Modinhas, 124
Jornal de Recife, 14, 19, 20, 41
Jornal do Brasil, 76, 102, 106, 114; e Claudio Melo e Souza, 326; e José Ramos Tinhorão, 303; NR e Alceu Amoroso Lima, 372, 415; NR contra o, 375; pela liberdade de Nelsinho, 407; e NR sobre censura a *O casamento*, 351; e a saída de NR de *O Globo*, 354; e Wilson Figueiredo, 290
Jornal do Comércio, 102
Jornal dos Sports, 118, 133, 263, 307, 314, 368; e Amarildo, 346-7; Mario Júlio Rodrigues na direção do, 354, 366; com Mario Filho, 139, 224, 225; NR no, 363, 365; e Roberto Marinho, 222; venda do, 368
Jornal Nacional: NR sobre Nelsinho, 405
Jornal, O, 84, 85, 93, 102, 162, 176, 185, 186, 187, 208, 210; contra Alvaro Lins, 198; defende NR em *Álbum de família*, 199; NR sai do, 219; Suzana Flag e, 219
José Alvaro, colunista, 294
José Maria, jornalista, 115
José Olympio, Livraria, 154
Jouvet, Louis, 162
Judite, personagem de *Perdoa-me por me traíres*, 270
Júsi, Léo, 254, 270, 272, 274, 276, 286; e Dercy Gonçalves, 285
Juvenal, jogador de futebol, 224

Kafka, Franz, 314
Kelly, Celso, 162
Kerner, Ary, 78, 79
Klabin, Armando, 280
Klinger, Bertoldo, 106, 108
Kruschner, Dóri, 259
Krymchantowsky, Michael, 318
Kubitschek, Júlia, 291
Kubitschek, Juscelino, 290, 292, 299, 303, 310; e crônica de NR no *Brasil em Marcha*, 318; e a *Última Hora*, 224, 232, 263; NR pede emprego público a, 291; NR sobre, 318

Labanca, Ângelo, 162
Lábios sem beijos, de Humberto Mauro, 72
Lacerda, Benedito, 93
Lacerda, Carlos, 56, 176, 226, 243, 245, 248, 263, 274, 292, 303, 318, 349, 350, 367, 386; contra Getulio Vargas, 243; e Mario Filho, 386; e a *Última Hora*, 243, 361
Lacerda, Maurício de, 46, 54, 244
Lacerda, Oldemar, 35, 36
Lacerda, Vanda, 311
Laet, Carlos de, 398
Lago, Mario, 315
Laís, jogador de futebol, 31
Lambreta, doutor, personagem de *Viúva, porém honesta*, 282
Lan (Lanfranco) Vaselli, 233
Lara Resende, Otto, 210, 211, 232, 250, 276, 303, 305, 306, 307, 323, 325, 326, 328, 329, 336, 339, 354, 367, 374, 376, 383; com os pais de Lúcia Cruz Lima, 329, 331; e drama de Daniela, 361; e Oswald de Andrade, 256; sobre fuga de Nelsinho, 393; na *Última Hora*, 244
Laura, vizinha de NR, 30
Laurence, Albert, 293
Lauro-Volpi, Giaccommo, 141
Leal, Maria de Nazareth, 141
Leão, Danuza, 280, 303
Leão, Puech de, 414
Leblanc, Maurice, 182
Leigmar, doceira de O Bigode do Meu Tio, 388, 402
Leite, Carlos, 69, 80, 81, 82, 84, 93
Leleco, personagem de *Anti-Nelson Rodrigues*, 412; personagem de *Asfalto selvagem*, 302; personagem de *Boca de Ouro*, 311
Lemos, Carlos, 290
Lenormand, Henri René, 178, 177

Leônidas da Silva, 222
Leonor, enfermeira de NR, 395, 396
Leonor, parteira, 153
Leque, O, de Carlo Goldoni, 164
Letícia, personagem de *Asfalto selvagem*, 300
Liceu de Artes e Ofícios, 112, 115, 146
Lídia, personagem de *A mulher sem pecado*, 195, 220
Life, revista, 124
Lima Barreto, Afonso Henriques de, 277, 353
Lima, Jorge de, 255
Limite, filme de Mario Peixoto, 179
Lins do Rego, José, 154, 162, 259, 308
Lins e Silva, Evandro, 375
Lins, Alvaro, 153, 155, 161, 168, 173, 176, 196, 197, 198, 199, 255
Lins, Miguel, 400
Lobo, Haroldo, 233
Lodi, Euvaldo, 232
Lola, enfermeira de NR, 395, 396
Lopes, Edison, 204
Loreto, Sérgio, 53, 60, 61
Loureiro, Oswaldo, em *Beijo no asfalto*, 313
Lúcia, personagem de *Vestido de noiva*, 156, 160, 166, 173, 193, 220, 245; Cacilda Becker no papel de, 204
Luís Pereira de Sousa, Washington, 55, 56, 71, 81, 82, 91, 102, 105, 106
"Lula", apelido, *v.* Rodrigues Filho, Mario
Lupicínio, doutor, personagem de *Viúva, porém honesta*, 282
Luto assenta a Electra, O, de Eugene O'Neill, 178, 252
Lutz, Berta, 103
Luz vermelha, A, de Benjamim Costallat, 27
Luzardo, João Batista, 59
Lyra Tavares, Aurélio de, 378
Lys, Edmundo, 161

MacDonald, Jeanette, 144
Macedo Soares, José Eduardo, 210, 231
Macedo, Watson, 337
Machado, Alfredo, 144, 344, 347, 350, 351
Machado, Gilka, 27, 28, 124
Machado, Irineu, 35
Machado, jogador de futebol, 31
Machado, Maria Clara, 370
Machado, Ruy Affonso, 202
Madame Butterfly, de Violeta Coelho Neto, espetáculo, 141
Maeterlinck, Maurice, 164

Mafra Filho, 162
Magaldi, Sábato, 216, 220, 234, 240, 290, 308, 311, 315, 375, 385, 398
Magalhães Graça, 166
Magalhães Jr., Raimundo, 118, 151, 176, 187, 198, 308, 352
Magalhães Lins, José Luís, 332, 339, 344, 368, 387, 395, 401
Magalhães Pinto, Ana Lúcia, última paixão de NR, 417
Magalhães Pinto, José: sobre a fuga de Nelsinho, 393
Magalhães, Juraci Montenegro, 303
Magalhães, Raphael de Almeida, 367
Magarinos Torres, presidente do Tribunal do Júri, 94, 102, 103
Mágico de Oz, O: de L. Frank Baum, 154; de NR e Alceu Penna, 154
Magno, Paschoal Carlos, 76, 202, 218, 234, 287, 288, 296
Maio, Aldo de, 342
Malta, Otávio, 232, 245
Malu, namorada de NR, 410
Manchete Esportiva, 262, 266, 307, 316; Augustinho Rodrigues na, 262, 266; equipe, 263; NR na, 283; e as operações de NR, 296; Paulinho Rodrigues na, 262
Manchete, 255, 256, 272, 288, 294, 307, 354, 386, 409
Mangabeira, Otávio, 275
Mangueira, surgimento, 118
"Manhã proletária, A", seção de *A Manhã*, 53
Manhã, A, 44, 45, 60, 64, 68, 70, 79, 81, 102, 112-4, 153, 159, 178, 354; anúncios gratuitos de empregos, 54; cadernos em outras línguas, 54; colaboradores, 46; e comunismo, 53; disfarces de repórteres, 52; distribuição do suborno de Sérgio Loreto, 53; família Rodrigues em, 59; fundação, 45; e Mario Rodrigues, 46, 49-58, 67, 116; Mario Filho em, 59, 111, 112; pré-feminismo, 53; e Melo Viana, 55; NR em, 47, 59, 61, 62-7; redação, 45, 46; Roberto Rodrigues em, 59; seção policial, 45, 46, 47, 48, 67, 112
Manha, A, jornal do Barão de Itararé, 47, 179
Mano, jogador de futebol, 31
Manual de civilidade, de Sylvia Seraphim, 105
Manzon, Jean, 183, 219
Mãos de Eurídice, As, de Pedro Bloch, 233; Rodolfo Mayer em, 240
Maracanã: construção do, 226; e Mario Filho, 226, 365-7

Marcos, jogador de futebol, 31
Maria Adelaide, prima de NR, 40
Maria Cachucha, de Joracy Camargo, 142, 177
Maria Cecília, personagem de *Bonitinha, mas ordinária*, 328
Maria Fernanda, atriz, 370
Maria Lúcia, pseudônimo de NR, 176
Maria Luísa, personagem de *Boca de Ouro*, 311
Maria, telefonista de *O Globo*, 142, 143
Marianno Filho, José, 18, 19, 20
Marianno, José, 18
Marianno, Maria Clara, 19
Marianno, Olegario, 18, 19, 20, 22, 62, 212
Marina, sogra de Paulo Rodrigues, 356
Marinho, Irineu, 115
Marinho, Roberto Irineu, 374
Marinho, Roberto, 115, 117, 120, 121, 126, 133, 134, 140, 142, 143, 146, 152, 155, 159, 169, 173, 180, 182, 191, 317, 318, 345, 353, 368, 391; briga com Mario Filho, 224, 347, 365; e dom Helder Câmara, 374; e Joffre Rodrigues, 134; e *Jornal dos Sports*, 222, 224, 359; e o raide Rio-Santos, 120
Mario Filho, *v.* Rodrigues Filho, Mario
Marques, Flávio, 183
Martinez Correa, José Celso, 369
Martinez, Antônio, caso policial, 82
Martins, Carlos Estevam, 320
Martins, Editora, 187
Martins, Justino, 250
Martins, Mario, 117
Martins, Roberto, 93
Marx, Karl, 298, 375
Mascarenhas, Eduardo, 417, 418
Matarazzo, conde Francisco: e Mario Rodrigues, 69
Matos, Euricles de, 109, 115, 121
Maugham, W. Somerset, 51, 182
Mauro, Humberto, 72
Mayer, Rodolfo, 155, 167, 233, 240, 277, 343
"Mazum", apelido, *v.* Rodrigues Filho, Mario
Medeiros e Albuquerque, José Joaquim, 48
Medeiros Silva, Carlos, 350, 351, 367
Medeiros, Amaury de, 53
Médici, Emílio Garrastazu, 387, 389, 391, 412; sobre Nelsinho, 392, 393, 403
Meireles, Cecília, 169, 177, 256
Mello e Souza, Claudio, 326, 323, 336, 355, 375
Mello e Souza, Maria Augusta, 336
Mello Mourão, Gerardo, 375

Mello, Mario, 142, 143
Melo Franco, Virgílio A. de, 55
Melo Neto, João Cabral de, 250; em *Flan*, 255
Melo Pinto, Augusto (Gugu), 332
Melo Pinto, Dário de, 259
Melo Viana, Fernando de, 54, 55, 67, 81, 82, 92, 100
Melo, Angelito, 310
"Memórias", de NR, 368; capítulos publicados em livro, 362, 368; no *Correio da Manhã*, 352, 353, 354, 355, 361; interrompidas, 361; e morte da família de Paulo Rodrigues, 361; e Roberto Marinho, 353
Mendes Campos, Paulo, 198, 210, 220, 287, 290, 303
Mendes de Almeida, Fernando, 76
Mendes de Morais, Ângelo, 365
Mendes, Luiz, 283, 332, 335
Mendonça, Marcos Carneiro de, 32, 222, 227
Menezes, Agostinho, 343
Menezes, Armando Serra, 137, 138
Menina sem estrela, A, primeiro volume das "Memórias", de NR, 362
Menino e o mundo, O, de Paulo Rodrigues, 359
Menotti del Picchia, Paulo, 202, 308
Mentira, A, folhetim de Suzana Flag, 250
Mesquita da Costa, Adroaldo, 202, 212
Mesquita, Alfredo, 161
Mesquita, Carlos de, 140, 141
Metropolitano, jornal da UNE, 320, 410
Meu destino é pecar, de Suzana Flag: folhetim, 185, 186, 187, 190, 208, 209; filme, 338; ilustração, 186; livro, 187, 308; como novela de rádio, 187; salto de capítulo, 186
"Meu destino é pescar", reportagem de Millôr Fernandes, 192
Meu libelo, de Mario Rodrigues, 41, 43
Meu Pernambuco, de Mario Rodrigues, 121
"Meu personagem da semana", coluna de NR na *Manchete Esportiva*, 283
Meyer, Rivadávia Correia, 261
Milliet, Sérgio, 199
Minha vida, de Suzana Flag: folhetim, 207, 208; livro, 208
Miranda, Ari, 134
Mlle. Cinema, de Benjamim Costallat, 27
Moeda quebrada, A, seriado, 31
Moema, personagem de *Senhora dos afogados*, 220, 252
Molas, Lorenzo, 222

Moleque Presepeiro, *v*. Peçanha, Nilo
Molière, 164, 169
Moniz Sodré, Niomar, 353, 362, 368
Moniz, Edmundo, 375
Moniz, Sílvio, 98, 134
Monteiro da Silva, Carlos 352, 355
Monteiro Lobato, José Bento, 46, 59
Monteiro, José Maria, 248
Monteiro, Marcelo, 359
Montenegro, Fernanda, 314, 336, 339, 341, 343, 413
Montepin, Xavier de, 29
Moraes Filho, Evaristo de, 408
Moraes, Ângelo Mendes de, 227
Moraes, Vinicius de, 250, 341
Moraes, Weber de, 281
Morais, Dulcina de, 151, 152, 160, 169
Moreau, Jeanne, 302
Moreira Leite, Antônio, 224, 259
Moreira Salles, Walther, 232, 368
Moreira, Cid, 405
Moreira, Neiva, 303
Moreira, Zezé, 262
Morel, Edmar, 232, 298
Moreyra, Alvaro, 75, 118, 359
Moreyra, Eugenia, 27, 103, 118
Morineau, Henriette, 234, 252, 372
Morta sem espelho, A, novela de NR para Walter Clark, 341; cena, 341; elenco, 341; e Fernando Tôrres, 341; dom Helder Câmara assistindo a, 341; Ítalo Rossi em, 341; e Joffre Rodrigues, 341; Paulo Gracindo em, 341; Sérgio Britto em, 341; Walter Clark, 341
Moses, Herbert, 118, 122, 126
Mota Lima, Pedro, 55
Mota, Nelsinho, 382
MR-8: Nelson Rodrigues Filho no, 387
Mulher que amou demais, A, de Myrna, 219
Mulher sem pecado, A, peça de NR, 130, 142, 151-3, 164, 167, 178; críticas, 155, 156; elenco, 194, 195; e Elza Rodrigues, 156; estreia da peça, 156; com Jece Valadão, 277, 280, 282; mudança no personagem Olegario de, 195; Manuel Bandeira sobre, 155, 159; nova montagem com Os Comediantes, 193; Otávio Graça Mello em, 195; em quadrinhos, 154; e Stella Perry em, 195
Mulheres de bronze, As, de Xavier de Montepin, 29
Mulheres e milhões, filme de Jorge Iléli, 338; e Gilberto Perrone em, 338

Müller, Maria Lúcia Rodrigues, filha de NR com Yolanda, 249, 362, 364, 365
Müller, Maneco (Jacinto de Thormes), 232
Mundo Esportivo, 117, 118; Antônio Nássara no, 117, 118; e escolas de samba, 117, 118; fim do, 118; e Joffre Rodrigues, 117; Mario Filho no, 117; Milton Rodrigues no, 117; raide Rio-Santos, 120
Municipal, Teatro, 163, 165, 167
Murad, Stans, 394, 395, 403, 414
Musset, Alfred, 164
"Myrna escreve", seção no *Diário da Noite*, 219
Myrna, pseudônimo de NR, 219, 220

Namorados da Lua, Os, grupo musical, 180
Nascimento, Abdias do, 203, 204, 254, 270, 274, 275, 375
Nássara, Antônio, 79, 93, 116, 117, 118, 233
Nasser, David, 180, 183, 184, 219
Navarro, Olga, 204
Negrão de Lima, Otacílio, 274, 276, 360
Negro no futebol brasileiro, O, de Mario Filho, 222, 224
Nery, Ismael, 76
Neves da Fontoura, João, 57
Neves, Jáder, 261, 263
Neves, Tancredo, 250, 252, 325
Niemeyer, Oscar, 176, 382, 383
Nilton Santos, 332
Niskier, Arnaldo, 263, 420
Noêmia, professora de NR, 37
Nogueira França, Eurico, 303
Nogueira, Armando, 332, 415
Nogueira, Saty, 85
Noite de gala, programa da TV Globo, 353
Noite, A, 43, 47, 49, 51, 92, 100, 102, 106, 109, 115, 172
Nonô, personagem de *Álbum de família*, 197
Nonoca, v. Bruno, Eleonor
Noronha, personagem de *Os sete gatinhos*, 288
Nota, A, jornal, 116, 133, 134, 261; Augustinho em, 140, 261
Notícia, A, jornal, 102, 106
Noturno, de Gilka Machado, 27
Nova Fronteira, Editora, 349
novela brasileira de TV, 341
Nunes, Mario, 155
Núpcias de fogo, de Suzana Flag, 219

O'Neill, Eugene, 178, 202, 252
Óbvio ululante, O, coletânea de "Confissões", de NR, 386
Odorico, personagem de *Asfalto selvagem*, 305
Ofélia, filha de dona Caridade, 23, 25
Oiticica, José, 248
Oiticica, Sônia, 167, 248, 252, 270, 274
Olavo Agostinho, 162, 163, 166
Olegario, personagem de *A mulher sem pecado*, 195
Olenewa, Maria, 123
Olinda: família Rodrigues em, 19
Olinto, Antônio, 359
Oliveira Neto, Cândido de, 122
Oliveira, Alberto de, 66
Oliveira, Carlinhos de, 290, 303
Oliveira, Franklin de, 183, 352, 375
Oliveira, Miguel D'Arcy de, 397
Olivier, Laurence, 185
Opinião, grupo, 370
Orlando "Pingo de Ouro", jogador de futebol, 262
Oscar, Henrique, 277
Oswaldinho, personagem de *Anti-Nelson Rodrigues*, 412
Oswaldo "Topete", jogador de futebol, 262
Oswaldo, jogador de futebol, 33
Otto Lara Resende ou Bonitinha, mas ordinária, v. *Bonitinha, mas ordinária*
Outubro, 1930, de Virgílio A. de Melo Franco, 57
Ozon, J. (José), 197, 307, 308

Padilha, Lilia, cunhada de Mario Filho, 71, 131
Pagador de promessas, O, de Dias Gomes, 321
"Pai, em teu nome eu acuso!", artigo de Mario Filho, 105
Paíno, Walter, 216, 217, 221
País, O, jornal, 102, 106
Paiva, Manço de, 210
"Palavras ao mar", artigo de NR em *A Manhã*, 65
Palhares, personagem de "A vida como ela é...", 236
Pallut, João, "João Turco", 52
Palma, Dália, 270, 273
Palmeira, Wladimir, 375, 379, 380, 387
Palmira, leiteria, 144, 146, 156, 174
"Pão Doce", contínuo do *Jornal dos Sports*, 363
"Papel da mulher na economia do lar, O", crônica de Sylvia Seraphim, 94
"Para todos...", artigo de NR, 72
Paranhos, Mirtes, 353
Parpagnoli, Ricardo, 266
Parreiras, Edgar, 76

ÍNDICE REMISSIVO

Passeata dos Cem Mil, 380, 381
Passos, Wilson Leite, 274, 275, 276
Pátria o muerte, peça de Vianinha, 319
Patrocínio Filho, José do, 27, 46, 53, 132
Paula, Aloísio de, 126
Paulino, Augusto, 394
Paulo Filho, M., oftalmologista de NR, 149, 150; e Mario Rodrigues, 149
Paulo Sérgio, filho de Helena Rodrigues, 385
Pavão, jogador de futebol, 247
Peçanha, Nilo, 35, 36
Pedreira, Brutus, 162, 163, 165, 166, 167, 173, 174, 179
Pedro, personagem de *Vestido de noiva*, 156, 160
Peixoto, Cauby, 267, 401
Peixoto, Mario, 179
Peixoto, personagem de *Bonitinha, mas ordinária*, 328
Pelé, 224, 284, 346, 347, 393
Péleas e Melisanda, de Maurice Maeterlinck, 164, 165, 177
Pellegrino, Helio, 250, 276, 292, 303, 306, 312, 323, 325, 326, 331, 336, 352, 375, 376, 377, 382, 400, 418; e Nelsinho sobre fuga do país, 393; enquadrado na Lei de Segurança Nacional, 376; padrinho de Daniela, 335; prisão de, 377, 379
Pellegrino, Maria Urbana, 326, 336, 378
Pelufo, Manuel, 209
Pena Boto, Carlos, 243
Pena Jr., Afonso, 55
Pena, Cornélio, 76
Penna, Alceu, 154
Peralva, Angelina, filha de Oswaldo Peralva, 403; fuga de, 408
Peralva, Nádia, 408
Peralva, Oswaldo, 353, 375, 403
Perdoa-me por me traíres, peça de NR, 254, 281, 311, 369; e Abdias do Nascimento, 274, 275; e Alceu Amoroso Lima, 273; censura de, 269, 276; criação de, 270; críticas, 277; e Dália Palma, 270; elenco, 270; encenação de, 271, 272, 275; estreia, 273, 274, 275, 276; e Gláucio Gill, 270, 274, 276; Léo Júsi em, 270, 272, 274, 276; liberação de, 270, 274, 276; e Sônia Oiticica em, 270, 274; a *Última Hora* sobre, 277; e Wilson Leite Passos, 274, 275, 276
Pereira de Almeida, Abílio, 251
Pereira dos Santos, Nelson, 280, 332, 337, 338
Pereira Lyra, 197
Pereira Passos, Francisco, 20
Pereira Rego, de *O Globo*, 314
Pereira, Alceu, 183
Pereira, Astrojildo, 160, 168
Pereira, Lúcia Miguel, 199
Péricles Albuquerque Maranhão, 183
Perrone, Gilberto, 338
Perry, Carlos, 164-9, 173, 179, 195
Perry, Stella, 164-9, 174, 179, 193, 194, 195
Pessoa, Cândido, 108
Pessoa, Epitácio, 33, 34, 36, 38, 43, 44, 57, 61, 79
Pessoa, João, 81, 108
Pessoa, Mary, 38
Pessoa, Raimundo: como personagem de *Asfalto selvagem*, 303
Phoenix, Teatro, 195
Piergilli, Sílvio, 141
"Pif-Paf, O", coluna de *O Cruzeiro*, 192
Pimenta, Ademar, 222
Pimenta, Arlindo, 311
Pimentel, Carlos, 118
Pimentel, personagem de *A falecida*, 247
Pinheiro Jr., 298
Pinheiro Machado, 102, 210, 368
Pinheiro, Alves, secretário de *O Globo*, 140
Pinheiro, Israel, 303
Pinheiro, jogador de futebol, 262
Pinho, Oneir, 365
Pinto Serva, Mario, 48
Pinto, Carlos, 70, 71
Pinto, Walter, 252
Pirandello, Luigi, 159, 164, 177, 178
Pitanga, Genésio, 145, 190, 221, 230
Pitanguy, Ivo, 417
Plínio Marcos, 370
"Pó (poema da cocaína), O", de José do Patrocínio e matéria de *A Manhã*, 53
Polloni, Sandro, 201, 204, 372
Polo, Eddie, 31
"Pombas, As", de Raimundo Correia, 24
Pompeu de Souza, 198, 199, 210, 212, 213, 216, 229, 230, 231
Ponce & Irmão, distribuidora de filmes, 121
Pongetti, Henrique, 46, 70, 75, 153, 161, 308
Ponti, Carlo, 339
Portela, escola de samba, 118
Portinari, Cândido, 176, 281, 347; biografia por Mario Filho, 259; e família Rodrigues, 61, 62, 109; e Roberto Rodrigues, 61-2
Porto, Antônio Faustino, 50, 58, 67, 102

Porto, Expedito, 166
Porto, Paulo, 248
Prado Kelly, José Eduardo, 121
"Prancha", codinome, v. Rodrigues Filho, Nelson
Prazeres, Heitor dos, 280
Preciosas ridículas, As, de Molière, 164
Prestes, Coluna, 56
Prestes, Júlio, 81, 82, 100, 101, 102
Prestes, Luís Carlos, 56
Programa de Gilson Amado, TV Tupi, 275
Programa Flávio Cavalcanti, 416
Prudente de Morais Neto, Pedro Dantas, 197, 198, 210, 212
Pureza, filme de Milton Rodrigues, 261; Sônia Oiticica em, 248

Quadros, Jânio, 224, 303, 310; renúncia de, 315
Quarentinha, jogador de futebol, 332
Queiroz, Eça de, 43
Queiroz, Rachel de, 183, 199
Quintela, Odorico, personagem de *Asfalto selvagem*, 301
Quintino, jornalista de *Crítica*, 90, 911

Rachel, Tereza, 311, 343
Rádio Clube do Brasil, 103
Ramos de coral (Poemas de um coração de mãe), de Sylvia Seraphim, 104
Ramos Tinhorão, José, 303, 304
Ramos, Graciliano, 162
Rangel, Flávio, 250, 285, 321
"Rato...,O" , artigo de NR em *A Manhã*, 66
Raul, personagem de *Perdoa-me por me traíres*, 270, 271, 273
Reacionário, O, de NR, 418
Recife, 72; em 1912, 11; volta a, em 1916, e Mario Rodrigues, 19
Rei da vela, O, de Oswald de Andrade: montagem de José Celso, 369, 371, 372
Reis, Carlos, 70, 71, 102
Reis, Darcy dos, 166
Reis, Jaime dos, 166
Reis, Paulo, 303
Resende, Helena, mulher de Otto Lara Resende, 336
Resenha Facit, programa da TV Globo, 332, 341, 352, 389; NR na, 335
Ribeiro, Amado, 302, 303, 314, 316
Rimet, Jules, 261
Rio de Janeiro: família Rodrigues muda-se para o, 20; óperas, 141

Rio íntimo, contos de Paulo Rodrigues, 359
Rio quarenta graus, filme de Nelson Pereira dos Santos, 280, 337
Rio-São Paulo, Torneio, 225
Rivelino, jogador de futebol, 393, 416
Robbins, Harold, 344, 345
Rocha Miranda, Edgard da, 167, 251
Rocha Miranda, família, 165
Rocha, Aurimar, 372
Rocha, Geraldo, 43, 52, 109, 115, 116, 134, 282
Rocha, Glauber, 339
Rocha, Hildon, 269, 276
Rodrigues, Adelaide, avó de NR, 13, 14
Rodrigues, Ana Maria, filha de Paulo Rodrigues, 356
Rodrigues, Augusto Falcão, irmão de NR, dito Augustinho, 23, 109, 129, 133, 136, 191, 233, 245, 258, 261, 365, 419; *Brasil em Marcha*, 318; *Diário Carioca*, 140, 261; *Diretrizes*, 261; dirigindo *Da primeira fila*, 222; *O Globo*, 261; gripe espanhola, 26; jornalismo esportivo, 261; *Manchete Esportiva*, 262, 266; morte da família de Paulo Rodrigues, 359; morte de NR, 419; *A Nota*, 140, 261; *Última Hora*, 233, 261
Rodrigues, Augusto, tio de NR, 13, 14, 18, 19, 60, 61, 72, 140; morte de, 139
Rodrigues, Célia, mulher de Mario Filho, 82, 113, 131, 259, 348, 366; e morte do marido, 348
Rodrigues, Cristiana, filha de Nelsinho, 416
Rodrigues, Dalila, primeira mulher de Mario Júlio Rodrigues, 348, 366; e morte da família de Paulo Rodrigues, 356
Rodrigues, Daniela, filha de NR e Lúcia Cruz Lima, 344, 352, 362; com a mãe, 331, 334, 383; doença, 331, 335, 361; nascimento de, 334
Rodrigues, Dorinha Rodrigues, irmã de NR, 58, 101
Rodrigues, Dulce Rodrigues, irmã de NR, 82, 92, 109, 191, 356; casamento com Jece Valadão, 280, 282; em *Doroteia*, 217, 218; indenização do empastelamento de *Crítica*, 266; Jece Valadão, 277; Millôr Fernandes, 192; Teatro São Jorge, 281; na *Última Hora*, 233; em *Valsa nº 6*, 233, 234
Rodrigues, Elsa Falcão, mulher de Roberto Rodrigues, 76, 78, 82, 92, 93, 97; viuvez, 92, 97
Rodrigues, Elsa Falcão (Elsinha), irmã de NR, 56, 109, 191; na *Última Hora*, 233
Rodrigues, Elza Bretanha, mulher de NR, 241; e Adroaldo Mesquita da Costa, 202; bilhetes de NR a, 146; cartas de NR a, 145, 190; casa-

mento com NR, 146-8; caso de NR com Eleonor Bruno, 215, 229; caso de NR com Lúcia Cruz Lima, 323, 329; caso de NR com Yolanda Camejo, 249, 267, 268; cegueira de NR, 149, 150; compra da casa na rua Agostinho Menezes, 207; deixa o emprego, 150-1; economias da casa, 221; emprego como funcionária pública, 291; estreia de *A mulher sem pecado*, 156; jantar para Adroaldo Mesquita da Costa, 202; morte de NR, 420; namoro com NR, 142-5; nascimento do primeiro filho, 153; NR e, 146; pós-operatório de NR, 295, 296; prejuízos com *A falecida*, filme, 340; prisão de Nelsinho, 392, 402, 403; produção literária de NR na vida de, 241; segunda internação de NR, 145-6; separação de NR, 294, 322, 324, 336, 384; terceira internação de NR, 190; *Vestido de noiva*, 156-9, 172, 174, 177; vida de casada com NR, 292-3; volta a morar com NR, 417; tenta suicídio, 324

Rodrigues, família, 121; almoço aos sábados, 362; almoços da, 387, 388; e Cândido Portinari, 61, 62; casamentos, 281, 282; em *Crítica*, 69; crenças religiosas, 30; foto da, 82; frequentadores, 280; no jornalismo, 69; em *A Manhã*, 59; moradia da, 17, 20, 22, 37, 39, 57, 101, 108, 110, 139, 191, 258; mortes, 136; muda-se para o Rio de Janeiro, 20; presa, 71; temporada em Olinda, 17; na *Última Hora*, 233

Rodrigues, Francisco, avô de NR, dito "Barba de Fogo": dinheiro de, 14; filhos de, 13; morte de, 14; obsessão sexual, 13; viagem a Heidelberg, Alemanha, 13

Rodrigues, Glauco, 408

Rodrigues, Haydée, filha de Milton Rodrigues, 282

Rodrigues, Helena Falcão, irmã de NR, 37, 109, 129, 191, 322; morte da família de Paulo Rodrigues, 356, 359, 360; na *Última Hora*, 233

Rodrigues, Irene Falcão, irmã de NR, 23, 82, 84, 88, 109, 117, 148; casamento com Francisco Torturra, 282; problemas de saúde de NR, 415; profissão de, 191; na *Última Hora*, 233

Rodrigues, Joffre Bretanha, filho de NR, 151, 153, 190, 229, 241, 249, 267, 293; *Beijo no asfalto*, 315; caso de NR com Lúcia Cruz Lima, 322, 324, 384; cinema, 336; estudando cinema na Itália, 339, 386; filhos de, 416; filme *A falecida*, 339, 340; futebol, 293; intercede pela mãe junto a NR, 417; *A morta sem espelho*, 341; Nelsinho e fuga do país, 392, 393; Nelsinho preso, 397, 402, 403; Nelsinho sobre o movimento estudantil, 387; operação de NR, 295, 395; problemas escolares, 293; produção de *Bonitinha, mas ordinária*, 339; produção literária de NR na vida de, 241; repressão militar, 380, 408; restaurante de, 398, 401; *Senhora dos afogados*, 339; serviço militar, 310; *Somos dois*, 338; tuberculose de, 230; volta ao Brasil dos estudos de cinema, 387

Rodrigues, Joffre Falcão, irmão de NR, 16, 17, 19, 20, 69, 73, 97, 106, 109, 115, 116, 124, 133, 261, 292; Eros Volúsia e, 124; Flamengo, 116; Fluminense, 116; internação de, 139, 141; morte de, 135-6, 139; *Mundo Esportivo*, 117; NR e, 134; profissão de jornalista, 133, 134; samba, 116; tuberculoso, 133-4

Rodrigues, Maria Clara Falcão, irmã de NR, 22, 109, 122; casamento com Weber de Moraes, 281; na *Última Hora*, 233; profissão de, 140, 191; promove o reencontro de NR com Carolina, 417

Rodrigues, Maria Esther, mãe de NR, 15-20, 23, 28, 30, 31, 37, 38, 41, 43, 53, 56, 62, 71, 74, 98, 108, 109, 116, 191, 192, 249, 258, 282, 336; bodas de prata, 82; casamento com Mario Rodrigues, 15, 16, 17; morte de, 409, 410; morte de Mario Filho, 360; morte de Paulo Rodrigues, 360

Rodrigues, Maria Leite, tia de NR, 13, 14

Rodrigues, Maria Natália, mulher de Paulo Rodrigues, 356

Rodrigues, Maria Teresa, filha de Roberto Rodrigues, 78, 90

Rodrigues, Mario Leite, pai de NR, 175, 282, 301; em 1920, 33; em 1925, 50; ameaças de morte a, 12, 68; aspecto de, 15; caricaturistas, 79; Carlos Reis, 70, 71; casamento com Maria Esther, 15, 16, 17; caso Thibau, 89-100, 102; contra os cassinos, 52; contra a censura, 52; ciúmes, 30; Clube dos Democráticos, 37; conde Francisco Matarazzo, 69; *Correio da Manhã*, 19, 20, 22, 23, 33-9, 40-4, 50, 52; *Crítica*, 79-82, 116; curador de ausentes, 18; Edmundo Bittencourt, 43, 44, 50, 54; episódio das "cartas falsas", 34-6; Epitácio Pessoa, 34; feminismo, 53; Fernando Melo Viana, 54, 56; filhos de, 16, 22, 37, 56, 82, 109; fim de *Crítica*, 108-10; folhetins, 67; forma-se em Direito, 16; gagueira de, 15, 68; infância, 12, 13-5; jornais fundados por, 13, 16, 45, 50, 68; Júlio Prestes, 102; *A Manhã*, 46, 49-58, 67, 116; Maurício Lacerda, 54; morte do filho Roberto, 92, 93, 97, 98; morte de, 89-100, 102, 105, 106, 114, 121; mudança para o Rio, 17, 18, 19;

música popular, 116; no teatro de revista, 52; NR e, 60, 66; obras de, 121; Orestes Barbosa, 46, 57, 68; panfletário, 12; Paulo Filho, 149; perda de *A Manhã*, 58, 67; política, 13, 18, 52, 54, 55, 56; prisões de, 28-44, 50, 62, 70, 71; redator parlamentar, 19; rotina de trabalho, 57, 58; Rui Barbosa, 34; sermões religiosos de, 16; suborno de Sérgio Loreto, 53, 61; *Última Hora*, 41, 53; volta ao Recife em 1916, 19

Rodrigues, Mario Júlio, filho de Mario Filho, 82; alcoolismo de, 347, 359; assume o *Jornal dos Sports*, 354, 366

Rodrigues, Marta, mulher de Joffre Rodrigues, 402

Rodrigues, Milton Falcão, irmão de NR, 16, 17, 20, 28, 31, 37, 40, 41, 48, 59, 62, 71, 74, 75, 93, 94, 98, 102, 106, 108, 109, 115, 116, 124, 129, 136, 140, 178, 191, 248, 258, 260; cinema, 140; comparado ao irmão Roberto, 74; Copa do Mundo de 1950, 261; *Crítica*, 101, 102; dirigindo *Somos dois*, 338; doente, 409; *Jornal da Tela*, 282, 283; morte da família de Paulo Rodrigues, 358; morte de, 409; *Mundo Esportivo*, 117; padrinho de Nelsinho, 386; prisão de, 71, 106; produção de *Os sete gatinhos*, 288

Rodrigues, Nelson Falcão: abandona a escola (1927), 59; acompanhando o pai no jornal, 38; administração financeira, 344, 385; adolescência de, 40, 41; adultério na infância, 24, 25, 28; agressividade de, 255; amizades, 32, 376, 383, 401; analgésicos, 154; sobre anistia, 407, 416; anti-intelectualismo, 177; aparência, 230, 322, 332, 336; articulação, 272; ator, 271, 272, 273, 281, bicos; 184, 186, 219, 228, 235, 338, 344, 345; sobre brasileiros, 283; cabotinismo, 210, 211; café, 154; Carnaval, 26, 27; carros, 336; sobre casais, 268; casamento com Elza, 142, 143, 144, 148, 267; problemas, 215; cegueira, 149, 150; e a censura, 202, 269, 338, 341, 342, 351, 367, 372; cigarros, 39, 121, 151, 154, 281, 295, 394, 395, 415; cinema, 33; e o ciúme de, 146, 396; com uma câmera na infância, 73; consagração como autor dramático, 195; convalescendo, 1970, 394-5; correio sentimental, 219, 220; costeletas, 148; criador de tipos femininos, 220; e críticas à esquerda, 373, 374, 375, 379; crítico de ópera, 140, 141, 142; curiosidade mórbida, 30; na década de 1970, 413; depressão, 42; desempregado, 221; desprezado, 227; e a indenização do empastelamento de *Crítica*, 267, 294; e ditadura militar, 396, 397, 408, 409; doenças,

17, 153, 294, 395; doenças na juventude, sequelas, 414; emprego público, 220, 221; empréstimos, 344; enterro de, 420; entrevistas, 414; escola, 23, 24, 37; esconde-se para escrever, 41; escritórios, 366; escritos, 24, 25; esportes, 40, e o Exército, 378, 379; expulso do Colégio Batista, 37; extração dos dentes, 126; e a fama, 176, 177, 180; família, 241; e a filha de Lúcia, 336; filhos, 293, 294; filhos supostos, 366, 367; e filmes de suas obras, 209, 337, 338, 410, 412; fixações, 48, 63, 64; fracassos amorosos, 40; futebol, 31, 32, 150, 293, 332, 415; ganha na loteria esportiva, 419; gosto musical, 215, 267; hábitos mudados por Lúcia, 336; infância, 17, 20, 22, 23, 24, 25, 26, 28, 30, 31, 32, 37, 38, 73; irmãos, 28; no jornal do pai, 61; leituras de, 29, 30, 41; machismo com as irmãs, 191; monoglotismo, 345; moradias, 148, 151, 202, 207, 240, 324, 336, 386, 396, 410; morte de, 419; morte como tema na infância, 25, 30, 31, 63, 64; morte de Joffre, 139; morte de Mario Filho, 348, 350; morte da família de Paulo Rodrigues, 356, 358, 360, 361; morte de Roberto, 97, 301; movimento estudantil, 381; mudança de Recife para o Rio, 20; mulheres, 28, 294; nascimento, 11, 16, 17; nascimento da neta Cristiana, 416; natação, 40; novelas, 340; operações, 247, 294, 296, 298; orgulho, 126; outros escrevendo por, 186; paixões, 32, 40, 63, 64, 71, 72, 123, 124, 125, 207, 215, 248, 249, 267, 321, 385, 410, 417, 418; palavrão, 315; sobre passeatas, 382; personagem de si próprio, 241, 242; pobreza familiar, 109, 115, 116, 117; polêmicas, 319-20, 376; primeira internação, 361; primeira peça, 130; primeira redação, 24, 28; primeiro jornal, 60; primitivismo, 177; prisão de Nelsinho, 402, 403, 409, 416; promoção, 269; sobre prostitutas, 49; redator de quadrinhos, 140, 144, 154; registros de profissão, 221; religião na infância, 30, 31; sobre repórter, 47; sobre revolução nos jornais, 231, 232; salário, 151, 180, 233, 363; problemas de saúde, 394, 395, 414, 416; segunda internação, 139, 141; sexo, 23, 25, 27, 28, 30, 48, 49, 241; solidão, 395; sovina, 184; sobre teatro, 141, 273, 369, 370; terceira internação, 145, 146, 189, 190; títulos de matérias, 118; sobre tortura, 389, 391, 397, 404, 406, 408; em tradução, 209; tradutor, 344, tratamento cardíaco, 384; tuberculoso, 122, 125-30, 134, 139, 221; na TV, 332, 342, 345; úlcera do duodeno, 153, 169; velório, 420; em viagem por causa das depressões, 71;

ÍNDICE REMISSIVO

vida conjugal, 150, 151; vida doméstica, 292, 293; vida profissional, 221; vida religiosa, 32; virtude, 238; sobre vocação, 51; cit., 269, 271, 272, 273, 275, 276, 277, 283, 284, 310, 330, 332, 333, 341, 342, 343, 350, 351, 355, 360, 362, 364, 369, 370, 371, 372, 373, 374, 375, 377, 380, 397, 398, 406, 407, 413, 420

Rodrigues, Netinha, prima de NR, 72, 140

Rodrigues, Newton (de Almeida), 353, 361

Rodrigues, Paulo César Santos, filho de NR com Yolanda, 249, 362, 364, 365, 416

Rodrigues, Paulo Falcão, irmão de NR, dito Paulinho, 37, 109, 191, 258, 348, 356; acidente de carro pelo jornal *Última Hora*, 360; carreira profissional, 360; 262; livros, 360; na *Manchete Esportiva*, 262; morte da família, 356; na *Última Hora*, 233, 262

Rodrigues, Paulo Roberto, filho de Paulo Rodrigues, 356

Rodrigues, Roberto Falcão, irmão de NR, 16, 17, 20, 28, 30, 37, 40, 41, 70, 72, 73-93, 103, 105, 161, 174, 182, 288; e Anita, 76, 78; aparência, 73, 74; Cândido Portinari, 63-4; casamento de, 76; caso Thibau, 84-8, 89-91; desenhos, 74, 75, 82, 109; em *A Manhã*, 59; fixação por sexo e morte, 75; liderança familiar, 74; morte de, 79, 80, 84-8, 89-91, 138, 174, 301, 361; sua morte e Mario Rodrigues, 92, 93, 97, 98; NR e, 92; prisão de, 71; revista *Jazz*, 75; Salão Oficial da Escola de Belas Artes, 75; velório, 92

Rodrigues, Sérgio, filho de Roberto Rodrigues, 76, 110, 258

Rodrigues, Sônia Maria Santos, filha de NR com Yolanda, 249, 362, 364, 365

Rodrigues, sr., eletricista do Teatro Municipal, 172

Rodrigues, Stella Falcão, irmã de NR, 16, 17, 20, 109, 116, 117, 125; morte de Mario Filho, 348; problemas de saúde de NR, 415

Rodrigues, Teresa Cristina, prima de NR em segundo grau, 405

Rodrigues, Verinha, filha de Roberto Rodrigues, 97

Rodrigues Filho, Augusto, primo de NR, 60, 61, 72, 140, 183, 185, 233

Rodrigues Filho, Mario, irmão de NR, 154, 191, 258, 261, 388; admiração de JK por, 291; alcoolismo do filho Mario Júlio, 347; amizades, 259; aparência, 17, 111-2, 259; apelido conjugal de, 113; briga com Roberto Marinho, 224; campeonatos esportivos, 225; Carlos Lacerda, 386; carreira jornalística, 132; casamento de NR, 146, 148; casamento de, 71, 113; no Chile, 346; Circuito da Gávea, 133; coleciona livros eróticos, 368; contos eróticos de, 366; Copa do Mundo de 1966, 346; em *Crítica*, 69, 80, 82, 98, 101, 102; crônicas esportivas, 74, 114; Estádio, 365; Flamengo, 259, 260; futebol, 32, 131, 221, 222, 224, 225, 346; em *O Globo*, 115-20, 131-2, 134, 140; hábitos, 259; indenização do empastelamento de *Crítica*, 266; infância de, 28, 30, 31, 32, 40; irmão Roberto, 62; Jogos da Primavera, 224; *Jornal dos Sports*, 132, 133, 139, 224; jornalismo esportivo, 114-20, 131, 132, 133, 222, 225; jornalismo, 225; maior jornalista esportivo do país, 221; *Manchete Esportiva*, 263; moradia, 259; morte da família do irmão Paulo, 356; morte de, 346, 348, 350, 354, 360; morte do irmão Joffre, 135-6; morte do irmão Roberto, 105-6; morte do pai, 105-6; Noel Rosa, 131; mudança de Recife para o Rio, 20; no *Mundo Esportivo*, 117; nascimento de, 16; em *A Manhã*, 61, 111, 112; obras de, 113-4; pobreza da família, 109-110; prisão de, 71, 106; raide Rio-Santos, 120; samba, 131; sinuca, 112; sua morte, 1966, 348, 367

Rodrigues Filho, Nelson, filho de NR, dito Nelsinho, codinome "Prancha", 229, 241, 267, 269, 388; "aparelho", 388; clandestinidade, 386, 388, 396; no Colégio Militar, 386; Elza Rodrigues e prisão de, 392, 402, 403; episódio do IML, 402, 403; encontros com NR, 389, 390; exército, 391; garoto, 293; e Joffre sobre sua fuga do país, 393; liberdade condicional, 416; "Memórias" de NR, 362; na Europa, 387; no MR-8, 387; NR enviando dinheiro a, 390; NR no *Programa Flávio Cavalcanti*, 416; NR na vida de, 241; operação de NR, 295, 336; preso, 402, 409; NR tenta localizá-lo, 403; prisão de, 392, 401, 403, 408, 409, 416; processo contra, 408; separação dos pais, 324

Rodrigues Neto, Mario, filho de Mario Júlio Rodrigues, 259, 260, 348, 416

Romance do futebol, O, de Mario Filho, 222

Romeiro Neto, João, 103, 104

Ronald, filho de Sylvia Seraphim, 137

Rondon, Cândido Mariano da Silva, 35

Rosa e Silva, Francisco de Assis, 11, 12

Rosa, Noel, 131

Rossi, Ítalo, 313, 341

Rosto, O, de Mario Filho, 347

Roulien, Raul, 92

Rubens, jogador de futebol, 266

Rudge, família, 166
"Rui Barbosa...", artigo de Nelson em *A Manhã*, 64
Rui, J., 233
Russinho, jogador de futebol, 131

Saavedra, família, 165
Sabino, Fernando, 326
Salce, Luciano, 250
Saldanha, João, 332, 335, 375, 394
samba, concursos de escolas de, 117, 118
Sampaio, Djalma, 144, 154, 156
Sampaio, Maria, 193
Sampaio, Silveira, 227
San Thiago Dantas, Francisco Clementino de, 210
Sanatorinho: NR sai do, 1937, 139; NR volta ao, 1937, 139
Santa Rosa, Thomaz, 161, 163-7, 172, 174, 177, 180, 193 213, 217, 252
Santana, fotógrafo de *Mundo Esportivo*, 120
Santeiro, Gilberto, 401
Santoro, Fada, 318
Santos, Helio, 263
Santos, Kléber, 367
São Jorge, Teatro, 281
São Paulo: NR em, 189, 286
Sarmento, Sizeno, 397
Sartre, Jean-Paul, 251, 375
Scassa, José Maria, 332, 333, 335
Schipa, Tito, 267
Schmidt, Anita, amante de Roberto Rodrigues, 76, 78, 79, 92
Schmidt, Augusto Frederico, 76, 78, 160, 168, 210, 213
Schmidt, Magdalena, 76
"Se a cidade contasse...", seção de Paulo Rodrigues em *O Globo*, 359
Seelinger, Helios, 76
Seleta, jornal, 85
Selminha, personagem de *Beijo no asfalto*, 313, 316
Semana de Arte Moderna de 1922, 36, 112, 176
Senhor, revista, 337
Senhora dos afogados, peça de NR, 72, 211, 213, 252, 311, 369; e Alceu Amoroso Lima, 212, 330; Cacilda Becker recusa, 252; censura de, 211, 212; e Companhia Dramática Nacional do SNT, 252; criação, 252; dirigida por Bibi Ferreira, 252; estreia de, 252, 254, 273; e *A falecida*, 340; com Franco Zampari, 250-2; Gilberto Freyre e, 212; com Glauber Rocha e produção de Joffre, 339; e Jean-Louis Barrault, 254; e Joffre Rodrigues, 339; liberação de, 250; em livro, 290; Manuel Bandeira sobre, 213; e Olegario Marianno, 212; em Recife, 72; rejeitada pelo TBC, 251, 252; e Thomaz Santa Rosa, 252; com Ziembinski, 250, 251
Senhorinha, dona, personagem de *Álbum de família*, 197, 220
Senhorita 1950, de Mario Filho, 113, 114, 347
Seraphim, Sylvia, 84-91, 93, 94, 97, 103, 104, 105, 126, 136, 137; julgamento de, 102-4; após julgamento, 137; e Mario Rodrigues, 89-100, 102; morte de, 136, 137, 138, 139; e Roberto Rodrigues, 84-8, 89-91; no Uruguai, 138
Serpente, A, peça de NR, 416
Serran, Ricardo, 224
Sertões, Os, de Euclydes da Cunha, 12, 64
"Sete dias", seção de *O Cruzeiro*, 183
Sete gatinhos, Os, peça de NR: crítica a, 288; enredo, 287, 288; estreia, 287; e Jece Valadão, 288; Leonardo Bloch financia, 288; Millôr Fernandes e, 287, 288; Paschoal Carlos Magno contra, 287; Paulo Mendes Campos sobre, 287
Sétimo dia, O, de Paulo Rodrigues, 359
Severa, A, filme português, 193
Severiano, jornalista de *Crítica*, 90
Shakespeare, William, 169, 177, 178, 369
Shaw, Bernard, 46, 164, 266, 315
Sherman, Maurício, 345
Sherriff, R. C., 164
Silene, personagem de *Asfalto selvagem*, 302
Silva Borges, doutor, 356
Silva, Geraldo Romualdo da, 322
Silva, jogador de futebol, 346
Silva, Raimundo, 35
Silva, Rubem Francisco da, 311
Silveira de Queiroz, Dinah, 199, 234, 235
Silveira, Joel, 250
Silveira, Miroel, 204, 234
Silveira, Nise da, 53
Silveira, Paulo, 235
Silveira, Zeferino D'Ávila, 97
Sílvio, personagem de *Asfalto selvagem*, 300, 302
Simão, Salim, 375, 382, 400, 415, 416
Simões Fróes, Diva Maria, 268
Simões Lopes, 91
"Sinto pelos no vento", verso de Gilka Machado, 124
SNT, Serviço Nacional de Teatro, 154, 161, 252
Soares de Moura, Marcello, 353, 368, 383, 394
Soares, Raul, 34, 35
Sobral Pinto, Heráclito Fontoura, 303

Sófocles, 197, 251
Soledade, Paulinho, 164
"Sombra das chuteiras imortais, À", coluna de *O Globo*, 317, 352, 370; e "A cabra vadia", 345
Somos dois, filme de Milton Rodrigues, 261, 338; diálogos de NR, 338; e Joffre Rodrigues, 338
Sonho de amor, novela de NR, 342
Sônia, personagem de *Valsa nº 6*, 234
"Sórdido", conto de NR, 246
Sotto Mayor, dr., 134
Sousa Filho, 91
Souza Campos, Didu, 331
Souza Campos, Tereza, 331
Souza Neto, Virgínia de, 166, 174
Souza, Ennio Sérvio, 366, 367
Souza, Juvenil de, 263
"Spot-light", coluna de *O Cruzeiro*, 193, 211
Stipinska, Irena, 193
Streb, Jurema, 310
"Sua lágrima de amor", correio sentimental de Suzana Flag na *Última Hora*, 268
Sued, Ibrahim, 294, 323, 333

Tambellini, Flávio, 410
Tânia, caso de NR, 207
Tanko, J. B., 410
Tarquínio de Souza, Otávio, 199
Tavares, Henrique, 142
Tavares, Neila, 412
Távora, Juarez, 291
TBC, Teatro Brasileiro de Comédia, 250, 251
teatro brasileiro, 151, 152, 204, 250, 318, 372
"Teatro desagradável", entrevista de NR, 213
Teatro dos Novos, grupo de teatro, 164
Teatro dos Sete, companhia de Fernanda Montenegro, 314, 315
"Teatro popular", artigo de NR no *Brasil em Marcha*, 320
Teixeira Lott, Henrique Duffles, 299, 310
Teixeira, Ib, 245, 298, 303, 403
Teixeira, Jesse, 415
Teixeira, Oswaldo, 61
Telê, jogador de futebol, 260, 262
"Telefonema", coluna de *O Correio da Manhã*, 255
televisão, 340, 341
Telles, Oyama, 353
Tempo, O, jornal, 115
Teófilo, Victor, 46

Thibau Jr., João, 84, 85, 104
Thibau, Sylvia, *v.* Seraphim, Sylvia
Thompson, Ana Maria, filha de Carolina, 417
Thompson, Roberto, filho de Carolina, 417
Tibbett, Lawrence, 141
Tico-Tico, revista infantil, 29, 34, 330
Timberg, Nathalia, 252, 342
Tire a máscara, doutor!, de Stella Rodrigues, 266
Toda nudez será castigada, peça de NR, 342, 343; de Arnaldo Jabor, 410; e censura a, 372; e Cleyde Yáconis, 343; Darlene Glória em, 410; enredo, 343; estreia e sucesso, 343; *Fatos e Fotos* e, 342; e Fernanda Montenegro, 343; proibição do filme, 410
Todor, Eva, 372
Torá, Marisa, 72
Torelly, Apparicio, dito Apporelly, Barão de Itararé, 48, 49
Torres, Antônio, 48
Tôrres, Cláudio, filho de F. Montenegro, 343
Tôrres, Fernando, 314, 315, 336, 339, 341, 342, 372
Torturra, Francisco, marido de Irene Rodrigues, 282; e morte da família de Paulo Rodrigues, 359
Tostão, jogador de futebol, 346, 393
"Tragédia da pedra...", A", artigo de NR nos editoriais de *A Manhã*, 64
"Tragédia ou farsa?", artigo de Alvaro Lins, 197
Tranjan, Alfredo, 364
Três homens no meu destino, folhetim de Stella Rodrigues em *O Globo*, 233
Tribuna da Imprensa, 277
Tristão de Athayde, *v.* Amoroso Lima, Alceu
Tropicalismo, 381
Tuninho, personagem de *A falecida*, 247
Tupi, Rádio, 184
Turkow, Ziygmunt, 19
Twain, Mark, 48

Última Hora, 82, 108, 186, 228, 230, 233, 235, 307, 315, 317, 318, 398; acidente de Paulo Rodrigues numa reportagem para, 360; e Augustinho Rodrigues, 233, 261, 263; e *Beijo no asfalto*, 316; e Carlos Lacerda, 243, 361; e coluna "A vida como ela é...", 236, 240; crise, 245, 246; e *Crítica*, 233; demissão de NR, 316; Dulce Rodrigues no, 233; equipe, 232-3; entrevista NR sobre anistia, 407; família Rodrigues em, 233; fundação da, 232; e Getulio Vargas, 232, 236; Helena Rodrigues em, 233; Irene Rodrigues em, 233; Maria Clara Rodrigues em, 233; e Mario Rodrigues, 41, 53; NR em, 186, 228, 230, 239, 354; contra Oswald de Andrade, 256; Paulinho Rodrigues em, 233, 262, 360; e *Perdoa-me por me traíres*, 277; redação, 231; de São Paulo, 244; e Suzana Flag, 240, 268

UNE, União Nacional dos Estudantes, 180

Urban, Marisa, 416

Valadão, Jece, 193, 277, 280, 282, 288, 337, 338, 339, 342, 356; casamento com Dulce Rodrigues, 280, 282; e personagens de NR, 282; e o Teatro São Jorge, 281

Valadão, Stellinha, filha de Dulce Rodrigues, 356

Valdo, jogador de futebol, 260

Valsa nº 6, peça de NR, 233, 398; Dulce Rodrigues, 233, 234; estreia, 234; *Folha da Noite* contra, 234; críticas, 234, 235; direção, 234; enredo, 234

Vanguarda, jornal, 106

Vão Gôgo, pseudônimo de Millôr Fernandes, 183, 192

Varela, Obdúlio, 283

Vargas Neto, Manoel, 154, 161, 175, 233

Vargas, Darcy, 124

Vargas, Getulio, 81, 101, 102, 108, 124, 138, 154, 175, 180, 222, 224, 232, 233, 236, 244, 248, 250, 252, 257, 290, 301

Vargas, Inga, 167

Vargas, Lutero, 167

Vasconcellos, José, 280

Vavá, jogador de futebol, 284

Vaz, Nelson, 166, 169, 172

Veiga, Beatriz, 311

Veloso, Caetano, 381, 383

Veloso, Leão, 37

Ventura, Mary, 377

Ventura, Zuenir, 415, 377

Vermelhinho, Bar, 198, 203, 220, 254, 276

Vestido de noiva, peça de NR, 39, 142, 156, 159, 161, 165, 167, 168, 174, 175, 176, 177, 178, 179, 183, 186, 193, 210, 211, 330, 369, 398; artigo de NR em *O Cruzeiro*, 178; e Carlos Perry em, 164-9, 173, 179; com Os Comediantes, 163-74, 175, 178; consagração no Rio, 189; consagração em São Paulo, 161, 189; *Correio da Manhã* sobre, 194; com Maria Della Costa, 204; dirigida por Léo Júsi, 254; estreia, 169, 172, 174; elenco, 165, 166-7, 179, 193, 204; Elza Rodrigues e, 156-9, 172, 174, 177; enredo, 160; ensaios, 167, 168; *O Globo* e, 159, 176, 179; *O Globo Juvenil*, 156, 165, 176; influências, 177, 178; leituras, 159, 160, 161, 165; em livro, 190; em Londres, 180; *A Manhã* sobre, 159; Manuel Bandeira sobre, 159; reestreia, 193, 194; e Stella Perry em, 164-9, 174, 179, 193, 194; tentativa de venda para fora do país, 209; e Thomaz Santa Rosa, 161, 163-7, 172, 174, 177, 193; com Ziembinski, 162-9, 172-4, 176, 179, 193

"Véu de noiva", história de "A vida como ela é...", de NR: em fotonovela, 310

Viagem em torno de Pelé, de Mario Filho, 347

Viana Filho, Oduvaldo, dito Vianinha, 316, 318, 319, 320, 321, 369, 370, 372

Viana, Renato, 48, 75

Vianna, Vera, 342

Vianny, Alex, 337, 410

"Vida como ela é...", A", coluna de NR na *Última Hora*, 48, 146, 228, 229, 235, 236, 238, 239, 240, 241, 247, 263, 300, 307, 314, 344, 354; e Carlos Lacerda, 246; consequências familiares, 268; Gustavo Corção, 246; criação, 240, 241; no *Diário da Noite*, 317; enredo, 236, 238; e Fernando Sabino, 326; fim na *Última Hora*, 316; como fotonovela, 310; como livro, 308; nas operações de NR, 298; público masculino, 238; e Samuel Wainer, 235, 263

Vidal, jogador de futebol, 33

Vieira de Morais, Airton, o Sansão, 333

Vieira, Vitorino, 332

"Vigília dos pastores, A", crônica de NR para *O Globo*, 420

Vilar, Manuel, 116

Villa-Lobos, Heitor, 176

Vinde ensaboar vossos pecados, peça de NR, 286

Virgínia, personagem de *Anjo Negro*, 204, 220

Visão, revista, 413

Visconti, Eliseu, 76

Viúva, porém honesta, peça de NR, 281; criação de, 281, 282; estreia de, 282; e Jece Valadão em, 282

Volúsia, Eros, 124

Von Holleben, Ehrenfried, 400

Wainer, Samuel, 235, 246, 247, 263, 280, 282, 298, 303, 310, 316, 317, 318; e Carlos Lacerda, 243-5; e *Flan*, 250; e Suzana Flag, 240; e a saída de NR da *Última Hora*, 318; tuberculoso, 235; e a *Última Hora*, 230, 232

Watson, Maria de Lourdes, 166

Welfare, jogador de futebol, 31

Welles, Orson, 160, 179

Werneck de Castro, Moacyr, 232
Werneck Sodré, Nelson, 199
Werneck, personagem de *Bonitinha, mas ordinária*, 328, 329
Wilde, Oscar, 46, 74
Wilker, José, 412

X-9, revista, 398

Yáconis, Cleyde, 251, 343
Yantok, Max, 79

Zagallo, jogador de futebol, 332, 333, 394
Zampari, Franco, 250-2
Zevaco, Michel, 29
Zezé, jogador de futebol, 31
Ziembinski, Zbigniew, 162-9, 172-4, 176, 177, 179, 180, 193, 204, 213, 217, 218, 234, 286, 311
Zizinho, jogador de futebol, 222
"Zola", artigo de NR, 67
Zózimo, personagem de *Asfalto selvagem*, 300, 302
Zulmira, personagem de *A falecida*, 247, 248, 339

Livros de Ruy Castro na Companhia das Letras

Biografia, história e ensaio

Chega de saudade: A história e as histórias da Bossa Nova (1990)
O anjo pornográfico: A vida de Nelson Rodrigues (1992) — Prêmio Nestlé de Literatura
Saudades do século 20 (1994)
Estrela solitária: Um brasileiro chamado Garrincha (1995) — Prêmio Jabuti de Livro do Ano
Ela é carioca: Uma enciclopédia de Ipanema (1999)
A onda que se ergueu no mar: Novos mergulhos na Bossa Nova (2001)
Carnaval no fogo: Crônica de uma cidade excitante demais (2003)
Carmen: Uma biografia (2005)
Um filme é para sempre: 60 artigos sobre cinema (2006)
Tempestade de ritmos: Jazz e música popular no século XX (2007)
O leitor apaixonado: Prazeres à luz do abajur (2009)
Terramarear — Peripécias de dois turistas culturais [com Heloisa Seixas] (2011)
Trêfego e peralta: 50 textos deliciosamente incorretos (2017)
Metrópole à beira-mar: O Rio moderno dos anos 20 (2019)

Ficção

Bilac vê estrelas (2000)
O pai que era mãe (2001)
Era no tempo do rei: Um romance da chegada da Corte (2007)
Os perigos do imperador: Um romance do Segundo Reinado (2022)

Humor

Mau humor: Uma antologia definitiva de citações venenosas (2002)

Edição e organização

A vida como ela é..., de Nelson Rodrigues (1992)
O casamento, de Nelson Rodrigues (1992)
O óbvio ululante: Primeiras confissões, de Nelson Rodrigues (1993)
À sombra das chuteiras imortais: Crônicas de futebol, de Nelson Rodrigues (1993)
A coroa de orquídeas e outros contos de "A vida como ela é...", de Nelson Rodrigues (1993)
A menina sem estrela: Memórias, de Nelson Rodrigues (1993)
Asfalto selvagem: Engraçadinha, seus amores e seus pecados, de Nelson Rodrigues (1994)
O sapo de Arubinha: Os anos de sonho do futebol brasileiro, de Mario Filho (1994)
A pátria em chuteiras: Novas crônicas de futebol, de Nelson Rodrigues (1994)
A cabra vadia: Novas confissões, de Nelson Rodrigues (1995)
O reacionário: Memórias e confissões, de Nelson Rodrigues (1995)
O remador de "Ben-Hur": Confissões culturais, de Nelson Rodrigues (1996)
Uma pulga na camisola: O máximo de Max Nunes (1996)
O pescoço da girafa: Pílulas de humor por Max Nunes (1997)
Flor de obsessão: As 1000 melhores frases de Nelson Rodrigues (1997)
Um filme é um filme: O cinema de vanguarda dos anos 60, de José Lino Grünewald (2001)
Querido poeta: Correspondência de Vinicius de Moraes (2003)
Um filme por dia: Crítica de choque (1946-1973), de A. Moniz Vianna (2004)
As vozes da metrópole: Uma antologia do Rio dos anos 20 (2021)

Traduções
Big loura e outras histórias de Nova York, de Dorothy Parker (1987)
O livro dos insultos de H. L. Mencken (1988)
Alice no país das maravilhas, de Lewis Carroll (1993)
Frankenstein, de Mary Shelley (1994)
24 contos de F. Scott Fitzgerald (2004)

1ª EDIÇÃO [1992] 18 reimpressões
2ª EDIÇÃO [2004] 12 reimpressões
3ª EDIÇÃO [2022] 1 reimpressão

ESTA OBRA FOI COMPOSTA PELA ACOMTE E PÁGINA VIVA EM PALATINO E IMPRESSA PELA LIS GRÁFICA EM OFSETE SOBRE PAPEL PÓLEN DA SUZANO S.A. PARA A EDITORA SCHWARCZ EM SETEMBRO DE 2024

A marca FSC® é a garantia de que a madeira utilizada na fabricação do papel deste livro provém de florestas que foram gerenciadas de maneira ambientalmente correta, socialmente justa e economicamente viável, além de outras fontes de origem controlada.